CAMINHO ALEGRE DA BOA FORTUNA

Ordem sugerida, para iniciantes, de estudo ou de leitura dos livros de Venerável Geshe Kelsang Gyatso Rinpoche

Como Transformar a sua Vida
Como Entender a Mente
Caminho Alegre da Boa Fortuna
O Espelho do Dharma
Novo Coração de Sabedoria
Budismo Moderno
Solos e Caminhos Tântricos
Novo Guia à Terra Dakini
Essência do Vajrayana
As Instruções Orais do Mahamudra
Grande Tesouro de Mérito
Novo Oito Passos para a Felicidade
Introdução ao Budismo
Como Solucionar Nossos Problemas Humanos
Contemplações Significativas
O Voto Bodhisattva
Compaixão Universal
Novo Manual de Meditação
Viver Significativamente, Morrer com Alegria
Oceano de Néctar
Joia-Coração
Clara-Luz de Êxtase
Mahamudra-Tantra

Este livro é publicado sob os auspícios do **Projeto Internacional de Templos da NKT-IKBU**, e o lucro recebido com a sua venda está direcionado para benefício público através desse fundo.
[Reg. Charity number 1015054 (England)]
Para mais informações:
www.tharpa.com/br/beneficie-todos

Venerável Geshe Kelsang
Gyatso Rinpoche

Caminho Alegre da Boa Fortuna

O COMPLETO CAMINHO
BUDISTA À ILUMINAÇÃO

4ª edição

EDITORA THARPA
BRASIL · PORTUGAL

São Paulo, 2021

© Geshe Kelsang Gyatso e Nova Tradição Kadampa 1990, 1995

Quarta edição em língua portuguesa em 2010
Reimpresso em 2016, 2017, 2020 e 2021

Título original:
Joyful Path of Good Fortune
Tradução e Diagramação: Tharpa Brasil

Ilustração da capa: pintura de Atisha pelo artista tibetano Chating Jamyang Lama.

Dados Internacionais de Catalogação na Publicação (CIP)

Geshe Kelsang Gyatso, 1931-
   Caminho alegre da boa fortuna : o completo caminho budista à iluminação / Geshe Kelsang Gyatso ; Título original : Joyful Path of Good Fortune.
Tradução: Tharpa Brasil – 4a ed. – São Paulo : Tharpa Brasil, 2010.

   ISBN 978-85-85928-26-1

   1. Iluminação (Budismo) 2. Lamrim 3. Meditação - Budismo 4. Meditações budistas 5. Vida espiritual - Budismo 6. Vida religiosa - Budismo.

   I. Título
   I. Título.

05-7287   CDD-294.34

Índices para catálogo sistemático:
1. Iluminação : Ensinamentos : Budismo 294.3442
2. Lamrim : Instruções : Budismo 294.3442

2021

EDITORA THARPA BRASIL
Rua Artur de Azevedo, 1360
05404-003 São Paulo SP Brasil
Fone: +55 11 989595303
www.tharpa.com/br

EDITORA THARPA PORTUGAL
Rua Moinho do Gato, 5
2710-661 - Várzea de Sintra, Sintra
Fone: +351 219 231 064
www.tharpa.pt

Sumário

Ilustrações vii
Prefácio ix

PRIMEIRA PARTE: *Fundamentos e Escopo Inicial*
As Etapas do Caminho 3
As Qualidades do Autor 5
As Qualidades do Ensinamento 15
Ouvir e Ensinar o Dharma 21
Preparação para Meditar 33
O que é Meditação? 71
Confiar em um Guia Espiritual 77
Nossa Preciosa Vida Humana 97
Meditação sobre a Morte 117
Os Sofrimentos dos Reinos Inferiores 141
Buscar Refúgio 155
Carma 185

SEGUNDA PARTE: *O Escopo Intermediário*
Gerar o Desejo de Alcançar a Libertação 217
As Quatro Nobres Verdades 221
Meditar nos Verdadeiros Sofrimentos 227
Delusões e Ações, Morte e Renascimento 255
Os Doze Elos Dependente-Relacionados 285
A Roda da Vida 295
O Caminho à Libertação 301

TERCEIRA PARTE: *O Grande Escopo*
Ingressar no Mahayana 313
Gerar a Bodhichitta 323
As Ações de um Bodhisattva 365
Treinar a Mente no Tranquilo-Permanecer 393
Treinar a Mente na Visão Superior 419
Avançar pelos Solos e Caminhos Espirituais 437

Os Caminhos Vajrayana 443
A Plena Iluminação 449

Dedicatória 455

APÊNDICE I – Sentido Condensado do Texto 457
APÊNDICE II – Sadhanas
   Prece Libertadora 484
   Essência da Boa Fortuna 485
   Preces para Meditação 495

Glossário 501
Bibliografia 520
Programas de Estudo do Budismo Kadampa 524
Escritórios da Editora Tharpa no Mundo 528
Índice remissivo 530
Leituras Recomendadas 546
Encontre um Centro de Meditação Kadampa Próximo de Você 548

Ilustrações

Buda Shakyamuni x
Maitreya com Vasubandhu e Asanga 32
Manjushri com Nagarjuna e Chandrakirti 98
Vajradhara com Tilopa e Naropa 154
Atisha com Dromtonpa e Geshe Potowa 216
A Roda da Vida 294
Je Tsongkhapa com Jampel Gyatso e Khedrubje 364
Kyabje Phabongkha Rinpoche com Trijang Rinpoche e
    Kelsang Gyatso Rinpoche 436

Prefácio

Embora existam inúmeros seres vivos, humanos e não humanos, todos podem ser incluídos em três tipos: aqueles que buscam principalmente a felicidade mundana, aqueles que buscam principalmente a libertação do samsara e aqueles que buscam principalmente a plena iluminação.

Na escritura conhecida como *Etapas do Caminho* (*Lamrim*, em tibetano), o primeiro tipo de ser é denominado *pessoa de escopo inicial*, porque seu escopo ou capacidade está na etapa inicial de desenvolvimento. O segundo tipo é denominado *pessoa de escopo intermediário*, porque sua capacidade mental é mais ampla que a do primeiro ser, porém menos desenvolvida que a do terceiro. O terceiro tipo de ser é denominado *pessoa de grande escopo*, porque já passou pelos escopos inicial e intermediário, de modo que sua capacidade tornou-se grande. A prática do Lamrim satisfaz os desejos desses três tipos de ser.

A prática das etapas do caminho de uma pessoa de escopo inicial, explicada na primeira parte deste livro, conduz à felicidade de humanos e deuses. A prática das etapas do caminho de uma pessoa de escopo intermediário, explicada na segunda parte, conduz à felicidade da libertação. A prática das etapas do caminho de uma pessoa de grande escopo, explicada na terceira parte, conduz à felicidade última da plena iluminação. Assim, a função principal das instruções do Lamrim é satisfazer os desejos e as necessidades de todos os seres vivos.

Essas instruções constituem o corpo principal do Dharma de Buda ou Budadharma. Elas nasceram da sabedoria onisciente de Atisha (982– 1054), e sua tradição continua sendo praticada até hoje. É maravilhoso e um sinal de grande ventura que esses ensinamentos preciosos estejam começando a florescer nos países ocidentais. Eu os recebi de meu Guia Espiritual, Trijang Dorjechang, que era uma emanação de Atisha. Assim, as explicações apresentadas neste livro, *Caminho Alegre da Boa Fortuna*, na realidade vieram dele, não de mim. Todavia, trabalhei com grande empenho e durante um longo período para concluir este livro.

A prática do Lamrim é muito importante porque todos precisam cultivar estados mentais serenos. Ouvindo ou lendo esses ensinamentos, po-

Buda Shakyamuni

demos aprender como controlar nossa mente e sempre manter uma boa motivação em nosso coração. Isso fará com que todas as nossas ações diárias se tornem puras e significativas. Controlando nossa mente, podemos solucionar todos os nossos problemas cotidianos e, aperfeiçoando gradualmente nossa prática diária do Lamrim, podemos avançar do nosso estado atual ao estado de um Bodhisattva. Fazendo mais progressos, podemos nos tornar um ser plenamente iluminado. Esse é o sentido essencial da nossa vida humana. Uma conquista de tal magnitude será o resultado da nossa prática de Lamrim.

Geshe Kelsang Gyatso
Tharpaland, Escócia
Novembro de 1988

PRIMEIRA PARTE

Fundamentos e Escopo Inicial

As Etapas do Caminho

As eminentes universidades monásticas budistas de Nalanda e de Vikramashila desenvolveram, cada qual, seu próprio estilo de discurso. De acordo com a tradição de Nalanda, sempre que um Guia Espiritual ensina o Dharma, ele ou ela começa explicando três purezas. Sempre que ouvimos, lemos ou ensinamos o Dharma, estas três purezas são necessárias: uma mente pura por parte do estudante, uma fala pura por parte do Guia Espiritual e um Dharma puro. O estudante terá uma mente pura se não adotar visões errôneas, se tiver fé no Guia Espiritual e no Dharma que lhe está sendo ensinado e se possuir uma motivação correta. A fala do Guia Espiritual será pura se for inequívoca e clara, se ele a tiver recebido de um autêntico Guia Espiritual e se a transmissão oral e a linhagem dos ensinamentos tiverem bênçãos. O Dharma será puro se revelar o caminho completo que conduz à iluminação, se apresentar cada ponto inequivocamente e se tiver sido transmitido por meio de uma linhagem ininterrupta desde Buda Shakyamuni. O Dharma aqui explicado, o Lamrim, é puro porque possui essas três condições necessárias. Assim, nossa tarefa como leitores é assegurar a pureza da nossa mente enquanto lemos, contemplamos e meditamos nos conteúdos que nos foram explicados. Devemos, principalmente, gerar uma boa motivação, pensando:

Agora tenho uma oportunidade suprema de alcançar a Budeidade e de conduzir os outros ao mesmo estado. Para me tornar um ser iluminado preciso praticar todas as etapas do caminho. Portanto vou estudar essas instruções e praticá-las

Lendo o Lamrim com uma intenção tão pura, aumentaremos nossa coleção de mérito instante a instante. Não há maneira mais significativa de aproveitar nossa vida. Para mim, o autor, não existe nada mais importante do que ensinar e explicar o puro Dharma.

De acordo com a tradição de Vikramashila, sempre que um Guia Espiritual ensina o Dharma, ele ou ela começa explicando três coisas:

(1) As preeminentes qualidades do autor dos textos raízes nos quais se fundamentam os ensinamentos
(2) As preeminentes qualidades dos ensinamentos apresentados nesses textos
(3) Como ouvir e como ensinar o Dharma

É muito benéfico receber essas explicações antes de estudarmos as instruções das etapas do caminho. Conhecendo as qualidades do autor, compreenderemos facilmente que o Dharma que ele ou ela ensina só pode ser autêntico. Conhecendo as preeminentes qualidades do Lamrim, naturalmente desenvolveremos interesse, respeito e confiança nesses ensinamentos. Conhecendo como ouvir e ler as instruções e como elas devem ser ensinadas, seremos capazes de extrair o máximo proveito de oportunidades como esta que temos agora; por fim, seremos capazes de beneficiar imensamente os outros, transmitindo-lhes as instruções.

Todas as explicações apresentadas neste livro podem ser agrupadas em quatro partes:

1. Explicação das preeminentes qualidades do autor, para mostrar que as instruções do Lamrim são autênticas
2. Explicação das preeminentes qualidades do Lamrim, para inspirar fé e respeito pelas instruções do Lamrim
3. Explicação de como ouvir e de como ensinar o Dharma
4. Explicação das instruções das etapas do caminho à iluminação

As Qualidades do Autor

EXPLICAÇÃO DAS PREEMINENTES QUALIDADES DO AUTOR, PARA MOSTRAR QUE AS INSTRUÇÕES DO LAMRIM SÃO AUTÊNTICAS

As instruções do Lamrim foram ensinadas originalmente por Buda Shakyamuni. A transmissão do Lamrim foi feita por duas linhagens distintas: a linhagem da sabedoria, de Nagarjuna, e a linhagem do método, de Asanga. A linhagem da sabedoria, ou caminho profundo, passou de Buda Shakyamuni a Manjushri, de Manjushri a Nagarjuna e depois, por meio de outros Professores, chegou a Atisha. A linhagem do método, ou caminho vasto, passou de Buda Shakyamuni a Maitreya, de Maitreya a Asanga e depois, por meio de outros Professores, chegou a Atisha. Essas duas linhagens incluem instruções sobre método e sabedoria, mas diferem na ênfase dada a cada um deles.

Atisha é o autor do Lamrim porque foi ele o primeiro a reunir todas as instruções dessas duas grandes linhagens Mahayana em sua obra *Luz para o Caminho à Iluminação*, à qual deu o título abreviado de Lamrim. Ele unificou as duas tradições, facilitando a prática de ambas, e seu trabalho tornou-se o precursor de todos os demais textos de Lamrim.

A vida e trabalho de Atisha são apresentados em três partes:

1. Nascimento de Atisha numa família real e sua juventude
2. Conquista de conhecimentos e realizações espirituais de Atisha
3. Trabalho de Atisha difundindo o Budadharma na Índia e no Tibete

NASCIMENTO DE ATISHA NUMA FAMÍLIA REAL E SUA JUVENTUDE

O príncipe Atisha nasceu em 982, em Bengala Oriental, na Índia. Seu pai chamava-se Kalyanashri (Virtude Gloriosa), e sua mãe, Prabhavarti Shrimati (Radiância Gloriosa). Ele foi o segundo de três filhos e, ao nascer, recebeu o nome de Chandragarbha (Essência da Lua). Por vê-lo sempre calmo e sereno, mais tarde o rei tibetano Jangchub Ô passou a chamá-lo de Atisha, que significa paz. Ainda criança, Chandragarbha foi levado pelos pais a visitar um templo. Durante o trajeto, milhares de pessoas se aglomeraram tentando avistar o príncipe. Ao ver tanta gente, Chandragarbha perguntou: "Quem são essas pessoas?". E seus pais responderam: "São nossos súditos". Compaixão surgiu espontaneamente no coração do príncipe, e ele rezou: "Que todas essas pessoas desfrutem de boa fortuna tão grande quanto a minha". Sempre que encontrava alguém, um desejo surgia naturalmente em sua mente: "Que essa pessoa encontre felicidade e se livre do sofrimento".

Desde muito pequeno Chandragarbha recebia visões de Tara. Às vezes, enquanto estava no colo de sua mãe, parecia dialogar com flores azuis que caíam do céu. Mais tarde, iogues explicaram à mãe que as flores azuis eram um sinal de que Tara estava aparecendo para o filho e falando com ele.

Quando o príncipe cresceu, seus pais quiseram arranjar-lhe um casamento, mas Tara o aconselhou: "Se te apegares ao teu reinado serás como um elefante que se afunda na lama e não consegue mais se levantar devido ao seu porte e peso avantajados. Não te apegues a esta vida. Estuda e pratica o Dharma. Foste um Guia Espiritual em muitas de tuas vidas anteriores e também o serás nesta vida". Inspirado por tais palavras, Chandragarbha gerou grande interesse em estudar e praticar o Dharma e determinou-se a obter todas as realizações dos ensinamentos de Buda. Sabia que, para alcançar sua meta, precisaria encontrar um Guia Espiritual plenamente qualificado. Primeiro, procurou um famoso Professor budista chamado Jetari, que vivia nos arredores, e solicitou instruções sobre como se libertar do samsara. Jetari transmitiu-lhe instruções sobre refúgio e bodhichitta e depois disse-lhe que se quisesse praticar puramente, deveria ir a Nalanda e estudar com o Guia Espiritual Bodhibhadra.

Quando encontrou Bodhibhadra, o príncipe disse: "Entendo que o samsara não tem sentido e que só a libertação e a plena iluminação valem realmente a pena. Por favor, dá-me instruções de Dharma capazes de me conduzir rapidamente ao estado além da dor". Bodhibhadra deu-lhe breves instruções sobre como gerar a bodhichitta e depois aconselhou-o: "Se desejas praticar o Dharma puramente, deves procurar o Guia Espiritual Vidyakokila". Bodhibhadra sabia que Vidyakokila era um grande meditador que havia obtido uma realização perfeita da vacuidade e que primava na maneira de ensinar as etapas do caminho profundo.

Vidyakokila deu a Chandragarbha instruções completas sobre o caminho profundo e o caminho vasto e depois mandou-o estudar com o Guia Espiritual Avadhutipa. Avadhutipa não o guiou de imediato, mas disse que deveria procurar Rahulagupta, a fim de receber instruções sobre os Tantras *Hevajra* e *Heruka*, e recomendou-lhe que viesse vê-lo mais tarde, para receber instruções detalhadas sobre o Mantra Secreto. Rahulagupta deu a Chandragarbha o nome secreto de Janavajra (Sabedoria Indestrutível) e sua primeira iniciação, que foi na prática de Hevajra. Então, recomendou-lhe que voltasse para casa e obtivesse o consentimento de seus pais para praticar.

Embora o príncipe não fosse apegado à vida mundana, julgava importante obter a permissão dos pais para praticar da maneira que desejasse. Assim, foi ao encontro deles e lhes disse: "Se eu praticar o Dharma puramente serei capaz de retribuir vossa bondade e a bondade de todos os seres vivos, conforme previu Arya Tara. Se puder fazer isso, minha vida humana não terá sido desperdiçada. Caso contrário, ainda que passe todo o meu tempo num glorioso palácio, minha existência será inútil. Por favor, dai-me o vosso consentimento para eu deixar o reino e dedicar minha vida à prática do Dharma". O pai de Chandragarbha ficou infeliz ao ouvir isso e quis impedir que o filho desistisse de sua perspectiva como futuro rei; mas a mãe ficou encantada ao saber que o filho desejava dedicar sua vida ao Dharma. Lembrou-se dos sinais maravilhosos que aconteceram no seu nascimento, como o de um arco-íris, e também dos milagres, como o das flores azuis de upala caindo do céu. Ela sabia que o filho não era um príncipe comum e, sem hesitar, concedeu-lhe permissão. A tempo, o rei também consentiu ao desejo do filho.

Chandragarbha voltou para a companhia de Avadhutipa e durante sete anos recebeu instruções sobre o Mantra Secreto. Tornou-se tão realizado que, certa vez, gerou orgulho pensando: "Provavelmente conheço o Mantra Secreto melhor do que ninguém no mundo". Naquela noite, Dakinis apareceram em seu sonho e lhe mostraram escrituras raras, que ele jamais havia visto. Elas lhe perguntaram: "O que significam esses textos?". Mas ele não tinha a menor ideia. Quando acordou, seu orgulho havia desaparecido.

Mais tarde, Chandragarbha pensou que deveria imitar a maneira de praticar de Avadhutipa e, como leigo, tentar alcançar a iluminação rapidamente, praticando o Mahamudra com o auxílio de um mudra-ação. No entanto, ele recebeu uma visão de Heruka, dizendo-lhe que, se optasse pela ordenação, poderia ajudar incontáveis seres e difundir o Dharma ampla e extensivamente. Naquela noite, sonhou que seguia uma procissão de monges diante de Buda Shakyamuni e que o próprio Buda se perguntava por que Chandragarbha ainda não se ordenara. Ao despertar, decidiu que se tornaria um monge. Recebeu a ordenação de Shilarakshita, que lhe deu o nome de Dhipamkara Shrijana.

Dhipamkara Shrijana recebeu do seu Guia Espiritual Dharmarakshita instruções detalhadas sobre *Sete Categorias de Abidharma e Oceano de Grande Explanação*, textos escritos segundo o ponto de vista do sistema

Vaibhashika. Desse modo, tornou-se um grande conhecedor dos ensinamentos Hinayana.

Não satisfeito com isso, Dhipamkara Shrijana foi até Bodh Gaya para receber instruções detalhadas. Um dia ouviu por acaso uma conversa entre duas mulheres, que eram na verdade emanações de Arya Tara. A mais nova perguntou à mais velha: "Qual é o principal método para alcançar a iluminação rapidamente?". A mais velha respondeu: "É a bodhichitta". Ouvindo isso, Dhipamkara Shrijana determinou-se a alcançar a preciosa bodhichitta. Mais tarde, quando estava circum-ambulando a grande estupa em Bodh Gaya, uma estátua de Buda Shakyamuni dirigiu-se a ele, dizendo: "Se desejas alcançar a iluminação rapidamente, precisas obter experiência de compaixão, amor e bodhichitta". Então, seu desejo de realizar a preciosa bodhichitta tornou-se intenso. Ouviu dizer que o Guia Espiritual Serlingpa, que vivia em Serling, na longínqua Sumatra, alcançara uma experiência muito especial da mente de bodhichitta e era capaz de dar instruções sobre os *Sutras Perfeição de Sabedoria*.

Dhipamkara Shrijana navegou treze meses e quando chegou à presença de Serlingpa ofereceu-lhe um mandala e fez os seus pedidos. Em resposta, Serlingpa disse que a transmissão das instruções levaria doze anos. Dhipamkara Shrijana permaneceu em Sumatra durante todo esse tempo e, finalmente, obteve a preciosa realização da bodhichitta. Depois, retornou à Índia.

CONQUISTA DE CONHECIMENTOS E REALIZAÇÕES ESPIRITUAIS DE ATISHA

Confiando em seus Guias Espirituais, Atisha logrou obter um conhecimento especial nas três categorias de ensinamentos budistas – a categoria disciplina moral, a categoria discursos e a categoria sabedoria – e nas quatro classes de Tantra. Tornou-se um profundo conhecedor de artes e ciências, como poesia, retórica e astrologia. Foi também um excelente médico e demonstrou grande habilidade em artesanato e tecnologia.

Atisha também obteve todas as realizações dos três treinos superiores: em disciplina moral superior, em concentração superior e em sabedoria superior. Visto que todas as etapas do Sutra – as seis perfeições, os cinco caminhos e os dez solos – e todas as etapas do Tantra – os estágios de geração e de conclusão – estão incluídas nos três treinos superiores, Atisha obteve todas as realizações das etapas do caminho.

Existem três tipos de disciplina moral superior: a disciplina moral superior dos votos Pratimoksha, ou votos de libertação individual; a disciplina moral superior dos votos bodhisattva; e a disciplina moral superior dos votos tântricos. Os votos de abandonar as 253 quedas, tomados por um monge plenamente ordenado, estão entre os votos Pratimoksha.

Atisha jamais quebrou qualquer um desses votos. Isso mostra que possuía forte contínua-lembrança e imensa conscienciosidade. Ele também guardou puramente os votos bodhisattva de evitar as 18 quedas raízes e as 46 quedas secundárias, além de guardar puramente todos os seus votos tântricos.

As aquisições de concentração superior e de sabedoria superior dividem-se em comuns e incomuns. Uma conquista comum pode ser alcançada tanto por praticantes do Sutra como por praticantes do Tantra, ao passo que uma conquista incomum só pode ser alcançada por praticantes do Tantra. Treinando a concentração superior, Atisha obteve a concentração comum do tranquilo-permanecer e, tendo isso por base, obteve clarividência, poderes miraculosos e virtudes comuns. Alcançou também concentrações incomuns, como as concentrações dos estágios de geração e de conclusão do Mantra Secreto. Treinando a sabedoria superior, Atisha conseguiu a realização comum da vacuidade e as realizações incomuns da clara-luz exemplo e da clara-luz significativa do Mantra Secreto.

TRABALHO DE ATISHA DIFUNDINDO O BUDADHARMA NA ÍNDIA E NO TIBETE

Atisha dominava tanto os ensinamentos Hinayana como os Mahayana e era respeitado pelos mestres das duas tradições. Os eruditos não budistas que debatiam com ele e eram vencidos convertiam-se ao Budismo. Atisha era como um rei, o ornamento-coroa dos budistas indianos, e era tido como um segundo Buda.

Antes do tempo de Atisha, o 37° rei do Tibete, Trisong Detsen (cerca de 754–97), convidou Padmasambhava, Shantarakshita e outros mestres budistas para ensinar o Dharma no Tibete. Graças à influência deles, o puro Dharma floresceu. Porém, alguns anos mais tarde, um rei tibetano chamado Lang Darma (cerca de 836) destruiu o puro Dharma no Tibete e aboliu a Sangha. Até então quase todos os reis haviam sido religiosos, mas o reinado maligno de Lang Darma foi uma era negra no Tibete. Aproximadamente setenta anos depois da sua morte, o Dharma voltou a florescer no norte do Tibete, graças aos esforços de alguns eminentes Professores, como o tradutor Rinchen Sangpo. Floresceu também no sul, graças aos esforços de um grande Professor chamado Gongpa Rabsel. Aos poucos, o Dharma expandiu-se para a região central do país.

Naquela época, não havia uma prática pura da união do Sutra e do Tantra. Pensava-se que os dois ensinamentos eram contraditórios, como fogo e água. Quando as pessoas praticavam o Sutra, abandonavam o Tantra e, quando praticavam o Tantra, abandonavam o Sutra, inclusive as regras do Vinaya. Falsos professores vieram da Índia, atraídos pelo abundante ouro do Tibete. Fazendo-se passar por Guias Espirituais e iogues, introduziam depravações, como magia negra, criação de aparições, práticas sexuais e assassinatos ritualísticos. Esses maus procedimentos tornaram-se bastante difundidos.

Um rei chamado Yeshe Ö e seu sobrinho Jangchub Ö, que viviam em Ngari, no oeste do Tibete, estavam muito preocupados com a situação do Dharma em seu país. O rei chorava ao comparar a pureza do Dharma dos tempos antigos com o Dharma impuro que então estava sendo praticado. Sentia-se desolado com o endurecimento e o descontrole mental de seu povo. Pensou: "Que maravilhoso seria se o puro Dharma viesse a florescer novamente no Tibete, para domar as mentes de nosso povo". Para realizar esse desejo, enviou vários tibetanos à Índia, a fim de aprenderem o sânscrito e de praticarem o Dharma; contudo, a maioria não conseguiu resistir o clima quente. Os poucos sobreviventes aprenderam sânscrito e treinaram o Dharma com êxito. Entre eles, estava o tradutor Rinchen Sangpo, que recebeu muitas instruções e depois regressou ao Tibete.

Como esse plano não teve muito sucesso, Yeshe Ö decidiu convidar um autêntico Professor da Índia. Enviou um grupo de tibetanos à Índia com uma grande quantidade de ouro e a incumbência de encontrar o Guia Espiritual mais qualificado daquele país. Recomendou que todos estudassem o Dharma e aprendessem o sânscrito perfeitamente. Para satisfazer os desejos do rei, esses tibetanos passaram pelas duras provações do clima e da viagem. Alguns se tornaram famosos tradutores. Eles traduziram muitas escrituras e enviaram-nas ao rei, que muito se deleitou com isso.

Quando retornaram ao Tibete, informaram a Yeshe Ö: "Na Índia há muitos ilustres Professores de Budismo, porém o mais eminente e sublime de todos é Dhipamkara Shrijana. Gostaríamos de tê-lo convidado para vir ao Tibete, mas ele tem milhares de discípulos na Índia". Ao ouvir o nome Dhipamkara Shrijana, Yeshe Ö alegrou-se e tomou a decisão de trazê-lo ao Tibete. Como já gastara a maior parte do ouro que possuía e agora precisava de mais para fazer o convite, o rei organizou uma expedição para buscar mais ouro. Ao chegar a uma de suas fronteiras, ele foi capturado e feito prisioneiro por um hostil rei não budista. Quando soube do ocorrido, seu sobrinho Jangchub Ö pensou: "Sou poderoso o suficiente para lutar contra esse rei. Mas, se o fizer, muita gente sofrerá e cometerei muitas ações nocivas e destrutivas". Decidiu fazer um apelo em prol da libertação do tio. Contudo, o rei inimigo respondeu: "Libertarei teu tio mediante condições: ou te tornas meu vassalo ou me entregas o peso do teu tio em ouro". Com grande dificuldade, Jangchub Ö conseguiu reunir o ouro exigido, exceto o equivalente ao peso da cabeça do tio. Como o rei exigia a quantia que faltava, Jangchub Ö iniciou os preparativos para outra expedição, mas, antes de partir, visitou o tio. Encontrou Yeshe Ö fisicamente enfraquecido, mas com a mente lúcida. Falou com o tio através das grades da prisão: "Em breve poderei libertá-lo, pois já reuni quase todo o ouro necessário". Yeshe Ö respondeu: "Por favor, não me trates como se eu fosse importante. Não deves entregar o ouro a esse inimigo. Envia-o para a Índia e oferece-o a Dhipamkara Shrijana. Esse é o meu maior desejo. Darei minha vida com alegria para restaurar o puro Dharma no Tibete. Por favor, transmite essa mensagem a Dhipamkara Shrijana. Faze-o saber que dei minha vida para trazê-lo ao nosso país. Como ele sente compaixão pelo povo tibetano, aceitará nosso convite ao receber essa mensagem".

Jangchub Ö enviou o tradutor Nagtso e alguns companheiros para a Índia com o ouro. Quando se encontraram com Dhipamkara Shrijana, contaram-lhe o que estava acontecendo no Tibete e explicaram o quanto todos desejavam convidar um Guia Espiritual vindo da Índia. Falaram sobre a oferenda em ouro enviada pelo rei e relataram as histórias dos muitos tibetanos que haviam morrido para restaurar o puro Dharma no país. Contaram-lhe, em particular, como Yeshe Ö sacrificara a própria vida para levá-lo ao Tibete. Dhipamkara Shrijana considerou atentamente tudo o que ouvira dos tibetanos e decidiu aceitar o convite. Apesar de ter muitos discípulos na Índia e de estar trabalhando com afinco para difundir o Dharma, ele sabia que no Tibete não havia um Dharma puro. Além disso, lembrou-se de ter recebido uma predição de Arya Tara dizendo que, se fosse ao Tibete, iria beneficiar incontáveis seres vivos. Sentiu o coração repleto de compaixão ao pensar nos tibetanos que haviam morrido na Índia e ficou especialmente comovido com o sacrifício de Yeshe Ö.

Dhipamkara Shrijana teve de viajar para o Tibete em segredo, uma vez que seus discípulos indianos o impediriam de fazê-lo se soubessem que estava deixando a Índia. Disse-lhes que faria uma peregrinação ao Nepal mas, de lá, atravessou a fronteira para o Tibete. Quando os discípulos indianos perceberam que ele não mais voltaria, protestaram dizendo que os tibetanos eram ladrões, pois haviam roubado seu Guia Espiritual!

Seguindo os costumes daquela época, em vigor até hoje, de receber com gala convidados importantes, Jangchub Ö enviou uma comitiva de trezentos cavaleiros à fronteira, sendo que entre eles havia muitos eminentes tibetanos. Seu intuito era saudar Atisha e oferecer-lhe um cavalo para facilitar a difícil viagem até Ngari. Atisha cavalgou no centro dos trezentos cavaleiros e, usando poderes miraculosos, pairou três palmos acima do dorso do cavalo. Vendo isso, aqueles que não tinham respeito por ele geraram intensa fé, e todos disseram que o segundo Buda havia chegado ao Tibete.

Quando Atisha chegou a Ngari, Jangchub Ö solicitou-lhe: "Ó compassivo Atisha, por favor, transmite instruções para ajudar o povo tibetano.

Por favor, dá conselhos que todos possam seguir. Por favor, dá-nos instruções especiais para que possamos praticar todos os caminhos do Sutra e do Tantra ao mesmo tempo". Para atender a esse desejo, Atisha compôs e ensinou *Luz para o Caminho à Iluminação*. Deu essas instruções em Ngari e depois no Tibete Central. Muitos discípulos que ouviram tais ensinamentos desenvolveram grande sabedoria.

Ainda na Índia, Atisha recebera uma profecia de Arya Tara: "Quando fores ao Tibete, um homem leigo virá para receber instruções, e esse discípulo fará com que o Dharma floresça ampla e extensivamente". Tal predição referia-se ao principal discípulo de Atisha, Dromtonpa. No início, Atisha ensinou o Lamrim principalmente a Dromtonpa; aos demais discípulos, ele dava instruções sobre o Mantra Secreto. Um dia, Dromtonpa lhe perguntou: "Por que ensinas o Lamrim principalmente a mim, e não aos outros?". Atisha respondeu que ele era especialmente merecedor de receber os ensinamentos de Lamrim. Depois da morte de Atisha, Dromtonpa foi considerado seu representante e respeitado como seu igual. Dromtonpa ensinou o Lamrim amplamente no Tibete.

Três linhagens de instruções de Lamrim foram transmitidas a partir de Dromtonpa. A linhagem Kadam Shungpawa passou dele para Geshe Potowa, Geshe Sharawa e, por meio de outros Professores, chegou a Je Tsongkhapa. A linhagem Kadam Lamrimpa foi transmitida de Dromtonpa para Geshe Gonbawa, Geshe Neusurpa e, por meio de outros Professores, chegou a Je Tsongkhapa. A linhagem Kadam Menngagpa foi transmitida de Dromtonpa para Geshe Chengawa, Geshe Jayulwa e, por meio de outros Professores, também chegou a Je Tsongkhapa.

Até a época de Je Tsongkhapa, essas três linhagens eram chamadas de "Antigas Linhagens Kadam". Da época de Je Tsongkhapa até nossos dias, essas três linhagens são chamadas de "Novas Linhagens Kadam". As três continuam a ser praticadas até hoje. Os praticantes dessas escolas se diferem pela extensão dos seus estudos filosóficos. Os Kadam Shungpawas estudam extensivamente, os Kadam Lamrimpas estudam menos extensivamente, e os Kadam Menngagpas estudam ainda menos. Entretanto, todos eles têm o Lamrim como sua prática principal e a ela incorporam todos os seus estudos filosóficos. O grande Guia Espiritual Ngawang Chogden é um exemplo de um Kadam Shungpawa. Ele estudou filosofia durante muitos anos no Tibete Central e, quando se formou como Geshe, voltou para casa, em Kham, no leste do Tibete. Ali recebeu instruções de Jamyang Shaypa e veio a conhecer o Lamrim completo. Compreendeu, então, que todos os ensinamentos de Buda devem ser tomados como valiosos conselhos pessoais e postos em prática. Também percebeu que seus estudos filosóficos faziam parte do Lamrim e que não eram algo separado disso. Então pensou: "Quando eu estudava filosofia no Tibete Central, estava estudando o Lamrim. Mas como não tinha recebido instruções completas, não sabia como pôr todos os meus estudos em prática. Agora posso fazer bom uso deles, integrando-os à minha prática do Lamrim". Os Kadam Lamrimpas contemporâneos estudam textos como *Grande Exposição das Etapas do Caminho* e *Mediana Exposição das Etapas do Caminho*, ambos de Je Tsongkhapa. Os Kadam Menngagpas, por sua vez, estudam alguns textos curtos, como *Caminho de Êxtase*, do I Panchen Lama, e *Caminho Rápido*, do II Panchen Lama. Embora sejam breves, esses textos incluem todas as práticas do Lamrim. Essas três linhagens foram transmitidas a Je Tsongkhapa. Depois de escrever *Os Três Aspectos Principais do Caminho*, ensinamentos que recebeu, juntamente com o título, diretamente de Manjushri, Je Tsongkhapa recolheu-se num retiro intensivo de Lamrim, no Monastério Reting. Enquanto ali estava, escreveu um louvor a todos os gurus da linhagem do Lamrim, intitulado *Abrir a Porta ao Caminho Supremo*. Nesse mosteiro, havia uma estátua muito preciosa de Atisha. Diante dela, Je Tsongkhapa fez pedidos e teceu louvores a Buda Shakyamuni e a todos os gurus da linhagem do Lamrim e recebeu visões de Atisha, Dromtonpa, Geshe Potowa e Geshe Sharawa. Esses Mestres ficaram com Je Tsongkhapa durante um mês e conversaram com ele como uma pessoa conversa com outra. Depois de um mês, Dromtonpa, Geshe Potowa e Geshe Sharawa se dissolveram em Atisha que, então, tocou a coroa de Je Tsongkhapa com a mão direita e disse: "Deves trabalhar pelo bem do Budadharma. Vou ajudar-te". Je Tsongkhapa escreveu, então, *Grande Exposição das Etapas do Caminho*, o rei de todos os textos de Lamrim. Posteriormente, escreveu *Mediana Exposição das Etapas do Caminho* e, finalmente, *Exposição Condensada das Etapas do Caminho*, destinado àqueles que não são capazes de estudar os textos mais longos.

Desde a época de Je Tsongkhapa, muitos outros textos de Lamrim foram escritos. Entre eles, cabe citar oito textos principais, conhecidos como *Oito Grandes Guias do Lamrim*. São eles: os três textos de Je Tsongkhapa acima mencionados; *Caminho de Êxtase*, texto do I Panchen Lama, e *Caminho Rápido*, do II Panchen Lama, que apresentam as principais instruções do Lamrim em associação com o Mantra Secreto; *Essência de Ouro Refinado*, do III Dalai Lama, e *Instruções Recebidas da Boca de Manjushri*, do V Dalai Lama, um comentário à *Essência de Ouro Refinado*, que ensina somente as instruções de Lamrim referentes ao Sutra; e *Essência do Conselho Bem Falado*, do grande Lama Dagpo Ngawang Dragpa.

As Qualidades do Ensinamento

EXPLICAÇÃO DAS PREEMINENTES QUALIDADES DO LAMRIM, PARA INSPIRAR FÉ E RESPEITO PELAS INSTRUÇÕES DO LAMRIM

Essa explicação tem duas partes:

1. As preeminentes características do Lamrim
2. Os preeminentes atributos do Lamrim

AS PREEMINENTES CARACTERÍSTICAS DO LAMRIM

O Lamrim possui três preeminentes características que não estão presentes em outros textos:

1. O Lamrim é a síntese de todo o Budadharma
2. As instruções do Lamrim podem ser facilmente praticadas
3. A apresentação das instruções do Lamrim é superior à apresentação das outras tradições

Essas três características são exclusivas do Lamrim. Nenhum outro ensinamento as possui, nem mesmo o rei dos Tantras, o *Tantra de Guhyasamaja*, ou o rei dos Sutras, os *Sutras Perfeição de Sabedoria*. Outros textos não incluem os temas e as práticas de todas as demais escrituras e não podem ser praticados com facilidade e por todos. Por exemplo, se recebermos as iniciações e as instruções do *Tantra de Guhyasamaja* e decidirmos adotá-lo como nossa prática diária, mas não o combinarmos com o Lamrim, não conseguiremos incluir todas as outras práticas nele. Além do mais, as próprias instruções são difíceis. O texto *Ornamento à Clara Realização*, de Maitreya, é difícil até quando recebemos comentários sobre ele; e, depois de compreender os comentários, continuaremos sem entender como todas as outras práticas de Dharma estão contidas nele. A menos que recebamos ensinamentos completos de Lamrim, é difícil pôr em prática tais instruções avançadas. Podemos acumular erudição, mas não saberemos como controlar nossos estados mentais perturbados. Apego desejoso, raiva, inveja e outras delusões vão continuar tão fortes como antes. Com tais estados mentais turbulentos, não conseguiremos encontrar felicidade estável e pura para nós mesmos e muito menos para os outros; e nossos estudos, por mais avançados que sejam, não trarão real benefício.

Todas as outras escrituras budistas constituem uma parte do Lamrim ou uma de suas preliminares. Por exemplo, os *Sutras Perfeição de Sabedoria* fazem parte do Lamrim. Eles são a fonte das principais instruções do Lamrim, chamadas de "as instruções do Sutra". Explicitamente, os *Sutras Perfeição de Sabedoria* ensinam a etapa da visão superior de acordo com o Sutra, na qual o objeto de meditação é a vacuidade. Todas as etapas do caminho que têm a vacuidade como seu objeto de meditação constituem as etapas do caminho profundo. Portanto, explicitamente, os *Sutras Perfeição de Sabedoria* ensinam as etapas do caminho profundo de acordo com o Sutra. Implicitamente, eles ensinam as etapas do caminho vasto de acordo com o Sutra.

Todas as etapas do caminho do Sutra e do Tantra podem ser divididas em etapas do caminho profundo e etapas do caminho vasto. Todas as escrituras de Buda e todos os textos filosóficos compostos depois dele como *Seis Coleções de Raciocínios*, de Nagarjuna, e *Cinco Categorias dos Solos Espirituais*, de Asanga, estão incluídos nas etapas do caminho profundo ou nas etapas do caminho vasto. O *Ornamento à Clara Realização*, de Maitreya, está incluído no caminho vasto, e o *Guia ao Caminho do Meio*, de Chandrakirti, faz parte do caminho profundo. Entre os professores de Atisha, Vidyakokila tinha grande habilidade para ensinar as etapas do caminho profundo e Serlingpa, para ensinar as etapas do caminho vasto. O Lamrim combina as instruções desses dois Lamas de tal maneira que podemos compreendê-las e praticá-las com mais facilidade. Nesse sentido, o Lamrim é superior às outras tradições.

Quando começamos a estudar textos filosóficos como os mencionados, podemos ser levados a pensar que estamos estudando escrituras diferentes, que não estão no Lamrim e, considerando a dificuldade de compreendê-las, podemos achar que se destinam a estudantes mais avançados. Na realidade, todos esses textos filosóficos só devem ser estudados como parte da nossa prática principal: a do Lamrim. Se tentássemos estudar filosofia e lógica sem incorporá-las em nossa prática do Lamrim, perderíamos sua essência pois, sem uma prática constante do Lamrim, não obteríamos controle sobre nossa mente e não seríamos capazes de ajudar os outros a superarem seus problemas.

Se não tivermos estudado todo o Lamrim, essas três características preeminentes não serão óbvias; contudo, se conhecermos alguém que esteja pondo em prática o Lamrim inteiro, poderemos entender suas características supremas simplesmente pelo exemplo dessa pessoa, sem ter de estudar todas as instruções por nós mesmos. Infelizmente, uma pessoa assim é extremamente rara. Nem mesmo o estudo completo do Lamrim garante a plena apreciação de todas as suas qualidades. Assim como precisamos saborear uma xícara de chá para avaliar plenamente sua qualidade, coisa que não se faz apenas lendo propagandas, também precisamos pôr todo o Lamrim em prática, a fim de apreciar plenamente sua excelência.

OS PREEMINENTES ATRIBUTOS DO LAMRIM

Obtendo uma experiência do Lamrim:

1. Entenderemos que os ensinamentos de Buda não são contraditórios
2. Tomaremos todos os ensinamentos de Buda como um conselho pessoal e os praticaremos
3. Realizaremos com facilidade a intenção última de Buda
4. Ficaremos naturalmente livres da grande falha e de todas as outras falhas

ENTENDEREMOS QUE OS ENSINAMENTOS DE BUDA NÃO SÃO CONTRADITÓRIOS

Se estudarmos e praticarmos todo o Lamrim, veremos que não existem contradições entre as escrituras Hinayana e Mahayana, entre o Sutra e o Tantra, entre os textos raízes e seus comentários. Uma leitura superficial das escrituras pode sugerir contradições. Por exemplo, algumas escrituras Hinayana enfatizam a meditação sobre a sujeira e o aspecto repugnante do corpo e sobre as impurezas do ambiente, ao passo que as escrituras tântricas nos ensinam a considerar nosso corpo como o corpo de uma Deidade e nosso ambiente como puro. As escrituras Hinayana ensinam como alcançar a libertação só para nós, enquanto as escrituras Mahayana ensinam como alcançar a plena iluminação para o benefício dos outros. Algumas escrituras recomendam que não se coma carne, e outras nos encorajam a praticar o ioga de comer, segundo o qual até a ação de comer carne é transformada em uma ação pura. Estudando todas as etapas do caminho, veremos de que modo tais diferenças podem ser conciliadas, porque compreenderemos que cada instrução é um método para solucionar um problema específico e deve ser aplicada na ocasião oportuna. Por exemplo, a meditação sobre a sujeira e o aspecto repugnante do corpo reduz o apego, ao passo que meditar no nosso corpo como o corpo de uma Deidade elimina nossa percepção da aparência comum, que é a causa do samsara.

Se um doente for ao médico para curar uma febre, o médico poderá aconselhá-lo a não comer carne. Se mais tarde ele retornar porque está sofrendo de anemia, o médico poderá recomendar que coma carne. Se o doente ignorar o conselho do médico, alegando que lhe foram prescritos tratamentos contraditórios, ele não irá melhorar. Um médico receita diferentes tratamentos para diferentes doenças. Do mesmo modo, Buda prescreve diferentes instruções para diferentes sofrimentos. Nenhum desses remédios é supérfluo ou redundante. Para nosso bem, devemos aplicar cada instrução específica no tempo devido e, se quisermos ajudar outras pessoas, cujas situações e experiências diferem das nossas, precisaremos conhecer todos os métodos e saber quando e como aplicá-los.

Se soubermos como praticar todo o Lamrim, saberemos como praticar todas as demais escrituras. Sempre que recebermos algum outro ensinamento, saberemos como situá-lo dentro do Lamrim. Desse modo, cada nova instrução que recebermos servirá para ampliar e reforçar as anteriores. Suponhamos que alguém ganhe um tanto de arroz, para o qual não tenha uso imediato. Se essa pessoa não tiver um lugar para armazená-lo, vai ter de jogá-lo fora; mas, se tiver construído um depósito de cereais, poderá guardar o arroz na saca adequada e aumentar a sua reserva. Quando o momento certo chegar, poderá fazer bom uso do arroz. O Lamrim é como esse depósito. Os ensinamentos Hinayana, por exemplo, podem ser armazenados nas etapas do caminho de uma pessoa do escopo intermediário; os ensinamentos Mahayana podem ser armazenados nas etapas do caminho de uma pessoa do grande escopo; os ensinamentos Vajrayanas podem ser armazenados nas etapas do Lamrim que correspondem ao Mantra Secreto; os ensinamentos sobre as relações dependentes e o caminho do meio podem ser estocados nas etapas da visão superior etc. Se não estudarmos o Lamrim em sua totalidade, ainda que recebamos muitas instruções, continuaremos a nos perguntar o que fazer com elas, como alguém que ganhou arroz, mas não sabe onde colocá-lo. Se agirmos assim, vamos desperdiçar a maior parte das instruções que recebermos.

Quando o grande Mestre tibetano Kyabje Phabongkha vivia em Kham, no Tibete oriental, ali chegou um Geshe proveniente de um dos grandes monastérios Gelug, para receber instruções práticas de um Lama da linhagem Nyingma. O povo da região concluiu que os gelugpas não tinham uma prática, visto que um Geshe tão importante continuava à procura de uma. Ao ouvir falar sobre o caso, Kyabje Phabongkha lastimou que alguém houvesse desperdiçado tantos anos de instrução, deixando de perceber que todos os seus estudos anteriores eram para ser praticados. Ele perdera tanto tempo porque não havia construído o depósito do Lamrim em sua mente.

TOMAREMOS TODOS OS ENSINAMENTOS DE BUDA COMO UM CONSELHO PESSOAL E OS PRATICAREMOS

Estudando todo o Lamrim, veremos que não há contradições entre os ensinamentos de Buda e perceberemos que todos eles devem ser postos em prática. Sabendo disso, tomaremos cada instrução como um conselho pessoal e ganharemos experiência própria, descobrindo, assim, que cada uma das instruções é perfeita e confiável.

Quando praticamos os ensinamentos de Buda, devemos fazê-lo sem omitir nem acrescentar nada. No *Sublime Continuum do Grande Veículo*, Maitreya diz:

> Neste mundo, não há ninguém mais capaz do que Buda.
> Sua mente onisciente percebe diretamente todos os objetos de
>   conhecimento, sem exceção.
> Portanto, devemos praticar tudo o que Buda ensinou.
> Se impusermos nossas próprias interpretações ou omitirmos algo,
>   estaremos destruindo o Budadharma.

Instruções budistas puras são apenas aquelas que foram recebidas de Buda Shakyamuni, por meio de uma linhagem pura e ininterrupta. Além de conter todas essas instruções, o Lamrim é o próprio método para praticá-las.

REALIZAREMOS COM FACILIDADE A INTENÇÃO ÚLTIMA DE BUDA

A intenção última de Buda é que todos os seres vivos alcancem a plena iluminação, obtendo todas as realizações das etapas do caminho. Essas realizações são cinco: as realizações dos três aspectos principais do caminho (renúncia, bodhichitta e visão correta da vacuidade) e as realizações dos estágios de geração e de conclusão do Mantra Secreto. Realizar a intenção última de Buda significa conquistar todas essas realizações e, assim, satisfazer seu maior desejo a nosso respeito.

Os três preeminentes atributos até aqui explicados podem ser diferenciados fazendo-se uma analogia com um pintor. O artista sabe que todas as suas ferramentas são necessárias para pintar um quadro e conhece a função específica de cada uma. Do mesmo modo, os praticantes do Lamrim entendem que todos os ensinamentos de Buda são necessários para alcançar a iluminação e sabem que não há contradição entre eles. O pintor fará uso de todas as suas ferramentas para pintar o quadro, e os praticantes do Lamrim entendem que cada instrução de Buda deve ser tomada como um conselho pessoal e aplicada em suas vidas. Usando suas ferramentas, um pintor conclui sua obra e satisfaz o desejo de seu cliente ou patrocinador; também os praticantes do Lamrim vão alcançar a iluminação e, assim, satisfazer a intenção última de Buda.

Em *Exposição Condensada das Etapas do Caminho*, Je Tsongkhapa diz que, se ouvirmos ou ensinarmos o Lamrim uma única vez, receberemos os benefícios de ter ouvido ou ensinado o Budadharma inteiro. Do mesmo modo, se praticarmos o Lamrim na sua totalidade, estaremos praticando, direta ou indiretamente, todos os ensinamentos de Buda. Portanto, não devemos nos sentir insatisfeitos com o Lamrim nem procurar outras instruções para praticar.

FICAREMOS NATURALMENTE LIVRES DA GRANDE FALHA E DE TODAS AS OUTRAS FALHAS

A grande falha é a falha de rejeitar o Dharma em consequência de discriminar erroneamente as diversas escrituras de Buda. Se pensarmos que algumas escrituras são boas e outras más, ou se pensarmos que algumas são aceitáveis e outras não, incorreremos na grande falha de rejeitar o Dharma. Também rejeitaremos o Dharma se, levados por sectarismo, sustentarmos que algumas escrituras são desnecessárias para praticantes mais avançados; exemplo disso seria pensar que algumas escrituras destinam-se aos Bodhisattvas e outras, somente àqueles cuja aspiração é mais limitada. Estudando e praticando o Lamrim inteiro somos impedidos de cometer esse equívoco. Quando compreendermos o real propósito de cada instrução e virmos que nenhuma delas é contraditória e quando praticarmos as instruções pessoalmente, comprovando por experiência própria que cada uma delas é correta e confiável, nunca iremos rejeitar ou subestimar nenhuma delas. Estudando e praticando o Lamrim inteiro, também superaremos todas as outras falhas, porque cada instrução é um oponente perfeito.

No Lamrim, existem oponentes para todas as falhas. Por exemplo, a etapa de treinar a fé e o respeito pelo nosso Guia Espiritual destrói atitudes faltosas de sentir raiva ou desrespeito por nosso Professor de Dharma e nos livra de considerá-lo uma pessoa comum. Todas as outras etapas do treino da mente funcionam de maneira similar para eliminar os estados mentais equivocados e as ações que eles induzem.

É fácil aprender quais são as preeminentes qualidades do Lamrim, mas é raro encontrar alguém que as tenha realizado por experiência direta. Para obter tal experiência, precisamos pôr em prática cada instrução. Se compreendermos que o Lamrim deve ser praticado em sua totalidade, nossas realizações e *insights* vão aumentar e, gradualmente, vamos nos familiarizar com hábitos mentais virtuosos. Nosso estado mental no próximo ano será melhor que o deste ano. Por fim, obteremos as mais elevadas realizações. Se nos lembrarmos sempre das preeminentes qualidades do Lamrim, nunca ficaremos desanimados e desenvolveremos esforço alegre ao aplicar os métodos para superar nossos problemas cotidianos.

Ouvir e Ensinar o Dharma

EXPLICAÇÃO DE COMO OUVIR E DE COMO ENSINAR O DHARMA

Tradicionalmente, os discípulos começam a aprender o Dharma ouvindo instruções orais do seu Guia Espiritual. Uma vez que ouvir é a base para contemplar e para meditar sobre o Dharma, é especialmente importante ouvirmos bem – com uma mente aberta e atenta e de tal maneira que sejamos capazes de nos lembrar das instruções e de refletir sobre elas ao final da exposição. Sempre que tivermos a oportunidade de receber ensinamentos orais sobre o Dharma, devemos aplicar essas instruções sobre como ouvir. Elas podem ser facilmente adaptadas à nossa condição de leitores. O grande meditador Ngawang Dragpa disse:

> A instrução de como ouvir e ensinar o Dharma é um método para transformar o ouvir e o ensinar em caminho espiritual. É também uma instrução suprema a ser dada como preliminar aos ensinamentos. Conserva-a, portanto, em teu coração.

As instruções são apresentadas em três partes:

1. Como ouvir o Dharma
2. Como ensinar o Dharma
3. A etapa de conclusão comum ao Professor e ao estudante

COMO OUVIR O DHARMA

Este tópico tem três seções:

1. Considerar os benefícios de ouvir o Dharma
2. Gerar respeito pelo Dharma e por seu Professor
3. A maneira de ouvir o Dharma

CONSIDERAR OS BENEFÍCIOS DE OUVIR O DHARMA

Se contemplarmos alguns dos inúmeros benefícios de ouvir o Dharma, iremos naturalmente gostar de ouvir e de ler as instruções e o faremos com um interesse especialmente aguçado. O resultado de ouvir e de ler com essa atitude mental tão positiva é que experimentaremos todos os benefícios que foram contemplados. No texto *Coleção de Poemas Especiais* de Buda Shakyamuni, intitulado *Tshom* em tibetano, está dito:

> Ouvindo, conhecerás todos os Dharmas.
> Ouvindo, cessarás todas as ações não virtuosas.
> Ouvindo, abandonarás tudo o que não tem importância.
> Ouvindo, alcançarás a libertação.

Aqui o termo "Dharmas" refere-se especificamente ao significado dos ensinamentos. O Dharma revela quais são os objetos a serem abandonados, quais os objetos a serem praticados etc. Ouvindo essas instruções, vamos compreender com clareza o significado do Dharma e gradualmente obteremos realizações. Cada realização pura de Dharma surge na dependência da meditação, e uma meditação bem-sucedida depende de recebermos instruções corretas. Conforme foi explicado, todas as instruções do Sutra e do Tantra estão incluídas nas três categorias de ensinamentos de Buda. Recebendo e praticando as instruções da categoria disciplina moral, cessamos as ações não virtuosas. Recebendo e praticando as instruções da categoria discursos, em que Buda explica como obter concentração, abandonamos as atividades inúteis e as distrações, ou seja, os obstáculos à concentração. Recebendo e praticando as instruções da sabedoria, atingimos a libertação.

Em *Histórias de Renascimento*, Aryasura menciona os seguintes benefícios de ouvir:

> Ouvir é uma luz que dissipa a escuridão da ignorância.
> Ouvir é a melhor riqueza, pois não pode ser roubada por ladrões.
> Ouvir é uma arma que destrói nosso inimigo, a confusão.
> Ouvir é nosso melhor amigo, de quem recebemos os melhores conselhos.
> Ouvir é um parente e amigo que continua fiel, mesmo quando estamos empobrecidos.
> Ouvir é um remédio benigno que cura a doença da delusão.
> Ouvir é o oponente supremo que destrói as grandes falhas.
> Ouvir é o melhor tesouro, pois é o fundamento para a obtenção de fama e de recursos.
> Ouvir é o melhor presente que podemos oferecer aos nossos amigos.
> Ouvir é a melhor maneira de agradar a muita gente.

Ouvir é uma luz que dissipa a escuridão da ignorância Nada é mais importante do que remover a ignorância, a principal causa de todo o nosso sofrimento e a raiz de todas as demais delusões. A ignorância é uma escuridão interior, que pode ser dissipada pela luz "iluminadora" de ouvir o Dharma.

Ouvir é a melhor riqueza, pois não pode ser roubada por ladrões Sempre que acumulamos riquezas e recursos materiais, nossa vida fica cheia de problemas práticos e de ansiedades. Vivemos com medo de perder nossa fortuna e, para mantê-la, temos de trabalhar arduamente, dispostos até a enganar os outros. É preciso pagar impostos, gastar tempo e energia pensando em como usar melhor nossa fortuna e em que investi-la. A riqueza de ouvir o Dharma, ao contrário, nunca causa problemas. É impossível perdê-la, mesmo quando a oferecemos gratuitamente aos outros. Quanto mais dermos, mais ricos nos tornaremos. Depois de morrer, essa será a única riqueza que levaremos conosco. Contrariamente à riqueza mundana, a riqueza de ouvir, além de nos beneficiar nesta vida, também o fará em todas as vidas futuras.

Os Professores tibetanos são exemplos vivos do grande valor de ouvir o Dharma. Quando foram forçados a sair do Tibete, tiveram de deixar tudo para trás, até suas tigelas de mendicância. Mas nada poderia forçá-los a se separarem da sua riqueza de ouvir o Dharma. Isso permanecerá sempre com eles. Essa é a verdadeira riqueza que hoje eles estão oferecendo a seus alunos no Ocidente, a única riqueza capaz de sobreviver à morte e à destruição exterior.

Ouvir é um parente e amigo que continua fiel, mesmo quando estamos empobrecidos Quando atravessamos situações de infortúnio e de grande sofrimento, nossos amigos e familiares pouco podem fazer por nós. Em tais ocasiões, nosso único socorro será o conselho espiritual que tivermos recebido. Lembrem-se do exemplo dado por Yeshe Ö, que foi capaz de enfrentar a morte com equanimidade, confiando nos bons conselhos e no incentivo que recebera de seus Guias Espirituais. Se ouvirmos ou lermos muitas instruções de Dharma, também poderemos transformar dificuldades em caminho espiritual e usá-las para aumentar nossa sabedoria. Problemas são oportunidades para observar e para contemplar a lei das ações e seus efeitos, a lei do carma. São oportunidades para contemplar o sofrimento e suas causas e para praticar paciência e perseverança alegre. Em tais ocasiões, se aplicarmos o Dharma que ouvimos e lemos, descobriremos que ele é um verdadeiro amigo, que nos ajuda a manter nossa prática ininterruptamente e com alegria.

Nossos amigos comuns e parentes não são de muita ajuda quando estamos sofrendo. Às vezes, eles até nos abandonam nos momentos de maior necessidade. Quando praticava meditação em sua caverna, Lama Kachen Yeshe Gyaltsen era tão pobre quanto Milarepa. Um dia, a caminho do monastério de Tashi Lhunpo, avistou um de seus tios. Este, ao notar o aspecto empobrecido do sobrinho, fingiu não vê-lo. Mais tarde, Lama Kachen Yeshe Gyaltsen foi promovido à posição de tutor do VII Dalai Lama. Pensando que agora seu sobrinho deveria estar muito rico, aquele tio foi visitá-lo e disse: "Olá, sobrinho, eu sou seu titio".

Certa vez, um homem que era pobre e não tinha amigo nem parentes enriqueceu graças a seus negócios. Muitas pessoas começaram a visitá-lo, dizendo-se amigas ou alegando algum grau de parentesco. Um dia ele convidou todos os seus novos amigos e parentes para um jantar. No meio da mesa, dispôs um saco imenso com todo o dinheiro que havia acumulado. Quando os convidados chegaram, fez solenes prostrações ao saco de dinheiro e recitou as seguintes palavras de louvor: "Ó senhor Dinheiro, graças à tua imensa bondade, agora tenho muitos amigos e parentes, ao passo que antes não tinha ninguém. Portanto, a ti eu me prostro".

Amigos comuns e parentes podem mudar seus sentimentos e atitudes para conosco em função da nossa riqueza e boa sorte, mas o amigo que é ouvir o Dharma nunca nos abandona. Ele nos socorre na prosperidade e na pobreza. É o único amigo que enfrentará a morte conosco e nos ajudará em todas as nossas vidas futuras, até alcançarmos a iluminação.

Em um Sutra, Buda diz:

Ouvindo, cultivarás intensa fé no Dharma.
Ouvindo, tua mente será cativada pelo Dharma e terás resultados poderosos.
Ouvindo, tua sabedoria aumentará e tua confusão será eliminada.

Para ouvir apenas esses três versos, o príncipe Chandra ofereceu mil moedas de ouro. Antigamente, os que almejavam seguir caminhos espirituais consideravam que receber instruções era algo tão precioso que estavam dispostos a doar a própria carne em troca disso.

Em um sonho, o I Panchen Lama escutou Je Tsongkhapa dizer:

Se queres beneficiar a ti e aos outros, não deves te contentar com aquilo que aprendeste. Segue o exemplo dos Bodhisattvas do terceiro solo espiritual, que ainda não estão convencidos de terem ouvido o suficiente.

Precisamos ouvir e ler instruções de Dharma muitas vezes. Os atos de ouvir e de ler não estarão completos até que tenhamos obtido todas as realizações das etapas do caminho à iluminação.

GERAR RESPEITO PELO DHARMA E POR SEU PROFESSOR

No *Sutra A Essência dos Solos*, Buda diz:

Deves ouvir o Dharma com fé e respeito excepcionais, sem ver falhas no Professor ou ficar descontente com ele. Quando ouves o Dharma, deves considerar o Professor como Buda.

Em *Cinco Categorias dos Solos Espirituais*, Arya Asanga nos aconselha a praticar cinco inatenções sempre que ouvirmos o Dharma:

(1) Se nosso Professor tiver quebrado sua disciplina moral, não deveremos ligar para isso nem julgar que sua disciplina moral é fraca. Prestar atenção nessa falha não traz benefício algum. Ao contrário, isso se reverteria contra nós, pois, se ficarmos preocupados com o fracasso aparente do nosso Professor, não seremos capazes de apreciar suas instruções e conselhos. Em vez de adotá-los com sinceridade, desperdiçaremos todo nosso tempo apenas acumulando carma negativo.

(2) Se nosso Professor for de uma classe social mais baixa, não deveremos ligar para isso, nem considerar que seja um sinal de inferioridade. Senão, passaremos nosso tempo a cultivar orgulho e não seremos capazes de ouvir corretamente.

(3) Se nosso Professor for feio ou pouco atraente fisicamente, não deveremos levar isso em conta. De nada serve contemplarmos a feiura do nosso Professor. Se o fizermos, será mais difícil gerarmos fé. A aparência física do nosso Professor não é importante; o que interessa é o Dharma que ele nos ensina.

(4) Se nosso Professor falar de modo desagradável, usar um linguajar pouco refinado ou apresentar os ensinamentos de forma desajeitada, não deveremos ligar para o estilo. O que interessa são os ensinamentos que ele nos transmite.

(5) Se nosso Professor disser coisas difíceis de serem ouvidas, como palavras de censura ou crítica, não deveremos pensar que ele está errado. Caso contrário, desenvolveremos muitos equívocos e estados mentais não virtuosos.

Além disso, devemos praticar inatenção a respeito de qualquer outra falha que julguemos ver em nosso Professor. Por exemplo, se ele não for ilustre e parecer comum, deveremos desprezar a fama e não ligar para sua aparência. Para nós, receber instruções corretas é o que basta. De que serviria receber o Dharma de alguém mundialmente famoso, se suas instruções fossem incorretas? Prestando atenção nos defeitos que pensamos ver em nosso Professor, perdemos todos os benefícios de ouvir o Dharma e só atraímos desvantagens para nós.

Assim como precisamos aumentar nosso respeito pelo Professor, também precisamos elevar nosso respeito pelo Dharma que ele ou ela ensina.

Se considerarmos as instruções do nosso Professor como a efetiva Joia Dharma, o método supremo para obter felicidade temporária e última, naturalmente sentiremos respeito.

A MANEIRA DE OUVIR O DHARMA

Esta seção tem duas partes:

1. Abandonar três falhas
2. Cultivar seis reconhecimentos

ABANDONAR TRÊS FALHAS

Sempre que ouvimos ou lemos o Dharma, devemos abandonar três falhas que nos impedem de receber os benefícios de ouvir ou de ler:

1. A falha de ser como um pote emborcado
2. A falha de ser como um pote malcheiroso
3. A falha de ser como um pote furado

A primeira falha é a de ser como um pote virado de boca para baixo. Estamos fisicamente presentes a uma palestra, ou adotamos a postura de quem está lendo um livro mas, de fato, estamos tão desatentos e distraídos que, independentemente de quantas instruções passem por nossos ouvidos ou do número de páginas viradas, nenhum Dharma entra no recipiente da nossa mente.

A segunda falha é a de ser como um pote malcheiroso. Ouvimos ou lemos atentamente, sem deixar nossa mente divagar, mas nossa motivação é incorreta. Da mesma forma que uma comida gostosa torna-se contaminada quando colocada num pote malcheiroso, também o Dharma é desperdiçado quando ouvido com uma motivação incorreta.

A terceira falha é a de ser como um pote furado. Ouvimos e lemos atentamente e com boa motivação, mas esquecemos rapidamente aquilo que nos foi ensinado. Se não pudermos nos lembrar do Dharma, como iremos praticá-lo?

Há dois métodos para aumentar nossa capacidade de lembrar o Dharma. O primeiro é fazer um esforço para lembrar aquilo que ouvimos ou lemos, logo depois de termos ouvido uma aula ou lido um livro de Dharma. Podemos fazer isso várias vezes, de tempos em tempos. Se obtivermos uma compreensão melhor ou se surgir um novo sentimento advindo de lembrar ou de contemplar aquilo que aprendemos, deveremos aprofundar essa experiência fazendo meditação. Assim, nossa prática vai se tornar muito poderosa.

O segundo método consiste em discutir o Dharma com nossos amigos de Dharma, fazendo-lhes perguntas e expondo aquilo que compreendemos. Essa é uma excelente maneira de aumentar nossa compreensão, remover dúvidas e plantar o Dharma com firmeza em nossa mente.

CULTIVAR SEIS RECONHECIMENTOS

Sempre que ouvimos ou lemos o Dharma, devemos cultivar seis reconhecimentos:

1. Reconhecer que estamos doentes porque sofremos de apego desejoso, de ódio, de ignorância e de outras enfermidades da mente
2. Reconhecer que o Dharma é o remédio supremo para nossa doença mental
3. Reconhecer que nosso Professor de Dharma é o médico supremo
4. Reconhecer que pôr o Dharma em prática é a cura para nossa doença mental
5. Gerar a convicção de que Buda Shakyamuni é um ser sagrado absolutamente confiável
6. Gerar o forte desejo de que o Dharma floresça e permaneça por muito tempo

Com esses seis reconhecimentos, não perderemos sequer um minuto enquanto ouvimos ou lemos as instruções, e nossas contemplações e meditações subsequentes serão muito mais poderosas. Nossas ações de ouvir e de ler nos farão acumular grande mérito e serão poderosas causas de iluminação.

COMO ENSINAR O DHARMA

Este tópico tem quatro partes:

1. Considerar os benefícios de ensinar o Dharma
2. Aumentar a fé e o respeito pelo Dharma e pelo Professor
3. As atitudes que devemos cultivar e como nos portar ao ensinar o Dharma
4. Reconhecer quem deve ser ensinado e quem não deve ser ensinado

CONSIDERAR OS BENEFÍCIOS DE ENSINAR O DHARMA

Em *Tesouro de Abidharma*, Vasubandhu diz que, quando damos instruções de Dharma, nossa mente não deve estar poluída por delusões e devemos ensinar de acordo com as instruções dadas por Buda. Se ensinarmos o Dharma a fim de receber presentes ou a veneração de nossos estudantes ou para nos tornarmos famosos pelo nosso conhecimento dos ensinamentos de Buda, estaremos usando mal o precioso Dharma, tratando-o como mercadoria. Por outro lado, se praticarmos a generosidade de dar Dharma com uma boa motivação, os benefícios serão ilimitados. O *Sutra Exortação à Intenção Superior* menciona vinte benefícios:

(1) Contínua-lembrança especial, que nunca esquece o Dharma
(2) Sabedoria especial advinda de ouvir o Dharma
(3) Sabedoria especial advinda de contemplar o Dharma
(4) Sabedoria especial advinda de meditar no Dharma
(5) Sabedoria especial nos caminhos da Acumulação e da Preparação
(6) Sabedoria especial nos caminhos da Visão e da Meditação
(7) Libertação do apego
(8) Libertação do ódio
(9) Libertação da ignorância
(10) Libertação de interferências demoníacas
(11) Os Budas ficarão deleitados conosco
(12) As Deidades farão com que nossa força física e poder aumentem
(13) As Deidades vão nos proteger
(14) Inimigos exteriores não conseguirão nos prejudicar
(15) Nossas relações com amigos e familiares vão melhorar
(16) Nossa fala vai ter muita influência
(17) Tornamo-nos confiantes em nossa capacidade de explicar o Dharma para os outros
(18) Seremos louvados e respeitados por aqueles que são sábios
(19) As pessoas confiarão naquilo que dissermos
(20) Seremos sempre felizes

Os seis primeiros benefícios são efeitos similares à causa. São experiências futuras que se assemelham às experiências que os outros tiveram como resultado das nossas ações de lhes dar Dharma. Por exemplo, quando ensinamos o Dharma, a contínua-lembrança e a sabedoria daqueles que nos ouvem aumentam e, como resultado, nossa própria contínua-lembrança e sabedoria aumentam. Os próximos quatro benefícios são efeitos de separação, ou libertação, de quatro falhas. Os próximos nove benefícios são efeitos ambientais, e o benefício remanescente é um efeito amadurecido.

Os diversos efeitos das ações serão detalhadamente explicados mais adiante. No momento, basta sabermos que os efeitos similares à causa são de dois tipos: *experiências* que são efeitos similares à causa e *tendências* que são efeitos similares à causa. Os seis efeitos similares à causa mencionados anteriormente pertencem ao primeiro tipo. As tendências que são efeitos similares à causa não foram mencionadas explicitamente, mas estão implícitas. Por exemplo, como resultado de termos ensinado o Dharma, no futuro nos sentiremos felizes em ensinar, ouvir, estudar e praticar o Dharma.

Antes de poder ensinar o Dharma, temos de estudar muitas instruções e, praticando-as, adquirir experiência pessoal. Quando chegar nossa vez de ensinar, devemos contemplar os benefícios de ensinar o Dharma.

Vamos, então, gerar entusiasmo e nos considerar extremamente afortunados de poder criar tanto carma positivo dando instruções de Dharma. Contanto que aqueles que recebam as instruções queiram de fato praticá-las, dar Dharma é muito mais benéfico do que dar riquezas materiais. Riqueza material só ajuda numa única curta vida, ao passo que o presente do Dharma ajudará nesta e em todas as vidas futuras.

AUMENTAR A FÉ E O RESPEITO PELO DHARMA E PELO PROFESSOR

Sempre que ensinarmos o Dharma aos outros, devemos nos lembrar da bondade de Buda Shakyamuni e das preeminentes qualidades do Dharma, pensando:

Se hoje tenho alguma habilidade para ensinar Dharma, isso se deve inteiramente à bondade de Buda. O Dharma que ofereço é o supremo presente capaz de trazer benefício temporário e último aos outros.

AS ATITUDES QUE DEVEMOS CULTIVAR E COMO NOS PORTAR AO ENSINAR O DHARMA

Quando ensinamos o Dharma, devemos fazê-lo por amor e compaixão, pensando:

Essas pessoas não obtiveram uma experiência de Dharma; portanto, têm problemas sem escolha ou controle. Que maravilhoso seria se pudessem superar seus problemas e usufruir o supremo êxtase da iluminação! Vou explicar-lhes o Dharma para ajudá-las a eliminar seus problemas e a alcançar a felicidade última.

Ensinamos com esse tipo de motivação, reconhecendo que:

(1) Todos os seres vivos sentem dor mental, porque todos estão atormentados pela doença das delusões
(2) O Dharma é remédio para aqueles que o recebem
(3) Eu sou um médico espiritual
(4) A bondade de Buda Shakyamuni é a fonte da minha habilidade de ensinar e da habilidade de os outros receberem o Dharma
(5) Que maravilhoso seria se, com a ajuda do meu ensinamento e da minha prática, o Dharma florescesse neste mundo por muito tempo

Quando ensinamos o Dharma, devemos estar limpos e corretamente vestidos, porque isso é apreciado por aqueles que nos ouvem e os ajuda a gerar respeito. Por deferência ao Dharma, o Professor deve sentar-se num assento mais alto. Quando os discípulos de Buda Shakyamuni reuniram-se pela primeira vez, depois de sua morte, quinhentos Destruidores de Inimigos tiraram suas túnicas cor de açafrão e as sobrepuseram, uma a uma, formando um trono para Ananda. Ao estenderem suas túnicas na terra dessa maneira, os discípulos estavam honrando o Dharma. Por maior que seja sua humildade, o Professor deve sentar-se num lugar mais elevado, em sinal de reconhecimento à preeminência do Dharma. Isso prevalecerá mesmo que o Professor tenha tomado os oito preceitos Mahayana, que incluem o preceito de evitar sentar-se em lugares altos ou em assentos luxuosos.

Antes de sentar-se, o Professor faz três prostrações, imaginando que seu principal Guia Espiritual está no trono, rodeado por toda a linhagem de Gurus das instruções que vão ser expostas a seguir. Depois, imagina que a linhagem de Gurus se dissolve no seu principal Guia Espiritual. Este vem até a coroa da sua cabeça e desce até seu coração. O Professor toma assento e prepara-se para ensinar. Tradicionalmente, antes de iniciar o ensinamento, o Professor e os discípulos eliminam obstáculos, recitando mantras ou o *Sutra Coração* e aplicando o método para superar impedimentos. A seguir, fazem as seis preparações para acumular mérito e purificar negatividades, que são indispensáveis para que os discípulos obtenham as realizações do Dharma que será ensinado. Então, o Professor e os discípulos oferecem um mandala e pedem à linhagem de Gurus que conceda bênçãos e inspiração para que todos obtenham realizações. Para gerar a melhor de todas as motivações, o Professor conduz a recitação das preces de refúgio e de bodhichitta. Se não formos capazes de cumprir todas essas preparações, devemos no mínimo oferecer um mandala e recitar a prece de refúgio e de bodhichitta. Gerar a bodhichitta tem o mesmo efeito que recitar o *Sutra Coração*.
O Professor recita:

Eu e todos os seres sencientes, até alcançarmos a iluminação,
Nos refugiaremos em Buda, Dharma e Sangha.
Pelas virtudes que coleto ao ensinar o Dharma,
Possa eu me tornar um Buda para o benefício de todos.

Os estudantes recitam:

Eu e todos os seres sencientes, até alcançarmos a iluminação
Nos refugiaremos em Buda, Dharma e Sangha.
Pelas virtudes que coleto ao ouvir o Dharma,
Possa eu me tornar um Buda para o benefício de todos.

Enquanto o Professor está explicando o Dharma, ele ou ela deve adotar uma expressão sorridente e agradável. Para expor o conteúdo com mais clareza, deve fornecer detalhes recorrendo com habilidade a raciocínios lógicos, citando prontamente as escrituras e usando exemplos que sejam relevantes para a experiência daqueles que o ouvem.

RECONHECER QUEM DEVE SER ENSINADO E QUEM NÃO DEVE SER ENSINADO

Nos *Sutras Vinaya*, Buda diz que, em geral, o Dharma só deve ser ensinado quando houver uma solicitação. Todavia, se a solicitação for feita por alguém que não tenha fé no Dharma e não queira realmente praticá-lo, as instruções não devem ser dadas. Por outro lado, se nenhuma solicitação tiver sido feita, mas alguém demonstrar sincero desejo de praticar, o Dharma poderá ser ensinado.

A ETAPA DE CONCLUSÃO COMUM AO PROFESSOR E AO ESTUDANTE

Ao encerrar um ensinamento, o Professor e os estudantes dedicam o mérito obtido para que eles conquistem a iluminação para o benefício de todos os seres vivos. Se houver tempo, um mandala de agradecimento poderá ser oferecido ao Professor, mas a omissão desse ponto não se caracteriza como falha.

Maitreya

Vasubandhu *Asanga*

Preparação para Meditar

EXPLICAÇÃO DAS INSTRUÇÕES DAS ETAPAS DO CAMINHO À ILUMINAÇÃO

Esta explicação tem duas partes:

1. Como confiar em um Guia Espiritual, a raiz dos caminhos espirituais
2. Como extrair a essência da nossa vida humana

COMO CONFIAR EM UM GUIA ESPIRITUAL, A RAIZ DOS CAMINHOS ESPIRITUAIS

Este tópico tem duas partes

1. Como treinar a mente durante a sessão de meditação
2. Como treinar a mente durante o intervalo entre meditações

As instruções de cada etapa do caminho podem ser divididas nessas duas partes. A sessão de meditação é o tempo que passamos em meditação formal no Lamrim, e o intervalo é todo o restante do nosso tempo dedicado a diversas atividades. As instruções são um guia para todas a situações, podendo ser praticadas em cada momento da nossa vida. Como passamos a maior parte do tempo fora da meditação, é importante que nos esforcemos para treinar a mente no trabalho e em nossas atividades em geral; isso é tão importante quanto o treino feito durante as sessões de meditação. Se praticarmos continuamente, transformando tudo o que fazemos em caminho espiritual, nossas meditações serão mais bem-sucedidas e nossa vida inteira se tornará significativa.

COMO TREINAR A MENTE DURANTE A SESSÃO DE MEDITAÇÃO

Todas as meditações do Lamrim têm três etapas:

1. Preparação para meditar
2. A meditação
3. Conclusão da meditação

As próximas páginas vão explicar como nos preparar para uma sessão de meditação, como fazer a meditação propriamente dita e como concluir a sessão de meditação. Para dar essa explicação, tomaremos como exemplo a meditação de confiar em um Guia Espiritual, a primeira do Lamrim. Uma vez que o primeiro passo (preparação para meditar) e o terceiro (conclusão da meditação) são os mesmos para todas as sessões de meditação no Lamrim, vamos explicá-los uma única vez. Nas meditações seguintes, explicaremos somente o segundo passo, a meditação propriamente dita.

PREPARAÇÃO PARA MEDITAR

O sucesso da nossa meditação depende de seis preparações. Assim como precisamos nos preparar cuidadosamente para ter sucesso num exame ou para oferecer uma recepção, também precisamos nos preparar cuidadosamente se quisermos ter bons resultados na meditação. São as seguintes as seis práticas preparatórias:

1. Limpar o local de meditação e montar um altar com imagens do corpo, da fala e da mente de Buda
2. Dispor oferendas adequadas
3. Sentar-se na postura correta de meditação, buscar refúgio, gerar e aprimorar a bodhichitta
4. Visualizar o Campo de Mérito
5. Acumular mérito e purificar negatividades, por meio da prática dos sete membros e do mandala
6. Pedir ao Campo de Mérito, em geral, e à linhagem de gurus do Lamrim, em particular, que nos abençoem

LIMPAR O LOCAL DE MEDITAÇÃO E MONTAR UM ALTAR COM IMAGENS DO CORPO, DA FALA E DA MENTE DE BUDA

LIMPAR O LOCAL DE MEDITAÇÃO

Normalmente, limpamos nosso quarto ou nossa casa para nos sentirmos mais alegres e animados ou fazemos uma limpeza geral para receber convidados importantes. Antes de meditar, contudo, devemos limpar o local com uma motivação que nos traga o máximo de mérito. A limpeza será feita para convidar todos os seres sagrados a comparecerem no local, de modo que possamos acumular mérito e purificar carma negativo, oferecendo-lhes a prática dos sete membros e o mandala. É muito mais apropriado e proveitoso investir esforço para arrumar nosso quarto quando os convidados são os seres sagrados!

Limpar o local de meditação com essa motivação produz cinco resultados:

(1) Nossa mente torna-se mais clara
(2) A mente dos que entrarem em nosso quarto também se tornará mais clara
(3) As Deidades sentem grande prazer de entrar em nosso quarto
(4) Criamos causa para renascer com uma bela aparência
(5) Criamos causa para renascer num ambiente puro, como uma Terra Pura

Enquanto limpamos, devemos considerar que o pó e a sujeira são as nossas próprias ações não virtuosas e delusões: "Essa sujeira é a minha ignorância, vou removê-la. Essas manchas são os meus atos destrutivos, vou eliminá-los". Se tivermos um problema emocional especialmente forte, como um intenso apego desejoso, poderemos nos concentrar nele e limpá-lo vigorosamente, pensando: "Essa imundície é o meu apego, vou expulsá-lo da minha mente".

Vivia na época de Buda Shakyamuni um monge chamado Lam Chung, que desde pequeno tinha a fama de ser obtuso e incapaz de aprender qualquer coisa. Foi expulso da escola porque os professores diziam que ele era incapaz de memorizar as lições. Mais tarde seus pais o levaram para aprender as escrituras védicas com um brâmane.

Novamente, mostrou-se incapaz de memorizar ou de entender e foi expulso. Pensando que uma condição monástica talvez lhe conviesse mais, os pais o enviaram para seu irmão mais velho, Arya Lam Chen, que o ordenou monge. Lam Chen responsabilizou-se pela educação do caçula e, para começar, ensinou-lhe uma única estrofe de Dharma. Lam Chung estudou os versos durante três meses, mas nunca os aprendeu! Quando os memorizava pela manhã, esquecia-os à noite; quando os memorizava à noite, esquecia-os por completo na manhã seguinte. Tentou estudar ao ar livre, esperando que isso ajudasse sua mente, mas foi tudo em vão. Nas montanhas, ele recitou os versos tantas vezes que até os pastores dos rebanhos de ovelhas conseguiram memorizá-los e entendê-los, mas o pobre Lam Chung nem assim conseguiu aprendê-los. Os pastores tentaram ensinar-lhe os versos, mas Lam Chung era incapaz de aprendê-los. Ante seus repetidos fracassos, o irmão mais velho, Lam Chen, viu-se forçado a dispensá-lo.

Chorando e muito abatido, Lam Chung caminhou vagarosamente pela estrada, pensando: "Agora não sou nem monge nem leigo. Quão desgraçado eu sou!". Com sua clarividência, Buda viu o que estava acontecendo a Lam Chung e foi ao seu encontro. Perguntou-lhe por que chorava, e Lam Chung respondeu: "Sou tão estúpido que não consigo memorizar nem mesmo uma única estrofe das escrituras. Agora até meu irmão perdeu as esperanças".

Buda disse-lhe que não se preocupasse. Como método para purificar sua mente das negatividades passadas, ensinou-lhe algumas poucas palavras de Dharma e nomeou-o varredor do templo. Lam Chung ficou radiante com o seu novo posto. Varria o templo com grande dedicação, recitando as poucas palavras que Buda lhe ensinara.

Varreu e varreu por muito tempo. Mas, pelo poder de Buda, assim que varria o lado direito do templo, mais pó aparecia do lado esquerdo; e, quando varria o lado esquerdo, poeira aparecia novamente do lado direito. Não obstante, ele continuou a varrer e a purificar exatamente como Buda o instruíra. Assim, o tempo foi passando, até que um dia Lam Chung atingiu repentinamente a realização de que aquela poeira não tinha existência verdadeira, independente. Foi uma realização profunda e, por seu intermédio, ele obteve uma compreensão direta da vacuidade, a natureza última da realidade. Meditando continuamente sobre essa vacuidade, em pouco tempo ele foi capaz de alcançar a libertação completa do sofrimento. Tornou-se um glorioso Destruidor de Inimigos.

Vendo que as técnicas de purificação prescritas a Lam Chung tinham dado excelentes resultados, Buda decidiu tornar públicas as novas qualidades de Lam Chung. Enviou seu discípulo Ananda a uma certa comunidade de monjas, para informá-las de que seu novo Guia Espiritual seria Lam Chung. As monjas ficaram muito contrariadas: "Como é possível aceitarmos como nosso abade um monge que é tão estúpido a ponto de não conseguir memorizar uma única estrofe dos ensinamentos depois de vários meses de estudo?". Decidiram expor publicamente as fraquezas de Lam Chung, pensando que desse modo não teriam de aceitá-lo como Professor. Assim, espalharam a notícia de que um monge tão sábio quanto Buda em pessoa daria ensinamentos e que todos aqueles que comparecessem alcançariam grandes realizações. Para aumentar a esperada humilhação, as monjas erigiram um ostentatório trono, muito alto e sem nenhuma escada de acesso.

Quando chegou o dia do ensinamento, Lam Chung dirigiu-se à comunidade das monjas, onde mais de cem mil pessoas estavam reunidas – algumas para ouvi-lo e outras para presenciar sua humilhação. Ao ver o imenso trono sem degraus, percebeu que aquilo havia sido feito para ridicularizá-lo. Sem hesitar, estendeu a mão como se fosse uma imensa tromba de elefante e reduziu o trono a um pequeno grão. Depois, fez com que o trono voltasse ao tamanho anterior e, para espanto ainda maior do público, voou até seu topo! Após uma curta meditação, elevou-se ao céu, voou ao redor das pessoas e sentou-se novamente no trono. Então falou: "Ouvi-me com atenção. Vou falar durante uma semana sobre o significado de uma única estrofe do Dharma. São os mesmos versos que, no passado, fui incapaz de entender e de memorizar, mesmo depois de três meses de tentativas".

Quando completou os sete dias de ensinamento, milhares de ouvintes haviam atingido uma realização direta da vacuidade, enquanto muitos outros alcançaram os elevados estados de Ingressante na Corrente, de Regressante, de Nunca Regressante e de Destruidor de Inimigos. Alguns conseguiram gerar a preciosa bodhichitta, e aqueles que tinham vindo ao local para testá-lo fortaleceram sua fé nas Três Joias. Mais tarde, o próprio Buda profetizou que, entre seus discípulos, Lam Chung seria o de maior habilidade para domar as mentes alheias. Até hoje, a imagem de Lam Chung pode ser vista na arte budista como um dos dezesseis Destruidores de Inimigos.

MONTAR UM ALTAR COM IMAGENS DO CORPO, DA FALA E DA MENTE DE BUDA

Diante do nosso assento de meditação, num plano mais elevado, montamos um altar com uma imagem ou estátua de Buda Shakyamuni ao centro. Dispomos uma escritura à sua direita e uma estupa ou representação dela à sua esquerda. A estátua de Buda simboliza seu corpo; a escritura, sua fala; e a estupa, sua mente. Além disso, podemos dispor imagens de outros Budas, de Bodhisattvas e de Guias Espirituais.

Com nossa mente comum não conseguimos perceber o corpo, a fala e a mente de Buda. Mas, se considerarmos que a imagem de Buda é o próprio Buda e fizermos prostrações, oferendas e pedidos diante dela, nossas ações terão o mesmo valor ou mérito que teriam se estivessem sendo feitas na presença de Buda em pessoa. Buda Shakyamuni disse:

> Hoje meus quatro discípulos e outros fazem-me oferendas pessoalmente. No futuro, muitas pessoas farão oferendas com fé diante de uma imagem que representará a minha forma. Essas ações têm o mesmo significado.

Visto que ambas as ações têm o mesmo mérito e que seus efeitos amadurecidos são iguais, o mérito que acumulamos fazendo oferendas com fé diante de uma imagem de Buda não é inferior ao que acumularíamos fazendo-as diante de Buda em pessoa. Para nos convencermos disso, podemos recorrer a três argumentos. Em primeiro lugar, já que uma oferenda é, por definição, algo que deleita os Budas, podemos estar seguros de que, sempre que fizermos oferendas diante de uma imagem de Buda, todos os Budas dos três tempos e das dez direções ficarão radiantes. Em segundo lugar, já que os Budas possuem clarividências – tais como a clarividência do olho divino, a do ouvido divino e a de conhecer a mente alheia –, é certo que, sempre que fizermos oferendas diante de uma imagem de Buda, todos os Budas irão contemplá-las com sua clarividência do olho divino; sempre que cantarmos louvores a Buda, todos os Budas irão ouvi-los com sua clarividência do ouvido divino; e sempre que fizermos oferendas ou louvores interiormente, todos os Budas saberão disso com sua clarividência de conhecer a mente alheia. Em terceiro lugar, já que o corpo de um Buda não é obstruído por objetos materiais, podemos ter certeza de que, sempre que fizermos prostrações ou oferendas com fé, os Budas virão à nossa presença, ainda que não possamos vê-los, porque nossas mentes estão nubladas pelas delusões.

Algumas escrituras filosóficas ensinam que não há nenhum lugar onde não haja um Buda. De acordo com o Mantra Secreto, a mente e o corpo de um Buda possuem a mesma natureza; portanto, onde quer que esteja a mente onisciente de um Buda, ali estará seu corpo divino. Como o corpo e a mente dos seres comuns não possuem a mesma natureza, seus corpos não podem ir a todos os lugares aonde as suas mentes vão. Por exemplo, se pensarmos na Índia, nossa mente irá para lá, mas nosso corpo não. O corpo de um Buda irá espontaneamente aonde for sua mente. Logo, sempre que um Buda ouve nossas preces, seu corpo vem à nossa presença. Se não o vemos é porque nossa mente é como uma janela com as venezianas fechadas.

Certa ocasião, no Tibete, Atisha estava em companhia de seus discípulos e, de repente, começou a sorrir demonstrando satisfação. Os alunos indagaram por que estava tão feliz e ele respondeu: "Agora mesmo, em Magadha, na Índia, meus discípulos estão fazendo oferendas e cantando louvores diante da minha estátua". Se, por meio de clarividência, Atisha podia se deliciar com o canto de seus discípulos, como duvidar que os Budas acolham os louvores, as oferendas e os pedidos que lhes fazemos com fé?

Recebemos grande benefício ao fazer prostrações, oferendas e pedidos diariamente diante da imagem de Buda em nosso altar. Quando estamos muito ocupados, simplesmente olhar para a imagem com fé e com as palmas das mãos unidas em sinal de respeito é uma prostração e cria forte potencialidade para que vejamos Budas no futuro. Em uma de suas vidas passadas, Shariputra entrou num templo onde havia muitas pinturas e estátuas de Budas. Enquanto as contemplava, pensou: "Quando poderei ver um Buda real, frente a frente?". Passou aquela noite inteira fitando as imagens e desejando ardentemente encontrar um Buda. Como resultado do bom carma que criou nessa ocasião, numa vida posterior, ele se tornou um dos principais discípulos de Buda Shakyamuni e atingiu a libertação naquela mesma vida.

Com a mente impura que temos atualmente, só há duas maneiras de ver um Buda: na forma de alguém como nosso Guia Espiritual ou na forma de uma imagem como a que temos em nosso altar. Em função das nossas obstruções cármicas, percebemos essas formas como impuras, mas nossas obstruções não existem do seu próprio lado. À medida que nossa mente torna-se mais virtuosa, percebemos a imagem de Buda de outra maneira. Quando nossa mente for pura, perceberemos a imagem de Buda como o Corpo-Emanação de Buda, e não como uma simples obra de arte. Quando tivermos alcançado a concentração do Dharma continuum, perceberemos a imagem de Buda como o Corpo-Emanação supremo e conseguiremos receber instruções diretamente dele, assim como Atisha recebia instruções da sua estátua de Arya Tara. Atisha levou a estátua consigo para o Tibete e, sempre que alguém lhe fazia uma pergunta importante, dizia: "Primeiro vou consultar a Senhora Tara". Quando alcançarmos o primeiro solo espiritual de um Bodhisattva, perceberemos a imagem de Buda como o Corpo-de-Deleite de Buda; e, quando alcançarmos a plena iluminação, perceberemos a imagem de Buda como o Corpo-Verdade de Buda.

DISPOR OFERENDAS ADEQUADAS

Na frente da imagem de Buda em nosso altar, dispomos lindas oferendas, certificando-nos de que, ao fazê-lo, nossa mente esteja livre de delusões grosseiras, preocupações mundanas e qualquer motivação ruim ou impura. Por exemplo, não devemos fazer oferendas com pensamentos do tipo: "Esse arranjo vai ficar tão lindo que todos vão admirar meu bom gosto".

Podemos dispor uma ou várias fileiras de sete substâncias de oferenda: água para beber, água para lavar, flores, incenso, luz, perfume e alimento. Tais substâncias podem ser oferecidas de fato ou na forma de água. Elas representam os sete objetos que deleitam os sentidos. Em alguns países asiáticos, é costume acolher os hóspedes com esse tipo de oferenda. Tudo o que achamos bonito e agradável pode ser oferecido com esse mesmo espírito.

Ao fazer oferendas, é especialmente importante nos protegermos contra sentimentos de cobiça ou de avareza, pois estes podem facilmente entrar em nossa mente, destruindo a virtude da ação. Por exemplo, compramos deliciosas guloseimas para oferecer a Buda mas, ao voltar para casa, sentimos um forte impulso de comê-las. Ainda que resistamos à tentação, ao colocá-las no altar, ficamos contando os minutos para pegá-las de volta. Outro exemplo: quando compramos oferendas, podemos ficar tentados a escolher as mais baratas com o intuito de economizar, pensando que, afinal, aquilo tudo é só para ficar no altar. Esse tipo de pensamento destrói o mérito da nossa oferenda.

Se oferecermos água para representar as sete substâncias e ela tiver oito qualidades, teremos oito benefícios especiais:

(1) Oferecer água fresca nos faz desenvolver disciplina moral pura
(2) Oferecer água deliciosa garante que sempre encontraremos comidas e bebidas deliciosas em vidas futuras
(3) Oferecer água leve nos faz experienciar o êxtase da maleabilidade física
(4) Oferecer água suave torna nossa mente calma e dócil
(5) Oferecer água clara torna nossa mente clara e alerta
(6) Oferecer água de doce aroma resulta numa fácil e poderosa purificação de carma negativo
(7) Oferecer água boa para a digestão reduz nossas doenças
(8) Oferecer água que alivia a garganta torna a nossa fala bonita e poderosa

Quando oferecemos água para Buda, devemos considerá-la puro néctar, porque é assim que ele a percebe. Podemos também arrumar várias fileiras de sete tigelas repletas de água pura, simbolizando a nossa conquista futura das sete preeminentes qualidades do abraço de um Buda.

A prática de oferecer é uma preparação muito importante, visto que cria uma vasta quantidade de mérito e fortalece bastante nossa mente. Uma das belezas especiais dessa prática é que todos podem fazê-la, já que é muito fácil conseguir água e sete tigelas. Ademais, quando oferecemos água, não há risco de gerarmos cobiça ou avareza, como quando oferecemos outras substâncias. Portanto, trata-se de uma prática que podemos fazer com muita pureza desde o início. Se pessoas sem religião entrarem em nosso quarto e, ao verem nosso altar, indagarem por que fazemos oferendas a uma imagem, poderemos responder que é um costume equivalente ao de oferecer flores diante da estátua de cidadãos importantes ou da foto de entes queridos.

SENTAR-SE NA POSTURA CORRETA DE MEDITAÇÃO, BUSCAR REFÚGIO, GERAR E FORTALECER A BODHICHITTA

SENTAR-SE NA POSTURA CORRETA DE MEDITAÇÃO

Quando praticamos meditação, precisamos fazê-lo num assento confortável e na postura correta. O aspecto mais importante da postura consiste em manter as costas eretas. Para tanto, a parte de trás da nossa almofada deve estar mais elevada, de modo que a pélvis fique ligeiramente inclinada para a frente. Não é necessário, logo no início, sentar-se com as pernas cruzadas, mas é bom habituar-se com a postura de Buda Vairochana. Se não pudermos mantê-la, deveremos nos sentar da maneira mais parecida possível, desde que estejamos confortáveis.

As sete características da postura de Vairochana são:

(1) Pernas cruzadas na posição vajra. Isso ajuda a reduzir pensamentos e sentimentos de apego desejoso.

(2) Mão direita apoiada sobre a esquerda, palmas para cima, com polegares um pouco levantados, tocando-se ligeiramente nas pontas. Mantemos as mãos cerca de quatro dedos abaixo do umbigo. Isso ajuda a gerar uma boa concentração. A mão direita simboliza o método e a esquerda, a sabedoria; as duas juntas simbolizam a união do método e da sabedoria. Os polegares na altura do umbigo simbolizam o arder do fogo interior.

(3) Costas eretas, mas sem tensão. Isso ajuda a gerar e a manter a mente clara e permite que os ventos de energia interior fluam livremente.

(4) Lábios e dentes na posição normal, com a língua tocando a parte posterior dos dentes superiores. Isso impede salivação excessiva e previne o ressecamento da boca.

(5) Cabeça um pouco inclinada para a frente, com o queixo ligeiramente abaixado, de modo que o olhar se dirija para baixo. Isso ajuda a evitar o excitamento mental.

(6) Olhos entreabertos, fitando a linha do nariz. Se ficarem muito abertos, estaremos sujeitos ao excitamento mental e, se permanecerem fechados, poderemos gerar afundamento mental.

(7) Ombros nivelados e cotovelos ligeiramente afastados do corpo, permitindo que o ar circule.

Outro aspecto da postura de Vairochana é a meditação respiratória preliminar, que prepara a mente para gerar uma boa motivação. Quando nos sentamos para meditar, em geral nossa mente está cheia de pensamentos agitados e não somos capazes de transformar rapidamente esse estado mental naquele que é necessário para gerar uma motivação virtuosa. Um estado mental negativo, agitado, é como um pano preto; para tingi-lo de outra cor, precisamos primeiro remover a tinta escura e alvejá-lo. Do mesmo modo, se quisermos colorir nossa mente com uma motivação virtuosa, precisamos remover todos os pensamentos negativos e as distrações. Praticando a meditação respiratória, conseguiremos fazer isso temporariamente.

Depois de sentar confortavelmente, começamos a observar os pensamentos e as distrações que surgem em nossa mente. A seguir, dirigimos suavemente a nossa atenção para a respiração, sem interferir no seu ritmo natural. Conforme expiramos, imaginamos que estamos exalando os pensamentos agitados e as distrações, na forma de uma fumaça preta que se dissipa no espaço. Conforme inspiramos, imaginamos que estamos inalando as bênçãos e as inspirações dos seres sagrados, sob a forma de uma luz branca que entra em nosso corpo e se dissolve em nosso coração. Mantemos essa visualização unifocadamente, contando a saída e a entrada do ar 21 vezes, ou até que a mente torne-se serena e alerta. Se nos concentrarmos na respiração desse modo, os pensamentos negativos e as distrações vão temporariamente desaparecer, porque não somos capazes de nos concentrar em mais de um objeto por vez. Ao concluir a meditação respiratória, devemos pensar: "Agora recebi as bênçãos e as inspirações de todos os seres sagrados". Nesse ponto, nossa mente será como um tecido branco e estará pronta para ser colorida com uma motivação virtuosa, como compaixão ou bodhichitta.

BUSCAR REFÚGIO

Quando tivermos adotado a postura de meditação e gerado um estado mental sereno e alerta, poderemos buscar refúgio e gerar a bodhichitta. Começamos buscando refúgio.

Os objetos em que nos refugiamos são as Três Joias: a Joia Buda, a Joia Dharma e a Joia Sangha. Segue-se uma descrição detalhada de como visualizar as Três Joias sempre que fizermos as meditações do Lamrim. Uma vez que a visualização completa exige muita prática, inicialmente devemos nos concentrar na figura central de Buda Shakyamuni. Oportunamente, a visualização se tornará clara e seremos capazes de expandir sua amplitude. Não devemos desanimar se, no início, tivermos alguma dificuldade em visualizar, pois certamente isso se tornará mais fácil conforme aumentar a nossa familiaridade com os objetos. Todo mundo é capaz de visualizar uma pessoa conhecida. Por exemplo, se fecharmos os olhos e tentarmos visualizar nossa mãe, conseguiremos fazê-lo claramente. Visualizações não podem ser "ligadas" como imagens numa tela de televisão mas, com repetida familiarização, podemos aprender a fazer extensas visualizações rapidamente e, então, retê-las com firmeza. No início devemos nos contentar com uma imagem vaga, lembrando que o mais importante é gerarmos intensa fé de que os seres sagrados estão realmente presentes diante de nós, cheios de vida, e nos olhando com grande bondade, prontos para aceitarem nossas oferendas e atenderem às nossas preces.

No espaço à nossa frente, na altura das sobrancelhas e à distância aproximada de um braço, ergue-se um trono alto e espaçoso. Ele é quadrado e adornado com pedras preciosas, como diamantes, esmeraldas e lápis-lazúli. Sobre ele, há cinco tronos menores; o do centro está mais elevado e os outros estão em cada um dos pontos cardeais. Os tronos são sustentados por leões-de-neve, dois em cada canto. Cobrindo toda a superfície do trono central, que está voltado para o leste – lado em que estamos sentados –, há um lótus de oito pétalas multicolorido. As pétalas que estão nos pontos cardeais são vermelhas. A pétala do sudeste é amarela; a do sudoeste é verde; a do noroeste é amarela; e a do nordeste é preta. O centro do lótus é um disco verde e plano, rodeado por anteras amarelas. Acima dele há um disco branco de lua e, em cima deste, um disco amarelo de sol. Aí senta-se nosso Guia Espiritual principal, no aspecto do Conquistador Buda Shakyamuni. Seu corpo é dourado, e ele está na postura conhecida como "Buda Shakyamuni conquistando os demônios". Suas pernas estão na postura vajra. O cotovelo direito está encostado no quadril; o antebraço, apoiado na coxa direita, estende-se até o joelho, de tal modo que os dedos da mão tocam o disco de sol. Esse gesto indica que ele derrotou o demônio Devaputra. A mão esquerda, com a palma virada para cima, está abaixo do umbigo, no gesto do equilíbrio meditativo, segurando uma preciosa tigela de lápis-lazúli que contém os três néctares, indicando que ele conquistou o demônio da morte descontrolada, o demônio dos agregados contaminados e o demônio das delusões. Ele veste as três túnicas de uma pessoa ordenada, e seu corpo está adornado com os trinta e dois sinais maiores e as oitenta marcas menores de um Buda. Buda Shakyamuni é o objeto principal de refúgio, porque é o fundador da atual doutrina do Dharma.

O corpo de Guru Buda Shakyamuni não deve ser imaginado como se fosse oco; bidimensional, como uma pintura; ou feito de substâncias materiais, como no caso de uma estátua; tampouco como um corpo humano feito de carne, ossos ou órgãos internos. O corpo de Buda é feito de luz, clara e translúcida. Ele irradia uma aura luminosa de cinco cores: branca, amarela, vermelha, verde e azul. É o corpo de uma pessoa real, um ser iluminado. Conforme contemplamos Guru Buda Shakyamuni à nossa frente, deixamos que sua aparência nos faça lembrar de todas as boas qualidades da sua mente iluminada: sua sabedoria que percebe clara e diretamente todos os objetos de conhecimento; sua compaixão por cada ser vivo sem exceção, como a de uma mãe por seu filho único; e seus perfeitos meios habilidosos, com os quais ele trabalha incessantemente para conduzir todos os seres vivos à felicidade insuperável da plena iluminação.

No coração de Guru Buda Shakyamuni há um lótus e sobre ele um disco de sol. Em cima, senta-se o Conquistador Vajradhara. Seu corpo é de um azul profundo, e ele tem uma face e dois braços. A mão direita segura um vajra dourado de cinco pontas e a esquerda, um sino de prata branca. Usa oito joias ornamentais: uma coroa, brincos, três colares de diferentes comprimentos, braceletes, enfeites nos tornozelos e um cinto de joias. Seu corpo está adornado com vestes de seda. Senta-se na postura vajra, abraçando sua consorte, Vajradhatu Ishvari, cujo corpo também é azul profundo e está embelezado com vestes e ornamentos similares. Ela está na postura de lótus.

No coração de Vajradhara há uma letra-semente azul HUM, que irradia uma profusão de raios de luz de cinco cores em todas as direções. Esse HUM azul é o ser de concentração que representa o Corpo-Verdade de Buda; Vajradhara é o ser de sabedoria que representa o Corpo-de-Deleite de Buda; e Guru Buda Shakyamuni é o ser de compromisso que representa o Corpo-Emanação de Buda. Visualizando esses três seres, estaremos nos familiarizando com os três corpos de um Buda e criando a causa efetiva para percebê-los no futuro. Considerando que nosso principal Guia Espiritual e esses três seres são em essência um único ser, recebemos inspiração mais rapidamente.

Do coração de Guru Buda Shakyamuni, uma luz é irradiada à sua direita e, ali, ele se emana como Maitreya, sentado num trono, um lótus e um disco de lua. Maitreya está no aspecto do Corpo-de-Deleite, adornado com joias e vestimentas de seda. Senta-se em meia postura vajra. Seu corpo é amarelo avermelhado, e ele tem uma face e duas mãos, mantidas à altura do coração, no gesto de girar a Roda do Dharma. Entre o polegar e o indicador de cada mão, ele segura uma haste de árvore naga. Ao lado da sua orelha direita, a flor de uma das hastes viceja e sustenta uma roda dourada. Ao lado da sua orelha esquerda, a flor da outra haste viceja e sustenta um jarro de gargalo longo.

Na frente de Maitreya, sobre um lótus e um disco de lua, senta-se Arya Asanga. Suas pernas estão cruzadas de tal modo que a esquerda estende-se por baixo da coxa direita, com a planta do pé virada para fora; a perna direita, cruzada sobre a esquerda, estende-se vários centímetros além do joelho esquerdo. A mão direita está no gesto de expor o Dharma e a esquerda, no gesto do equilíbrio meditativo. Ele veste as três túnicas de uma pessoa ordenada e um chapéu de pândita. Há um vaso esférico à sua esquerda. Ao redor da figura central de Maitreya, toda a linhagem de Gurus do caminho vasto forma um círculo em sentido horário, a começar por Asanga.

Do coração de Guru Buda Shakyamuni, uma luz é irradiada à sua esquerda e, ali, ele se emana como Manjushri, sentado sobre um trono, um lótus e um disco de lua. Seu corpo é da mesma cor que o de Maitreya e está na mesma postura, exceto que segura hastes de flores de upala. A flor que viceja perto da sua orelha direita sustenta a espada da sabedoria, e a flor que viceja próximo à orelha esquerda sustenta o texto do *Sutra Perfeição de Sabedoria em Oito Mil Versos*. Essa postura é conhecida como "Manjushri girando a Roda do Dharma".

À frente de Manjushri, senta-se Nagarjuna, em meia postura vajra, usando as túnicas de um monge. Suas mãos estão no gesto de expor o Dharma. Ele tem uma pequena protuberância na sua coroa e, formando um arco sobre a cabeça, sem tocá-la, há um dossel de sete serpentes. Ao redor da figura central de Manjushri, os gurus da linhagem do caminho profundo formam um círculo, em sentido anti-horário, a começar por Nagarjuna.

À direita dos gurus da linhagem do caminho vasto, sentam-se os gurus da linhagem Kadam Lamrimpa e, à esquerda dos gurus da linhagem do caminho profundo, sentam-se os gurus da linhagem Kadam Shungpawa. Atrás dos gurus da linhagem do caminho vasto, sentam-se os gurus da linhagem Kadam Menngagpa. Cada um dos gurus Kadampa está sentado sobre um lótus e um disco de lua.

Do coração de Guru Buda Shakyamuni, uma luz é irradiada para trás dele e, ali, ele se emana como Buda Vajradhara, sentando sobre um trono, um lótus e um disco de lua. Rodeando-o estão todos os gurus da linhagem do Mantra Secreto, desde Tilopa até nosso atual Guia Espiritual.

Do coração de Guru Buda Shakyamuni, uma luz é irradiada para frente dele e, ali, ele se emana como nosso principal Guia Espiritual. Ele ou ela deve ser visualizado como uma pessoa jovem e radiante, sem nenhuma imperfeição física. Sua mão direita está no gesto de expor o Dharma, indicando que é capaz de dissolver a ignorância de seus discípulos. Sua mão esquerda está no gesto do equilíbrio meditativo e segura um vaso de longevidade, indicando que é capaz de destruir o poder que a morte exerce sobre seus discípulos. A ignorância e a morte são os maiores obstáculos ao nosso desenvolvimento espiritual. A ignorância impede-nos de compreender o Dharma, especialmente as instruções sobre a visão superior, que é o verdadeiro antídoto contra a ignorância; e a morte destrói nossa vida, que é a base para praticar o Dharma. Ao redor do nosso principal Guia Espiritual, visualizamos todos os outros Guias Espirituais que nos ensinaram diretamente o puro Dharma nesta vida.

Na frente desses grupos de Gurus, visualizamos as Deidades do Tantra Ioga Supremo. À direita está Vajrabhairava; à esquerda, Heruka; e no centro, Guhyasamaja ou nossa Deidade pessoal do Tantra Ioga Supremo, como Vajrayogini, por exemplo. Na frente delas, em sucessivas fileiras, estão: as Deidades do Tantra Ioga, como a assembleia de Sarvavid, a Deidade principal do Tantra Ioga; as Deidades do Tantra Performance, como a assembleia das Deidades Vairochana; as Deidades do Tantra Ação, como Amitayus, Tara Verde e Tara Branca; os Budas do Sutra, como os Mil Budas do Éon Afortunado, os 35 Budas Confessionais e os oito Budas da Medicina; as Sanghas do Sutra, incluindo Bodhisattvas como os oito Grandes Filhos, Realizadores Solitários como os doze Realizadores Solitários, e Ouvintes como os dezesseis Destruidores de Inimigos; as Sanghas do Tantra como os Heróis e as Heroínas dos 24 lugares e os Protetores supramundanos do Dharma, como Mahakala, Dharmaraja, Vaishravana e Kalindewi.

Nessa vasta assembleia, todos os Gurus, Deidades e Budas são a Joia Buda; e todos os Bodhisattvas, Realizadores Solitários, Ouvintes, Heróis, Heroínas e Protetores do Dharma são a Joia Sangha. Diante de cada ser sagrado, há uma pequena mesa de mármore, que serve de apoio para as escrituras que eles compuseram. As escrituras representam a Joia Dharma, e sua natureza é luz de sabedoria. Ao visualiza-las, devemos considerar que são, em sua essência, as realizações interiores dos seres sagrados. Tais realizações interiores são a Joia Dharma efetiva.

Construímos essa visualização gradualmente, tornando-a tão vasta quanto a nossa imaginação permitir, porque os objetos de refúgio são infinitos, permeando todos o espaço. Cada um deles é uma emanação do objeto de refúgio central, Guru Buda Shakyamuni.

Depois de ter estabelecido essa visualização, imaginamo-nos rodeados por um número ilimitado de seres vivos atormentados pelos sofrimentos dos seis reinos do samsara. Visualizamos todos eles na forma humana. Mais próximos de nós, estão nossos pais, familiares e amigos. Para gerar compaixão por eles, meditamos:

> *Incessantemente, desde tempos sem início, tenho experienciado todos os tipos de sofrimento. Repetidas vezes fui submetido às dores de cada um dos seis reinos no renascimento descontrolado, sem liberdade ou escolha. Agora obtive uma preciosa vida humana com as liberdades e os dotes imprescindíveis, e descobri o Dharma. Agora tenho uma rara oportunidade de alcançar a libertação praticando o Dharma.*
>
> *Contudo, continua sendo difícil alcançar a libertação, porque minha mente carrega um pesado fardo de delusões, o que me impede de obter realizações. Além do mais, não estou seguro sobre a duração desta oportunidade, porque a hora da morte é incerta. Se eu morrer hoje, ou em poucos meses, não terei controle sobre minha morte e renascimento. Facilmente eu poderia renascer num dos reinos inferiores, onde o sofrimento é insuportável. Se fosse suficientemente afortunado para renascer como humano, ainda assim teria de suportar os sofrimentos do nascimento, da doença, do envelhecimento, da morte e de todos os outros sofrimentos da vida humana. Ainda que renascesse como um deus, não estaria livre do sofrimento. Portanto, preciso usar esta oportunidade para alcançar a libertação.*
>
> *Não sou o único capturado nesta lamentável condição de dor e insatisfação; como poderia almejar libertar apenas a mim? Cada*

ser vivo que hoje perambula pelos seis reinos do samsara foi em algum momento do passado minha querida mãe, e cada um deles, sem exceção, experiencia como eu os mesmos sofrimentos. Portanto preciso trabalhar para libertar todos eles. Uma vez que só as Três Joias têm poder para nos proteger e ajudar, nelas buscarei refúgio do fundo do meu coração, para poder libertar todos os outros seres vivos de seus sofrimento.

Desse modo, geramos as causas de refúgio e aumentamos o desejo de nos libertar, a nós e aos outros, do samsara. Essa maneira de buscar refúgio aumenta nossas realizações de renúncia e de compaixão. A compaixão induz uma intenção superior: "Vou trabalhar para libertar todos os seres". Reconhecendo que precisamos buscar refúgio para satisfazer esse desejo, dirigimos nossa atenção para os grupos de gurus visualizados diante de nós e recitamos cinquenta vezes: "Eu busco refúgio nos Gurus". Ao final dessa recitação, pedimos aos Gurus que concedam suas bênçãos. Então, visualizamos luz branca que desce de seus corações e se dissolve em nosso corpo e mente, purificando todo o nosso carma negativo – especialmente aquele que criamos em relação ao nosso Guia Espiritual, com ações como sentir aversão por ele ou desrespeitá-lo, perturbá-lo, feri-lo fisicamente, mentir-lhe, contrariar seus desejos ou ficar com raiva dele. Quando tivermos completado essa visualização, deveremos pensar que todas as nossas negatividades foram purificadas e que nosso corpo transformou-se em luz.

Depois recitamos o mesmo verso mais cinquenta vezes e, ao final, fazemos pedidos e visualizamos um néctar dourado, que desce do coração dos gurus e se dissolve em nosso corpo e mente. Esse néctar aumenta nossas realizações, tempo de vida, méritos e virtudes.

A seguir, dirigimos nossa atenção para os Budas e as Deidades e recitamos cinquenta vezes: "Eu busco refúgio nos Budas". Terminada a recitação, pedimos aos Budas que concedam suas bênçãos. Então, visualizamos luz branca que desce de seus corações e se dissolve em nosso corpo e mente, purificando todo o carma negativo – especialmente aquele que criamos em relação aos Budas, com ações como: sentir aversão por eles, desejar feri-los fisicamente, contrariá-los, vender suas estátuas para ganho financeiro ou pisar sobre suas imagens ignorando seu significado. Então, recitamos o mesmo verso mais cinquenta vezes e, ao final, fazemos pedidos e visualizamos o néctar dourado como anteriormente.

Continuamos a prática do mesmo modo e, dirigindo nossa atenção para a Joia Dharma, recitamos: "Eu busco refúgio no Dharma". Com a atenção focalizada na Joia Sangha, recitamos: "Eu busco refúgio na Sangha". Ao terminar todas essas rodadas de recitação e meditação, dirigimos nossa atenção para os objetos de refúgio como um todo e recitamos a prece curta de refúgio o maior número de vezes possível:

> Eu e todos os seres sencientes, até alcançarmos a iluminação,
> Nos refugiamos em Buda, Dharma e Sangha.

Dirigimos então pedidos específicos aos objetos de refúgio, de acordo com as suas diferentes maneiras de nos ajudar. Os Gurus ajudam-nos transformando nossas mentes com inspiração e bênçãos; os Budas nos guiam à libertação e à plena iluminação; as Deidades nos concedem aquisições; a Sangha apoia nossa prática de Dharma; os Heróis e as Heroínas nos concedem grande êxtase espontâneo, capacitando-nos assim a praticar o Mantra Secreto; e os Protetores do Dharma afastam os impedimentos à nossa prática de Dharma. Depois desses pedidos especiais, visualizamos a luz e o néctar como antes.

No começo, se acharmos difícil visualizar os objetos de refúgio de maneira tão minuciosa, poderemos simplesmente imaginar que as Três Joias estão presentes no espaço à nossa frente e, então, recitar com fé a prece curta de refúgio.

GERAR A BODHICHITTA

Depois de buscar refúgio, geramos a bodhichitta, meditando:

> *O que acontecerá quando eu me tornar um ser iluminado? Terei todas as boas qualidades e estarei completamente livre de todos os sofrimentos, impedimentos e falhas. Minha habilidade para ajudar todos os outros seres vivos será perfeita. Minhas emanações serão tão numerosas quanto os seres vivos, e vou usá-las para o benefício de todos. Embora só exista uma lua brilhando no céu, seus reflexos estão em todos os lagos e águas do mundo. Do mesmo modo, quando eu alcançar a iluminação, minhas emanações vão cobrir e proteger todos os seres vivos.*

Quando essa meditação despertar em nós uma forte determinação de alcançar a iluminação para o benefício dos outros, reteremos esse pensamento clara e unifocadamente pelo maior tempo possível, familiarizando-nos intimamente com essa determinação. A seguir, recitamos a prece para gerar a bodhichitta:

> Pelas virtudes que coleto, praticando o dar e as outras perfeições,
> Que eu me torne um Buda para o benefício de todos.

Bodhichitta é uma mente que possui duas aspirações, ambas expressas nessa prece. A aspiração principal, beneficiar os outros, aparece nas palavras "para o benefício de todos". A aspiração secundária, obter os meios para satisfazer a aspiração principal, aparece nas palavras "possa eu me tornar um Buda".

Já que a bodhichitta é a causa principal da plena iluminação, Guru Buda Shakyamuni fica radiante sempre que ela surge em nossa mente. Portanto, depois de recitar a prece, devemos imaginar que, em resposta, Buda emana outra forma similar à sua, que vem à coroa da nossa cabeça e entra em nosso corpo, purificando todas as nossas não virtudes e obstruções. Somos transformados em um Buda com uma aparência semelhante à de Guru Buda Shakyamuni. De nosso corpo, irradiamos luz para todas as direções; a luz atinge todos os seres vivos e purifica suas não virtudes e obstruções. Todos os seres vivos se dissolvem na luz e reaparecem como Budas, com aparências iguais à de Guru Buda Shakyamuni. Essa prática é conhecida como "trazer o resultado para o caminho". Ela é assim chamada porque imaginamos intensamente que já atingimos o resultado futuro da nossa prática. O resultado em si é a plena iluminação e a habilidade particular dos seres iluminados de ajudar os outros a alcançarem o mesmo estado. Essa prática amadurece a nossa potencialidade para alcançar a Budeidade mais rapidamente. Tal potencialidade é conhecida como "linhagem búdica" ou "semente búdica".

APRIMORAR A BODHICHITTA: A PRÁTICA DAS QUATRO INCOMENSURÁVEIS

Antes de começar essa prática, precisamos reduzir nosso orgulho divino e lembrar que estávamos apenas imaginando que havíamos atingido o resultado futuro da nossa prática e que, na realidade, nós mesmos e incontáveis outros seres vivos ainda não nos tornamos seres iluminados.

Para aprimorar nossa motivação de bodhichitta, praticamos as quatro incomensuráveis:

(1) Incomensurável equanimidade
(2) Incomensurável amor
(3) Incomensurável compaixão
(4) Incomensurável alegria

Denominam-se incomensuráveis porque nós as praticamos adotando como nosso objeto observado todos os seres vivos, cujo número é incomensurável. Quando praticamos incomensurável equanimidade, cultivamos o desejo de que todos os seres vivos obtenham a realização da equanimidade e nos dedicamos ativamente a ajudá-los a fazerem isso. Quando praticamos incomensurável amor e incomensurável compaixão, desenvolvemos o desejo de que todos os seres sejam felizes e se libertem do sofrimento e nos dedicamos ativamente a fazer isso. Quando praticamos incomensurável alegria, cultivamos o desejo de que todos os seres nunca percam o prazer e a felicidade de que desfrutam nos estados afortunados de humanos e deuses, nem a alegria suprema da libertação, e nos dedicamos ativamente a impedir que eles sejam separados de sua felicidade temporária ou última.

Cada incomensurável possui quatro partes: um incomensurável desejo, uma incomensurável prece, uma incomensurável intenção superior e um incomensurável pedido.

Incomensurável equanimidade Observando todos os seres ao nosso redor, meditamos:

> *Em algum momento de suas vidas passadas todos os seres vivos relacionaram-se como uma mãe com seu querido filho; mas eles não se lembram disso e agora geram apego, ódio ou indiferença entre si, sentindo-se próximos de uns e distantes de outros. Motivados por ódio e apego, eles cometem ações negativas e, como resultado continuam a ter problemas. Se todos pudessem gerar equanimidade, ninguém mais seria dominado por apego e por ódio, e todos se libertariam do sofrimento.*

Meditar dessa maneira induz um incomensurável desejo em nosso coração: "Que maravilhoso seria se todos os seres vivos obtivessem equanimidade, livres do ódio e do apego, sem se sentirem próximos de uns e distantes de outros". Meditar sobre esse incomensurável desejo induz uma incomensurável prece: "Que todos os seres vivam em equanimidade". Rezar dessa maneira induz uma incomensurável intenção superior: "Eu pessoalmente farei com que isso aconteça". Meditar nessa intenção nos compele a fazer um incomensurável pedido: "Por favor, ó Budas e Guias Espirituais, abençoai-me para consegui-lo".

Se olharmos para um céu azul, completamente sem nuvens, não teremos razão alguma para preferir o leste ao oeste ou o oeste ao leste. Do mesmo modo, quando obtemos a realização da equanimidade, não preferimos algumas pessoas às outras. Todos os seres passam a ser igualmente importantes para nós. Antes de obter essa realização, é como se nosso olhar estivesse mirando um terreno desnivelado. Algumas áreas parecem superiores e outras, inferiores.

Nossos problemas pessoais são causados, em sua maioria, por nossa própria mente tendenciosa. Pensamos que nós, nossa família e nossos amigos somos mais importantes que os outros. Apreciamos aqueles que estão mais próximos de nós e defendemos seus interesses, mas negligenciamos praticamente todos os demais, menosprezando seus interesses. Quando tivermos equanimidade, veremos todos os seres como igualmente preciosos e, em consequência dessa atitude, descobriremos que muitos dos nossos próprios problemas foram superados.

Equanimidade é interessar-se igualmente por todos; não é indiferença. A indiferença está tão longe da equanimidade quanto do ódio e do apego. Quando gerarmos equanimidade, sentiremos grande paz e felicidade. Nossa mente será como uma terra bem arada, onde poderemos plantar as sementes de compaixão, amor e bodhichitta.

Incomensurável amor Observando todos os seres ao nosso redor, meditamos:

> *Todos esses seres almejam felicidade. Contudo, a maioria deles desconhece qual é a causa de felicidade, e aqueles que a conhecem não conseguem criá-la. Portanto todos estão privados daquilo que desejam.*

Meditar dessa maneira induz um incomensurável desejo, uma incomensurável prece, uma incomensurável intenção superior e um incomensurável pedido em nosso coração:

> *Que maravilhoso seria se todos os seres vivos possuíssem felicidade e sua causa.*
> *Que todos os seres as possuam.*
> *Eu pessoalmente farei isso acontecer.*
> *Por favor, ó Budas e Guias Espirituais, abençoai-me para fazê-lo.*

Quando tivermos gerado esse incomensurável desejo, de maneira contínua e espontânea, teremos alcançado a realização do incomensurável amor. Já que os seres vivos são incontáveis, os benefícios do incomensurável amor também o são. Mesmo quando nossa meditação vai mal e não sentimos nada de especial, continuamos a receber os muitos benefícios de meditar no incomensurável amor.

Incomensurável compaixão Observando todos os seres ao nosso redor, meditamos:

> *Todos esses seres estão com medo de sofrer e desejam se livrar do sofrimento, contudo, na sua ignorância continuam a cometer ações negativas que são a verdadeira causa do sofrimento.*

Meditar dessa maneira induz um incomensurável desejo, uma incomensurável prece, uma incomensurável intenção superior e um incomensurável pedido em nosso coração:

> *Que maravilhoso seria se todos os seres vivos se libertassem do sofrimento e de sua causa.*
> *Que todos se libertem disso.*

Eu pessoalmente farei isso acontecer.
Por favor, ó Budas e Guias Espirituais, abençoai-me para fazê-lo.

Incomensurável alegria Observando todos os seres ao nosso redor, meditamos novamente a fim de gerar um incomensurável desejo, uma incomensurável prece, uma incomensurável intenção superior e um incomensurável pedido:

Que maravilhoso seria se todos os seres vivos nunca perdessem a felicidade de humanos e deuses, nem a suprema alegria da libertação.
Que eles nunca sejam separados disso.
Eu pessoalmente farei isso acontecer.
Por favor, ó Budas e Guias Espirituais, abençoai-me para fazê-lo.

GERAR A MOTIVAÇÃO DE BODHICHITTA PARA UMA PRÁTICA ESPECÍFICA

Antes de iniciar nossa meditação propriamente dita, geramos a motivação de meditar com o objetivo exclusivo de alcançar a plena iluminação para o benefício dos outros. Por exemplo, se formos meditar em como confiar em nosso Guia Espiritual, deveremos nos motivar:

Agora vou treinar minha mente para gerar fé e respeito por meu Guia Espiritual para que eu possa beneficiar os outros, construindo a base que vai dar sustento a todas as demais realizações das etapas do caminho à iluminação.

Essa bodhichitta é denominada "bodhichitta de compromisso" ou "bodhichitta verdadeira". Ela se compromete a fazer uma prática específica, como um meio para conquistar a meta da bodhichitta aspirativa, ou seja, o desejo de se tornar iluminado para o bem de todos os outros seres vivos.

VISUALIZAR O CAMPO DE MÉRITO

Há duas maneiras de visualizar o Campo de Mérito. De acordo com a primeira, imaginamos que os objetos de refúgio gradualmente se incorporam em Guru Buda Shakyamuni, que vem à nossa coroa e desce ao nosso coração; depois visualizamos o Campo de Mérito no espaço vazio à nossa frente. A segunda maneira é mais fácil. Simplesmente imputamos o Campo de Mérito à visualização dos objetos de refúgio.

Os objetos de refúgio são agora designados como o Campo de Mérito porque, quando oferecemos a prática dos sete membros e o mandala, os seres sagrados funcionam como um campo no qual plantamos e nutrimos nossas sementes de virtude. Fazendo essas oferendas, criamos e aumentamos nossa energia virtuosa, purificamos nosso carma negativo e aumentamos nossa potencialidade para obter as realizações das etapas do caminho. Esses resultados são a boa colheita da nossa virtude.

Iniciamos essa prática recordando todos os detalhes da visualização anterior, desde Guru Buda Shakyamuni, no centro, até a fileira mais afastada de Protetores do Dharma. Além disso, para aumentar a proteção do Dharma, visualizamos um guardião em cada um dos quatro pontos cardeais do Campo de Mérito. Na coroa dos seres sagrados, visualizamos um OM branco, a letra-semente de Vairochana; na garganta deles, um AH vermelho, a letra-semente de Amitabha; no coração, um HUM azul, a letra-semente de Akshobya; no umbigo, um SÖ amarelo, a letra-semente de Ratnasambhava; e no lugar secreto, um HA verde, a letra-semente de Amoghasiddhi. Essas letras-sementes indicam que todos os seres sagrados que estão no Campo de Mérito são, em essência, iguais às cinco linhagens de Buda.

Então, renovamos nossa convicção de que estamos diante da presença dos seres sagrados. Nesse sentido, somos como um cego que vai a uma palestra e ouve de seu acompanhante uma descrição a respeito das outras pessoas ali presentes. O cego acredita nas palavras do amigo, sem hesitação. Imagina vividamente todos os presentes, como se pudesse vê-los e, de fato, sente a presença viva de todos eles.

A seguir, recitamos a prece de convite ao Campo de Mérito, na qual convidamos todos os seres de sabedoria para que venham diante de nós e se unam aos seres de compromisso visualizados à nossa frente:

Ó Protetor de todos os seres,
Grande Destruidor das hostes de demônios,
Por favor, ó Abençoado, Conhecedor de Tudo,
Vem a nós com teu séquito.

Raios de luz irradiam-se do coração dos seres sagrados, atingem todas as terras búdicas e trazem os seres de sabedoria à nossa presença, onde eles se unem inseparavelmente com o Campo de Mérito visualizado.

Buda Shakyamuni disse: "Sempre que alguém gerar fé em mim, estarei presente". Portanto, quando recitamos a prece de convite com fé, é certo que os seres de sabedoria vêm à nossa presença. Assim, não restará nenhuma dúvida a respeito da presença efetiva dos seres sagrados.

Na época de Buda Shakyamuni, havia uma jovem senhora chamada Magadhabhatri, que tinha imensa fé em Buda e em seus discípulos. Mudara-se de país há pouco para viver em companhia do marido e de seus familiares. Eles não eram budistas e costumavam ser visitados por seu venerável professor. Magadhabhatri, contudo, mantinha sua fé em Buda Shakyamuni, a quem sempre elogiava. De tanto ouvi-la, a sogra começou a sentir profunda fé em Buda e pediu a Magadhabhatri que o convidasse a visitá-los. Magadhabhatri prometeu aos familiares que Buda e seu séquito chegariam no dia seguinte, mas todos custaram a acreditar. Disseram que, mesmo se Buda já estivesse a caminho, seria impossível que chegasse em tão pouco tempo. Magadhabhatri levou flores e incenso até o telhado da casa e pediu a Buda para vir visitá-la, recitando a prece de convite ao Campo de Mérito.

Buda escutou o pedido com seus poderes de clarividência e convocou seus quinhentos discípulos Destruidores de Inimigos, dizendo que aqueles que tivessem poderes miraculosos poderiam acompanhá-lo no dia seguinte. Um deles, não querendo ser deixado para trás, meditou a noite inteira, a fim de obter os poderes miraculosos necessários para voar ao lado de Buda!

Enquanto isso, a sogra de Magadhabhatri avisou a vizinhança toda que Buda Shakyamuni chegaria naquele dia, acompanhado por quinhentos discípulos: "Magadhabhatri contou-me que eles virão voando diretamente das terras de seu pai!". Houve grande surpresa e excitamento. Formaram-se grupos nos pontos mais altos da vizinhança, e todos olhavam para o céu, tentando descobrir de que direção Buda viria. Para beneficiar a todos, Buda emanou dezoito formas similares à sua, uma em cada portão da cidade. Embora um único Buda tenha entrado na casa de Magadhabhatri, todos os habitantes da região conseguiram ver Buda e geraram profunda fé nele. Daí em diante, dedicaram-se totalmente à prática do Dharma.

ACUMULAR MÉRITO E PURIFICAR NEGATIVIDADES, POR MEIO DA PRÁTICA DOS SETE MEMBROS E DO MANDALA

A PRÁTICA DOS SETE MEMBROS

Os sete membros são:

(1) Prostração;
(2) Oferenda;
(3) Confissão;
(4) Regozijo;
(5) Súplica aos Budas e aos Guias Espirituais para que não morram;
(6) Pedido aos Budas e aos Guias Espirituais para que girem a Roda do Dharma;
(7) Dedicatória.

As práticas de prostração, oferenda, súplica e pedido acumulam mérito; as práticas de regozijo e a dedicatória multiplicam mérito; e a prática da confissão purifica carma negativo. Essas sete práticas são chamadas de "membros" porque sustentam a meditação, da mesma forma que os membros sustentam o corpo. Sem usar os membros do corpo, pouco poderíamos fazer no que diz respeito às ações físicas. Do mesmo modo, sem os membros da acumulação de mérito e da purificação de negatividade, pouco poderíamos fazer no que se refere à meditação.

Cada uma dessas práticas cumpre uma função determinada: a prostração supera o orgulho; a oferenda supera a avareza; a confissão supera as três delusões raízes (apego desejoso, ódio e ignorância); o regozijo supera a inveja; a súplica supera nossas visões errôneas e o carma negativo que criamos ao cometer ações contra os Budas e os Guias Espirituais; o pedido supera a ação negativa de abandonar o Dharma; e a dedicatória supera o poder que a raiva tem de destruir o mérito criado por boas ações.

PROSTRAÇÃO

A prática de prostração foi ensinada por Buda Shakyamuni e era uma das práticas principais de Naropa e de Je Tsongkhapa. Há três tipos de prostração: física, verbal e mental. Fazemos prostrações físicas quando prestamos respeito por meio de uma ação física de corpo, como fazer meia prostração ou prostração completa, curvar a cabeça ou juntar as palmas das mãos. Fazemos prostrações verbais quando prestamos respeito usando nossa fala, como ao recitar louvores aos Budas e aos Bodhisattvas. Fazemos prostrações mentais quando prestamos respeito mentalmente, como ao gerar fé nas Três Joias. Podemos fazer esses três tipos juntos, se nos prostrarmos fisicamente com fé, enquanto recitamos louvores ou mantras.

Para fazer prostrações físicas, unimos as palmas das mãos – mantendo os polegares virados para dentro – e tocamos sucessivamente a coroa da cabeça, o ponto entre as sobrancelhas, a garganta e o ponto na altura do coração. A seguir, inclinamos o corpo até tocarmos o chão. Para fazer meia prostração, tocamos o chão com as palmas das mãos, os joelhos e a testa. No caso da prostração completa, estendemos o corpo inteiro no chão. Ao tocar nossa coroa e testa, criamos causa para alcançar o corpo de um Buda. Em particular, ao tocar a coroa, criamos causa para alcançar a protuberância da coroa da cabeça de um Buda; ao tocar o ponto entre as sobrancelhas, criamos causa para obter o fio de cabelo crespo de um Buda; ao tocar nossa garganta, criamos causa para alcançar a fala de um Buda; e, ao tocar o ponto na altura do coração, criamos causa para alcançar a mente de um Buda.

De acordo com o Mantra Secreto, começamos posicionando as palmas das mãos unidas na altura do nosso coração. Os dedos da mão direita representam os cinco ventos raízes, e os dedos da esquerda, os cinco ventos secundários. Juntar as mãos representa a reunião desses ventos sutis de energia no canal central. Tocar o ponto na altura do coração simboliza a absorção dos ventos na gota indestrutível, ali situada. Quando, por meio da meditação, isso de fato acontecer, obteremos as aquisições mais elevadas do Mantra Secreto, tais como as realizações da clara-luz exemplo e da clara-luz significativa. O poder de cada prostração será multiplicado por mil se, enquanto estivermos nos prostrando fisicamente, recitarmos o seguinte mantra:

OM NAMO MANJUSHRIYE,
NAMO SUSHRIYE,
NAMO UTAMA SHRIYE SÖHA

NAMO significa homenagem e MANJUSHRIYE significa Glorioso Pacífico. A mente de um Buda é pacífica, porque está inteiramente livre das duas obstruções: as obstruções-delusões, isto é, as delusões e suas sementes; e as obstruções à onisciência, ou seja, as marcas das delusões. Qualquer um que esteja completamente livre de ambas as obstruções é um Buda. SU significa nobre ou bom; e SHRI significa glorioso e refere-se às qualidades da Joia Dharma. UTAMA SHRIYE significa glorioso e insuperável e refere-se à Joia Sangha. Assim, o significado completo do mantra é:

Rendo homenagem à Joia Buda,
Rendo homenagem à Joia Dharma,
Rendo homenagem à Joia Sangha.

Enquanto nos prostramos fisicamente também podemos recitar preces, como as quatro estrofes do *Sutra Rei das Preces dos Excelentes Feitos Superiores*:

Quantos forem os homens com a coragem de leões,
Nos mundos das dez direções dos três tempos,
A todos eles, sem exceção,
Eu me prostro de corpo, fala e mente.

Pelo poder das preces dos excelentes feitos,
Todos os Conquistadores aparecem com clareza à minha mente
Curvando-me com corpos tão numerosos quanto os átomos do
  mundo,
A todos esses Conquistadores, eu me prostro.

Sobre cada átomo, estão Budas tão numerosos como átomos,
Rodeados por todos os seus filhos.
Dessa maneira, visualizo os Conquistadores
Preenchendo os reinos do espaço.

Com inesgotáveis oceanos de louvor
E com o som de infinitas línguas,
Eu proclamo as virtudes de todos os Conquistadores
E louvo todos aqueles que foram ao êxtase.

Se fizermos prostrações físicas enquanto recitamos a primeira estrofe, estaremos nos prostrando de corpo, fala e mente. A segunda estrofe mostra como multiplicar as prostrações físicas, imaginando que temos incontáveis corpos e que todos eles se prostram simultaneamente. A terceira revela como fazer prostrações mentais, gerando fé e relembrando as incontáveis qualidades de Buda, que estão além da nossa imaginação. A quarta revela como fazer prostrações verbais, oferecendo louvor a Buda.

Se não for possível recitar essas quatro estrofes, quando tivermos acabado de recitar o mantra, poderemos nos prostrar, recitando a prece de Buda Shakyamuni:

Guru, Fundador, Abençoado,
Tathagata e Arhat,
Plenamente Perfeito Buda,
Grande Vencedor, Senhor, Shakyamuni,
A ti nos prostramos, buscamos refúgio e fazemos oferendas,
Por favor, abençoa-nos.

Ao oferecer essa prece, fazemos prostrações a Guru Buda Shakyamuni, que é nosso principal Campo de Mérito. Depois fazemos prostrações aos cinco grupos de Gurus, incluindo Guru Buda Shakyamuni, ao centro, e a todos os seres sagrados, que são a Joia Buda, recitando: "Prostro-me a todos os Budas, como os Yidams das quatro classes de Tantra e os mil Budas". A seguir, fazemos prostrações à Joia Dharma, recitando: "Prostro-me ao santo Dharma, a proteção efetiva". Finalmente, fazemos prostrações aos seres sagrados, que são a Joia Sangha, como os Bodhisattvas, os Realizadores Solitários, os Ouvintes, os Heróis e as Heroínas e os Protetores do Dharma, recitando: "Prostro-me à suprema Sangha".

Quando fazemos prostrações, é útil lembrar os benefícios dessa prática. Segundo o Sutra, os dez benefícios principais que obteremos no futuro são:

(1) Uma forma bonita e saudável
(2) Renascimento numa família respeitável
(3) Um grande círculo de assistentes
(4) Oferendas e respeito por parte dos outros
(5) Recursos abundantes
(6) Os numerosos benefícios de ouvir o Dharma
(7) Forte fé nas Três Joias
(8) Memória boa e extensa

(9) Grande sabedoria
(10) Uma realização de concentração profunda e ampla

Além desses, existem muitos outros benefícios. Por exemplo, fazer prostração purifica carma negativo e cria causa para alcançarmos o Corpo-Forma de um Buda.

OFERENDA

Existem dois tipos de oferenda: a usual e a sublime. Todas as oferendas materiais são classificadas como oferendas normais. Podemos dispô-las fisicamente no nosso altar ou imaginá-las. Elas também podem ser pertencentes ou não pertencentes. Se avistarmos um lindo jardim e o ofertarmos mentalmente às Três Joias, estaremos fazendo uma oferenda pertencente, porque o jardim pertence a alguém. Se avistarmos flores selvagens e as ofertarmos mentalmente, estaremos fazendo uma oferenda não pertencente.

Existem quatro tipos de oferenda sublime. O *Sutra Solicitado por Sagaramati* menciona dois deles: a oferenda de praticar o Dharma e a oferenda de gerar a bodhichitta. Esforçar-se para aprender o Dharma, meditar sobre ele e explicá-lo aos outros são exemplos da oferenda sublime de colocar o Dharma em prática. Gerar amor e gerar compaixão também são oferendas sublimes.

O terceiro tipo de oferenda sublime, mencionada no *Sutra Lótus Branco de Compaixão*, é a oferenda de praticar qualquer instrução especial que tenhamos recebido do nosso Guia Espiritual. Como disse o grande Iogue Milarepa:

> Não tenho riquezas ou posses; logo, não posso fazer oferendas materiais. Mas vou recompensar a bondade do meu Guia Espiritual praticando o Dharma que ele ensina.

A melhor oferenda que podemos fazer ao nosso Guia Espiritual é praticar as instruções que ele ou ela nos deu. Um Professor Kadampa disse:

> Qualquer Professor Espiritual que prefira oferendas materiais à prática de seus discípulos não é qualificado e cria causa para renascer em reinos inferiores.

O quarto tipo de oferenda sublime é a oferenda das nossas ações virtuosas, imaginadas como belas substâncias. Por exemplo, se fizermos uma meditação sobre amor, poderemos transformar mentalmente essa virtude numa pedra preciosa, numa flor ou numa Terra Pura e oferecê-la às Três Joias.

Podemos fazer as oferendas mentalmente recitando preces, como as que estão no Lamrim de Yeshe Tsondru, *Essência de Néctar,* ou nos versos da oferenda do *Sutra Rei das Preces dos Excelentes Feitos Superiores:*

Flores sagradas, grinaldas sagradas,
Címbalos, bálsamos, supremos para-sóis,
Supremas lamparinas de manteiga, e incenso sagrado,
Ofereço a todos os Conquistadores.

Esplêndidas vestimentas, perfumes,
Remédios em pó, vastos como o Meru,
Tudo o que houver de supremo, em arranjos especiais,
Ofereço a todos os Conquistadores.

Para todos esses Conquistadores eu visualizo
Uma vasta sucessão de oferendas insuperáveis.
Pelo poder da minha fé em seus excelentes feitos,
Eu me prostro e a todos faço oferenda.

Ou podemos fazer oferendas mentalmente com esta curta prece:

Que todo o espaço cubra-se
Com oferendas de deuses e homens,
Ambas, as efetivas e as imaginadas,
Como as oferendas do Todo-Generoso.

CONFISSÃO

A prática da confissão não se limita a admitir, verbal ou mentalmente, as ações negativas que cometemos. A confissão inclui todas as práticas de purificação. Precisamos purificar todas as ações negativas que cometemos, porque elas são a causa principal de todo o nosso sofrimento e infelicidade.

Mesmo quando tentamos arduamente, é difícil obter realizações. Quando estamos a ponto de extrair alguma experiência da nossa prática de Dharma, frequentemente nosso esforço se degenera e não temos sucesso. Às vezes, sentimos muita fé em nosso Guia Espiritual, mas podemos perder esse sentimento. É difícil gerar fé no Dharma e compreender o verdadeiro significado dos ensinamentos que recebemos. Quando tentamos meditar, temos dificuldade de nos concentrar e, quando tentamos pôr o Dharma em prática na vida cotidiana, é raro que consigamos manter uma prática pura, ainda que seja por uma hora. Essas dificuldades acontecem porque carregamos um fardo de negatividades em nossa mente, a pesada herança de todas as ações não virtuosas que já cometemos.

No texto *Guia do Estilo de Vida do Bodhisattva*, Shantideva diz:

Quem teria propositalmente criado as armas
Que ferem os seres que estão nos infernos?
Quem criou o chão de ferro em brasa?
De onde vêm as tentadoras alucinações do inferno?

> O Habilidoso disse que todas essas coisas
> Vêm de mentes más.

Para entender de que modo as nossas ações negativas causaram as dificuldades e a infelicidade que temos hoje, precisamos estudar as ações e seus efeitos, a lei do carma, e meditar nisso. Explicações detalhadas sobre o carma serão dadas mais à frente. Meditando no carma, compreenderemos que nossas experiências ruins foram criadas por nossas mentes negativas e veremos que é preferível sentir aversão pela causa do que por seu *efeito*. Facilmente nos arrependeremos de todas as nossas ações negativas e assumiremos a determinação de fazer práticas de purificação, para destruir as potencialidades negativas que tais ações deixaram em nossa mente.

Se nos lembramos de todas as ações negativas que já cometemos, poderemos ficar desanimados e concluir: "Sou um caso perdido. Minha mente está tão cheia de negatividade que nunca serei capaz de purificá-la". Caso um pensamento desse tipo nos ocorra, podemos pensar nos exemplos de Angulimala, Tong Den e Ajatashatru. Instigado pelo conselho perverso de maus amigos, Angulimala matou 999 pessoas. Depois recebeu ensinamentos de Dharma e entendeu seu erro; em vez de perder as esperanças, praticou purificação e, como resultado, purificou todo o seu carma negativo e obteve uma realização direta da vacuidade naquela mesma vida. O rei Ajatashatru matou o próprio pai, que era um Destruidor de Inimigos, e desnudou uma monja que também o era. Porém quando ouviu Buda expor o *Sutra da Confissão*, gerou forte arrependimento e purificou todo o seu carma negativo. Ele obteve uma realização direta da vacuidade e alcançou o estado de Ingressante na Corrente. O brâmane Tong Den matou sua mãe, porém, mais tarde, purificou sua mente e tornou-se um grande discípulo de Buda Shakyamuni.

Se esses crimes hediondos podem ser totalmente purificados, por que duvidamos da possibilidade de eliminar nossas não virtudes? No momento, nossa mente é como um céu encoberto. Contudo, se purificarmos toda a nossa negatividade e cumprirmos a promessa de nos abster de ações prejudiciais no futuro, nossa mente se tornará como um céu claro e límpido.

Nagarjuna disse em *Carta Amigável:*

> Se uma pessoa que foi extremamente inconsequente no passado
> mais tarde praticar conscienciosidade sinceramente, ela se tornará
> pura como uma lua imaculada.

Se fizermos forte purificação todos os dias, poderemos purificar por completo todo o nosso carma negativo; se fizermos uma purificação mediana, poderemos reduzir nosso carma negativo; e, se fizermos um pouco de purificação, poderemos evitar que nosso carma negativo aumente. Se não fizermos nenhuma purificação, nosso carma negativo aumentará com o passar do tempo e, certamente, sofreremos suas dolorosas consequências. O grau de purificação que obtemos depende da força dos quatro poderes oponentes:

(1) O poder do arrependimento
(2) O poder da confiança
(3) O poder da força oponente
(4) O poder da promessa

Para que nossa prática de purificação seja completa, todos os quatro poderes devem estar presentes.

O poder do arrependimento É o poder do nosso arrependimento pelas ações nocivas que cometemos. Geramos arrependimento relembrando os perigos da nossa negatividade. Indiretamente o arrependimento destrói tanto as potencialidades das nossas ações não virtuosas como o nosso desejo de repeti-las no futuro. Por essa razão, ele também é conhecido como "poder da destruição". Quanto mais forte for o nosso arrependimento, mais vigorosa será a nossa abstenção. Se descobríssemos, por exemplo, que ingerimos um veneno mortal, sentiríamos um profundo arrependimento. Quão maior deveria ser nosso arrependimento pelas nossas ações negativas, que vão envenenar todas as nossas vidas futuras!

O poder da confiança Nossas ações negativas têm dois objetos principais: as Três Joias e os seres vivos. Cometemos a maioria das nossas ações negativas contra outros seres vivos. Motivados por apego, raiva ou ignorância, matamos, roubamos, mentimos e assim por diante. Também cometemos muitas ações negativas contra os seres sagrados, como Budas, Bodhisattvas e Guias Espirituais. Levados por delusão, já criamos um pesado carma negativo fazendo ações como abandonar o Dharma, renegar a existência de seres iluminados ou desrespeitar os membros da Sangha. Portanto, buscar refúgio, confiando nas Três Joias, e gerar compaixão ou bodhichitta, confiando em todos os seres vivos como objetos de meditação, são poderosos métodos para purificarmos as ações negativas que cometemos contra eles. É o que significa o poder da confiança.

O poder da força oponente É o poder de qualquer ação virtuosa feita com a intenção de nos opor à ação não virtuosa que desejamos purificar. O oponente pode ser qualquer ação virtuosa realizada com sincero arrependimento pela nossa negatividade. Por exemplo, podemos fazer prostrações, recitar mantras, recitar nomes de Budas, ler as escrituras, meditar sobre a vacuidade, fazer oferendas ou praticar generosidade. Esse tipo de ação reparadora é o meio de destruir diretamente as potencialidades não virtuosas.

O poder da promessa É o poder de prometer abster-se de ações negativas. Quando fazemos uma promessa, precisamos saber por quanto tempo seremos capazes de mantê-la. Podemos evitar certas ações negativas pelo resto da nossa vida e outras apenas por um curto período. No caso daquelas que não conseguimos evitar totalmente, podemos prometer que as evitaremos por um determinado período e, depois, ampliar gradualmente esse prazo, conforme nossa capacidade aumentar. Chegará a hora em que seremos capazes de prometer que iremos nos abster delas pelo resto da nossa vida. Até as pessoas cujo sustento depende de ações negativas, como matar animais, podem praticar desse modo.

REGOZIJO

Sempre que nos regozijamos com as virtudes e as realizações de pessoas que possuem aquisições mais elevadas do que as nossas, aumentamos nosso mérito abundantemente. Tal ação nos permite acumular um mérito que é equivalente à metade do mérito que a pessoa com a qual nos regozijamos acumulou e, além disso, aumenta nossa potencialidade para obter as mesmas aquisições.

Buda Shakyamuni disse que devemos praticar regozijo com as virtudes de cinco tipos de pessoas: Budas, Bodhisattvas, Realizadores Solitários, Ouvintes e seres comuns. É inspirador lermos histórias sobre a vida de Budas, Guias Espirituais e Iogues. Contemplando as qualidades de corpo, fala e mente dos Budas e as ações virtuosas que eles praticaram antes e depois de alcançarem a iluminação e considerando quantos seres eles beneficiaram, apreciaremos suas aquisições e nos regozijaremos com elas, pensando: "Que maravilhoso seria se eu me tornasse um Buda". Contemplando como os Bodhisattvas geram a bodhichitta e atingem sucessivamente os Cinco Caminhos Mahayana e os dez solos, apreciaremos seus feitos e nos regozijaremos com eles, pensando: "Que maravilhoso seria se eu me tornasse um Bodhisattva". Contemplando como os Realizadores Solitários atingem uma realização da vacuidade e uma iluminação mediana e como os Ouvintes atingem uma realização da vacuidade e se libertam, iremos nos regozijar com a prática dos três treinos superiores e aumentar nossa própria potencialidade para obter realizações semelhantes. Se também nos regozijarmos com aqueles que, como nós, ainda não ingressaram num caminho espiritual, mas que estão praticando sinceramente, eliminaremos nossa inveja e acumularemos grande mérito. Devemos nos regozijar sempre que os outros praticarem o dar, a disciplina moral ou qualquer outra virtude e sempre que se esforçarem para estudar o Dharma e meditar sobre ele.

Certa vez, um rei chamado Prasenajit convidou Buda Shakyamuni e seus discípulos para um almoço. Um mendigo chamado Tepa ficou parado no portão do palácio e regozijou-se com a generosidade do rei, pensando: "Quão afortunado é o Rei Prasenajit". Ao final da refeição, Buda dedicou o mérito do mendigo para o benefício de todos os seres. O rei perguntou: "Fui eu quem proporcionou essa comida, por que dedicaste o mérito do mendigo e não o meu?". Buda respondeu: "Hoje esse mendigo fez uma ação mais virtuosa e obteve mais mérito". Buda sabia que a motivação do rei ao oferecer-lhe a refeição estava misturada com interesses mundanos, ao passo que o ato de regozijo do mendigo fora inteiramente puro.

Nossa prática de regozijo será especialmente poderosa se pudermos nos regozijar com as virtudes de pessoas que não gostam de nós ou das quais não gostamos. Se pudermos nos regozijar com as ações virtuosas, a felicidade e a prosperidade de todos os seres igualmente, vamos superar a inveja e o ódio e facilmente alcançaremos as realizações de compaixão e de amor.

Se também nos regozijarmos com nossas próprias ações virtuosas, aumentaremos o seu poder e superaremos a depressão e o desânimo. Há momentos em que ficamos deprimidos porque alimentamos pensamentos como: "Estou praticando há anos mas, pelo visto, não consegui nada". Acalentar essas ideias pode nos deixar desanimados a ponto de querermos abandonar nossa prática. Nessas horas, devemos meditar sobre a nossa própria virtude. Não resta a menor dúvida de que praticamos virtude no passado porque, agora, temos uma preciosa vida humana dotada de liberdades e dotes e temos a oportunidade de aprender e de praticar o Dharma. Essa nossa boa sorte é resultado de termos praticado disciplina moral, generosidade, paciência e imaculada prece.

Assim como nossa virtude do passado é causa da nossa boa sorte atual, também as ações virtuosas desta vida vão nos trazer boa sorte no futuro. Logo, é inteiramente adequado nos regozijarmos com elas. Podemos relembrar quantas vezes ouvimos o Dharma, lemos livros de Dharma e praticamos meditação; ou pensar em todas as ações virtuosas que já fizemos. Lembrando-nos dessas ações e apreciando-as sem orgulho, seremos capazes de nos regozijar puramente, aumentando assim significativamente nossa virtude. Praticar regozijo dessa maneira protege-nos contra o grande perigo de abandonar o Dharma. Se desistirmos do Dharma por desânimo, criaremos causa para passar várias vidas sem entrar em contato com o Dharma e para não apreciá-lo quando o encontrarmos de novo.

A prática de regozijo não exige grande esforço. Como disse Gungtang Tenpai Drolma:

Se queres praticar grande virtude até enquanto estás descansando, deves praticar regozijo.

Cultivando esse hábito mental, acumularemos uma vasta quantidade de mérito. Como disse Je Tsongkhapa:

Buda ensina que regozijar-se é a virtude suprema.

SÚPLICA AOS BUDAS E AOS GUIAS ESPIRITUAIS PARA QUE NÃO MORRAM

Embora o corpo efetivo de Buda, o Corpo-Verdade, nunca morra, os corpos que Buda emana para guiar os seres vivos morrem. Quando não há emanações de Buda para ensinar práticas espirituais num determinado mundo, esse mundo é chamado de terra bárbara. Num lugar assim, nunca se ouve uma única palavra de Dharma. Portanto, devemos rogar às emanações de Buda que permaneçam em nosso mundo por muito tempo, a fim de beneficiar todos os seres vivos. Rogar aos Budas e aos Guias Espirituais dessa forma cria imenso mérito.

PEDIDO AOS BUDAS E AOS GUIAS ESPIRITUAIS PARA QUE GIREM A RODA DO DHARMA

Quarenta e nove dias depois que Buda Shakyamuni alcançara a iluminação, os deuses Brahma e Indra pediram-lhe que transmitisse ensinamentos, dizendo:

Ó Buda, Tesouro de Compaixão, os seres vivos são como cegos constantemente ameaçados de cair. Neste mundo não há outro Protetor além de ti. Por favor, sai do equilíbrio meditativo e gira a Roda do sagrado Dharma.

Buda aceitou esse pedido e começou a ensinar. Como resultado, incontáveis seres alcançaram a libertação e a plena iluminação, e muitos outros tiveram a oportunidade de praticar o Dharma. Os bondosos pedidos de Brahma e de Indra propiciaram nosso encontro com o Dharma até mesmo nestes tempos degenerados. Do mesmo modo, se fizermos pedidos aos seres sagrados para que girem a roda do Dharma, vamos acumular mérito e criar causa para receber o Dharma nesta vida e nas vidas futuras. Indiretamente ajudaremos todos os outros seres.

DEDICATÓRIA

A dedicatória possui seis aspectos: aquilo que dedicamos, o propósito de dedicar, a meta para a qual dedicamos, o beneficiário da nossa dedicatória, a maneira de dedicar e a natureza da dedicatória.

Dedicamos as nossas ações virtuosas de corpo, fala e mente. O propósito de dedicá-las é impedir que sejam destruídas ou exauridas e garantir que receberemos seus bons resultados; se não dedicarmos nossa virtude, ela poderá ser destruída por ações negativas, como sentir raiva ou adotar visões errôneas. A meta final para a qual dedicamos nossas ações virtuosas é a plena iluminação. Dedicamos para o benefício de todos os seres vivos, pensando: "Pelo poder das minhas ações virtuosas, que eu alcance a iluminação para o benefício de todos". Se tivermos realizado a vacuidade, faremos nossa dedicatória lembrando-nos de que os três – a pessoa que está fazendo a dedicatória, as ações dedicadas e a própria dedicatória – carecem de existência inerente. Se não tivermos realizado a vacuidade, faremos a dedicatória considerando que esses três – o dedicador, o dedicado e a dedicatória – carecem de existência inerente. No *Sutra Perfeição de Sabedoria*, Buda diz que nossa dedicatória deve unir método e sabedoria. Essa prática é muito profunda porque, fazendo a dedicatória, tanto o nosso mérito como a nossa sabedoria aumentam e avançamos ao longo dos caminhos espirituais. A dedicatória é, por natureza, um fator mental virtuoso; é a intenção virtuosa que serve tanto para impedir que a virtude acumulada se degenere como para causar seu aumento.

Qualquer que seja nosso desejo, se dedicarmos toda a nossa virtude para esse fim, a virtude nos conduzirá à nossa meta. Nossas ações virtuosas são tidas como um cavalo, e nossa dedicatória, como as rédeas. Quando dedicamos, agimos como um habilidoso cavaleiro que, usando as rédeas, consegue dirigir seu cavalo para qualquer lugar. Os Professores Kadampa ensinavam que, sempre que fazemos ações virtuosas, há duas coisas importantes a serem lembradas: começar com uma motivação virtuosa e concluir com a dedicatória.

OFERECIMENTO DO MANDALA

Nesse contexto, a palavra mandala significa universo. Quando oferecemos um mandala aos seres sagrados, estamos oferecendo tudo: o universo inteiro, com todos os seus objetos e todos os seres que o habitam. O mérito que acumulamos ao fazer uma oferenda corresponde à natureza da oferenda; logo, transformamos mentalmente o universo inteiro numa Terra Pura e imaginamos que todos os seus habitantes são seres puros e que todos os seus objetos são substâncias preciosas. Depois, imaginamos estar segurando esse universo puro em nossas mãos e o oferecemos.

Certa vez, uma criança encheu de pó uma vasilha e ofereceu-a a Buda Kashyapa, imaginando que o pó era ouro. Como resultado dessa pura oferenda, a criança renasceu como o abastado Rei Ashoka. Da mesma maneira, se oferecermos o mundo como uma Terra Pura, coberta de objetos requintados e de símbolos preciosos, obteremos um resultado equivalente à natureza pura da nossa oferenda. Para ter aquisições espirituais, devemos oferecer um mandala todos os dias.

PEDIR AO CAMPO DE MÉRITO, EM GERAL, E À LINHAGEM DE GURUS DO LAMRIM, EM PARTICULAR, QUE NOS ABENÇOEM

Agora pedimos bênçãos para alcançar os três grandes propósitos:

(1) Interromper o surgimento de ideias e de atitudes errôneas
(2) Cultivar ideias e atitudes corretas
(3) Eliminar obstáculos exteriores e interiores à nossa prática de Dharma

Se pudermos realizar perfeitamente essas três metas, alcançaremos a iluminação ainda nesta vida. Embora existam incontáveis ideias e atitudes errôneas, há dezesseis, em particular, que devemos conhecer e lutar para abandonar, porque elas impedem diretamente as realizações das etapas do caminho:

(1) Não gostar do nosso Guia Espiritual ou desrespeitá-lo
(2) Não querer extrair a essência da nossa preciosa vida humana
(3) Não lembrar da morte
(4) Ser apegado aos prazeres e à felicidade só desta vida
(5) Não temer o renascimento nos reinos inferiores
(6) Não desejar tomar refúgio nas Três Joias
(7) Não ter fé ou convicção nas leis do carma
(8) Procurar acumular ações não virtuosas ao invés de ações virtuosas
(9) Considerar que a natureza do samsara é felicidade
(10) Desejar o aumento de delusões e ações contaminadas
(11) Mostrar desinteresse por alcançar a libertação
(12) Não querer praticar os três treinos superiores, que são as causas da libertação
(13) Abandonar os seres vivos mães
(14) Autoapreço
(15) Agarramento ao em-si
(16) Não gostar da prática do Mantra Secreto.

Existem dezesseis pensamentos e atitudes corretas correspondentes que precisamos cultivar:

(1) Confiar com lealdade em nosso Guia Espiritual e respeitá-lo
(2) Querer extrair a essência da nossa preciosa vida humana

(3) Lembrar da morte
(4) Não ser apegado aos prazeres e à felicidade desta vida
(5) Temer o renascimento nos reinos inferiores
(6) Desejar tomar refúgio nas Três Joias
(7) Ter fé e convicção nas leis do carma
(8) Procurar acumular ações virtuosas ao invés das ações não virtuosas
(9) Considerar que a natureza do samsara é sofrimento
(10) Desejar abandonar delusões e ações contaminadas
(11) Estar determinado a alcançar a libertação
(12) Querer praticar os três treinos superiores
(13) Apreciar todos os seres vivos mães
(14) Abandonar o autoapreço
(15) Realizar o vazio do self
(16) Gostar da prática do Mantra Secreto

Além desses dezesseis pensamentos e atitudes corretas, existem muitos outros estados mentais virtuosos que precisamos cultivar e para os quais devemos pedir bênçãos. Por exemplo, quando treinamos nossa mente nas etapas do caminho vasto do Sutra, cultivamos mentes especiais de grande amor, grande compaixão e bodhichitta e, com base nelas, geramos a determinação de praticar as seis perfeições: dar, disciplina moral, paciência, esforço, estabilização mental e sabedoria.

As realizações das etapas do caminho vasto do Mantra Secreto – a saber, as realizações do estágio de geração de trazer o estado intermediário para o caminho do Corpo-de-Deleite e a realização do estágio de conclusão do corpo-ilusório efetivo – são a essência das etapas do caminho vasto; e precisamos pedir bênçaos para conquistá-las. O corpo-vajra resultante, que será obtido quando alcançarmos a Budeidade, é a quintessência de todas as etapas do caminho vasto do Sutra e do Tantra.

As realizações das etapas do caminho profundo do Mantra Secreto – a saber, as realizações do estágio de geração de trazer a morte para o caminho do Corpo-Verdade e as realizações do estágio de conclusão da clara-luz exemplo e da clara-luz significativa – constituem a essência das etapas do caminho profundo; e precisamos pedir bênçaos para conquistá-las. O Corpo-Verdade resultante, ou Dharmakaya, é a quintessência de todas as etapas do caminho profundo do Sutra e do Tantra.

Para remover todas as ideias e atitudes erradas anteriormente mencionadas e para cultivar, em seu lugar, todos esses estados mentais virtuosos, pedimos as bençãos do Campo de Mérito com a seguinte prece:

Peço, derramai vossas inspiradoras bênçãos sobre mim e todas as minhas mães, para interrompermos rapidamente todas as mentes perversas, do desrespeito ao nosso bondoso Mestre à mais sutil aparência dual.

Peço, derramai vossas inspiradoras bênçãos, para gerarmos rapidamente mentes puras, do respeito ao nosso bondoso Mestre à suprema mente de União.

Peço, derramai vossas inspiradoras bênçãos, para pacificar todas as obstruções externas e internas.

Quando tivermos feito esses pedidos, imaginaremos que as bênçãos de todos os seres sagrados descem de seus corações sob a forma de luz e de néctar. Elas entram em nosso corpo e mente, purificando nosso carma negativo e obstruções e aumentando nossos méritos, virtudes, tempo de vida e realizações. Essas bênçãos aumentam imensamente nosso potencial para obter a realização da meditação que estamos a ponto de fazer.

Na sequência, recitamos três vezes a prece a seguir, fazendo pedidos aos gurus da linhagem do Lamrim, a começar por nosso principal Guia Espiritual:

Agora, meu mais bondoso Guru-raiz,
Por favor, senta-te no lótus e lua em minha coroa,
E concede-me, graças à tua grande bondade,
Tuas conquistas de corpo, fala e mente.

Nosso Guia Espiritual emana outra forma igual à dele, que vem até a coroa da nossa cabeça e permanece de frente para o Campo de Mérito. Com as palmas das mãos unidas, ele nos ajuda a fazer os pedidos aos outros gurus da linhagem. Podemos recitar a prece longa de Je Tsongkhapa, denominada *Abrir a Porta ao Caminho Supremo*, ou recitar a prece curta, que começa assim:

Rogo a ti, Buda Shakyamuni,
Cujo corpo provém de incontáveis virtudes,
Cuja fala realiza as esperanças dos mortais,
Cuja mente vê, com clareza, toda a existência.

E termina:

Rogo a ti, meu bondoso e precioso Mestre,
Que cuida daqueles com mentes incontroladas,
Indomadas por todos os prévios Budas,
Como se fossem discípulos afortunados.

A seguir, fazemos um pedido especial para obter a realização da meditação que vamos fazer. Visto que, nesse caso, estamos nos preparando para meditar em como confiar em nosso Guia Espiritual, pedimos da seguinte maneira:

Eu e minhas bondosas mães continuamos a ter renascimentos sem escolha ou controle, porque até agora não confiamos plenamente em nosso Guia Espiritual. Por favor, abençoa-nos para obter essa realização.

Fazemos esse pedido especial três vezes e, então, imaginamos que raios de luz irradiam-se do coração de Buda Shakyamuni até os limites do Campo de Mérito. Todos os seres sagrados de todos os lugares se dissolvem em luz e gradualmente se juntam aos cinco grupos centrais de gurus. Estes, por sua vez, se dissolvem em luz e se juntam a Guru Buda Shakyamuni, que vem à coroa da nossa cabeça e se transforma instantaneamente em nosso principal Guia Espiritual – que está na nossa coroa sob o mesmo aspecto que Buda Shakyamuni. Então, geramos intensa fé em Guru Buda Shakyamuni, considerando-o, em essência, um todo único com os objetos de refúgio, inclusive nosso principal Guia Espiritual. Oferecemos novamente a prece curta dos sete membros e, a seguir, um mandala. Depois, pedimos:

Ó Guru Buda,
Na realidade, o Dharmakaya da sabedoria,
Síntese de todos os guias espirituais,
Por favor, concede a tua inspiração.

Ó Guru Buda,
Na realidade, o Sambhogakaya,
Síntese de todas as Joias Buda,
Por favor, concede a tua inspiração.

Ó Guru Buda,
Na realidade, o Dharmakaya da compaixão,
Síntese de todas as Joias Dharma,
Por favor, concede a tua inspiração.

Ó Guru Buda,
Na realidade, a Suprema Emanação,
Síntese de todas as Joias Sangha,
Por favor, concede a tua inspiração.

Repetimos nosso pedido para receber bênçãos e pedimos sinceramente para obter a realização da meditação que estamos a ponto de fazer, reconhecendo o quanto ela é necessária para alcançarmos a libertação e a iluminação. Nesse ponto, também podemos recitar a *Prece das Etapas do*

Caminho, contida nas preces para as seis práticas preparatórias, que se encontra na sadhana *Essência da Boa Fortuna*.

Em resposta a nossos pedidos, Guru Buda Shakyamuni irradia luz, que entra em nosso corpo e mente, purificando nossa não virtude e eliminando obstruções. A luz purifica, em particular, os obstáculos à obtenção das realizações que solicitamos. Nosso corpo é transformado na natureza da luz, e nossa mente gera uma potencialidade muito forte para obter essas realizações.

As seis práticas preparatórias foram agora completadas, e estamos prontos para fazer nossa meditação no Lamrim. Durante a meditação, devemos nos manter conscientes da presença do nosso Guia Espiritual em nossa coroa, sob o aspecto de Buda Shakyamuni. Sempre que houver alguma dificuldade na meditação – distração, preguiça ou qualquer outro sentimento desagradável –, poderemos fazer uma pausa, oferecer um mandala e pedir a inspiração de Guru Buda Shakyamuni: "Por favor, ajuda-me a eliminar esses impedimentos e a meditar bem". Então, podemos visualizar novamente a luz e o néctar descendo de Guru Buda Shakyamuni ao nosso coração, eliminando nossos obstáculos e abençoando nossa mente com energia positiva, para continuarmos a meditação. Se praticarmos assim, associando meditação com pedidos para receber inspiração e bênçãos, certamente obteremos realizações. Geshe Dag Powa disse:

> Se combinarmos nossa meditação com as práticas de purificar negatividades, acumular mérito e pedir inspiração aos nossos Guias Espirituais e Yidams, não há dúvida de que nossa mente se transformará. Tendo em vista que nosso estado mental é impermanente, se praticarmos assim muitas e muitas vezes, obteremos realizações rapidamente, ainda que nos consideremos um caso perdido.

A prece *Essência da Boa Fortuna* e a prática mais curta *Preces para Meditação* contêm a essência das seis práticas preparatórias e estão no apêndice II. A sequência de preces aqui explicadas difere ligeiramente da sequência apresentada em *Essência da Boa Fortuna*, que apresenta um sistema de prática que, embora completo, é menos extenso. As preces devem ser recitadas em cada sessão de meditação. Nossa meditação específica do Lamrim deve ser feita no final da *Prece das Etapas do Caminho* ou no ponto apropriado dentro da prece.

O que é Meditação?

Antes de apresentar a meditação propriamente dita, segue-se uma explicação geral sobre sua natureza e seu objetivo. Meditar é familiarizar nossa mente de maneira regular e profunda com um objeto virtuoso. A meditação cumpre muitas funções: supera problemas interiores, como aqueles criado por inveja, apego e ignorância; controla a mente e traz paz interior; habilita-nos a cultivar intenções virtuosas, que nos levam a cometer boas ações; e elimina intenções não virtuosas, que nos levam a cometer ações prejudiciais. Praticando meditação, adquirimos experiência dos diversos níveis de realização espiritual e evoluímos para estados de conquista espiritual cada vez mais elevados, até alcançarmos o mais elevado de todos, o estado da Budeidade.

Antes de praticar meditação, precisamos aprender o Dharma, ouvindo e lendo instruções corretas. Depois, devemos contemplar o sentido daquilo que ouvimos e lemos. Contemplamos o Dharma para compreendermos claramente seu significado e nos convencermos, testando-o para ver se ele é lógico e coerente, se ele faz sentido em nossa experiência pessoal e se seus objetivos valem a pena. Quando obtivermos uma firme compreensão do Dharma e estivermos seguros sobre sua confiabilidade, estaremos prontos para praticar meditação.

Existem dois tipos de meditação: a analítica e a posicionada. Na meditação analítica, empreendemos um processo intencional de investigação, ou reflexão, sobre um objeto; analisamos seus diversos aspectos e o examinamos de vários pontos de vista. Usamos imaginação, contínua-lembrança e capacidade de raciocínio até que, como resultado da investigação, surja um sentimento ou pensamento especial em nossa mente e nosso estado mental se transforme. Conforme veremos, existem diferentes tipos de objeto. Alguns, como a impermanência ou a vacuidade, são objetos apreendidos pela mente. Outros, como o amor, a compaixão, a renúncia ou a determinação de confiar puramente em nosso Guia Espiritual, são estados mentais. Fazemos meditação analítica até que apareça com clareza à nossa mente o objeto específico que estamos procurando ou até que surja o estado mental específico que desejamos gerar.

Por exemplo, quando meditamos sobre como confiar em nosso Guia Espiritual, consideramos os vários benefícios de segui-lo com fé, os perigos de rompermos nosso compromisso e nossa convicção nele e as diferentes maneiras de praticarmos confiança sincera, por meio de pensamento e de ação. Pelo poder dessa meditação analítica, geramos uma forte determinação de confiar sinceramente em nosso Guia Espiritual. Quando essa determinação surgir com clareza e precisão em nossa mente, teremos encontrado o objeto da meditação posicionada.

Na meditação posicionada, concentramo-nos num objeto virtuoso unifocadamente, impedindo que distrações atrapalhem a concentração. O objeto da meditação posicionada pode ser qualquer objeto virtuoso ou qualquer pensamento ou sentimento especiais que tenhamos gerado pelo poder da meditação analítica. Com a meditação posicionada, sustentamos esse objeto virtuoso, pensamento ou sentimento, até que ele comece a enfraquecer. Então, retomamos a meditação analítica para torná-lo claro e preciso outra vez. Quando acendemos a lareira com um fole, há um ponto em que o fogo fica tão forte que podemos dispensar o fole, deixando-o simplesmente arder. Também na meditação, há um ponto em que podemos parar a meditação analítica e deixar a meditação posicionada assumir o comando. Assim como o fogo gradualmente esmorece, obrigando-nos a usar novamente o fole, também a meditação posicionada progressivamente se enfraquece, forçando-nos a aplicar outra vez a meditação analítica.

Je Tsongkhapa disse que os meditadores devem combinar esses dois tipos de meditação, porque uma boa meditação analítica resulta numa boa meditação posicionada e uma boa meditação posicionada resulta numa boa meditação analítica. Devemos combiná-las até mesmo quando o objeto da meditação posicionada não for difícil de ser encontrado ou gerado. Por exemplo, se fizermos meditação posicionada tendo como objeto a nossa respiração, primeiro teremos de fazer a investigação para identificar o objeto claramente. Quando essa investigação fizer o objeto aparecer com clareza à nossa mente, estabilizaremos essa aparência fazendo a meditação posicionada. Objetos como a vacuidade ou a bodhichitta são mais difíceis de serem encontrados e, por isso, exigem mais meditação analítica; contudo, o processo de alternância entre as duas meditações, a analítica e a posicionada, é o mesmo.

A meditação analítica faz o objeto aparecer com clareza e nitidez à nossa mente, e a meditação posicionada permite que a mente se familiarize mais intimamente com esse objeto até que ambos, a mente e o objeto, se misturem. Exemplificando, se fizermos meditação analítica sobre os sofrimentos de todos os seres vivos, um sentimento de compaixão surgirá com clareza em nossa mente. Quando isso acontecer, faremos a meditação posicionada para familiarizar a nossa mente cada vez mais com a compaixão. Por fim, a mente vai se misturar com a compaixão. Isso não quer dizer que, daí em diante, o seu único objeto será a compaixão. Significa que a nossa mente e a compaixão tornaram-se inseparáveis; portanto, haverá compaixão em tudo o que fizermos e em tudo o que pensarmos.

No início, nossa meditação posicionada é muito fraca e dificilmente conseguimos reter nosso objeto por mais de um instante. Sempre que perdemos o objeto, temos de voltar para a meditação analítica até que o objeto fique claro novamente; então, renovamos o esforço para estabilizá-lo. Precisamos repetir esse processo muitas e muitas vezes. A maneira de aumentar nosso poder de concentração será explicada com detalhes mais adiante.

Visto que a maioria dos problemas que enfrentam os novatos quando tentam meditar surge de forçar demais a meditação posicionada, é importante cultivar moderação e evitar tornar-se tenso por excesso de pressão. Devemos aplicar esforço firme e descontraído e relaxar sempre que houver sintomas de cansaço.

A prática da meditação é bastante ampla. Ela vai muito além de sentar-se com as pernas cruzadas e fazer sessões formais. Mesmo que nossa meditação posicionada seja fraca, nada nos impede de praticar meditação analítica em outros momentos. Por exemplo, se fizermos uma pausa agora para refletir mais profundamente sobre alguns dos pontos que acabamos de ler, veremos que essa contemplação se converterá naturalmente em meditação analítica, ainda que estejamos confortavelmente sentados em nossa poltrona. Do mesmo modo, podemos praticar meditação analítica ao mesmo tempo que estamos passeando, viajando ou fazendo um trabalho manual.

Qual é o objetivo da meditação? Por meio da meditação analítica, percebemos claramente nosso objeto e, a seguir, por meio da meditação posicionada, alcançamos níveis cada vez mais profundos de experiência ou de realização desse objeto. O propósito central de todas as meditações do Lamrim é transformar nossa mente em caminho à iluminação, despertando os mais profundos níveis de realização. O sinal de que obtivemos uma realização perfeita de qualquer objeto de meditação é que todas as nossas ações subsequentes se tornam mais significativas e nenhuma delas se mostra incompatível com o objeto realizado. Por exemplo, quando tivermos obtido uma realização perfeita de compaixão, nunca mais seremos capazes de maltratar propositadamente um ser vivo e todas as nossas ações subsequentes serão influenciadas por compaixão.

Nas instruções dadas nos próximos capítulos, forneceremos esquemas e orientações para as meditações analíticas e indicaremos os objetos das meditações posicionadas. As instruções devem ser entendidas como diretrizes. Precisamos ser flexíveis e recorrer à nossa sabedoria ao aplicarmos esses conselhos. Sempre que uma linha de pensamento for sugerida para a meditação analítica, deveremos, antes de tudo, tentar entender em que direção ela quer nos levar. Assim, nossos próprios pensamentos, sentimentos e recordações vão brotar e nos conduzir à mesma direção. De maneira disciplinada, usamos nossos próprios pensamentos e experiências para fortalecer nossa meditação, tomando cuidado para evitar ideias e lembranças irrelevantes.

Já que o objetivo da meditação de Lamrim é nos fazer obter experiência pessoal de todas as etapas do caminho à iluminação, diferentes tipos de raciocínio ou linhas de pensamento são apresentados, bem como referências às escrituras e exemplos para reflexão. Os argumentos não são dados simplesmente para demonstrar algo. Na realidade, muitos dos pontos sobre os quais meditamos não precisam ser provados, porque são evidentes por si mesmos. Por exemplo, meditamos sobre "A hora da morte é incerta", mas não precisamos provar essa afirmação com argumentos lógicos, pois todos sabem que a hora da morte é incerta. Todavia, uma coisa é conhecer essa verdade intelectualmente; outra, bem diferente, é ter a experiência pessoal de que isso é verdadeiro. Todos sabem que a hora da morte é incerta. Contudo, quantos conseguem viver levando isso em conta, sem pensar ou agir presumindo: "Não vou morrer hoje"? A maioria de nós passa grande parte do tempo pensando e agindo como se não fosse morrer. Consequentemente, quando a morte nos atinge, reagimos com espanto, dor ou raiva, como se algo inédito e antinatural estivesse nos acontecendo.

Com frequência, nossa maneira habitual de pensar e nossas suposições contradizem o conhecimento que possuímos. As meditações de Lamrim esclarecem tais contradições. Posto que nosso comportamento e nossa maneira de pensar estão profundamente enraizados, devemos recorrer a diferentes métodos para arrancá-los da nossa mente. Raciocinar de acordo com estrita lógica silogística é um deles. Além disso, podemos recorrer a muitos outros raciocínios e linhas de pensamento para induzir realizações que vão mudar nossa mente e controlar nosso comportamento. O Lamrim apresenta um versátil desafio a todos os nossos hábitos mentais equivocados.

É infinitamente mais importante obter autênticas experiências de Lamrim do que apenas conhecer seus diversos temas. Embora o conhecimento das instruções seja um pré-requisito necessário para obter experiência, se não perseverarmos na prática das instruções, nosso conhecimento será em vão. Se tivermos conhecimento sem experiência, dificilmente controlaremos nossa mente e, quando formos ensinar os outros, eles acharão difícil obter realizações.

Não é fácil alcançar realizações. Temos de ouvir ou ler as instruções muitas vezes. Se necessário, devemos ouvi-las ou lê-las cem vezes ou mais e meditar sobre elas repetidamente. Não podemos parar enquanto não tivermos obtido realizações perfeitas de cada etapa do caminho à iluminação. Qualquer relutância em receber as instruções, depois de tê-las ouvido ou lido somente algumas vezes, indica que ainda não vivenciamos o Dharma.

As meditações são apresentadas em sequência, porque uma realização conduz naturalmente à seguinte. No entanto, podemos praticar o ciclo completo repetidamente, em vez de ficar numa única meditação até obter uma realização perfeita. Isso porque a experiência de cada etapa aprofunda-se na dependência de praticarmos as outras etapas.

Confiar em um Guia Espiritual

A MEDITAÇÃO PROPRIAMENTE DITA

A primeira meditação das etapas do caminho é a de confiar em nosso Guia Espiritual. Essa meditação tem duas partes:

1. As qualificações de um Guia Espiritual Mahayana e de um discípulo Mahayana
2. A meditação de confiar em nosso Guia Espiritual

AS QUALIFICAÇÕES DE UM GUIA ESPIRITUAL MAHAYANA E DE UM DISCÍPULO MAHAYANA

A confiança em um Guia Espiritual é chamada de "a raiz do caminho", porque todas as demais realizações espirituais do Sutra e do Tantra dependem dela. Os diversos ramos e frutos de nossa prática de Dharma são sustentados e nutridos pela raiz da confiança em nosso Guia Espiritual. Assim como em nosso aprendizado escolar precisamos confiar na ajuda de professores qualificados, que nos orientam desde a escola maternal até o término da formação universitária, também no treino espiritual, que leva à plena iluminação, precisamos confiar em um Guia Espiritual qualificado.

Uma raiz tão profunda não pode ser plantada apressadamente. Precisamos conhecer uma pessoa que tenha todas as qualificações de um Guia Espiritual e, por meio de seu ensinamento e bom exemplo, fortalecer gradualmente nossa confiança nele, de modo que possamos confiar plenamente em sua orientação. A relação com nosso Guia Espiritual é a verdadeira fonte de todas as aquisições espirituais; logo, devemos estar seguros de que ele ou ela possui todas as qualificações necessárias. Não basta que seja famoso por seu conhecimento de Budismo, nem que tenha uma personalidade atraente ou carismática. Ainda que fosse extraordinariamente bondoso e compreensivo, isso por si só não justificaria nossa total devoção.

Um Guia Espiritual Mahayana plenamente qualificado é alguém que possui dez qualidades especiais. De acordo com o *Ornamento dos Sutras Mahayana*, essas qualidades são as seguintes:

(1) Uma mente que foi controlada por meio da prática de disciplina moral.
(2) Uma mente que se tornou apaziguada e livre de distrações, por meio da prática de concentração.
(3) Reduzido agarramento ao em-si, por meio da prática de sabedoria
(4) Conhecimento maior que o do discípulo.
(5) Deleite em ensinar o Dharma.
(6) Grande conhecimento das escrituras.
(7) Uma realização profunda e estável da vacuidade.
(8) Grande habilidade de explicar o Dharma.
(9) Compaixão e amor por seus discípulos.
(10) Entusiasmo de ensinar o Dharma, livre de desânimo ou de preguiça.

Se não tivermos a boa fortuna de encontrar alguém com todas essas qualidades, poderemos confiar em um Guia Espiritual que, ao menos, pratique disciplina moral, concentração e sabedoria, sinta compaixão e amor por seus discípulos e discípulas e tenha obtido uma realização da vacuidade.

Para ser um perfeito discípulo Mahayana, precisamos cultivar as seguintes qualificações:

(1) Uma mente equilibrada, livre de forte aversão e de forte apego aos prazeres mundanos.
(2) A sabedoria para discriminar os puros ensinamentos de Dharma, que trarão verdadeiro benefício, de ensinamentos que são falsos. Sem essa sabedoria, um discípulo poderia facilmente se confundir e se desviar do Dharma ao ouvir ou ler ensinamentos equivocados.
(3) Um forte desejo de praticar o Dharma.
(4) Grande fé e respeito por seu Guia Espiritual e pelo Dharma.
(5) A habilidade de ouvir ou de ler o Dharma sem preguiça ou distração.

Diz-se que, quando um discípulo Mahayana plenamente qualificado confia em um Guia Espiritual Mahayana plenamente qualificado, é fácil alcançar a iluminação.

A MEDITAÇÃO DE CONFIAR EM NOSSO GUIA ESPIRITUAL

A finalidade dessa meditação é superar qualquer atitude não virtuosa que possamos ter em relação ao nosso Guia Espiritual, como sentimentos de desagrado ou pensamentos de desrespeito, e cultivar as atitudes virtuosas de fé e de respeito. Quando tivermos cultivado com sucesso tais estados mentais virtuosos, continuaremos a meditar para nos familiarizar cada vez mais com eles, até que fiquem em nossa mente o tempo todo.

A meditação tem quatro partes:

1. Os benefícios de confiar totalmente em nosso Guia Espiritual
2. Os perigos de quebrar o compromisso com nosso Guia Espiritual
3. Como confiar em nosso Guia Espiritual gerando fé e respeito
4. Como confiar em nosso Guia Espiritual com ações de serviço e de devoção

OS BENEFÍCIOS DE CONFIAR TOTALMENTE EM NOSSO GUIA ESPIRITUAL

Para gerar uma forte determinação de confiar puramente em nosso Guia Espiritual, contemplamos oito benefícios principais:

1. Avançamos rumo à iluminação
2. Deleitamos todos os Budas
3. Não somos prejudicados por demônios e por outras influências maléficas
4. Superamos facilmente nossas falhas e delusões
5. Nossas experiências e realizações dos solos e caminhos espirituais aumentam imensamente
6. Nunca seremos privados de amigos espirituais em vidas futuras
7. Não renasceremos nos reinos inferiores
8. Todos os nossos desejos, temporários e últimos, são facilmente atendidos

AVANÇAMOS RUMO À ILUMINAÇÃO

Meditamos:

Se confiar totalmente em meu Guia Espiritual ele ou ela revelará o que devo praticar para alcançar a plena iluminação. Pondo seus conselhos em prática e colhendo o mérito e a inspiração advindos da minha inteira dedicação a ele, alcançarei minha meta rapidamente, ainda nesta vida. Portanto, preciso confiar puramente em meu Guia Espiritual.

Também podemos meditar na seguinte citação extraída dos Tantras:

Se fizermos oferendas até ao mais ínfimo poro do nosso Guia Espiritual receberemos um mérito maior do que se fizéssemos oferendas a todos os Budas e Bodhisattvas das dez direções.

Sakya Pandita disse que, se praticarmos as seis perfeições – como o dar, disciplina moral etc. – durante mil éons, acumularemos uma grande quantidade de mérito; mas, se confiarmos totalmente em nosso Guia Espiritual, acumularemos a mesma quantidade de mérito num único instante. Visto que a coleção de mérito é a causa principal do Corpo-Forma de um Buda, quanto mais rapidamente acumularmos mérito, mais rapidamente alcançaremos o Corpo-Forma de um Buda. Inversamente, quanto mais gerarmos delusões, mais rapidamente acumularemos a não virtude que nos leva velozmente aos reinos inferiores.

Em sua obra *Cem Versos para o Povo de Tingri*, Phadampa Sangye diz que, se confiarmos em nosso Guia Espiritual, ele poderá nos conduzir a qualquer lugar que queiramos ir e que, por isso, devemos retribuir sua bondade, oferecendo-lhe fé e respeito. Se quisermos alcançar a iluminação, nosso Guia Espiritual a ela nos conduzirá. Se quisermos obter a realização do primeiro solo espiritual, nosso Guia Espiritual a ele nos conduzirá. Se quisermos alcançar a libertação, nosso Guia Espiritual a ela nos conduzirá. Se quisermos renascer numa Terra Pura ou num reino celestial de deuses, nosso Guia Espiritual a esses lugares nos conduzirá. Ele nos levará a qualquer direção virtuosa que queiramos ir.

Podemos meditar também em exemplos como o da história do Bodhisattva Sadaprarudita, relatada no *Sutra Perfeição de Sabedoria em Oito Mil Versos*. Sadaprarudita não conseguia avançar rumo à iluminação, embora tivesse muitas visões de Budas e recebesse ensinamentos diretamente deles. Certa vez, perguntou aos Budas: "Com qual Guia Espiritual tenho uma boa conexão cármica?". Em resposta, foi aconselhado a procurar Dharmodgata. Para estudar com esse Professor, Sadaprarudita enfrentou muitos desafios, chegando a ponto de cortar e de vender pedaços do seu corpo, a fim de obter substâncias de oferenda. Sua sincera devoção foi plenamente recompensada, uma vez que seu rápido progresso à iluminação deveu-se unicamente à confiança depositada em Dharmodgata.

Já que atualmente não temos a oportunidade de conhecer Budas efetivos nem de receber instruções diretamente deles, precisamos nos comprometer com um Guia Espiritual com o qual possamos cultivar, neste exato momento, uma relação benéfica em termos do nosso desenvolvimento espiritual. O relacionamento fácil e proveitoso que temos com um determinado Professor é resultado de ações positivas que fizemos em relação a essa pessoa no passado.

DELEITAMOS TODOS OS BUDAS

Em *Escrituras Recebidas da Boca de Manjushri,* Vajradhara diz:

> Quando os discípulos fazem oferendas a seus Guias Espirituais, eu e todos os outros Budas entramos no corpo do Guia Espiritual e aceitamos a oferenda.

Meditamos:

> *Todos os Budas, inclusive Buda Vajradhara, entraram no corpo do meu Guia Espiritual. Portanto, ao agradar meu Guia Espiritual, agrado a todos os Budas; ao prostrar-me ao meu Guia Espiritual, prostro-me a todos os Budas; ao acumular mérito por meio de ações dirigidas a meu Guia Espiritual, o mérito que acumulo é o mesmo que acumularia se as tivesse dirigido a todos os Budas. Portanto, devo confiar puramente em meu Guia Espiritual.*

NÃO SOMOS PREJUDICADOS POR DEMÔNIOS E OUTRAS INFLUÊNCIAS MALÉFICAS

No *Sutra Extensa Fruição*, Buda diz que qualquer um que tenha mérito e boa sorte conseguirá realizar todos os seus desejos. Uma pessoa assim estará livre do perigo de ser possuída ou prejudicada por demônios e outros e será capaz de alcançar a iluminação com rapidez. Meditamos:

> *Confiando totalmente em meu Guia Espiritual eu me tornarei forte na minha prática e desenvolverei uma energia virtuosa muito vasta e poderosa, que me protegerá contra o dano causado por influências demoníacas ou maléficas. Portanto, preciso confiar puramente em meu Guia Espiritual.*

SUPERAMOS FACILMENTE NOSSAS FALHAS E DELUSÕES

Meditamos:

> *Se confiar em meu Guia Espiritual, ele me mostrará bondosamente como abandonar as falhas e as delusões e, assim, serei capaz de evitar as ações prejudiciais e seus resultados.*

Podemos lembrar o exemplo de Milarepa que, por confiar irrestritamente em seu Guia Espiritual, Marpa, abandonou todas as ações não virtuosas e rapidamente alcançou a plena iluminação, embora tivesse cometido assassinato e outras ações extremamente destrutivas.

NOSSAS EXPERIÊNCIAS E REALIZAÇÕES DOS SOLOS E CAMINHOS ESPIRITUAIS AUMENTAM IMENSAMENTE

Nossas ações negativas e suas marcas são os principais obstáculos para obtermos realizações. Confiando em nosso Guia Espiritual, é possível purificá-las e obter realizações com rapidez e facilidade.

Podemos pensar no exemplo de Dromtonpa, que servia a Atisha tão bem que não tinha tempo para meditar. Outro discípulo de Atisha,

Amai Jangchub, meditava o tempo todo. Um dia Atisha permitiu que Dromtonpa e Amai Jangchub competissem para ver quem possuía as realizações mais elevadas, e o vencedor foi Dromtonpa. Ele havia obtido realizações mais elevadas devotando-se inteiramente a Atisha e executando atos puros de serviço.

Outro exemplo é o de Geshe Jayulwa, que também se devotou ao seu Guia Espiritual, Geshe Chengawa, e não tinha tempo para meditar. Um dia, enquanto limpava o quarto do mestre, ele saiu para esvaziar um cesto de lixo e, ao voltar, sua mente gerou naturalmente concentração unifocalizada na vacuidade; assim, sem que fosse preciso investir esforço extra ou praticar meditação, ele obteve uma realização da vacuidade. Isso aconteceu como resultado de sua total dedicação ao Guia Espiritual.

NUNCA SEREMOS PRIVADOS DE AMIGOS ESPIRITUAIS EM VIDAS FUTURAS

Podemos meditar no conselho de Je Phabongkhapa:

> *No momento atual, nosso Guia Espiritual talvez nos pareça uma pessoa comum. Entretanto, se não assentirmos à essa aparência comum e fizermos a prática de considerá-lo como um Buda, criaremos causa para que, no futuro, Budas como Manjushri e Maitreya sejam nossos Guias Espirituais. Ter um Buda em pessoa como nosso Professor é um efeito similar à causa.*

NÃO RENASCEREMOS NOS REINOS INFERIORES

Meditamos:

> *Se confiar totalmente em meu Guia Espiritual, purificarei todo o carma negativo que é a causa de renascimento nos três reinos inferiores. Se mantiver forte fé e respeito por meu Guia Espiritual, mesmo que ele me censure ou bata, tais ações vão purificar meu carma negativo.*

Podemos relembrar o exemplo do Professor Kadampa Lha Tripa, que seguia seu Guia Espiritual, Geshe Tolungpa, com grande devoção, embora este o repreendesse sempre que os dois se encontravam. Os discípulos de Lha Tripa desaprovavam tal fato e, certo dia, um deles disse diante de Lha Tripa que Geshe Tolungpa não era um bom Guia Espiritual, porque criticava constantemente seu discípulo. Lha Tripa rebateu: "Não digas isso. Toda vez que meu Guia Espiritual me critica, recebo uma bênção de Heruka". Drogon Tsangpa Gyarepa disse:

Sempre que meu Guia Espiritual me bate, recebo isso como uma iniciação. Sempre que meu Guia Espiritual me repreende, recebo isso como um mantra irado. Essas ações vão remover todos os meus obstáculos.

TODOS OS NOSSOS DESEJOS, TEMPORÁRIOS E ÚLTIMOS, SÃO FACILMENTE ATENDIDOS

Je Tsongkhapa disse que o venerável Guia Espiritual é o fundamento de todas as boas qualidades. Meditamos:

Se confiar em meu Guia Espiritual todos os meus desejos temporários, como o desejo de desfrutar de felicidade humana, e todos os meus desejos últimos, como o de alcançar a libertação e a plena iluminação para beneficiar os outros, serão atendidos sem dificuldade.

Quando meditamos nesses oito benefícios da confiança sincera, estamos fazendo a meditação analítica que nos leva a gerar uma forte determinação de confiar irrestritamente em nosso Guia Espiritual. Essa determinação é uma mente virtuosa e inequívoca. Quando ela surge com clareza, devemos tomá-la como nosso objeto de meditação posicionada e nos concentrarmos nela, retendo-a sem distrações, para nos familiarizar cada vez mais com essa determinação. Habituando-nos intimamente com uma determinação tão virtuosa, reduzimos atitudes não virtuosas, como desconfiança ou desrespeito por nosso Guia Espiritual, tornando nossa mente cada vez mais pura.

OS PERIGOS DE QUEBRAR O COMPROMISSO COM NOSSO GUIA ESPIRITUAL

Se quebrarmos o compromisso com nosso Guia Espiritual, iremos nos desviar cada vez mais da iluminação. Se, depois de aceitar uma pessoa como nosso Guia Espiritual, passarmos a criticá-la ou ficarmos com raiva dela e decidirmos abandoná-la, atrairemos graves consequências sobre nós. As oito principais são as seguintes:

1. Uma vez que nosso Guia Espiritual é uma emanação de todos os Budas, se o abandonarmos ou demonstrarmos desprezo por ele, essa ação terá o mesmo efeito que a ação de abandonar ou de desprezar todos os Budas.
2. Cada instante de raiva por nosso Guia Espiritual destrói todo o carma positivo criado num éon e nos leva a renascer no inferno por um éon.

3. Ainda que tenhamos praticado o Mantra Secreto por vários éons, se tivermos abandonado nosso Guia Espiritual, será impossível obtermos realizações.
4. Com uma mente crítica ou de raiva por nosso Guia Espiritual, nossa prática do Mantra Secreto tornar-se-á causa de renascimento no inferno.
5. Será impossível obtermos novas realizações, e aquelas que já obtivemos vão se degenerar.
6. Seremos afligidos por infortúnios, como doença, medo e possessão por espíritos maus.
7. Renasceremos nos reinos inferiores repetidamente.
8. Em muitas vidas futuras, não encontraremos Guias Espirituais qualificados e ficaremos sem o Dharma e, sempre que voltarmos a encontrar Guias Espirituais, continuaremos a não respeitá-los e a não ter fé neles.

Meditando nesses perigos, vamos gerar uma forte decisão de nunca quebrar nosso compromisso com o Guia Espiritual, não desconfiar dele nem desrespeitá-lo. Quando essa determinação surgir com clareza em nossa mente, faremos a meditação posicionada.

COMO CONFIAR EM NOSSO GUIA ESPIRITUAL GERANDO FÉ E RESPEITO

Este tópico tem duas partes:

1. Como gerar a fé de que nosso Guia Espiritual é um Buda, a raiz de todas as aquisições
2. Como gerar respeito por nosso Guia Espiritual, lembrando-nos da sua bondade

COMO GERAR A FÉ DE QUE NOSSO GUIA ESPIRITUAL É UM BUDA, A RAIZ DE TODAS AS AQUISIÇÕES

Em geral, a fé é considerada uma "raiz" porque todas as boas qualidades e realizações dependem dela e são nutridas por ela. Especialmente a nossa habilidade de confiar totalmente em nosso Guia Espiritual depende de termos a fé que se fundamenta na convicção de que nosso Guia Espiritual é um Buda.

No *Sutra Luz da Joia*, Buda diz:

A fé antecede todas as atividades virtuosas, tal como uma mãe.
Ela protege e aumenta todas as qualidades benéficas.

Em seu Lamrim, Gyalwa Ensapa diz que todas as experiências de realização, as grandes e as pequenas, dependem de fé. Visto que fé é a raiz de todas as aquisições, gerar fé deve ser nossa prática principal.

Quando Atisha estava no Tibete, certa vez um homem aproximou-se dele pedindo instruções de Dharma. Atisha permaneceu em silêncio, e o homem, achando que não havia sido ouvido, repetiu o pedido bem alto. Atisha, então, respondeu: "Tenho boa audição, mas tu precisas ter fé".

Se um discípulo tiver muita fé, mesmo que seu Guia Espiritual cometa algum equívoco, o discípulo, ainda assim, poderá receber benefícios. Certa vez, houve um período de fome na Índia, e muita gente morreu. Uma senhora idosa procurou seu Guia Espiritual e disse: "Por favor, ensina-me uma maneira de salvar minha vida". O Guia aconselhou-a a comer pedras. A mulher perguntou: "Mas como hei de torná-las comestíveis?". Ele respondeu: "Se recitares o mantra da deusa Tsunda, poderás cozinhá-las". Porém, ao ensinar-lhe o mantra, cometeu um leve engano e, em vez de OM TZALE TZULE TZUNDE SÖHA, acabou ensinando OM BALE BULE BUNDE SÖHA. A velha senhora depositou imensa fé nesse mantra e, recitando-o com concentração, cozinhou e comeu as pedras.

Seu filho, que era monge, preocupado com sua saúde, foi visitá-la. Ficou espantado ao encontrá-la gorda e bem disposta, e disse: "Mãe, como é possível que estejas tão saudável, quando até os jovens estão morrendo de fome?". Ela explicou que comia pedras, e o filho indagou: "Como consegues cozinhá-las?". Ela lhe contou sobre o mantra, mas o filho logo percebeu o equívoco e disse: "Teu mantra está errado! O mantra da deusa Tsunda é OM TZALE TZULE TZUNDE SÖHA". Ao ouvir tais palavras, ela se encheu de dúvida. Tentou recitar os dois mantras, mas nenhum deles funcionou, pois sua fé havia sido destruída.

Fé é essencial. Se tivermos apenas conhecimento, sem fé facilmente nos relacionaremos com o Dharma apenas num plano intelectual. Se não tivermos fé, ainda que dominemos a lógica budista e façamos habilidosas análises, nossa mente continuará indomada, porque não estaremos pondo o Dharma em prática. Sem fé, não vamos gerar realizações espirituais, e nossa vaidade intelectual certamente aumentará. Portanto, a fé deve ser apreciada como algo extremamente precioso. Assim como todos os lugares são permeados pelo espaço, também todos os estados mentais virtuosos são permeados por fé.

O que é fé? Fé é uma mente naturalmente virtuosa que serve, acima de tudo, para se opor à percepção de falhas no objeto observado por elas. Existem dois tipos de virtude: virtude natural e virtude por motivação. Virtude natural é uma mente que é virtuosa pelo seu próprio poder, independentemente de uma motivação específica que a torne virtuosa.

Existem três tipos de fé: fé de acreditar, fé de admirar e fé de almejar. Um exemplo da fé de acreditar é meditar sobre nosso Guia Espiritual e gerar a convicção de que ele é um Buda. Outro exemplo desse tipo de fé é acreditar no Dharma que nosso Guia Espiritual ensina, porque estamos convencidos de que ele é um Buda. A fé de acreditar é o tipo mais firme de fé, porque está fundamentada em raciocínios válidos que nos fazem ter confiança em pessoas e em objetos que são virtuosos. Essa fé não se deixa abalar por dúvidas ou por visões errôneas.

Um exemplo da fé de admirar é a fé que sentimos quando, ao reconhecer as boas qualidades do nosso Guia Espiritual e as boas qualidades do Dharma que ele ensina, geramos admiração por tais qualidades. Com isso, nossa mente torna-se clara e livre de concepções perturbadoras e negativas. Essa fé é pura e sincera e surge quando geramos verdadeiro respeito e profunda admiração por alguém, ou por algo, que reconhecemos como valioso ou benéfico.

Um exemplo da fé de almejar é a que sentimos quando, tendo por base a fé de admirar, geramos a aspiração de cultivar em nós as boas qualidades que vemos em nosso Guia Espiritual ou as boas qualidades que são explicadas no Dharma que foi ensinado. Para nos convencer de que nosso Guia Espiritual é um Buda, refletimos:

1. Por que é necessário considerar nosso Guia Espiritual como um Buda
2. Como é possível considerar nosso Guia Espiritual como um Buda
3. Como gerar a convicção de que nosso Guia Espiritual é um Buda

POR QUE É NECESSÁRIO CONSIDERAR NOSSO GUIA ESPIRITUAL COMO UM BUDA

Meditamos:

Se eu sempre considerar meu Guia Espiritual como um Buda, vou superar dúvidas e hesitações, e gerar os três tipos de fé com muita intensidade. Com fé vou obter realizações e receber rapidamente os frutos da minha prática de Dharma.

Meditar desse modo nos faz gerar a determinação: "Vou sempre considerar meu Guia Espiritual como um Buda".

COMO É POSSÍVEL CONSIDERAR NOSSO GUIA ESPIRITUAL COMO UM BUDA

Quando tivermos gerado a determinação de sempre considerar nosso Guia Espiritual como um Buda, possivelmente vamos nos perguntar como fazê-lo. Devemos meditar:

Se eu não me detiver em nenhuma falha que meu Guia Espiritual pareça ter e me concentrar somente em suas boas qualidades, a atenção em suas boas qualidades excluirá, gradualmente, a atenção em seus defeitos.

Se praticarmos sinceramente dessa maneira, chegará um momento em que pensaremos: "Talvez meu Guia Espiritual seja um ser iluminado". Então, entenderemos como é possível considerar nosso Guia Espiritual como um Buda.

Continuamos a meditar:

Quando alcançar o Caminho da Acumulação do Mantra Secreto, serei capaz de perceber meu Guia Espiritual diretamente como o Corpo-Emanação supremo de Buda. Verei o mundo todo como uma Terra Pura e todos os seres que o habitam, como Deuses e Deusas, Heróis e Heroínas. Já que chegará o dia em que verei todos os seres dessa maneira, certamente estou correto em considerar meu Guia Espiritual como um Buda.

Meditando desse modo, concluímos: "Quando minha mente tiver sido domada e for pura, verei meu Guia Espiritual como um Buda; logo, não há dúvida de que posso começar a considerá-lo como um ser iluminado desde já".

COMO GERAR A CONVICÇÃO DE QUE NOSSO GUIA ESPIRITUAL É UM BUDA

Existem quatro linhas de raciocínio que nos levam a gerar a convicção de que nosso Guia Espiritual é um Buda:

1. Buda Vajradhara disse que Guias Espirituais são Budas
2. Nosso Guia Espiritual executa as ações iluminadas de um Buda
3. Nestes tempos degenerados, os Budas continuam a trabalhar para o benefício de todos os seres vivos
4. As aparências são enganosas e nossas opiniões, duvidosas

BUDA VAJRADHARA DISSE QUE GUIAS ESPIRITUAIS SÃO BUDAS

Um praticante Mahayana puro tem fé em Buda Vajradhara e acredita que suas palavras são absolutamente não enganosas e dignas de confiança. Sendo assim, bastará um simples argumento para que tal praticante se convença de que seu Guia Espiritual é um Buda: "Meu Guia Espiritual é um Buda porque Buda Vajradhara disse que todos os Guias Espirituais são Budas". No *Tantra Dois Exames*, Buda Vajradhara profetiza:

Em tempos degenerados, quando a prática do Budadharma estiver em declínio, vou me manifestar como um Guia Espiritual. Deveis entender que sou esse Guia Espiritual e prestar-lhe o devido respeito... Aparecerei como um ser comum e virei sob muitas formas.

Quem são esses Guias Espirituais? Quem são os seres comuns que são emanações de Buda Vajradhara? Seguramente, só podem ser os Professores que atualmente estão fazendo tanto para nos ajudar.

NOSSO GUIA ESPIRITUAL EXECUTA AS AÇÕES ILUMINADAS DE UM BUDA

Se pensarmos quais são as ações de um ser iluminado, teremos de concluir que tais ações só podem ser as que guiam os outros ao longo de caminhos espirituais corretos, até que eles alcancem a libertação e a plena iluminação. Se examinarmos quem faz isso hoje, veremos que é nosso Guia Espiritual.

Atualmente não podemos ser orientados diretamente por Buda; portanto, se quisermos receber e praticar seus ensinamentos, precisaremos de um Guia Espiritual que cumpra o papel de nosso intérprete e intermediário. Assim como precisamos da boca para comer e digerir o alimento que está em nosso prato, também precisamos de um Guia Espiritual através do qual as ações iluminadas de Buda nos sejam comunicadas de maneira acessível, permitindo-nos compreendê-las e extrair lições delas.

Embora essa linha de raciocínio seja perfeita para demonstrar que nosso Guia Espiritual executa as ações iluminadas de um Buda, talvez isso não baste para nos convencer. Nesse caso, a falha não estará no raciocínio, mas em nossa própria mente. Como resultado de nossas próprias ações nocivas e deludidas, carregamos uma pesada carga de negatividades na mente, e isso oprime e obscurece nossa inteligência, impedindo-nos de gerar a fé de acreditar, mesmo quando meditamos em premissas ou razões perfeitas. Quando isso nos acontece, podemos, no mínimo, admitir que o raciocínio em si é válido e que nossa falta de convicção deve-se aos nossos próprios hábitos mentais negativos. Então, poderemos tentar a próxima argumentação.

NESTES TEMPOS DEGENERADOS, OS BUDAS CONTINUAM A TRABALHAR PARA O BENEFÍCIO DE TODOS OS SERES VIVOS

Embora possamos achar que não existem mais Budas, se pensarmos sobre o assunto, veremos que isso é impossível, porque os Budas geraram a bodhichitta, praticaram as seis perfeições e completaram os solos e caminhos espirituais, com o propósito exclusivo de ajudar os outros até o término do samsara. Visto que beneficiar os outros continuamente é o verdadeiro significado da plena iluminação, é impossível que os Budas parem de nos ajudar.

Se pensarmos de que modo os Budas estão nos ajudando hoje em dia, veremos que eles nos ajudam principalmente por meio das instruções e do exemplo dados pelo nosso Guia Espiritual. Os Budas não podem nos purificar ou tirar nossos sofrimentos diretamente com as próprias mãos; tampouco podem nos ajudar apresentando-se sob suas formas reais, porque somos incapazes de percebê-las. Portanto a maneira mais habilidosa e efetiva de nos ajudarem é por meio do nosso Guia Espiritual O reconhecimento de que, hoje, os Budas estão nos ajudando implica o reconhecimento de que eles o fazem como nossos Guias Espirituais.

AS APARÊNCIAS SÃO ENGANOSAS E NOSSAS OPINIÕES, DUVIDOSAS

Poderíamos objetar: "Embora esses raciocínios sejam válidos e me levem a concluir que meu Guia Espiritual é um Buda, quando o encontro, ele não parece ser um Buda, porque vejo falhas nele e um Buda não teria falhas". Para mudar essa maneira de pensar, meditamos:

O que aparece à minha mente é indefinido e incerto. Não posso ter certeza de que uma coisa existe só porque aparece à minha mente e não posso ter certeza de que algo existe da maneira que parece existir. As coisas aparecem diferentemente em momentos diferentes. Enquanto minha mente for impura, continuarei a experienciar alucinações e aparências equivocadas. Só uma mente de todo pura é capaz de perceber as coisas do modo como elas de fato são.

Na dependência do seu carma individual, os seres percebem os objetos de maneiras diversas e com diferentes sensações. Por exemplo, ali onde um ser humano percebe água, um deus percebe néctar, e um espírito faminto percebe substâncias repulsivas, como pus e sangue.

Antes de terem purificado suas mentes, muitos Mahasiddhas e Iogues viam seus Guias Espirituais sob formas inferiores e imperfeitas. Asanga viu seu Guia Espiritual, Maitreya, como um cachorro. Naropa viu seu Guia Espiritual, Tilopa, como um pescador. Devadatta e Bikkshu Legpai Karma viram o Buda completamente perfeito como um ser bastante limitado. Bikkshu Legpai Karma conseguia ver um cúbito de luz a irradiar-se do corpo de Buda Shakyamuni, mas não percebia as qualidades interiores de Buda e, assim, lamentava-se: "Esse Gautama só obteve um cúbito de luz!".

Podemos refletir sobre algumas histórias. Certa vez, Gyalwa Ensapa visitou um monastério Sakya, no Tibete, e recitou em sânscrito o *Sutra Perfeição de Sabedoria em Oito Mil Versos*. Por ignorarem o sânscrito, os monges não conseguiram identificar essa prece. Pensaram que ele estava murmurando algum tipo de língua dos espíritos e concluíram: "Ele não é um ser humano, é um fantasma Gelugpa!".

Um homem chamado Naro Bon Chung foi visitar Milarepa, depois que este havia alcançado a iluminação, mas o viu como um ser banal e disse: "Antes de me encontrar com esse homem, conhecido como Milarepa, ouvi altos elogios à sua pessoa mas, quando me aproximei dele, constatei que não era nada especial; não passava de um velho deitado no chão". Se, até na Era Dourada, equívocos como esses podiam ocorrer, não é de se estranhar que nos enganemos com tanta frequência nestes tempos degenerados. Em *Essência de Néctar*, Yeshe Tsondru diz:

> Até que eu purifique essa mente impura, mesmo se todos os Budas aparecessem à minha frente, eu os veria como seres comuns. No momento, não me é dado enxergar seus corpos sagrados, com todos os seus sinais e as suas indicações especiais.

Enquanto nossas mentes forem impuras, só perceberemos aparências comuns. Para superá-las, precisamos gerar a fé de acreditar que nosso Guia Espiritual é um Buda.

Quando meditamos usando essas quatro linhas de raciocínio, estamos fazendo a meditação analítica que nos leva a gerar a convicção de que nosso Guia Espiritual é um Buda. Quando essa convicção surge com clareza em nossa mente, paramos de analisar e retemos essa nova sensação como nosso objeto de meditação posicionada, para nos tornarmos mais e mais estreitamente habituados com ela. O sinal de que obtivemos a realização de que nosso Guia Espiritual é um Buda é que, sempre que pensamos em nosso Guia Espiritual, pensamos em Buda; e, sempre que pensamos em Buda, pensamos em nosso Guia Espiritual. Pensamos sempre nos dois como sendo uma mesma e única pessoa. A mente que possui essa realização é muito pura. Reconhecer nosso Guia Espiritual como um Buda é um método muito poderoso para obtermos realizações elevadas, como as dos estágios de geração e de conclusão do Mantra Secreto.

COMO GERAR RESPEITO POR NOSSO GUIA ESPIRITUAL, LEMBRANDO-NOS DA SUA BONDADE

Esta seção tem duas partes:

1. Lembrar que nosso Guia Espiritual é mais bondoso que todos os Budas
2. Lembrar que nosso Guia Espiritual é mais bondoso até do que Buda Shakyamuni

LEMBRAR QUE NOSSO GUIA ESPIRITUAL É MAIS BONDOSO QUE TODOS OS BUDAS

Por que podemos dizer que nosso Guia Espiritual é mais bondoso que todos os Budas? Vamos supor que fôssemos muito pobres e que alguém nos desse dinheiro durante um tempo, de modo que, por fim, fôssemos salvos da nossa pobreza e enriquecêssemos. Vamos supor que, então, chegasse outra pessoa que nos desse comida e outros presentes. Qual desses dois benfeitores seria mais bondoso? Seguramente, aquele que tivesse nos ajudado quando mais necessitávamos.

Nosso Guia Espiritual ajuda-nos de forma direta quando estamos espiritualmente empobrecidos, e os Budas nos ajudam de forma direta quando temos uma abundância de realizações. No momento, temos pouca sabedoria, concentração e contínua-lembrança e dispomos de pouco mérito, ou boa sorte. Apesar da nossa miséria espiritual, nosso Professor nos cura e nos alimenta com o Dharma, capacita-nos a melhorar nossa situação, aumentando nossa sabedoria, concentração e contínua-lembrança e, ao reduzir nossas delusões, torna nossas mentes mais calmas e apaziguadas.

Se aceitarmos e assimilarmos a riqueza do Dharma que nos é dada por nosso Guia Espiritual, alcançaremos a concentração do Dharma continuum e seremos capazes de ver os Budas diretamente. Nessa ocasião, quando nossa mente estiver rica de realizações, seremos instruídos diretamente pelos Budas. Assim, os Budas são como aqueles segundos benfeitores. Nosso Guia Espiritual, contudo, é mais bondoso, porque nos ajuda no momento de maior precisão.

Incontáveis Budas já se manifestaram neste e em outros mundos. Numa de suas vidas anteriores, Buda Shakyamuni recebeu os votos bodhisattva de 75 mil Budas; contudo, nós mesmos nunca estivemos entre os discípulos desses Budas. Antes da época de Buda Shakyamuni, vieram os três primeiros dos mil Budas deste éon e beneficiaram incontáveis seres vivos, explicando o Dharma; mas não estávamos entre seus discípulos. Quando Buda Shakyamuni apareceu e ensinou o Dharma, não estávamos entre os numerosos discípulos que receberam suas instruções e alcançaram a libertação ou a plena iluminação. Depois da época de Buda Shakyamuni, elevados Bodhisattvas, como Manjushri e Maitreya, e ilustres mestres, como Nagarjuna e Asanga, apareceram neste mundo e guiaram muitos seres à libertação e à iluminação; mas não estávamos entre seus discípulos. Elevados eruditos com muitas realizações, como Tilopa, Naropa e Atisha, ensinaram o Dharma e ajudaram seus discípulos a alcançarem a libertação e a plena iluminação; mas não estávamos entre aqueles que se beneficiaram de tais conselhos. Foi a vez dos grandes Mestres Kadampa; mas também não estávamos entre seus discípulos. Depois, veio Je Tsongkhapa e outros mestres realizados; mas não estávamos entre aqueles que foram conduzidos à libertação.

Se indagarmos "de quem eu sou discípulo?" ou "quem me revela o caminho espiritual?", veremos que a pessoa que nos trata com a mesma bondade com que os Budas do passado trataram seus discípulos é o nosso Guia Espiritual. Portanto, no que nos diz respeito, nosso atual Guia Espiritual é mais bondoso que todos os Budas.

LEMBRAR QUE NOSSO GUIA ESPIRITUAL É MAIS BONDOSO ATÉ DO QUE BUDA SHAKYAMUNI

De modo geral, Buda Shakyamuni é mais bondoso que os outros Budas, porque ele é nosso principal objeto de refúgio e o fundador da doutrina contemporânea do Dharma. O Budadharma que ouvimos e contemplamos e sobre o qual meditamos veio dele. Já refletimos sobre o quanto ele é bondoso, mas a bondade do nosso atual Guia Espiritual para conosco é ainda maior, porque hoje não temos a oportunidade de estabelecer uma conexão direta com Buda Shakyamuni. Portanto, é somente por meio da associação pessoal com nosso Guia Espiritual que podemos obter realizações espirituais. Atisha disse:

> Cada uma das realizações que desejamos obter depende de recebermos a inspiração do nosso Guia Espiritual.

Na prática do Mantra Secreto, meditamos em nosso Yidam, ou Deidade pessoal, como inseparável de nosso Guia Espiritual. Fazemos isso para receber suas bênçãos e inspirações mais rapidamente, uma vez que estas são imprescindíveis para o sucesso da nossa prática. Se meditarmos somente em nosso Yidam, sem considerá-lo como unificado com nosso Guia Espiritual, nossa meditação não terá poder. Portanto, no Mantra Secreto, costuma-se dizer que devemos sempre visualizar a Deidade e nosso Guia Espiritual como inseparáveis. Gyalwa Go Tsangpa disse:

> Muitos são aqueles que meditam no estágio de geração do Mantra Secreto, mas meditar no Guia Espiritual é a meditação suprema. Muitos praticantes recitam os mantras de seus Yidams, mas fazer pedidos ao nosso Guia Espiritual é a prática suprema.

Os praticantes tântricos mais qualificados consideram a prática do Guru-Ioga como sua prática principal. Praticamos o Guru-Ioga ao confiar sinceramente em nosso Guia Espiritual.

Nosso interesse pelo Dharma é causado indiretamente pelos hábitos que construímos em vidas anteriores, mas a causa direta desse interesse é a inspiração e as bênçãos que recebemos do nosso Guia Espiritual. É somente por meio da inspiração e das bênçãos do nosso Guia Espiritual que começamos a praticar o Dharma – evitando ações não virtuosas e praticando ações virtuosas. Todas as nossas prostrações e outras ações virtuosas de corpo, nossas recitações e outras ações virtuosas de fala, e nossa meditação e outras ações mentais virtuosas devem-se à inspiração e às bênçãos do nosso Guia Espiritual. A oportunidade de obter novas realizações e as realizações que já obtivemos surgem na dependência da inspiração e das bênçãos do nosso Guia Espiritual.

Às vezes, as bênçãos de um Guia Espiritual são extraordinárias, como no caso de Geshe Jayulwa, que, sem investir esforço em meditação, naturalmente desenvolveu concentração pelo poder das bênçãos do seu Guia Espiritual. Há muitos outros casos, como o de Naropa, que enfrentou incríveis dificuldades para receber ensinamentos de Tilopa, seu Guia Espiritual. Tilopa só lhe causava problemas, mas agia assim a fim de ajudar Naropa a purificar sua mente. Certa ocasião, em vez de dar-lhe instruções de Dharma, Tilopa atirou-lhe um punhado de pó no rosto mas, em consequência disso, Naropa desenvolveu uma concentração unifocalizada e permaneceu nela, sem distrações, durante uma semana. Todos os problemas que Tilopa lhe causava eram bênçãos disfarçadas.

COMO CONFIAR EM NOSSO GUIA ESPIRITUAL COM AÇÕES DE SERVIÇO E DE DEVOÇÃO

Existem quatro tipos de ação que podemos oferecer ao nosso Guia Espiritual, depois de termos gerado as atitudes mentais corretas de fé e de respeito:

1. Oferecer ações corporais ou verbais de respeito, como fazer prostração e recitar louvores
2. Oferecer coisas materiais
3. Oferecer serviço
4. Oferecer a própria prática de Dharma

Essas oferendas podem ser feitas a qualquer momento, independentemente de estarmos ou não na sua presença. Todas lhe agradam, mas a melhor oferenda é nossa prática de Dharma. Esse é o supremo ato de devoção.

Quando fazemos práticas como *Guru-Ioga em Seis Sessões*, visualizamos nosso Guru Espiritual como Buda Vajradhara. Quando praticamos *Oferenda ao Guia Espiritual*, visualizamos nosso Guia Espiritual como Lama Losang Tubwang Dorjechang, ao fazer prostrações, oferendas e pedidos. Quando fazemos as seis práticas preparatórias para meditar no Lamrim, chamadas *Jorbai Cho Drug*, em tibetano, visualizamos nosso

Guia Espiritual como Buda Shakyamuni. Todas essas práticas são maneiras de confiar em nosso Guru Espiritual praticando atos de devoção.

CONCLUIR A MEDITAÇÃO

Ao concluir cada sessão de meditação, imaginamos que Guru Buda Shakyamuni, que está em nossa coroa, diminui de tamanho e gradualmente desce ao nosso coração, onde irradia uma luz de sabedoria que purifica nosso corpo e mente. Nosso corpo feito de luz-sabedoria se transforma imediatamente na figura de Buda Shakyamuni, e nossa mente se unifica com a dele. Raios de luz irradiam-se do nosso coração e chegam a todos os seres vivos e a seus ambientes. Os incontáveis seres vivos e seus ambientes são purificados, e seus corpos de luz-sabedoria se transformam na figura de Buda Shakyamuni. Em nosso coração e no coração de todos os Budas que nos rodeiam, há um disco de lua, que sustenta um HUM amarelo, rodeado pelo mantra OM MUNI MUNI MAHA MUNIYE SÖHA. Recitamos o mantra, imaginando que todos os Budas recitam o mantra conosco.

Quando tivermos acabado de recitar o mantra, completaremos a sessão dedicando nossa virtude à plena iluminação de todos os seres vivos.

COMO TREINAR A MENTE NOS INTERVALOS ENTRE MEDITAÇÕES

Fora da meditação, podemos ler livros e receber mais instruções sobre a etapa do caminho que foi praticada na sessão de meditação. Não devemos nunca nos esquecer do objeto de meditação. Ao contrário, os intervalos entre as meditações devem ser vistos como oportunidades para relembrarmos e contemplarmos os temas da meditação e para conversarmos com nossos amigos de Dharma sobre as instruções e as experiências que estamos tendo. Além de manter contínua-lembrança sobre o objeto de meditação, nossa prática principal durante os intervalos deve ser a de proteger as portas das faculdades sensoriais. Normalmente, quando nossas faculdades sensoriais (visual, auditiva, olfativa, gustativa e tátil) ou a nossa faculdade mental entram em contato com seus respectivos objetos (formas, sons, odores, paladares, objetos de toque e outros fenômenos), as delusões brotam com facilidade em nossa mente, levando-nos a cometer ações prejudiciais, que trazem sofrimento como resultado. Quando tivermos eliminado o agarramento ao em-si, que é a raiz de todas as delusões, nossas faculdades sensoriais e seus objetos vão poder entrar em contato sem que isso nos faça gerar delusões. Até lá, podemos fazer a prática de proteger as portas das nossas faculdades sensoriais.

Há duas maneiras de fazer essa prática. A primeira consiste em evitar o contato com os objetos dos sentidos. Por exemplo, evitar que nosso olhar pouse em formas bonitas, evitar cruzar caminho com nossos inimigos ou evitar música agradável. Essa maneira de praticar é difícil para a maioria das pessoas. Só poderíamos praticar assim se, como Milarepa, vivêssemos numa caverna. Portanto, a maioria de nós tem de praticar da segunda maneira.

A segunda maneira de proteger as nossas portas sensoriais não se resume a impedir o contato com os objetos dos sentidos. O que devemos fazer nesse caso é impedir que nossa mente seja influenciada por tais objetos. Isso deve ser feito assim que a faculdade sensorial e seu objeto entrarem em contato. Por exemplo, assim que virmos um objeto bonito, devemos imediatamente desviar nossa atenção para outra coisa. Geramos apego desejoso por objetos bonitos porque, ao entrar em contato com eles, permitimos que nossa atenção se alongue e fique absorta neles. Deixamo-nos envolver por intensa sequência de pensamentos, semelhantes a uma meditação analítica, na qual familiarizamos nossa mente com cada aspecto do objeto, tanto os manifestos como os ocultos. Como resultado dessa "meditação analítica", um poderoso sentimento de apego desejoso surge com clareza em nossa mente, e nós o retemos até que, por fim, não conseguimos mais nos livrar dele! Por exemplo, quando conhecemos um homem ou uma mulher atraente, ficamos pensando no quanto aquela pessoa é bonita e a visualizamos em detalhes: seus cabelos, a tez, o sorriso, os olhos, a expressão, o porte. Relembramos todos os pormenores, do topo da cabeça à ponta dos pés. Em tais ocasiões, nossos poderes de visualização são extraordinários. Essa "meditação analítica" faz surgir um forte apego desejoso em nossa mente, e isso nos leva a procurar o objeto que estávamos visualizando. Se não conseguirmos refazer o contato, ficaremos abatidos. De onde vem essa dor da decepção? Ela vem da nossa "meditação"! Assim, se quisermos nos livrar desse sofrimento, sempre que encontrarmos um objeto bonito, deveremos deixá-lo em paz e impedir que nossa mente se alongue nele. Do mesmo modo, se alguém nos disser coisas desagradáveis, deveremos fazer ouvidos moucos, evitando nos deter nisso. Agindo assim, não ficaremos com raiva. O mesmo tipo de prática pode ser aplicado em relação a todos os demais objetos das faculdades sensoriais.

Se protegermos as portas das nossas faculdades sensoriais durante o intervalo entre as meditações, nossa concentração durante a sessão será muito melhor. Je Tsongkhapa ensinou que o intervalo entre as meditações é mais importante que a própria sessão, porque esta, em geral, ocupa apenas algumas horas de cada dia, ao passo que a duração do intervalo corresponde ao restante da nossa vida. Se praticarmos bem nos intervalos, praticaremos bem na maior parte da nossa vida e aperfeiçoaremos imensamente nossa concentração durante a sessão de meditação.

Durante o intervalo, podemos usar nossa sabedoria de Dharma para transformar todas as nossas experiências em prática espiritual. Se formos capazes de fazer isso, não precisaremos nos apoiar somente nos livros para manter nossa mente no Dharma, quando não estamos meditando. Por exemplo, quando fazemos compras, podemos usar nossa sabedoria para notar que muitas coisas ensinam a impermanência, outras mostram as falhas do samsara, algumas ensinam compaixão e outras, paciência. Se praticarmos assim, levaremos para casa muitos estados mentais virtuosos. Do contrário, voltaremos para casa carregando uma pesada sacola, cheia de delusões.

Nossa Preciosa Vida Humana

COMO EXTRAIR A ESSÊNCIA DA NOSSA VIDA HUMANA

Esta seção é apresentada em duas partes:

1. Como gerar a determinação de extrair a essência da nossa preciosa vida humana
2. Treinar a mente nos métodos para extrair a essência da nossa preciosa vida humana

COMO GERAR A DETERMINAÇÃO DE EXTRAIR A ESSÊNCIA DA NOSSA PRECIOSA VIDA HUMANA

Este tópico tem três partes:

1. Reconhecer que atualmente temos uma preciosa vida humana
2. Meditar no grande valor da nossa preciosa vida humana
3. Meditar na grande raridade da nossa preciosa vida humana

RECONHECER QUE ATUALMENTE TEMOS UMA PRECIOSA VIDA HUMANA

Uma preciosa vida humana é uma vida que tem oito liberdades especiais e dez dotes especiais que a tornam uma oportunidade ideal para treinar a mente em todas as etapas do caminho à iluminação. Cada uma das oito liberdades especiais é uma liberdade, ou emancipação, de uma das oito situações que impedem ou entravam seriamente nossa prática espiritual. Se tivermos uma vida humana com as oito liberdades, acharemos relativamente fácil superar outras condições desfavoráveis que possam surgir em nosso caminho. Os dez dotes especiais são condições necessárias à nossa prática de Dharma. Meditando nas oito liberdades e nos dez dotes, reconheceremos que a vida humana que possuímos atualmente nos oferece a melhor oportunidade para o desenvolvimento espiritual. Tal reconhecimento fará surgir naturalmente um sentimento de alegria e de profundo apreço por esta vida humana e seu grande potencial. Meditando no valor

Manjushri

Nagarjuna Chandrakirti

e na raridade da nossa preciosa vida humana, desenvolveremos um desejo espontâneo e contínuo de aproveitá-la ao máximo. Esse desejo virtuoso nos conduz naturalmente a caminhos espirituais corretos e nos impede de ingressar em caminhos errôneos. Portanto, gerar o desejo de extrair a essência desta preciosa vida humana é considerado a chave que abre a porta do Dharma. Esse desejo é também tido como nosso melhor amigo, porque nos influencia poderosamente a usar nossa vida da melhor maneira possível.

Esta seção tem duas partes:

1. As oito liberdades
2. Os dez dotes

AS OITO LIBERDADES

Quatro das oito liberdades indicam que estamos livres de ter nascido sob uma forma que não seja a humana:

1. Estar livre de ter nascido como um ser-do-inferno
2. Estar livre de ter nascido como um espírito faminto
3. Estar livre de ter nascido como um animal
4. Estar livre de ter nascido como um deus comum

Apresentaremos depois uma explicação detalhada de como gerar convicção, caso ainda não a tenhamos, na existência de vidas passadas e futuras e de outros reinos, ou condições de existência, além do reino humano. Para os objetivos dessa meditação, basta que tenhamos fé ou, ao menos, mantenhamos uma mente aberta. Nascer como humano sem ter, primeiro, criado a causa para isso é tão impossível quanto colher uma boa safra sem ter, primeiro, semeado a terra. Nada, nem um único átomo, surge sem causas e condições. Qual é a causa de um renascimento como ser humano? A causa só pode ser encontrada em nossas próprias ações mentais. Não há um juiz, fora de nós, a decretar: "Tu serás humano" ou "Tu viverás no inferno". Além do mais, não podemos obter uma determinada forma de vida simplesmente por preferi-la porque, nesse caso, quem preferiria nascer no inferno? Como foi explicado no *Sutra Perfeição de Sabedoria Condensado*, a causa principal do renascimento humano é a prática de disciplina moral. Não se pode afirmar, portanto, que os seres humanos irão sempre renascer como humanos ou que os animais renascerão sempre como animais. A forma de vida que assumimos depende da qualidade das nossas próprias ações.

É muito difícil provar apenas com argumentos lógicos qual é a relação exata entre as ações específicas e seus efeitos; contudo, podemos facilmente entender a relação entre as ações e seus efeitos em geral. O efeito amadurecido de qualquer ação é o nascimento num estado de existência cuja natureza é similar à da própria ação. O efeito amadurecido de uma ação virtuosa é o nascimento numa situação afortunada, como a de um ser humano ou a de um deus; e o efeito amadurecido de uma ação não virtuosa é o nascimento em situações desafortunadas, como as de um animal, espírito faminto ou ser-do-inferno.

Todos os seres que hoje vivem nos reinos inferiores de existência já praticaram disciplina moral em algum momento de suas incontáveis vidas passadas. Como resultado, eles carregam em suas mentes a potencialidade para renascer como um ser humano e para praticar disciplina moral novamente. O mesmo ocorre conosco, pois, nesta vida e em nossas vidas passadas, já cometemos incontáveis ações destrutivas e carregamos na mente muitas potencialidades para renascer numa vida não humana e para repetir, muitas e muitas vezes, nossas ações destrutivas. Por conseguinte, precisamos meditar a fim de apreciar plenamente a boa sorte que desfrutamos hoje e para gerar uma sincera determinação de tirar o melhor partido disso, agora, enquanto podemos.

ESTAR LIVRE DE TER NASCIDO COMO UM SER-DO-INFERNO

Meditamos:

> *O corpo e o ambiente de um ser-do-inferno dão origem a intensa dor, tornando-lhe impossível ouvir, contemplar ou meditar no Dharma. Quando sinto alguma dor física, por menor que seja, não consigo ouvir ou ler livros de Dharma nem me sentar para meditar. No inferno, os seres experienciam tormentos muito piores que o pior dos sofrimentos humanos; e a dor deles persiste, sem interrupção, por períodos incalculavelmente longos. Quão afortunado eu sou por não ter nascido como um ser-do-inferno.*

ESTAR LIVRE DE TER NASCIDO COMO UM ESPÍRITO FAMINTO

Meditamos:

> *Os seres que renascem como espíritos famintos sentem fome e sede constantemente. Quando estou com fome, não consigo pensar na minha prática espiritual e não me interesso em ouvir ou ler o Dharma. Os espíritos famintos padecem o tempo todo de extrema fome e sede e, portanto, nunca têm a liberdade ou o desejo de praticar o Dharma. Quão afortunado eu sou por não ter nascido como um espírito faminto.*

ESTAR LIVRE DE TER NASCIDO COMO UM ANIMAL

Meditamos:

Embora alguns animais, como os cães, tenham inteligência para achar comida e possam ser treinados para nos obedecer, eles estão impossibilitados de treinar suas mentes nas etapas do caminho à iluminação, porque padecem de grande confusão e estupidez. Mesmo quando tentamos encorajá-los a meditar, eles são completamente incapazes de entender nosso conselho. Nossas instruções espirituais são como vento em suas orelhas. Quão afortunado eu sou por não ter nascido como um animal.

ESTAR LIVRE DE TER NASCIDO COMO UM DEUS COMUM

Meditamos:

Os deuses de longa vida experimentam apenas duas mentes densas – uma quando percebem que tiveram um renascimento celestial e outra quando se aproximam da morte. Passam o restante da vida num estado que se assemelha ao do sono, no qual são tão insensíveis como uma pedra, sem perceber nada. Embora tenham vidas longas, esse deuses não conseguem aproveitá-las para praticar o Dharma e, ao morrerem, voltam a renascer num dos reinos inferiores.

Outros deuses do reino da forma, além dos deuses de longa vida, também não são livres para praticar o Dharma, pois passam toda a sua existência num estado de tranquilidade solitária. Eles nunca sofrem como nós e nunca percebem o sofrimento dos outros e, por isso, não têm como cultivar as realizações de renúncia, grande compaixão ou bodhichitta. Alguns deuses como os do reino do desejo, passam a vida inteira envolvidos com distrações; logo nunca se interessam pelo Dharma e, ao morrerem, são arremessados nos reinos inferiores. Visto que, do ponto de vista do Dharma, renascer como um deus comum é algo totalmente inútil, quão afortunado eu sou por não ter tido tal renascimento.

Havia um médico chamado Kumara que, com grande devoção, seguia seu Guia Espiritual Shariputra. Ainda que estivesse no alto de um elefante, sempre que via Shariputra, ele imediatamente desmontava e saudava o mestre. Kumara morreu e renasceu como um deus do reino do desejo. Sabendo disso, o clarividente Shariputra decidiu visitar o discípulo com a intenção de continuar a instruí-lo no Dharma. Quando Shariputra entrou no jardim dos prazeres, onde aquele deus agora se divertia, o ex-discípulo simplesmente acenou-lhe à distância e rapidamente afastou-se em companhia das deusas, suas parceiras de diversão. Shariputra não teve nem mesmo a oportunidade de saudar o antigo discípulo, o que dirá oferecer-lhe conselho espiritual.

As outras quatro liberdades indicam que estamos livres de ter nascido como um ser humano em condições que atrapalham ou impedem seriamente a prática espiritual:

5. Estar livre de ter nascido e de permanecer num país onde não há religião
6. Estar livre de ter nascido e de permanecer num país onde não há o Budadharma
7. Estar livre de ter nascido e de permanecer com deficiências físicas ou mentais
8. Estar livre de adotar visões errôneas, que negam o Dharma

ESTAR LIVRE DE TER NASCIDO E DE PERMANECER NUM PAÍS ONDE NÃO HÁ RELIGIÃO

Meditamos:

Se eu tivesse nascido num lugar violento e incivilizado, ou num país onde a religião é proibida, teria sido impossível encontrar o Dharma e praticá-lo. No mundo de hoje, existem muitos lugares onde não existe religião e onde as pessoas podem ser presas e até torturadas se tentarem praticar uma religião; e existem muitos lugares onde as pessoas não têm a oportunidade de encontrar um Guia Espiritual que lhes ensine como treinar a mente. Quão afortunado eu sou por não estar num lugar assim.

ESTAR LIVRE DE TER NASCIDO E DE PERMANECER NUM PAÍS ONDE NÃO HÁ O BUDADHARMA

Meditamos:

Se eu tivesse nascido num país onde a religião é tolerada mas onde ninguém pratica o Dharma e ninguém o ensina, teria sido impossível interessar-me pelo Dharma e aprender a praticá-lo. Quão afortunado eu sou por não estar num lugar assim.

ESTAR LIVRE DE TER NASCIDO E DE PERMANECER COM DEFICIÊNCIAS FÍSICAS OU MENTAIS

Meditamos:

Se eu tivesse nascido mentalmente incapacitado, não poderia compreender nem aplicar o Dharma. Se fosse fisicamente incapacitado, seria bem mais difícil entrar em contato com os ensinamentos. Se eu fosse cego, não poderia ler os livros de Dharma. Se fosse surdo, não conseguiria ouvir os ensinamentos. Se tivesse alguma limitação física, seria difícil visitar centros ou templos e aprender como meditar. Quão afortunado eu sou por estar livre de limitações físicas ou mentais.

ESTAR LIVRE DE ADOTAR VISÕES ERRÔNEAS, QUE NEGAM O DHARMA

Visão errônea é um estado mental semelhante a uma porta fechada e trancada para o Dharma. É uma mente que se aferra com teimosia a uma opinião que nega a existência de qualquer objeto cuja compreensão é necessária para alcançar a libertação ou a plena iluminação. Um exemplo de visão errônea é defender ferrenhamente a não existência de vidas passadas e futuras, sem nenhuma abertura para investigar se essa visão é, ou não, correta. Uma visão errônea pode ser sustentada de maneira dogmática ou obstinada como resultado de um raciocínio incorreto ou imperfeito ou pode ser sustentada cegamente, sem sequer um arremedo de raciocínio.

Meditamos:

Adotar visões errôneas é o principal obstáculo à prática pura do Dharma, porque nos impede de gerar fé no Dharma; e fé é a base de toda realização espiritual. Quão afortunado eu sou por não adotar visões errôneas.

OS DEZ DOTES

Os cinco primeiros dotes são dotes pessoais:

1. Ter nascido como ser humano
2. Ter nascido e permanecer num país onde o Dharma esteja florescendo
3. Ter nascido e permanecer com faculdades perfeitas, livre de deficiências mentais e físicas
4. Não ter cometido nenhuma das cinco ações de retribuição imediata
5. Ter fé nas três categorias de ensinamentos de Buda

Podemos compreender a importância de cada um desses dotes pessoais contemplando uma analogia. Ter nascido como ser humano é como possuir um carro. Ter nascido humano e permanecer num país onde o Dharma está florescendo é como pôr o carro na estrada. Estar livre de deficiências físicas ou mentais é como encher o tanque de combustível. Estar livre dos resultados de uma das cinco ações de retribuição imediata é como ter uma carteira de motorista. Ter fé no Dharma equivale a ter confiança em si para dirigir. Se nos faltar alguma dessas cinco condições para dirigir, não conseguiremos chegar ao nosso destino. Do mesmo modo, se nos faltar um dos cinco dotes pessoais, não conseguiremos alcançar a iluminação, que é a perfeita destinação desta preciosa vida humana.

As cinco ações de retribuição imediata mencionadas no quarto dote são as cinco piores ações negativas: matar o próprio pai, matar a própria mãe, matar um Destruidor de Inimigos, sangrar um Buda com má intenção e causar cisão na Sangha, ou comunidade de Dharma. Se cometermos uma dessas ações, dificilmente obteremos realizações e, ao morrer, iremos diretamente para o inferno. Quando essa vida no inferno acabar, continuaremos a colher os pesados resultados da nossa ação, na forma de obstruções mentais à nossa prática de Dharma. Houve raras exceções, e uma delas foi a do rei Ajatashatru, que matou seu pai, Bimbisara, mas depois arrependeu-se, purificou essa ação e, seguindo as instruções que recebeu diretamente de Buda, tornou-se um Ingressante na Corrente. Entretanto, de modo geral, quem comete qualquer dessas cinco ações não tem a possibilidade de alcançar a libertação na mesma vida.

Os outros cinco dotes são características favoráveis do mundo no qual renascemos como ser humano:

6. Renascer humano num mundo onde Buda apareceu
7. Renascer humano num mundo onde Buda ensinou o Dharma
8. Renascer humano num mundo onde o puro Dharma continua a ser ensinado
9. Renascer humano num mundo onde há pessoas praticando o puro Dharma
10. Renascer humano num mundo onde os praticantes de Dharma encontram benfeitores e patrocinadores

Se Buda não tivesse aparecido neste mundo e girado a Roda do Dharma, e se o puro Dharma não tivesse permanecido aqui, estaríamos impossibilitados de receber e de praticar as instruções de Dharma. Além disso, para praticar de maneira correta e pura, precisamos contar com a ajuda de um Guia Espiritual e de amigos espirituais e com o apoio de benfeitores e de patrocinadores. Portanto, todos esses dotes são necessários para que nossa prática tenha sucesso. Devemos compreender o quanto somos afortunados por termos nascido num mundo como o nosso.

Quando meditamos nas oito liberdades especiais e nos dez dotes especiais, estamos praticando a meditação analítica, que nos faz gerar alegria e profunda apreciação pela nossa vida humana atual, reconhecendo que ela é perfeitamente dotada com todas as condições necessárias para treinar a mente nas etapas do caminho à iluminação. Qual é o propósito de gerar alegria deliberadamente? Fazemos isso para extrair o máximo proveito da oportunidade que estamos tendo. Se alguém achar um pedaço de ouro e não reconhecer seu valor, poderá jogá-lo fora; contudo, se perceber sua preciosidade, ficará deleitado com a descoberta, guardará o ouro num lugar seguro e o usará significativamente. Do mesmo modo, se compreendermos que nossa vida humana atual é perfeitamente dotada, ficaremos deleitados com ela e a usaremos significativamente. Esta preciosa vida humana é impermanente. Podemos perdê-la amanhã. Ninguém pode prever por quanto tempo essa oportunidade vai durar. Portanto, precisamos apreciar nossa vida agora, neste exato momento.

Quando nossa meditação nos fizer gerar um sentimento especial de alegria, faremos a meditação posicionada, familiarizando-nos com esse sentimento cada vez mais estreitamente, de modo a não mais perdê-lo.

MEDITAR NO GRANDE VALOR DA NOSSA PRECIOSA VIDA HUMANA

Este tópico tem três partes:

1. O grande valor da nossa preciosa vida humana, do ponto de vista da nossa meta temporária
2. O grande valor da nossa preciosa vida humana, do ponto de vista da nossa meta última
3. O grande valor de cada instante da nossa preciosa vida humana

O GRANDE VALOR DA NOSSA PRECIOSA VIDA HUMANA, DO PONTO DE VISTA DA NOSSA META TEMPORÁRIA

A meta ou a aspiração de todo ser vivo é ser feliz. Existem dois tipos de felicidade e, por conseguinte, dois tipos de meta – a temporária e a última. Felicidade temporária é a felicidade dos seres humanos e a dos deuses; é a felicidade limitada que os seres podem ter enquanto estão presos no samsara. Felicidade última é a felicidade pura e eterna da libertação e da plena iluminação.

Se não tivéssemos nascido humanos, não estaríamos aptos a sentir as alegrias e os prazeres de uma vida humana. Outros seres, como os animais, não podem desfrutar da mesma felicidade que nós, pois não possuem a base corporal adequada para isso. Portanto, o simples fato de possuir um corpo humano como o nosso já é muito importante para que possamos ter felicidade humana nesta vida. Além do mais, podemos usar esta vida humana perfeitamente dotada para criar causas de felicidade temporária em vidas futuras. É possível criar todas as causas para ter, no futuro, muitos renascimentos humanos com as liberdades e os dotes necessários. Podemos, além disso, criar as causas para obter sete vantagens extras, que favorecem o desfrute dos prazeres e da felicidade que a vida humana pode proporcionar. Esses sete atributos de linhagem superior são: nobreza, grande beleza, recursos abundantes, grande poder, grande sabedoria, boa saúde e vida longa. Entre eles, grande sabedoria é o atributo mais precioso, porque nos permite discriminar o que deve ser praticado e o que deve ser abandonado, levando-nos a seguir caminhos espirituais corretos.

Praticar disciplina moral e fazer preces imaculadas para nascer humano são as causas principais de tal renascimento. Respeitar nossos pais, nossos Guias Espirituais, as Três Joias e os outros seres é a causa principal de nobreza. Praticar paciência é a causa principal de grande beleza. Praticar generosidade é a causa principal de recursos abundantes. Proteger os outros é a causa principal de grande poder. Estudar e regozijar-se com o Dharma é a causa principal de grande sabedoria. Curar doentes e cuidar deles é a causa principal de boa saúde. Salvar vidas é a causa principal de ter vida longa. Podemos criar todas essas causas positivas com a nossa preciosa vida humana. Se fizermos isso, vamos seguramente experienciar os resultados, do mesmo modo que, quando acendemos um palito de fósforo e o jogamos num monte de feno seco, é certo que provocaremos um incêndio. Com esta preciosa vida humana, podemos criar causa para qualquer tipo de vida humana que queiramos ter. Podemos ser um milionário, um político sensato ou uma pessoa ordenada que guarda disciplina moral pura.

O GRANDE VALOR DA NOSSA PRECIOSA VIDA HUMANA DO PONTO DE VISTA DA NOSSA META ÚLTIMA

Nossa meta última é alcançar a felicidade pura e eterna da libertação e da plena iluminação. Agora que temos uma preciosa vida humana, podemos praticar e concluir os três treinos superiores que conduzem à libertação. A forma humana costuma ser comparada a um barco, a bordo do qual podemos cruzar o oceano do samsara e alcançar a costa da libertação.

Como diz Shantideva, em *Guia do Estilo de Vida do Bodhisattva*:

Na dependência desta forma humana, que é como um barco,
Podemos cruzar o grande oceano de sofrimento.
Visto que será difícil encontrarmos tal embarcação outra vez,
Não é hora de dormir, ó tolos!

Além disso, com esta preciosa vida humana, podemos treinar as cinco causas principais da plena iluminação: renúncia, bodhichitta, visão correta da vacuidade e os estágios de geração e de conclusão do Mantra Secreto. O corpo humano possui os seis elementos que são necessários para a prática do Mantra Secreto (pele, carne, ossos, canais, ventos e gotas). Sendo assim, com essa forma humana, podemos obter todas as experiências do Mantra Secreto, incluindo a realização definitiva da plena iluminação, em apenas uma vida. Se nascermos como um deus nos reinos da forma ou da sem-forma, não teremos tal oportunidade. Nem mesmo os mais elevados Bodhisattvas, nascidos em Terras Puras como Sukhavati, têm igual oportunidade.

Meditamos:

Desde tempos sem início, ininterruptamente, eu tive renascimentos samsáricos na dor e no medo, sem liberdade ou controle. O samsara é a mais aterrorizante das prisões. Agora, pela primeira vez tenho todas as condições necessárias para romper os grilhões da minha prisão. Portanto, não posso desperdiçar esta preciosa oportunidade de alcançar a libertação e a plena iluminação.

O GRANDE VALOR DE CADA INSTANTE DA NOSSA PRECIOSA VIDA HUMANA

Com esta vida humana, cada dia, cada hora, cada minuto pode ser plenamente gratificante. Cada um dos instantes da nossa preciosa vida humana tem grande significado. Em apenas uma hora, os seres humanos podem criar a mesma quantidade de mérito que um deus criaria em um éon. Se meditarmos sobre o amor durante cinco minutos ou se fizermos uma única prostração ao nosso Guia Espiritual, considerando-o uma emanação de todos os Budas, criaremos incomensurável mérito.

Em curtíssimo espaço de tempo, podemos purificar todo o carma negativo que criamos no passado. As potencialidades que criamos em nossa mente com as ações negativas que fizemos no passado não têm forma. Uma vez que não podemos vê-las, facilmente esquecemos que elas existem. Porém, se nosso carma negativo tivesse forma, ele ocuparia o universo inteiro. Toda essa negatividade poderá ser rapidamente exaurida se usarmos nossa vida humana para fazer intensa purificação, assim como um monte de feno pode ser rapidamente exaurido por um forte incêndio.

Je Tsongkhapa disse:

Se contemplarmos o grande valor dessas liberdades e dotes, sentiremos forte pesar de haver desperdiçado nosso corpo humano e nosso tempo.

Quando um avarento gasta muito dinheiro numa viagem, seu sentimento de perda é grande, pois ele valoriza imensamente cada centavo. Do mesmo modo, se valorizarmos plenamente cada instante da nossa preciosa vida humana, sentiremos forte arrependimento cada vez que esbanjarmos um instante.

Je Phabongkhapa disse:

Em vez de sentir tanto pesar quando perdemos nosso dinheiro, deveríamos sentir pesar quando desperdiçamos nossa vida humana.

Ainda que perdêssemos todo o nosso dinheiro, poderíamos pedir um empréstimo ou encontrar outra maneira de ganhar mais dinheiro; entretanto, se perdermos esta vida humana sem ter feito bom uso dela, será praticamente impossível reavermos tal perda.

Este corpo com todas as suas liberdades e dotes é mais precioso que a legendária joia-que-satisfaz-os-desejos. Com ela poderíamos viver num lugar forrado de pedras preciosas, mas que felicidade extrairíamos disso? Que felicidade nos proporcionaria o poder de transformar todas as nossas posses em ouro? Durante esta vida, tais posses seriam uma fonte de ansiedade e, no momento da morte, teríamos de deixá-las para trás. Esta preciosa vida humana é infinitamente mais valiosa que ouro. Ela é a verdadeira joia-que-satisfaz-os-desejos, a verdadeira pedra filosofal, que torna cada momento significativo e que nos capacita a ingressar em caminhos espirituais corretos.

Meditando no grande valor desta preciosa vida humana, conseguiremos vê-la como uma oportunidade muito especial que não deve ser desperdiçada. Vamos gerar uma fortíssima determinação de usá-la para realizar nossos objetivos temporários e últimos e sentiremos como um grande prejuízo o desperdício de um único de seus instantes. Se pensarmos assim, certamente extrairemos a essência desta preciosa vida humana. No entanto, se não meditarmos dessa maneira, corremos o risco de deixar que nossa vida passe despercebida, sem nenhum sentido.

Shantideva disse:

Se, tendo encontrado a liberdade e o dote de uma vida humana,
Eu não lutar para praticar o Dharma,
Não haverá autoengano maior,
Não haverá loucura pior.

MEDITAR NA GRANDE RARIDADE DA NOSSA PRECIOSA VIDA HUMANA

Esta seção tem três partes:

1. Reconhecer a raridade da nossa preciosa vida humana em termos da sua causa

2. Reconhecer a raridade da nossa preciosa vida humana por analogia
3. Reconhecer a raridade da nossa preciosa vida humana em termos numéricos

RECONHECER A RARIDADE DA NOSSA PRECIOSA VIDA HUMANA EM TERMOS DA SUA CAUSA

Mesmo se entendermos o grande valor da nossa preciosa vida humana, ainda assim poderemos desperdiçá-la pensando que será fácil nascer humano de novo. Na realidade, é muito raro nascer humano porque é raro alguém praticar disciplina moral pura, a causa de tal renascimento. Em *Preciosa Grinalda de Conselhos ao Rei*, Nagarjuna diz:

> Do dar vem riqueza,
> Da disciplina vem felicidade.

Mesmo quando guardamos disciplina moral puramente, é fácil destruí-la ao ficar com raiva ou ao cometer outras ações que destroem nossa virtude. É extremamente raro encontrar alguém que observe disciplina moral pura, sem nunca perdê-la.

Certa vez, na Mongólia, um Lama estava dando ensinamentos e, ao chegar neste ponto, um homem sentado à sua frente objetou: "Pensas que os seres humanos são raros porque nunca estiveste na China! Lá existem milhões e milhões de pessoas". Esse homem não tinha entendido o cerne da questão: uma vida humana é rara não porque existam poucos humanos, mas porque raramente criamos a causa para renascer humanos. Entre todas as ações que fizemos desde tempos sem início, foram poucas as ações puras que conduziram a um renascimento humano.

Nossa vida humana também é muito rara porque cada um de nós só tem uma única vida. Podemos ter muitos livros, roupas, casas, mas ninguém pode ter mais que uma vida humana. Se viermos a perdê-la, não poderemos pedir emprestado uma nova. Além do mais, a vida humana que hoje possuímos está diminuindo a cada momento.

RECONHECER A RARIDADE DA NOSSA PRECIOSA VIDA HUMANA POR ANALOGIA

Em um Sutra, Buda Shakyamuni pergunta a seus discípulos: "Imaginem um oceano vasto e profundo, do tamanho deste mundo, em cuja superfície flutua uma canga de ouro. Nas profundezas desse mar, vive uma tartaruga cega, que emerge apenas uma vez a cada cem mil anos. Quantas vezes, ao vir à tona, essa tartaruga enfiaria a cabeça no meio da canga?". Ananda responde que, de fato, isso só aconteceria muito raramente.

Somos exatamente como essa tartaruga cega, pois, embora nossos olhos físicos não sejam cegos, nossos olhos de sabedoria o são. O oceano vasto e profundo é o samsara. A estadia da tartaruga no fundo do oceano equivale à nossa permanência nos reinos inferiores do samsara, do qual só emergimos, para os reinos afortunados, uma vez a cada cem mil anos. A canga de ouro é como o Budadharma, que nunca permanece num único lugar, mas muda de um país para outro. Assim como o ouro é precioso e raro, o Budadharma também é precioso e muito difícil de ser encontrado. Passamos a maioria das nossas vidas anteriores no fundo desse vasto e profundo oceano do samsara, os reinos inferiores. Foram raríssimas as vezes que tivemos um renascimento humano e, mesmo com uma vida humana, é extremamente raro encontrar o Budadharma.

RECONHECER A RARIDADE DA NOSSA PRECIOSA VIDA HUMANA EM TERMOS NUMÉRICOS

É muito mais fácil cometer ações prejudiciais que são causas de renascimento inferior do que ações virtuosas. Por isso, aqueles que nascem nos reinos inferiores são muito mais numerosos que aqueles que nascem como humanos ou deuses. De todos os estados de existência, o inferno é o que tem o maior número de seres, seguido do reino dos espíritos famintos e dos animais. Os seres humanos são mais raros do que aqueles que nascem nos três reinos inferiores e, entre os humanos, poucos são aqueles que possuem uma preciosa vida humana com todas as liberdades e dotes. Entre os que possuem uma preciosa vida humana, muito poucos são os que praticam o Dharma e, entre os que praticam o Dharma, pouquíssimos o fazem puramente e adquirem uma compreensão e experiência corretas. Talvez tenhamos a impressão de que existem muitos praticantes de Dharma puros e muitas pessoas com realizações, contudo, se examinarmos melhor, veremos que pessoas assim são extremamente raras. Milarepa disse, certa vez, ao caçador Gonpo Dorje: "Buda diz que a vida humana é preciosa, mas uma vida humana como a tua é banal". Entre aqueles que possuem uma vida humana, é muito comum encontrarmos pessoas que, como esse caçador, desperdiçam por completo tal oportunidade e usam a vida apenas para criar causas de desgraça futura. Assim, é raro encontrar alguém que esteja praticando o Dharma puramente.

Quando meditamos no grande valor e na raridade desta preciosa vida humana, estamos fazendo a meditação analítica que nos faz gerar uma forte determinação de não desperdiçar nem um minuto da nossa vida humana e de usá-la plenamente para praticar o Dharma. Quando essa determinação surgir com clareza em nossa mente, devemos retê-la como nosso objeto de meditação posicionada, a fim de nos acostumarmos cada vez mais com ela.

Embora tenhamos uma preciosa vida humana com todas as liberdades e dotes, ainda assim poderemos achar difícil praticar o Dharma puramente, pois talvez nos faltem outras liberdades, como o tempo para nos dedicar ao estudo e à meditação. É raro encontrar alguém que possua todas as condições ideais. No entanto, o impedimento mais grave ao nosso desenvolvimento espiritual é o de não conseguir gerar o forte desejo de praticar. Je Tsongkhapa disse que, para gerar o desejo de tirar pleno proveito desta vida, com todas as suas liberdades e dotes, devemos meditar sobre quatro pontos:

Preciso praticar o Dharma,
Posso praticar o Dharma,
Tenho de praticar o Dharma nesta vida,
Tenho de praticar o Dharma agora.

Antes de gerar o desejo de praticar o Dharma, precisamos primeiro reconhecer a necessidade de praticar o Dharma. Para isso, meditamos:

Preciso praticar o Dharma porque quero ser feliz e evitar o sofrimento; e a prática do Dharma é o único método perfeito para atingir tais alvos. Se fizer isso, eliminarei todos meus problemas e me tornarei capaz de ajudar os outros.

Embora entendamos a necessidade de praticar o Dharma, ainda assim poderemos pensar que não somos capazes de fazê-lo. Para superar nossa hesitação e nos convencer de que, visto que temos todas as condições necessárias, certamente somos capazes de praticar o Dharma, meditamos:

Tenho agora uma preciosa vida humana com todas as liberdades e dotes, e tenho todas as condições exteriores necessárias, como ter um Guia Espiritual plenamente qualificado. Não existe nenhuma razão que me impeça de praticar o Dharma.

Embora entendamos a necessidade de praticar o Dharma e nos sintamos capazes de fazê-lo, talvez continuemos a adiar, pensando que iremos praticar em alguma vida futura. Para superar a preguiça da procrastinação, devemos lembrar que, visto que será muito difícil obtermos outra preciosa vida humana, temos de praticar agora, nesta vida.

Embora reconheçamos que temos de praticar nesta vida, talvez continuemos a pensar que nossa prática pode ser adiada até a aposentadoria. Para superar nosso acomodamento, precisamos lembrar que a hora da morte é totalmente incerta; logo, a única hora de praticar é agora.

Desse modo, chegamos a quatro fortes resoluções:

Vou praticar o Dharma,
Posso praticar o Dharma,
Vou praticar o Dharma nesta vida,
Vou praticar o Dharma agora.

Essas quatro resoluções são inestimáveis, porque nos fazem gerar naturalmente um desejo espontâneo e constante de aproveitar plenamente nossa preciosa vida humana. Esse desejo é nosso melhor Guia Espiritual, pois nos conduz ao longo de caminhos espirituais corretos. Sem isso, por mais que os outros nos aconselhem ou incentivem, não iremos praticar o Dharma.

Certa ocasião, Aryadeva e Ashvaghosa estavam prestes a iniciar um debate. Ashvaghosa estava em pé, na soleira da porta, com um pé dentro e outro fora. Para testar a sabedoria de Aryadeva, ele indagou: "Estou saindo ou entrando?". Aryadeva disse: "Depende da tua intenção. Se quiseres sair, sairás. Se quiseres entrar, entrarás". Ashvaghosa nada pôde replicar, pois o que dissera Aryadeva estava perfeitamente correto.

Quem deseja coisas boas executa ações virtuosas, e quem deseja coisas más executa ações não virtuosas. Tendo em vista o poder dos nossos desejos, é fundamental abandonar os desejos não virtuosos. Se uma pessoa usar a fala para dar conselhos aos outros mas, no íntimo, acalentar o desejo de roubar o patrimônio alheio, então, pela força do seu desejo, ela alcançará sua meta. O que condena tal pessoa à prisão? Nada, a não ser seu próprio desejo não virtuoso. Ela perde sua reputação e a estima de todos, tudo por culpa do seu próprio desejo. Por outro lado, se uma pessoa comum, que não é tida em alta conta, tiver um desejo sincero e constante de conquistar a bodhichitta, então, pela força do seu desejo, ela alcançará os solos e caminhos espirituais e colherá os frutos da prática.

O grande meditador tibetano Gungtang Jampelyang indagou certa vez: "Qual é a diferença entre um homem sábio e um tolo?". A diferença reside na intenção deles. Um sábio é alguém que tem boa intenção; não é alguém que apenas tem conhecimentos. Devadatta estudou tantos textos quanto um elefante é capaz de carregar no lombo e, mesmo assim, continuou a acalentar o desejo perverso de prejudicar Buda. Por causa disso, ele renasceu no inferno, onde toda a sua erudição era inútil. Um dos conselhos mais valiosos que podemos receber é o de gerar uma boa intenção e mantê-la o tempo todo. Precisamos conhecer nossas mentes e trocar nossos desejos nocivos por outros que sejam benéficos. Buda Shakyamuni disse que uma intenção correta é a raiz de todas as realizações de Dharma.

TREINAR A MENTE NOS MÉTODOS PARA EXTRAIR A ESSÊNCIA DA NOSSA PRECIOSA VIDA HUMANA

Meditando no grande valor e na raridade desta preciosa vida humana, tomaremos a firme decisão de usá-la significativamente, a fim de extrair sua essência. Extrair a essência desta preciosa vida humana significa pôr em prática os métodos que nos trarão benefícios em nossas vidas futuras e parar de investir toda a nossa energia e interesse em atividades que só visam os benefícios temporários desta vida. Extrair a essência mínima desta preciosa vida humana significa nos proteger do perigo de ter um renascimento inferior e garantir que, numa próxima vida, obteremos um renascimento humano especial, dotado com os sete atributos de linhagem superior. Para tanto, devemos obter todas as realizações do caminho de uma pessoa do escopo inicial. Extrair a essência intermediária desta preciosa vida humana significa nos proteger do renascimento descontrolado e alcançar a libertação do samsara. Para tanto, devemos obter todas as realizações das etapas do caminho de uma pessoa de escopo intermediário. Extrair a essência máxima desta preciosa vida humana significa nos proteger do perigo do autoapreço e alcançar a plena iluminação para o benefício de todos os seres vivos. Para tanto, devemos obter todas as realizações das etapas do caminho de uma pessoa de grande escopo.

Todas as etapas do caminho apresentadas neste livro são métodos para extrair a essência desta preciosa vida humana. Elas vão ser explicadas em três partes:

1. Treinar a mente nas etapas do caminho de uma pessoa de escopo inicial
2. Treinar a mente nas etapas do caminho de uma pessoa de escopo intermediário
3. Treinar a mente nas etapas do caminho de uma pessoa de grande escopo

Quais são as etapas do caminho de uma pessoa de escopo inicial? São elas: a meditação sobre o grande valor e a raridade desta preciosa vida humana; a meditação sobre a morte e a impermanência; a meditação sobre os sofrimentos dos três reinos inferiores; a prática pura de buscar refúgio; e a prática de evitar ações negativas e de empenhar-se em ações virtuosas. Praticando essas etapas do caminho, evitamos renascer nos reinos inferiores e nos protegemos de seus sofrimentos.

De que modo a prática de um pequeno ser protege-nos contra os sofrimentos dos reinos inferiores? Se meditarmos no grande valor e na raridade desta preciosa vida humana e sobre a morte e a impermanência, vamos praticar o Dharma puramente e buscar refúgio puramente. Se nos refugiarmos puramente, guardaremos o compromisso de evitar as ações negativas e de praticar tão somente ações virtuosas. Fazendo isso, evitaremos criar a causa de renascer nos reinos inferiores e só criaremos causas de renascimento elevado. Por esse motivo, as realizações de um pequeno ser nos protegem contra o sofrimento. Elas são objetos de refúgio e devem ser consideradas Joias Dharma, porque assemelham-se às efetivas Joias Dharma dos Seres Superiores.

Quais são as etapas do caminho de uma pessoa de escopo intermediário? São as práticas de gerar renúncia, meditando nos perigos do samsara, e as práticas dos três treinos superiores, feitas com a motivação de renúncia. Obtendo as realizações de um ser mediano, atingimos a libertação e nos protegemos de todos os medos e pesares do samsara.

Quais são as etapas do caminho de uma pessoa de grande escopo? São as mentes de grande compaixão e de bodhichitta e a prática das seis perfeições, feitas com a motivação de bodhichitta; em suma, são todos os caminhos dos Bodhisattvas. Obtendo as realizações de um grande ser, atingimos a iluminação – o abandono completo de todas as falhas e a realização perfeita de todas as boas qualidades –, que nos habilita a oferecer proteção a todos os outros seres vivos.

Em *Luz para o Caminho à Iluminação* Atisha diz:

Existem três tipos de ser que devem ser conhecidos;
Eles são o pequeno, o mediano e o supremo.

Nesse contexto, um "ser pequeno" significa uma pessoa de escopo inicial; um "ser mediano" significa uma pessoa de escopo intermediário; e um "ser supremo" significa uma pessoa de grande escopo. O que determina nosso escopo de desenvolvimento espiritual é a nossa aspiração. À medida que nossa aspiração se torna mais abrangente, nossa capacidade de desenvolvimento espiritual aumenta. Em termos de suas aspirações, todos os seres vivos podem ser incluídos em três tipos: pequeno ser, ser mediano e grande ser.

Existem dois tipos de pequenos seres: pequenos seres comuns e pequenos seres especiais. Um pequeno ser comum é alguém cuja aspiração não ultrapassa a limitada meta de encontrar felicidade mundana apenas nesta vida. Uma pessoa assim almeja a felicidade instável desta vida e, para obtê-la, busca a orientação de especialistas comuns, como administradores de empresa, assessores, conselheiros matrimoniais e agentes de viagem. Se um pequeno ser comum também praticar o Lamrim, além de tornar-se uma pessoa mais bem-sucedida em todas as suas atividades mundanas, ele poderá aumentar seu mérito, purificar carma negativo e, gradualmente, ampliar sua aspiração até convertê-la na aspiração de um pequeno ser especial.

Um pequeno ser especial é alguém que cessou de se interessar em obter somente a felicidade desta vida e que aspira à felicidade de estados superiores de existência em vidas futuras. Embora a aspiração de um pequeno ser especial ultrapasse o bem-estar desta vida, ela não vai além da limitada meta de obter a felicidade mundana de humanos e de deuses em vidas futuras. Um pequeno ser especial pode satisfazer esse desejo obtendo todas as realizações das etapas do caminho de um pequeno ser.

Um ser mediano é alguém que cessou de se interessar em obter a felicidade mundana instável, tanto nesta vida como em qualquer vida futura, e que busca unicamente a felicidade perfeita de se libertar de todos os tipos de renascimento descontrolado. Embora a aspiração de um ser mediano ultrapasse a simples obtenção de felicidade mundana, ela não vai além da limitada meta de satisfazer apenas seu próprio bem-estar. Um ser mediano pode satisfazer esse desejo obtendo todas as realizações das etapas do caminho de um ser mediano.

Um grande ser é alguém que cessou de querer apenas seu próprio bem-estar e que busca a plena iluminação, a fim de ajudar os outros a se libertarem de seus sofrimentos e a experienciarem o êxtase da Budeidade. Um grande ser pode satisfazer esse desejo obtendo todas as realizações das etapas do caminho de um grande ser.

Os praticantes Mahayana começam a cultivar a bodhichitta – a aspiração de um grande ser – desde o início da sua prática espiritual. Entretanto, durante um período bastante longo, essa motivação é artificial, porque a bodhichitta espontânea só pode ser gerada depois da obtenção de todas as realizações das etapas do caminho dos seres pequenos e medianos e de algumas das realizações das etapas do caminho de um grande ser, como a grande compaixão. A grande compaixão, ou seja, a determinação de libertar e de proteger todos os seres vivos de seus sofrimentos, dá origem à genuína bodhichitta, a determinação de se iluminar unicamente para beneficiar os outros. A grande compaixão, por sua vez, só é gerada depois da realização da renúncia, ou seja, da determinação de se libertar do samsara. De fato, se nós mesmos não tivermos o desejo sincero de nos libertar, como poderemos gerar esse desejo em relação aos outros incontáveis seres vivos?

Não é fácil realizar renúncia, porque essa mente virtuosa e especial só surge depois de termos abandonado o apego a esta vida e a seus prazeres. Treinar a mente nas etapas do caminho de um ser mediano é o método efetivo para obter a realização de renúncia. Treinar a mente nas etapas do caminho de um pequeno ser é o método efetivo para superar o apego a esta vida. Sem cultivar a mente de renúncia, é impossível gerar a mente de grande compaixão. No começo, devemos gerar renúncia e, gradualmente, a renúncia fará surgir a compaixão. Como disse Shantideva:

> Se nós mesmos nem sequer sonhamos em ficar livres do samsara, como poderemos ter o desejo de libertar os outros dos seus tormentos?

Meditação sobre a Morte

TREINAR A MENTE NAS ETAPAS DO CAMINHO DE UMA PESSOA DE ESCOPO INICIAL

Este treino tem duas partes:

1. Gerar a aspiração de alcançar a felicidade de estados superiores em vidas futuras
2. Os métodos para obter a felicidade de estados superiores de existência em vidas futuras

GERAR A ASPIRAÇÃO DE ALCANÇAR A FELICIDADE DE ESTADOS SUPERIORES EM VIDAS FUTURAS

Gerar essa aspiração tem duas partes:

1. Meditar sobre a morte
2. Meditar nos sofrimentos dos reinos inferiores

MEDITAR SOBRE A MORTE

A meditação sobre a morte tem três partes:

1. Considerar os perigos de esquecer da morte
2. Considerar os benefícios de manter-se consciente da morte
3. A meditação sobre a morte

CONSIDERAR OS PERIGOS DE ESQUECER DA MORTE

São os seguintes os perigos de nos esquecermos da morte:

1. Esqueceremos facilmente o Dharma
2. Ainda que não esqueçamos o Dharma, é pouco provável que o pratiquemos
3. Ainda que não esqueçamos o Dharma e o pratiquemos, nossa prática não será pura

4. Ainda que não esqueçamos o Dharma e o pratiquemos puramente, faltará esforço persistente para a nossa prática
5. Continuaremos a cometer ações não virtuosas
6. Morreremos cheios de arrependimento

ESQUECEREMOS FACILMENTE O DHARMA

Se não nos lembrarmos da morte, não teremos nenhum desejo de treinar a mente no Dharma e, assim, a porta do Dharma permanecerá fechada para nós, e não desfrutaremos dos bons resultados de uma prática espiritual. Ainda que sejamos afortunados o suficiente para receber instruções de Dharma, elas vão significar pouco para nós. Esquecendo-nos da morte, ficaremos totalmente entregues aos interesses desta vida e dedicaremos toda a nossa energia para satisfazê-los. Quando a morte chegar, perceberemos, tarde demais, que todas as nossas atividades foram em vão. Se nos lembrarmos repetidamente da morte, venceremos o hábito de supor que viveremos neste mundo para sempre e começaremos a nos considerar um viajante com destino a vidas futuras. Pensar dessa maneira reduz nossas ansiedades, nossas irritações e o apego a esta vida e a todos os seus prazeres, além de nos impedir de agir unicamente em prol desta curta existência. Um viajante que passe algumas noites em um hotel luxuoso não sentirá forte apego a esse conforto, pois sabe que, em breve, seguirá viagem. Quando tiver de deixar o hotel, não ficará triste, pois nunca pensou que aquilo fosse sua verdadeira casa. Do mesmo modo, se pararmos de pensar nesta vida como se fosse nossa casa permanente e passarmos a nos considerar viajantes com destino a mundos futuros, vamos nos sentir menos apegados a esta vida e, naturalmente, desenvolveremos grande interesse pelo Dharma, pois só o Dharma pode nos ajudar em todas as nossas existências futuras.

AINDA QUE NÃO ESQUEÇAMOS O DHARMA, É POUCO PROVÁVEL QUE O PRATIQUEMOS

Se não nos lembrarmos da morte, ainda que a ideia de praticar o Dharma nos ocorra, estaremos inclinados a protelar nossa prática, pensando: "Praticarei o Dharma corretamente quando tiver terminado meu trabalho". Mas nossa existência acaba antes de o trabalho ser concluído. As tarefas e as atividades da vida mundana são intermináveis.

Se pararmos para pensar, veremos que estamos quase sempre supondo: "Não vou morrer hoje". Dia após dia pensamos assim. Até no dia da própria morte, muitas pessoas continuam pensando: "Não vou morrer hoje". Essa complacência conosco nos impede de encarar com seriedade nossa prática de Dharma. Quando a morte chega e destrói tal atitude acomodada, sentimos grande arrependimento e achamos que esta preciosa vida humana tornou-se completamente inútil. Ficamos na situação de alguém que visitou uma ilha repleta de tesouros e, mesmo sabendo que sua família estava na miséria, voltou para casa de mãos vazias. Se não usarmos esta preciosa vida humana para praticar o Dharma, seremos ainda mais tolos que esse viajante negligente. Afinal, o que seria mais tolo do que chegar à morte de mãos vazias?

AINDA QUE NÃO ESQUEÇAMOS O DHARMA E O PRATIQUEMOS, NOSSA PRÁTICA NÃO SERÁ PURA

Se estamos praticando o Dharma há algum tempo, mas não temos resultados perfeitos, é porque ainda não geramos contínua-lembrança sobre a morte. Embora estejamos praticando o Dharma, se não nos lembrarmos da morte, nossa prática não será pura e não conseguiremos obter realizações.

O que é uma prática de Dharma pura? Professores como Dromtonpa explicaram que nossa prática de Dharma será pura se renunciarmos ao apego às comodidades desta vida. Contudo, se não tivermos renunciado ao apego às facilidades desta vida, ainda que façamos as avançadas práticas do Mantra Secreto, nossa prática não será pura. Para gerar desapego aos prazeres desta vida, não precisamos abandonar nossas riquezas e posses, nem nossos amigos e familiares. Simplesmente ser pobre e sozinho não significa que não temos apego às boas coisas desta vida; muitas pessoas pobres e solitárias são fortemente apegadas a este mundo e aos seus prazeres.

Renunciar ao apego às comodidades desta vida significa libertar-se de oito atitudes mundanas:

(1) Ficar satisfeito ao obter recursos e respeito
(2) Ficar insatisfeito ao não obter recursos e respeito
(3) Ficar satisfeito ao sentir prazer
(4) Ficar insatisfeito ao não sentir prazer
(5) Ficar satisfeito ao ter boa reputação
(6) Ficar insatisfeito ao não ter boa reputação
(7) Ficar satisfeito ao receber elogio
(8) Ficar insatisfeito ao não receber elogio

Enquanto formos apegados a recursos e respeito, prazer, boa reputação e elogios, nossa mente será desequilibrada, e estaremos propensos a ficar superexcitados ao obtê-los e desalentados ao perdê-los. Continuaremos instáveis, vulneráveis e emocionalmente dependentes dessas coisas. A maior parte da nossa energia estará voltada para assegurar a posse e impedir a perda desses interesses. Ao praticar o Dharma, nossa motivação será fortemente influenciada por apego e, assim, nossa prática e todas as demais atividades visarão apenas os interesses desta vida e a obtenção de seus prazeres.

Para superar nosso apego ao bem-estar desta vida, meditamos:

Não faz diferença se recebo, ou não, respeito, boa reputação e elogios. Nenhuma dessas coisas me traz grande benefício e, quando as perco, não sou muito prejudicado. Palavras de censura não podem me ferir. Fortuna perde-se facilmente, e os prazeres desta vida são passageiros. Não preciso me interessar tanto por essas coisas ou me preocupar demais com elas.

Se pudermos gerar equanimidade a respeito dos interesses desta vida, superaremos muitas das nossas ansiedades e frustrações diárias. Teremos mais energia para a prática de Dharma, e ela se tornará mais pura. Em comparação com pessoas não religiosas, qualquer um que tenha gerado equanimidade em relação aos interesses mundanos terá um elevado grau de conquista espiritual.

Essa atitude equilibrada é algo que precisamos cultivar, pois não a possuímos naturalmente no início do nosso treino espiritual. Se já estamos praticando o Dharma há algum tempo, sem sentir nenhum de seus benefícios, é porque ainda não estamos praticando puramente. Portanto, no início, nossa aspiração imediata não deve ser a de obter os resultados perfeitos da prática de Dharma. O que devemos aspirar é praticar puramente. Se pudermos alcançar essa meta, os resultados virão naturalmente no seu devido tempo. Se ambicionarmos obter resultados no início do nosso treino, a própria ambição será um obstáculo à pureza da nossa prática, porque estará misturada com apego e interesses mundanos. No entanto, a ambição de praticar puramente é a atitude equilibrada de um praticante sério.

O VII Dalai Lama, que possuía grande riqueza, mas não era apegado a nada, disse:

As únicas coisas que considero que me pertencem são meu vajra, meu sino e minhas vestes amarelas. Por algum tempo, as pessoas vão dizer que muitas outras coisas pertencem ao Dalai Lama mas, de fato, essas coisas pertencem aos outros. Não posso prender-me a elas e dizer que são minhas.

Precisamos cultivar a mesma atitude, pensando que as coisas que consideramos nossas estão conosco para uso temporário, até que as passemos para os outros, exatamente como eles as passaram para nós. Caso nossos bens não tenham nenhuma serventia, é melhor doá-los agora, para que os outros possam usufruí-los.

Poderíamos temer que, se gerarmos equanimidade sobre ganhar e perder, ter prazer e desprazer, receber louvor e censura, ter boa ou má reputação, estaremos condenados a ser pobres e a sofrer privações no futuro. Na realidade, a equanimidade nos leva a ter mais recursos e menos problemas; é impossível que seja causa de infelicidade. Nunca ninguém morreu nem jamais morrerá de fome em consequência de ter gerado desapego. Buda Shakyamuni criou tanto mérito em suas vidas passadas que poderia ter renascido como um rei universal sessenta mil vezes sucessivamente. Em vez de aproveitar tais renascimentos, ele dedicou todo o seu mérito para que, em tempos degenerados, os praticantes de Dharma nunca fossem privados de ter o que comer. Assim, nunca houve neste mundo um puro praticante de Dharma que tenha morrido de fome.

AINDA QUE NÃO ESQUEÇAMOS O DHARMA E O PRATIQUEMOS PURAMENTE, FALTARÁ ESFORÇO PERSISTENTE PARA A NOSSA PRÁTICA

Se nos esquecermos da morte, mesmo se praticarmos o Dharma puramente, não conseguiremos fazê-lo com continuidade. Praticaremos por uma semana e abandonaremos nossa prática na semana seguinte; ou nos esforçaremos por um mês ou, quem sabe, alguns anos, para depois desistirmos de tudo. A cura para essa preguiça consiste em nos lembrarmos da morte muitas e muitas vezes. Talvez venhamos a colher os frutos da nossa prática numa vida futura ou talvez isso ocorra muito em breve. A época do desfrute depende do mérito que vamos acumular e do esforço que vamos investir nesta vida. Portanto, devemos tomar a seguinte resolução: "Quer eu colha os frutos da minha prática com rapidez, quer o faça lentamente, em ambos os casos, hei de praticar continuamente, nesta e em todas as minhas vidas futuras, até alcançar minha meta".

Quando queremos cozinhar um alimento, precisamos deixar o fogão aceso ininterruptamente, em vez de ficar acendendo e apagando o fogo. Se o calor for constante, independentemente de ser fraco ou forte, a comida vai cozinhar. Do mesmo modo, se investirmos esforço continuamente, mesmo que em pequena dose, certamente colheremos os frutos da nossa prática.

Se nos lembrarmos frequentemente da morte, não apenas vamos querer praticar o Dharma, como acharemos difícil parar de fazê-lo. Nossa mentalidade comum será invertida. Em vez de termos tanto tempo para ocupações mundanas e tão pouco tempo para a prática espiritual, descobriremos que temos cada vez mais tempo para o Dharma e cada vez menos tempo para as atividades sem sentido. Seremos como o grande meditador Geshe Karagpa. Ao lado da entrada de sua caverna, havia um arbusto de espinhos que o arranhava sempre que entrava e saía. A cada vez, ele pensava: "Preciso podar esse arbusto". Mas sua prática era tão intensa que nunca encontrava tempo para fazê-lo. Ele vivia assim porque estava continuamente consciente da morte.

CONTINUAREMOS A COMETER AÇÕES NÃO VIRTUOSAS

Se esquecermos a morte, frequentemente agiremos de maneiras prejudiciais e deludidas, com o intuito de promover ou de proteger nossos interesses mundanos, e poderemos até recorrer à violência, colocando em risco a nós mesmos e aos outros. Tais ações criam causas para que continuemos a experienciar problemas no futuro e nos compelem a renascer nos três reinos inferiores. Uma vez que tenhamos nascido num deles, será extremamente difícil reencontrarmos o caminho de volta para os reinos mais felizes dos humanos e dos deuses.

MORREREMOS CHEIOS DE ARREPENDIMENTO

Se não pensarmos na morte durante a vida, quando chegar nossa hora de morrer, descobriremos repentinamente que nossa riqueza e posses, nossos amigos e parentes não podem nos ajudar. Sentiremos medo, ansiedade e arrependimento, mas será tarde demais para derramar lágrimas. Estaremos na situação de um tibetano chamado Mondrol Chodak. Ele era muito admirado por suas habilidades e talentos e levou uma vida bastante ativa, viajando de um lugar para outro e conhecendo muitas pessoas diferentes, mas quando se deparou frente a frente com a morte, pensou: "Quantas coisas eu fiz! Participei de tantas aventuras, envolvi-me em tantas atividades mundanas, mas agora isso tudo de nada me servirá. Dizem que sou brilhante mas, na realidade, sou incrivelmente estúpido, porque negligenciei por completo a única coisa que poderia me ajudar nesse momento – a minha prática espiritual. Desperdicei a vida inteira fazendo coisas que não trazem verdadeiro benefício". Sentindo um forte arrependimento, ele chorou, e foi com esse estado de espírito atormentado que faleceu.

Os Professores Kadampa dizem que sentir medo na hora da morte é inadequado e que a hora certa de temer a morte é enquanto somos jovens. A maioria das pessoas faz o inverso. Enquanto são jovens, pensam: "Não vou morrer"; e vivem imprudentemente, sem se preocupar com a morte. Mas, quando a morte chega, sentem medo, frustração, ansiedade e desespero. Se gerarmos medo de morrer agora, poderemos enfrentar a morte sem ter de passar por esse tipo de emoção perturbadora e usaremos nosso tempo significativamente. Evitaremos as ações prejudiciais e nos envolveremos com as virtuosas, criando assim causa para ter um renascimento afortunado. Quando a morte chegar, vamos nos sentir como uma criança voltando para casa e partiremos com alegria. Faremos como Lama Longdol, que viveu até idade avançada e ficou radiante quando sua hora de morrer chegou. Perguntaram-lhe por que estava tão feliz, e ele respondeu: "Se morrer esta manhã, renascerei hoje à tarde como um deus ou deusa numa Terra Pura. Minha vida futura será muito superior à que tenho agora". Lama Longdol tinha se preparado cuidadosamente para morrer, a ponto de escolher um lugar específico onde renascer. Se praticarmos o Dharma puramente, poderemos fazer o mesmo.

CONSIDERAR OS BENEFÍCIOS DE MANTER-SE CONSCIENTE DA MORTE

Os benefícios de nos mantermos conscientes da morte são os seguintes:

1. Praticamos o Dharma com sinceridade e energia
2. Nossa prática de Dharma torna-se muito poderosa e pura
3. É importante no início da nossa prática
4. É importante no decorrer da nossa prática
5. É importante para alcançar a meta final da nossa prática
6. Teremos uma mente feliz na hora da morte

PRATICAREMOS O DHARMA COM SINCERIDADE E ENERGIA

No *Sutra Muito Além da Dor*, Buda diz:

> Quando diferentes animais passam por um terreno e deixam suas pegadas, vemos que o elefante é quem deixa as pegadas mais profundas. De modo similar, quando tivermos praticado diferentes meditações, conheceremos seus efeitos; mas é a meditação sobre a morte que deixa a marca mais profunda em nossa mente.

Certa vez, o príncipe Siddhartha saiu do palácio paterno onde vivia e se deparou com um cadáver. Isso o fez pensar: "Hoje vivo num magnífico palácio, mas chegará o dia em que serei como esse cadáver em decomposição; portanto, minha vida luxuosa não faz sentido. Preciso me comprometer com a prática espiritual e alcançar a iluminação". Foi essa meditação sobre a morte que levou o príncipe Siddhartha a abandonar o apego aos prazeres da vida palaciana e a ingressar nas práticas espirituais que o conduziram à iluminação.

Quando Milarepa testemunhou a morte de um dos benfeitores de Lama Yungdon, ficou tão desiludido com o samsara que gerou um profundo arrependimento por todas as práticas de magia negra que cometera no passado. Daí em diante, praticou o Dharma puramente. Por meio da prática do Mantra Secreto, ele foi capaz de alcançar a iluminação naquela mesma vida. Entretanto, isso só foi possível porque inicialmente a meditação sobre a morte deixou uma forte impressão em sua mente.

NOSSA PRÁTICA DE DHARMA TORNA-SE MUITO PODEROSA E PURA

As escrituras dizem que a meditação sobre a morte é como um martelo que estilhaça nossas delusões. É um meio poderoso de eliminar as delusões e as ações negativas de corpo, fala e mente. Para usar uma metáfora mais moderna, podemos dizer que a meditação sobre a morte é como uma explosão nuclear que destrói nossas negatividades e elimina nosso interesse por trivialidades. Ela influência fortemente todas as nossas ações. Se meditarmos sobre a morte pela manhã, faremos todas as nossas ações do dia tendo em mente a felicidade das vidas futuras; mas, se nos esquecermos da morte pela manhã, é provável que todas as ações daquele dia estejam voltadas para os benefícios desta vida.

Se não meditarmos sobre a morte, não seremos capazes de gerar o desejo de praticar puramente. Se não tivermos esse desejo, a porta do Dharma permanecerá fechada para nós e, ainda que venhamos a encontrar um Guia Espiritual que nos dê instruções e conselhos perfeitos, não daremos valor a isso. Um dos Professores Kadampa disse:

> Minha verdadeira meditação no caminho do meio é a meditação sobre morte e impermanência. Todas as boas qualidades resultam dessa meditação, e é ela que torna nossa prática de Dharma pura.

É IMPORTANTE NO INÍCIO DA NOSSA PRÁTICA

Meditar sobre a morte é importante no início da nossa prática, porque nos faz gerar o desejo de praticar de maneira pura e contínua, abrindo-nos, assim, a porta do Dharma.

É IMPORTANTE NO DECORRER DA NOSSA PRÁTICA

Meditar sobre a morte é importante no decorrer da nossa prática, porque nos mantém interessados em treinar a mente em todas as etapas do caminho à iluminação.

É IMPORTANTE PARA ALCANÇAR A META FINAL DA NOSSA PRÁTICA

Meditar sobre a morte é importante para alcançarmos a meta final da nossa prática, porque garante que não desistiremos antes de termos atingido o objetivo de nos iluminar para o benefício dos outros.

Seria errado pensar que a meditação sobre a morte é só para iniciantes. Até os meditadores mais realizados que praticam o Mantra Secreto precisam meditar sobre a morte. Nos *Sutras Vinaya*, os monges e as monjas são aconselhados a desenhar um esqueleto em seus quartos para se lembrarem com frequência da morte. Na entrada de monastérios, conventos e templos, é costume pintar a Roda da Vida, que mostra os diferentes estados de existência entre as garras do Senhor da Morte, indicando assim que todo ser que vive no samsara tem de partir passando pelas mandíbulas da morte.

TEREMOS UMA MENTE FELIZ NA HORA DA MORTE

Esse benefício pode ser facilmente compreendido, se contemplarmos a história de Lama Longdol, anteriormente mencionada.

A MEDITAÇÃO SOBRE A MORTE

Esta meditação tem duas partes:

1. Meditar sobre a morte usando nove maneiras de pensar
2. Meditar sobre a morte imaginando que chegou nossa hora de morrer

MEDITAR SOBRE A MORTE USANDO NOVE MANEIRAS DE PENSAR

Este tópico tem três partes:

1. Usar três maneiras de pensar para gerar a convicção de que a morte é certa
2. Usar três maneiras de pensar para gerar a convicção de que a hora da morte é incerta
3. Usar três maneiras de pensar para gerar a convicção de que, na hora da morte e depois dela, só nossa prática de Dharma poderá nos beneficiar

O propósito de meditar sobre a morte usando essas nove maneiras de pensar não é provar que a morte é certa, que a hora da morte é incerta e que só a prática espiritual pode nos beneficiar na hora da morte e depois dela, uma vez que tais fatos são óbvios e não requerem provas. Contudo, a despeito de sabermos disso, normalmente pressupomos: "Eu não vou morrer hoje". Quando, porventura, pensamos "talvez eu morra hoje", trata-se de um pensamento fugaz. Habitualmente, supomos que nossa vida vai seguir como sempre e fundamentamos todas as nossas ações diárias nessa suposição. Portanto, precisamos meditar sobre a morte, para converter nosso conhecimento superficial numa profunda convicção interior que mude nossa percepção a ponto de normalmente pensarmos "pode ser que eu morra hoje"; assim, poderemos fundamentar todas as nossas ações diárias nessa realidade. Se tivermos contínua-lembrança sobre a morte, vamos nos interessar naturalmente em praticar o Dharma.

Quando meditamos usando essas nove maneiras de pensar, estamos fazendo as meditações analíticas que nos levam a tomar três firmes resoluções:

Tenho de praticar o Dharma,
Tenho de praticar o Dharma agora,
Tenho de praticar o Dharma puramente.

USAR TRÊS MANEIRAS DE PENSAR PARA GERAR A CONVICÇÃO DE QUE A MORTE É CERTA

As três maneiras de pensar são:

1. A morte virá com certeza e nada poderá impedi-la
2. Nosso tempo de vida não pode ser prolongado e diminui continuamente
3. A morte virá de qualquer maneira, tenhamos ou não arranjado tempo para praticar o Dharma

A MORTE VIRÁ COM CERTEZA E NADA PODERÁ IMPEDI-LA

Meditamos:

Onde quer que eu tenha nascido, seja num estado de existência afortunado seja num estado desafortunado, minha morte é inevitável. Quer eu tenha nascido na situação mais feliz do samsara quer no mais profundo dos infernos, vou ter de passar pela morte. Por mais que viaje, por mais longe que vá, nunca encontrarei um lugar onde possa me esconder da morte, ainda que atinja os confins do espaço ou desça às profundezas da terra.

Embora o Corpo-Verdade de Buda seja imortal, seus Corpos-Emanação morrem. Quando Buda Shakyamuni estava próximo da morte, mais de dez mil Destruidores de Inimigos, inclusive Shariputra, optaram por morrer, pois não conseguiam suportar a dor de testemunhar a morte do mestre. Buda pediu aos seus discípulos que preparassem um último trono em Kushinagar, onde ele concedeu seu derradeiro ensinamento: "Todos os fenômenos produzidos são impermanentes". Para aqueles que tinham carma puro, ele revelou os sinais e as indicações do seu corpo e depois, permanecendo no seu trono, demonstrou como morrer. O fato de os Destruidores de Inimigos e os Corpos-Emanação dos Budas permanecerem neste mundo ou desaparecerem dele depende do carma dos seres vivos que vivem aqui. Quando nosso carma positivo e mérito diminuem, os Destruidores de Inimigos e as emanações dos Budas tornam-se cada vez mais raros.

Ninguém que estava vivo no tempo de Buda Shakyamuni continua vivo atualmente, e ninguém que estava vivo no tempo de Mahakashyapa, discípulo de Buda, permanece vivo hoje. Só os seus nomes sobrevivem. Todos os que estavam vivos há duzentos anos já faleceram, e todos os que vivem hoje vão ter partido daqui a duzentos anos. Meditando sobre esses pontos, devemos nos perguntar: "Serei eu o único a sobreviver à morte?".

Quando nosso carma amadurecido para experimentar esta vida chegar ao fim, ninguém poderá impedir nossa morte, nem mesmo Buda. Uma vez, em tempos longínquos, dois clãs indianos, os Pakyepas e os Shakyapas, estavam em guerra. O rei dos Pakyepas decidiu massacrar todos os Shakyapas. Alguns Shakyapas levaram seus filhos até Buda e imploraram sua proteção. Shariputra ofereceu-se para proteger todas as crianças com seus poderes miraculosos. Mas Buda, com sua clarividência, sabia que Shariputra não seria capaz de salvar as crianças, porque todos os Shakyapas haviam criado o carma coletivo para morrerem naquela guerra e seu carma agora estava amadurecendo. Apesar disso, para consolar os Shakyapas, Buda deixou Shariputra acolher as crianças. Shariputra colocou algumas dentro da tigela de mendicância de Buda e escondeu outras no sol. Não obstante, no mesmo dia em que os Pakyepas mataram todos os outros Shakyapas, as crianças que estavam dentro da tigela de Buda e as que estavam no sol também pereceram, embora ninguém as tivesse matado.

Quando a hora da nossa morte chega, não há saída. Se fosse possível evitar a morte recorrendo à clarividência ou a poderes miraculosos, aqueles que possuem tais poderes seriam imortais; mas até os clarividentes morrem. Os mais poderosos monarcas que reinaram neste mundo foram impotentes diante do poder da morte. O rei dos animais, o leão, capaz de matar um elefante, é imediatamente destruído quando encontra o Senhor da Morte. Nem os milionários conseguem evitar a morte. Eles não podem desviá-la com um suborno, tampouco podem comprar mais tempo, dizendo: "Se adiares minha morte, dar-te-ei riquezas que ultrapassam teus mais extravagantes sonhos".

A morte é implacável e não faz concessões. No *Sutra Discurso para um Rei*, está escrito que a morte é como o colapso de uma imensa montanha nas quatro direções. Não há como deter sua devastação. Nesse mesmo Sutra, Buda diz:

> O envelhecimento é como uma montanha inamovível.
> A decadência é como uma montanha inamovível.
> A doença é como uma montanha inamovível.
> A morte é como uma montanha inamovível

O envelhecimento avança às escondidas e solapa nossa juventude, força e beleza. Embora raramente estejamos conscientes do processo, ele está em pleno andamento e não pode ser revertido. A doença destrói o bem-estar, o poder e a força do nosso corpo. Se os médicos nos ajudarem a superar uma primeira doença, outras tomarão o seu lugar, até a chegada de uma doença incurável. No mesmo Sutra, Buda diz:

> Não podemos escapar da doença e da morte fugindo delas. Não podemos aplacá-las com riquezas, tampouco podemos usar poderes miraculosos para fazê-las desaparecer. Cada um dos seres que está neste mundo tem de passar por envelhecimento, doença e morte.

NOSSO TEMPO DE VIDA NÃO PODE SER PROLONGADO E DIMINUI CONTINUAMENTE

Em *Guia do Estilo de Vida do Bodhisattva*, Shantideva diz

> Sem nunca parar, dia e noite,
> Esta vida está continuamente passando
> E nunca aumenta em duração;
> Por que, então, a morte não chegaria para alguém como eu?

Desde o instante da nossa concepção, rumamos inexoravelmente em direção à morte, como um cavalo de corrida galopando para a chegada. Até os cavalos de corrida ocasionalmente relaxam a passada, enquanto nós, na corrida rumo à morte, nunca paramos, nem mesmo por um segundo. Quer dormindo quer acordados, nossa vida continua passando.

Qualquer veículo para e interrompe sua jornada de tempos em tempos, mas nosso tempo de vida nunca para de correr. Um segundo depois do nosso nascimento, parte do nosso tempo de vida já pereceu. Vivemos no abraço da morte. Como disse o VII Dalai Lama:

> Após o nascimento, não temos liberdade de permanecer nem por um minuto.
> Avançamos para o abraço do Senhor da Morte, correndo como um atleta.
> Podemos pensar que estamos entre os vivos, mas nossa vida é a verdadeira estrada da morte.

Vamos supor que nosso médico anuncie que temos uma doença incurável e que só nos resta uma semana de vida. Se, nessa ocasião, um amigo nos oferecer um presente fabuloso, como um diamante, um carro novo ou férias gratuitas, nada disso irá nos entusiasmar. Ora, nossa situação atual não é muito diferente, pois sofremos de uma doença fatal. Quão tolo é nos deixarmos fascinar pelos prazeres passageiros desta curta existência!

Caso meditar sobre a morte nos pareça difícil, podemos apenas ouvir o tiquetaque de um relógio e pensar que cada tiquetaque marca o fim de um segundo da nossa vida e nos aproxima da morte. Atisha costumava meditar assim ao som de gotas de água. Também podemos imaginar que o Senhor da Morte mora perto da nossa casa e imaginar que, a cada tiquetaque, estamos dando um passo na direção da morte. Desse modo vamos nos tornar verdadeiros viajantes.

No *Sutra Extensa Fruição*, Buda diz:

Esses três mundos são impermanentes como nuvens de outono.
O nascimento e a morte dos seres são como a entrada e a saída de atores num palco.

Atores frequentemente trocam de figurino e de papéis, entrando em cena com diferentes disfarces. Do mesmo modo, os seres vivos continuamente assumem diferentes formas e ingressam em novos mundos. Por algumas vezes, eles são seres humanos, em outras são animais, e em outras ingressam no inferno. O Sutra prossegue:

A vida de um ser vivo passa como um raio no céu e perece tão rapidamente como água caindo de uma elevada montanha.

A MORTE VIRÁ DE QUALQUER MANEIRA, TENHAMOS OU NÃO ARRUMADO TEMPO PARA PRATICAR O DHARMA

Embora a vida seja curta, isso não seria tão mau se tivéssemos bastante tempo para praticar o Dharma, mas a maior parte do nosso tempo é usada para dormir, comer, fazer compras, falar e assim por diante, de modo que sobra muito pouco tempo para uma prática espiritual pura. Nosso tempo é facilmente consumido por outras atividades até que, de repente, morremos.

Pensamos que temos muito tempo para praticar o Dharma mas, se examinarmos com atenção nosso estilo de vida, veremos que os dias passam sem que tenhamos começado a praticar seriamente. Se não arrumarmos tempo para praticar o Dharma puramente, ao olhar para trás, na hora da morte, veremos que nossa vida nos trouxe pouco benefício. No entanto, se meditarmos sobre a morte, nosso desejo de praticar puramente será tão forte que começaremos naturalmente a modificar nossa rotina diária, de modo que ela inclua, no mínimo, um pouco de tempo para praticar. Finalmente, acharemos mais tempo para praticar do que para outros afazeres.

Se meditarmos sobre a morte repetidamente, talvez venhamos a sentir medo; mas sentir medo não é o bastante. Depois de ter gerado um medo positivo de morrer despreparado, devemos buscar algo que irá nos oferecer verdadeira proteção. Gungtang Jampelyang disse que os caminhos das vidas futuras são longos e desconhecidos. Temos de experienciar vida após vida e sem ter nenhuma segurança sobre o lugar onde renasceremos – se vamos seguir os caminhos que levam aos estados infelizes de existência ou os caminhos que levam aos reinos mais felizes. Não temos liberdade ou independência e somos obrigados a ir aonde nosso carma nos leva. Portanto, precisamos encontrar algo que nos mostre um caminho seguro para as vidas futuras, algo que nos dirija a caminhos corretos e nos afaste dos errados. Devemos nos esforçar de corpo, fala e mente para pôr o Dharma em prática. As posses e os prazeres do samsara não podem nos ajudar. Só o Dharma revela um caminho imaculado. Já que o Dharma é a única posse e o único prazer capaz de nos ajudar e de nos proteger no futuro, temos de nos esforçar de corpo, fala e mente para praticar o Dharma. Milarepa disse:

> Existem mais medos nas vidas futuras do que nesta. Preparaste algo capaz de ajudar-te? Se nada tiveres preparado para tuas vidas futuras, faze-o agora. A única proteção contra tais medos é a prática do sagrado Dharma.

Se pensarmos sobre nossa vida, veremos que durante muitos anos não tivemos nenhum interesse pelo Dharma e, mesmo agora que desejamos praticá-lo, devido à preguiça, ainda não praticamos puramente. Gungtang Jampelyang disse:

> Passei vinte anos sem vontade de praticar o Dharma. Passei os vinte anos seguintes achando que poderia praticar mais tarde. Passei outros vinte absorto em outras atividades e lamentando o fato de não ter me comprometido com a prática de Dharma. Essa é a história de minha vida humana vazia.

Essa poderia ser nossa própria autobiografia. No entanto, se meditarmos sobre a morte, não desperdiçaremos nossa preciosa vida humana e nos esforçaremos para torná-la significativa.

Se meditarmos usando essas três maneiras de pensar, desenvolveremos a convicção de que: "certamente vou morrer". Se considerarmos que, na hora da morte, somente a nossa prática espiritual poderá nos ajudar, tomaremos a firme resolução: "Preciso praticar o Dharma". Quando esse pensamento novo surgir em nossa mente com força e clareza, faremos meditação posicionada para nos familiarizar cada vez mais com ele, até nunca mais perdê-lo.

USAR TRÊS MANEIRAS DE PENSAR PARA GERAR CONVICÇÃO DE QUE A HORA DA MORTE É INCERTA

As três maneiras de pensar são as seguintes:

1. A duração de vida dos seres que estão neste mundo não é fixa
2. Existem mais condições conducentes à morte do que à sobrevivência
3. O corpo humano é muito frágil

A DURAÇÃO DE VIDA DOS SERES QUE ESTÃO NESTE MUNDO NÃO É FIXA

Costumamos nos enganar, pensando: "Sou jovem e, portanto, não vou morrer logo". Mas, vendo quantos jovens morrem antes de seus pais, logo percebemos o quanto essa ideia é falsa. Às vezes pensamos: "Sou saudável e, portanto, não vou morrer logo". Mas podemos ver que pessoas que são saudáveis e cuidam de doentes, às vezes, morrem antes de seus pacientes. Pessoas que vão visitar um amigo hospitalizado podem morrer antes dele, num acidente de automóvel, pois a morte não se restringe a idosos e enfermos. Alguém que estava bem-disposto pela manhã pode estar morto ao entardecer, e outro que se sentia muito bem quando foi dormir pode morrer antes de acordar. Algumas pessoas morrem enquanto estão comendo, outras morrem no meio de uma conversa e há quem morra logo que nasce.

A morte pode vir sem dar aviso prévio. Esse inimigo pode chegar a qualquer instante e, com frequência, ataca rápido, quando menos se espera. A morte pode chegar quando estamos a caminho de uma festa, ligando nossa televisão ou enquanto planejamos nossas férias de verão ou nossa aposentadoria pensando: "Não vou morrer hoje". O Senhor da Morte pode nos invadir como nuvens pretas invadem o céu. Às vezes, quando entramos em casa, o céu está brilhante e claro mas, quando voltamos a sair, o céu está encoberto. A morte pode fazer o mesmo e rapidamente lançar sua sombra sobre nossa vida.

EXISTEM MAIS CONDIÇÕES CONDUCENTES À MORTE DO QUE À SOBREVIVÊNCIA

Embora nossa morte seja uma certeza e a duração da nossa vida seja indefinida, isso não seria tão mau se as condições que levam à morte fossem raras. Mas existem inúmeras condições, externas e internas, capazes de ocasionar nossa morte. Diz-se que existem oitenta mil tipos de obstáculos, ou espíritos, capazes de destruir nossa vitalidade. Todos eles são condições que podem nos trazer a morte. As condições ambientais externas causam morte por fome, enchentes, incêndios, terremotos, poluição etc. Os elementos internos do nosso corpo também causam morte quando se desarmonizam e um deles se desenvolve em excesso. Enquanto estão em harmonia, os elementos internos podem ser comparados a quatro serpentes da mesma espécie e de força equivalente que convivem pacificamente; contudo, quando elas perdem sua harmonia, é como se uma das serpentes se tornasse mais forte do que as outras e as devorasse, até ficar sozinha e morrer de fome.

Além dessas causas de morte que são inanimadas, outros seres vivos, como ladrões, soldados inimigos e animais selvagens, também podem ocasionar nossa morte. Até coisas que não achamos ameaçadoras e consideramos proteções e sustentáculos da nossa vida, como uma casa, um carro ou nosso melhor amigo, podem se tornar causas da nossa morte. Há pessoas que morrem esmagadas no desmoronamento da própria casa ou rolam escada abaixo, e diariamente vemos pessoas serem mortas nos seus carros. Há quem morra durante as férias ou praticando seu esporte ou passatempo favorito, como pode acontecer numa queda de cavalo. Até amigos e amantes podem se transformar em causas da nossa morte, intencionalmente ou por acidente. Os jornais estampam casos de amantes que se matam e de pais que matam os próprios filhos. Até o alimento que ingerimos para nos nutrir e fortalecer pode ser causa de morte. Se investigarmos cuidadosamente, não conseguiremos encontrar nenhum prazer mundano que não seja causa potencial de morte ou que seja uma causa exclusiva de permanecer vivo. O Protetor Nagarjuna disse:

Mantemos nossa vida em meio a milhares de ameaças de morte.
Nossa força vital é como uma chama de vela ao sabor da brisa.
Nossa chama vital pode ser facilmente extinta pelos ventos da
   morte, que sopram de todas as direções.

Cada um de nós criou o carma para permanecer nesta vida durante um certo período mas, visto que não podemos lembrar que carma foi este, não sabemos qual é a duração exata da nossa vida atual. É possível morrer prematuramente, antes de ter esgotado nossa duração de vida, porque podemos exaurir nosso mérito antes de exaurir o carma que determina nossa duração de vida. Nesse caso, ficamos tão doentes que os médicos não podem nos ajudar ou não conseguimos obter comida e outras necessidades vitais. Por outro lado, ainda que estejamos gravemente doentes, se a duração da nossa vida não tiver se esgotado e ainda tivermos mérito, encontraremos todas as condições necessárias para uma pronta recuperação.

No *Sutra Pilha de Joias*, são mencionadas nove condições principais de morte prematura:

(1) Comer sem moderação
(2) Comer alimentos prejudiciais à saúde
(3) Comer alimentos antes de ter digerido a refeição anterior
(4) Reter comida indigesta no estômago por longo período, sem eliminá-la
(5) Vomitar comida digerida
(6) Não tomar o remédio correto
(7) Não ter as habilidades exigidas para uma determinada situação, como nadar ou dirigir automóvel
(8) Movimentar-se na hora errada, como no caso de desrespeitar um semáforo vermelho ou praticar corrida, ao meio-dia, no auge do verão de um país muito quente
(9) Entregar-se ao sexo irrestritamente

Embora o Mantra Secreto ensine métodos para prolongar a vida, eles só funcionam se forem praticados com pureza, forte fé e boa concentração e se nossa meditação for muito poderosa. Sendo assim, no momento atual, é muito difícil ampliar nosso tempo de vida.

O CORPO HUMANO É MUITO FRÁGIL

Embora existam muitas causas de morte, isso não seria tão mau se nosso corpo fosse forte como aço, mas ele é muito delicado. Não é preciso canhões nem bombas para destruí-lo; nosso corpo pode ser destruído por uma pequena agulha. Em *Carta Amigável* Nagarjuna diz:

Existem muitos destruidores da nossa força vital.
Nosso corpo humano é como uma bolha-d'água.

Assim como uma bolha-d'água estoura logo que é tocada, uma única gota de água em nosso coração ou um leve arranhão de espinho venenoso podem nos matar. No mesmo texto, Nagarjuna diz que, no final deste éon, o sistema planetário inteiro será consumido pelo fogo e que nem as suas cinzas vão restar. Já que o universo inteiro tornar-se-á vazio, nem é preciso dizer que este delicado corpo humano vai decair com muita rapidez.

Podemos observar nossa respiração e notar o processo ininterrupto de inspiração e expiração. Se ela parasse, morreríamos. De fato, até quando estamos dormindo e não temos nenhuma contínua-lembrança, a nossa respiração prossegue, embora, em muitos outros aspectos, pareçamos um cadáver. Nagarjuna disse: "Isso é fantástico!". Ao despertar pela manhã, deveríamos nos regozijar, pensando: "Incrível! A respiração sustentou minha vida enquanto eu dormia. Se ela tivesse parado durante a noite, agora eu estaria morto!".

Ao meditar usando essas três maneiras de raciocinar, vamos gerar a convicção de que a hora da nossa morte é totalmente incerta e que o pensamento "praticarei o Dharma quando tiver concluído meu trabalho" é bastante tolo. Se não tomarmos a firme decisão de nos desvencilhar das nossas tarefas mundanas de tempos em tempos, elas serão intermináveis. Nas escrituras, as atividades mundanas são comparadas a pequenas ondulações que se formam na superfície da água – uma segue imediatamente a outra. As atividades mundanas são como barba de homem, que volta a crescer nem bem é raspada. Se esperarmos o término das nossas atividades mundanas para só então praticar o Dharma, nunca começaremos nossa prática. Essa meditação nos faz gerar a firme resolução: "Tenho de praticar o Dharma agora". Quando essa resolução surgir, deveremos fazer a meditação posicionada para estabilizá-la até nunca mais esquecê-la.

USAR TRÊS MANEIRAS DE PENSAR PARA GERAR A CONVICÇÃO DE QUE, NA HORA DA MORTE E DEPOIS DELA, SÓ NOSSA PRÁTICA DE DHARMA PODE NOS BENEFICIAR

As três maneiras de pensar são as seguintes:

1. Na hora da morte, a riqueza não pode nos ajudar
2. Na hora da morte, os amigos e parentes não podem nos ajudar
3. Na hora da morte, até o nosso próprio corpo é inútil

NA HORA DA MORTE, A RIQUEZA NÃO PODE NOS AJUDAR

Meditamos:

Ainda que eu possuísse toda a riqueza do mundo, na hora da morte, isso seria inútil, pois eu não poderia levar nem um pouco comigo, e riqueza alguma aliviaria minimamente meu sofrimento.

Como diz um provérbio tibetano, quando a morte chega, um rei sentado em seu trono dourado e um mendigo que esmola de lugar em lugar são iguais. No Sutra chamado *Árvore Gloriosa*, Buda diz:

Ainda que tenhas armazenado um estoque de comida suficiente para cem anos, ao morrer terás de viajar para tua próxima vida faminto. Ainda que tenhas roupas para te vestir durante cem anos, ao morrer terás de viajar para tua próxima vida nu.

Em *Guia do Estilo de Vida do Bodhisattva*, diz Shantideva:

Terei de deixar tudo e partir sozinho;
Mas, por não ter entendido isso,

Cometi muitos tipos de ações negativas
Contra meus amigos e os outros.

Certa vez um homem estava trabalhando arduamente para transformar uma imensa pedra redonda num bloco quadrado, e um passante lhe perguntou: "Por que trabalhas tão duro para mudar o formato dessa pedra?". O homem respondeu: "Faço isso para deixar a pedra para trás". Somos idênticos a esse homem, pois gastamos um tempo enorme e nos esforçamos imensamente acumulando riquezas que deixaremos para trás ao morrer.

NA HORA DA MORTE, NOSSOS AMIGOS E PARENTES NÃO PODEM NOS AJUDAR

Em *Guia do Estilo de Vida do Bodhisattva,* Shantideva diz:

> De que servirão meus companheiros
> Quando eu for agarrado pelos mensageiros do Senhor da Morte?
> Nessa hora, só o mérito me protegerá,
> Mas nele eu nunca confiei.

Viemos para este mundo sozinhos e dele vamos partir sozinhos. Ninguém pode assumir nossos sofrimentos de envelhecer e de adoecer e conosco dividi-los. Nossos amigos e familiares são igualmente impotentes para nos ajudar na hora em que mais precisaremos de ajuda – a hora da nossa morte. Ainda que todos os seres do mundo se tornassem nossos amigos, nenhum deles poderia nos ajudar na hora da nossa morte. Se tentassem segurar nossos membros e agarrar nossa cabeça, ainda assim seriam incapazes de impedir nossa morte. Os poderosos costumam andar cercados de seguranças, mas ninguém é capaz de lhes oferecer proteção quando chega o Senhor da Morte. Uma vez, o grande iogue Mitatso recitou os seguintes versos para um rei:

> Tanto faz tua realeza e opulência.
> Quando tua hora de passar para a próxima vida chegar, terás de
>   partir sozinho e com muito medo.
> Viajarás sem as tuas posses, sem a tua rainha, filhos e criados.

O I Panchen Lama disse:

> Quando a morte chega, ela nos separa de nossos amigos e parentes, de modo que nunca mais voltamos a encontrá-los. Ela destrói radicalmente a possibilidade de um reencontro. Não existe nada mais implacável do que esse Senhor da Morte.

Nesta vida, mesmo quando ficamos separados de nossos amigos e familiares por bastante tempo, um reencontro continua sendo possível; mas, quando a morte intervém, somos irrevogavelmente separados deles e, quando os encontramos de novo em vidas futuras, nós não os reconhecemos e eles não nos reconhecem.

NA HORA DA MORTE, ATÉ O NOSSO PRÓPRIO CORPO É INÚTIL

Desde que nascemos, temos apreciado e cuidado do nosso corpo como nosso mais precioso bem, agasalhando-o quando ele sente frio, passando pomadas quando ele se esfola, defendendo-o energicamente sempre que alguém tenta prejudicá-lo. Temos tamanha compaixão por nosso corpo que não suportamos que sofra nenhuma dor. Quando ele sente sede, achamos intolerável; quando fica fraco e adoece, ficamos péssimos. A maioria das nossas ações prejudiciais foi cometida em benefício do nosso próprio corpo. Atendemos cuidadosamente todas as suas necessidades – ele é vestido, alimentado, lavado e embelezado. Quando alguém o insulta, dizendo algo como "Que pernas gordas!" ou "Cara de macaco!", ficamos indignados; mas, se alguém disser o mesmo a respeito do corpo de um amigo, não ligaremos tanto e seremos capazes de rir. No entanto, esse corpo que apreciamos com tanta ternura é traiçoeiro. Ele nos trai especialmente na morte, abandonando-nos no momento em que mais precisamos da sua ajuda. O I Panchen Lama disse:

> Esse corpo que apreciamos por tanto tempo, atraiçoa-nos na hora que mais precisamos dele.

Se meditarmos usando essas três maneiras de raciocinar, vamos reconhecer que, na hora da morte, nossas riquezas, nossos amigos e familiares e até nosso próprio corpo vão ser inúteis; veremos que a única coisa que realmente virá nos socorrer é a nossa prática pura de Dharma. Assim, vamos nos determinar a praticar o Dharma sem misturá-lo com os oito interesses mundanos. Quando essa determinação surgir com firmeza e clareza em nossa mente, faremos a meditação posicionada para nos familiarizar cada vez mais com ela, até nunca mais perdê-la.

Desenvolveremos uma realização da morte quando, como resultado de praticar essas nove rodadas de meditação, tomarmos as três resoluções de maneira firme e clara. Essa consciência da morte é muito importante. Se tentarmos fazer práticas avançadas sem ela, desenvolveremos oito interesses mundanos e nossa prática de Dharma será poluída por mundanidades, como um alimento saudável misturado com veneno.

Se por alguma razão não pudermos fazer essas meditações, deveremos, ao menos, tentar nos lembrar da morte várias vezes por dia. Essa recordação vai nos ajudar a praticar o Dharma com pureza e a reduzir as ansiedades e irritações decorrentes de nos interessarmos exclusivamente pelo bem-estar desta curta vida. Para removermos por completo as delusões da nossa mente, precisamos realizar a vacuidade. Nesse ínterim, a meditação sobre a morte é muito poderosa para superarmos temporariamente nossas delusões.

MEDITAR SOBRE A MORTE IMAGINANDO QUE CHEGOU NOSSA HORA DE MORRER

O que é a morte? Alguns pensam que a morte se assemelha ao apagar uma chama de vela, mas isso não é verdade. Quando uma chama se extingue, seu continuum cessa e desaparece por completo. Mas nós não desaparecemos ao morrer. Nossa morte assemelha-se a um pássaro que voa do ninho. O corpo é como o ninho, e a mente, como o pássaro. Quando nossa consciência deixa esse corpo, continuaremos a sentir medo e a ter alucinações, sofreremos e ainda precisaremos de proteção. Se praticarmos o Dharma, criaremos bons hábitos mentais, que vão continuar na nossa próxima vida. Já que o continuum da nossa consciência carrega os hábitos mentais que cultivamos, a prática de Dharma e as ações virtuosas que fazemos nesta vida podem nos ajudar na hora da nossa morte e em todas as nossas vidas futuras.

Para nos prepararmos para a morte, devemos meditar imaginando que a hora da nossa morte chegou. Essa meditação, chamada de meditação sobre os aspectos da morte, foi recomendada por muitos mestres, como Je Phabongkhapa. Meditamos em quatro aspectos da morte:

(1) A morte é iminente e certamente virá
(2) O que causa a morte
(3) A maneira como morremos
(4) O que acontece quando estamos morrendo

Começamos por contemplar um cadáver, ou uma foto de cadáver, e pensamos: "Em breve, estarei exatamente assim". Então, imaginamos que estamos morrendo e meditamos:

É certo que vou morrer, quer de doença, quer de acidente, e provavelmente será num hospital. Quando eu adoecer, serei levado para lá e, no início, meu médico vai achar que pode me curar. Por fim, ele perderá a esperança e deixará de me visitar. Quando meus familiares se derem conta disso, ficarão desamparados e angustiados, mas tudo o que poderão fazer é chorar. Quando eu começar a morrer, meu corpo perderá calor e terei dificuldade em respirar. Meu corpo se tornará fraco e atrofiado, e não serei capaz de ouvir sons nem de enxergar claramente. Se amigos e familiares estiverem ao meu redor, não vou reconhecê-lo. Minha língua vai encurtar, impedindo-me de falar com coerência. Gradualmente, minha memória vai se enfraquecer mas, antes de ter desaparecido por completo compreenderei que estou morrendo e ficarei profundamente angustiado. Em desespero, pensarei "que maravilhoso seria se eu pudesse viver mais" e, por dentro, implorarei a ajuda de meus amigos e de familiares, mas eles estarão numa situação de total impotência. Lentamente conforme os quatro elementos interiores forem sendo absorvidos, terei diferentes visões e alucinações. Sentirei medo. Minha memória ficará cada vez mais sutil até que todas as aparências desta vida desaparecerão. Isso será o fim de tudo nesta vida – o fim de morar em minha casa, o fim dos encontros com meus amigos, o fim das conversas em família.

Morrer é como adormecer. Quando morremos, ingressamos no estado intermediário, ou *bardo*, em tibetano, que é muito semelhante ao estado do sonho. No bardo, podemos ter alucinações que causam ansiedade e pânico. Podemos achar que imensas montanhas estão desmoronando sobre nós, que estamos afundando em areia movediça, que estamos no meio de um incêndio, que fomos pegos por uma tempestade e estamos sendo arrastados pela ventania ou que estamos nos afogando num rio caudaloso. Se formos renascer num dos reinos inferiores, perceberemos seres horripilantes puxando-nos para baixo. Quando acordarmos do bardo, perceberemos um novo mundo, assim como, ao despertar de um sonho, percebemos um novo dia.

Se imaginarmos muitas vezes que estamos passando pelo processo da morte, do estado intermediário e do renascimento, nossa mente vai mudar para melhor. Se for difícil usar nossa imaginação dessa maneira, poderemos visitar cemitérios e olhar as lápides, pensando que em cada uma repousa um corpo morto. Escolhemos um túmulo como objeto de meditação. Se estiver inscrito, por exemplo, "Aqui jaz Pedro. Morto dia 05 de abril de 2020", meditaremos:

A única diferença entre mim e Pedro resume-se a uma pequena questão de tempo. Logo irei para onde ele foi e, assim como seu corpo está aqui apodrecendo na terra, o meu também, muito em breve, estará enterrado e em decomposição.

Dessa maneira, meditamos sobre os aspectos da morte. Meditações desse tipo são especialmente úteis para aqueles que esquecem com facilidade a prática espiritual e acham difícil levar em consideração algo que não seja o momento presente.

Muitas coisas servem para nos lembrar da morte. Toda noite vemos pessoas morrendo em programas de televisão. Em geral, assistimos à televisão apenas para nos informar ou para nos distrair. Mas, se estivermos interessados em obter uma realização da morte e da impermanência, deveremos nos identificar com aqueles que vemos morrer, pensando: "Em breve estarei na mesma situação". Ao ver pessoas velhas na televisão, podemos pensar: "Logo estarei assim". Ao ver pessoas doentes, pensamos: "É assim que eu vou ficar". Se praticarmos dessa maneira, assistir à televisão vai se tornar algo muito benéfico para nós. Algumas cenas nos ensinam a impermanência, outras ensinam a vacuidade ou a compaixão, e outras mostram que o samsara e o sofrimento têm a mesma natureza. Com a sabedoria do Dharma, encontraremos ensinamentos em todas as coisas, e todas elas contribuirão para aumentar nossa fé e experiência de Dharma. Milarepa disse que tudo o que aparecia à mente dele era como um livro de Dharma. Todas as coisas confirmavam a veracidade dos ensinamentos de Buda e aumentavam sua experiência espiritual.

Os Sofrimentos dos Reinos Inferiores

MEDITAR NOS SOFRIMENTOS DOS REINOS INFERIORES

Não faz sentido meditar nos sofrimentos dos reinos inferiores se não acreditamos que esses estados desafortunados realmente existem e que nós podemos passar por eles. Aqueles que têm pura fé nos ensinamentos de Buda acreditam em renascimento, porque ele assim ensinou. Se isso não bastar para nos convencer, precisaremos meditar usando outros argumentos.

Um deles consiste em investigar o ponto de vista oposto, que é bastante difundido hoje em dia e foi sustentado, no passado, por uma escola não budista chamada Charavaka. De acordo com essa visão niilista, nossa morte é como o apagar de uma chama de vela. Quando morremos, nosso corpo perece, e a mente cessa de existir. Segundo eles, a morte é uma extinção total, sem qualquer continuidade. Eles negam o renascimento porque não são capazes de distinguir os níveis densos e sutis da mente e, por isso, assumem que todas as mentes são mentes densas, que cessam na morte. É verdade que as mentes densas, como nossas consciências despertas comuns, cessam temporariamente na hora da morte; mas os niilistas não discernem o nível mais sutil da mente, que permanece e continua na próxima vida. Eles concluem que todas as mentes são mentes densas, que cessam quando morremos.

As escolas budistas ensinam que existem muitos níveis de consciência: níveis densos de consciência, níveis sutis de consciência e o nível muito sutil de consciência. Quando estamos acordados, nossa consciência é muito densa mas, à medida que adormecemos, ela se sutiliza até o surgimento da mente muito sutil da clara-luz. Um pouco depois, a partir da clara-luz do sono, as mentes mais densas do estado de sonho começam a se desenvolver. Quando elas cessam, as mentes muito densas do estado desperto se manifestam outra vez. De modo similar, à medida que morremos, nossas mentes densas absorvem-se até o surgimento do tipo de mente mais sutil. No último momento do processo da morte, a mente que permanece é a mente muito sutil, que passa para a próxima vida. Depois que a clara-luz da morte cessa, desenvolvemos as mentes mais densas do bardo, ou estado intermediário, que são semelhantes às mentes do estado do sonho; e, quando deixamos o bardo, geramos a mente da nossa próxima vida.

A absorção gradual dos níveis mais densos de consciência e seu ressurgimento acontecem a cada ciclo de dia e noite, conforme adormecemos e despertamos; e acontecem a cada ciclo de morte e renascimento, conforme saímos de uma vida e ingressamos em outra. Se examinar-mos com cuidado o processo de adormecer e despertar, compreenderemos como os vários níveis de consciência se absorvem na mente muito sutil e ressurgem a seguir e veremos que as visões que negam o renascimento não têm fundamento. Entenderemos que nossa mente é como um turista que fica temporariamente no balneário desta vida e, depois, segue para outras vidas.

A meditação nos sofrimentos dos reinos inferiores tem vários objetivos, mas o principal é despertar em nós um intenso desejo de nunca renascer nesses estados desafortunados. Esse desejo é uma das causas centrais de buscar refúgio. Buscar refúgio é o que, de fato, nos protegerá contra o perigo de renascer nos três reinos inferiores. Buscar refúgio é o fundamento de todas as práticas budistas.

Em *Carta Amigável,* Nagarjuna diz que devemos meditar diariamente nos sofrimentos dos seres-do-inferno, espíritos famintos e animais. Fazendo essa meditação, geramos o desejo: "Que maravilhoso seria se eu nunca mais renascesse nos reinos inferiores. Que maravilhoso seria se, em minhas vidas futuras, eu sempre renascesse como um ser humano ou um deus". Outra razão para meditar nos sofrimentos dos reinos inferiores é reduzir nosso orgulho, uma vez que não podemos ter certeza de que não renasceremos nesses reinos.

Essa meditação também aumenta nossa compaixão. Quando meditamos nos sofrimentos daqueles que estão nos três reinos inferiores, naturalmente sentimos compaixão por eles. Se não nos acostumarmos a sentir compaixão meditando nessas formas de sofrimento intenso, como iremos sentir compaixão pelos seres que passam por formas mais sutis de tormento? Se não nos esforçarmos para gerar compaixão por aqueles que padecem nos estados desafortunados de existência, não seremos capazes de gerar a realização de grande compaixão, que engloba todos os seres que estão presos no samsara. Visto que grande compaixão é o que motiva um praticante Mahayana a alcançar a iluminação em prol dos outros, podemos avaliar a importância de praticarmos essa meditação. A meditação tem três partes:

1. Os sofrimentos dos seres-do-inferno
2. Os sofrimentos dos espíritos famintos
3. Os sofrimentos dos animais

OS SOFRIMENTOS DOS SERES-DO-INFERNO

Este tópico tem duas partes:

1. Convencer-se de que o inferno existe
2. A meditação nos sofrimentos dos seres-do-inferno

CONVENCER-SE DE QUE O INFERNO EXISTE

Mesmo tendo convicção sobre renascimento, podemos ter dúvidas quanto à existência do inferno. Portanto, antes de meditar nas dores do inferno, temos de nos convencer de que essas dores existem e que nós estamos sujeitos a sofrê-las.

O Inferno é um assunto muito impopular no Ocidente. Quando ouvimos alguém falar sobre isso, não nos sentimos à vontade. Quando alguém argumenta que o inferno é mera superstição, sentimo-nos reassegurados e achamos que essa opinião é a mais sensata. Contudo, diante da importância do assunto, não devemos concluir que o inferno não existe, a menos que possamos fundamentar nossa opinião num raciocínio perfeitamente válido. É irracional concluirmos que o inferno não existe simplesmente porque é impopular. A velhice também é um assunto impopular e, se dissermos a um homem idoso "tu continuas jovem!", ele ficará encantado e inclinado a acreditar nessa falsidade. Se dissermos "como estás velho!", ele se sentirá péssimo e, de algum modo, tentará negar essa verdade manifesta. Entretanto, goste ou não, ele é inegavelmente velho.

Dizer "o inferno não existe porque não gosto da ideia" é um pensamento incorreto, porque não gostar de algo não é razão para que isso não exista. Por exemplo, não gosto do meu inimigo mas, se concluir que ele não existe, poderei ser ferido num ataque-surpresa. Isso mostra como é tolo dizer: "Não me interessa acreditar na existência do inferno". Os que não acreditam no inferno geralmente veem os que acreditam como pessoas simplórias ou crédulas. Examinando melhor, veremos que tola é a visão deles.

Precisamos investigar com cuidado o raciocínio daqueles que negam a existência do inferno. Talvez eles digam: "Um lugar existirá se for possível descobrir sua localização neste mundo; mas, quando procuramos o inferno, não conseguimos encontrar inferno neste mundo". Esse raciocínio é infundado, porque a existência de algo não pressupõe que isso exista como um objeto da consciência visual humana. Por exemplo, existem muitos planetas e galáxias que não podemos perceber com nossa consciência visual e, contudo, eles existem e as pessoas acreditam neles. Muitas pessoas aceitam a existência de outros mundos além do seu. Budistas acreditam em outros reinos, como o reino dos deuses; cristãos acreditam no paraíso; e alguns cientistas acreditam em outros universos. Mas, se procurarmos neste mundo, com os recursos da complexa tecnologia que temos a nosso dispor, não perceberemos essa miríade de outros mundos.

Até neste mundo existem muitas coisas que não somos capazes de ver. Há pessoas que aceitam tranquilamente a existência de seres que são invisíveis para nós, como fantasmas, espíritos e anjos da guarda. Então, por que seria tão difícil aceitar a existência dos seres-do-inferno?

Deveríamos pedir aos que não acreditam na existência do inferno para apresentarem uma argumentação perfeita que demonstre essa não existência. Seria maravilhoso que alguém pudesse fazê-lo. Infelizmente, tal argumentação não existe. Porém, há muitas razões corretas que estabelecem a existência do inferno.

Se alcançarmos uma realização da união das duas verdades – a verdade convencional e a verdade última –, será fácil obtermos uma realização incontestável da existência de objetos ocultos, como o inferno. Nesse meio-tempo, podemos confiar na visão correta, usando argumentos fáceis de entender. Esses argumentos são de dois tipos:

1. Argumentos que usam sinais exteriores
2. Argumentos que usam sinais interiores

ARGUMENTOS QUE USAM SINAIS EXTERIORES

Neste mundo, alguns seres humanos passam ocasionalmente por sofrimentos que se assemelham aos sofrimentos do inferno. Por exemplo, vítimas de torturas às vezes são submetidas a choques elétricos por longos períodos; outras vezes, são suspensas e açoitadas de modo que sua carne se dilacera ou podem ser vagarosamente queimadas vivas. Em alguns casos, a tortura consiste em despejar-lhes água narinas adentro ou arrancar-lhes os olhos. Há lugares onde as pessoas morrem lentamente de fome e de sede e, quando eclodem guerras, passam pelo terrível sofrimento infligido por armas, como acontece nos infernos de ressuscitamento. Outras pessoas ficam presas em meio a metais em ebulição e a violentas chamas, como nos infernos quentes.

Quando as pessoas passam por esses sofrimentos, elas estão num inferno similar, ou ocasional, porque seu ambiente assemelha-se temporariamente ao ambiente de um inferno. A existência de infernos semelhantes é um sinal indicativo da existência do inferno propriamente dito. Assim como um gavião-pescador a voar em círculos sobre um lago indica a presença de peixes nas águas abaixo e uma erupção vulcânica indica a existência de fogo abaixo da superfície, os infernos similares que existem neste mundo indicam a existência do próprio inferno em algum outro lugar.

ARGUMENTOS QUE USAM SINAIS INTERIORES

Este tópico tem três partes:

1. Examinar a lei do carma em geral
2. Examinar os sonhos
3. Examinar por que a nossa percepção do mundo depende do carma

EXAMINAR A LEI DO CARMA EM GERAL

A maioria das pessoas, independentemente de religião, acredita que devemos praticar ações virtuosas e evitar ações que são prejudiciais. Se compreendermos a lei geral do carma, segundo a qual as boas ações trazem bons resultados e as ações más trazem maus resultados, entenderemos que o inferno existe; pois o inferno é o mundo doloroso e assustador que é experimentado como consequência dos tipos de ações negativas mais destrutivos.

EXAMINAR OS SONHOS

Essa linha de argumentação é muito útil, porque está fundamentada na nossa experiência imediata. Quando temos pesadelos, vemo-nos em ambientes hostis, como num lugar em chamas. Tentamos escapar mas, por mais que corramos, continuamos rodeados pelo fogo. Sonhos desse tipo não são sem sentido. Eles se referem a experiências que tivemos nesta vida ou em vidas passadas ou a experiências que teremos no futuro. Os sonhos que se referem a experiências de vidas passadas surgem das marcas cármicas deixadas em nossa mente por ações que cometemos em vidas passadas. Os sonhos que se referem a experiências que tivemos nesta vida surgem das marcas cármicas deixadas em nossa mente por ações que cometemos nesta vida. Os sonhos que se referem a experiências futuras também surgem das nossas potencialidades cármicas. Sonhar que estamos numa terra repleta de fogo pode indicar que, no passado, nascemos no inferno ou predizer um renascimento desse tipo no futuro. Sonhar que estamos voando pode indicar que tivemos um renascimento como pássaro em alguma vida passada ou que alcançamos o tranquilo-permanecer; também poderia predizer uma dessas coisas para o futuro.

Quando estamos sonhando, o mundo dos nossos sonhos parece tão real quanto o mundo do estado desperto. Se não acordarmos do nosso pesadelo, vamos nos tornar um ser-do-inferno. No entanto, achamos que os sonhos são falsos e que os fenômenos que percebemos quando estamos acordados são verdadeiramente existentes. Estamos errados em ambos os casos, pois não existe um único fenômeno que seja verdadeiramente existente, e nossas experiências de sonho são tão reais quanto qualquer outra. Como disse Buda Shakyamuni: "Todos os fenômenos são como sonhos".

EXAMINAR POR QUE A NOSSA PERCEPÇÃO DO MUNDO DEPENDE DO CARMA

Quando morrermos, o mundo que agora experienciamos com nossas consciências sensoriais se tornará não existente, e o mundo que aparecerá quando renascermos será inteiramente novo. Se entendermos isso, veremos que os diferentes mundos não existem inerentemente. A maneira como nosso mundo nos aparece depende da nossa mente. Uma mente pura experiência um mundo puro, uma mente impura experiência um mundo impuro. De todos os mundos impuros, o inferno é o pior. É o mundo que aparece aos piores tipos de mente. O mundo de um espírito faminto é menos impuro, e o dos animais, menos impuro ainda. O mundo que aparece aos seres humanos é menos impuro que aquele que aparece aos animais; e o mundo que aparece aos deuses é menos impuro que o que aparece aos seres humanos. Uma mente completamente pura perceberá o mundo como uma terra búdica, o ambiente puro de um Buda.

Um mesmo objeto pode ser percebido diferentemente por diversos seres. Milarepa via seu Guia Espiritual, Marpa, como Buda Vajradhara, ao passo que as demais pessoas o viam como um homem normal, que usava longos brincos, bebia cerveja, tinha uma mulher, cultivava a terra e fazia negócios. Quando ele dava ensinamentos de Dharma, Marpa até costumava pedir dinheiro. Certa vez, ele chutou Milarepa e disse: "Acaso te destes ao trabalho de trazer oferendas para esta iniciação?". Milarepa era capaz de gerar fé em Marpa porque o via como um ser puro.

Sabemos por experiência pessoal que uma pessoa pode gerar forte apego a alguém que todos os demais consideram muito feio. A pessoa que sente o apego vê seu objeto de apego como bonito, e tal aparência é verdadeira para ela. Não podemos dizer que a aparência do objeto seja falsa num caso e verdadeira no outro porque, para cada aparência, há um observador para quem a aparência é verdadeira.

Temos muitas experiências que os outros não podem verificar por meio de suas próprias percepções. Por exemplo, se eu tiver voado pelos céus em meu sonho de ontem à noite, o fato de ninguém mais ter presenciado isso não prova que não tive a experiência de voar ontem à noite. A experiência foi real para a minha mente; logo, ela existe. Se isso é assim, como podemos invalidar a experiência do inferno? Os seres vivos são extremamente diversos, e suas experiências são tão diversificadas quanto as mentes que as criam.

Talvez, neste exato momento, alguns seres-do-inferno estejam debatendo para saber se o mundo humano existe ou não. Um deles poderia estar dizendo: "O mundo humano não existe porque não podemos vê-lo". Outros estariam argumentando: "Se criarmos mérito suficiente, vamos renascer no reino humano e vê-lo por nós mesmos".

Meditando sobre esses pontos, vamos compreender a diversidade das aparências cármicas e nos convencer de que é impossível refutar a existência do inferno.

A MEDITAÇÃO NOS SOFRIMENTOS DOS SERES-DO-INFERNO

A meditação nos sofrimentos dos seres-do-inferno tem quatro partes:

1. Os sofrimentos dos seres nos grandes infernos
2. Os sofrimentos dos seres nos infernos vizinhos
3. Os sofrimentos dos seres nos infernos frios
4. Os sofrimentos dos seres nos infernos similares

OS SOFRIMENTOS DOS SERES NOS GRANDES INFERNOS

Os grandes infernos, ou infernos quentes, estão localizados a muitos quilômetros abaixo da nossa terra. Nesses infernos, o ambiente inteiro está envolto em fogo. O chão é feito de ferro em brasa, o firmamento é inteiramente coberto de labaredas e, ao redor de tudo, existem muros de ferro abrasador. Dentro desse ambiente hostil, existem oito infernos quentes específicos. São eles: Ressuscitador, da Linha Negra, da Destruição Maciça, dos Gritos de Dor, dos Altos Gritos de Dor, Quente, Intensamente Quente e do Tormento Incessante. O sofrimento dos seres que estão no Inferno da Linha Negra é maior que o sofrimento daqueles que estão no Inferno Ressuscitador; o sofrimento dos que estão no Inferno da Destruição Maciça é ainda maior e assim por diante. O pior sofrimento é o do Inferno do Tormento Incessante.

Aqueles que mataram com ódio e agressividade renascem no Inferno Ressuscitador, entre criaturas horripilantes que constantemente se atacam umas às outras. Em razão de seu carma negativo, armas atrozes surgem espontaneamente por todas partes. Com essas armas, eles furam e dilaceram os corpos uns dos outros, cortando-os em muitos pedaços. Conforme cada pedaço de carne cai no solo em brasa, eles sentem uma dor excruciante. Finalmente os seres morrem mas, logo a seguir, ouvem vozes aterrorizantes a ordenar que revivam e, sem escolha, eles renascem de novo num inferno ressuscitador. Desse modo, morrem e ressuscitam várias vezes por dia, até que seu carma negativo é exaurido.

No Inferno da Linha Negra, os seres são agarrados por torturadores impiedosos, que os forçam a se deitarem no chão em brasa. Seus corpos são esticados como pedaços de lona e marcados a ferro pelos torturadores, que traçam neles um xadrez de linhas negras. Eles então sofrem um excruciante tormento, conforme seu corpo é lentamente cortado ao longo daquelas linhas por armas em combustão, tais como machados, facas e serrotes.

No Inferno de Destruição Maciça, os seres são esmagados entre imensas montanhas de ferro, que se assemelham às cabeças dos animais que eles mataram no passado. Eles são esmagados até não restar uma única gota de sangue. Às vezes, são esmigalhados por uma chuva de rochas imensas que cai do céu, até que seus corpos sejam reduzidos a uma pasta. Outras vezes, seus corpos são amassados por rolos de ferro em brasa ou reduzidos a polpa em imensas prensas de ferro. Ao longo da tortura, cada átomo da carne e do sangue deles é permeado de dor.

No Inferno dos Gritos de Dor, os seres, loucos de medo, tentam fugir para um lugar seguro. Finalmente, encontram uma casa de ferro mas, assim que entram nela, as portas se fecham e a casa explode em chamas. Enquanto seus corpos são incinerados, eles urram desesperados de dor, mas não há como escapar dessa prisão em chamas.

Os seres do Inferno dos Altos Gritos de Dor, passam por sofrimentos similares aos do Inferno dos Gritos de Dor, exceto que sua dor é ainda mais intensa. Nascem em oceanos de líquido fervente. Grotescos torturadores os afundam com lanças pungentes e os esmagam com maças quando tentam voltar à tona.

No Inferno Quente, os seres são fritos como peixe sobre um metal em brasa. Seus corpos são furados com imensos espetos e batidos contra o solo de ferro em brasa até virarem uma polpa. Chamas de fogo saem de todos os orifícios dos seus corpos.

No Inferno Intensamente Quente, os seres são empalados em tridentes flamejantes e seus corpos, envoltos em metal em brasa. Eles são fervidos em caldeirões de cobre fundido até a carne se descolar dos ossos. Então, seus esqueletos ficam sobre o chão abrasador e, quando a carne cresce de novo, eles são novamente jogados no caldeirão borbulhante.

O Inferno do Tormento Incessante é o mais pavoroso de todos. Enormes bolas de fogo chovem sobre seus habitantes, queimando-lhes todos os tecidos do corpo, até transformá-los numa massa de chamas ardentes. Seus uivos de dor são a única coisa que os tornam reconhecíveis como seres vivos.

Se nascermos em tais infernos, teremos de passar incontáveis éons experienciando sofrimento até que nosso carma seja exaurido.

OS SOFRIMENTOS DOS SERES NOS INFERNOS VIZINHOS

Ao redor de cada um dos grandes infernos, encontram-se os infernos vizinhos: a Cova de Cinzas Ígneas, o Pântano de Excrementos, a Planície de Navalhas, a Floresta das Árvores de Folhas-Espada, a Montanha das Árvores Abrasivas e o Rio de Ácido. No primeiro, os habitantes são obrigados a atravessar uma cova de cinzas em brasa. Conforme suas pernas afundam nas brasas, a pele e a carne são lentamente queimadas, mas se regeneram logo a seguir, de tal modo que o tormento se repete incontáveis vezes. No Pântano de Excrementos, os seres afundam numa superfície mole, que se assemelha a cadáveres em putrefação. Minúsculos insetos furam seus corpos até a medula, causando-lhes excruciante dor. Na Planície de Navalhas, o solo é coberto de lâminas cortantes. Os habitantes desse lugar andam descalços sobre esse solo e dilaceram seus pés. Na Floresta das Árvores de Folhas-Espada, os seres são mutilados por folhas afiadas como navalhas que tombam das árvores. Ao caírem feridos no chão, são atacados por cães cruéis, que dilaceram a carne de seus corpos. Na Montanha das Árvores Abrasivas, os seres são levados por apego a buscar objetos atraentes no topo das árvores. Conforme as escalam, seus membros são rasgados e estraçalhados por espinhos pontiagudos que se projetam para baixo. Quando atingem o topo, os objetos que procuravam desaparecem e, a seguir, reaparecem no chão. Na descida, seus membros são novamente rasgados e estraçalhados pelos espinhos, que agora crescem virados para cima. Enquanto lutam para se libertar das árvores, ferozes pássaros com bicos de ferro bicam seus olhos. No Rio de Ácido, os seres são atirados num rio de lava derretida e carregados pela forte correnteza. Quando tentam sair do rio, torturadores cruéis aparecem nas margens e os empurram para trás com espetos aduncos.

OS SOFRIMENTOS DOS SERES NOS INFERNOS FRIOS

Abaixo dos infernos quentes, estão os oito infernos frios: das Bolhas, das Bolhas Estouradas, do "Achu", dos Gemidos, do Bater de Dentes, do Rachar como Upala, do Rachar como Lótus e do Grande Rachar como Lótus.

Nesses infernos, o solo é feito de gelo sólido e rodeado por todos os lados de gigantescas montanhas de gelo. Tudo é escuro como breu e uma nevasca aterrorizante sopra continuamente. Os habitantes desses infernos estão nus. Seus corpos deploráveis enrugam-se à medida que avançam aos trancos naquele frio cortante, tremendo sem parar. Hediondas bolhas cobrem sua pele, deixando escorrer um fétido pus quando estouram. Seus gemidos e lamentos produzem o som "Achu", e seus dentes batem sem controle. Por causa do frio, seus corpos tornam-se azulados e racham, abrindo-se como uma flor de upala. A seguir, ficam vermelhos e racham, abrindo-se como uma flor de lótus. Por fim, seus corpos gelam a ponto de se despedaçarem.

OS SOFRIMENTOS DOS SERES NOS INFERNOS SIMILARES

Para meditar sobre os sofrimentos dos infernos similares, podemos usar os casos apresentados nas escrituras ou escolher outros que vemos na televisão ou em jornais. Por exemplo, quando um avião cai e explode em chamas, os passageiros sentem que estão presos numa casa de ferro em chamas e tornam-se como os seres que estão no Inferno dos Gritos de Dor. No inverno, quando as pessoas morrem expostas ao frio, seu sofrimento é como o de um inferno frio. Quando as pessoas são esmagadas num terremoto, seu sofrimento é como o do Inferno da Destruição Maciça.

Um exemplo de inferno similar é apresentado nas escrituras. Quando Buda Shakyamuni vivia na Índia, um mercador chamado Orelha Milhão (assim conhecido porque usava brincos que valiam um milhão de moedas de ouro) combinou com seus amigos um passeio a uma ilha. Como foi o primeiro a chegar ao local do encontro, resolveu tirar um cochilo na praia e, quando acordou, notou que seus amigos haviam partido sem ele. Tentou encontrar sozinho o caminho, mas se perdeu e foi parar na ilha errada. Ali havia uma linda mansão. Ao cair da noite, Orelha Milhão olhou para dentro da casa e viu um homem sendo servido por quatro belíssimas deusas. Durante a noite toda, aquele homem divertiu-se com as quatro deusas. Porém, ao raiar do dia, a mansão converteu-se numa fornalha ardente e as deusas, em ferozes cães, que mordiam o homem com fúria. Quando a noite caiu novamente, a cena mudou. A fornalha voltou a ser a esplêndida mansão, e os cães converteram-se nas deusas que deleitavam o homem.

Ao retornar à ilha principal, Orelha Milhão perguntou a Buda qual era o significado daquilo que presenciara. Buda explicou que aquela mansão era um inferno similar e disse: "Esse homem foi um açougueiro no passado. Meu discípulo Katyayana tentou persuadi-lo a tomar o voto de não matar, mas o homem temia que, se tomasse tal voto, não conseguiria sustentar a si e à sua esposa. Com bastante habilidade, Katyayana perguntou-lhe: 'Poderias deixar de matar durante a noite?'. O açougueiro percebeu que, certamente, poderia não matar enquanto dormia e, então, tomou o voto de não matar depois do anoitecer. Como resultado, livrou-se de nascer em um dos infernos efetivos, mas teve um nascimento nesse inferno similar. Durante o dia, sofria as dores do inferno, decorrentes das suas ações diurnas de matar mas, quando a noite chegava, deleitava-se em grande felicidade, como resultado de manter puramente seus votos depois do anoitecer".

OS SOFRIMENTOS DOS ESPÍRITOS FAMINTOS

Em geral, os espíritos famintos têm uma capacidade mental superior à dos animais. Alguns são muito poderosos, outros podem enxergar o futuro ou possuem poderes miraculosos e clarividência contaminada, com os quais ajudam ou prejudicam os seres humanos. Alguns são capazes de compreender o Dharma, se receberem explicações. No entanto, todos eles sofrem mais do que os animais. A localização dos espíritos famintos varia. Eles visitam o reino humano e podem ser vistos em tais ocasiões. Certa vez, um monge noviço, cuja mãe morrera há muitos anos, viu um espírito faminto. Seu pavor foi tamanho que deu as costas e saiu correndo. Mas o espírito faminto começou a chamá-lo: "Meu filho, por favor, não fujas de mim". Ao ouvir tais palavras, o monge parou e indagou: "Quem és?". O espírito respondeu: "Dei-te a vida, meu filho. Sou espírito faminto há 25 anos e, durante esse tempo todo, não consegui encontrar nenhum alimento, nem mesmo uma gota-d'água". Então, esse espírito faminto começou a chorar. O monge foi tomado de compaixão pela mãe e suplicou a Buda: "Por favor, ajuda minha mãe, pois ela nasceu como espírito faminto". Apesar das orações de Buda, quando ela morreu, voltou a nascer como um espírito faminto, em consequência das ações nocivas que cometera no passado. A única diferença foi que, dessa vez, ela possuía riquezas. No entanto, por ter sido tão sovina no passado, era incapaz de doar qualquer coisa aos outros. Percebendo seu novo nascimento como espírito faminto, o filho praticou generosidade em seu nome. Ofereceu um lindo corte de tecido a Buda, mas a mãe roubou o tecido e devolveu-lhe. O monge ofereceu-o outra vez a Buda e, novamente, ela repetiu o roubo, pensando que era um desperdício dar o tecido a Buda. Sua mente estava tão familiarizada com avareza que ela repetiu o roubo compulsivamente seis vezes.

Certa vez, um Professor chamado Budajana visitou o reino dos espíritos famintos. Encontrou um espírito mulher que lhe disse: "Há doze anos meu marido foi para o mundo humano em busca de comida e nunca mais voltou; durante todo esse tempo, eu e meus filhos ficamos sem ter nada para comer ou beber. Se o encontrares em teu retorno ao mundo humano, por favor, peça que volte". Budajana respondeu: "Existem muitos espíritos famintos vagando no mundo humano. Como poderei reconhecer teu marido?". Ela disse: "Meu marido só tem um olho e seu braço direito é mais curto que o esquerdo". Quando regressou ao reino humano, Budajana ofereceu bolos especiais aos espíritos famintos. Devido ao imenso poder de sua concentração, os espíritos conseguiam se aproximar e receber as oferendas. Um dia, ele reconheceu o tal marido entre os presentes e lhe disse: "Tua mulher e teus filhos estão sem comer há doze anos. Ela pede que voltes para casa". O espírito faminto disse: "Quero muito ver minha família. Estou há doze anos vagando neste mundo humano em busca de comida, mas tudo o que consegui foi isso". Abrindo a mão, ele mostrou ao Professor marcas de cuspe seco na palma e disse: "Obtive isso graças à bondade de um monge, que fez uma dedicatória enquanto cuspia. Da minha longa busca, esse é o único fruto que levarei de volta para casa".

Em geral, os espíritos famintos passam por seis tipos de sofrimento:

1. Intenso calor
2. Intenso frio
3. Intensa fome
4. Intensa sede
5. Grande estafa
6. Grande medo

Ademais, eles passam por três tipos de sofrimento específicos: impedimentos externos, impedimentos internos e impedimentos para obter comida e bebida.

Os espíritos famintos enxergam comida humana à distância mas, quando se aproximam, tudo desaparece e eles sofrem a angústia da decepção. Só podem ter acesso ao alimento humano se este lhes for especialmente dedicado. Enquanto procuram comida, sua ansiedade é constante, pois temem que a comida ou a bebida que encontram lhes seja arrebatada antes de se apossarem delas.

Os espíritos famintos também passam por sofrimentos específicos que se devem à sua compleição peculiar. Sua garganta é bloqueada, de modo que, mesmo quando conseguem obter comida, sentem imensa dificuldade para engolir. Seu corpo é imenso e feio, com uma barriga grande e distendida e membros emaciados. O pescoço é muito fino e a cabeça, enorme e pesada. Quando se movimentam, suas pernas mal conseguem aguentar o corpo. Vivem num deserto, onde achar água é quase impossível. Assemelham-se a seres humanos que estão morrendo de fome e de sede.

Os espíritos famintos vagam anos a fio em busca de comida e, quando encontram algum alimento e o engolem, isso se transforma numa espécie de fogo em seus estômagos e esse fogo chameja pelos orifícios do corpo. Algumas escrituras dizem que as faíscas de fogo avistadas nos desertos são o fogo dos atormentados espíritos famintos.

OS SOFRIMENTOS DOS ANIMAIS

Existem cinco tipos de sofrimento de que geralmente os animais padecem:

1. Ignorância e estupidez
2. Calor e frio
3. Fome e sede
4. Serem explorados por humanos para fins de labuta, comida, riqueza e diversão
5. Serem presas uns dos outros

Além disso, eles passam por sofrimentos específicos de acordo com o ambiente em que vivem. Alguns animais vivem perto de seres humanos e outros, em lugares muito distantes e ermos, como nas profundezas dos oceanos ou em regiões polares. Nesses lugares escuros, o sol nunca brilha, e as populações animais vivem densamente amontoadas. Havia um homem que sacrificava muitos animais e os oferecia a Ishvara. Com o tempo, seus negócios prosperaram e, na hora de morrer, ele chamou o filho e aconselhou-o a seguir seu exemplo de fazer sacrifícios de animais para desfrutar de negócios rentáveis. Esse homem morreu e renasceu como um touro. Então, seu zeloso filho abateu o touro para oferecê-lo a Ishvara. O touro renasceu como um boi, e o filho, em obediência ao conselho do pai, abateu o boi para fazer outra oferenda a Ishvara. Desse modo, o filho abateu o pai sete vezes. Certa vez, o pai de uma família Bonpo renasceu como um verme dentro de um pedaço de esterco de vaca. Milarepa disse ao filho da família: "Teu pai renasceu como um verme. Não acreditas? Então, acompanha-me que te mostrarei". Milarepa levou o menino até um excremento de vaca e disse-lhe para olhar atentamente. Quando o verme foi avistado, Milarepa abençoou-o, e ele pulou para junto do filho; assim, o menino acreditou no que havia escutado. Precisamos nos perguntar: "O que eu faria se tivesse renascido como um boi condenado ao abate ou como um verme dentro do excremento de uma vaca? Numa condição tão limitada, seria extremamente difícil me livrar de renascimentos inferiores". Diz-se que é mais fácil alcançar a iluminação uma vez que tenhamos obtido um renascimento humano do que obter outro renascimento humano depois de ter caído nos reinos inferiores.

Quando meditamos nos sofrimentos dos reinos inferiores, devemos imaginar que estamos experienciando isso pessoalmente. Devemos nos identificar intimamente com essas experiências, lembrando que já passamos por elas no passado e que criamos causas para experienciá-las outra vez no futuro. Fazemos as meditações imaginando que a nossa hora de morrer chegou e que nascemos num desses dolorosos estados; então, meditamos detalhadamente nos tormentos da nossa nova situação.

Quando meditamos nos sofrimentos dos reinos inferiores, estamos fazendo a meditação analítica que nos leva a sentir medo desses infortúnios e um desejo sincero de nunca mais voltar a vivê-los no futuro. Quando esse desejo surgir com clareza em nossa mente, interrompemos a meditação analítica e fazemos a meditação posicionada para nos familiarizarmos cada vez mais com ele.

Vajradhara

Tilopa *Naropa*

Buscar Refúgio

OS MÉTODOS EFETIVOS PARA OBTER A FELICIDADE DE ESTADOS SUPERIORES DE EXISTÊNCIA EM VIDAS FUTURAS

É comum supor que a felicidade desta vida é mais importante que a felicidade das vidas futuras. Mas, se examinarmos cuidadosamente, veremos que a felicidade das vidas futuras é necessariamente mais importante, porque esta vida é breve, enquanto as vidas futuras são numerosas e, no seu conjunto, longas. Trabalhamos arduamente e nos esforçamos para assegurar que seremos felizes mais tarde nesta vida, contudo, faria mais sentido trabalharmos com o mesmo empenho para preparar nossas vidas futuras. Temos certeza de que passaremos por elas, ao passo que o futuro desta vida é bastante incerto. Fazemos planos para nossas férias e aposentadoria e, contudo, nossa vida futura pode chegar antes disso. Nossa vida futura não está muito distante. Não temos de percorrer grandes distâncias ou escalar elevadas montanhas para encontrá-la, pois um único fôlego é o que nos separa dela. Assim que nossa respiração parar, nossa vida futura terá começado.

Se nos perguntassem "o que vale mais, felicidade imediata de curta duração ou felicidade futura de longa duração?", todos nós escolheríamos a felicidade futura de longa duração. Portanto, se formos sensatos, vamos entender a importância de garantir o bem-estar das nossas vidas futuras.

Não gostamos de pensar sobre doença e morte ou nos problemas e dores desta vida e os consideramos como os maiores perigos da nossa existência. Entretanto, Buda diz que quebrar nossa disciplina moral é muito mais perigoso que morrer, porque a morte destrói apenas a vida atual, ao passo que as ações que cometemos quando perdemos nossa disciplina moral comprometem todas as nossas vidas futuras. No seu *Conselho*, Atisha diz:

Uma vez que as vidas futuras duram muito tempo, reúnam
riquezas para abastecer o futuro.

Atisha aconselha-nos a praticar dar e disciplina moral, que são as principais causas para obtermos um renascimento elevado. Essas práticas são as melhores apólices de seguro para nossa felicidade futura. Ambos, jovens e velhos, devem levar esse conselho a sério.

Os métodos para obter a felicidade dos estados superiores de existência são:

1. Buscar refúgio, a passagem para o Budadharma
2. Adquirir convicção na lei do carma, raiz de todas as boas qualidades e de felicidade

BUSCAR REFÚGIO, A PASSAGEM PARA O BUDADHARMA

O refúgio é definido como um forte desejo de buscar proteção nas Três Joias, que nasce na dependência de sentirmos medo dos sofrimentos do samsara e de termos fé nas Três Joias. Não estaremos nos refugiando de fato se apenas recitarmos uma prece de refúgio sem ter esse desejo ou aspiração.

No texto *Questões da Imaculada Intenção Superior*, Je Tsongkhapa formulou várias perguntas aos meditadores tibetanos. Mais tarde, o I Panchen Lama escreveu um texto com respostas a essas questões. Na estrofe abaixo, ele responde a seguinte pergunta: "Qual é a verdadeira natureza da prática de refúgio?".

> Temendo o samsara, compreendi que as Três Joias possuem pleno poder para oferecer-nos proteção. A natureza do ato de refúgio é, com medo e fé, refugiar-se sinceramente nas Três Joias. Tu, Onisciente Tsongkhapa, sabes disso.

Existem três maneiras de buscar refúgio: o refúgio de um pequeno ser, o refúgio de um ser mediano e o refúgio de um grande ser. Um pequeno ser busca refúgio motivado principalmente pelo medo dos sofrimentos dos reinos inferiores. Um ser mediano busca refúgio motivado principalmente pelo medo de qualquer tipo de renascimento descontrolado. Um grande ser busca refúgio motivado principalmente por grande compaixão, sentindo-se incapaz de suportar a ideia de que os outros estejam condenados aos tormentos do samsara. Enquanto um ser mediano teme os sofrimentos que ele próprio terá no futuro, um grande ser teme os sofrimentos que todos os outros seres terão no futuro e deseja libertar todos eles do renascimento samsárico. O refúgio de um grande ser também é conhecido como "refúgio Mahayana".

Somente as pessoas que têm a sabedoria do Dharma temem os renascimentos inferiores ou qualquer outro tipo de renascimento samsárico. As pessoas que não desenvolveram nenhum nível de aspiração espiritual temem mais a morte do que o renascimento. O Professor Kadampa Geshe Potowa disse:

> Não temo a morte tanto quanto o renascimento, pois a morte é a própria natureza do nosso renascimento.

Nascer no samsara nos leva necessariamente a passar por nascimento, envelhecimento, doença e morte. Não ficaremos livres desses sofrimentos até abandonarmos o samsara.

Embora um pequeno ser comum esteja interessado somente no bem-estar desta vida, ele às vezes gera o desejo de proteger-se do medo e do sofrimento. Se, com esse desejo, um pequeno ser se refugiar na Joia Buda, ele será beneficiado. Na região leste do Tibete, certa vez um homem foi atacado por um tigre e foi imediatamente salvo do perigo porque se refugiou em Avalokiteshvara. As escrituras trazem muitos exemplos similares de pessoas que foram salvas do perigo ao buscar refúgio em Tara. O refúgio de um pequeno ser comum é um tipo de refúgio, mas não é um refúgio perfeito. Para nos refugiarmos perfeitamente, precisaremos ter como motivação, no mínimo, o interesse pelo bem-estar das vidas futuras.

Cada maneira de buscar refúgio possui dois níveis: simples e especial. Um pequeno ser busca refúgio simples quando, motivado pelo medo dos sofrimentos dos reinos inferiores e pela fé nas Três Joias, ele ou ela pede sinceramente aos objetos de refúgio: "Por favor, protegei-me de renascer nos três reinos inferiores". Tal pedido pode ser feito interiormente ou recitando verbalmente a prece de refúgio. Essa é a maneira mais comum de buscar refúgio.

Um pequeno ser com mais sabedoria e maior familiaridade com o Dharma primeiro desenvolverá medo dos sofrimentos dos reinos inferiores e, depois, pensará sobre o que assegura real proteção contra eles. Investigando cuidadosamente, ele ou ela entende que uma proteção perfeita só pode ser encontrada com a realização de todas as etapas do caminho de um pequeno ser. Assim, gera a determinação: "Com a ajuda da Joia Buda e da Joia Sangha, vou realizar a Joia Dharma de um pequeno ser". Essa determinação é a maneira especial de buscar refúgio de um pequeno ser.

As realizações das etapas do caminho de um pequeno ser são a Joia Dharma de um pequeno ser. Se obtivermos essa Joia Dharma, seremos salvos de renascimentos nos reinos inferiores, porque a Joia Dharma elimina diretamente tais sofrimentos futuros ao remover suas causas. Nem a Joia Buda nem a Joia Sangha podem tirar nosso sofrimento diretamente, como alguém extrairia um espinho do nosso corpo. Estritamente falando, só os Seres Superiores possuem Joias Dharma; mas para nós é benéfico considerar todas as nossas experiências de Dharma, por menores que sejam, como se fossem verdadeiras Joias Dharma. Dessa maneira, valorizando nossas pequenas conquistas espirituais, vamos protegê-las e nutri-las, de modo que se transformem nas autênticas Joias Dharma de um Ser Superior. No entanto, se menosprezarmos nossas pequenas conquistas, facilmente ficaremos desanimados e tenderemos a negligenciar as práticas de purificação e de acumulação de mérito. Com uma atitude depreciativa frente às nossas primeiras experiências espirituais, não teremos como gerar realizações mais profundas.

No *Sutra Perfeição de Sabedoria Condensado*, Buda diz:

> Gotas-d'água contínuas caindo num pote irão enchê-lo. Primeiro haverá uma gota, depois duas, três, quatro... até que o pote transbordará.

Nossas realizações de Dharma desenvolvem-se da mesma maneira. As Joias Dharma dos Seres Superiores não aparecem de súbito, mas desenvolvem-se gradualmente. Primeiro surge uma pequena experiência de disciplina moral, bem como outras virtudes e *insights*; depois, elas vão aumentando até se tornarem autênticas Joias Dharma. Buda Shakyamuni disse:

> Devo prostrar-me à lua nova, e não à lua cheia.

Lua nova refere-se às nossas primeiras realizações, e lua cheia, às avançadas e qualificadas realizações de um Ser Superior. Já que nossas grandes realizações surgem na dependência das pequenas, devemos proteger e honrar nossas primeiras experiências de Dharma.

Cultivando Joias Dharma em nossa própria mente, seremos protegidos do sofrimento futuro, porque a função de uma Joia Dharma é eliminar a causa do sofrimento. Ela nos dá ajuda temporária e, em última instância, leva-nos à libertação e à plena iluminação. Por exemplo, se conseguirmos manter contínua-lembrança da morte, seremos ajudados temporariamente, porque isso reduzirá nosso apego desejoso e outras delusões; também seremos ajudados definitivamente porque seremos levados a meditar na vacuidade e a conquistar a libertação.

Um ser mediano toma refúgio simples quando, motivado pelo medo dos sofrimentos do samsara e pela fé nas Três Joias, ele ou ela pede sinceramente aos objetos de refúgio: "Por favor, protegei-me contra os tormentos do renascimento samsárico". Um ser mediano com mais sabedoria e maior familiaridade com o Dharma, primeiro, sente medo dos sofrimentos do samsara e, depois, considera o que lhe garantirá verdadeira proteção. Por meio de cuidadosa investigação, percebe que a única maneira de obter proteção perfeita é realizando todas as etapas do caminho de um ser mediano. Surgirá a determinação: "Com a ajuda da Joia Buda e da Joia Sangha, vou realizar a Joia Dharma de um ser mediano". Essa determinação é a maneira especial de buscar refúgio de um ser mediano.

As realizações de todas as etapas do caminho de um ser mediano são as Joias Dharma de um ser mediano. As realizações dos três treinos superiores eliminam diretamente as causas de nascimento descontrolado e proporcionam proteção direta contra os tormentos do samsara.

Da mesma maneira, um grande ser também pode tomar refúgio simples ou especial. Um grande ser que busca o refúgio especial primeiro gera grande compaixão, desejando libertar e proteger todos os seres vivos das dores do samsara. A seguir, ele ou ela considera como vai fazer isso e compreende que alcançar a iluminação é o único meio de oferecer ajuda e proteção aos outros. Portanto, gera a determinação de realizar a Joia Dharma de um grande ser – em particular, a realização última da iluminação. Essa determinação é a maneira especial de praticar refúgio de um grande ser. Ela é conhecida como "buscar refúgio resultante".

A explicação da prática de refúgio tem sete partes:

1. As causas de refúgio
2. Os objetos de refúgio
3. A maneira de buscar refúgio
4. A medida para avaliar se estamos buscando refúgio perfeitamente
5. Os benefícios do refúgio
6. Os compromissos do refúgio
7. Como buscar refúgio praticando três rodadas de meditação

AS CAUSAS DE REFÚGIO

Conforme foi explicado, as causas de buscar refúgio são o medo do sofrimento e a fé nas Três Joias como fontes perfeitas de proteção. Uma vez que fé não surge espontaneamente, precisamos cultivá-la, meditando nas boas qualidades das Três Joias.

OS OBJETOS DE REFÚGIO

Este item tem duas partes:

1. Identificar os objetos de refúgio
2. Entender por que as Três Joias são objetos adequados de refúgio

IDENTIFICAR OS OBJETOS DE REFÚGIO

Os objetos nos quais buscamos refúgio são as Três Joias:

1. A Joia Buda
2. A Joia Dharma
3. A Joia Sangha

A JOIA BUDA

As Três Joias foram explicadas detalhadamente por Maitreya, no texto *Sublime Continuum do Grande Veículo*. Nele, a Joia Buda é definida como a fonte última de refúgio, que possui oito boas qualidades, como a qualidade de ser "não produzida". As oito boas qualidades foram enunciadas em uma estrofe:

> Não produzidas e sem esforço alcançadas,
> Não compreendidas nas condições dos outros,
> Que têm sabedoria, compaixão e poder.
> Só Buda possui os dois propósitos.

O termo "não produzidas" faz alusão às qualidades de abandono de um Buda. Refere-se especificamente às verdadeiras cessações, que são o abandono das duas obstruções: as obstruções-delusões e as obstruções à onisciência. Por serem permanentes, essas verdadeiras cessações são chamadas de "não produzidas". As duas obstruções são a fonte de todas as falhas; por estar livre delas, Buda está livre de todas as falhas.

"Sem esforço alcançadas" significa que os Budas conquistam tudo sem esforço, pois estão livres de pensamento conceitual. Eles não precisam gerar uma motivação, pensando: "Agora vou fazer isso". Os seres que não são Budas só conseguem fazer alguma coisa se primeiro gerarem uma motivação e depois investirem esforço. Neste mundo, existem imensos oceanos, lagos, rios e muitos outros lugares onde as águas se juntam. Quando a lua brilha e o céu está claro, a imagem refletida da lua aparece sem esforço na superfície de todas essas águas. Assim como a lua não precisa de motivação para aparecer nas águas, os Budas podem se manifestar diante de nós sem esforço. Sempre que visualizamos os Budas à nossa frente, nossa mente se torna como água em noite clara de luar, e os Budas aparecem à nossa frente sem esforço. Eles não precisam decidir viajar de lugares distantes até nós.

"Não compreendidas nas condições dos outros" significa que os Budas possuem qualidades de corpo, fala e mente que não podem ser compreendidas por outros seres. Por exemplo, os Budas podem se manifestar como qualquer coisa que seja necessária para ajudar os seres vivos. Emanam-se como homens, mulheres ou até objetos inanimados – mas a maneira como eles geram tais emanações é algo que está além da nossa compreensão. Shantideva disse que os Budas podem se manifestar como ilhas àqueles que desejam ilhas e como barcos àqueles que desejam barcos. Os Budas manifestam-se como roupas, remédios ou alimentos aos que necessitam dessas coisas.

Certa vez, Tara manifestou-se como uma ilha chamada Chandradeva para ajudar Chandragomin. Além de ser um renomado erudito, Chandragomin era muito bonito. Uma princesa chamada Tara apaixonou-se por ele. O pai da moça ordenou que Chandragomin desposasse a princesa. Inicialmente ele aceitou mas, pensando melhor, achou inadequado casar-se com uma mulher cujo nome era igual ao da sua Deidade pessoal, Tara. Quando se recusou a esposar a princesa, o pai enfurecido ordenou aos guardas que atirassem Chandragomin no rio Ganges. Conforme era arrastado pelas águas, ele rezou e refugiou-se em Tara. Em resposta, Tara manifestou-se como uma ilha, acolhendo-o em suas praias. Chandragomin viveu ali por muito tempo e construiu um templo. Hoje em dia, há uma grande cidade na ilha, mas as pessoas enxergam a ilha como um lugar comum e não compreendem que ela foi manifestada por Tara, pois fatos assim estão além da compreensão normal.

As boas qualidades da fala de um Buda também não podem ser entendidas por pessoas comuns. Je Tsongkhapa disse que, se todos os seres desse mundo viessem a se reunir num mesmo lugar e fizessem perguntas a Buda, cada um em seu próprio idioma, Buda poderia responder com uma única palavra a todas as perguntas em seus respectivos idiomas.

O volume da fala de um Buda permanece igual qualquer que seja a distância do ouvinte. Certa vez, Maudgalyanaputra, um discípulo de Buda Shakyamuni, decidiu testar essa qualidade da fala do mestre. Enquanto Buda discursava, ele se sentou a seus pés; depois, distanciou-se mil quilômetros e comprovou que a voz soava exatamente igual. Então, distanciou-se milhares de quilômetros, e a voz continuou a soar idêntica. Valendo-se de seus poderes mágicos, foi até outro universo e, mesmo assim, ouviu a voz da mesma maneira. Na volta, conforme se aproximava de Buda, constatou que, em todos os lugares, a intensidade da voz continuava a mesma que ouvira sentado a seus pés. Essa maravilhosa qualidade da fala de Buda é incompreensível para outros seres.

"Sabedoria" refere-se a uma qualidade da mente de Buda que conhece direta e claramente todos os fenômenos, sem confundi-los. Sem essa percepção direta, é difícil beneficiar os outros de maneira eficaz. Ao contrário de outros seres, os Budas conhecem diretamente todos os objetos de cognição, pois são os únicos que já eliminaram as duas obstruções. Embora a mente de todos os seres seja clara por natureza, essa clareza está obstruída, como um céu claro encoberto por nuvens. Quando tais obstruções-nuvens forem eliminadas por completo, nossa mente conhecerá de maneira direta todos os fenômenos e nos tornaremos um Buda.

É difícil entender o estado mental de outra pessoa, mesmo quando se trata de nosso melhor amigo ou de um filho. Não conseguimos enxergar a intenção alheia, nem quando eles querem nos prejudicar, nem quando querem nos beneficiar. Só os Budas conhecem as mentes dos outros seres. Certa vez, Buda Shakyamuni foi solicitado a demonstrar sua clarividência.

Ele aceitou, e todos os presentes escreveram seus nomes em pedaços de papel que foram dobrados e guardados num saco. O saco ficou tão pesado que foi preciso um elefante para transportá-lo. Quando Buda recebeu os nomes, ele devolveu cada papel para a pessoa certa. Se fosse conosco, com muita sorte acertaríamos alguns poucos nomes.

"Compaixão" refere-se à grande compaixão de um Buda por todos os seres vivos sem exceção. A compaixão de um Buda por cada ser vivo é como a compaixão de uma mãe por seu filho único.

"Poder" refere-se à perfeita habilidade de um Buda para libertar todos os seres vivos do sofrimento.

"Só Buda possui os dois propósitos" significa que os Budas são os únicos que conquistaram seus dois desejos – alcançar a iluminação pessoalmente e, desse modo, obter a habilidade perfeita para alcançar seu propósito principal de beneficiar os outros.

Existem dois tipos de Joia Buda: convencional e última. O Corpo-Emanação (em sânscrito, *Nirmanakaya*) e o Corpo-de-Deleite de um Buda (*Sambhogakaya*) são as Joias Buda convencionais. E o Corpo-Natureza (*Svabhavikakaya*) e o Corpo-Verdade-Sabedoria (*Janadharmakaya*) são as Joias Buda últimas.

O Corpo-Natureza de um Buda, às vezes chamado de "Corpo-Entidade", é a natureza última da mente de um Buda, sua ausência de existência inerente. A mente e a vacuidade da mente são uma única natureza, ou entidade. Uma vez que nossa mente atual está encoberta pelas duas obstruções, a vacuidade da nossa mente atual também está encoberta pelas duas obstruções. Se meditarmos nas etapas do caminho à iluminação e obtivermos todas as realizações, nossa mente se libertará das duas obstruções, e nos tornaremos uma Joia Buda. Então, nossa mente, em si, será o Corpo-Verdade-Sabedoria de um Buda, e a vacuidade da nossa mente será o Corpo-Natureza de um Buda. A vacuidade da mente que se libertou das duas obstruções é chamada de "Corpo-Natureza de um Buda", porque ela é a natureza última da mente de um Buda. O Corpo-Natureza é chamado de Joia Buda porque está completamente livre das duas obstruções. É chamado de "Corpo-Verdade de um Buda" porque ele é a vacuidade da mente de um Buda, e uma vacuidade é uma verdade última. É chamado de "Joia Buda última" porque é uma verdade última, e é uma Joia Buda.

As duas Joias Buda convencionais, o Corpo-de-Deleite e o Corpo-Emanação, são o Corpo-Forma de um Buda (*Rupakaya*). As duas Joias Buda últimas, o Corpo-Natureza e o Corpo-Verdade-Sabedoria, são o Corpo-Verdade de Buda (*Dharmakaya*). O Corpo-Verdade-Sabedoria de um Buda é a mente onisciente de um Buda. A mente onisciente de um Buda é uma verdade convencional porque é um objeto funcional (desempenha uma função). Contudo, ela é chamada de Joia Buda última porque é uma consciência de sabedoria posicionada unifocadamente na verdade última, e é uma Joia Buda.

A JOIA DHARMA

Em *Sublime Continuum do Grande Veículo*, Joia Dharma é definida como uma verdade perfeitamente purificada no continuum de um Ser Superior que possui uma das oito boas qualidades, como a "inconcebível". As oito boas qualidades foram enunciadas na seguinte estrofe:

> Inconcebível, não dual, não conceitual,
> Puro, claro, face do antídoto,
> Aquilo que liberta do apego.
> As duas verdades são a definição do Dharma.

A Joia Dharma efetiva é a terceira e a quarta das quatro nobres verdades – verdadeiras cessações e verdadeiros caminhos –, que são alcançadas com a prática dos ensinamentos de Buda. Uma explicação sobre essas duas verdades pode ser encontrada no capítulo sobre as quatro nobres verdades. Das oito boas qualidades de uma Joia Dharma, quatro pertencem às verdadeiras cessações e as outras quatro, aos verdadeiros caminhos.

Quando, na dependência dos verdadeiros caminhos, conseguimos abandonar por completo uma delusão ou uma marca de delusão, alcançamos uma verdadeira cessação. Não se pode explicar uma verdadeira cessação comparando-a com outro objeto, como quando dizemos: "Isso é parecido com aquilo" ou "Isso lembra aquilo". Uma verdadeira cessação é um fenômeno negativo não afirmativo, ou seja, um fenômeno negativo que não afirma nenhum fenômeno positivo. É permanente porque é a vacuidade de uma mente que alcançou o abandono completo de uma obstrução pelo poder de um verdadeiro caminho. Uma verdadeira cessação não é simplesmente o abandono final de uma delusão ou de uma marca de delusão – é a vacuidade da mente que alcançou tal cessação.

Quando alcançamos verdadeiras cessações, embora continuemos a experimentar doença, velhice e morte, isso tudo deixa de nos causar sofrimento. Uma vez que as verdadeiras cessações nos protegem contra o sofrimento, elas são Joias Dharma e objetos sagrados de refúgio. Existem muitos tipos de verdadeira cessação, como as cessações das delusões intelectualmente formadas e as cessações das delusões inatas. Quando obtemos uma realização direta da vacuidade e atingimos o caminho emancipado do Caminho da Visão, abandonamos as delusões intelectualmente formadas. Depois, continuando a meditar na vacuidade, superamos todas as delusões inatas e também todas as marcas das delusões.

Embora atualmente não possamos ter autênticas verdadeiras cessações, podemos eliminar as nossas delusões temporariamente. Cessações temporárias são similaridades de verdadeiras cessações e, por isso, são extremamente preciosas. Por exemplo, se meditarmos sobre amor e paciência para superar a raiva que sentimos de alguém, poderemos obter uma leve experiência dessas práticas e ter uma cessação temporária da raiva. Essa meditação sobre amor e paciência assemelha-se a um verdadeiro caminho que leva a uma verdadeira cessação. Por isso devemos considerar a ausência temporária da raiva, alcançada com a nossa prática de amor e de paciência, como uma verdadeira cessação e uma autêntica Joia Dharma.

As três primeiras qualidades das verdadeiras cessações são mencionadas na primeira linha da estrofe de Maitreya: "inconcebível, não dual, não conceitual". "Inconcebível" significa que mentes conceituais não podem compreender exatamente as verdadeiras cessações, porque estas precisam ser experienciadas diretamente, a fim de serem perfeitamente compreendidas. Já que as verdadeiras cessações são experienciadas principalmente pelo poder da meditação, elas não podem ser corretamente compreendidas por aqueles que obtêm um simples entendimento intelectual do Dharma, sem colocá-lo em prática. "Não dual" (literalmente, "não dois") refere-se à ausência de uma ou das duas obstruções. "Não conceitual" significa que as verdadeiras cessações não são dotadas de capacidade conceitual. Isso acontece porque só mentes são dotadas de capacidade conceitual e verdadeiras cessações não são mentes.

As três primeiras qualidades dos verdadeiros caminhos são mencionadas na segunda linha da estrofe de Maitreya: "puro, claro, face do antídoto". "Puro" significa que um verdadeiro caminho é uma mente que não está misturada com delusões. "Claro" significa que um verdadeiro caminho é uma mente que vê seus objetos claramente. "Face do antídoto" significa que um verdadeiro caminho funciona como antídoto para qualquer uma das duas obstruções; é como uma ferramenta que elimina todas as falhas e máculas mentais que causam os nossos problemas. A terceira linha da estrofe de Maitreya menciona explicitamente a quarta qualidade de um verdadeiro caminho e, implicitamente, a quarta qualidade de uma verdadeira cessação. "Aquilo que liberta do apego" significa que os verdadeiros caminhos são métodos por meio dos quais obtemos verdadeiras cessações, que nos libertam por completo de delusões como o apego.

A última linha, "As duas verdades são a definição do Dharma", refere-se aos dois tipos de Joia Dharma, convencional e última. As Joias Dharma convencionais são as escrituras de Buda, e as Joias Dharma últimas são as verdadeiras cessações e os verdadeiros caminhos.

Se meditarmos sobre essas oito qualidades, desenvolveremos um forte desejo de ter Joias Dharma em nossa mente e ficaremos felizes de investir esforço em nossa prática.

Em *Guia do Estilo de Vida do Bodhisattva,* Shantideva diz que, quando temos um renascimento nos reinos inferiores, não há refúgio. Isso significa que, quando nascemos nos reinos inferiores, não temos liberdade para praticar o Dharma e, consequentemente, não podemos cultivar Joias Dharma em nossa mente. Os Budas visitam os reinos inferiores e, no que lhes compete, podem oferecer perfeita proteção. Contudo, a não ser que os seres vivos se esforcem pessoalmente para pôr o Dharma em prática, os Budas não podem ajudá-los diretamente.

A Joia Dharma é vista, portanto, como a cura efetiva para as nossas doenças mentais. Um paciente só poderá ser ajudado pelos médicos e enfermeiros se tomar os remédios que lhe são prescritos. Nós também só poderemos ser ajudados pela Joia Buda e pela Joia Sangha se pessoalmente aplicarmos interiormente todas as instruções e efetuarmos nossa própria cura, conquistando autênticas Joias Dharma. Esforçando-nos para desenvolver Joias Dharma em nossa mente, vamos, por fim, nos tornar objetos de refúgio para os outros.

Drugpa Kunleg visitou, certa vez, um famoso templo em Lhasa e quando viu a estátua de Buda exclamou:

Ó Buda, no começo, tu e eu éramos exatamente iguais,
Porém, mais tarde, tu alcançaste a Budeidade pela força do teu esforço,
Enquanto eu, devido à minha preguiça, permaneço no samsara;
Logo, diante de ti, agora eu me prostro.

A JOIA SANGHA

Em *Sublime Continuum do Grande Veículo,* a Joia Sangha é definida como um Ser Superior que possui qualquer das oito boas qualidades, como realização e liberdade.

Um Ser Superior é alguém que realizou a vacuidade diretamente e obteve a realização de paz por meio da prática dos três treinos superiores. Já que não podemos ver essas Joias Sangha, devemos considerar como Joia Sangha quaisquer pessoas que mantêm puramente os votos Pratimoksha, os votos bodhisattva ou os votos tântricos, e aquelas que ajudam os outros e dão bom exemplo. Para nos tornarmos pessoalmente uma Joia Sangha, precisamos subjugar nossas mentes descontroladas com a prática do Dharma. Se nossa mente permanecer sempre em paz, vamos nos tornar um bom exemplo para os outros.

Está dito nos *Sutras Vinaya* que um grupo de quatro ou mais monges ou monjas plenamente ordenados constitui uma comunidade de Sangha. Em países budistas, a comunidade de Sangha é respeitada e tida em alta estima, porque os budistas leigos precisam receber o encorajamento e a inspiração de verem com os próprios olhos o bom exemplo que a Sangha dá a todos.

As quatro primeiras qualidades da Joia Sangha são qualidades de realização:

(1) Realização
(2) Realização da verdade última
(3) Realização da verdade convencional
(4) Realização da natureza da mente interior

Na quarta realização, o termo "interior" indica que a mente é um sujeito, e o termo "natureza" refere-se aos diferentes níveis da mente. Portanto, essa qualidade é a realização dos diferentes níveis da mente-sujeito.

As outras quatro qualidades são qualidades de liberdade:

(5) Estar livre de todas as falhas
(6) Estar livre das obstruções à libertação
(7) Estar livre das obstruções à onisciência
(8) Estar livre das obstruções de inferioridade

Costuma-se dizer que existem dois tipos de obstruções, as obstruções-delusões e as obstruções à onisciência. Contudo, alguns textos Mahayana mencionam um terceiro tipo, as obstruções de inferioridade. Uma obstrução de inferioridade é algo que nos impede de gerar e de aprimorar a bodhichitta, tal como a mente de autoapreço.

Praticantes Hinayana não se livram das obstruções de inferioridade, mas podem se tornar Joias Sangha porque são capazes de obter algumas das oito qualidades de uma Joia Sangha, tal como estar livre das obstruções à libertação. Até um Hinayanista no Caminho da Acumulação, que ainda não é uma autêntica Joia Sangha, possui várias excelentes qualidades.

Das trinta e sete realizações conducentes à iluminação, ele ou ela conquistou os três primeiros grupos: os quatro estreitos-posicionamentos da contínua-lembrança, os quatro abandonadores corretos e as quatro pernas dos poderes miraculosos. Quando o Hinayanista atinge o Caminho da Preparação, ele ou ela conquista os próximos dois grupos, os cinco poderes e as cinco forças. Quando o Hinayanista atinge o Caminho da Visão, ele ou ela conquista o próximo grupo, os sete ramos da iluminação. Quando o Hinayanista atinge o Caminho da Meditação, ele ou ela conquista o próximo grupo, os oito ramos dos caminhos superiores. Se uma Joia Sangha Hinayana é capaz de conquistar todas essas boas qualidades, nem é preciso mencionar quantas e quão grandiosas são as virtudes das Joias Sangha Mahayana! Meditando sobre as boas qualidades da Joia Sangha, geramos uma forte determinação: "Eu também vou me tornar uma Joia Sangha".

Entre as muitas coisas exteriores que precisamos, costumamos considerar que as joias são as mais preciosas e raras. Pensando nos seres vivos, nos ensinamentos e nas comunidades, devemos considerar que Buda, Dharma e a comunidade da Sangha são os mais preciosos e raros. É por isso que eles são chamados de Joia Buda, de Joia Dharma e de Joia Sangha e são nossos objetos definitivos de refúgio.

ENTENDER POR QUE AS TRÊS JOIAS SÃO OBJETOS ADEQUADOS DE REFÚGIO

Se entendermos por que Buda é um objeto de refúgio adequado, será fácil compreendermos que o Dharma que ele ensina e a Sangha que segue seus conselhos também são objetos de refúgio apropriados. Existem quatro razões principais que explicam por que Buda é uma fonte de orientação perfeita e confiável e pode nos oferecer proteção total contra o sofrimento:

1. Buda está livre de todo medo
2. Buda é muito hábil em libertar os seres vivos
3. Buda tem compaixão por todos os seres vivos sem discriminação
4. Buda beneficia todos os seres vivos independentemente de ter sido ajudado por eles

BUDA ESTÁ LIVRE DE TODO MEDO

Se os Budas não estivessem livres de todos os tipos de medo, eles ainda renasceriam sem escolha e, por não serem livres eles próprios, não seriam capazes de oferecer ajuda aos outros. Uma pessoa que está presa e amarrada ao samsara não pode ajudar outra a se libertar. Seria como se alguém que estivesse se afogando tentasse salvar outro de se afogar; ou como se alguém que estivesse caindo tentasse impedir a queda de outro sobre si.

Os Budas estão livres de medo porque eliminaram as mentes de agarramento ao em-si e de autoapreço, que são as causas de todo medo e prejuízo. Se essa razão correta não bastar para nos convencer, poderemos estudar a história de Buda Shakyamuni e verificar quantas vezes ele demonstrou completo destemor e invulnerabilidade frente a qualquer tipo de mal.

Devadatta, o primo invejoso de Buda, tentou matá-lo diversas vezes usando venenos e blocos de pedra. Quando atirou pedras em Buda, estas pareciam estar sendo arremessadas contra o espaço vazio. As armas não podem ferir um Buda assim como não podem destruir o espaço.

Certa vez, um imenso e vigoroso elefante, que pertencia ao rei Ajatashatru, enlouqueceu e desembestou enfurecido. Todos fugiram do caminho daquele animal bravio, e ninguém sentiu-se capaz de dominá-lo.

Quando o elefante irrompeu no local onde Buda estava ensinando, houve pânico e todos os discípulos fugiram. Até os Destruidores de Inimigos, que tinham poderes miraculosos, ficaram apavorados e voaram para bem alto no céu. Buda foi o único que permaneceu imperturbável. Tocou a cabeça do elefante e, instantaneamente, apaziguou sua loucura.

Em outra ocasião, um homem chamado Shri Samva tentou matar Buda empurrando-o num fosso em chamas. Quando viu que Buda não tinha sido minimamente afetado pelo fogo, tentou envenená-lo, mas Buda bebeu o veneno como se fosse remédio.

BUDA É MUITO HÁBIL EM LIBERTAR OS SERES VIVOS

Embora os Budas tenham inúmeras qualidades, como perfeito destemor e grande compaixão, não fosse por sua grande habilidade, eles não conseguiriam conduzir outros seres à iluminação e protegê-los contra o mal. Se não dispusessem de meios supremamente habilidosos, os Budas seriam como uma mãe sem braços assistindo impotente ao afogamento de seus filhos.

Buda Shakyamuni demonstrou a habilidade de um Buda ao pacificar e direcionar a mente violenta de Angulimala, o indivíduo mais atacado pela raiva que vivia na sua época. Incitado por falsos mestres, esse homem extremamente agressivo matou 999 pessoas. Mas, apesar disso, Buda conseguiu domá-lo e guiá-lo até a libertação. Buda também conduziu Lam Chung – o homem mais obtuso que vivia naquela época – à libertação. Lam Chung era tão obtuso que não conseguia memorizar sequer uma estrofe dos ensinamentos, depois de meses de intenso esforço. A despeito disso, Buda conseguiu guiá-lo com muita habilidade, de modo que Lam Chung obteve realizações, aumentou sua sabedoria e, por fim, tornou-se um eminente Professor. Buda subjugou habilidosamente o grande orgulho de Pramudita, o divino músico, e o conduziu ao caminho espiritual. Eliminou o apego extremado de Nanda e as graves limitações físicas do idoso Shri Datta, conduzindo ambos ao caminho à libertação. Seria impossível contar todas as ocasiões em que Buda empregou seus meios habilidosos para ajudar as pessoas a superarem seus obstáculos e a praticarem o caminho que conduz à libertação e à iluminação.

Tudo o que Buda ensina é um método habilidoso para superar nossos problemas mentais e para transformar nossas mentes em caminhos espirituais. Dizem que o mundo humano pertence ao reino do desejo porque somos particularmente atormentados por apego desejoso. Todos nós sofremos de apego desejoso inato e temos imensa dificuldade de eliminar da nossa mente o apego a objetos sensoriais atraentes. Até enquanto sonhamos, nunca nos esquecemos do apego desejoso, ao passo que facilmente nos esquecemos dos pensamentos e dos sentimentos virtuosos que tentamos cultivar no estado desperto. Buda ensinou métodos especiais para transformar nosso apego desejoso em caminho espiritual e revelou como transformar todas as nossas atividades comuns em práticas espirituais, usando métodos como o ioga de dormir, o ioga de sonhar, o ioga de despertar e o ioga de comer. Se estudarmos as instruções completas do Sutra e do Tantra, seremos capazes de apreciar a insuperável habilidade de Buda.

BUDA TEM COMPAIXÃO POR TODOS OS SERES VIVOS SEM DISCRIMINAÇÃO

Certa vez, Devadatta, o primo maldoso de Buda, ficou seriamente doente. Quando os discípulos de Buda o informaram que seu primo estava à beira da morte, ele disse: "Não faço distinção entre Devadatta e meu filho Rahula. Se o que digo é verdade, que Devadatta se recupere imediatamente". Com tais palavras, Devadatta se recuperou instantaneamente. Na sua compaixão, os Budas não fazem distinção entre seus piores inimigos e seus próprios filhos; sentem um interesse compassivo por todos, sem nenhuma distinção.

Atualmente, somos bastante tendenciosos em nossas atitudes para com os outros. Sentimo-nos próximos de nossos amigos e familiares e prontos para ajudá-los. Porém, nos sentimos distantes das pessoas que não gostamos e não pensamos em ajudá-las. Se, desde já, começarmos a gerar uma atitude mais equilibrada em relação aos nossos amigos e inimigos, estabeleceremos a fundação de equanimidade que precisamos para construir a mente imparcial de grande compaixão possuída por todos os Budas.

BUDA BENEFICIA TODOS OS SERES VIVOS INDEPENDENTEMENTE DE TER SIDO AJUDADO POR ELES

Os Budas amam os seres vivos e beneficiam a todos, sem levar em conta se foram ou não beneficiados por eles. Não somos como os Budas, pois retribuímos a bondade que recebemos, mas não somos incondicionalmente bondosos com os outros.

Nagarjuna disse que não existe sequer um único ser vivo que não tenha sido beneficiado por Buda. Ao receber as bênçãos de Buda, até animais estúpidos geram estados mentais apaziguados e virtuosos e, assim, obtêm renascimentos elevados e desfrutam de felicidade superior. Certa vez, um javali estava sendo perseguido na floresta por um caçador. Quando estava a ponto de desmaiar, o aterrorizado animal chegou a uma clareira em que havia uma estupa – uma representação simbólica da mente dos Budas. Vencido pela exaustão, ele caiu e morreu. Por si só, o porco selvagem seria incapaz de cultivar uma mente virtuosa. Contudo, em consequência de ver a estupa, ele recebeu bênçãos de Buda e, pelo poder delas, foi capaz de morrer em paz e de renascer no reino dos deuses.

Meditando nessas boas qualidades, vamos gerar confiança e fé em Buda, no Dharma que ele ensinou e na Sangha que está praticando sinceramente o Dharma. Quando esse sentimento especial de fé em Buda, Dharma e Sangha surgir em nossa mente, devemos fazer meditação posicionada para nos familiarizar cada vez mais estreitamente com ele.

A MANEIRA DE BUSCAR REFÚGIO

Existem quatro maneiras de buscar refúgio:

1. Refugiar-se entendendo as boas qualidades das Três Joias
2. Refugiar-se diferenciando as qualidades de cada uma das Três Joias
3. Refugiar-se prometendo buscar refúgio
4. Refugiar-se abandonando buscar refúgio último em outros objetos

REFUGIAR-SE ENTENDENDO AS BOAS QUALIDADES DAS TRÊS JOIAS

Entendendo as boas qualidades das Três Joias e meditando nelas, geramos confiança e fé e, depois, buscamos refúgio. É isso que chamamos de refugiar-se entendendo as boas qualidades das Três Joias.

REFUGIAR-SE DIFERENCIANDO AS QUALIDADES DE CADA UMA DAS TRÊS JOIAS

As excelências das Três Joias podem ser diferenciadas de seis maneiras. Consequentemente, existem seis maneiras de buscar refúgio diferenciando as qualidades das Três Joias:

1. Refugiar-se entendendo as diferentes naturezas das Três Joias
2. Refugiar-se entendendo as diferentes funções das Três Joias
3. Refugiar-se diferenciando as Três Joias por analogia
4. Refugiar-se discriminando a hora certa de buscar refúgio
5. Refugiar-se entendendo as diferentes maneiras pelas quais o mérito aumenta, quando buscamos refúgio em cada uma das Três Joias
6. Refugiar-se entendendo as diferentes maneiras pelas quais as Três Joias ajudam nossa prática

REFUGIAR-SE ENTENDENDO AS DIFERENTES
NATUREZAS DAS TRÊS JOIAS

A natureza, ou característica definidora, da Joia Buda é ter alcançado a iluminação. A característica definidora da Joia Dharma é ser o resultado de alcançar a iluminação de Buda, pois foi em decorrência de ter alcançado a iluminação que Buda ensinou o Dharma para ajudar os outros a obterem a mesma experiência. A característica definidora da Joia Sangha é ter obtido realizações ao praticar os ensinamentos de Buda. Se entendermos as diferentes naturezas das Três Joias e, então, buscarmos refúgio com fé, estaremos praticando o refugiar-se entendendo as diferentes naturezas das Três Joias.

REFUGIAR-SE ENTENDENDO AS DIFERENTES
FUNÇÕES DAS TRÊS JOIAS

A principal função da Joia Buda é revelar o caminho espiritual aos discípulos, dando perfeitos ensinamentos de Dharma; a principal função da Joia Dharma é proteger os seres vivos contra o medo e o sofrimento; e a principal função da Joia Sangha é ajudar os outros, dando bom exemplo. Se buscarmos refúgio sabendo disso, estaremos praticando o refugiar-se entendendo as diferentes funções das Três Joias.

REFUGIAR-SE DIFERENCIANDO AS TRÊS JOIAS POR ANALOGIA

A Joia Dharma é como um barco, a Joia Buda é como um habilidoso navegador e a Joia Sangha é como a tripulação. Se percebermos o quanto dependemos dos três para cruzarmos o oceano do samsara e, então, buscarmos refúgio com fé, estaremos praticando o refugiar-se diferenciando as Três Joias por meio de analogia.

REFUGIAR-SE DISCRIMINANDO A HORA CERTA
DE BUSCAR REFÚGIO

Lembrando as boas qualidades das Três Joias, devemos buscar refúgio o tempo todo. Normalmente, só nos lembramos de buscar refúgio quando estamos passando por dificuldades. Mas, se nos refugiarmos sempre, mesmo quando tudo está indo bem, ficaremos tão próximos de Buda que será mais fácil receber sua ajuda quando estivermos em dificuldade. Se nos refugiarmos somente nos momentos de crise, talvez não sejamos capazes de receber ajuda imediatamente. Por esse motivo, devemos sempre ter uma imagem de Buda perto de nós que nos lembre do nosso refúgio. Em todos os momentos, é preciso manter a seguinte determinação: "Com a ajuda da Joia Buda e da Joia Sangha, vou gerar a Joia Dharma em minha mente".

REFUGIAR-SE ENTENDENDO AS DIFERENTES MANEIRAS PELAS QUAIS O MÉRITO AUMENTA, QUANDO BUSCAMOS REFÚGIO EM CADA UMA DAS TRÊS JOIAS

Ao buscar refúgio e fazer oferendas à Joia Buda, aumentamos o mérito que nos fará obter o Corpo-Forma de um Buda. Ao buscar refúgio e fazer oferendas à Joia Dharma, aumentamos o mérito que nos fará obter o Corpo-Verdade de um Buda. Ao buscar refúgio e fazer oferendas à Joia Sangha, aumentamos o mérito que nos levará a ser uma Joia Sangha.

REFUGIAR-SE ENTENDENDO AS DIFERENTES MANEIRAS PELAS QUAIS AS TRÊS JOIAS AJUDAM NOSSA PRÁTICA

Se compreendermos que a Joia Dharma é a cura para a nossa doença mental, que a Joia Buda é o médico espiritual que prescreve o tratamento e que a Joia Sangha é o enfermeiro espiritual que assiste o médico e, então, buscarmos refúgio com fé, estaremos fazendo a prática de refugiar-se entendendo as diferentes maneiras pelas quais as Três Joias ajudam nossa prática.

REFUGIAR-SE PROMETENDO BUSCAR REFÚGIO

Faremos a prática de refugiar-se prometendo buscar refúgio se considerarmos a Joia Buda como nosso Guia Espiritual, a Joia Dharma como nosso refúgio efetivo e a Joia Sangha como nossos amigos espirituais e, então, fizermos a seguinte promessa diante da assembleia visualizada de Budas:

De agora em diante, buscarei refúgio em Buda, meu Guia Espiritual. Buscarei refúgio no Dharma, meu refúgio efetivo. Buscarei refúgio na Sangha, meus amigos espirituais.

REFUGIAR-SE ABANDONANDO BUSCAR REFÚGIO ÚLTIMO EM OUTROS OBJETOS

Se reconhecermos que os deuses mundanos não são objetos adequados de refúgio e, então, fizermos a promessa "não buscarei refúgio último em objetos que não sejam as Três Joias", estaremos fazendo a prática de refugiar-se abandonando buscar refúgio último em outros objetos. Se buscarmos refúgio em professores cujas instruções contradizem as instruções de Buda, seremos conduzidos a caminhos errôneos; e, se buscarmos refúgio em deuses mundanos, embora possamos receber alguns benefícios a curto prazo, seremos desviados dos caminhos perfeitos que conduzem à libertação e à iluminação. No entanto, não é por sectarismo que devemos abandonar o refúgio em outros objetos. Nossa motivação deve ser a de manter nossos votos de refúgio com pureza e evitar os prejuízos que estaríamos causando a nós mesmos se quebrássemos nossos compromissos. Se tivermos perfeita fé em Buda, não teremos razão alguma para buscar refúgio em outros objetos.

Algumas pessoas que têm pura fé podem prometer: "Buscarei refúgio somente nas Três Joias". Essa promessa é muito benéfica, mas será mais forte e estável se for fundamentada na fé que se obtém por meio de convicção lógica. O famoso erudito budista Todzun Drubche tinha sido anteriormente um especialista em escrituras não budistas. Com o irmão, ele viajou ao Monte Kailash, que era considerado pelos não budistas como o palácio de Ishvara. Ali chegando, Todzun Drubche descobriu que até Ishvara estava se refugiando em Buda e, assim, gerou fé em Buda e estudou as escrituras budistas. Mais tarde, ele compôs um texto intitulado *Louvor a Buda, o Mestre que é Superior a Todos*. Nesse texto, ele escreveu:

> Ó Buda, eu busco refúgio em ti, abandonando todos os outros mestres. Por que faço isso? Porque tu és o único completamente livre de falhas e dotado com todas as boas qualidades... Quanto mais comparo os ensinamentos não budistas com os budistas, mais cresce minha fé em ti.

Todzun Drubche foi capaz de gerar forte fé em Buda, fundamentado em convicção lógica, porque compreendeu que Buda tinha abandonado todas as falhas e aperfeiçoado todas as boas qualidades. Sua experiência dos ensinamentos não budistas serviu para que compreendesse claramente a superioridade e a profundidade dos ensinamentos de Buda. Ele entendeu que alguns ensinamentos não budistas postulam um eu permanente, sem partes e independente. Entendeu também que todo ensinamento que sustente essa visão sustenta a ignorância do agarramento ao em-si, que dá origem a todas as ações que causam o renascimento samsárico.

Em *Louvor à Relação Dependente*, Je Tsongkhapa diz o seguinte sobre Buda:

> Compreendendo como as coisas existem, tu ensinaste isso bem.
> Aprendendo e praticando o que tu ensinaste
> Abandonamos todas as falhas
> Porque tu mostraste como cortar a raiz delas.
>
> Qualquer um que confie diligentemente e por um longo tempo
> Em ensinamentos que contradigam os teus
> Abre portas para muitas falhas
> Porque tais ensinamentos alimentam o agarramento ao em-si.

Sábio é o estudioso que compreende
A diferença entre esses dois.
Como deixaria ele de gerar fé em ti
Do fundo de seu coração?

A MEDIDA PARA AVALIAR SE ESTAMOS BUSCANDO REFÚGIO PERFEITAMENTE

Para buscar refúgio perfeitamente devemos fazer três coisas. Em primeiro lugar, contemplando os sofrimentos e os perigos do samsara, precisamos gerar um sincero medo deles, seja pensando em nós mesmos ou nos outros. Em segundo lugar, contemplando as boas qualidades das Três Joias, precisamos gerar fé e confiança nelas como fontes de orientação plenamente confiáveis e reconhecer que buscar refúgio nelas sinceramente é uma salvaguarda perfeita contra o sofrimento futuro. Em terceiro lugar, tendo cultivado as duas causas – medo do sofrimento e fé nas Três Joias –, precisamos buscar refúgio. Quando essas três condições se reunirem, nosso refúgio será perfeito.

OS BENEFÍCIOS DO REFÚGIO

Se buscarmos refúgio com pureza e sinceridade, teremos oito benefícios especiais:

1. Tornamo-nos um budista puro
2. Estabelecemos a base para tomar todos os demais votos
3. Purificamos o carma negativo acumulado no passado
4. Acumulamos diariamente uma vasta quantidade de mérito
5. Somos impedidos de cair nos reinos inferiores
6. Somos protegidos contra os males causados por humanos e não humanos
7. Satisfazemos todos os nossos desejos temporários e últimos
8. Alcançamos rapidamente a plena iluminação, a Budeidade

TORNAMO-NOS UM BUDISTA PURO

Se queremos obter a libertação de todo o sofrimento e alcançar a felicidade última da plena iluminação, certamente precisamos nos tornar um puro praticante budista. Isso se explica porque só seremos capazes de obter a libertação completa e a plena iluminação se seguirmos as orientações de Buda e aceitarmos seus conselhos.

ESTABELECEMOS A BASE PARA TOMAR TODOS OS DEMAIS VOTOS

Todos os votos, desde os votos Pratimoksha de uma pessoa leiga até os votos tântricos, dependem de nos refugiarmos. Se tomarmos votos e os guardamos puramente, todas as nossas realizações de concentração e os outros caminhos espirituais se desenvolverão com facilidade. Não precisamos nos impor grandes austeridades físicas, como se ensina em outras tradições. Com base no refúgio, podemos gerar contínua-lembrança o tempo todo, guardando com pureza nossas promessas de abstenção. Nossa prática de pura disciplina moral vai nos trazer grandes benefícios e transformar até nosso sono numa ação virtuosa que cria causa de felicidade futura. Por conseguinte, a prática de buscar refúgio é comparada ao solo, e todas as demais práticas espirituais, às plantas que crescem nele.

PURIFICAMOS O CARMA NEGATIVO ACUMULADO NO PASSADO

Havia um deus, chamado Sumati Samudra, que vivia na Terra dos 33 Paraísos. Quando esse deus começou a experienciar os sinais de que ia morrer, viu que estava prestes a renascer como um porco. Em contraste com o estilo de vida que desfrutava no reino dos deuses, ficou óbvio que a vida de um porco é a própria natureza do sofrimento. Só de observar a imundície da vida porcina, Sumati Samudra sentiu que morreria de asco e, assim, foi pedir a ajuda de Indra, seu objeto de refúgio. Indra respondeu: "Não está em meu poder impedir que tu tenhas um renascimento inferior, mas não perca as esperanças. Encontrarei uma saída". Indra desceu ao planeta Terra, aproximou-se de Buda e disse: "Um deus chamado Sumati Samudra vai morrer em breve e terá um renascimento inferior. Ele pede proteção contra tal desgraça". Buda deu instruções sobre refúgio, e Indra as transmitiu a Sumati Samudra. O deus praticou o refúgio de maneira pura e sincera durante sete dias do reino dos deuses. Quando morreu, Indra tentou ver em que lugar Sumati Samudra havia renascido. Deuses como Indra normalmente são capazes de enxergar alguns mundos que existem abaixo do seu, mas nesse caso ele não conseguiu ver Sumati Samudra em lugar algum. Buda, então, disse: "Ele nasceu na Terra Pura de Tushita, que está acima da Terra dos 33 Paraísos". Praticando o refúgio puramente, Sumati Samudra purificou todo o carma negativo que o teria arremessado num renascimento como porco e criou causa para renascer em Tushita.

ACUMULAMOS DIARIAMENTE UMA
VASTA QUANTIDADE DE MÉRITO

Como foi explicado, sempre que olhamos para uma imagem das Três Joias ou as visualizamos, ainda que não tenhamos uma boa motivação, criamos uma vasta quantidade de mérito. Seria preciso dizer quão maior será o mérito que acumularemos se nos refugiarmos pura e sinceramente com uma boa motivação?

SOMOS IMPEDIDOS DE CAIR NOS REINOS INFERIORES

Uma vez que buscar refúgio purifica carma negativo, podemos dizer que buscar refúgio remove a causa de renascermos nos três reinos inferiores. Se praticarmos a maneira simples de buscar refúgio de um pequeno ser, seremos protegidos das dores do renascimento inferior. Se praticarmos a maneira especial de buscar refúgio de um pequeno ser, cultivaremos interiormente a Joia Dharma de um pequeno ser, que será nossa salvaguarda estável e constante contra o renascimento inferior. Do mesmo modo, se buscarmos o refúgio de um ser mediano, seremos impedidos de renascer no samsara. E, se buscarmos o refúgio de um grande ser, seremos impedidos de abandonar os Caminhos Mahayana em prol dos Caminhos Hinayana.

SOMOS PROTEGIDOS CONTRA OS MALES CAUSADOS POR HUMANOS E NÃO HUMANOS

Para receber proteção contra os males causados por humano e não humanos, nossa prática de buscar refúgio deve ser regular e consistente. Como foi mencionado, se buscarmos refúgio somente quando tivermos problemas, não receberemos assistência imediata. Os medos que podem ser evitados pela nossa prática de refúgio são aqueles que ainda não estamos sentindo. Aqueles que já pesam sobre nós não podem ser eliminados, porque são efeitos de um carma que já amadureceu. É possível impedir o amadurecimento do nosso carma ruim buscando refúgio mas, se já estivermos sofrendo os efeitos ruins de nossas ações negativas, só nos restará aceitá-los e suportá-los. No entanto, se nos refugiarmos sincera e continuamente, destruiremos os efeitos das ações negativas que ainda não começaram a amadurecer como experiências sombrias e dolorosas.

SATISFAZEMOS TODOS OS NOSSOS DESEJOS TEMPORÁRIOS E ÚLTIMOS

Quem tiver fé em Buda e se refugiar com pureza e sinceridade satisfará todos os seus desejos, os temporários e os últimos. Tal certeza não virá apenas de raciocínios lógicos, mas os praticantes puros de Dharma são capazes de realizar essa verdade por meio de experiência própria.

ALCANÇAMOS RAPIDAMENTE A PLENA ILUMINAÇÃO, A BUDEIDADE

Se estabelecermos uma base sólida para a nossa prática espiritual buscando refúgio de maneira pura e sincera, facilmente obteremos as realizações de todas as etapas do caminho à iluminação.

OS COMPROMISSOS DO REFÚGIO

Esta seção tem duas partes:

1. Os compromissos específicos
2. Os compromissos gerais

OS COMPROMISSOS ESPECÍFICOS

Existem seis compromissos específicos. Comprometemo-nos com um abandono e com um reconhecimento em relação a cada uma das Três Joias:

1. Um abandono e um reconhecimento em relação à Joia Buda
2. Um abandono e um reconhecimento em relação à Joia Dharma
3. Um abandono e um reconhecimento em relação à Joia Sangha

UM ABANDONO E UM RECONHECIMENTO EM RELAÇÃO À JOIA BUDA

Ao buscar refúgio na Joia Buda, comprometemo-nos a abandonar o refúgio último em professores que contradigam a visão de Buda ou em deuses mundanos. Isso não significa que não possamos receber ajuda dos outros, mas sim que não devemos confiar neles como provedores de proteção última contra o sofrimento.

O outro compromisso específico de buscar refúgio na Joia Buda é reconhecer qualquer imagem de Buda como um Buda de verdade. Sempre que virmos uma estátua de Buda feita de ferro, madeira ou bronze, não devemos julgar a raridade do material ou a qualidade do artesanato, mas sim vê-la como um Buda e homenageá-la com oferendas, prostrações e buscando refúgio. Se praticarmos assim, nosso mérito aumentará muito.

UM ABANDONO E UM RECONHECIMENTO EM RELAÇÃO À JOIA DHARMA

Ao buscar refúgio na Joia Dharma, comprometemo-nos a abandonar tudo o que prejudica os outros. Em vez de tratá-los mal, devemos tentar, com a melhor motivação, ajudá-los e beneficiá-los. Primeiro, precisamos nos concentrar em reduzir nossos pensamentos prejudiciais em relação àqueles que estão mais próximos de nós, como nossos amigos e familiares. Quando tivermos gerado um bom coração em relação a essas pessoas, poderemos estender gradualmente o escopo da nossa consideração, a fim de incluir mais e mais pessoas, até abranger todos os seres vivos. Se pudermos abandonar os pensamentos prejudiciais e cultivar intenções benéficas, desenvolveremos facilmente as realizações de grande amor e de grande compaixão. Dessa maneira, desde o início da nossa prática de refúgio, começamos a aumentar a nossa compaixão, que é a verdadeira essência do Budadharma.

O outro compromisso específico de buscar refúgio na Joia Dharma é reconhecer qualquer escritura de Dharma como uma Joia Dharma. Precisamos respeitar cada palavra das escrituras e cada palavra explicativa dos ensinamentos de Buda. Portanto, devemos tratar os livros de Dharma com grande cuidado e evitar pisar neles ou colocá-los em lugares impróprios, onde possam ser danificados ou desrespeitados. Não devemos, por exemplo, equilibrá-los numa cesta de lixo, usá-los de apoio para uma xícara de café, brincar com eles ou nos sentarmos neles. Cada vez que negligenciamos ou estragamos nossos livros de Dharma, criamos causa para nos tornar mais ignorantes, uma vez que essas ações são similares à ação de abandonar o Dharma. Certa vez, Geshe Sharawa viu algumas pessoas brincando descuidadamente com seus livros de Dharma e lhes disse: "Não façam isso. Vocês já são suficientemente ignorantes; não é preciso aumentar essa ignorância ainda mais".

A Joia Dharma é fonte de saúde e felicidade. Porque não podemos ver as Joias Dharma com os próprios olhos, devemos honrar os textos de Dharma como Joias Dharma efetivas. Para tanto devemos entender que Joias Dharma efetivas só podem surgir se conhecermos, contemplarmos e meditarmos nas escrituras, e se aplicarmos seus conselhos à nossa vida diária.

UM ABANDONO E UM RECONHECIMENTO EM RELAÇÃO À JOIA SANGHA

Ao buscar refúgio na Joia Sangha, comprometemo-nos a abandonar a influência de pessoas que rejeitam os ensinamentos de Buda. Isso não significa que devemos abandonar as próprias pessoas, mas sim impedir que suas visões influenciem nossa mente. Sem deixar de sentir amor e consideração pelos outros, devemos ficar atentos e nos assegurar de que não estamos sendo desviados por seus maus hábitos e conselhos infundados.

O outro compromisso específico de buscar refúgio na Joia Sangha é reconhecer aqueles que usam as vestes de ordenação como uma autêntica Joia Sangha. Mesmo que sejam pobres, devemos prestar-lhes nosso respeito, porque eles guardam disciplina moral, e isso é algo muito raro e precioso.

OS COMPROMISSOS GERAIS

Existem seis compromissos gerais:

1. Refugiar-se repetidamente nas Três Joias, lembrando as suas boas qualidades e as diferenças entre elas
2. Oferecer a primeira porção de tudo o que comemos e bebemos às Três Joias, lembrando sua bondade
3. Com compaixão, sempre encorajar os outros a se refugiarem
4. Refugiar-se no mínimo três vezes ao dia e três vezes à noite, lembrando os benefícios do refúgio
5. Executar cada ação com plena confiança nas Três Joias
6. Nunca abandonar as Três Joias, nem de brincadeira, ainda que isso nos custe a própria vida

REFUGIAR-SE REPETIDAMENTE NAS TRÊS JOIAS, LEMBRANDO AS SUAS BOAS QUALIDADES E AS DIFERENÇAS ENTRE ELAS

Este ponto já foi explicado anteriormente.

OFERECER A PRIMEIRA PORÇÃO DE TUDO O QUE COMEMOS E BEBEMOS ÀS TRÊS JOIAS, LEMBRANDO SUA BONDADE

Já que precisamos comer e beber várias vezes ao dia, se sempre oferecermos a primeira porção às Três Joias, lembrando sua bondade, aumentaremos imensamente nosso mérito. Isso pode ser feito com a seguinte prece:

> *Faço esta oferenda a ti, Buda Shakyamuni,*
> *Cuja mente é a síntese de todas as Joias Buda,*
> *Cuja fala é a síntese de todas as Joias Dharma,*
> *Cujo corpo é a síntese de todas as Joias Sangha.*
> *O Abençoado, por favor, aceita e abençoa a minha mente.*
> OM AH HUM (3x)

Uma dúvida pode surgir: "Será que Buda é tão bondoso? Eu nunca o vejo e não me comunico diretamente com ele". Embora possamos ter essa dúvida, na realidade, toda nossa felicidade nasce como resultado da bondade de Buda. Todas as ações de Buda são permeadas por compaixão e interesse pelos outros, e são essas ações que nos habilitam a praticar os atos virtuosos que são as causas da nossa felicidade.

Porque ainda não compreendemos a lei do carma, costumamos achar que nossa felicidade é criada por condições exteriores ou por outras pessoas, como nossos familiares e amigos. Também pensamos que nossos problemas são criados pelos outros. Em geral, todas as coisas funcionais têm dois tipos de causa: a causa principal, ou substancial, e as causas secundárias, ou contribuintes. Visto que felicidade é um estado mental, sua causa principal também tem de ser um estado mental. Outras coisas, como amigos, riqueza, trabalho e férias, atuam apenas como causas contribuintes de felicidade. Sabemos disso por observação. É evidente que algumas pessoas reuniram muitas causas contribuintes de felicidade, como riquezas e parceiros e, apesar disso, continuam sentindo dor e insatisfação. O motivo é que elas não possuem o estado mental que é a causa substancial de felicidade. Uma vez que felicidade é um estado mental, vemos o quanto é enganoso depositar nossas expectativas de prazer e de contentamento em posses transitórias.

Se compararmos alguns países ocidentais com alguns países do Terceiro Mundo, veremos que, do ponto de vista material, os países ocidentais são mais avançados. Se prosperidade material fosse a principal causa de felicidade humana, os ocidentais seriam muitas vezes mais felizes que os habitantes do Terceiro Mundo. Na realidade, contudo, constatamos mais sofrimento mental e neuroses entre os ocidentais, além de um índice de suicídio muito mais elevado. Isso indica que felicidade verdadeira depende, acima de tudo, de nosso estado mental. Buda nos ensinou a examinar nossa mente e a notar quais são os estados que causam dor e confusão e quais são aqueles que causam saúde e felicidade. Ensinou como superar as mentes compulsivamente não virtuosas, que nos confinam num estado de descontentamento e tormento, e como cultivar as mentes virtuosas, que nos libertam da dor e nos levam ao êxtase da plena iluminação. Aprendendo o Budadharma, saberemos distinguir a causa real de felicidade e valorizá-la. Assim, nunca esqueceremos a grande bondade de Buda.

Graças à bondade de Buda, hoje somos capazes de aprender o Dharma e de encontrar Guias Espirituais. Nosso corpo humano é um sinal correto que demonstra essa bondade. Foi pela virtude das bênçãos e das instruções de Buda que conseguimos criar a causa para renascer numa forma humana com todas as liberdades e os dotes necessários para a prática espiritual. Se hoje podemos aplicar os métodos que conduzem à plena iluminação e obter realizações, é porque Buda foi bondoso a ponto de girar a Roda do Dharma e de mostrar seu exemplo neste mundo. Até a pequena sabedoria de que dispomos para discriminar o que é benéfico e o que é prejudicial e para identificar os ensinamentos de Buda como algo que vale a pena é resultado da bondade de Buda.

Visto que os Budas alcançam a iluminação a fim de beneficiar todos os seres vivos, e não apenas os budistas, eles também se manifestam como professores de outras religiões e dão instruções de acordo com as necessidades e as predisposições de diferentes praticantes. Os Budas podem ajudar os não budistas a evitarem o renascimento nos três reinos inferiores, porque outras tradições religiosas ensinam métodos para abandonar ações negativas e cultivar virtude. Os Budas também ajudam pessoas não religiosas, visto que podem se manifestar sob qualquer forma que traga benefício aos seres vivos.

COM COMPAIXÃO, SEMPRE ENCORAJAR OS OUTROS A SE REFUGIAREM

Se tivermos um conhecido que esteja interessado no Dharma, mas ainda não tenha buscado refúgio, não será possível ajudá-lo apressando-o a refugiar-se imediatamente. Alguém assim precisa gerar por si mesmo as causas de refúgio: medo do sofrimento e fé nas Três Joias. Vamos ajudá-lo melhor encorajando-o delicadamente a cultivar essas causas. Podemos falar sobre a impermanência, o modo como as condições desta vida mudam e que nosso corpo envelhece e decai; e falar sobre os sofrimentos da velhice e da doença, aproveitando exemplos que vemos em outras pessoas ou na televisão. Podemos falar sobre a morte, dizendo que a hora da morte é incerta e que teremos de nos separar de nossos amigos e posses. Podemos falar sobre o que acontecerá depois da morte, encorajando nosso interlocutor a pensar neste assunto e a acreditar em renascimento. Podemos, ainda, falar sobre o grande sofrimento a que está submetida a maioria dos seres vivos. Se introduzirmos esses assuntos com tato e delicadeza, a outra pessoa aos poucos perderá sua atitude acomodada e, quando ela se sentir inquieta, vai querer descobrir o que pode ser feito a esse respeito. Nesse ponto, poderemos ajudá-la a acreditar na existência de um ser iluminado que revelou como cada ser vivo pode alcançar o mesmo estado. Então, falaremos sobre a prática de refúgio e as boas qualidades das Três Joias.

Se ajudarmos os outros com tato, sem arrogância ou impaciência, vamos trazer-lhes verdadeiro benefício. Nunca sabemos ao certo se os presentes materiais que damos aos outros irão realmente ajudá-los. Há casos em que podem até fazer crescer as suas delusões. A maneira perfeita de ajudar os outros é conduzi-los ao longo dos caminhos espirituais. Se não pudermos ensinar extensivamente, poderemos ao menos dar bons conselhos aos que se sentem infelizes, ajudando-os a resolverem seus problemas por meio do Dharma.

REFUGIAR-SE NO MÍNIMO TRÊS VEZES AO DIA E TRÊS VEZES À NOITE, LEMBRANDO OS BENEFÍCIOS DO REFÚGIO

Devemos buscar refúgio, ao menos, uma vez a cada quatro horas e tentar nunca nos esquecer do nosso refúgio. Se mantivermos essa contínua-lembrança, alcançaremos realizações rapidamente. Lembrar-se dos benefícios de buscar refúgio é um estímulo para manter contínua-lembrança o tempo todo. Nesse particular, devemos tentar agir como um homem de negócios que nunca se esquece de seus projetos, nem mesmo nos momentos de descontração.

EXECUTAR CADA AÇÃO COM PLENA CONFIANÇA NAS TRÊS JOIAS

Para assegurar o sucesso de todas as nossas ações virtuosas, devemos confiar nas Três Joias. Não é preciso buscar a inspiração e as bênçãos de deuses mundanos; o que precisamos receber são as bênçãos de Buda, Dharma e Sangha, fazendo-lhes oferendas e pedidos com muita sinceridade.

NUNCA ABANDONAR AS TRÊS JOIAS, NEM DE BRINCADEIRA, AINDA QUE ISSO NOS CUSTE A PRÓPRIA VIDA

O principal motivo para nunca abandonarmos as Três Joias é que buscar refúgio é o fundamento de todas as realizações de Dharma. Certa vez, um budista foi capturado por um inimigo, que lhe disse: "Abandona teu refúgio em Buda ou te matarei". O budista se recusou a trair seu refúgio e foi morto. Clarividentes viram que, imediatamente depois de morrer, ele nasceu como um deus.

Os compromissos de refúgio específicos e gerais foram dados para nos ajudar a obter as realizações das etapas do caminho. São métodos habilidosos para treinarmos nossa mente e, justamente por isso, não devemos considerá-los como se fossem punições ou restrições desnecessárias.

COMO BUSCAR REFÚGIO PRATICANDO TRÊS RODADAS DE MEDITAÇÃO

Para praticar o refúgio em três rodadas de meditação, primeiro sentamos confortavelmente e visualizamos os objetos de refúgio no espaço à nossa frente. Durante a primeira rodada de meditação, procuramos enfatizar principalmente os diferentes sofrimentos dos três reinos inferiores. Depois de examiná-los profundamente, lembramos que, se não alcançarmos a libertação nesta vida, é praticamente certo que teremos um renascimento inferior, pois cometemos muitas ações não virtuosas que são causas de tais renascimentos dolorosos.

Começamos então a segunda rodada. Imaginamos que nossa hora de morrer chegou e que desperdiçamos a oportunidade de alcançar a libertação ou de criar Joias Dharma em nossa mente; logo, estamos definitivamente condenados a um renascimento inferior. A seguir, imaginamos nitidamente que este renascimento já ocorreu e que somos, por exemplo, um porco. Vamos nos visualizar como um porco e para tanto fazemos uma detalhada meditação analítica:

Agora eu sou um porco. Meu rosto é assim. Meu corpo é assim. Tenho membros assim. Estou rodeado por outros porcos. Eles são dessa e daquela maneira.

Visualizamos nossa família de porcos e a vida no chiqueiro, comendo restos imundos e cheirando excrementos. Quando tivermos visualizado tudo isso, imaginaremos que o fazendeiro chegou para nos levar embora. Temos de nos separar da nossa família e somos amontoados na carroceria de um caminhão, abarrotado de outros suínos a guinchar e a grunhir. Somos transportados em alta velocidade estrada afora. A seguir, imaginamos nosso espanto quando entramos no matadouro e o instante de horror ao percebermos que seremos abatidos. A vida nos é violentamente arrancada. Nosso corpo é decapitado e imediatamente rasgado e destripado; depois, é cortado em pedaços. Alguns pedaços são jogados fora, outros são atirados aos cães e outros são moídos e transformados em salsicha; outras partes são cortadas em costeletas e embrulhadas em papel celofane, para serem congeladas e vendidas nos supermercados. Imaginamos que as partes mais nobres vão para as casas de seres humanos, que as fritam e comem.

Está escrito num texto que, para alguém que não realizou renúncia, é mais benéfico praticar o estágio de geração como um animal, um ser-do--inferno ou um espírito faminto do que como uma Deidade. Se praticarmos autogeração como um ser de um dos reinos inferiores, desenvolveremos renúncia rapidamente.

Durante a terceira rodada de meditação, procuramos enfatizar principalmente as qualidades positivas das Três Joias, lembrando que só as Três Joias têm o poder de nos proteger dos sofrimentos dos reinos inferiores. Vamos recordar que a Joia Dharma é nosso refúgio efetivo e que a conquista desse refúgio efetivo depende de confiarmos em Buda e na Sangha. Desse modo, geramos intensa fé nas Três Joias.

Quando completarmos essas três rodadas de meditação e gerarmos as causas de refúgio com muita intensidade, recitaremos a prece de refúgio o maior número de vezes possível. Também poderemos coletar preces de refúgio da maneira que foi explicada nas instruções sobre as práticas preparatórias.

A prática do refúgio é bastante extensa, porque ela inclui todas as práticas das etapas do caminho à iluminação. Praticar a maneira especial de buscar refúgio de um pequeno ser significa esforçar-se para obter todas as realizações das etapas do caminho de um pequeno ser. Praticar a maneira especial de buscar refúgio de um ser mediano significa esforçar-se para obter todas as realizações das etapas do caminho de um ser mediano. Praticar a maneira especial de buscar refúgio de um grande ser significa esforçar-se para obter todas as realizações das etapas do caminho de um grande ser.

Quando Atisha chegou ao Tibete, ele ensinou principalmente o refúgio, e os tibetanos o chamaram de "O Lama do Refúgio". Atisha adorou esse título e pensou: "Agora, eu posso realmente beneficiar os tibetanos, porque a prática de refúgio deles será o fundamento para todas as outras realizações espirituais".

Carma

ADQUIRIR CONVICÇÃO NA LEI DO CARMA, RAIZ DE TODAS AS BOAS QUALIDADES E DE FELICIDADE

A lei do carma é um exemplo especial da lei de causa e efeito, segundo a qual todas as nossas ações de corpo, fala e mente são causas e todas as nossas experiências, seus efeitos. A lei do carma explica por que cada indivíduo tem um estado mental único, uma aparência física única e experiências únicas. Tudo isso são efeitos das inúmeras ações que cada indivíduo cometeu no passado. Não conseguimos encontrar duas pessoas que tenham criado exatamente a mesma "história" de ações ao longo de suas vidas passadas; portanto, não podemos encontrar duas pessoas com estados mentais idênticos, experiências idênticas e aparência física idêntica. Cada pessoa tem um carma individual diferente. Algumas desfrutam de boa saúde, ao passo que outras estão constantemente doentes. Algumas são bonitas e outras, muito feias. Algumas têm bom temperamento e contentam-se facilmente, outras são rabugentas e raramente gostam de alguma coisa. Algumas compreendem com facilidade as instruções de Dharma, outras acham as instruções difíceis e obscuras.

Carma refere-se principalmente a "ação" e, em particular, à intenção mental que inicia qualquer ação. Em geral, refere-se a um dos seguintes três componentes: 1) as ações; 2) seus efeitos; 3) as potencialidades que as ações deixam na mente no momento da sua conclusão e que ali permanecem até que amadureçam e seus resultados sejam colhidos. Existem três tipos de ação: as mentais, as corporais e as verbais. Uma ação mental é uma linha de pensamento completa, e não apenas a intenção que inicia o pensamento. As ações corporais e as ações verbais também são iniciadas por intenções mentais e são acompanhadas por ações mentais. Quando uma ação se completa, ela cria uma potencialidade em nossa mente. A potencialidade amadurece quando as condições se reúnem, assim como uma semente amadurece na primavera, quando recebe a dose certa de calor e umidade. É a ação que determina se a potencialidade será virtuosa ou não virtuosa, se amadurecerá como felicidade ou sofrimento.

Se compreendermos a lei do carma, entenderemos como controlar nossas experiências futuras, abandonando ações prejudiciais, que são causas de dor, e cultivando ações virtuosas, que são causas de felicidade. Meditar na lei do carma é como mirar um espelho que mostra o que devemos abandonar e o que devemos praticar. A lei do carma nos revela as causas das nossas experiências atuais e um prospecto do que nos espera nas vidas futuras se não controlarmos nossas negatividades. Ainda que entendamos a lei do carma intelectualmente, precisamos meditar repetidas vezes sobre ela para gerarmos profunda convicção. Quando estivermos persuadidos, naturalmente vamos temer nossa negatividade e tomar a firme resolução de praticar disciplina moral. Sem uma convicção autêntica, não geramos energia suficiente para treinar a mente e, assim, continuamos a cometer, compulsivamente, as ações nocivas causadoras de renascimento nos estados de sofrimento.

Sem praticar disciplina moral, ainda que nos refugiemos com sinceridade, não encontraremos proteção perfeita contra o renascimento nos três reinos inferiores, pois estaremos transgredindo nosso compromisso de refúgio. Buscar refúgio sem praticar disciplina moral é agir como um prisioneiro que, valendo-se da influência de terceiros, recupera a liberdade, mas continua a cometer os mesmos crimes de sempre, de tal modo que sua captura e retorno à prisão é só uma questão de tempo.

Praticar disciplina moral com forte convicção na lei do carma é a Joia Dharma de um pequeno ser e a base para gerarmos todas as outras Joias Dharma. Essa prática oferece proteção total contra renascimentos inferiores e nos dirige para as outras realizações das etapas do caminho. Sem isso, mesmo se nos tornarmos um erudito budista de renome, nossa posição na vida continuará sendo precária. Como disse Avadhutipa, o Guia Espiritual de Atisha:

> Até que tenhamos eliminado o agarramento ao em-si, nossa prática principal deve ser a prática de disciplina moral... Foram muitos os eruditos famosos que renasceram no inferno.

Assim como as leis de um país não abrem exceções para os intelectuais, também a lei do carma não exclui ninguém por conta de sua erudição. Devadatta, por exemplo, foi um grande erudito, que memorizou mais textos do que um elefante conseguiria carregar no lombo. Intelectualmente, entendia o sentido de todos eles mas, por nunca ter tido uma profunda e sincera convicção na lei do carma, continuou a cometer ações negativas obsessivamente e, em consequência disso, renasceu no sétimo inferno quente.

As escrituras citam o exemplo de um praticante do *Tantra de Yamantaka* que tinha algumas aquisições, como a habilidade de usar mantras irados. Porém, por não estar verdadeiramente persuadido da lei do carma e não ter uma realização de compaixão, servia-se disso para matar pessoas. Como resultado, renasceu como um espírito faminto. Quando seu carma negativo amadureceu dessa forma, nem mesmo o poderoso Yamantaka podia ajudá-lo.

A lei do carma será explicada em quatro partes:

1. As características gerais do carma
2. Os tipos específicos de ação e seus efeitos
3. Os oito atributos especiais de uma vida humana plenamente dotada
4. Como praticar disciplina moral depois de adquirir convicção na lei do carma

AS CARACTERÍSTICAS GERAIS DO CARMA

São quatro as características gerais do carma:

1. Os resultados das ações são definitivos
2. Os resultados das ações aumentam
3. Se uma ação não for praticada, seu resultado não poderá ser experienciado
4. Uma ação nunca é desperdiçada

OS RESULTADOS DAS AÇÕES SÃO DEFINITIVOS

Nos *Sutras Vinaya*, Buda diz:

A cada ação praticada, experienciamos um resultado similar.

Quando um jardineiro planta sementes de ervilha, é certo que crescerão ervilhas, não cevada; quando não planta semente alguma, é certo que nada crescerá. O mesmo acontece conosco. Quando praticamos ações positivas, é certo que experienciaremos resultados felizes; quando cometemos ações negativas, é certo que experienciaremos resultados infelizes; e, quando praticamos ações neutras, é certo que experienciaremos resultados neutros.

Em *Roda de Armas Afiadas*, Dharmarakshita diz que, se hoje sofremos alguma perturbação mental, é porque perturbamos a mente dos outros no passado. Também diz que a causa principal de qualquer doença física dolorosa é uma ação prejudicial similar feita no passado, como ferir os outros com uma surra, um tiro, comida envenenada ou remédios errados. Se essa causa principal estiver ausente, será impossível experienciar o sofrimento da doença física. Os Destruidores de Inimigos, por exemplo, podem ingerir alimento envenenado sem sentir nenhuma dor, pois eliminaram as ações prejudiciais e as potencialidades que são as causas principais de tal sofrimento.

Do mesmo modo, as causas principais dos sofrimentos de fome e de sede são ações como roubar comida ou bebida dos outros por egoísmo. Dharmarakshita disse que sofrer opressão é resultado de menosprezar, maltratar ou explorar pessoas que estão em posição inferior; ou desdenhar os outros em vez de amá-los, desprezando-os em vez de tratá-los com bondade amorosa. As causas principais dos sofrimentos de pobreza são maldades cometidas contra os outros, como impedi-los deliberadamente de satisfazer suas necessidades ou destruir suas posses. As causas principais do sofrimento de ser separado da família e dos amigos são ações como seduzir os parceiros alheios ou, propositadamente, indispor alguém contra seus amigos e empregados. As causas principais do sofrimento de não ter um bom relacionamento com os Guias Espirituais são ações como não seguir seus conselhos, perturbar intencionalmente sua paz mental ou portar-se de modo desonesto e hipócrita com eles.

Costumamos achar que tais experiências negativas só surgem em função das condições desta vida. Visto que não somos capazes de explicar a maior parte delas nesses termos, frequentemente achamos que nossas experiências são imerecidas e inexplicáveis e que não há justiça no mundo. Na realidade, a maioria das experiências desta vida é causada por ações que cometemos em vidas passadas.

As escrituras relatam a história de um homem chamado Nyempa Sangden. Ele era tão feio que, só de vê-lo, as pessoas se sentiam mal; mas sua voz era tão melodiosa que, ao escutá-la, todos desejavam ficar ao seu lado. Buda, o único capaz de saber a relação exata entre as ações e seus efeitos, explicou o caso de Nyempa Sangden da seguinte maneira: "Certa vez um rei contratou muitos homens para construir uma grande estupa. Passado algum tempo, um dos trabalhadores ficou exausto e voltou-se contra o projeto do rei, resmungando consigo mesmo: 'Para que serve uma estupa tão gigantesca?'. Contudo, quando a estupa ficou pronta e foi consagrada, arrependeu-se de ter ficado com raiva e ofereceu um lindo sino para ser colocado na estupa. A hostilidade do trabalhador causou a feiura do homem, e a oferenda do sino resultou na sua voz divina".

Precisamos entender de que modo a qualidade das nossas ações atuais determina a qualidade das nossas experiências futuras. Por desconhecer isso, criamos todo tipo de causas errôneas. Desejando felicidade, criamos causa de sofrimento e destruímos os meios de satisfazer nosso desejo.

Em *Guia do Estilo de Vida do Bodhisattva,* Shantideva diz:

Embora os seres vivos queiram se livrar do sofrimento,
Eles correm diretamente para as causas de sofrimento;

E embora queiram a felicidade,
Por ignorância eles a destroem como um inimigo.

Se meditarmos intensamente sobre esse ponto, vamos gerar a determinação: "Vou abandonar ações não virtuosas porque o resultado delas é sofrimento; vou empenhar-me em ações virtuosas porque seu resultado é felicidade". Então, tomamos essa determinação como nosso objeto na meditação posicionada.

OS RESULTADOS DAS AÇÕES AUMENTAM

Até as menores ações não virtuosas dão grandes frutos de sofrimento, e até as menores ações virtuosas dão grandes frutos de felicidade. Desse modo, grande sofrimento ou grande felicidade podem crescer a partir de pequenas ações. Nossas ações são como minúsculas glandes, que produzem gigantescos carvalhos. Embora possamos ter criado uma pequena ação não virtuosa, enquanto não conseguirmos purificá-la, seu poder de produzir sofrimento crescerá dia após dia.

As escrituras citam o exemplo de uma monja chamada Upala, que vivenciou um extraordinário infortúnio antes de se ordenar. Os seus dois filhos morreram, um afogado e o outro devorado por um chacal. O seu marido foi morto por uma picada de cobra venenosa. Tendo perdido a família, Upala voltou para a casa de seus pais mas, ao chegar, houve um terrível incêndio, que tudo destruiu. Casou-se então com um não budista e teve um filho. Esse homem era alcoólatra. Certa noite, ele ficou tão bêbado que matou o próprio filho e obrigou a mãe a comer a carne da criança. Upala fugiu desse homem violento e foi para outro país, onde foi capturada por ladrões e forçada a casar-se com o chefe deles. Alguns anos mais tarde, o marido foi preso e, segundo o costume daquele país, ambos foram enterrados vivos. Entretanto, os ladrões, por desejarem a mulher, desenterraram-na e forçaram-na a viver com eles. Depois de tantos tormentos e desgraças, Upala desenvolveu um fortíssimo desejo de se libertar de qualquer tipo de existência sofredora. Procurou Buda e contou sua história. Buda explicou-lhe que, na vida anterior, ela havia sido uma das esposas de um rei e que sentira muito ciúme das outras mulheres. O ciúme foi a causa dos sofrimentos extremos da sua vida atual.

Meditando assim, vamos gerar uma forte determinação de evitar até a mais leve não virtude e alimentar até os menores bons pensamentos e boas ações. Quando essa determinação surgir em nossa mente, faremos a meditação posicionada, para torná-la constante e estável. Se conseguirmos guardar nossa determinação o tempo todo, sem nunca esquecê-la, nossas ações de corpo, fala e mente vão se tornar tão puras que não haverá mais base para o sofrimento, e desenvolveremos realizações rapidamente.

SE UMA AÇÃO NÃO FOR PRATICADA, SEU RESULTADO NÃO PODERÁ SER EXPERIENCIADO

Numa guerra, quando os soldados lutam uns contra os outros, alguns são mortos e outros sobrevivem. Não podemos dizer que os sobreviventes se salvaram porque foram mais corajosos que os outros; eles se salvaram porque não criaram a causa para morrer naquele momento.

As escrituras dão o exemplo de Ngo Sangma, uma rainha que alcançou a realização de um *Nunca Retornado*, sob a orientação de um mestre budista, e que tinha quinhentas discípulas, todas com poderes miraculosos. Um dia, o local onde elas estavam reunidas pegou fogo. A rainha e suas discípulas imediatamente voaram para escapar das chamas. Mas a rainha compreendeu que todas elas haviam criado o carma coletivo de morrer no fogo, naquele dia. Como o carma já estava amadurecendo, esse acontecimento era inevitável. A rainha disse às outras mulheres: "A única maneira de purificarmos nossas ações não virtuosas neste momento é experienciando seu efeito". Assim, elas voaram de volta para o fogo, como mariposas atirando-se numa chama de vela.

As mulheres tinham uma humilde empregada chamada Gurchog, que não tinha poderes miraculosos e teve de fugir do incêndio pelos esgotos. Ela também não possuía realizações espirituais nem tempo para praticar Dharma. Contudo, por ser a única que não tinha criado a causa para morrer naquele incêndio, só ela escapou.

Os jornais noticiam muitos casos semelhantes. Quando um terrorista arma uma bomba num prédio, algumas pessoas morrem, ao passo que outras escapam, embora estivessem no centro da explosão. Num acidente de avião ou no caso de uma erupção vulcânica, alguns morrem, e outros escapam como por milagre. Em muitos acidentes, os próprios sobreviventes, atônitos, não entendem como se salvaram e se espantam com a morte de outras pessoas que estavam perto deles na hora do desastre.

Meditando sobre esse ponto, vamos gerar uma forte determinação: "Vou praticar purificação e envolver-me unicamente em ações virtuosas".

UMA AÇÃO NUNCA É DESPERDIÇADA

Buda diz:

> As ações dos seres vivos nunca são desperdiçadas, mesmo que centenas de éons transcorram antes de seus efeitos serem experienciados.

Ações não podem simplesmente desvanecer, tampouco podemos transferi-las a outrem, eximindo-nos assim da nossa responsabilidade. Embora as intenções mentais momentâneas que iniciaram nossas ações passadas já tenham cessado, as potencialidades que elas criaram em nossa mente não vão cessar até que tenham amadurecido. O único meio de destruir potencialidades negativas antes de amadurecerem como sofrimento é praticar purificação com os quatro poderes oponentes. No entanto, destruir nossas potencialidades positivas é fácil, visto que se não dedicarmos nossas ações virtuosas, um único instante de raiva bastará para torná-las completamente impotentes. Nossa mente é como um tesouro sem dono, e nossas ações virtuosas, como joias. Se não defendermos nossas ações virtuosas por meio de dedicatória, sempre que ficarmos com raiva, será o mesmo que deixar um ladrão invadir nosso tesouro.

Mesmo que transcorram mil anos entre o momento em que cometemos uma ação e o instante em que experienciamos seu efeito, as potencialidades da nossa ação ficarão guardadas em nossa mente durante todo esse tempo. Se tivermos cometido a ação de matar e as causas de experienciarmos seu efeito demorarem cem vidas para se reunir, as potencialidades daquela ação de matar ficarão em nossa mente durante todo esse tempo. No final da nossa 99ª vida, quando estivermos prestes a morrer, poderemos, por exemplo, gerar forte apego ao calor, e isso ativará nossa potencialidade negativa, propiciando assim as condições necessárias para experienciarmos o efeito amadurecido da nossa ação não virtuosa. O apego que sentimos na hora da morte funciona como água; as potencialidades negativas que foram deixadas na mente pela ação de matar são como uma semente plantada na terra. Quando a delusão-água do apego nutrir nossa potencialidade-semente, esta amadurecerá na forma de um renascimento extremamente penoso num dos infernos quentes.

Podemos considerar o exemplo de Shri Datta, que cometeu muitas ações extremamente negativas, como oferecer comida envenenada a Buda. Quando ficou velho, interessou-se pelo Dharma e pediu a Buda que lhe concedesse ordenação. Costuma-se dizer que, para se ordenar, uma pessoa deve possuir, pelo menos, uma minúscula potencialidade virtuosa que seja causa de libertação. Discípulos clarividentes de Buda examinaram Shri Datta, mas não encontraram nem uma dessas potencialidades virtuosas e declararam: "Shri Datta não pode ser ordenado, porque não possui nenhuma potencialidade virtuosa que seja causa de libertação". No entanto, esses discípulos não eram capazes de ver as potencialidades sutis, que só podem ser percebidas por seres iluminados. Ao examinar o caso, Buda vislumbrou uma minúscula potencialidade virtuosa dentro da mente escura de Shri Datta. Buda diz aos discípulos: "Há muitos éons, Shri Datta foi uma mosca que sem querer foi levada a circum-ambular uma estupa. Já que essa ação é virtuosa por natureza, ela deixou um traço de bondade na mente de Shri Datta; assim, ele é capaz de alcançar a libertação". Buda concedeu-lhe a ordenação e, como resultado, as potencialidades positivas de Shri Datta aumentaram e ele, de fato, alcançou a libertação naquela vida.

Como diz Chandrakirti, no *Guia ao Caminho do Meio*, disciplina moral é a única causa de renascimentos felizes e de libertação para Bodhisattvas, Realizadores Solitários, Ouvintes e seres comuns. Praticar disciplina moral significa abandonar as ações negativas, por entender os seus perigos. Embora existam algumas ações não virtuosas que não podemos abandonar de imediato, devido aos nossos fortes hábitos mentais negativos, há outras que podemos interromper definitivamente, desde já. Devemos treinar nossa mente com suavidade e firmeza, lidando primeiro com as ações não virtuosas que podemos facilmente abandonar e, depois, estabelecendo a determinação, a coragem e a habilidade que precisamos para eliminar até nossos maus hábitos mais arraigados. Enquanto mantivermos o desejo sincero de superar todas as nossas ações e potencialidades não virtuosas, elas irão progressivamente se debilitar, e acharemos cada vez mais fácil praticar ações virtuosas. Não precisamos nos inquietar, porque uma determinação contínua e sincera é suficiente para solapar a força de todas as nossas tendências não virtuosas.

Devemos ser habilidosos e praticar segundo a nossa capacidade. Algumas pessoas são capazes de abandonar ações negativas logo que compreendem os ensinamentos sobre o carma; outras, apesar de terem uma boa compreensão, continuam a se envolver compulsivamente em negatividades por bastante tempo. Se tentarmos nos forçar a superar todos os nossos maus hábitos de uma vez, ficaremos ansiosos e, a seguir, deprimidos. Resoluções ambiciosas demais resultam em fracasso e desânimo. Ficar desanimado é algo muito perigoso, pois nos leva a abandonar o Dharma. Visto que é impossível ter uma prática espiritual bem-sucedida com uma mente tensa e infeliz, devemos sempre praticar com moderação, permitindo que nossa mente se mantenha alegre e descontraída. Então, a meditação vai funcionar, nossa mente tornar-se-á mais clara e nossa memória, mais forte. Sempre que tomarmos consciência de ações não virtuosas e estados mentais negativos, em vez de ficarmos abatidos e irritados, sentindo-nos indefesos e decepcionados, devemos reagir com sabedoria e criatividade, praticando confissão e purificação.

OS TIPOS ESPECÍFICOS DE AÇÃO E SEUS EFEITOS

Este item tem quatro partes:

    1. As ações não virtuosas e seus efeitos
    2. As ações virtuosas e seus efeitos
    3. Os fatores que determinam o poder de uma ação
    4. As ações arremessadoras e as ações completadoras

AS AÇÕES NÃO VIRTUOSAS E SEUS EFEITOS

Esta seção tem três partes:

1. As dez ações não virtuosas e os fatores que determinam sua conclusão
2. Fatores que agravam as ações não virtuosas
3. Os efeitos das ações não virtuosas

AS DEZ AÇÕES NÃO VIRTUOSAS E OS FATORES QUE DETERMINAM SUA CONCLUSÃO

Ações não virtuosas são caminhos que levam aos reinos inferiores. Primeiro precisamos identificá-las e entender como elas resultam em dor e confusão. Com essa compreensão, naturalmente vamos nos esforçar para evitá-las. As ações não virtuosas são extraordinariamente numerosas, mas a maioria delas pode ser incluída em dez:

1. Matar
2. Roubar
3. Má conduta sexual
4. Mentir
5. Discurso divisor
6. Discurso ofensivo
7. Tagarelice
8. Cobiça
9. Malevolência
10. Adotar visões errôneas

As três primeiras são ações de corpo, as quatro seguintes são essencialmente ações de fala, embora também englobem algumas de corpo, e as três últimas são ações mentais.

Só colhemos o resultado pleno de uma ação quando ela se completa, e uma ação só se completa quando todos os seguintes quatro fatores estiverem presentes em sua execução: o objeto, a intenção, a preparação e a conclusão.

MATAR

O primeiro fator, o objeto, da ação de matar é qualquer criatura, desde o menor dos insetos até um Buda. Para que a intenção – o segundo fator – de cometer qualquer ação negativa seja plena, três elementos devem estar presentes: discriminação correta, determinação e delusão. No caso de matar, discriminação correta é uma identificação correta do indivíduo que queremos matar. Por exemplo, se quisermos matar João, mas matarmos Pedro, pensando que Pedro é João, não teremos completado nem a ação de matar João nem a de matar Pedro, embora nossa ação seja nociva e vá nos acarretar resultados negativos. O elemento determinação é a nossa determinação de matar o indivíduo que foi corretamente identificado. Se matarmos alguém acidentalmente, sem o menor desejo de infligir-lhe dano, nossa ação não se completará. Ao cometer a ação, também é preciso que nossa mente esteja sob a influência de delusão. É possível que alguém mate sem estar sendo influenciado por qualquer delusão, como no caso de matar por compaixão para salvar outras vidas. Para agir assim, uma pessoa deve ter grande sabedoria e a coragem de tomar sobre si quaisquer resultados negativos que a ação venha a acarretar. Em geral, a ação de matar é motivada por uma das delusões raízes: raiva, apego desejoso e ignorância. Um ladrão pode matar por apego, achando que sua vítima impedirá o roubo. Um soldado pode matar por ódio de seu inimigo ou por ignorância, acreditando que, numa guerra, matar não é uma ação negativa. Algumas pessoas matam alegremente peixes, pássaros e outros animais levados pela crença equivocada de que não há mal algum nisso. Em algumas religiões, chega-se a ensinar que certos atos de matar são virtuosos, como matar animais para sacrifício.

O terceiro fator, a preparação, refere-se aos preparativos que fazemos para agir. É possível agir diretamente ou encarregar outra pessoa de fazê-lo. Por exemplo, podemos envenenar nossa vítima ou contratar alguém para matá-la a tiros. A ação de matar se completará quando a vítima morrer antes de nós. Nessa ocasião, contanto que todos os outros elementos estejam presentes, teremos criado a causa para experienciar o pleno resultado negativo da nossa ação.

É um equívoco pensar que as consequências das nossas ações não virtuosas podem ser evitadas se contratarmos outra pessoa para agir em nosso lugar. Na verdade, se usarmos outra pessoa como agente, o efeito pleno da ação será duplamente severo, porque duas pessoas terão de sofrer os maus resultados dela. Some-se a isso as consequências que colheremos de explorar outra pessoa, usando-a para nossos propósitos egoístas, sem nos preocupar com o seu bem-estar futuro.

Tendemos a pensar que as pessoas que comandam outras são muito afortunadas. Na realidade, a posição delas é bastante perigosa, pois é muito difícil que elas consigam deixar de cometer ações tremendamente destrutivas. Por exemplo, se um governante ordenar o engajamento do exército numa batalha e nela morrerem mil inimigos, cada soldado sofrerá o resultado negativo correspondente ao número de pessoas que matou; mas o mandante da ação arcará com o resultado negativo das mil mortes. Pessoas que estão no poder podem cometer ações imensamente destrutivas com uma simples assinatura ou apertando um botão. O Protetor Nagarjuna costumava rezar para nunca vir a ser um político em vidas futuras, porque ele sabia que quem assume autoridade ou poder mundanos tem de se responsabilizar por todas as ações que ordena aos outros executarem.

Quando um grupo de pessoas concorda em executar uma ação e esta é concluída, cada pessoa incorre, individualmente, no resultado dessa ação. O objeto da ação pode ser um só, mas haverá tantas ações quanto o número de participantes. Isso se aplica mesmo se o grupo indicar uma única pessoa para executar a ação. Todavia, se mandarmos ou indicarmos alguém para fazer uma ação e depois mudarmos de ideia, antes que a ação seja completada, não incorreremos em seu resultado pleno.

ROUBAR

O objeto da ação de roubar é qualquer coisa que outra pessoa considere sua propriedade. Isso inclui outros seres vivos, como as crianças ou os animais dos outros. Se pegarmos algo que ninguém reivindica possuir, como um objeto achado no lixo, a ação de roubar não será uma ação completa.

O objeto do roubo deve ser corretamente identificado. Se quisermos roubar as posses de um inimigo, mas roubarmos as posses de outra pessoa, pensando que pertenciam ao nosso inimigo, a ação de roubar não se completará em nenhum dos casos. Precisamos também estar decididos a roubar e influenciados por delusão. Normalmente rouba-se por apego desejoso, mas algumas pessoas podem roubar por ódio, com o intuito de atingir um inimigo; outras roubam por ignorância, pensando que não há nada de errado em roubar ou justificando o roubo. Por exemplo, as pessoas podem deixar de pagar empréstimos, impostos, multas ou prestações, alegando que os sistemas que exigem tais pagamentos são injustos; ou podem se achar no direito de roubar seus patrões, dizendo que são mal remuneradas.

Há várias maneiras de roubar. Pode-se roubar secreta ou abertamente ou recorrer a meios tortuosos, como suborno, chantagem ou manipulação emocional. A ação de roubar se completa quando pensamos: "Este objeto agora é meu". Quando pedimos alguma coisa emprestada, podemos nos afeiçoar a ela e mudar de intenção quanto à sua devolução. Se começarmos a pensar naquele objeto como sendo nosso, desde que as demais condições estejam presentes, teremos completado a ação de roubar. Enquanto estivermos hesitando, nossa ação não será uma ação completa. Por exemplo, se entrarmos num trem sem ter comprado a passagem, poderemos hesitar ao longo do trajeto se pagaremos ou não.

Mas, quando chegarmos ao nosso destino e, com sucesso, tivermos nos esquivado de todos os cobradores, sentiremos que conseguimos uma passagem grátis. Quando gerarmos esse pensamento triunfante, nossa ação de roubar se completará.

MÁ CONDUTA SEXUAL

Se tivermos tomado votos de celibato, o objeto de má conduta sexual será qualquer outra pessoa. Se não formos celibatários e tivermos um cônjuge, o objeto de má conduta sexual será qualquer outra pessoa. Se não tivermos votos de celibato e não tivermos um cônjuge, o objeto de má conduta sexual será qualquer um que seja parceiro de outra pessoa (marido, mulher, namorado ou namorada), nossos próprios pais, uma criança, alguém que tenha votos de celibato, mulheres grávidas, animais ou qualquer um que não consinta o ato sexual. É preciso identificar corretamente o objeto da má conduta sexual. Por exemplo, se não tivermos nenhum impedimento e mantivermos relação sexual com uma pessoa que acreditamos ser desimpedida, quando de fato ela é casada, nossa ação não será uma ação completa. Também é preciso estar determinado a cometer má conduta sexual e sob influência de uma delusão. Em geral, comete-se má conduta sexual por apego desejoso, mas em alguns casos a ação é praticada por ódio, como quando os soldados estupram as mulheres e as filhas dos seus inimigos. Outras vezes, comete-se má conduta sexual por ignorância, achando que não há nada de errado nesse ato ou pensando que ele é saudável e sublime, como ocorre quando alguém mantém relação sexual com parceiros de outras pessoas acreditando que o "amor livre" é um caminho à libertação.

Há diversas maneiras de cometer a ação de má conduta sexual. A ação se completará ao alcançarmos o êxtase sexual pela união dos dois órgãos sexuais.

MENTIR

Existem muitos objetos da ação de mentir, mas a maioria está incluída em oito categorias: o que se vê, o que se ouve, o que se experiência e o que se conhece; o que não se vê, o que não se ouve, o que não se experiência e o que não se conhece. Há casos em que a mentira não é uma ação verbal. Por exemplo, alguém pode mentir fazendo gestos, escrevendo ou até ficando em silêncio.

Para que a ação de mentir seja completa, é preciso que o objeto seja corretamente identificado. Se nos equivocarmos a seu respeito, dizendo algo como "minha tigela de oferenda é feita de ouro", quando queríamos dizer "minha tigela de oferenda é feita de bronze", a ação não se completará. Além disso, devemos estar determinados a mentir e sob influência de uma delusão. No caso de mentir, qualquer uma das delusões raízes pode estar presente. Existem diversas maneiras de mentir, mas a ação só se completará quando o indivíduo para quem a mentira foi contada tiver entendido nossa mensagem e acreditado naquilo que lhe foi dito ou indicado. Se nosso interlocutor não nos entendeu, a ação não se completará. Por exemplo, se sussurrarmos uma mentira no ouvido do nosso cachorro, ele não terá como acreditar em nós; portanto, não incorreremos no pleno resultado negativo de mentir.

DISCURSO DIVISOR

O objeto do discurso divisor é constituído por duas ou mais pessoas que mantêm um relacionamento entre si. Se a relação for boa, nosso discurso divisor provocará sua deterioração ou sua completa destruição; se for má, nosso discurso divisor fará a relação piorar. É preciso identificar corretamente o objeto e estar decidido a estragar a relação entre as pessoas usando o discurso divisor. Nossa mente tem de estar sob influência de delusão. Mais uma vez, qualquer uma das três delusões raízes pode estar envolvida.

Existem dois tipos de discurso divisor: aquele que é verdade, mas fere os outros ao ser proferido, e aquele que é falso, como calúnia ou difamação. Discurso divisor não é necessariamente uma ação verbal. Podemos destruir a harmonia e a boa vontade entre as pessoas por outros meios, como escrevendo ou silenciando-nos. Há várias maneiras de nos envolvermos em discurso divisor, mas a ação só se completará quando isso resultar na deterioração de um bom relacionamento ou na piora de um mau relacionamento.

DISCURSO OFENSIVO

O objeto do discurso ofensivo é qualquer pessoa que possa ser ferida pelo que dizemos. Se ficarmos com raiva do tempo e o insultarmos, nosso discurso ofensivo não será uma ação completa, porque o tempo não pode ser ferido pelas nossas palavras. Temos de identificar corretamente o objeto. Se equivocarmos um objeto por outro – queremos insultar Pedro, mas insultamos João, pensando tratar-se de Pedro –, nossa ação não será completa. Além disso, devemos estar decididos a falar ofensivamente e sob influência de delusão. Em geral, falamos ofensivamente por irritação, e sempre há alguma raiva envolvida na ação. Mas também podemos fazer isso por apego desejoso. Por exemplo, chamamos alguém de gordo para fazê-lo sentir-se mal e, assim, nos deixar seu bolo de chocolate! Às vezes, falamos ofensivamente por ignorância, sem imaginar que os outros podem ser feridos por nossas palavras. Podemos ser deliberadamente ofensivos, na crença de que nossas palavras duras são benéficas para os outros.

Há várias maneiras de se envolver em discurso ofensivo, e o sarcasmo é uma delas. Com sarcasmo, falamos mansamente, com um sorriso no rosto, mas disparamos palavras cujo resultado se assemelha a flechas arremessadas contra a mente da outra pessoa. O propósito do discurso ofensivo é infligir essa dor nos outros. Assim como uma flecha trespassa o corpo do nosso inimigo, o discurso ofensivo trespassa a sensibilidade alheia. O discurso ofensivo não é necessariamente uma ação verbal, e essa dor pode ser infligida sem usar palavras. Por exemplo, com um gesto, podemos humilhar ou ridicularizar alguém. Sempre que estivermos com outras pessoas, devemos vigiar nossa fala e avaliar a dor que nossas palavras são capazes de causar. Devemos ponderar: "Essas palavras poderiam ser perturbadoras? Poderiam causar infelicidade?". Como disse Atisha, quando estamos sozinhos, devemos vigiar, em particular, a nossa mente; quando estamos com os outros, devemos vigiar principalmente a nossa fala.

A ação do discurso ofensivo se completará quando o indivíduo contra o qual a ação foi dirigida entender nossas palavras, acreditar que foram proferidas a sério e sentir-se perturbado. Se ele não entender nossas palavras, pensar que estávamos brincando ou permanecer imperturbável, a ação não será uma ação completa.

TAGARELICE

O objeto da tagarelice é qualquer objeto que seja sem sentido. De novo, precisamos identificar corretamente o objeto, ter a determinação de nos envolver na ação e estar sob influência de delusão.

Há muitas maneiras de tagarelar. Por exemplo, podemos falar tudo o que nos passa pela cabeça ou falar sem qualquer finalidade ou senso de responsabilidade. Qualquer conversa que seja inútil ou não traga real benefício é tagarelice. A tagarelice nem sempre é verbal. Por exemplo, perder um tempo enorme lendo livros frívolos, cheios de romance e fantasia, é um tipo de tagarelice. Embora não seja, por natureza, uma ação não virtuosa grave, se nos entregarmos a isso com frequência, nossa vida ficará repleta de trivialidades, e isso poderá se tornar um sério obstáculo à nossa prática de Dharma. A ação se completará quando os outros ouvirem nossas palavras.

COBIÇA

O objeto da ação mental de cobiça é qualquer coisa que pertença aos outros. Pode ser uma posse material, um emprego, uma posição de prestígio ou o cônjuge de outra pessoa. É preciso identificar corretamente o objeto, ter a determinação de possuí-lo e estar sob influência de delusão. Na maioria das vezes, quando sentimos cobiça, nossa mente está perturbada por apego desejoso. Envolvemo-nos na ação pensando repetidamente de que modo vamos obter o objeto cobiçado e completamos a ação quando escolhemos um meio específico e decidimos obter o objeto.

A ação mental de cobiça é constituída por uma sequência de pensamentos, que são a determinação de obter o objeto, o exame repetido da melhor maneira de agir e a decisão de obtê-lo pelo meio escolhido. Desde que todos os fatores estejam presentes, a ação se completará, independentemente de efetivarmos ou não a decisão tomada.

MALEVOLÊNCIA

O objeto da ação mental de malevolência, ou pensamento maldoso, é qualquer outro ser. É preciso identificá-lo corretamente, ter a determinação de manifestar nossa inimizade e estar sob influência de uma das delusões raízes. Envolvemo-nos em malevolência quando consideramos repetidamente como prejudicar outra pessoa; e completamos a ação quando escolhemos o meio de agir e decidimos efetivá-lo.

A ação mental de malevolência é constituída por uma sequência de pensamentos, que são a determinação de expressar nossa malevolência, o exame repetido da melhor maneira de agir com esse intuito e a decisão final de prejudicar o outro pelo meio escolhido. Desde que todos esses fatores estejam presentes, a ação se completará e incorreremos no resultado pleno, independentemente de termos expressado nossa malevolência com ações corporais ou verbais.

ADOTAR VISÕES ERRÔNEAS

Para alcançar a libertação e a iluminação, há certos objetos que devemos conhecer, como a existência de vidas passadas e futuras, a lei do carma, as quatro nobres verdades e as Três Joias. Para cometer a ação negativa de adotar visões errôneas, temos de estar determinados a negar a existência desse tipo de objeto, pensando: "Não vejo minhas vidas futuras; logo, elas não existem". Também precisamos identificar corretamente o objeto que estamos negando e estar com a mente influenciada por uma delusão.

Adotamos visões errôneas quando pensamos, repetidamente, de que forma iremos negar a existência do objeto. Há várias maneiras de fazê-lo, como repudiando dogmaticamente o objeto, usando raciocínios incorretos ou gerando fé em alguém que ensina visões errôneas. Completamos a ação quando escolhemos um meio de agir e decidimos confiar nele para sustentar firmemente nossa visão errônea. Nesse ponto, fechamos nossa mente e criamos causa para experienciar o pleno resultado negativo da nossa ação.

FATORES QUE AGRAVAM AS AÇÕES NÃO VIRTUOSAS

O grau de sofrimento que experienciamos como resultado de qualquer ação negativa depende do poder da ação e este, por sua vez, é determinado por seis fatores:

1. A natureza da ação
2. A intenção
3. O modo de agir
4. O objeto
5. A frequência com que a ação é cometida
6. A aplicação ou não aplicação de um oponente

A NATUREZA DA AÇÃO

Algumas ações não virtuosas são, por natureza, mais negativas que outras. A gravidade de qualquer ação não virtuosa corresponde à intensidade do prejuízo que ela inflige aos outros. Entre as três ações corporais não virtuosas e as quatro ações verbais não virtuosas, matar é por natureza a mais destrutiva. Depois, em ordem decrescente, vêm roubar, má conduta sexual, mentir, discurso divisor, discurso ofensivo e tagarelice. Entre as ações mentais não virtuosas, a cobiça é a menos grave, seguida de malevolência e de adotar visões errôneas, que é a mais grave.

A INTENÇÃO

O grau de negatividade de qualquer ação depende do poder que tem a delusão envolvida nela. Por exemplo, matar numa crise de fúria é mais negativo que matar com uma raiva moderada. Tagarelar inutilmente com o intuito de impedir alguém de fazer algo importante é mais negativo que tagarelar porque estamos numa festa e todos estão fazendo o mesmo.

O MODO DE AGIR

Para julgar o quanto uma ação não virtuosa é grave, devemos observar também a intensidade do prejuízo que o modo de agir escolhido inflige aos outros. Por exemplo, matar um animal rapidamente é menos destrutivo que matá-lo sadicamente, torturando-o de maneira lenta e dolorosa ou levando a vítima a um estado de terror, depois de persegui-la campo afora, com uma matilha de cães ferozes.

O OBJETO

O poder de uma ação não virtuosa será maior quando seu objeto for um objeto de refúgio ou alguém especialmente bondoso conosco, como nossos pais.

A FREQUÊNCIA COM QUE A AÇÃO É COMETIDA

Quanto mais vezes cometemos uma ação não virtuosa, mais poderosa ela se torna. Por exemplo, a tagarelice não é uma ação negativa muito grave por natureza mas, se for compulsivamente repetida sempre que a oportunidade se apresentar, sua negatividade se fortalecerá e ela trará resultados muito mais graves.

A APLICAÇÃO OU NÃO APLICAÇÃO DE UM OPONENTE

A gravidade das nossas ações não virtuosas se atenua quando também fazemos ações virtuosas. Mas, se só cometermos ações não virtuosas, seu efeito será mais grave.

Posto que a gravidade de uma ação não virtuosa depende desses seis fatores, o tipo mais grave de ação negativa seria matar a própria mãe num ataque cego de fúria, usando um tipo de veneno que provoca uma morte lenta e agonizante. Essa ação seria ainda mais grave se o assassino fosse alguém que cometesse crimes sádicos desse tipo compulsivamente, sem nenhum arrependimento ou impulso bondoso. O tipo mais brando de ação negativa aconteceria se um praticante de Dharma, habituado a guardar disciplina moral com pureza e a praticar virtudes como paciência e generosidade, ocasionalmente, e sem estar sob a influência de nenhuma delusão forte, participasse de uma conversa sem sentido, durante uma festa.

OS EFEITOS DAS AÇÕES NÃO VIRTUOSAS

Os efeitos das ações não virtuosas podem ser de três tipos:

1. O efeito amadurecido
2. Os efeitos similares à causa
3. O efeito ambiental

O EFEITO AMADURECIDO

O efeito amadurecido de uma ação negativa é um renascimento em um dos reinos inferiores. As ações negativas mais graves amadurecem como renascimento no reino do inferno; as ações um pouco menos graves amadurecem como renascimento no reino dos espíritos famintos; e as ações menos graves amadurecem como renascimento no reino animal.

OS EFEITOS SIMILARES A CAUSA

Há dois tipos de efeitos similares à causa:

1. Tendências similares à causa
2. Experiências similares à causa

Mesmo quando nossas potencialidades positivas, por fim, amadurecerem como um renascimento humano, teremos de experienciar esses dois tipos de efeito como repercussões adicionais da nossa ação não virtuosa. Colheremos os efeitos que são tendências similares à causa ao continuar tendo forte compulsão a repetir ações não virtuosas similares. Esse efeito torna extremamente difícil parar de criar causas para muitos outros renascimentos futuros nos reinos inferiores. Por exemplo, a tendência similar à ação de matar é um forte impulso de destruir seres vivos. A reação automática de algumas pessoas quando veem uma aranha no seu quarto é esmagá-la; e há crianças que não resistem à tentação de atormentar ou torturar animais. Isso são tendências que se assemelham às ações destrutivas que foram cometidas no passado. Do mesmo modo, a tendência semelhante à ação de má conduta sexual é sentir forte atração pelo cônjuge de outras pessoas.

Para cada uma das dez ações não virtuosas há efeitos que são experiências similares. A experiência similar a matar é termos vida curta, cheia de doenças e enfermidades. Ao matar, encurtamos a vida de outro ser e, desse modo, nós mesmos teremos uma vida curta, minada por má saúde. Se temos esse tipo de experiência em nossa vida, devemos saber que ela é resultado das nossas próprias ações. A experiência similar a roubar é não ter riquezas e posses e, ao consegui-las, ser roubado ou ser vítima de calote. A experiência similar à má conduta sexual é que somos rapidamente separados de nossos amigos e familiares, nossos cônjuges nos trocam por outra pessoa, nossos empregados pedem demissão e sentimos solidão. Podemos ver que algumas pessoas que são velhas e feias têm muitos amigos e um companheiro devotado, ao passo que outras, embora jovens e bonitas, não conseguem um parceiro leal nem amizades duradouras.

A experiência similar a mentir é que ninguém confia no que dizemos nem ouve nossos conselhos. A experiência similar ao discurso divisor é que temos dificuldade em desenvolver relações harmoniosas. A experiência similar ao discurso ofensivo é que os outros nos dizem coisas desagradáveis e falam mal de nós. Sempre que alguém nos fere falando de maneira ofensiva ou sarcasticamente, devemos reconhecer que isso é efeito das nossas próprias palavras rudes do passado. A experiência similar à tagarelice é que as pessoas não levam a sério o que dizemos. Elas nos consideram tolos e não ligam para nossos comentários e opiniões.

A experiência similar à cobiça é que nossos desejos não são satisfeitos e não conseguimos obter o que desejamos; a experiência similar à malevolência é uma propensão a sentir medo e pânico em situações de perigo. A experiência similar a adotar visões errôneas é uma grande confusão e dificuldade para gerar sabedoria. Ademais, quando ouvimos ou lemos ensinamentos de Dharma, ficamos cheios de dúvidas. Se hoje achamos difícil esclarecer equívocos e obter realizações, isso é resultado de termos nos aferrado a visões errôneas no passado.

O EFEITO AMBIENTAL

O terceiro efeito de uma ação negativa é que, quando temos outro renascimento, por exemplo, como humano, o nosso ambiente e tudo o que nos rodeia é hostil, perigoso e desagradável. O efeito ambiental de matar é viver num lugar pobre, onde é difícil obter comida e outras necessidades. O efeito ambiental de roubar é viver num lugar árido e contrário ao cultivo. O efeito ambiental de má conduta sexual é viver num lugar sujo e insalubre.

O efeito ambiental de mentir é viver num lugar onde as pessoas mentem e nos enganam e onde não há ninguém confiável. O efeito ambiental do discurso divisor é viver num lugar acidentado e montanhoso, com raros meios de transporte, o que obriga os habitantes a transportarem pesadas cargas. Uma vez que o discurso divisor transforma relações que antes eram agradáveis e harmoniosas em difíceis e dolorosas, temos de viver num ambiente rude e inóspito, onde as comunicações são difíceis. O efeito ambiental do discurso ofensivo é viver num lugar infestado de plantas ou vegetação rasteira, que nos arranham e espetam sempre que nos locomovemos. O efeito ambiental de tagarelice é viver num lugar onde as plantações não germinam corretamente ou na época certa, e por isso são perdidas.

O efeito ambiental da cobiça é viver num lugar onde os recursos materiais são facilmente destruídos ou perdidos ou onde nossa força física e beleza rapidamente se degeneram. O efeito ambiental da malevolência é renascer num lugar devastado por guerras e doenças ou em perpétuo conflito. O efeito ambiental de adotar visão errônea é renascer num lugar sem água e onde os recursos são rapidamente exauridos. Num lugar assim, não existe nada de precioso – não há obras de arte, tesouros valiosos, escrituras sagradas ou Guias Espirituais.

Se não purificarmos nosso carma negativo, por meio da aplicação dos quatro poderes oponentes, teremos de experienciar esses três diferentes tipos de efeito. Diz-se que alguém que tenha pleno conhecimento disso e, mesmo assim, continue a cometer ações não virtuosas é como uma pessoa que, apesar de enxergar bem, ruma direto para um precipício!

AS AÇÕES VIRTUOSAS E SEUS EFEITOS

Este tema tem três partes:

1. As dez ações virtuosas e os fatores que determinam sua conclusão
2. Os fatores que determinam o poder benéfico das ações virtuosas
3. Os efeitos das ações virtuosas

AS DEZ AÇÕES VIRTUOSAS E OS FATORES QUE DETERMINAM SUA CONCLUSÃO

As dez ações virtuosas são:

1. Abandonar a ação de matar
2. Abandonar a ação de roubar
3. Abandonar a má conduta sexual
4. Abandonar a ação de mentir
5. Abandonar o discurso divisor
6. Abandonar o discurso ofensivo
7. Abandonar a tagarelice
8. Abandonar a cobiça
9. Abandonar a malevolência
10. Abandonar as visões errôneas

As ações virtuosas são caminhos que conduzem à felicidade temporária dos renascimentos elevados e à felicidade última da libertação e da plena iluminação. Assim como existem dez ações não virtuosas, também existem dez ações virtuosas principais. Cada uma das dez ações virtuosas corresponde à abstenção de uma das dez ações não virtuosas, com base num claro reconhecimento dos perigos destas.

Abster-se deliberadamente de ações não virtuosas, tendo reconhecido seus perigos, é a prática de disciplina moral. Já que a sabedoria de compreender os efeitos das ações negativas e a firme decisão de praticar abstenção são ambas necessárias, a fim de praticarmos disciplina moral, não podemos dizer que estamos praticando disciplina moral só porque não estamos envolvidos em nenhuma negatividade. Crianças de colo não cometem ações não virtuosas, como roubar e, no entanto, não estão praticando disciplina moral, pois não entendem os perigos das ações não virtuosas e não tomaram a firme decisão de abandoná-las.

Os mesmos quatro fatores que consumam uma ação não virtuosa precisam estar presentes para que as ações virtuosas sejam completas. No caso das ações virtuosas, contudo, o fator intenção não inclui o terceiro componente, a delusão. Se tomarmos como exemplo a primeira das dez ações virtuosas, abandonar o ato de matar, compreenderemos todas as demais.

O objeto de abandono da ação de matar é um outro ser vivo ou um grupo deles. Algumas pessoas são capazes de tomar todos os seres vivos como seu objeto e assumir a firme decisão de nunca matar nenhum deles; outras precisam começar com um objeto mais limitado. Por exemplo, pescadores podem tomar como seu objeto todos os seres vivos exceto os peixes, e depois tomar os peixes como seu objeto, por curtos períodos, como durante as noites e aos domingos, mantendo a intenção de ampliar esses períodos sempre que puderem. Precisamos identificar o objeto corretamente e devemos estar determinados a abandonar a ação de matar, compreendendo seus perigos. Engajamo-nos na ação considerando repetidamente o que significa abandonar a ação de matar. Completamos a ação quando escolhemos nosso meio de agir e tomamos a firme decisão de abandonar a ação de matar, colocando esse meio de agir em prática. Uma vez que tenhamos tomado essa decisão, e enquanto nos mantivermos conscientes dela, nossa prática de disciplina moral será pura. Se a ideia de matar surgir em nossa mente e passarmos à ação, quebraremos nossa disciplina moral. A decisão de nos abster de matar é como um voto, mas não é preciso tomá-la diante do nosso Guia Espiritual nem dos objetos de refúgio visualizados.

Pessoas que não praticam o budismo também podem praticar a disciplina moral de abstenção das dez ações não virtuosas, pois elas podem compreender os efeitos nocivos dessas ações e tomar a firme decisão de praticar abstenção. Se, por alguma razão, estivermos impossibilitados de estudar, meditar ou recitar preces, ainda assim poderemos praticar a disciplina moral de abandonar as ações não virtuosas e isso, por si só, já será uma grande e vasta prática espiritual.

OS FATORES QUE DETERMINAM O PODER BENÉFICO DAS AÇÕES VIRTUOSAS

Podemos entendê-los a partir do item referente aos fatores que agravam as ações não virtuosas. Por exemplo, abandonar a ação de matar é mais benéfico que abandonar a ação de roubar e assim por diante. O quanto uma ação será virtuosa depende também do poder da intenção que está envolvida nela. O grau de benefício que resulta do meio de agir escolhido afeta igualmente o poder da nossa ação virtuosa, assim como o objeto da ação. Quanto mais repetimos uma ação virtuosa, mais poderosa ela se torna. O poder da ação será reforçado se nunca nos arrependermos dela mas, ao contrário, nos regozijarmos por tê-la cometido.

OS EFEITOS DAS AÇÕES VIRTUOSAS

Uma ação virtuosa também tem três tipos de efeito: o efeito amadurecido, o efeito similar à causa e o efeito ambiental. O efeito amadurecido de uma ação virtuosa muito poderosa é renascer no reino da forma ou no reino da sem-forma, como um deus ou uma deusa; o efeito amadurecido de uma ação virtuosa menos poderosa é renascer no reino do desejo como um deus ou uma deusa; e o efeito amadurecido de uma ação virtuosa menos poderosa é renascer como um ser humano.

Os efeitos que são tendências similares às ações virtuosas são fortes tendências, ou impulsos, de praticar os mesmos tipos de ações virtuosas em nossos renascimentos humanos futuros. Isso facilita a criação de causas para muitos outros renascimentos felizes. Os efeitos que são experiências similares às ações virtuosas nos levam a experienciar, em vidas humanas futuras, benefícios similares aos que nossas ações virtuosas propiciaram aos outros. Por exemplo, a experiência similar à ação de abandonar o ato de matar é desfrutar de vida longa e boa saúde; a experiência similar à ação de abandonar o ato de roubar é acumular riquezas e posses sem esforço; e a experiência similar à ação de abandonar má conduta sexual é ter amigos estáveis e uma vida familiar feliz.

Observando nossos estados mentais e experiências, podemos saber que tipo de atitudes tivemos no passado e quais as ações que cometemos. Um forte interesse pelo Dharma hoje em dia indica que já praticamos o Dharma no passado. Algumas pessoas conseguem obter as realizações de renúncia, bodhichitta e visão correta da vacuidade sem muita meditação porque, no passado, elas já tinham se familiarizado com essas meditações. Embora nos esqueçamos de nossas experiências de vidas passadas, as potencialidades das ações que praticamos naquelas vidas estão em nossas mentes, e isso facilita a retomada dos nossos antigos hábitos.

Os efeitos ambientais das ações virtuosas são opostos aos efeitos ambientais das ações não virtuosas, Por exemplo, o efeito ambiental de abandonar o ato de matar é que, quando tivermos, por exemplo, um renascimento humano, viveremos num lugar dotado de todas as condições para se ter uma vida longa e saudável. A alimentação será farta e nutritiva e os remédios, eficazes.

Um efeito ambiental não é uma qualidade das condições exteriores propriamente ditas, mas uma qualidade da mente que as experiencia. As mesmas condições exteriores podem ser vivenciadas como diferentes efeitos ambientais por diferentes mentes. Por exemplo, num lugar onde a maioria das pessoas acha a comida gostosa e nutritiva, alguns sentem náuseas e têm indigestão ao comê-la. Um médico pode receitar o mesmo remédio para duas pessoas e, enquanto uma fica curada, a outra piora. Essa diferença não está no remédio, mas resulta das diferentes ações que as duas pessoas realizaram no passado. Embora muitos dos nossos problemas e sofrimentos pareçam ser causados por circunstâncias exteriores, de fato, eles são efeitos ambientais das nossas próprias ações negativas.

Quando Milarepa meditava em isolamento, ele sobrevivia comendo urtigas. Para ele, as urtigas eram boas e nutritivas e mantinham seu corpo saudável e forte. Não se pode dizer que as urtigas eram boas em si. Milarepa era capaz de desfrutá-las como efeito ambiental da sua própria virtude.

OS FATORES QUE DETERMINAM O PODER DE UMA AÇÃO

Existem quatro fatores que determinam o poder de uma ação, seja ela uma ação virtuosa ou não virtuosa:

1. A pessoa que é objeto da ação
2. Os votos tomados
3. O objeto que serve de instrumento da ação
4. A motivação

A PESSOA QUE É O OBJETO DA AÇÃO

As ações são mais poderosas quando se dirigem a pessoas que nos ajudaram e foram especialmente bondosas conosco, como nossos pais, Guias Espirituais, Budas e Bodhisattvas.

OS VOTOS TOMADOS

Se tomarmos votos, todas as nossas ações se tornarão mais poderosas. Se tomarmos os votos de noviço, elas serão mais poderosas do que se tomarmos somente os votos de leigo; se tomarmos os votos da plena ordenação, nossas ações serão mais poderosas do que se tomarmos somente os votos de noviço; se tomarmos os votos bodhisattva, nossas ações serão mais poderosas do que se tomarmos somente os votos Pratimoksha; e, se tomarmos os votos tântricos, nossas ações serão mais poderosas do que se tomarmos somente os votos bodhisattva. Votos são a base para acumularmos grande quantidade de mérito. Se tomarmos um voto e o guardarmos puramente, estaremos praticando disciplina moral até quando estivermos dormindo. No *Guia do Estilo de Vida do Bodhisattva,* Shantideva diz o seguinte sobre alguém que tomou os votos bodhisattva:

Desse momento em diante, para ele, surgirá –
Ainda que esteja dormindo ou aparentemente despreocupado –
Um vasto e poderoso mérito, igual ao espaço,
Fluindo sem interrupção.

O OBJETO QUE SERVE DE INSTRUMENTO DA AÇÃO

Tomemos a ação de dar como exemplo. A ação será mais poderosa se dermos algo que ajude alguém ou que lhe seja útil. Dar comida a uma criança faminta é mais poderoso do que lhe dar um brinquedo. Oferecer um par de sapatos a um monge é mais poderoso do que lhe dar um vidro de xampu. Em geral, dar instruções de Dharma é muito mais poderoso do que dar presentes materiais, porque estes duram pouco ao passo que o Dharma dura para sempre.

A MOTIVAÇÃO

As ações são mais poderosas quando executadas com uma forte motivação. Por exemplo, se dermos alguma coisa com o intenso desejo de beneficiar alguém, isso será mais poderoso do que dar algo só porque não nos serve mais. Dar com a motivação de renúncia é mais poderoso do que dar com o simples desejo de ajudar e, se dermos com a motivação de bodhichitta, o poder dessa ação será ainda maior. Se, com a motivação de bodhichitta, dermos dinheiro a uma única pessoa, receberemos o mérito de ter dado dinheiro para todos os seres vivos. O mérito de uma ação como essa é incomensurável, ao passo que, se dermos dinheiro com o intuito de beneficiar uma única pessoa, receberemos o mérito de ter beneficiado uma única pessoa. Portanto, quando realizarmos ações virtuosas, é mais sábio fazê-lo com a melhor das motivações. Se estivermos motivados por fé, todas as nossas ações virtuosas vão se tornar muito poderosas.

O exemplo do tipo mais poderoso de ação virtuosa é buscar refúgio num dia em que tomamos os oito preceitos Mahayana. Essa ação é poderosa em relação ao objeto, as Três Joias; é poderosa em relação aos votos que foram tomados, porque estamos guardando os preceitos Mahayana; é poderosa em relação ao objeto que é instrumental da nossa ação, porque o que estamos oferecendo é a nossa prática de Dharma; e é poderosa em relação à motivação, porque nossa motivação é a bodhichitta.

AS AÇÕES ARREMESSADORAS E AS AÇÕES COMPLETADORAS

Existem dois tipos de ação contaminada: arremessadoras e completadoras. Uma ação arremessadora é assim chamada por ser a causa principal de um renascimento samsárico; portanto, diz-se que ela nos "arremessa" no samsara. Ações arremessadoras virtuosas nos arremessam nos reinos afortunados de humanos e de deuses, e ações arremessadoras não virtuosas nos arremessam nos mundos infelizes dos seres-do-inferno, dos fantasmas famintos e dos animais.

A maioria das ações virtuosas dos seres comuns é causa de renascimentos samsáricos porque está maculada por agarramento ao em-si. Por exemplo, quando tomamos uma forte decisão, "eu vou me abster de ações não virtuosas", agarramo-nos a esse "eu" como um eu inerentemente existente. Embora nossa intenção de praticar ações virtuosas não seja deludida, nossa mente continua misturada com a delusão do agarramento ao em-si. Essa delusão está continuamente presente na mente de um ser comum.

Não obstante, existem certas ações virtuosas dos seres comuns que não são causas de renascimento samsárico. Por exemplo, se visualizarmos Buda e fizermos oferendas, prostrações ou nos refugiarmos, essas ações não poderão ser arremessadoras, mesmo se as executarmos sem uma boa motivação. Essas ações são necessariamente causas de libertação em razão do poder especial do objeto, as Três Joias.

Uma ação completadora é uma ação que é a causa principal de uma experiência que temos depois de um determinado renascimento. Todos os seres humanos são arremessados no mundo humano por ações arremessadoras virtuosas, mas as experiências que eles têm na condição de humanos variam consideravelmente, em função de suas diferentes ações completadoras. Alguns levam uma vida de sofrimento, enquanto outros levam uma vida agradável. Do mesmo modo, os animais foram arremessados no mundo animal por ações arremessadoras não virtuosas, mas suas experiências variam consideravelmente em função de suas diferentes ações completadoras. Alguns, como os domésticos, desfrutam de uma vida animal luxuosa e recebem mais cuidados e atenções do que muitos seres humanos. Os seres-do-inferno e os espíritos famintos têm somente ações arremessadoras não virtuosas e ações completadoras não virtuosas, pois não experienciam nada além de sofrimento durante suas vidas.

Uma única ação arremessadora pode nos arremessar em muitas vidas futuras. As escrituras dão o exemplo de um homem que ficou com raiva de um monge plenamente ordenado e ofendeu-o, dizendo que tinha cara de sapo. Como resultado, esse infeliz renasceu quinhentas vezes como sapo. Em outros casos, um único renascimento basta para exaurir o poder da nossa ação arremessadora.

Algumas ações amadurecem na mesma vida em que foram cometidas, outras na vida seguinte e outras, em vidas posteriores. Se praticarmos disciplina moral nesta vida, poderemos sentir os efeitos disso alguns anos mais tarde, ainda nesta existência. Se os pais são bondosos com seus filhos, os efeitos de tais ações podem amadurecer quando eles ficam velhos e seus filhos retribuem sua bondade. Se os filhos são bons com seus pais, os efeitos dessas ações podem amadurecer quando eles se tornam adultos e têm eles próprios filhos prestativos.

OS OITO ATRIBUTOS ESPECIAIS DE UMA VIDA HUMANA PLENAMENTE DOTADA

Se quisermos criar causas para ter um renascimento humano no futuro, também deveremos nos empenhar para que esse renascimento seja plenamente qualificado em termos de sua utilidade para praticar o Dharma.

Um mero renascimento humano não oferecerá necessariamente as condições ideais para a prática espiritual, porque existem muitos tipos de renascimento humano desafortunados, quase tão limitados quanto um renascimento animal. Se criarmos causas para um renascimento humano plenamente qualificado, ainda que não alcancemos nossa meta final – a libertação ou a plena iluminação –, garantiremos no mínimo, que teremos uma oportunidade melhor para fazê-lo no futuro.

Uma existência humana plenamente qualificada é aquela que possui os oito atributos de uma vida humana plenamente dotada: vida longa, beleza, status elevado, riqueza e recursos, o dom da palavra, poder e influência, liberdade e independência, um corpo vigoroso e uma mente forte. A explicação desses atributos tem três partes:

1. Suas vantagens
2. Suas funções
3. Suas causas

SUAS VANTAGENS

A maior vantagem desses oito atributos é que eles dotam nossa vida humana com a melhor oportunidade para alcançar a libertação e a plena iluminação numa única vida.

SUAS FUNÇÕES

Vida longa habilita-nos a satisfazer nossos desejos e a completar nossa prática de Dharma. Beleza ajuda-nos a atrair discípulos, quando ensinamos o Dharma, e contribui para que eles desenvolvam fé em nós. Status elevado faz as pessoas confiarem em nós, acatarem e seguirem nossos conselhos; elas facilmente acreditam que somos honestos e se dispõem a nos ouvir com atenção, levando em consideração o que dizemos. Riqueza e recursos permitem-nos fazer generosas doações, e isso torna as pessoas mais receptivas, de modo que podemos influenciá-las positivamente. Esse atributo é especialmente útil como um meio de incentivar pessoas mundanas a se interessarem pelo Dharma. Por exemplo, podemos convidá-las para nos visitar e, quando estiverem à vontade, delicadamente, introduzir o Dharma na conversa; ou podemos presenteá-las com livros e fitas de Dharma; ou financiar-lhes uma viagem para que conheçam um centro de Dharma. Costuma-se dizer que, se quisermos ajudar os outros dando-lhes instruções de Dharma, duas coisas serão necessárias: sabedoria obtida por meio de experiência e riqueza. Se uma pessoa rica possuir a sabedoria do Dharma, sua motivação será boa, e ela usará sua riqueza para beneficiar os outros.

O dom da palavra ajuda os outros a confiarem em nós e a levarem a sério o que dizemos. Ter poder e influência ajuda os outros a nos obedecerem e a colocarem em prática as instruções que lhes damos. Ter liberdade e independência indica que não temos grandes obstáculos à nossa prática. Ter um corpo vigoroso permite-nos realizar ações corporais virtuosas com facilidade; podemos nos esforçar como Milarepa, que construiu um edifício de nove andares a pedido do seu Guia Espiritual. Também nos livra de impedimentos físicos, como doenças. Uma mente forte nos capacita a compreender o Dharma com rapidez. Somos capazes de eliminar dúvidas e hesitações e gerar sabedoria e concentração, o que torna nossa mente ainda mais poderosa. Alcançamos com mais facilidade clarividência, poderes miraculosos e outras realizações.

Se obtivermos um renascimento humano com todos esses atributos especiais, mas não tirarmos proveito disso para desenvolver nossa própria prática de Dharma e para ajudar os outros a praticarem, não receberemos nenhum dos benefícios de ter tido um renascimento tão afortunado. Há muitas pessoas que possuem esses oito atributos, mas não os colocam a serviço do Dharma. Assim, enquanto tentamos criar a causa para ter tal renascimento no futuro, também devemos rezar sinceramente para que, quando obtivermos essa maravilhosa oportunidade, possamos usá-la em prol do Dharma. Se praticarmos desse modo, com certeza alcançaremos a libertação ou a plena iluminação em nossa próxima vida.

SUAS CAUSAS

Certa vez, Milarepa disse a um agricultor:

> Tu és um agricultor desta vida,
> Mas eu sou um agricultor de vidas futuras.
> Se examinares com cuidado verás
> Quem recebe mais benefício.

Plantando boas sementes no solo da nossa consciência, é certo que elas irão amadurecer. Como disse Dharmakirti:

> Se todas as causas e condições estiverem reunidas, nada poderá impedir o efeito de surgir.

As sementes que precisamos plantar agora são aquelas que vão causar um renascimento como ser humano com os oito atributos. Causas de longa vida são evitar prejudicar os outros e agir ativamente para dissipar os perigos que ameaçam a vida deles. Sempre que pudermos, devemos salvar a vida dos seres vivos. Outras causas de longevidade são ajudar aqueles que estão em cativeiro, dar remédios aos doentes e, com um bom coração, cuidar dos outros.

Causas de beleza são superar raiva e intolerância com aceitação paciente, oferecer luz diante de imagens de Buda, fazer estátuas ou pintar imagens de Buda, embelezá-las com vestes delicadas ou dourar suas faces com pó de ouro, fazer estupas e dar roupas a outros seres humanos. Por meio dessas ações tornamos os outros mais atraentes e, assim, criamos causa para a nossa própria beleza. Sempre que vemos uma pessoa bonita, devemos reconhecer que essa beleza é resultado de suas ações elegantes.

A causa principal de status elevado é superar o orgulho. É fácil gerar orgulho. Assim que adquirimos um novo conhecimento, uma nova habilidade ou uma roupa nova que realce nossa aparência física, geramos orgulho. Nosso orgulho cresce junto com a nossa sombra. Conforme a criança cresce, sua sombra também se torna cada vez maior. Da mesma maneira, conforme nosso conhecimento se acumula, nosso orgulho aumenta. Assim, o orgulho impede nosso progresso espiritual e nos torna menos capazes de obter realizações, ainda que nosso conhecimento de Dharma aumente. O orgulho mina nossos estudos e os torna inúteis. Outra causa de status elevado é respeitar todos os seres, além de nossos pais, Professores, pessoas mais velhas e superiores. Não devemos nunca tratar alguém com superioridade ou desprezo. Até uma minhoca deve ser vista como um objeto digno de respeito e de consideração.

A causa principal de ter riqueza e recursos é praticar generosidade, fazendo oferendas às Três Joias ou doações materiais aos outros seres. A causa principal do dom da palavra é cuidar do que dizemos e abandonar as quatro ações não virtuosas da fala. A causa principal de poder e influência é praticar prostrações e respeitar os outros, especialmente aqueles que exercem autoridade e influência sobre nós, como nossos pais e Professores. A causa principal de liberdade e independência é eliminar problemas e perigos que ameaçam os outros e ajudá-los a obterem sua própria liberdade e independência. A causa principal de um corpo vigoroso é ajudar aqueles que estão debilitados fisicamente a recuperarem sua força, dando-lhes alimentos e remédios, e não explorar os outros fisicamente. Por exemplo, não devemos impor pesadas cargas aos animais, nem confiná-los em locais insalubres e artificiais.

Causas para termos uma mente forte são ajudar os outros a superarem problemas mentais e depressão e ajudá-los a se tornarem mais felizes, a aumentarem sua sabedoria e concentração, a praticarem disciplina moral e a cultivarem concentração e sabedoria ouvindo ou lendo extensas instruções de Dharma.

Outra causa para obter um dos oito atributos ou todos eles é fazer preces puras e sinceras para alcançá-los, para o benefício de todos os seres vivos.

COMO PRATICAR DISCIPLINA MORAL DEPOIS DE ADQUIRIR CONVICÇÃO NA LEI DO CARMA

Para praticar disciplina moral, precisamos meditar muitas vezes na lei do carma, relembrando as instruções e enfatizando especialmente os pontos que acharmos mais úteis. Fora da meditação, podemos ler livros que expliquem o carma. Quando, por contemplar e meditar, gerarmos convicção e nos determinarmos a abandonar as ações não virtuosas, deveremos tentar pôr essa decisão em prática na nossa vida. Se praticarmos assim, nossas potencialidades não virtuosas serão purificadas e nossa mente se tornará como um céu sem nuvens, onde o sol brilha sem obstruções.

No momento atual, só podemos adquirir uma compreensão geral sobre o carma. Não podemos provar por meio de raciocínio quais são os efeitos exatos que cada ação produz. Somente os Budas podem ver essas relações de maneira precisa. Assim, para praticar disciplina moral perfeitamente, precisamos ter fé em Buda. Se compreendermos a natureza de Buda, entenderemos que é impossível um Buda ensinar algo que seja falso. Diz-se que os Budas não têm a motivação de falar falsidades porque eles não têm nada a ganhar com isso. O *Sutra Rei da Concentração* diz:

> A lua e as estrelas podem cair na Terra; a Terra com todas as suas montanhas e moradias pode desaparecer, e o próprio espaço pode sumir, mas é impossível que um Buda diga uma mentira.

Não há nada que os Budas possam obter enganando os outros, porque eles já alcançaram tudo o que precisavam conquistar e seu único desejo é beneficiar os seres. Portanto, tudo o que eles ensinam é plenamente confiável e pode ser aceito por meio de fé, sempre que a fraqueza da nossa própria argumentação e experiência nos desapontarem.

SEGUNDA PARTE

O Escopo Intermediário

Atisha

Dromtonpa Geshe Potowa

Gerar o Desejo de Alcançar a Libertação

TREINAR A MENTE NAS ETAPAS DO CAMINHO DE UMA PESSOA DE ESCOPO INTERMEDIÁRIO

Se praticarmos todas as etapas do caminho de um pequeno ser e obtivermos realizações, estaremos protegidos contra os sofrimentos dos reinos inferiores e seguros de que teremos um renascimento nos estados mais afortunados de humanos e de deuses. Mas seria essa a meta mais elevada que podemos alcançar? Certamente, não. Seres humanos e deuses também estão sujeitos a muitos sofrimentos. Esses estados mais afortunados de existência não trazem felicidade pura e duradoura e não nos salvaguardam de futuros renascimentos nos reinos inferiores. Enquanto estamos no samsara, é praticamente impossível que deixemos de cometer ações não virtuosas causadoras de renascimento inferior. Visto que não se pode encontrar segurança absoluta em parte alguma do samsara, nossa meta deve ser a de nos libertar completamente de qualquer tipo de renascimento descontrolado. Como diz Shantideva, em *Guia do Estilo de Vida do Bodhisattva:*

> De tempos em tempos, eles têm um renascimento afortunado
> E, por um breve período, desfrutam de alguma felicidade temporária,
> Mas logo morrem e caem nos reinos inferiores,
> Onde experienciam um sofrimento intolerável, por muito tempo.

Quando obtemos as realizações das etapas do caminho de um pequeno ser, somos como um prisioneiro que ganhou uma semana de suspensão da pena para visitar amigos e familiares. O prisioneiro apreciará sua breve folga, mas sua felicidade não será perfeita, pois ele sabe que em breve terá de regressar à prisão. Da mesma forma, nossa felicidade não será perfeita enquanto não nos libertarmos por completo dos renascimentos descontrolados na prisão do samsara. Os prazeres dos seres humanos e dos deuses são como os prazeres contaminados de um prisioneiro que ficou em liberdade apenas por uma semana. Portanto, precisamos gerar uma forte determinação de nos libertar por completo do samsara. Quando essa determinação surgir de maneira espontânea e contínua, teremos gerado a realização da renúncia.

As instruções para treinar a mente nas etapas do caminho de um ser mediano dividem-se em três partes:

1. Gerar o desejo de alcançar a libertação
2. Uma explicação preliminar para estabelecer o caminho que conduz à libertação
3. Como praticar o caminho que conduz à libertação

GERAR O DESEJO DE ALCANÇAR A LIBERTAÇÃO

O método principal para alcançar a libertação é a prática dos três treinos superiores: treino em disciplina moral superior, treino em concentração superior e treino em sabedoria superior. Todos os caminhos do Hinayana e todos os caminhos do Mahayana estão incluídos nessas práticas. Se praticarmos os três treinos superiores apenas com a motivação de renúncia, alcançaremos a libertação e, se os praticarmos com a motivação de bodhichitta, alcançaremos a iluminação.

Para nos ajudar a gerar um forte desejo de alcançar a libertação, Buda ensinou dois métodos: meditar nas quatro nobres verdades e meditar nos doze elos dependente-relacionados. Meditando neles, podemos identificar corretamente o samsara e a libertação, gerar a determinação de abandonar o samsara e de alcançar a libertação, nos convencer de que somos capazes de fazê-lo e acreditar no caminho que leva à libertação.

Quando meditamos na primeira nobre verdade, ou seja, nos verdadeiros sofrimentos, estamos meditando nas falhas do samsara. Essa meditação nos leva principalmente a gerar renúncia, pois revela a natureza do samsara. Renúncia é uma firme decisão de nos libertar do samsara e, sendo assim, só surge em nossa mente depois de termos compreendido o que é o samsara e quais são as suas falhas. Quando ouvimos a palavra renúncia pela primeira vez, é fácil nos enganarmos a respeito do objeto que essa mente abandona. Podemos pensar que uma pessoa gerou renúncia porque abandonou suas posses materiais e relacionamentos humanos, parou de comer carne ou tomou votos de celibato. Na verdade, o objeto que a mente de renúncia abandona é o samsara, e o samsara não existe fora de nós. Portanto, não podemos nos libertar simplesmente abandonando nossas posses, mudando nosso estilo de vida ou nos tornando monge ou monja.

Se nossas posses, ambientes e prazeres não são o samsara, se nossos amigos e familiares não são o samsara, se nosso trabalho e atividades mundanas não são o samsara, então, o que é o samsara? O samsara é nosso renascimento ininterrupto, sem escolha ou controle. Não existe nem um único ser vivo no samsara que teve liberdade para escolher sua forma de vida ou que possa controlar livremente suas experiências nesta vida. Não tivemos escolha sobre o país onde nascemos nem sobre a família que temos, tampouco podemos escolher quando iremos morrer. Não escolhemos ser ricos ou pobres. Pode até parecer que existem muitas pessoas que desfrutam de liberdade mas, na verdade, essas pessoas também estão condenadas ao sofrimento. Elas ficam doentes sem escolha, morrem sem escolha e renascem sem escolha. Não sentem paz verdadeira nem desfrutam de felicidade pura.

Se alguém nos perguntasse "você está livre para jantar hoje à noite?", poderíamos responder que estamos livres. Na realidade, não temos essa liberdade, porque não podemos dizer com certeza que não morreremos antes do anoitecer. Não podemos ter certeza de que não ficaremos doentes e impossibilitados de comer. Visto que não temos controle sobre as condições da nossa existência, não temos liberdade para escolher quais serão nossas experiências nesta vida. Se soltarmos um balão de hélio num dia de ventania, o balão irá aonde quer que seja soprado. O balão não pode determinar sua direção. Somos como esse balão, levados pelos ventos do nosso carma rumo à próxima existência. Nossas vidas sucedem-se ininterruptamente, uma após a outra, como os raios de uma roda a girar velozmente. A morte é imediatamente seguida por um nascimento, e o nascimento logo se transforma em morte.

A natureza do samsara é o sofrimento, assim como a natureza do fogo é a combustão. Se não quisermos nos queimar, precisaremos temer o fogo. Se quisermos evitar o sofrimento, precisaremos temer o renascimento sem escolha. Nascer como um deus ou nascer no inferno é a mesma coisa, pois não existe liberdade em nenhuma dessas condições, e ambas são bases para o sofrimento. Se formos sensatos, desejaremos nos libertar de todas as condições samsáricas, tanto as superiores como as inferiores. Como disse Geshe Potowa:

> Não temo a doença e a morte tanto quanto temo o renascimento samsárico.

Em *Tratado das Quatrocentas Estrofes,* Aryadeva diz:

> Aqueles que são sábios geram igual temor de renascimentos elevados e de renascimentos no inferno. Interrompendo o continuum do renascimento descontrolado, alcançaremos a libertação e eliminaremos a base de todo o nosso sofrimento.

Considerando isso, devemos compreender que, enquanto continuarmos no samsara, não teremos liberdade e estaremos condenados a sofrer continuamente. Desse modo, devemos gerar um forte desejo de alcançar a libertação do samsara. Explicaremos como gerar o desejo de alcançar a libertação em dois capítulos:

1. Introdução às quatro nobres verdades
2. Meditar nos verdadeiros sofrimentos

As Quatro Nobres Verdades

INTRODUÇÃO AS QUATRO NOBRES VERDADES

As quatro nobres verdades são:

1. Verdadeiros sofrimentos
2. Verdadeiras origens
3. Verdadeiras cessações
4. Verdadeiros caminhos

As nobres verdades são assim denominadas porque os Seres Superiores, ou Seres Nobres, consideram-nas verdadeiras. Por exemplo, os ambientes, prazeres e corpos do samsara são vistos por eles como sofrimento. De fato, sua natureza é o sofrimento; logo, eles são chamados de "verdadeiros sofrimentos".

No *Sutra da Primeira Roda do Dharma,* Buda diz:

Deves conhecer os sofrimentos.
Deves abandonar as origens.
Deves alcançar as cessações.
Deves meditar nos caminhos.

Conhecendo os verdadeiros sofrimentos, vamos gerar um forte desejo de eliminá-los; para eliminá-los, temos de lutar para abandonar sua causa principal, as verdadeiras origens; e, para abandonar as verdadeiras origens, temos de alcançar as verdadeiras cessações, o que se consegue meditando nos verdadeiros caminhos.

VERDADEIROS SOFRIMENTOS

Existem dois tipos de verdadeiros sofrimentos: verdadeiros sofrimentos internos e verdadeiros sofrimentos externos. Os verdadeiros sofrimentos internos são aqueles que estão no continuum do corpo e da mente de qualquer ser do samsara; por exemplo, os nossos atuais corpos e mentes. Os verdadeiros sofrimentos externos são aqueles que não estão no continuum do corpo e da mente de um ser senciente; por exemplo, os diversos ambientes e os prazeres dos seres do samsara. Embora nem todos sejam sofrimentos no sentido de serem experiências dolorosas, são chamados de verdadeiros sofrimentos porque a natureza de todos eles é o sofrimento. Como diz Asanga em *Compêndio do Abidharma*:

> O que são os verdadeiros sofrimentos? Deves saber que são os renascimentos dos seres sencientes e os lugares em que eles nascem.

Nossos renascimentos descontrolados no samsara, nossos ambientes impuros – como o mundo em que vivemos –, nossos agregados contaminados – como nossos atuais corpo e mente – e todos os nossos prazeres e dores mundanos são verdadeiros sofrimentos. Todos eles são efeitos de ações contaminadas arremessadoras. Porque temos dificuldade em reconhecê-los como verdadeiros sofrimentos, Buda diz: "Deves conhecer os sofrimentos".

Existem dois tipos de ação arremessadora contaminada: ações arremessadoras não virtuosas e ações arremessadoras virtuosas. As ações arremessadoras não virtuosas acarretam três tipos de efeito: o efeito amadurecido, o efeito similar à causa e o efeito ambiental. Os efeitos amadurecidos das ações arremessadoras não virtuosas são os agregados dos seres-do-inferno, dos espíritos famintos e dos animais. Os efeitos similares à causa das ações arremessadoras não virtuosas são as sensações dolorosas dos seres-do-inferno, dos espíritos famintos e dos animais. Os efeitos ambientais das ações arremessadoras não virtuosas são os ambientes experienciados por seres-do-inferno, por espíritos famintos e por animais. Todos esses efeitos das ações arremessadoras não virtuosas são verdadeiros sofrimentos.

As ações arremessadoras virtuosas também acarretam três tipos de efeito: o efeito amadurecido, o efeito similar à causa e o efeito ambiental. Os efeitos amadurecidos das ações arremessadoras virtuosas são os agregados contaminados dos seres humanos, dos semideuses e dos deuses. Os efeitos similares à causa das ações arremessadoras virtuosas são os diferentes tipos de felicidade contaminada dos seres humanos, dos semideuses e dos deuses. Os efeitos ambientais das ações arremessadoras virtuosas são as moradas dos seres humanos, dos semideuses e dos deuses. Todos esses efeitos das ações arremessadoras virtuosas também são verdadeiros sofrimentos.

VERDADEIRAS ORIGENS

As verdadeiras origens são todas as poderosas delusões e todas as ações arremessadoras – quer as virtuosas quer as não virtuosas –, que são motivadas por fortes delusões, suas principais causas. A explicação das ações arremessadoras já foi apresentada, e a explicação das delusões será dada mais adiante.

VERDADEIRAS CESSAÇÕES

Praticando as etapas do caminho de um pequeno ser, podemos alcançar a cessação do sofrimento dos seres-do-inferno, dos espíritos famintos e dos animais. Praticando as etapas do caminho de um ser mediano, podemos alcançar a cessação do sofrimento dos seres humanos, dos semideuses e dos deuses; e, praticando as etapas do caminho de um grande ser, podemos alcançar a cessação de todas as obstruções e falhas. Praticando paciência, podemos alcançar a cessação do sofrimento causado pela raiva; regozijando-nos, podemos alcançar a cessação do sofrimento causado pela inveja; meditando na impermanência, podemos alcançar a cessação do sofrimento causado pelo apego; e, praticando purificação, podemos alcançar a cessação do carma negativo. Podemos alcançar tais cessações antes de realizarmos diretamente a natureza última dos fenômenos e, desse modo, nos tornarmos um Ser Superior; mas estas não serão verdadeiras cessações autênticas. Embora forneçam a base para as verdadeiras cessações, somente os Seres Superiores atingem verdadeiras cessações autênticas.

Uma verdadeira cessação é a natureza última da mente que alcançou a cessação definitiva de qualquer delusão ou falha pelo poder de um verdadeiro caminho. Como fazer isso? Tomemos um exemplo. Quando um praticante Mahayana gera a bodhichitta espontânea, ele ou ela ingressa no Caminho Mahayana da Acumulação e se torna um Bodhisattva. Nessa etapa, o Bodhisattva já tem uma compreensão intelectual da vacuidade, mas ainda não a realizou diretamente. Com a motivação de bodhichitta, ele ou ela medita na vacuidade unifocadamente. Pelo poder dessa meditação, a estabilização mental do Bodhisattva se fortalece e seu objeto, a vacuidade, passa a ser percebido cada vez mais claramente. Quando ele ou ela alcança a realização do tranquilo-permanecer que medita na vacuidade, sua concentração é tão firme que uma consciência de sabedoria sutil é capaz de examinar o objeto – a vacuidade – sem perturbar a concentração. Do mesmo modo que um peixe é capaz de nadar num lago sereno sem agitar a superfície plácida da água, a consciência de sabedoria sutil pode examinar o objeto sem agitar a placidez da mente. Quando essa sabedoria induz uma maleabilidade especial, o Bodhisattva alcança a visão superior que observa a vacuidade e ingressa no Caminho Mahayana da Preparação.

Nessa etapa, o Bodhisattva ainda não obteve uma realização direta da vacuidade, apesar de sua sabedoria ser muito poderosa e de a vacuidade lhe aparecer com clareza. Enquanto medita, o Bodhisattva chega a sentir que sua mente se misturou com a vacuidade; contudo, enquanto sua mente está posicionada unifocadamente na vacuidade, os fenômenos convencionais ainda lhe aparecem. Em outras palavras, ele ou ela continua a perceber a aparência dual. Por exemplo, quando o Bodhisattva está meditando na vacuidade do corpo, sua mente de concentração ainda percebe uma imagem genérica da vacuidade do corpo. A aparência de uma imagem genérica tem de ser eliminada, e isso só pode ser feito com uma realização direta da vacuidade. No Caminho Mahayana da Preparação, o Bodhisattva medita na vacuidade para abandonar todos os vestígios de aparência dual e obter uma realização direta desta. Por meio de repetida meditação, o objeto torna-se cada vez mais claro, e a mente do Bodhisattva aproxima-se mais e mais dele, até que a imagem genérica desaparece por completo e a mente se mistura com a vacuidade, como água misturando-se com água. Nesse ponto, o Bodhisattva atinge uma realização da vacuidade completamente não-conceitual, ou direta, e se torna um Bodhisattva Superior no Caminho Mahayana da Visão.

Quando um Bodhisattva Superior sai do equilíbrio meditativo na vacuidade, ele ou ela não volta a gerar delusões intelectualmente formadas. Ainda que quisesse, não poderia fazê-lo. A vacuidade da mente que está livre de delusões intelectualmente formadas é a primeira verdadeira cessação. Nessa etapa, ainda temos de abandonar as delusões inatas. Embora no Caminho da Visão o Bodhisattva abandone as delusões intelectualmente formadas, é só no Caminho da Meditação que ele começará a abandonar as delusões inatas. Por meio de repetida meditação sobre a vacuidade no Caminho da Meditação, os diferentes níveis de delusão inata vão ser gradualmente abandonados. Quando o Bodhisattva atinge a verdadeira cessação que é a vacuidade da mente livre de todas as delusões inatas, ele ou ela alcança o oitavo solo. O Bodhisattva continua a meditar na vacuidade e, gradualmente, abandona as marcas das delusões – as obstruções à onisciência. Quando todas essas marcas forem completamente abandonadas, ele ou ela alcança a plena iluminação e ingressa no Caminho Mahayana do Não-Mais-Aprender.

A partir dessa breve explicação, podemos ver que existem muitos tipos de verdadeira cessação. Se alcançarmos uma verdadeira cessação, até a menor delas, conseguiremos nos libertar de muitas falhas e sofrimentos. Portanto, as verdadeiras cessações são autênticas Joias Dharma e objetos sagrados de refúgio.

VERDADEIROS CAMINHOS

Como foi mencionado, com as práticas das etapas do caminho de um pequeno ser, de um ser mediano e de um grande ser, somos levados a obter a cessação de todas as falhas, mas isso não significa que todas essas práticas sejam, necessariamente, verdadeiros caminhos. Verdadeiro caminho é qualquer caminho espiritual de um Ser Superior empregado como método para alcançar uma das verdadeiras cessações. Sem primeiro alcançar verdadeiros caminhos, não há como alcançar verdadeiras cessações. Assim como existem muitos tipos de verdadeiras cessações, também existem muitos tipos de verdadeiros caminhos, porque cada verdadeira cessação tem um verdadeiro caminho que a ela conduz.

Buda ensinou os verdadeiros sofrimentos como a primeira das quatro nobres verdades porque precisamos, antes de mais nada, meditar neles para compreender que a natureza do samsara é sofrimento e para gerar a firme decisão de nos libertar do samsara. Tendo gerado essa determinação, torna-se fácil investir esforço na aplicação dos métodos para alcançar a libertação. Um prisioneiro que não tem o desejo de se libertar definhará na prisão, sem se esforçar para fugir. Do mesmo modo, se não tivermos o sincero desejo de nos libertar da prisão do samsara, não vamos gerar o esforço indispensável para alcançar a libertação.

No momento atual, não distinguimos claramente quais são os objetos que devem ser abandonados e quais são os objetos que devem ser alcançados. De acordo com o Dharma, o principal objeto a ser abandonado é o samsara. Para abandonar o samsara, temos de abandonar os verdadeiros sofrimentos e as verdadeiras origens e alcançar as verdadeiras cessações e os verdadeiros caminhos. Todos os objetos que devem ser abandonados estão incluídos nos verdadeiros sofrimentos e nas verdadeiras origens; e todos os objetos que devem ser alcançados estão incluídos nas verdadeiras cessações e nos verdadeiros caminhos. As verdadeiras origens são as causas dos verdadeiros sofrimentos, e os verdadeiros caminhos são os métodos para alcançar as verdadeiras cessações.

Como diz Dharmakirti, em *Comentário à Cognição Válida*:

> Aqueles que desejam sinceramente alcançar a libertação não precisam de um Professor que seja clarividente e capaz de saber quantos insetos vivem sob a terra ou quantos são os seus átomos; tampouco precisam de um Professor que possa ver a longa distância, pois isso até os abutres fazem. O que precisam é de um Professor que conheça quais são os objetos a serem abandonados e quais são os objetos a serem conquistados; e quais os métodos para abandoná-los e para conquistá-los. Se aqueles que desejam a libertação seguirem um Professor que revele esses caminhos espirituais corretos, é certo que conquistarão sua meta. Sem um Professor assim, a libertação é impossível.

Meditar nos Verdadeiros Sofrimentos

MEDITAR NOS VERDADEIROS SOFRIMENTOS

O propósito de meditar nos verdadeiros sofrimentos é compreender que o samsara tem a natureza do sofrimento e, desse modo, gerar um forte desejo de alcançar a libertação. Fazendo essa meditação, desenvolvemos renúncia em relação ao nosso próprio sofrimento e compaixão em relação ao sofrimento de todos os seres vivos.

Porque existem muitos tipos de sofrimento no samsara, essa meditação é bastante detalhada. Começamos examinando os sofrimentos do samsara em geral e, depois, consideramos os sofrimentos específicos de cada estado de renascimento samsárico. Por fim, meditamos nos três tipos de sofrimento. O leitor talvez se pergunte por que é necessário meditar tão longamente sobre o sofrimento. O motivo é que atualmente temos um forte apego ao samsara e por causa disso não temos o desejo de alcançar a libertação, mesmo que não exista nenhuma perspectiva de felicidade no samsara. Para superar esse apego, precisamos enxergar claramente por que cada aspecto do samsara tem a natureza do sofrimento.

Já que nosso apego ao samsara é tão forte, temos de atacá-lo de vários lados. Para vencer um inimigo comum, as pessoas vão à luta brandindo muitos tipos de armas e recorrem a vários estratagemas para vencê-lo. De maneira similar, quando meditamos nos verdadeiros sofrimentos, devemos atacar nosso inimigo, o apego ao samsara, de todos os lados e recorrer a vários estratagemas. Se empregarmos só um método, nosso ataque não será tão poderoso e nossa determinação de abandonar o apego não será tão firme; mas, se golpearmos nosso inimigo de todos os lados e o atacarmos com muitos pensamentos críticos, seremos capazes de destruí-lo por completo.

Essa meditação será apresentada em três partes:

1. Os sofrimentos gerais do samsara
2. Os sofrimentos específicos de cada estado de renascimento samsárico
3. Os três tipos de sofrimento

OS SOFRIMENTOS GERAIS DO SAMSARA

Existem muitos sofrimentos que são experienciados em comum por todos os seres do samsara. Eles incluem:

1. Incerteza
2. Insatisfação
3. Ter de deixar o corpo repetidas vezes
4. Ter de renascer repetidas vezes
5. Ter de perder status repetidas vezes
6. Não ter companhia

INCERTEZA

No samsara, nenhuma situação é garantida. Nossas experiências e nossas relações mudam rapidamente. Um renascimento elevado logo se transforma num renascimento inferior, amigos se transformam em inimigos e inimigos, em amigos. Como disse o VII Dalai Lama:

Status elevado logo se transforma em servidão.
A beleza rapidamente muda, como uma flor no outono.
A riqueza logo se perde, como se fosse um mero empréstimo.
A vida perece rapidamente, como um relâmpago no céu.

Talvez pensemos que uma posição social elevada traga segurança, todavia, se examinarmos melhor, veremos que status elevado é algo extremamente instável. Pessoas em posição elevada têm maiores responsabilidades, o que lhes acarreta mais ansiedade e sofrimento mental, causados pela crítica alheia e até por ameaças à sua vida. Por exemplo, quando um país é invadido ou abalado por uma revolução, os primeiros a serem mortos ou aprisionados são aqueles que ocupam posições sociais de destaque. Numa democracia, os políticos perdem facilmente sua popularidade e boa reputação.

Nossa beleza é frágil. Mesmo quando somos jovens, nossa aparência varia imensamente de acordo com nosso estado mental. Pela manhã, pulamos da cama nos sentindo maravilhosos e com uma aparência radiante. No espaço de uma hora, as coisas podem dar errado e ficamos abatidos. Nosso rosto torna-se apático e sem graça, e o corpo perde sua vitalidade. Nossa beleza é tão mutável quanto nossa mente.

Nossa saúde física nunca é estável. Estamos bem, pela manhã, e doentes, ao entardecer. Sentimo-nos confortáveis por alguns momentos, mas logo vem o mal-estar e tentamos buscar alívio. No espaço de um dia, nosso bem-estar físico oscila muitas vezes. O mesmo pode ser dito sobre nossa saúde mental. Em um minuto, passamos do riso às lágrimas. Não somos capazes de manter a mente sempre feliz.

Nossas riquezas e posses podem ser facilmente perdidas. Mesmo quando conseguimos conservá-las durante a maior parte da vida, ao final, temos de deixá-las, pois ninguém pode levar suas economias para gastar na próxima vida. Nossas riquezas e posses são como objetos que nos foram emprestados e que devem ser devolvidos.

Boa sorte e prosperidade são incertas. Quando o trabalho ou os negócios vão bem, julgamo-nos sãos e salvos, mas basta uma pequena mudança em nosso ambiente ou uma alteração no governo para que nossas perspectivas otimistas sejam subitamente arruinadas.

Amizades são instáveis. Quando fazemos novas amizades, achamos que essa amizade vai durar para sempre. Mas nossos sentimentos mudam e, às vezes, nossos bons sentimentos convertem-se em amarga hostilidade. Poucas palavras bastam para destruir a confiança e a comunicação franca entre amigos. Um fato ou pensamento insignificante é capaz de transformar nossos sentimentos de amizade em inveja ou ressentimento. Para aqueles cujas mentes continuam atadas às delusões, as amizades são incertas e pouco confiáveis. No *Guia do Estilo de Vida do Bodhisattva*, Shantideva diz:

> Num momento, eles são amigos,
> No momento seguinte, tornam-se inimigos;
> E, até enquanto se divertem, ficam com raiva –
> Quão pouco confiáveis são os seres mundanos!

Em *Carta Amigável*, Nagarjuna diz que, no samsara, nosso pai pode renascer como nosso filho, a mãe como esposa, um inimigo como amigo, parentes como inimigos – não há certezas.

Um casal morava com o filho e a nora. Atrás da casa deles, havia um pequeno lago. O pai adorava pescar e, diariamente, trazia um peixe para a refeição da família. Um dia, chegou ao local um forasteiro que se apaixonou pela mulher do filho e cometeu adultério com ela. Ao descobrir o fato, o filho matou o estranho. Por ser muito apegado à sua amante, o forasteiro assassinado renasceu como seu filho. Pouco depois, a velha mãe morreu e, por ser tão apegada à casa e à família, renasceu como o cachorro deles. Mais tarde, o velho pai morreu e, por gostar tanto de pescar, renasceu como um dos peixes naquele lago. Então, o filho foi pescar e fisgou exatamente aquele peixe. Levou-o para casa e pediu à esposa que o fritasse. O cachorro, farejando peixe, aproximou-se para comer os restos. Enquanto comia o peixe que fora seu pai, o homem embalava a criança que fora seu inimigo e chutava o cachorro que fora sua mãe. Shariputra, que presenciava a cena com sua clarividência, exclamou: "O samsara me faz rir!".

Tendo em vista a instabilidade das nossas relações, não temos razão alguma para nos apegar excessivamente aos nossos parentes e amigos, nem para sentir hostilidade contra nossos inimigos. Todas essas relações vão mudar – é só uma questão de tempo.

Quando Shri Datta, um dos seguidores de Buda, ainda era um homem leigo e se chamava Pelgye, um dia foi passear na praia e deparou-se com o esqueleto de uma imensa baleia. Assim que viu a ossada, foi invadido por uma estranha sensação de familiaridade. Outro discípulo de Buda, Maudgalyanaputra, percebeu seu sentimento e disse: "Não te lembras desta baleia? Estás olhando para teu próprio esqueleto". Pelgye perguntou: "O que terei feito para merecer essa forma tão monstruosa?". Maudgalyanaputra respondeu: "Em uma de tuas vidas passadas foste um rei. Um dia, quando estavas entretido num jogo, um de teus ministros aproximou-se e perguntou se um determinado criminoso, que acabara de ser preso, devia ou não ser executado. Não querendo dar atenção ao assunto, disseste apenas: 'Sim, sim, mata-o'. Quando o jogo terminou, lembrando-te da interrupção, perguntaste ao ministro o que acontecera ao prisioneiro. O ministro respondeu que ele fora executado conforme tuas ordens, e tu sentiste um forte arrependimento. Como resultado de teu descaso, nasceste como essa baleia e, durante muito tempo, ficaste sem achar comida. Quando estavas prestes a morrer de fome, alguns marinheiros num bote à deriva chegaram tão perto de ti que quase entraram na tua boca. A tempo, eles perceberam o que estava acontecendo e se refugiaram em Buda. Ao ouvir as preces, tu morreste e teu corpo foi arrastado pelas águas até esta praia; contudo, tiveste um renascimento como ser humano por teres ouvido as preces de refúgio feitas por eles".

Pequenas ações fizeram Shri Datta passar, em três vidas, de um rei a uma baleia e de uma baleia a um homem do povo. Esse exemplo nos mostra que, enquanto estivermos submetidos ao renascimento descontrolado, as condições da nossa existência serão extremamente variáveis. Se não alcançarmos a libertação nesta vida, teremos de suportar muitas vezes a incerteza do nosso renascimento.

INSATISFAÇÃO

A maioria dos nossos problemas vem de buscarmos satisfação nos prazeres do samsara, quando, na verdade, não existe autêntica satisfação a ser extraída deles. Por exemplo, se buscarmos satisfação em beber, poderemos ficar bebendo para sempre, sem nunca encontrar o que procuramos. Do mesmo modo, se tentarmos nos satisfazer fumando e tomando drogas, nunca encontraremos a satisfação almejada.

Se continuarmos a buscar satisfação nesses prazeres limitados, sem compreender que essas coisas jamais poderão nos satisfazer, criaremos inúmeros maus hábitos compulsivos e causaremos muitos problemas para nós e para os outros. Podemos arruinar nossa saúde, ferir e enganar outras pessoas ou até transgredir a lei e acabar numa prisão. Teremos relacionamentos infelizes e influenciaremos os outros a agirem de maneira prejudicial à sua saúde e paz mental.

Todas as nossas dificuldades de relacionamento decorrem de não sabermos como nos contentar. Casamentos se desfazem porque um parceiro não consegue satisfazer plenamente o outro. Se tivermos um forte apego desejoso, nunca nos contentaremos com o outro, pois não existe ninguém capaz de satisfazer todos os nossos desejos. Às vezes, as pessoas são dilaceradas pelo seu apego desejoso. Elas não têm a coragem de deixar o seu parceiro, mas também não conseguem ser felizes apenas com aquela relação.

Se examinarmos por que as nações entram em guerra, veremos que a razão básica é bastante simples. Os seres humanos não conseguem se contentar com suas riquezas e recursos e querem sempre se apropriar de muito mais. Milhões de pessoas perderam a vida em guerras, em consequência do descontentamento coletivo da humanidade.

Até as pessoas que, aparentemente, possuem tudo não estão satisfeitas. De fato, os mais ricos costumam ser os mais insatisfeitos. Quanto mais aumenta a riqueza, mais aumenta sua insatisfação. É extremamente raro encontrar alguém que possa dizer com total sinceridade: "Não preciso de nada. Estou plenamente satisfeito".

Nós, que renascemos no samsara, somos como mariposas, que não se satisfazem simplesmente em contemplar a beleza do fogo, mas se atiram na chama. Somos como moscas, que não se contentam em apenas cheirar a comida, mas pousam nela e ali ficam presas até morrer. Todas as situações letais em que nos envolvemos são criadas pela nossa insatisfação.

Como diz Nagarjuna, em *Carta Amigável:*

Mantenha-te sempre satisfeito. Se praticares contentamento, ainda
que não tenhas riquezas, serás rico.

Sem contentamento, seremos espiritualmente pobres, ainda que tenhamos muitos bens. Uma pessoa pobre que esteja satisfeita com aquilo que possui e não ambicione fazer fortuna é rica interiormente. Alguém assim tem menos tormentos e problemas, e mais paz mental.

Certa vez, na Índia, um homem pobre chamado Telwa achou uma joia muito valiosa e pensou: "Não preciso disso". Ele estava satisfeito com as esmolas que recebia diariamente e ponderou: "Quem será que precisa dessa joia?". Lembrou-se das outras pessoas pobres que conhecia, mas elas eram como ele e não ambicionavam riquezas. Então, uma ideia lhe ocorreu: "Vou dar essa joia ao rei, pois ele é o mais necessitado". Quando apresentou a joia ao rei, este indagou com espanto: "Por que estás sendo tão generoso comigo?". Telwa explicou: "Percebi que tu és a maior vítima da pobreza entre todos os meus conhecidos. Tens muitas posses, mas interiormente és um homem pobre, porque não tens a satisfação que desejas. Queres sempre possuir mais. Portanto, ofereço-te essa joia".

Se permanecermos no samsara, teremos de experienciar insatisfação e descontentamento em todas as nossas vidas futuras.

TER DE DEIXAR NOSSO CORPO REPETIDAS VEZES

Ao longo de todas as nossas vidas desde tempos sem início, assumimos um número incontável de diferentes corpos e tivemos de nos separar de cada um deles. A cada vez, fomos obrigados a passar pelas dores da morte. No texto *Essência de Néctar*, Yeshe Tsondru diz:

> Se a carne e os ossos de todos os corpos que já tive no passado ainda existissem, eles formariam uma montanha tão alta quanto o Monte Meru. Se o sangue e os líquidos de todos os meus corpos do passado ainda existissem, seu volume superaria o de um oceano.

Já tivemos renascimentos na condição de importantes deuses, como Brahma e Indra, e nossos prazeres foram muito superiores aos que temos hoje. Moramos em palácios feitos de ouro e pedrarias e degustamos o néctar dos deuses. Desfrutamos de divina companhia em camas de seda e brocado. Foram muitas as vezes que renascemos como um monarca universal, com grande séquito e fabulosas riquezas. Entretanto, agora comemos comida comum e, quando alguém nos dá emprego, vibramos de alegria, mesmo que nos tenhamos tornado seu criado. O que possuímos atualmente é insignificante em comparação aos nossos desfrutes do passado. Repetidas vezes, perdemos nossa glória e esplendor. Todas as belas posses e as experiências deliciosas de nossas vidas passadas evaporaram como meros devaneios da nossa imaginação.

Se não nos libertarmos do samsara, estaremos condenados a experienciar, vezes sem fim, os sofrimentos de ter de deixar nosso corpo repetidas vezes, sem nenhuma escolha.

TER DE RENASCER REPETIDAS VEZES

O continuum da nossa mente muito sutil não tem começo, e já tivemos inúmeros renascimentos. Se nosso planeta fosse composto de pequenas contas e as jogássemos uma a uma para o alto, dizendo "esta foi minha mãe em uma vida passada", a quantidade de contas não bastaria para enumerar todas as nossas mães anteriores.

Visto que renascemos incontáveis vezes no samsara, também foram incontáveis as vezes que tivemos de suportar as dores do nascimento e todos os sofrimentos dos diversos estados de existência nos quais ingressamos.

Como diz Ashvaghosa, em *Libertação da Dor*, já renascemos muitas e muitas vezes no inferno, onde os torturadores despejaram água fervente por nossa garganta adentro. Essa água, se fosse reunida, formaria um caudaloso oceano. Também tivemos incontáveis renascimentos na condição de animais carniceiros e insetos, como baratas e moscas. Se juntássemos todo o excremento que alimentou nossos corpos, erguer-se-ia uma montanha tão alta quanto o Monte Meru. Hoje, se um pouco de excremento toca a nossa pele, nos esfregaremos vigorosamente, achando isso insuportável; mas, no passado, foram incontáveis as vezes que vivemos literalmente dentro da matéria fecal. Tivemos muitos renascimentos como insetos e vermes e comemos mais terra que a existente na própria Terra. Nascemos infindáveis vezes como escorpiões e com eles nos acasalamos, embora hoje, só de olhá-los, sentimos repugnância. É impossível contar o número de vezes que, no passado, tivemos de passar pela dor de nos separar de nossos amigos e posses. Se todas as lágrimas que derramamos fossem reunidas, elas formariam um imenso oceano. Lutamos contra inimigos e tivemos a cabeça decepada milhares de vezes. Se todos esses crânios fossem agrupados, eles formariam uma pilha maior que o próprio planeta. Assim como sofremos tudo isso no passado, em nossas vidas futuras teremos de reviver tudo isso novamente. Para evitar tamanha desgraça, precisamos alcançar a libertação, agora, ainda nesta vida.

TER DE PERDER STATUS REPETIDAS VEZES

Nos *Sutras Vinaya*, Buda diz:

> O fim da reunião é a dispersão.
> O fim da subida é a queda.
> O fim do encontro é a separação.
> O fim do nascimento é a morte.

Todas as posses que acumulamos durante nossa vida serão perdidas, seja antes da morte, seja na hora da morte. Quem conseguir boa reputação ou status social elevado, cedo ou tarde conhecerá o declínio porque, no samsara, as posições mais elevadas são como uma roda – uma vez que atingimos o topo, só nos resta descer. Está dito nas escrituras que alguém que ambiciona status social elevado é como um escalador de árvores. A primeira parte da subida é segura e fácil, porque o tronco é grosso. A parte intermediária também é segura, porque os galhos continuam fortes. Mas, quanto mais alto ele subir, mais perigoso isso se tornará, porque os galhos serão cada vez mais escassos e finos. Finalmente, a queda será inevitável, porque os galhos mais elevados são frágeis demais para suportar seu peso. No texto intitulado *Conselho*, Gungtang Rinpoche diz:

Se escalarmos a árvore da ambição e alcançarmos os galhos mais delgados do topo, estaremos fadados a cair. É bem mais seguro permanecer no meio.

No Tibete, houve um primeiro-ministro, chamado Sangye Gyatso, que comandava o país inteiro. Durante a vida, ele gozou de uma elevada reputação como erudito, mas morreu assassinado pelo rei Lhasang, que empalou sua cabeça e a expôs durante quinze dias numa ponte perto de Lhasa. Os corvos, em revoadas, bicavam a carne do crânio, e as pessoas não suportavam olhar para aquele horrível espetáculo. Sua mulher e seus filhos foram reduzidos à mendicância. Em pouco tempo, esse homem caiu da posição mais respeitada para a mais desprezada. Sua morte foi repentina, violenta e indigna ao passo que pessoas mais pobres e anônimas morriam em paz, em suas próprias casas, assistidas por familiares e tratadas com dignidade. Casos assim não pertencem apenas ao passado, pois existem muitos exemplos similares nos dias de hoje.

Sempre que conhecemos uma pessoa, é certeza que teremos de nos separar dela. Nesta vida, experienciamos muitas separações temporárias de nossos amigos e familiares, mas chegará o momento em que teremos de experienciar a separação definitiva imposta pela morte. Tudo o que se une acaba em separação, e todo nascimento acaba em morte. Geshe Sangpuwa disse:

> No samsara, mudamos constantemente dos estados inferiores para os superiores e, novamente, dos superiores para os inferiores. Tal situação me enche de tristeza.

Ao contemplar tudo isso, entenderemos a desgraça do samsara e lutaremos para nos libertar desse sofrimento no futuro, alcançando a libertação agora, ainda nesta vida.

NÃO TER COMPANHIA

No texto *Guia do Estilo de Vida do Bodhisattva,* Shantideva diz:

> No nascimento, nasci sozinho
> E, na morte, terei de morrer sozinho.
> Já que não posso dividir esses sofrimentos com os outros,
> De que servem os amigos que me impedem de praticar virtude?

Desde tempos sem início, tivemos de sofrer sozinhos as dores de cada um dos nossos renascimentos e, ao longo das nossas vidas, experienciamos as dores da doença, do envelhecimento e da morte, sem nenhum companheiro com quem dividir o fardo do nosso sofrimento. Por mais que queiramos participar dos sofrimentos de nossos amigos, não podemos tomá-los sobre nós. Cada pessoa tem de aguentar seu próprio sofrimento. Até as pessoas mais gregárias, que possuem muitos amigos e nunca ficam sozinhas, partem desta vida e renascem por conta própria.

Da mesma maneira que as folhas que caem no outono não podem retornar às suas árvores, nós, quando morremos, não podemos reencontrar nossos amigos desta vida. Na próxima vida, não haverá rostos familiares. Nossa mãe será outra, nosso pai será outro e todos os nossos amigos e parentes serão diferentes. Quando voltarmos a encontrar as pessoas que um dia foram nossos amigos, não poderemos reconhecê-las, porque sua aparência terá mudado por completo. Todas as aparências da nossa próxima vida serão novas e estranhas. Temendo a dor de passar por essas experiências em vidas futuras, devemos nos encorajar a buscar a libertação agora.

Meditando nesses seis sofrimentos gerais do samsara, desenvolveremos uma forte determinação de nos libertar dos renascimentos samsáricos. Devemos pensar:

> *Preciso ficar atento e aplicar os métodos para alcançar a libertação. Se eu não aplicar esses métodos agora, quando terei outra oportunidade de alcançar libertação? Se renascer num reino inferior não poderei sequer pensar em me libertar do samsara.*

Quando essa determinação surgir com firmeza e clareza em nossa mente, faremos a meditação posicionada para nos familiarizarmos cada vez mais com ela.

OS SOFRIMENTOS ESPECÍFICOS DE CADA ESTADO DE RENASCIMENTO SAMSÁRICO

Esta seção tem duas partes:

1. Os sofrimentos dos reinos inferiores
2. Os sofrimentos dos reinos superiores

A primeira parte já foi explicada.

OS SOFRIMENTOS DOS REINOS SUPERIORES

Este tópico tem três partes:

1. Os sofrimentos dos seres humanos
2. Os sofrimentos dos semideuses
3. Os sofrimentos dos deuses

OS SOFRIMENTOS DOS SERES HUMANOS

Os principais sofrimentos dos seres humanos podem ser classificados em sete:

1. Nascimento
2. Envelhecimento
3. Doença
4. Morte
5. Ter de nos separar de tudo o que gostamos
6. Ter de encontrar o que não gostamos
7. Não conseguir satisfazer nossos desejos

NASCIMENTO

Podemos nos perguntar por que é preciso meditar detalhadamente em todas as experiências dolorosas que tivemos no passado. O objetivo é não ter de enfrentá-las novamente no futuro. Enquanto estivermos no samsara, esses sofrimentos nunca terão fim. Somos obrigados a passar por eles, repetidamente, a cada vez que nascemos.

Já examinamos o quanto é maravilhoso ter nascido como um ser humano, mas nossa vida humana só tem valor quando é usada para praticar o Dharma. Em si, ela é um verdadeiro sofrimento e não tem qualidades preciosas. Para compreender que nossa vida humana tem como natureza o sofrimento, precisamos nos lembrar das dores do nascimento. Embora não nos lembremos das nossas experiências no útero materno ou durante nossa tenra infância, é fato que as dores da vida humana começaram a partir da nossa concepção. Todos podem observar que um recém-nascido sente angústia e dor. A primeira coisa que um bebê faz quando nasce é gritar. Raramente viu-se um bebê nascer em completa serenidade, exibindo uma expressão calma e sorridente.

A meditação nos sofrimentos do nascimento tem cinco partes:

1. As fortes dores sentidas no útero e durante o nascimento
2. As dores incessantes sentidas depois do nascimento
3. O nascimento é a base de todos os sofrimentos da vida
4. O nascimento é o fundamento de todas as delusões
5. O nascimento transforma-se em morte

AS FORTES DORES SENTIDAS NO ÚTERO E DURANTE O NASCIMENTO

No momento da concepção, quando a consciência entra na união do óvulo e do espermatozoide, nosso corpo é uma substância aquosa e quente, como um iogurte branco levemente avermelhado. Nos primeiros momentos depois da concepção, não temos sensações densas, mas assim que elas se desenvolvem, começamos a sentir dor manifesta. Nosso corpo aos poucos se enrijece e, conforme os membros crescem, temos a sensação de que estamos sendo esticados por um instrumento de tortura. Dentro do útero materno, o ambiente é quente e escuro. Durante nove meses, nossa casa é esse espaço pequeno e apertado, repleto de substâncias impuras. É como estar comprimido dentro de um pequeno tanque cheio de líquido sujo, hermeticamente tampado, de modo que nenhum ar ou luz possa entrar.

Enquanto estamos no útero, sentimos muita dor e medo em completa solidão. Somos extremamente sensíveis a tudo o que nossa mãe faz. Quando ela anda rapidamente, parece que estamos caindo do alto de uma montanha e ficamos apavorados. Se ela tiver relações sexuais, nos sentiremos esmagados e sufocados entre dois imensos pesos e entramos em pânico. Se ela der um pequeno pulo, parecerá que estamos sendo jogados de uma grande altura. Se ela beber algo quente, parecerá que fomos escaldados com água fervente, e se a bebida for fria, será como receber um jato de água gelada em pleno inverno.

Sair do útero é como ser empurrado através de uma estreita fenda entre duas rochas e, quando somos recém-nascidos, nosso corpo é tão frágil que qualquer tipo de contato é doloroso. Mesmo quando alguém nos segura com suavidade, suas mãos parecem espinhos a perfurar nossa carne, e o mais delicado dos tecidos nos parece áspero e abrasivo. Em comparação à maciez do útero materno, todas as sensações táteis são desagradáveis e dolorosas. Se alguém nos pega nos braços, temos a impressão de estar à beira de um precipício e nos sentimos amedrontados e inseguros. Teremos esquecido tudo o que sabíamos na vida anterior; do útero materno, trazemos somente dor e confusão. Tudo o que ouvimos é tão sem sentido quanto o som do vento, e não conseguimos entender nada do que percebemos. Nas primeiras semanas, somos como alguém que é cego, surdo e mudo e sofre de profunda amnésia. Quando temos fome, não podemos dizer "eu preciso comer" e, quando sentimos dor, não podemos dizer "isso está me machucando". Os únicos sinais que emitimos são lágrimas quentes e gestos de desespero. Nossa mãe não tem a menor ideia das nossas dores e desconfortos. Somos totalmente indefesos e temos de aprender a fazer tudo – comer, sentar, andar e falar.

AS DORES INCESSANTES SENTIDAS DEPOIS DO NASCIMENTO

Embora sejamos mais vulneráveis nas primeiras semanas de vida, nossas dores não cessam à medida que crescemos. Continuamos a passar por vários tipos de sofrimento ao longo da vida.

O NASCIMENTO É A BASE DE TODOS OS SOFRIMENTOS DA VIDA

Quando se acende uma lareira, numa casa grande, o calor do fogo irradia-se pela casa inteira, mas todo ele vem da lareira. Do mesmo modo, quando nascemos no samsara, o sofrimento se irradia por toda a nossa vida, mas todos os infortúnios que experienciamos surgem porque nascemos. Nosso nascimento tem como natureza o sofrimento e é a base de todos os sofrimentos desta vida.

O NASCIMENTO É O FUNDAMENTO DE TODAS AS DELUSÕES

Depois de nascer como ser humano, apreciamos nosso corpo e nossa mente de humanos e nos aferramos a eles como se fossem nossas propriedades. Na dependência dos nossos agregados humanos, desenvolvemos agarramento ao em-si – a raiz de todas as delusões. Nosso renascimento como ser humano é como um campo, e nossas delusões são como plantas venenosas que crescem nele. Se o campo não existisse, tais plantas não teriam terreno para se enraizar e florescer.

O NASCIMENTO TRANSFORMA-SE EM MORTE

As dores do nascimento e as dores dessa vida humana, por fim, se transformam nas dores da morte. A morte surge na dependência do nascimento. Nosso nascimento e nossa morte são um único continuum.

ENVELHECIMENTO

À medida que envelhecemos, experienciamos cinco privações principais:

1. Perda de beleza e de saúde
2. Perda de força física e de vitalidade
3. Perda de força dos sentidos e de faculdades mentais
4. Perda de prazeres
5. Perda de duração de vida

PERDA DE BELEZA E DE SAÚDE

Como diz Buda, no *Sutra Extensa Fruição*, o envelhecimento rouba nossa beleza, saúde, boa aparência, pele bonita, vitalidade e bem-estar. A velhice nos transforma em objetos de desprezo. Acarreta muitas dores indesejadas e nos conduz rapidamente à morte.

À medida que envelhecemos, perdemos toda a beleza da juventude, e nosso corpo, que antes era forte e saudável, torna-se fraco e atormentado por doenças. Nosso aspecto firme e bem-proporcionado se curva e desfigura. A pele e os músculos se encolhem, de modo que os ossos se salientam e os membros parecem varetas. Os cabelos desbotam, e a cútis perde seu brilho. O rosto se enche de rugas, e as feições ficam distorcidas.

PERDA DE FORÇA FÍSICA E DE VITALIDADE

Milarepa disse as seguintes palavras:

> De que modo os velhos se levantam? Como se estivessem arrancando uma estaca fincada no chão. De que modo os velhos andam? Depois de se erguerem, andam cautelosamente, como se fossem pegar um pássaro. De que modo os velhos sentam? Despencam como pesadas malas, cujas alças se romperam.

Em um poema, Gungtang Rinpoche escreveu:

> Quando envelhecemos, nossos cabelos embranquecem,
> Mas não porque os tenhamos lavado.
> É sinal de que logo encontraremos o Senhor da Morte.
>
> Nossa testa se enche de rugas,
> Mas não porque tenhamos pele de sobra.
> É um aviso do Senhor da Morte: "Estás prestes a morrer".
>
> Nossos dentes caem,
> Mas não para abrir espaço a outros.
> É sinal de que logo seremos incapazes de ingerir comida humana.
>
> Nosso rosto torna-se feio e desagradável,
> Mas não porque estejamos usando máscaras.
> É sinal de que perdemos a máscara da juventude.
>
> Nossa cabeça meneia de um lado para o outro,
> Mas não porque estejamos discordando.
> É o Senhor da Morte batendo nela com o bastão que segura na mão direita.
>
> Andamos curvados, olhando para o chão,
> Mas não porque procuramos agulhas perdidas.
> É sinal de que estamos à procura de nossa beleza, possessões e memórias perdidas.
>
> Erguemo-nos do chão usando os quatro membros,
> Mas não para imitar os animais.
> É sinal de que nossas pernas estão muito fracas para sustentar o corpo.

Sentamo-nos como se subitamente desmoronássemos,
Mas não porque estamos zangados.
É sinal de que nosso corpo perdeu o vigor.

Balançamos o corpo ao andar,
Mas não porque nos julgamos importantes.
É sinal de que nossas pernas não conseguem mais carregar o corpo.

Nossas mãos tremem,
Mas não porque estão com comichão de roubar.
É sinal de que os dedos ávidos do Senhor da Morte estão a nos roubar as posses.

Comemos muito pouco,
Mas não porque somos avarentos.
É sinal de que não conseguimos digerir os alimentos.

Sibilamos com frequência,
Mas não porque murmuramos mantras aos doentes.
É sinal de que nossa respiração logo vai cessar.

Quando somos jovens, podemos viajar mundo afora mas, quando a velhice chega, mal conseguimos chegar ao nosso portão. Não temos força para participar de muitas atividades mundanas, e nossas práticas espirituais frequentemente precisam ser abreviadas. Por exemplo, não podemos fazer muitas prostrações nem participar de longas peregrinações. Não podemos assistir ensinamentos dados em lugares de difícil acesso ou desconfortáveis. Não conseguimos ajudar os outros quando isso exige força física e boa saúde. Limitações como essas geralmente deixam as pessoas idosas bastante tristes.

PERDA DE FORÇA DOS SENTIDOS E DE FACULDADES MENTAIS

Quando envelhecemos, nos tornamos iguais a uma pessoa cega e surda. Não enxergamos claramente e precisamos usar lentes cada vez mais fortes, até o dia em que não conseguimos mais ler. Nossa audição deficiente nos priva de ouvir música e de escutar o que os outros nos dizem. A memória enfraquece. Todas as atividades, mundanas e espirituais, tornam-se mais difíceis. Quando meditamos, é mais custoso obter realizações, pois nossa memória e concentração estão muito debilitadas. Não conseguimos nos aplicar aos estudos. Assim, se não tivermos aprendido e praticado o Dharma durante a juventude, quando a velhice chegar, só nos restará gerar arrependimento e aguardar a chegada do Senhor da Morte.

PERDA DE PRAZERES

Quando envelhecemos, não conseguimos extrair o mesmo prazer das coisas que costumávamos apreciar, como comida, bebida e sexo. Estamos muito debilitados para praticar esportes e, geralmente, cansados demais para apreciar jogos e diversões.

PERDA DE DURAÇÃO DE VIDA

Conforme nossa vida avança, não conseguimos acompanhar os jovens em suas atividades. Quando eles viajam, ficamos para trás. Ninguém nos leva para passear, e ninguém quer nos visitar. Nem mesmo nossos netos querem ficar conosco por muito tempo. As pessoas idosas frequentemente pensam: "Como seria maravilhoso estar com pessoas jovens. Poderíamos caminhar juntos, e eu teria muitas coisas a lhes mostrar". Mas os jovens não querem ser incluídos em tais planos. Quanto mais se aproximam do fim, mais os idosos sentem a dor do abandono e da solidão. Eles têm muitas mágoas específicas.

DOENÇA

Como diz Buda no *Sutra Extensa Fruição*, assim como no inverno o vento e a neve roubam a glória dos campos verdejantes, das árvores, das florestas e das plantas, também a doença rouba o esplendor juvenil do nosso corpo, destruindo seu vigor e a força dos sentidos.

Quando adoecemos, passamos por cinco aflições principais:

1. Perda da força e do controle sobre as funções do nosso corpo
2. Crescente infelicidade
3. Perda dos prazeres
4. Experienciar o que não queremos
5. Saber que nossa doença é incurável e que a vida está chegando ao fim

PERDA DA FORÇA E DO CONTROLE SOBRE AS FUNÇÕES DO NOSSO CORPO

Se normalmente somos saudáveis e bem dispostos, ao adoecer, nos vemos subitamente impossibilitados de executar todas as nossas atividades físicas habituais. Até um campeão de boxe, que normalmente é capaz de nocautear seus adversários, torna-se completamente indefeso quando é acometido por uma doença.

Quando estamos doentes, somos como um pássaro que estava voando nas alturas e foi repentinamente abatido. Ao ser atingido, o pássaro despenca como um pedaço de chumbo, e toda a sua glória e o seu poder são imediatamente destruídos. Do mesmo modo, a doença nos torna subitamente incapacitados. Se a enfermidade for grave, poderemos ficar completamente dependentes dos outros e incapazes de controlar nossas funções corporais. É muito difícil aceitar essa mudança, especialmente para aqueles que se orgulham de sua independência e saúde física.

CRESCENTE INFELICIDADE

Quando estamos doentes, não conseguimos fazer nosso trabalho habitual nem concluir todas as tarefas que estabelecemos para nós mesmos, e isso nos deixa frustrados. Facilmente nos impacientamos com a doença e ficamos deprimidos pensando em todas as coisas que não podemos fazer. Para agravar nossa infelicidade, temos de enfrentar todas as dores que a doença acarreta.

PERDA DOS PRAZERES

Quando estamos doentes, não conseguimos usufruir as coisas que normalmente nos causam prazer, como praticar esportes, dançar, beber ou comer. Também não podemos desfrutar da companhia de nossos amigos. Todas essas limitações aprofundam ainda mais nossa infelicidade.

EXPERIENCIAR O QUE NÃO QUEREMOS

Quando estamos doentes, além de sofrermos as dores indesejáveis da própria doença, somos obrigados a passar por toda sorte de situações indesejáveis. Por exemplo, temos de seguir qualquer tipo de tratamento prescrito pelos médicos – um remédio de gosto horrível, uma série de injeções, uma cirurgia grave ou a proibição de fazer algo de que gostamos muito. Em caso de cirurgia, temos de nos internar num hospital e aceitar as condições do lugar – comer coisas que detestamos, passar o dia na cama sem nada para fazer ou sentir ansiedade a respeito da cirurgia. É possível que o médico não nos explique qual é exatamente o nosso problema nem o que pensa sobre as chances que temos de sobreviver.

SABER QUE NOSSA DOENÇA É INCURÁVEL
E QUE A VIDA ESTÁ CHEGANDO AO FIM

Se descobrirmos que nossa doença é incurável e não tivermos usado nossa vida para praticar o Dharma, sofreremos de ansiedade, medo e arrependimento. Podemos ficar deprimidos e desesperançados ou ficar com raiva da doença, vendo-a como um inimigo que maldosamente roubou toda a nossa alegria.

MORTE

Na hora de morrer, são cinco os nossos principais pesares:

1. Separação das nossas posses
2. Separação dos nossos amigos
3. Separação das pessoas com as quais vivemos e trabalhamos
4. Separação do nosso corpo
5. Sentir dor física e mental

SEPARAÇÃO DAS NOSSAS POSSES

Se durante a vida tivermos trabalhado arduamente para acumular riquezas e estivermos muito apegados a elas, passaremos por imenso sofrimento na hora da morte, pensando: "Agora vou ter de deixar para trás tudo o que possuo". Se até emprestar algo de que gostamos muito é custoso, que dirá nos separar disso para sempre! Não é de causar espanto a infelicidade que sentiremos ao perceber que, nas mãos da morte, vamos ter de abandonar tudo.

SEPARAÇÃO DOS NOSSOS AMIGOS

Quando morremos, somos forçados a nos separar até dos amigos mais íntimos. Temos de deixar nosso cônjuge, mesmo que tenhamos vivido juntos durante anos, sem um dia de separação. Se formos muito apegados aos amigos, imenso será nosso pesar na hora da morte, mas tudo o que poderemos fazer é segurar suas mãos. Não seremos capazes de deter o processo da morte, ainda que eles nos implorem para não morrer. Normalmente, quando somos muito apegados a uma pessoa, sentimos ciúme quando ela nos deixa ou sai com outra; na morte, vamos ter de deixar nossos amigos com os outros para sempre.

SEPARAÇÃO DAS PESSOAS COM AS QUAIS VIVEMOS E TRABALHAMOS

Quando morremos, temos de deixar nossos Guias Espirituais, nossa família e todas as pessoas que nos ajudaram nesta vida.

SEPARAÇÃO DO NOSSO CORPO

Quando morremos, esse corpo que apreciamos tanto e ao qual dedicamos tantos cuidados terá de ser deixado para trás. Ele se tornará inconsciente como uma pedra e será cremado ou enterrado.

SENTIR DOR FÍSICA E MENTAL

Se não tivermos praticado o Dharma e cultivado ações virtuosas, na hora da morte, além de dor física, sentiremos medo e angústia.

Quando meditamos nos sofrimentos da morte, podemos nos lembrar dos sinais da morte e pensar que passaremos por eles sem escolha. Quando nossa consciência sai do corpo, todas as potencialidades que acumulamos na mente ao executar ações virtuosas e não virtuosas partem com ela. Afora isso, não podemos levar nada mais deste mundo. Todas as outras coisas nos enganam. A morte acaba com todas as nossas atividades – conversas, jantares, encontros com amigos, sono. Tudo chega ao fim no dia da nossa morte, e temos de deixar todas as coisas para trás, até os anéis que usamos nos dedos.

No Tibete, os mendigos costumavam carregar consigo um cajado para se defenderem dos cães. Para entender a total privação imposta pela morte, os tibetanos dizem que, quando a morte chega, os mendigos têm de abandonar até seu velho cajado, a mais insignificante das posses humanas. Em qualquer parte do mundo, é sabido que um nome gravado na pedra é a única posse do morto.

A história do príncipe Siddhartha é um bom exemplo a ser contemplado. Siddhartha poderia ter possuído qualquer coisa mundana que desejasse, pois o reino do seu pai possuía imensas riquezas e ele seria o futuro rei. Os pais lhe proporcionaram todos os tipos de prazeres e as mais belas consortes. Um dia, contudo, o príncipe Siddhartha aventurou-se fora do seu palácio de prazeres e encontrou, em sequência, um doente, um velho, um cadáver e um monge. Depois de ver e de refletir sobre essas cenas, Siddhartha gerou um forte interesse pelo Dharma e deixou o palácio para meditar na floresta. O pai tentou dissuadi-lo, mas o príncipe lhe disse: "Se puderes garantir que não passarei pelos sofrimentos da doença, do envelhecimento, da morte e do renascimento, ficarei no palácio e serei teu sucessor. Conheces um método perfeito, capaz de me proteger contra tais perigos? Se tiveres tal método, por favor, ensina-me o que fazer e com alegria voltarei para casa. Contudo, se não tiveres esse método, não há nada em minha vida mundana capaz de proteger-me contra esses quatro rios de sofrimento. Nem mesmo minha mãe pode me proteger desses tormentos. Somente o Dharma oferece proteção; portanto, preciso praticar o Dharma". Como seu pai não podia lhe oferecer um método para obter liberdade perfeita, Siddhartha ficou na floresta praticando o Dharma, tornou-se um iluminado e, depois, revelou como todos os seres vivos podem alcançar o mesmo estado.

TER DE NOS SEPARAR DE TUDO O QUE GOSTAMOS

Antes da separação final na hora da morte, não é raro que tenhamos de nos separar temporariamente de pessoas e de coisas que apreciamos. Podemos ser forçados a deixar nosso país, onde todos os nossos amigos e familiares vivem, ou podemos perder um bom emprego. Podemos perder nossa reputação. Diversas vezes durante esta vida, temos de passar pela dor de nos separar das pessoas que amamos e de perder ou ter de desistir de coisas que consideramos atraentes e prazerosas; mas, quando a morte chega, a separação de todos os companheiros e prazeres desta vida será para sempre.

TER DE ENCONTRAR O QUE NÃO GOSTAMOS

Frequentemente, somos forçados a encontrar e a conviver com pessoas de quem não gostamos ou enfrentamos circunstâncias desagradáveis. Às vezes, vemo-nos em situações de grande perigo, como em casos de incêndio ou de inundação, ou somos surpreendidos numa situação onde há violência, como em casos de tumulto ou de briga. Nossas vidas estão repletas de situações menos extremas, mas que julgamos incômodas. Em muitas ocasiões, somos impedidos de fazer aquilo que queremos fazer. Decidimos ir à praia, num dia ensolarado, e ficamos presos num engarrafamento. Outras vezes, sofremos a interferência de espíritos que perturbam nossa meditação e outras práticas espirituais. Existem inúmeras situações que frustram nossos planos e nos impedem de realizá-los. É como se estivéssemos vivendo nus, dentro de um arbusto de espinhos – sempre que tentamos nos mexer, somos feridos pelas circunstâncias. Pessoas e coisas são como espinhos a nos espetar, e nenhuma situação chega a ser plenamente satisfatória. Quanto mais desejos e planos temos, maior é a nossa frustração. Quanto mais almejamos determinadas situações, mais nos vemos presos em situações não desejadas. Cada desejo parece atrair seu próprio obstáculo. Situações indesejáveis desabam sobre nós sem que seja preciso ir à sua procura. Na verdade, as únicas coisas que acontecem sem nenhum esforço são aquelas que não queremos, e os únicos desejos que são facilmente satisfeitos são aqueles que não temos. Ninguém quer morrer, mas a morte chega sem esforço. Ninguém quer adoecer, mas a doença chega sem esforço. Renascer sem liberdade ou controle significa ter um corpo impuro e habitar num ambiente impuro; consequentemente, uma chuva de coisas desagradáveis cai sobre nós. No samsara, esse tipo de experiência é totalmente natural.

NÃO CONSEGUIR SATISFAZER NOSSOS DESEJOS

Temos incontáveis desejos mas, por mais que nos esforcemos, nunca sentimos que eles foram satisfeitos. Mesmo quando obtemos aquilo que queríamos, isso não acontece da maneira que esperávamos. Possuímos o objeto, mas não extraímos satisfação de possuí-lo. Por exemplo, se nosso sonho for enriquecer, quando tivermos enriquecido, a vida não será como havíamos imaginado e não acharemos que nosso desejo foi satisfeito. Isso acontece porque nossos desejos não diminuem à proporção que nossa riqueza aumenta. Quanto mais temos, mais queremos. A riqueza que perseguimos nunca será encontrada, porque não há riqueza capaz de saciar nossos desejos. Para piorar as coisas, ao tentar obter aquilo que almejamos, criamos novas ocasiões de descontentamento. Cada objeto de desejo vem acompanhado de outros que não queremos. Por exemplo, a riqueza traz consigo impostos, insegurança e complexos assuntos financeiros. Essas implicações indesejáveis impedem que a nossa satisfação seja plena. Do mesmo modo, se nosso sonho de passar férias nos Mares do Sul se realizar, a experiência poderá não ser exatamente a esperada, e junto com as férias virão outras coisas, como queimaduras de sol e grandes despesas.

Se pensarmos melhor, veremos que nossos desejos são descomedidos. Desejamos tudo o que há de melhor no samsara – o melhor emprego, o melhor parceiro, a melhor reputação, a melhor casa, o melhor carro e as melhores férias. Qualquer coisa que não seja a melhor deixa-nos com um sabor de decepção. Assim, continuamos sempre a procurar, sem nunca encontrar o que queremos. Na realidade, nenhum objeto impermanente pode nos dar a satisfação completa e perfeita que desejamos. Coisas melhores estão sempre sendo produzidas. As propagandas anunciam por toda a parte a chegada da última novidade no mercado mas, depois de alguns dias, eles lançam outro produto que supera o anterior. A produção de novidades para despertar nossos desejos não tem fim.

Na escola, as crianças nunca conseguem satisfazer sua própria ambição ou a ambição de seus pais. Ainda que alcancem o primeiro lugar da classe, não se sentem de todo satisfeitas, a menos que repitam a proeza, no ano seguinte. Se continuarem a ter sucesso em seus trabalhos, suas ambições vão ser mais fortes do que nunca. Não existe um ponto em que possam descansar, sentindo-se plenamente satisfeitas com aquilo que fizeram.

Podemos pensar que, ao menos, as pessoas que levam uma vida simples no campo devem estar contentes. Entretanto, se examinarmos melhor, descobriremos que até elas procuram, mas não encontram o que desejam. Suas vidas estão repletas de problemas e de ansiedades, e elas não desfrutam de verdadeira paz e satisfação. Seu sustento depende de muitos fatores incertos que fogem por completo do seu controle, como o tempo. Aqueles que vivem nas cidades também não estão imunes ao descontentamento. Os homens de negócio aparentam eficiência e dinamismo quando se dirigem ao trabalho todas as manhãs, carregando suas pastas; contudo, apesar dessa aparência de segurança, carregam muitas insatisfações no coração. Eles continuam procurando, sem nunca encontrar o que desejam.

Se refletirmos sobre essa situação, poderemos concluir que a solução para obter aquilo que procuramos está em abandonar todas as nossas posses. Porém, é fácil verificar que os pobres também não obtêm aquilo que procuram. Eles não conseguem encontrar as condições básicas de sobrevivência. De novo, mudar frequentemente de situação não evita esse sofrimento. Podemos pensar que, se mudarmos de parceiro e de emprego ou se viajarmos para lugares novos, acabaremos por encontrar aquilo que desejamos; mas, mesmo se viajássemos por todos os lugares do mundo e tivéssemos um novo amante a cada parada, continuaríamos a buscar um lugar diferente e um outro amante. No samsara, não existe a satisfação plena dos nossos desejos. Como disse o VII Dalai Lama:

> Todas as pessoas que vejo, independentemente de terem uma posição de prestígio ou subalterna, de serem ordenadas ou leigas, homens ou mulheres, só diferem em sua aparência, maneira de se vestir, comportamento e status. Na essência, todas são iguais. Todas enfrentam problemas na sua vida.

Cada vez que temos um problema, pensamos que ele foi causado por circunstâncias específicas e que, mudando-as, nosso problema desaparecerá. Culpamos as outras pessoas, os nossos amigos, a comida, o governo, a época, o tempo, a sociedade, a história e assim por diante. Entretanto, circunstâncias exteriores como essas não são as causas principais de nossos problemas. Todos os nossos problemas são causados, principalmente, pelas nossas próprias ações do passado e, visto que seus efeitos estão amadurecendo, não temos nenhum meio de evitá-los. Portanto, em vez de tentar fugir dos nossos problemas construindo novas situações de vida, o que devemos fazer é reconhecer que essas experiências dolorosas são as consequências das nossas próprias ações prejudiciais e desenvolver um sincero desejo de abandonar suas causas. Em outras palavras, a resposta mais construtiva para os nossos problemas é gerar uma sincera renúncia, reconhecendo que os sofrimentos que criamos para nós mesmos são a própria natureza do nosso samsara.

Se meditarmos nesses sete tipos de sofrimento, chegaremos à seguinte conclusão:

Passei por esses sofrimentos muitas e muitas vezes no passado e, se não alcançar a libertação, terei de experienciá-los novamente, muitas e muitas vezes no futuro. Portanto, preciso escapar do samsara.

Quando essa determinação surgir com clareza e precisão em nossa mente, faremos a meditação posicionada.

OS SOFRIMENTOS DOS SEMIDEUSES

Os semideuses assemelham-se aos deuses, mas seus corpos, posses e ambientes são inferiores aos deles. Embora seu status no samsara seja mais elevado que o dos humanos, eles não experienciam pura felicidade. Em *Carta Amigável*, Nagarjuna diz que faz parte da natureza dos semideuses sempre sentirem inveja da glória dos deuses e que isso lhes acarreta intenso sofrimento mental. Diz também que, embora sejam inteligentes, eles possuem obstáculos cármicos que os impedem de contemplar a verdade.

Por causa de suas fortes obstruções cármicas, os semideuses não conseguem entender a natureza última da realidade. Isso explica por que existem Seres Superiores entre os humanos e os deuses, mas não entre os semideuses. A maioria dos problemas que os seres humanos enfrentam nasce de seu apego desejoso mas, no caso dos semideuses, a inveja é a principal aflição mental. Sua inveja é como um espinho que fura as suas mentes e os leva a experienciar tanto sofrimento físico como mental, por longos períodos. Os semideuses não suportam ver ou tomar conhecimento das boas qualidades de deuses e se engajam em permanente batalha contra eles; contudo, eles são sempre os perdedores. Passam a maior parte da vida lutando e, quando perdem a batalha, os deuses decepam-lhes a cabeça e os membros. Assim, não há paz nos reinos dos semideuses.

OS SOFRIMENTOS DOS DEUSES

Podemos pensar que seria maravilhoso ser um deus, mas os deuses não desfrutam de autêntica felicidade. Os deuses do reino do desejo são obrigados a se defender em batalhas contra os semideuses, e muitos deles são mortos. Alguns deuses possuem mais mérito que outros e, quando um deus se encontra com outro, o menos afortunado sente-se irresistivelmente deprimido. Os deuses mais fortes costumam se apoderar das parceiras dos mais fracos. A vida dos deuses é repleta de conflitos, e eles estão sempre insatisfeitos. Mesmo se sentirem prazer, seus desejos se fortalecem ainda mais.

Os deuses do reino do desejo têm mais sofrimento mental que os seres humanos. No caso dos humanos, os sofrimentos do envelhecimento duram bastante tempo, ao passo que os sofrimentos da morte são breves. Com os deuses do reino do desejo acontece o inverso. Por um curto período, depois de terem nascido no reino dos deuses, eles conseguem se lembrar do lugar onde estavam na vida anterior e, logo antes de morrer, enxergam onde irão renascer. Por essa razão, esses deuses costumam ser chamados de "seres das três ocasiões", indicando que percebem condições do passado, do presente e do futuro. O conhecimento que os deuses têm de seu próximo renascimento causa-lhes angústia na hora da morte, porque a maioria deles cai em renascimentos inferiores. Os prazeres que podemos desfrutar no samsara são os resultados das nossas boas ações. Ao desfrutá-las, esgotamos nossas potencialidades positivas. Visto que os deuses desfrutam de muitas coisas prazerosas, eles esvaziam consideravelmente sua acumulação de mérito e, enquanto estão no reino dos deuses, não reabastecem esse mérito, pois não conseguem gerar a motivação de praticar ações virtuosas. Seus prazeres são tantos – lindas moradias, parceiros atraentes, distrações excitantes – que nunca se sentem incentivados a praticar o Dharma.

Quando estão à beira da morte, os deuses experienciam dez sinais específicos: seu magnífico porte e sua tez fina começam a degenerar; quando sentam em suas habituais almofadas ou sofás, sentem desconforto; suas grinaldas de flores começam a murchar e a desbotar; suas roupas passam a cheirar mal, sendo que antes eram inodoras; eles começam a transpirar; seus corpos, que normalmente irradiavam luz, com a aproximação da morte, tornam-se opacos; quando se banham, ficam molhados, sendo que normalmente seus corpos nunca retinham umidade; suas roupas e ornamentos fazem barulhos desagradáveis; eles começam a piscar, em vez de manterem os olhos sempre abertos; normalmente os deuses são atraídos por muitos diferentes objetos mas, na hora da morte, a atenção deles se volta para um único objeto, como um determinado amigo ou lugar.

Ao perceberem esses sinais, os deuses sentem medo, exatamente como nos acontece quando achamos que estamos prestes a cair de uma grande altura. Os deuses enxergam que logo vão tombar nos reinos inferiores. Para piorar a situação, um deus moribundo não recebe nenhuma solidariedade dos outros deuses e é tratado como um proscrito. O máximo que os outros fazem é, bem de longe, atirar flores na sua direção. A longevidade de um deus é muito maior que a dos humanos e, para eles, os sofrimentos da morte se estendem por aproximadamente trezentos anos do reino humano, podendo chegar até a mil anos. Portanto, costuma-se dizer que é mais afortunado ser um humano velho que pode recitar um mantra como OM MANI PEME HUM do que ser um jovem deus.

Os deuses do reino da forma e os deuses do reino da sem-forma não enfrentam sofrimentos iguais aos que são vividos pelos deuses do reino do desejo. Eles não sofrem os sinais da morte, não travam batalhas e não sentem insatisfação nem sensações dolorosas. No entanto, experienciam o sofrimento subjacente e não têm liberdade. No final, tal como acontece com os deuses do reino do desejo, eles também renascem nos reinos inferiores. Logo, não existe felicidade pura e duradoura nem mesmo para os deuses dos reinos da forma e da sem-forma, cujo estado de existência é o mais afortunado de todos os estados no samsara.

OS TRÊS TIPOS DE SOFRIMENTO

Os verdadeiros sofrimentos podem ser divididos em interiores e exteriores. Verdadeiros sofrimentos exteriores são aqueles que não estão no continuum do corpo e da mente de um ser senciente – por exemplo, os diversos ambientes e prazeres dos seres no samsara. Os verdadeiros sofrimentos interiores são aqueles que estão dentro do continuum do corpo e da mente dos seres no samsara – por exemplo, o corpo e a mente que temos no momento atual. Os verdadeiros sofrimentos interiores são o samsara. Eles podem ser divididos em três:

1. O sofrimento da dor manifesta
2. Sofrimento de mudança
3. Sofrimento subjacente

O SOFRIMENTO DA DOR MANIFESTA

O sofrimento da dor manifesta é qualquer sensação corporal ou mental desagradável. Esse tipo de sofrimento pode ser facilmente reconhecido por todos, mas os outros dois são mais difíceis de serem identificados.

SOFRIMENTO DE MUDANÇA

Para os seres do samsara, cada experiência de felicidade ou de alegria que surge dos prazeres do samsara é o sofrimento de mudança. Essas experiências são contaminadas e possuem a natureza do sofrimento. Precisamos meditar muitas vezes sobre esse ponto, porque não nos parece óbvio que nossos prazeres mundanos sejam sofrimentos de mudança.

Podemos entender isso melhor examinando uma analogia. Se tivermos uma doença dolorosa e nosso médico prescrever analgésicos, vamos tomá-los e, por algum tempo, parar de sentir dor. Nesse ínterim, a sensação que estamos tendo é simplesmente uma redução da dor; contudo, uma vez que a forte sensação de dor passou, ficamos felizes e sentimos prazer. Essa sensação agradável é o sofrimento de mudança.

A explicação de Aryadeva, em *Tratado das Quatrocentas Estrofes*, ajuda-nos a compreender isso com clareza:

> Embora possamos constatar que o aumento da felicidade é destruído [pela sua causa], jamais se constata que o aumento do sofrimento seja destruído [pela sua causa].

Se aumentarmos a causa da nossa felicidade mundana, a felicidade se converterá em sofrimento; mas, se aumentarmos a causa do nosso sofrimento, o sofrimento nunca se converterá em felicidade. Por exemplo, se gostarmos de comer bem, ao degustar as primeiras garfadas de uma iguaria, nosso prazer aumentará. Porém, se continuarmos a comer mais e mais, nosso prazer se converterá em dor. Se o prazer que extraímos de comer fosse autêntica felicidade, comer deveria ser uma autêntica causa de felicidade; mas comer não pode ser uma autêntica causa de felicidade, pois nos faz vomitar, e é impossível que uma autêntica causa de felicidade seja causa de sofrimento. A sensação agradável que temos ao comer nada mais é que uma sensação provocada pela diminuição da fome e, em pouco tempo, ela vai se transformar outra vez no sofrimento manifesto de fome. Se comermos sem parar, o próprio fato de comer, que foi a causa inicial do nosso prazer, destruirá o prazer de comer e nos fará sentir dor. Se continuarmos a comer, poderemos comer sem parar, mas isso nunca destruirá a dor de comer.

Igualmente, se nos sentarmos numa mesma posição por bastante tempo depois nos levantarmos, acharemos que ficar em pé é causa de felicidade; mas, se ficarmos em pé durante horas, isso nos parecerá insuportável. Então, se sentarmos novamente, isso nos parecerá uma causa de felicidade. Nem ficar em pé nem ficar sentado são causas reais de felicidade, pois tais posições são ambas causas do sofrimento de mudança.

O mesmo vale para todos os prazeres mundanos. Por exemplo, poderíamos pensar que a felicidade verdadeira reside no êxtase do orgasmo sexual. Se isso fosse assim, o êxtase deveria aumentar à medida que multiplicássemos nossas relações sexuais. Na verdade, se nos excedermos, perderemos o desejo e nos sentiremos mal. Logo, o orgasmo sexual não pode ser uma causa real de êxtase, pois é uma causa do sofrimento de mudança.

SOFRIMENTO SUBJACENTE

Buda diz:

> Os infantis não compreendem que o sofrimento subjacente é como um fio de cabelo na palma da mão.

"Os infantis" são os seres comuns, que não entendem o que não podem ver com os próprios olhos ou experimentar diretamente. Assim como o corpo das crianças é frágil e sem força, também as mentes dos seres comuns são fracas e incapazes de discriminar com clareza. Se um fio de cabelo for colocado na palma da mão de um cego, ele não o perceberá porque não consegue vê-lo nem senti-lo. Nós, os seres comuns, somos como um cego porque, embora o sofrimento subjacente permeie nosso corpo e nossa mente, não conseguimos percebê-lo diretamente, pois trata-se de um objeto oculto para nós.

O sofrimento subjacente é assim chamado porque cobre ou permeia os três reinos: desde o nível mais baixo do reino do desejo, chamado de Inferno do Tormento Incessante, até o plano mais elevado do reino da sem-forma, o topo do samsara. Além disso, o sofrimento subjacente é a base de onde surgem todos os verdadeiros sofrimentos, exteriores e interiores. Um exemplo de sofrimento subjacente são os nossos atuais agregados contaminados. Esses cinco agregados são a base na qual imputamos nosso eu que, por sua vez, é a base do nosso agarramento ao em-si. O agarramento ao em-si e todas as demais delusões, bem como os sofrimentos que elas acarretam, surgem desses cinco agregados. Os agregados apossados de um ser samsárico têm como natureza o sofrimento. São chamados de "agregados" porque são compostos de muitas partes. Nosso corpo é um agregado ou agrupamento de muitas partes, como os membros; nossa mente também é um agregado de muitas partes, como os fatores mentais, os momentos passados e os presentes etc. São denominados "contaminados" por três razões: porque são produzidos por causas contaminadas, as delusões; porque dependem das delusões; e porque são a base para gerar delusões. São denominados "apossados" porque foram desenvolvidos ou tomados como posse na dependência de causas deludidas. São também denominados "deludidos" porque constituem a base para o desenvolvimento das delusões, do mesmo modo que uma planta é chamada de medicinal porque serve de base para a fabricação de medicamentos.

Os agregados apossados são como as raízes de uma árvore. Dessas raízes, cresce o tronco, que é o agarramento ao em-si que apreende "eu" e "meu". Desse tronco, desenvolvem-se os ramos, que são as outras delusões. Destas, surgem as hastes, que são as ações. Por fim, nasce o fruto de grande sofrimento. Assim como a árvore, o tronco, os ramos, as hastes e os frutos possuem basicamente a mesma natureza substancial, também os agregados apossados, as delusões e as ações contaminadas possuem a mesma natureza, o sofrimento. Todos os sofrimentos dos reinos dos infernos surgem dos agregados apossados dos seres-do-inferno que os experienciam; todos os sofrimentos dos espíritos famintos surgem dos agregados apossados dos seres que os experienciam; todos os sofrimentos dos seres humanos surgem dos agregados apossados dos seres que os experienciam; e todos os sofrimentos dos semideuses e dos deuses surgem de seus próprios agregados apossados. Portanto, se quisermos ficar livres dos vários sofrimentos do samsara, precisaremos gerar a determinação de abandonar todos os agregados apossados. Nossos agregados apossados são como um imenso feixe de espinhos que carregamos sobre nosso dorso nu. Enquanto carregarmos esse fardo, o sofrimento será inevitável. A cada passo, um espinho trespassa nossa carne.

Em geral, quando pensamos em nosso corpo e mente, geramos autoapreço. Contudo, se meditarmos muitas vezes no sofrimento subjacente, compreenderemos que a natureza de todos os agregados contaminados ou apossados é o sofrimento. Então, desenvolveremos renúncia – o desejo de abandonar os agregados contaminados, a base de todo o sofrimento.

Empenhando-nos nas meditações analíticas nos sofrimentos gerais e nos sofrimentos específicos do samsara, vamos gerar a forte determinação de cortar o continuum do renascimento samsárico, pensando: "Vou abandonar os agregados apossados". Quando esse pensamento de renúncia – uma mente determinada a alcançar a libertação – surgir claramente, deveremos praticar a meditação posicionada, para nunca mais perdê-lo.

Delusões e Ações, Morte e Renascimento

UMA EXPLICAÇÃO PRELIMINAR PARA ESTABELECER O CAMINHO QUE CONDUZ À LIBERTAÇÃO

Esta explicação tem duas partes:

1. O desenvolvimento de delusões e ações, morte e renascimento
2. Uma explicação dos doze elos dependente-relacionados

Libertação ou nirvana é uma cessação definitiva do renascimento samsárico, que se alcança por meio da meditação nos verdadeiros caminhos. Essa libertação é a nossa meta principal. Para alcançá-la, devemos abandonar todas as delusões e as ações contaminadas, que são a fonte dos renascimentos samsáricos. Visto que é muito importante entender que as delusões e as ações contaminadas constituem a causa principal do renascimento samsárico, e entender o processo desse tipo de renascimento, passaremos a explicá-los.

O DESENVOLVIMENTO DE DELUSÕES E AÇÕES, MORTE E RENASCIMENTO

Este tópico é apresentado em seis partes:

1. A identificação das delusões
2. As etapas de desenvolvimento das delusões
3. As causas das delusões
4. Os perigos das delusões
5. Como as ações são criadas na dependência das delusões
6. O modo como morremos e renascemos

A IDENTIFICAÇÃO DAS DELUSÕES

Este tema tem duas partes:

1. Definição de delusão
2. As seis delusões raízes

A DEFINIÇÃO DE DELUSÃO

A delusão é definida como um fator mental que surge da atenção imprópria e que serve para tornar nossa mente agitada e descontrolada.

AS SEIS DELUSÕES RAÍZES

Embora as delusões sejam inúmeras, seis delas são denominadas raízes, e todas as outras são suas ramificações. As seis delusões raízes são:

1. Apego desejoso
2. Raiva
3. Orgulho deludido
4. Ignorância
5. Dúvida deludida
6. Visão deludida

Essas delusões constituem a base para todos os erros e conflitos, bem como para as ações contaminadas, que nos arremessam nos estados de renascimento samsárico.

É fácil comprovar, por experiência própria, o quanto a raiva e o apego desejoso densos perturbam nossa mente e nos fazem perder o controle. Por exemplo, quando estamos relaxando e nossa mente se acalma, se ouvirmos alguém fazendo barulho fora do nosso quarto e ficarmos com raiva, essa raiva destruirá imediatamente nossa paz mental e talvez nos fará sair do nosso assento para tomar medidas contra o responsável pelo barulho. Ou, se estivermos lendo ou estudando calmamente em nosso quarto e entrar alguém por quem sentimos forte apego, imediatamente ficaremos agitados e inibidos e perderemos nossa capacidade de nos concentrar e de agir com naturalidade.

Podemos aprender a identificar as delusões observando nossa própria mente e notando quais são os estados que nos deixam inquietos e descontrolados. Quando a mente não está perturbada por fortes delusões sentimo-nos descontraídos e lúcidos. Observando nossas mentes, aprenderemos a discriminar entre os estados não virtuosos e perturbadores e os estados virtuosos, que nos trazem paz. Desse modo, cultivaremos sabedoria e obteremos realizações.

APEGO DESEJOSO

Apego desejoso é um fator mental que observa seu objeto contaminado, sente que é atraente, exagera seus encantos, considera-o desejável, gera o desejo de possuí-lo e sente-se completamente absorto no objeto.

O apego desejoso desenvolve-se por etapas. Primeiro, percebemos ou nos lembramos de um objeto contaminado e o achamos atraente; depois, focamos nossa atenção nas suas boas qualidades e as exageramos. Com uma ideia exagerada das qualidades do objeto, nós o consideramos desejável e geramos desejo por ele. Por fim, nosso desejo nos apega ao objeto, de modo que nos sentimos colados a ele ou completamente absortos nele. O apego desejoso só acontece quando todas essas etapas se completam.

As etapas de prestar atenção nas boas qualidades de um objeto, exagerá-las e considerar o objeto desejável são chamadas de "atenção imprópria". A atenção imprópria induz desejo, e o desejo nos apega ao objeto. Portanto, se não quisermos gerar apego desejoso, precisaremos intervir nas etapas iniciais de sua evolução e impedir o funcionamento da atenção imprópria.

O apego desejoso é como óleo embebido num tecido, ao passo que outras delusões são como poeira acumulada na superfície. Assim como é mais difícil remover uma mancha de óleo do que remover a poeira, é muito mais difícil remover a mente de um objeto de apego desejoso do que removê-la do objeto de qualquer outra delusão. Isso se explica porque a mente de apego fica absorta no seu objeto de maneira mais profunda e íntima. Se ficarmos com raiva de alguém que nos maltratou, poderemos rapidamente separar nossa mente do objeto da raiva, em particular, se o ofensor nos adular ou pedir desculpas. Conseguimos até sorrir ou brincar com alguém que, há pouco, nos enchia de ódio. É relativamente fácil acalmar nossa raiva, mas superar o apego desejoso não é tão simples. O objeto do apego fica grudado na mente, mesmo quando a delusão não é muito forte.

Existem três tipos de apego desejoso: aquele que é sentido pelos seres no reino do desejo; aquele que é sentido pelos seres no reino da forma; e aquele que é sentido pelos seres no reino da sem-forma. O mais denso deles é o apego desejoso dos seres que, como nós, estão no reino do desejo. Nossa mente está firmemente amarrada à prisão do samsara pela corda do apego e, por isso, temos dificuldade de gerar o desejo sincero de nos libertar.

Quando removermos todas as delusões do reino do desejo, experienciaremos as delusões do reino da forma e, quando tivermos removido estas, será a vez das delusões do reino da sem-forma. Comparado ao apego desejoso denso do reino do desejo, o apego desejoso do reino da forma é muito sutil.

Podemos remover temporariamente as delusões do reino do desejo meditando nos caminhos mundanos. Para fazer isso, primeiro precisamos alcançar o tranquilo-permanecer e, depois, a absorção da estreita preparação da primeira estabilização mental. Quando fazemos essa meditação, concentramo-nos em ver o reino do desejo como sujo e defeituoso e o reino da forma como sereno. Para superar as delusões do reino do desejo definitivamente, precisamos desenvolver caminhos supramundanos que surgem na dependência de uma realização direta da vacuidade.

Nem todos os desejos são apego desejoso. É importante distinguir os desejos virtuosos de outros não virtuosos. Os desejos virtuosos e compassivos não são delusões, porque não destroem nossa paz mental. Por exemplo, o desejo sincero de alcançar a iluminação para o benefício dos outros é um desejo, mas não é um apego desejoso, pois tal desejo não confunde nem perturba nossa mente e não pode prejudicar nem a nós nem aos outros.

RAIVA

Raiva é um fator mental que observa um objeto animado ou inanimado, sente que é pouco atraente, exagera suas más qualidades, considera-o indesejável, antagoniza o objeto e gera o desejo de prejudicá-lo.

As etapas de enfocar as más qualidades de um objeto, de exagerá-las e de considerar o objeto desagradável constituem a atenção imprópria. Na dependência dessa atenção imprópria, antagonizamos o objeto e geramos o desejo de prejudicá-lo. Quando todas essas etapas se completam, geramos raiva.

Existem três tipos de raiva, classificadas de acordo com o seu grau: grande, média e pequena. Além disso, existem nove tipos, que variam em função de fatores como pessoa e época:

(1) Raiva de alguém ou de algo que nos tenha prejudicado no passado. Por exemplo, se nos lembrarmos como alguém nos feriu, poderemos ficar remoendo o fato e acabar gerando uma ideia exagerada do prejuízo que nos foi infligido e da maldade do agressor. Surgirá, então, antagonismo e uma vontade de nos vingar daquela pessoa. A lembrança de fatos ocorridos há centenas de anos pode causar hostilidade entre povos e levar nações modernas a se engajarem em violentas guerras.

(2) Raiva de alguém ou de algo que esteja nos prejudicando no presente.

(3) Raiva de alguém ou de algo que poderia nos prejudicar no futuro. Frequentemente, geramos raiva com base em uma incerteza. Por exemplo, quando competimos por um emprego e achamos que os outros vão conseguir o trabalho, podemos gerar raiva em antecipação à nossa perda. Indivíduos que competem com outros sentem esse tipo de raiva; e nações, diante de fatos que talvez venham a ocorrer no futuro, entram em guerra ou constroem arsenais bélicos com base em tais suspei-

tas. Ainda que a chance de sermos prejudicados seja remota, somos capazes de gerar uma intensa raiva com base nessa simples possibilidade.

(4) Raiva de alguém ou de algo que tenha prejudicado nossos amigos ou parentes no passado.
(5) Raiva de alguém ou de algo que esteja prejudicando nossos amigos ou parentes no presente.
(6) Raiva de alguém ou de algo que poderia prejudicar nossos amigos ou parentes no futuro.
(7) Raiva de alguém ou de algo que tenha ajudado nossos inimigos no passado.
(8) Raiva de alguém ou de algo que esteja ajudando nossos inimigos no presente.
(9) Raiva de alguém ou de algo que poderia ajudar nossos inimigos no futuro.

A raiva só é experienciada no reino do desejo. É como um fogo que consome o mérito acumulado por nós, quando executamos ações virtuosas. Por isso, no *Guia do Estilo de Vida do Bodhisattva*, Shantideva diz que não há mal maior do que a raiva.

A raiva prejudica todos. Prejudica aquele que sente raiva e as pessoas contra as quais ela é direcionada. Embora todos nós queiramos ter amizades estáveis e duradouras, é muito difícil construí-las porque a raiva destrói nossos relacionamentos. Pessoas que se amam à noite, às vezes sentem ganas de se matar na manhã seguinte. A falência da maioria dos casamentos deve-se à raiva.

Para impedir o desenvolvimento da raiva, assim que notarmos suas etapas iniciais, como a atenção imprópria ou leves sentimentos de hostilidade, deveremos interromper o contato com o objeto e extinguir as primeiras faíscas da raiva por meio de meditação, lembrando-nos do imenso mal que a raiva acarreta a nós e aos outros. Uma vez que a raiva tenha sido deflagrada em nossa mente, será difícil contê-la. É como um incêndio na floresta que se alastra para onde o vento soprar. Portanto, observando nossa própria mente, temos de aprender a identificar a raiva em suas etapas iniciais e evitá-la, antes que ela venha a explodir.

ORGULHO DELUDIDO

Orgulho deludido é um fator mental que é arrogante por motivos irrisórios. Qualquer coisa pode servir de pretexto para pensarmos que somos alguém especial e gerarmos orgulho, como por exemplo: ser bonito, ter vasta cultura, ser muito rico, gozar de boa reputação, ser campeão em algum esporte ou possuir o dom da palavra.

Sentir orgulho é como estar no topo de uma montanha mirando com superioridade todos aqueles que moram nos vales abaixo de nós. Se ouvirmos ou lermos instruções de Dharma com essa atitude egocêntrica, não colheremos muitos benefícios. Assim como a chuva não fica parada no pico de uma montanha, mas escorre rapidamente para o vale, o Dharma que ouvimos quando estamos inflados pelo orgulho também não permanece em nossa mente.

Com orgulho não podemos gerar boas qualidades e realizações. Facilmente nos aborrecemos, pois as outras pessoas não compartilham da visão sublime que temos a nosso respeito e, por isso, não demonstram o tipo de respeito e de consideração que julgamos merecer. Facilmente nos sentimos desrespeitados ou maltratados. O orgulho nos torna extremamente vulneráveis e susceptíveis a injúria. Com humildade, a atitude oposta, paramos de nos sentir abandonados ou ofendidos e nos tornamos mais abertos para receber conselho espiritual e aprender com as instruções. Aceitar ser guiado permite que nossas boas qualidades e realizações cresçam de maneira abundante.

Existem sete tipos de orgulho deludido: orgulho diante de inferiores, orgulho diante de iguais, orgulho diante de superiores, orgulho de identidade, orgulho pretensioso, orgulho emulativo e orgulho errôneo.

Orgulho diante de inferiores é o orgulho que temos quando observamos alguém que é inferior a nós em algum aspecto e pensamos: "Sou melhor que essa pessoa". Orgulho diante de iguais é o orgulho que temos quando observamos alguém que é igual a nós em algum aspecto e pensamos: "Sou melhor que essa pessoa". O orgulho diante de superiores é o orgulho que temos quando observamos alguém que é superior a nós em algum aspecto e pensamos: "Sou melhor que essa pessoa". Esse orgulho também é conhecido como "orgulho além do orgulho", porque seu objeto costuma ser alguém que também tem orgulho.

Orgulho de identidade é o orgulho que temos quando nos identificamos com alguma função, ideia, trabalho ou país e pensamos que, em virtude da nossa identidade, somos melhores que os outros. Por exemplo, podemos gerar orgulho pensando: "sou budista", "sou cristão", "sou professor" ou "sou muito inteligente".

Quase todo mundo possui esse tipo de orgulho. Até mendigos podem pensar: "Sou um mendigo muito esperto". Podemos gerar esse orgulho ao nos identificar com qualquer coisa que nos faça sentir diferentes dos demais e dignos de nota. Num grupo de pessoas, alguém pode gerar orgulho pensando "sou americano", ao passo que outro gera orgulho pensando "sou inglês". O orgulho de identidade não é apenas reconhecermos um fato respeito a nós mesmos; é um sentimento inflado de presunção que surge quando nos agarramos a uma identidade específica.

Orgulho pretensioso é aquele que sentimos quando exageramos nossas aquisições, pensando ter obtido qualidades ou realizações que, de fato, não obtivemos. Por exemplo, às vezes estamos sujeitos a alucinações e, quando isso acontece, podemos imaginar que já desenvolvemos clarividência, pois estamos percebendo objetos especiais. Outras vezes, só porque nossa mente ficou calma durante um curto período, pensamos ter conquistado o tranquilo-permanecer; ou, quando obtemos um novo conhecimento sobre um assunto simples, podemos achar que já alcançamos grande sabedoria.

O orgulho emulativo é gerado quando observamos alguém muito mais realizado que nós ou que ocupa uma posição superior à nossa e pensamos "sou quase tão realizado quanto essa pessoa" ou "temos muito em comum". Por exemplo, teremos esse tipo de orgulho se, apesar de não termos realizações espirituais, nos pusermos a imitar iogues e ioguines, pensando "sou igual a esses praticantes elevados".

Orgulho errôneo é o orgulho de olhar para algo que fizemos mal ou incorretamente e acreditarmos que é excelente e digno de elogios. Por exemplo, se depois de dar uma aula de Dharma entremeada de falsas informações e de conselhos incorretos, pensarmos "foi um ensinamento brilhante", teremos gerado o orgulho errôneo. Outro exemplo de orgulho errôneo é dar péssimos conselhos a alguém e depois pensar "como sou sábio".

IGNORÂNCIA

Existem duas definições de ignorância: uma definição geral, apresentada por Asanga e Vasubandhu, e uma definição específica, apresentada por Dharmakirti e Chandrakirti. Não há contradição entre esses dois sistemas, porque o primeiro fornece uma definição ampla da ignorância em geral e o segundo define um tipo específico de ignorância, a ignorância que é a raiz do samsara.

No *Compêndio do Abidharma*, Asanga define a ignorância de acordo com o primeiro sistema:

> Um fator mental que está confuso sobre a natureza de um objeto e que serve para induzir percepção errônea, dúvida e outras delusões.

De acordo com essa definição, a ignorância é uma falta de conhecimento ou de compreensão. Um exemplo é a confusão que sentimos quando, ao ler um livro, não conseguimos entender seu sentido. Essa ignorância é como uma escuridão em nossa mente, que nos impede de entender com clareza nosso objeto. De acordo com esse sistema, a ignorância de não compreender o vazio do self, a natureza última das pessoas e dos outros fenômenos, provoca o agarramento ao em-si, ou o agarramento-ao-verdadeiro, que é a raiz de todas as outras delusões e de todos os renascimentos samsáricos. Essa ignorância de não entender o vazio de self atua como base para o agarramento ao em-si (uma percepção errônea que apreende seu objeto como inerentemente existente), embora seja distinta dele.

De acordo com a tradição de Dharmakirti e de Chandrakirti, uma mente que não conhece ou que não realiza seu objeto não é necessariamente uma ignorância. Eles dizem que somente o agarramento ao em-si é ignorância. Visto que o vazio de self é o principal objeto a ser compreendido para abandonarmos o agarramento ao em-si, a causa raiz do samsara, esses eruditos dizem que somente um fator mental que retenha o oposto do que é retido pela sabedoria que realiza o vazio de self pode ser considerado um exemplo de ignorância.

Em *Louvor à Relação Dependente,* Je Tsongkhapa diz:

Quaisquer que sejam as falhas que existam neste mundo,
A raiz delas é a ignorância.

O motivo pelo qual continuamos seguindo os caminhos mundanos é porque nossa ignorância nos impede de conhecer a natureza dos objetos de maneira clara e perfeita. Podem-se distinguir dois tipos de ignorância: a ignorância das verdades últimas, a natureza última dos objetos; e a ignorância das verdades convencionais, a natureza convencional dos objetos. A natureza última de todos os objetos é a vacuidade. Buda ensinou as verdades convencionais para nos conduzir a uma compreensão das verdades últimas. Visto que o método para realizar as verdades últimas consiste em examinar as verdades convencionais, quando estudamos a vacuidade, é necessário estudarmos as verdades convencionais. As duas verdades são apresentadas de maneiras diferentes pelas quatro escolas filosóficas budistas. Estudando cada apresentação, seremos gradualmente levados a compreender a visão correta e perfeita apresentada pelo sistema supremo, a escola Madhyamika-Prasangika. Dessa maneira, entenderemos os caminhos espirituais corretos que levam à libertação e eliminaremos tanto a ignorância a respeito das verdades convencionais como a ignorância a respeito das verdades últimas.

Buda ensinou a visão apresentada pela escola Chittamatra especialmente para nos ajudar a superar o apego desejoso, fazendo-nos compreender que os objetos que percebemos fazem parte da natureza da nossa própria mente e não existem separados dela. De acordo com esse sistema, os objetos que parecem existir exteriormente são manifestados pela mente. Esses objetos são apenas aparências mentais nascidas de suas sementes, que estão na "consciência-base-de-tudo". Essas sementes amadurecem como objetos que aparecem à mente. Embora os objetos e as mentes que os percebem surjam simultaneamente, desenvolvemos aparências equivocadas a respeito dos objetos como se existissem fora da nossa mente e nos agarramos a elas como se existissem desse modo. Visto que nos agarramos aos objetos como se existissem exteriormente, geramos apego desejoso por aqueles que nos parecem atraentes. Se compreendermos as verdades convencionais e últimas de acordo com a apresentação da escola Chittamatra, reduziremos nosso apego desejoso e nos aproximaremos da visão correta da vacuidade, apresentada pela escola Madhyamika-Prasangika.

Em geral, existem dois tipos principais de ignorância: a que ignora o carma e a que ignora a vacuidade. A ignorância sobre o carma nos faz perpetuar nossos renascimentos inferiores. Enquanto estivermos confusos sobre o carma, a lei das ações e seus efeitos, continuaremos a cometer ações não virtuosas, que são causas de renascimento inferior. A ignorância sobre a vacuidade nos mantém presos ao samsara. Ainda que tenhamos compreendido o carma, só vamos parar de criar causas de renascimentos samsáricos quando realizarmos diretamente a vacuidade.

DÚVIDA DELUDIDA

Dúvida é um fator mental que apreende seu objeto bifocadamente ou que oscila hesitando entre dois pontos de vista alternativos. Nem toda dúvida é deludida. A dúvida deludida é um tipo específico de dúvida sobre algum objeto cuja compreensão é importante para alcançarmos a libertação, tal como o carma ou os verdadeiros sofrimentos, e na qual a hesitação favorece a visão incorreta que nega a existência do objeto em questão. A dúvida deludida é uma dúvida que atrapalha a conquista da libertação. Nossas dúvidas sobre objetos cuja compreensão não é necessária para alcançarmos a libertação não são deludidas. Por exemplo, se alguém chegar à nossa porta e pensarmos "será o João?", nossa dúvida não será uma das delusões raízes.

É importante distinguir entre dúvidas deludidas e dúvidas que são o início da sabedoria. As primeiras devem ser abandonadas, mas as segundas são indispensáveis se quisermos ter realizações. Inicialmente, quando ouvimos ou lemos o Dharma, temos muitas dúvidas, porque o Dharma contradiz nossas visões errôneas e suposições incorretas, tornando-nos indecisos a respeito delas. Esse tipo de indecisão é sinal de que estamos começando a gerar sabedoria, pois é o ponto de partida para nos convencermos das visões corretas. Se não desenvolvermos esse tipo de dúvida ao receber ensinamentos de Dharma, não teremos como nos convencer dos ensinamentos. Por exemplo, quando ouvimos ensinamentos sobre a vacuidade pela primeira vez, podemos gerar várias dúvidas, pensando: "Acho que os objetos existem fora de mim, mas será que eles realmente existem desse modo?". Ou então: "Os objetos parecem substanciais, mas não seriam eles insubstanciais, como sonhos?". Se não tivermos essas dúvidas iniciais, mais tarde será impossível realizarmos a vacuidade. Essas dúvidas são dúvidas que tendem à verdade. Elas nos levam à direção correta e nos ajudam a ter mais compreensão e clareza mental.

As dúvidas deludidas, ao contrário, destroem nossa fé naquilo que é virtuoso e significativo e nos tornam indecisos a respeito de objetos que são benéficos e dignos de confiança. Elas destroem a lucidez e a alegria que sentimos ao gerar a fé de admirar. Solapam nossas aspirações virtuosas e tornam nossa mente, que antes estava calma e tranquila, instável e agitada. Temos dúvidas deludidas quando, depois de ouvir ou de ler instruções corretas de Dharma, pensamos: "Provavelmente esses ensinamentos são errados" ou "Provavelmente essa instrução é inútil". A dúvida deludida também pode surgir quando recebemos explicações corretas sobre a vacuidade e desenvolvemos um leve entendimento respeito disso, mas depois aparece alguém argumentando habilmente contra essa visão correta e começamos a pensar que o raciocínio que ouvimos antes provavelmente estava errado. Novamente, se tivermos recebido instruções perfeitas para meditar de nosso Guia Espiritual e, depois, chegar outra pessoa dizendo, com ares de grande meditador, que aquele método é inferior e que conhece maneiras melhores de meditar, poderemos duvidar do nosso Guia Espiritual e das instruções que ele ou ela nos transmitiu. Essa dúvida pode surgir quando estamos prestes a praticar uma ação virtuosa ou quando nos envolvemos em alguma atividade altruísta. Ela nos faz pensar que fomos mal orientados e, assim, destrói nossa boa intenção.

A dúvida deludida é muito perigosa, porque causa uma interrupção abrupta da nossa prática e nos joga num estado de confusão. Ela pode surgir quando a fé e o esforço se degeneram ou quando conhecemos alguém ou lemos algo que contradiz o Dharma. A dúvida deludida também surge como resultado de análise inadequada, excessiva ou inoportuna. Há ocasiões em que é conveniente e benéfico recorrermos à investigação analítica, como quando estamos estudando tópicos sutis, como a impermanência sutil ou a vacuidade. Contudo, há ocasiões em que é mais benéfico evitarmos a análise, como quando adquirimos uma compreensão adequada de certas verdades convencionais densas. Uma análise exagerada ou inoportuna induz dúvidas excessivas que atrapalham nossa prática.

É especialmente importante impedir o surgimento de dúvida deludida quando praticamos o Mantra Secreto, porque o sucesso das práticas tântricas depende de termos fé perfeitamente pura. Se gerarmos dúvidas deludidas sobre nossa prática do Mantra Secreto, não receberemos muito benefício, mesmo se praticarmos por éons. Portanto, no Mantra Secreto, até a fé cega vale mais do que o excesso de análise, pois a fé cega pode induzir fortes determinações virtuosas, ao passo que o excesso de análise acarreta dúvida e confusão.

VISÃO DELUDIDA

As cinco primeiras delusões raízes são denominadas "delusões que são não visões". A sexta delusão raiz, a visão deludida, pode ser de cinco tipos:

1. Visão da coleção transitória
2. Visão extrema
3. Adotar visões falsas como supremas
4. Adotar disciplina moral errônea e conduta errônea como supremas
5. Visão errônea

VISÃO DA COLEÇÃO TRANSITÓRIA

A visão da coleção transitória é uma visão deludida que observa o próprio eu e concebe-o como se existisse inerentemente.

Quando alguém nos maltrata, ficamos fortemente colados no nosso eu. O eu que concebemos nessas ocasiões é desconectado do nosso corpo e da nossa mente. A mente que se agarra a esse eu independente é a visão da coleção transitória. Ela observa o eu e concebe-o como se existisse inerentemente, sem depender de mais nada. Quando geramos a visão da coleção transitória, não percebemos que estamos colados num eu inerentemente existente. Apesar de não usarmos esses termos, estamos concebendo um eu que não depende de mais nada. Estamos observando nosso eu e retendo-o como verdadeiro. Por exemplo, quando alguém que se chama Pedro pensa "eu sou Pedro", o Pedro que aparece com nitidez à sua mente é concebido como inerentemente existente e independente de quaisquer outros fenômenos, como os membros de seu corpo.

Para identificar esse eu no nosso próprio caso, podemos pensar no eu que está lendo este livro. Quando estamos lendo, não pensamos "meu corpo está lendo este livro" ou "minha mente está lendo este livro". O que pensamos é "eu estou lendo este livro", e o eu que concebemos é diferente, ou desconectado, do nosso corpo e da nossa mente. A mente que se cola a um eu independente que está lendo este livro é a visão da coleção transitória. Seu objeto concebido não existe.

Quando recebemos ensinamentos sobre a vacuidade e começamos a refletir sobre a não existência do objeto concebido da visão da coleção transitória, podemos achar difícil estabelecer o eu que existe. É bom que isso aconteça, porque precisamos perder o eu independente que normalmente apreciamos. Nossa dificuldade inicial de estabelecer o eu que existe ocorre porque ainda não entendemos as verdades convencionais sutis e, por isso, achamos que a vacuidade nega por completo nosso eu. Por ora, é correto enfocar o eu manifesto que normalmente percebemos e pensar que ele não existe de modo algum. Isso se justifica porque tal maneira de pensar nos ajuda a duvidar da existência do objeto concebido pela visão da coleção transitória, e essa dúvida vai nos levar a gerar a sabedoria que realiza a vacuidade.

O eu que não existe é o objeto concebido pela visão da coleção transitória, e o eu que existe é seu objeto observado. O objeto observado é o eu imputado na dependência do conjunto dos cinco agregados. A visão da coleção transitória observa o eu meramente imputado, mas o concebe como se existisse inerentemente.

A coleção transitória são os cinco agregados, que são a base de imputação do eu meramente imputado, e esse eu é o objeto observado pela visão da coleção transitória. O eu meramente imputado é por natureza transitório, porque é impermanente; e é uma coleção porque existe na dependência do agrupamento dos cinco agregados

Existem dois tipos de visão da coleção transitória: a visão da coleção transitória que concebe "eu" e a visão da coleção transitória que concebe "meu". A segunda se desenvolve na dependência da primeira. Quando temos a visão da coleção transitória que concebe meu, estamos principalmente concebendo que nosso eu existe inerentemente e, ao mesmo tempo, estamos nos atendo a algo que pertence a esse eu inerentemente existente, pensando: "Isso é meu". Dessas duas visões da coleção transitória, surgem todas as outras delusões. Como diz Chandrakirti, no *Guia ao Caminho do Meio*, primeiro nos agarramos ao nosso eu como inerentemente existente e, depois, apegamo-nos ao que é nosso, pensando: "Isso é meu" ou "Essa pessoa é meu amigo". Então, por apego, cometemos ações que são causas de renascimento samsárico.

VISÃO EXTREMA

Visão extrema é uma visão deludida que observa o eu, que é o objeto concebido pela visão da coleção transitória, e se agarra a ele como algo permanente ou algo que cessa por completo na hora da morte. A visão extrema estabiliza e fortalece a visão da coleção transitória.

ADOTAR VISÕES FALSAS COMO SUPREMAS

Se defendermos alguma visão falsa – como a visão da coleção transitória, a visão extrema ou outra visão negativa – e a considerarmos como excelsa e superior às demais, estaremos adotando visões falsas como supremas. Essa delusão exagera e fortalece nossas visões falsas, dificultando o abandono destas e a adoção de visões corretas.

ADOTAR DISCIPLINA MORAL ERRÔNEA E CONDUTA ERRÔNEA COMO SUPREMAS

Uma disciplina moral correta nos impede de cometer ações não virtuosas e nos ajuda a praticar ações virtuosas, evitando desse modo que tenhamos renascimentos nos reinos inferiores do samsara. No entanto, certos adeptos de visões errôneas acreditam que é possível impedir um renascimento nos reinos inferiores e, inclusive, alcançar a libertação do samsara praticando disciplina moral errônea e conduta errônea. Eles consideram que tais práticas inadequadas são supremas. Por exemplo, certa vez um mestre religioso clarividente viu que, em sua vida anterior, fora um cachorro. No entanto, como não possuía a sabedoria que compreende o carma, concluiu que vida canina era a causa de renascimento humano. Assim, ele ensinou os seus discípulos a praticarem a disciplina moral de imitar o estilo de vida canino. Disse-lhes que deveriam manter os compromissos de andar de quatro e de dormir num canil, ao relento. Garantiu-lhes que, se praticassem essa "disciplina moral" com pureza e se comportassem exatamente como um cão, renasceriam como ser humano em sua próxima vida. Uma mente que adota esse tipo de disciplina moral como suprema exemplifica o que é adotar disciplina moral errônea e conduta errônea como supremas.

Segundo alguns mestres religiosos, se praticarmos a disciplina moral de infligir rigorosas privações, mortificações e dores ao nosso corpo, purificaremos nossa mente e alcançaremos a libertação. Outros sistemas religiosos exigem que seus discípulos assumam diante do mestre o compromisso de sacrificar animais e consideram que tais práticas são um método supremo para alcançar a libertação. Algumas pessoas não religiosas também adotam conduta errônea como suprema, quando, por exemplo, praticam má conduta sexual ou se drogam, convictos de que esses são caminhos que conduzem à liberdade perfeita e ao êxtase.

VISÃO ERRÔNEA

Visão errônea é uma mente que observa um objeto cuja compreensão é importante para alcançar a libertação ou a iluminação, como o carma e a vacuidade, e nega sua existência. Como foi explicado, cometemos a ação mental negativa de adotar visão errônea quando pensamos, repetidamente, sobre a não existência desse objeto e consumamos a ação quando decidimos, com firmeza, que tal objeto não existe, sustentando convictamente nossa recusa ou negação.

Se adotarmos uma visão errônea, não poderemos meditar sobre caminhos corretos nem praticar o puro Dharma. Ainda que não tenhamos visões errôneas, se carregarmos na mente as potencialidades para tê-la, estas irão obstruir nossa prática espiritual. Por exemplo, quando alguém nos dá explicações claras e lógicas sobre renascimento, mas não conseguimos gerar convicção nisso, essa dificuldade está sendo criada pelas nossas potencialidades para ter visões errôneas. Elas são obstáculos para gerarmos fé e nos impedem de compreender as instruções e os conselhos que recebemos.

A causa principal das visões errôneas é a ignorância, a causa de todas as delusões. Em seu *Tratado de Quatrocentas Estrofes,* Aryadeva diz:

Assim como a faculdade sensorial tátil permeia o corpo todo,
Também a ignorância permeia todas as delusões.

Nossa faculdade sensorial corporal ou tátil funciona sempre que temos sensações corporais. Do mesmo modo, a ignorância está presente sempre que há delusões.

Como foi explicado, em geral a ignorância ou o desconhecimento são tópicos bastante extensos, contudo, a principal ignorância é o agarramento ao em-si. Embora cada ser vivo, inclusive o menor dos insetos, conceba um eu e se agarre a ele o tempo todo, até dormindo, é difícil identificar o agarramento ao em-si quando tentamos encontrá-lo. De fato, quando formos capazes de identificar claramente o agarramento ao em-si, já estaremos bem próximos de uma realização do vazio do self. O principal agarramento ao em-si a ser investigado é o agarramento ao nosso próprio eu, a visão da coleção transitória.

Existem dois tipos de agarramento ao em-si: inato e intelectualmente formado. Nem todos os seres possuem o agarramento ao em-si intelectualmente formado, pois trata-se de uma mente que surge na dependência de um raciocínio incorreto, e nem todos os seres são capazes de investigação analítica. O agarramento ao em-si intelectualmente formado é adquirido principalmente por aqueles que aderem a visões filosóficas. Por exemplo, se alguém chamado Paulo não se conformar com o mero uso do nome Paulo e começar a especular: "o que é Paulo?", "meu corpo é Paulo?", "minha mente é Paulo?", ele poderá concluir que Paulo é algo independente de seu corpo e de sua mente e ficar satisfeito por ter identificado Paulo. Se ele desenvolver tal convicção como resultado de um raciocínio incorreto ou de uma análise incompleta, esse agarramento ao em-si será intelectualmente formado.

O agarramento ao em-si inato é uma delusão comum a todos os seres vivos. Esse tipo de agarramento ao em-si é a raiz do samsara, a raiz de todas as falhas e sofrimentos e a fonte de todas as delusões.

AS ETAPAS DE DESENVOLVIMENTO DAS DELUSÕES

Em geral, existem dois tipos de agarramento ao em-si: de fenômenos e de pessoas. Quando observamos nossos cinco agregados, eles parecem existir inerentemente e, por isso, nós os apreendemos como se existissem desse modo. Isso é um exemplo de agarramento ao em-si de fenômenos. É a nossa ignorância sobre a natureza real ou última dos fenômenos que nos leva a nos agarrarmos ao eu de pessoas. Na dependência do agarramento ao em-si de fenômenos, concebemos ou imaginamos um eu e nos agarramos a ele como se fosse inerentemente existente. Isso é um exemplo de agarramento ao em-si de pessoas. Na dependência disso, discriminamos o eu e os outros, concebendo os dois como se fossem inerentemente diferentes. Então, geramos autoapreço. Com autoapreço, sempre que contemplamos algo atraente, geramos apego desejoso; sempre que contemplamos algo desagradável, geramos aversão ou raiva; e sempre que contemplamos algo que não é nem atraente nem desagradável, geramos ignorância. A partir dessas três delusões, surgem todas as demais.

Em *Comentário à Cognição Válida*, Dharmakirti diz:

> Se tivermos [agarramento ao] eu, teremos [agarramento aos] outros. Por discriminar eu e outros, geramos apego desejoso e ódio. Movidos por apego desejoso e ódio, envolvemo-nos em ações não virtuosas. Em consequência disso, surgem todas as falhas e sofrimentos.

Isso significa que, se nos agarramos ao nosso próprio eu como inerentemente existente, vamos nos agarrar ao eu dos outros como inerentemente existente. Porque apreendemos o eu e os outros dessa maneira, vamos concebê-los como sendo inerentemente diferentes. Com base nessa discriminação, vamos gerar o autoapreço – apreciamos nós mesmos acima e mais do que apreciamos os outros. Com autoapreço, vamos gerar apego desejoso, ódio e todas as outras delusões. Essas delusões vão nos impelir a cometer ações que são causas para assumirmos agregados apossados. Porque assumimos agregados apossados, surgem todos os sofrimentos do samsara.

Tendo destruído a ignorância do agarramento ao em-si, destruiremos todas as nossas delusões, porque essa ignorância é a raiz de todas as delusões. Assim como existem certos medicamentos que são considerados remédios universais para todas as doenças, também existe um remédio que serve para todas as nossas delusões. Essa panaceia é a sabedoria que realiza o vazio do self.

No *Sutra dos Dez Solos*, Buda diz:

> Quaisquer que sejam as falhas deste mundo, todas elas surgem do agarramento ao em-si. Se ficarmos livres dessa concepção de self, não haverá falhas.

AS CAUSAS DAS DELUSÕES

As delusões têm seis causas:

1. A semente
2. O objeto
3. Distração e influência de terceiros
4. Maus hábitos
5. Familiaridade
6. Atenção imprópria

Como explica Vasubandhu em *Tesouro de Abidharma*, sempre que a primeira, a segunda e a sexta causas estiverem reunidas, a delusão necessariamente surgirá. Se a semente de delusão, também conhecida como "a fonte de delusão não abandonada", o objeto e a atenção imprópria se juntarem, é certeza que delusões irão se desenvolver.

Não podemos abandonar as delusões definitivamente até termos abandonado o agarramento ao em-si, por meio de uma realização direta da vacuidade. Porém, poderemos superar as nossas delusões temporariamente se aprendermos a identificar e a evitar as suas causas. Treinando a mente dessa maneira, seremos capazes de superar nossas delusões por períodos cada vez mais longos; se combinarmos essa prática com o treino de meditar na vacuidade, obteremos uma realização direta da vacuidade e, gradualmente, nossas delusões vão se extinguir por completo, como uma chama de vela.

Alguns não budistas duvidam da existência da libertação. Dizem: "Onde está essa libertação propagada pelos budistas? Não vemos nenhum exemplo de libertação". Dúvidas desse tipo podem ser desfeitas por experiência pessoal. Se fizermos o treino de reduzir e de superar as causas das delusões, compreenderemos que, embora sejam fortes, nossas delusões não são permanentes, uma vez que podem ser reduzidas por meio da aplicação dos oponentes. Se aceitarmos que as delusões não são permanentes e que existem oponentes, teremos de aceitar que as delusões podem ser eliminadas de uma vez por todas. Ainda que não façamos esforço algum para eliminar as causas das nossas delusões, podemos constatar por experiência pessoal que as delusões são impermanentes, porque elas perdem sua intensidade e não duram. Por exemplo, quando estamos com raiva, não conseguimos sustentar a mesma intensidade de raiva por muito tempo.

A sabedoria que realiza a vacuidade é o antídoto geral contra todas as delusões, e cada delusão possui seus próprios oponentes específicos. Por exemplo, a meditação na repugnância é um oponente ao apego desejoso; as meditações no amor e na compaixão são oponentes à raiva e ao ódio; a prática de dar supera a avareza; a prática de regozijo supera a inveja; e a meditação na relação-dependente supera a ignorância. Se não estivermos habituados a meditar, não conseguiremos superar nossas delusões de imediato. No entanto, fazendo a prática de aplicar oponentes, poderemos enfraquecê-las e nos convencer, por experiência própria, de que é possível nos livrar completamente de todas as delusões e alcançar a libertação.

Dharmakirti disse que nossos agregados contaminados não são permanentes, porque suas causas podem ser destruídas por oponentes. Aplicando os oponentes, podemos superar todas as causas dos agregados contaminados. Se abandonarmos suas causas, alcançaremos uma verdadeira cessação e, quando alcançarmos essa verdadeira cessação, o samsara cessará para nós e experienciaremos a libertação.

A SEMENTE

Semente de delusão é a potencialidade para desenvolvermos delusão. Ela é criada em nossa mente pelas delusões que geramos no passado e constitui a causa substancial a partir da qual as delusões surgem. Enquanto tivermos a semente de delusão, sempre que entrarmos em contato com um objeto, desenvolveremos delusões naturalmente. Se abandonarmos as sementes de todas as delusões, como fizeram os Destruidores de Inimigos, não desenvolveremos delusões ao entrar em contato com os objetos. Os Destruidores de Inimigos são incapazes de gerar delusões mesmo que tentem fazê-lo, porque já destruíram a causa substancial das delusões.

O OBJETO

Objeto de uma delusão é qualquer objeto que estejamos observando ao gerá-la. Não é preciso que ele seja percebido diretamente, basta ser lembrado; contudo, quando o objeto é percebido diretamente, a delusão se desenvolve com mais força. Objetos de apego desejoso são aqueles que achamos atraentes, e objetos de aversão são aqueles que achamos desagradáveis. É virtualmente impossível evitar todos os objetos de delusão. Mesmo numa caverna isolada, haveria algum canto que nos pareceria mais atraente e algum tipo de clima que acharíamos mais agradável que outros. Em pouco tempo, estaríamos preferindo o trinado de certos pássaros e, além disso, nos restaria as recordações de outros objetos de delusão. Às vezes, é útil nos mudarmos para um lugar onde haja menos objetos de apego; por exemplo, se moramos e trabalhamos numa grande cidade, pode ser benéfico passarmos alguns dias num lugar pacato, no campo. Entretanto, se prolongarmos nossa estadia nesse lugar, em pouco tempo encontraremos tantos objetos de delusão quantos os que tínhamos na cidade. Uma vez que estamos habituados a encontrar uma profusão de objetos de delusão por toda parte, nossa prática principal a respeito deles deve ser a de conter as portas das faculdades sensoriais, como já foi explicado.

DISTRAÇÃO E INFLUÊNCIA DE TERCEIROS

Se convivermos intimamente com amigos que não se interessam pelo desenvolvimento espiritual e costumam praticar ações prejudiciais, facilmente vamos desenvolver os mesmos maus hábitos e perder nosso entusiasmo e respeito pela prática espiritual. As amizades exercem poderosa influência sobre nós. Visto que tendemos a imitar nossos amigos, devemos nos unir àqueles que admiram o treino espiritual e o praticam com alegria. É muito importante manter contato diário com nossos amigos espirituais, pois não temos a oportunidade de passar muito tempo com nosso Guia Espiritual. Sob a influência de nossos amigos espirituais, vamos desenvolver as mesmas boas qualidades e aspirações virtuosas que eles e, inspirados pelo seu exemplo, investiremos esforço no estudo e na prática de Dharma.

MAUS HÁBITOS

Se alimentarmos maus hábitos verbais ou hábitos de assistir a filmes ou ler livros que perturbam nossa mente, esses vão fortalecer as nossas delusões. Por exemplo, ações como tagarelar sobre sexo, alimentar conversas fúteis com alguém que achamos atraente ou passar horas lendo pornografia e romances despertam e reforçam nosso apego desejoso. Do mesmo modo; discutir frequentemente com pessoas de quem não gostamos, falar mal daquelas que nos ofendem, passar horas lendo histórias de guerra e de terror que enaltecem atos sanguinários e violentos são ações que despertam e encorajam nossos próprios impulsos destrutivos.

FAMILIARIDADE

Se estivermos muito familiarizados com as delusões, elas surgirão em nossa mente de modo natural e espontâneo. Por exemplo, se costumamos expressar nossa raiva de maneira aberta e sem controle, nos irritaremos com facilidade. Embora todos nós estejamos familiarizados com todas as delusões, nossa familiaridade com cada uma delas difere. Algumas pessoas estão muito habituadas com o apego desejoso e, por isso, ele surge em suas mentes diante da menor sugestão, levando-as a sentir uma forte compulsão para obter os objetos que desejam. Outras estão tão acostumadas a sentir inveja que, quando alguém é elogiado diante delas, sentem-se imediatamente abatidas. Para reduzir nossa familiaridade com as delusões, devemos aplicar principalmente conscienciosidade e contínua-lembrança.

ATENÇÃO IMPRÓPRIA

Atenção imprópria é uma mente que enfoca as qualidades de um objeto contaminado e as exagera. É o que de fato gera as delusões. Por exemplo, se nos lembrarmos de como alguém nos prejudicou no passado e nos detivermos nisso, exagerando o mal que nos foi feito, essa atenção imprópria fará surgir um intenso ódio em nossa mente. Se pensarmos demoradamente sobre as boas qualidades de um objeto e as exagerarmos essa atenção imprópria fará surgir um intenso apego em nossa mente. De novo, se ouvirmos instruções corretas, mas começarmos a questioná-las de maneira errada – pensando, por exemplo, "Meu Guia Espiritual está dando ensinamentos sobre libertação, mas onde estão todos esses seres libertados? Não vejo nenhum deles" –, desenvolveremos dúvida deludida a respeito de nosso Professor e das instruções que ele ou ela nos transmitiu. Essa dúvida deludida é gerada pela atenção imprópria de esquadrinhar as instruções inapropriadamente.

No Tibete, viveu um Geshe chamado Ben Gungyal. Ele passava o tempo todo sozinho em seu quarto e não meditava na postura tradicional nem recitava preces. Sua conduta pouco ortodoxa causava espanto e, um dia, os outros monges lhe perguntaram: "Se não recitas preces e não meditas da maneira usual, o que fazes o dia inteiro no teu quarto?". Geshe Ben Gungyal respondeu: "Tenho uma única tarefa – enfiar a lança dos oponentes na cabeça das minhas delusões. Quando uma delusão levanta sua cabeça hedionda, reforço minha vigilância e, com esforço, enterro minha lança diretamente nela. Então, ela me deixa em paz, e fico feliz. É o que faço ao longo do dia no meu quarto".

O termo "lança dos oponentes" refere-se à meditação na vacuidade e a todas as outras meditações que são oponentes específicos às delusões. Essa prática de aplicar oponentes é bastante extensa. Se nos descuidarmos dela e gastarmos todo o nosso tempo recitando preces, permitindo que as mais variadas delusões se desenvolvam e permaneçam em nossa mente, nossas meditações serão bastante fracas. Os primeiros Kadampas diziam que aqueles que desejam levar uma vida virtuosa só precisam fazer duas coisas: prejudicar ao máximo suas delusões e beneficiar ao máximo os outros. Não deve haver sequer um instante em que não saibamos o que praticar, pois devemos lutar continuamente contra nossas delusões, sem confinar essa batalha apenas às sessões de meditação. Se já tivermos uma compreensão da vacuidade, poderemos atacar nossas delusões lembrando-nos da vacuidade. Por exemplo, quando estivermos a ponto de ficar com raiva, poderemos pensar que nossa raiva, o objeto da raiva e nós mesmos não temos existência inerente e somos meramente imputados por concepção. Desse modo, nossa raiva desaparecerá, do mesmo modo que o medo desaparece quando percebemos que o objeto que nos assusta não existe. Se estivermos assustados achando que vimos uma serpente venenosa, nosso medo desaparecerá se alguém pegar a serpente e lhe der um nó, demonstrando que aquilo era apenas um pedaço de corda.

Do mesmo modo, a simples lembrança da vacuidade dissipa rapidamente nossas delusões.

Se ainda não tivermos uma compreensão da vacuidade nem das meditações que são os oponentes específicos às nossas delusões, sempre que notarmos o surgimento da atenção imprópria, poderemos eliminá-la temporariamente fazendo meditação respiratória. A atenção imprópria é um pensamento conceitual, e a meditação respiratória remove temporariamente todos os pensamentos conceituais negativos da nossa mente, tornando-a tão serena e calma quanto as águas plácidas de um lago. Como falou Atisha, em *Luz para o Caminho à Iluminação:*

> Ademais, o Abençoado disse
> "A grande ignorância de conceituar nos faz cair no oceano do samsara.
> [Uma mente] de concentração não conceitual
> Está livre de concepção e é clara como o espaço".

OS PERIGOS DAS DELUSÕES

Maitreya diz, em *Ornamento dos Sutras Mahayana*, que as delusões prejudicam a nós mesmos e aos outros seres vivos. Destroem nossa disciplina moral e reduzem nossas qualidades interiores. Aniquilam nossa honra e boa reputação. As delusões são objetos condenados pelos Budas e Bodhisattvas. Contra elas, os Protetores exibem seus aspectos irados. As delusões nos fazem sofrer abusos, tormento mental e ansiedade. Enfraquecem nossas aquisições anteriores e nos impedem de obter novas realizações. Fazem-nos renascer nos reinos inferiores.

No texto *Guia do Estilo de Vida do Bodhisattva*, Shantideva diz:

> Se todos os seres vivos, inclusive deuses e semideuses,
> Contra mim se erguessem como inimigos,
> Não poderiam me levar às labaredas do mais profundo inferno
> E ali me atirar.
>
> Mas esse poderoso inimigo, as delusões,
> Em um instante pode me lançar nesse lugar abrasador,
> Onde até as cinzas do Monte Meru
> Seriam consumidas sem deixar rastro.

As delusões são nossos verdadeiros inimigos. Uma vez que tenhamos controlado esses inimigos interiores, todos os nossos inimigos exteriores serão naturalmente apaziguados. Ainda que todos os seres vivos se transformassem em nossos inimigos, eles não conseguiriam realmente nos prejudicar. O pior que fariam seria destruir nossa vida atual; jamais conseguiriam prejudicar nossas vidas futuras. Entretanto, nossos verdadeiros inimigos, as delusões, podem nos prejudicar nesta vida e em todas as nossas vidas futuras. Se amarmos e respeitarmos nossos inimigos exteriores, é possível que eles abandonem sua hostilidade e retribuam nossa amizade e respeito. Porém, se amarmos e respeitarmos as nossas delusões, elas só irão piorar. Antes de passarem ao ataque, nossos adversários exteriores nos dão vários avisos, com seus sons belicosos ou gestos de fúria. Os inimigos interiores, ao contrário, nos atacam dissimuladamente do lado de dentro. Desde tempos sem início, eles estão de tocaia, nas profundezas do nosso coração, a nos infligir constantes danos.

Ademais, se examinarmos melhor, veremos que, até quando somos prejudicados por inimigos exteriores, os verdadeiros culpados são as nossas delusões. Shantideva diz:

...aqueles que me prejudicam
são impelidos a agir assim pelo meu próprio carma.

O que leva alguém a gerar o pensamento destrutivo de nos prejudicar? Pensando bem, veremos que nós mesmos somos responsáveis pelo mal que recebemos. Primeiro, porque somos o objeto atual do pensamento nocivo daquela pessoa. Segundo, porque as nossas ações do passado criaram a causa para que essa pessoa nos prejudique nesta vida. O que nos levou a cometer ações prejudiciais no passado? Foram as nossas próprias delusões. Assim, a causa central de todos os nossos sofrimentos são as delusões que vivem em nossa própria mente. Nossos inimigos exteriores são meros instrumentos do dano e, não fosse por nossas próprias más ações, seriam completamente impotentes para nos causar essa dor.

COMO AS AÇÕES SÃO CRIADAS NA DEPENDÊNCIA DAS DELUSÕES

Na dependência das delusões, criamos ações não meritórias e ações meritórias. Ações não meritórias são ações não virtuosas, e seu efeito plenamente amadurecido é um renascimento nos reinos inferiores. Ações meritórias são ações virtuosas e podem ser de dois tipos: ações meritórias flutuantes e ações meritórias não flutuantes. Ações meritórias flutuantes são ações virtuosas arremessadoras, cujo efeito plenamente amadurecido é um renascimento nos reinos mais elevados: o reino dos humanos, o reino dos semideuses e dos deuses do reino do desejo. Todas as ações não meritórias e todas as ações meritórias flutuantes de corpo e de fala são criadas, principalmente, pelo poder de uma ação mental, ou intenção, que move a mente para seu objeto. Por exemplo, quando pensamos em cometer uma ação negativa como matar, o que direciona nossa mente para o objeto e nos impulsiona a agir é o fator mental intenção. Se anteriormente não tivéssemos criado uma ação mental, não teríamos como criar uma ação verbal ou corporal.

Ações meritórias não flutuantes são ações virtuosas arremessadoras cujo efeito virtuoso plenamente amadurecido é renascer como um deus nos reinos da forma ou da sem-forma. Tais ações são criadas, principalmente, pelo poder do tranquilo-permanecer. Elas são denominadas ações meritórias não flutuantes porque, depois de tê-las criado, é definitivo que renasceremos nos reinos superiores. Por exemplo, depois de ingressar no bardo – ou estado intermediário – do reino da forma, é certo que renasceremos no reino da forma. Entretanto, se completarmos uma ação virtuosa que seja causa de renascimento humano, não é certo que teremos esse renascimento como ser humano. O motivo é que, depois de ingressar no bardo de um ser humano, ainda se pode morrer nesse estado e ingressar no bardo de um deus do reino do desejo.

Esses três tipos de ação são criados na dependência de delusão, uma vez que são criados por uma mente que tem a ignorância do agarramento ao em-si. Portanto, os três tipos de ação são causas de renascimento no samsara.

O MODO COMO MORREMOS E RENASCEMOS

Este tema é apresentado em três partes:

1. O modo como morremos
2. O modo como ingressamos no estado intermediário
3. O modo como renascemos

O MODO COMO MORREMOS

Este tópico tem cinco partes:

1. Os sinais da morte
2. As causas da morte
3. As condições da morte
4. As mentes da morte
5. O sinal de que a morte terminou

OS SINAIS DA MORTE

Existem dois tipos de sinais da morte: distantes e próximos. Os sinais distantes da morte podem acontecer mesmo se não tivermos nenhuma doença específica. Eles ocorrem entre seis e três meses antes da nossa morte e são de três tipos: corporais, mentais e sonhados. Eles não indicam necessariamente que vamos morrer em breve mas, quando persistem, é provável que a morte seja iminente. Se conhecermos os sinais distantes da morte, saberemos identificar sua ocorrência, e isso nos servirá de alerta para fazer as preparações que vão beneficiar nossa vida futura. Perceberemos que é hora de averiguar a pureza da nossa prática de Dharma e de aplicar qualquer método que conheçamos para prolongar nossa vida, como as práticas de Amitayus e de Tara Branca, ou qualquer método para transferir nossa consciência na hora da morte.

Eis alguns dos sinais corporais distantes da morte: soluçamos continuamente ao urinar ou defecar; não ouvimos o zumbido interno do ouvido ao tapá-lo; o sangue não volta com rapidez às unhas, quando as apertamos e relaxamos a pressão; durante o ato sexual, soluçamos sem parar; durante o ato sexual, as mulheres expelem gotas brancas em vez de vermelhas, e os homens, gotas vermelhas em vez de brancas; sem motivo, não sentimos o gosto e o cheiro das coisas; o ar que exalamos é frio – quando sopramos na mão, o ar sai frio e não morno; nossa língua encolhe e parece enrolada ou inchada, de modo que, ao colocá-la para fora, não conseguimos ver sua ponta; não vemos sombras e formas coloridas ao pressionar o topo do globo ocular, no escuro; temos a alucinação de ver um sol à noite; não enxergamos mais os raios de energia fluindo da coroa da nossa cabeça quando olhamos para nossa sombra numa manhã de sol; paramos de salivar; a ponta do nariz se inclina para frente; surgem marcas pretas nos dentes; os globos oculares se afundam nas suas cavidades.

Os sinais mentais distantes da morte incluem uma mudança em nosso temperamento usual – por exemplo, tornamo-nos agressivos quando normalmente somos amáveis e gentis ou tornamo-nos amáveis quando normalmente somos agressivos e mal humorados; sem motivo algum deixamos de gostar do lugar onde vivemos, de amigos e de outros objetos de apego; sentimos tristeza sem razão; nossa sabedoria e inteligência perdem força e clareza.

Os sinais sonhados distantes incluem sonhos repetidos de que estamos caindo do alto de uma montanha, de que estamos nus ou rumando sozinhos para o sul através de um deserto.

Os sinais próximos da morte serão explicados adiante.

AS CAUSAS DA MORTE

São três as causas principais da morte: o término do tempo de vida carmicamente determinado, o esgotamento do mérito e a perda da força vital. Como resultado de termos observado disciplina moral, numa vida anterior, e praticado outras ações virtuosas, como salvar vidas, agora obtivemos um renascimento humano com uma duração média, digamos, de setenta anos. Embora tenhamos criado causa para uma vida com essa duração, estamos sujeitos a morrer mais cedo ou a viver mais tempo. Ações negativas graves feitas nesta vida podem encurtar nossa existência, ao passo que ações virtuosas – como cuidar de enfermos e abster-se de matar – podem prolongá-la. Há pessoas que morrem por falta de mérito, ainda que seu tempo de vida não se tenha esgotado. Nesse caso, elas são incapazes de encontrar o que precisam para sobreviver, como alimentos ou um determinado remédio. Os poucos anos restantes daquele tempo de vida são, então, "transportados" para um futuro renascimento humano, provavelmente curto e caracterizado por infortúnios. Outras pessoas, ricas em mérito, talvez encontrem condições excelentes e consigam viver alguns anos além do seu tempo de vida carmicamente determinado.

A terceira causa de morte é o enfraquecimento do poder da força vital. A força vital é o poder do nosso vento de sustentação vital. Esse vento, que reside no coração, tem a função de manter uma conexão entre nossa mente e nosso corpo. Quando sua força diminui, a conexão é rompida e morremos. Doenças, espíritos, acidentes ou um estilo de vida negativo e pouco saudável podem enfraquecer nossa força vital.

Se as três causas – duração de vida, mérito e força vital – se esgotarem, é certo que morreremos. Mas, enquanto dispusermos de uma ou de duas delas, ainda haverá a possibilidade de renovarmos as demais. Por exemplo, se nossa duração de vida e força vital permanecerem intactas, mas nosso mérito se esgotar, poderemos criar mais mérito com a prática de ações virtuosas. Se nossa força vital se desgastar, mas ainda nos restar mérito e tempo de vida, poderemos restaurá-la com práticas especiais como a respiração-vaso no coração. Esse método é um dos melhores para fortalecer nosso vento de sustentação vital. Para praticá-lo, devemos reunir os ventos da parte superior e inferior do nosso corpo na altura do coração e imaginar que eles se dissolvem no vento de sustentação vital. Então, retemos os ventos e a mente na altura do coração e permanecemos concentrados ali o maior tempo possível.

A força vital é nosso bem mais precioso e, portanto, precisamos estabilizá-la e fortalecê-la. Se ela for destruída, o mal será irreparável. Se perdermos qualquer outra posse, a perda poderá ser restaurada, mas quando nosso tempo de vida acaba, não podemos pedir um pouco mais de tempo emprestado para concluir nossas tarefas desta vida. Portanto, se estivermos desperdiçando nossa vitalidade em atividades sem sentido, deveremos perceber que isso é a maior de todas as perdas. Com uma vida curta ou mal aproveitada, não conseguiremos concluir nossa prática espiritual.

AS CONDIÇÕES DA MORTE

São inúmeras as condições ou circunstâncias da morte. Algumas pessoas morrem de doenças físicas, outras em acidentes ou catástrofes naturais. Algumas são assassinadas por seus inimigos, outras se suicidam. Há quem morra de fome, enquanto outros morrem por causa daquilo que comeram. Embora degustar uma boa refeição seja um dos maiores prazeres da vida, ingerir alimentos pouco saudáveis é um fator de doenças e de enfermidades degenerativas, como o câncer. Conforme foi explicado, tudo pode se tornar uma circunstância de morte, inclusive coisas que consideramos mantenedoras da vida.

AS MENTES DA MORTE

Há dois tipos de mente que se manifestam quando estamos morrendo: densa e sutil. As mentes densas da morte podem ser virtuosas, não virtuosas e neutras. Entretanto, no caso dos seres comuns, as mentes sutis da morte só podem ser neutras. Se nossa última mente densa, na hora de morrer, for virtuosa, as boas potencialidades que trazemos em nossa mente vão amadurecer como uma ação mental virtuosa, que nos conduzirá diretamente a um renascimento superior, como um humano ou um deus. Uma mente virtuosa na morte é como água – ela nutre as potencialidades virtuosas que como sementes secas permanecem guardadas no campo da nossa consciência. Se plantarmos dois tipos de semente num campo – digamos, de cevada e de trigo –, mas só regarmos as sementes de trigo, certamente estas serão as primeiras a brotar. Do mesmo modo, enquanto houver potencialidades virtuosas e não virtuosas em nossa mente, o amadurecimento de uma mente virtuosa, na hora da nossa morte, garantirá que nossas potencialidades virtuosas sejam aquelas que vão amadurecer. Isso ocorre mesmo se tivermos levado uma vida imoral e cometido muitas ações não virtuosas. Entretanto, não significa que escaparemos dos efeitos de todas as nossas ações não virtuosas. Se voltarmos a ter um renascimento humano, nossa vida humana poderá ser curta ou atormentada por intenso sofrimento. Se não purificarmos nosso carma negativo, cedo ou tarde, sofreremos o efeito plenamente amadurecido das nossas ações e teremos um renascimento nos reinos inferiores.

Algumas pessoas que não se interessam por práticas espirituais e levam uma vida descuidada e imoral, às vezes desfrutam de boas situações e têm mais sucesso mundano do que outras que estão praticando o Dharma. Vendo isso, podemos desanimar, pensando: "De que serve praticar o Dharma! Há pessoas que nem tentam ser boas e tudo lhes cai nas mãos. Enquanto eu, que pratico sinceramente, enfrento tantas provações". Esse tipo de pensamento indica que só estamos considerando o momento atual e ainda não entendemos plenamente de que modo as ações e seus efeitos sucedem-se uns aos outros. As dificuldades que vivemos agora são efeitos de nossas ações do passado. Elas não são efeitos da nossa prática espiritual de agora, pois os efeitos desta vão ser a felicidade que teremos no futuro. Do mesmo modo, a boa fortuna das pessoas que não se interessam pela prática espiritual é efeito do mérito que elas criaram no passado, e não um efeito do seu estilo de vida atual. Quaisquer ações nocivas que elas cometam nesta vida vão lhes acarretar desgraças no futuro.

Se nossa última mente densa, no momento da morte, for não virtuosa, as potencialidades negativas que estão em nossa mente amadurecerão como uma ação mental não virtuosa, que nos levará diretamente a um renascimento inferior. Isso revela a grande importância de gerarmos um estado mental feliz e virtuoso na hora da morte. Mostra também de que modo podemos prestar um grande benefício a alguém que está morrendo, encorajando-o a gerar uma mente positiva e criando condições adequadas para que consiga gerar bons pensamentos. Dessa maneira, podemos beneficiar imensamente nossos amigos e familiares, mesmo se eles não se interessarem pelo Dharma. Um dos maiores atos de bondade que podemos oferecer aos outros é ajudá-los a morrer em paz e com alegria. Se a pessoa que ajudamos tiver um renascimento afortunado, nossa ajuda terá sido equivalente a uma prática de transferência de consciência bem-sucedida.

Quando as mentes densas da morte tiverem cessado e a mente sutil da morte se manifestar, não haverá sensações densas – agradáveis, dolorosas ou neutras – nem discriminações densas. Visto que, no caso de um ser comum, as mentes sutis da morte são neutras, elas não têm força para induzir mentes virtuosas.

O SINAL DE QUE A MORTE TERMINOU

Depois dos sinais distantes, acontecem os sinais mais próximos da morte. Primeiro, o elemento terra do corpo se dissolve. O sinal exterior dessa dissolução é um encolhimento do corpo; o sinal interior é uma aparência miragem à mente. A seguir, o elemento água se dissolve. O sinal exterior é um forte ressecamento da boca e da língua e a diminuição dos fluidos corporais, como urina, sangue e esperma; o sinal interior é uma aparência de fumaça. Depois, o elemento fogo se dissolve. O sinal exterior é uma redução do calor corporal e um esfriamento na região em torno do umbigo, o centro do calor corporal; o sinal interior é a aparência de vaga-lumes cintilantes à mente. Em seguida, o elemento vento se dissolve. O sinal exterior é uma redução do poder de movimento, por causa da diminuição do poder dos ventos que circulam através dos canais do corpo e que nos fazem gerar mentes densas; o sinal interior é uma aparência de chama de vela. A mente que percebe essa aparência é a última das mentes densas da morte.

A primeira mente sutil da morte é a mente que percebe uma aparência branca. Quando essa aparência cessa, a mente torna-se mais sutil e percebe uma aparência vermelha. Esta mente continua a se sutilizar até se transformar na mente da quase-conquista negra, à qual só aparece um total negrume. Nesse estágio, é como se a pessoa que está morrendo não tivesse contínua-lembrança. Porque não há movimento físico, batimento cardíaco ou movimento nos canais, algumas pessoas pensam que a morte aconteceu; contudo, a consciência ainda não deixou o corpo. A mente da quase-conquista negra se transforma na mente mais sutil que percebe a clara-luz da morte – uma clara aparência brilhante semelhante à luz da aurora. Esse é o sinal de que a mente mais sutil, que reside dentro da gota indestrutível no coração, manifestou-se; indica também que todas as outras mentes pararam de se manifestar. Então, a gota indestrutível se abre e as gotas branca e vermelha se separam, liberando a consciência, que imediatamente sai do corpo. A gota branca desce através do canal central e emerge pela ponta do órgão sexual, e a gota vermelha sobe através do canal central e emerge pelas narinas. Essa ocorrência é o sinal de que a consciência saiu do corpo e de que o processo da morte terminou.

O MODO COMO INGRESSAMOS NO ESTADO INTERMEDIÁRIO

Esse estado é chamado de intermediário porque acontece entre a morte e o renascimento seguinte. Vamos explicar esse item em três partes:

1. Como se convencer de que o bardo existe, examinando a analogia com o estado do sonho
2. Os atributos do corpo de um ser do bardo
3. O que aparece para um ser do bardo

COMO SE CONVENCER DE QUE O BARDO EXISTE, EXAMINANDO A ANALOGIA COM O ESTADO DO SONHO

A existência do bardo pode ser comprovada por citações das escrituras, por experiência e por raciocínio lógico; contudo, a maneira mais fácil dos seres comuns se convencerem disso é examinando a analogia com o estado de sonho, que se assemelha muito com o bardo. Tanto o corpo do sonho quanto o corpo do bardo surgem na dependência dos ventos-energia sutis. Nenhum dos dois possui carne, ossos, sangue e órgãos internos, mas ambos têm faculdades sensoriais perfeitas. Assim como o corpo do sonho surge da clara-luz do sono, o corpo do bardo surge da clara-luz da morte; e assim como o corpo do sonho só é conhecido pelo sonhador, também o corpo do bardo só é visto por outros seres do bardo, e não por seres comuns que não têm clarividência visual. O paradeiro do corpo do sonho muda rapidamente, e os conhecimentos travados em sonhos são fugazes. Também o paradeiro do corpo do bardo muda com facilidade e os conhecimentos travados no bardo são de curta duração.

Conforme dormimos, nossos ventos densos se reúnem no coração e experienciamos sinais semelhantes aos sinais internos mais próximos da morte – desde a aparência-miragem até a clara-luz. Iogues e meditadores que desenvolveram contínua-lembrança conseguem permanecer cônscios desses sinais enquanto adormecem mas, para a maioria das pessoas, esses sinais não são percebidos com clareza, pois elas não têm contínua-lembrança durante o sono. Depois da clara-luz do sono, não acordamos imediatamente, mas ingressamos no estado do sonho e desenvolvemos um corpo do sonho. De modo similar, quando morremos, os ventos densos reúnem-se em nosso coração, e percebemos os sinais internos da morte. Depois da clara-luz da morte, não despertamos imediatamente numa nova vida, mas ingressamos no bardo e desenvolvemos um corpo do bardo semelhante ao corpo do sonho.

OS ATRIBUTOS DO CORPO DE UM SER DO BARDO

O corpo de um ser do bardo tem cinco atributos: 1) um formato que é similar ao que o ser do bardo terá no seu próximo renascimento; 2) faculdades sensoriais completas; 3) uma faculdade visual capaz de perceber coisas longínquas e de enxergar através de obstáculos materiais; 4) não ser obstruído por objetos materiais e, portanto, poder atravessar muros, montanhas etc.; 5) uma faculdade visual capaz de perceber outros seres do bardo.

Quando as pessoas percebem o fantasma de alguém que morreu, elas não estão vendo o ser do bardo porque, como foi dito, o ser do bardo assume uma nova forma que é similar àquela que ele terá no seu próximo renascimento. Além disso, um ser do bardo só pode ser visto por outros seres do bardo ou por pessoas que têm clarividência visual. Assim, um ser do bardo não pode se comunicar com seus amigos e parentes da vida anterior. Às vezes, alguns espíritos aparecem na forma da pessoa que morreu, e os familiares e conhecidos que o percebem acreditam que estão vendo aquela pessoa.

O QUE APARECE PARA UM SER DO BARDO

No bardo, os seres têm muitas alucinações. Aqueles que levaram uma vida não virtuosa têm a sensação de estarem caindo de ponta-cabeça, de escuridão em escuridão. Da escuridão, surgem alucinações horríveis, que lhes causam pavor e desespero. Os seres do bardo percebem quatro sons horripilantes: 1) devido à aparência alterada do elemento terra à sua mente, eles ouvem um som semelhante ao desmoronamento estrondoso de uma imensa montanha rochosa e, apavorados, sentem-se esmagados pelas pedras; 2) devido à aparência alterada do elemento água à sua mente, ouvem um som semelhante ao arrebentar de ondas gigantescas e, apavorados, sentem-se arrastados pela força desse oceano; 3) devido à aparência alterada do elemento fogo à sua mente, ouvem um som semelhante ao crepitar de labaredas que se alastram velozmente pelas quatro direções e, apavorados, sentem-se presos em meio às chamas; 4) devido à aparência alterada do elemento vento à sua mente, ouvem um som semelhante ao ribombar de uma violenta tempestade e, apavorados, sentem-se engolfados por um furacão. Os seres do bardo que estão prestes a renascer no inferno veem seres hediondos com aspecto de torturadores. Essa visão lhes infunde medo e dor insuportáveis. Tomados de pavor, ouvem os torturadores incitarem uns aos outros: "Vamos, bate, mata!". Ao ouvi-los, eles entram em pânico e sentem que estão sendo capturados e arrastados por esses violentos carrascos.

Aqueles que levaram uma vida virtuosa experimentam alegria durante o bardo. Eles sentem que estão ascendendo de alegria em alegria, e tudo o que percebem parece estar envolto na luz do luar. Os que vão renascer como humanos sentem-se flutuando para frente e os que vão renascer como deuses sentem-se flutuando para cima.

Alguém que levou uma vida virtuosa morrerá suavemente e em paz e não terá alucinações perturbadoras. Porém, aquele que levou uma vida não virtuosa terá alucinações apavorantes, tanto na hora da morte como durante o bardo. No Tibete havia um aristocrata que durante muitos anos, foi o organizador de um festival de preces. A cada ano, ele roubava uma parte do chá oferecido aos monges. O chá tibetano é conservado em pequenos blocos maciços que posteriormente, são partidos para o preparo da infusão. Quando o aristocrata estava morrendo, teve alucinações de estar sendo esmagado por milhares de blocos de chá.

Geshe Chekhawa praticava principalmente a bodhichitta e a meditação de tomar e dar. Ele costumava rezar: "Que maravilhoso seria se eu pudesse renascer no inferno, para ajudar todos os seres que ali estão sendo torturados". Certo dia, sua respiração parou, e seu assistente pensou que ele estava morrendo. Porém, algumas horas depois, Geshe Chekhawa acordou e disse: "Meu desejo nunca será satisfeito, pois percebi sinais de que renascerei numa Terra Pura". Geshe Chekhawa recebeu essa visão como resultado de sua meditação e de suas ações virtuosas e estava destinado a renascer em uma Terra Pura porque seu desejo compassivo de renascer no inferno era tão grande.

O MODO COMO RENASCEMOS

Esta seção tem três partes:

1. As causas e as condições de um renascimento
2. Como renascemos
3. A natureza do renascimento

AS CAUSAS E AS CONDIÇÕES DE UM RENASCIMENTO

As causas principais de renascer são as nossas próprias ações, ou seja, nosso carma arremessador acumulado. As causas secundárias ou cooperativas são as condições do renascimento. Estas podem ser de dois tipos: distantes e próximas. A condição distante é o carma de nossos pais de nos terem como filho ou filha. As condições próximas são condições como nossos pais terem uma relação sexual, e o espermatozoide e o óvulo se unirem no útero materno. Todas essas causas e condições precisam se reunir para que haja um renascimento

COMO RENASCEMOS

Se o ser do bardo for nascer como humano, ele se aproximará do local de nascimento girando em torno dele, como uma mosca gira ao redor de um pedaço de carne. Ele vai chegar cada vez mais perto da casa dos novos pais, do quarto e da cama. Ao ver seus futuros pais copulando, o ser do bardo sente um forte desejo de se juntar a eles. Se for renascer como mulher, o ser do bardo tenta abraçar o pai; se for renascer como homem, tenta abraçar a mãe. Mas seu desejo é frustrado, e ele morre em estado de raiva. Conforme morre, o ser do bardo experiencia, muito rapidamente, todos os sinais da morte e, quando a clara-luz da morte cessa, sua consciência ingressa na união do espermatozoide e do óvulo, dentro do útero materno. Ele entra pela boca do pai, desce até o órgão sexual e, dali, passa para o útero da mãe. No primeiro momento depois da concepção, apenas um negrume aparece à mente do novo ser humano. Então, conforme sua consciência se adensa, os sinais remanescentes da morte são experienciados em ordem inversa. Inicialmente, o corpo que está no útero materno é líquido, como iogurte. Aos poucos, vai endurecendo e, depois de algumas semanas, assemelha-se a um peixe. Semanas mais tarde, faz lembrar uma tartaruga e, a seguir, um leão. Por fim, toma a forma de um ser humano. Depois de nove meses e dez dias, o bebê nasce.

A NATUREZA DO RENASCIMENTO

Conforme foi explicado, o renascimento descontrolado possui como natureza o sofrimento e é a base a partir da qual surgem todos os sofrimentos dos três reinos.

Os Doze Elos Dependente-Relacionados

UMA EXPLICAÇÃO DOS DOZE ELOS DEPENDENTE-RELACIONADOS

Esta explicação tem quatro partes:

1. Uma explicação geral dos fenômenos dependente-relacionados
2. Os doze elos dependente-relacionados
3. Uma explicação do diagrama da Roda da Vida
4. A meditação sobre os doze elos dependente-relacionados

UMA EXPLICAÇÃO GERAL DOS FENÔMENOS DEPENDENTE-RELACIONADOS

Um fenômeno dependente-relacionado é um fenômeno que existe na dependência de suas partes. Visto que todos os fenômenos têm partes e que todos existem na dependência de suas partes, todos os fenômenos são fenômenos dependente-relacionados. Conforme diz Nagarjuna, em *Sabedoria Fundamental do Caminho do Meio*.

> Porque não há nenhum fenômeno
> Que não seja um surgimento dependente,
> Não há nenhum fenômeno que não seja vazio.

Há casos em que o termo "surgimento dependente" significa "surgir na dependência de causas e condições", mas aqui Nagarjuna usa o termo para se referir aos fenômenos dependente-relacionados. Dependente-relacionado é definido como aquilo que existe (ou é estabelecido) na dependência de suas partes. Fenômenos produzidos, ou impermanentes, existem na dependência de suas causas e condições. E fenômenos não produzidos, ou permanentes, existem na dependência de suas partes (tais como seus aspectos, divisões e direções). Visto que todos os fenômenos são produzidos ou não produzidos, segue-se que todos os fenômenos são dependente-relacionados.

Existem três níveis de relação dependente: denso, sutil e muito sutil. Cada coisa funcional que percebemos diretamente é um fenômeno dependente-relacionado denso. Por exemplo, a rosa que surge de suas causas é dependente-relacionada densa. Entretanto, a rosa que existe na dependência de suas partes é dependente-relacionada sutil, e a rosa que existe como uma mera imputação do pensamento é dependente-relacionada muito sutil. Uma única rosa surge a partir de suas causas, existe na dependência de suas partes e existe como mera imputação do pensamento conceitual. Não existem três rosas diferentes, mas uma única rosa que existe de três maneiras diferentes. Porque há três maneiras diferentes de entender de que modo a rosa existe, há três tipos de rosa dependente-relacionada – o tipo denso, o sutil e o muito sutil. Todas as coisas funcionais existem dessas três maneiras.

Para tomar outro exemplo, a relação dependente entre um pote e suas causas é uma relação dependente densa, porque pode ser facilmente compreendida. A relação dependente entre um pote e suas partes é uma relação dependente sutil, porque é mais difícil de ser compreendida que uma relação dependente densa. A relação dependente entre um pote e o pensamento conceitual que concebe "pote" é uma relação dependente muito sutil, porque é a mais difícil de ser compreendida. Só entenderemos a relação dependente muito sutil quando tivermos realizado a ausência de existência inerente.

Como diz Je Tsongkhapa, em *Essência da Boa Explicação*, entre as sabedorias, a sabedoria que compreende a relação dependente é a suprema; entre os Professores, o Professor da relação dependente é o supremo; e entre os louvores, o louvor ao surgimento dependente é o supremo. Em seu *Tratado de Quatrocentas Estrofes,* Aryadeva diz:

Se enxergarmos a relação dependente,
Nenhuma ignorância surgirá.
Portanto, com grande esforço,
Devemos tentar compreender a relação dependente.

OS DOZE ELOS DEPENDENTE-RELACIONADOS

Entender os fenômenos dependente-relacionados densos nos ajuda a entender os fenômenos dependente-relacionados sutis; e entender os fenômenos dependente-relacionados sutis nos ajuda a compreender os fenômenos dependente-relacionados muito sutis. Por se relacionarem principalmente como causa e efeito, os doze elos dependente-relacionados são apresentados como exemplos dos fenômenos dependente-relacionados densos. Estudando, contemplando e meditando sobre os elos, entenderemos com mais facilidade os fenômenos dependente-relacionados sutis e muito sutis.

Os doze elos dependente-relacionados são chamados de "elos" porque se inter-relacionam sem nenhuma quebra, como uma corrente circular de doze anéis a nos prender no samsara. Às vezes, são denominados "membros", porque o samsara é como um corpo que possui doze partes interdependentes. O samsara também é comparado a uma roda, e os doze fenômenos dependente-relacionados a seus raios, que giram incessantemente e nos levam de um renascimento a outro. Se compreendermos esses doze elos dependente-relacionados, entenderemos o que nos prende no samsara e veremos com clareza o que fazer para alcançar a libertação. Os doze elos são os seguintes:

1. Ignorância dependente-relacionada
2. Ações de composição dependente-relacionadas
3. Consciência dependente-relacionada
4. Nome e forma dependente-relacionados
5. Seis fontes dependente-relacionadas
6. Contato dependente-relacionado
7. Sensação dependente-relacionada
8. Anseio dependente-relacionado
9. Agarramento dependente-relacionado
10. Existência dependente-relacionada
11. Nascimento dependente-relacionado
12. Envelhecimento e morte dependente-relacionados

IGNORÂNCIA DEPENDENTE-RELACIONADA

Ignorância dependente-relacionada é uma ignorância do reino do desejo que se agarra às pessoas e aos fenômenos como se eles fossem inerentemente existentes e provoca o desenvolvimento de carma arremessador. Nesse contexto, o termo "pessoas" refere-se a todos os seres, inclusive a nós mesmos, e o termo "fenômenos" refere-se a todos os fenômenos que não são pessoas. Todos os objetos de conhecimento estão, portanto, incluídos nessas duas categorias. Assim sendo, há dois tipos de ignorância dependente-relacionada: aquela que apreende as pessoas como se fossem inerentemente existentes e aquela que apreende os fenômenos que não são pessoas como inerentemente existentes. A ignorância de pessoas pode ser de dois tipos: a ignorância de apreender nós mesmos como inerentemente existentes – a visão da coleção transitória – e a ignorância de apreender as outras pessoas como inerentemente existentes. A ignorância de pessoas contradiz diretamente a sabedoria que realiza o vazio de self. Ela é uma delusão, mas não é nem virtuosa nem não virtuosa.

Para um cego que olha para o horizonte no topo de uma montanha, a escuridão encobre tudo. De modo similar, quando observamos as pessoas e os outros fenômenos, nossa confusão, no que diz respeito à natureza última das pessoas e dos fenômenos, é como uma escuridão que nos impede de compreender sua vacuidade. A ignorância da natureza verdadeira, ou última, de pessoas e de fenômenos faz com que nos agarremos a eles como se fossem inerentemente ou verdadeiramente existentes. Esse agarramento-ao-verdadeiro é a ignorância dependente-relacionada. É uma percepção errônea. Na dependência dela, geramos atenção imprópria e todos os diferentes tipos de delusão.

Quando pudermos identificar claramente esse primeiro elo, a ignorância dependente-relacionada, estaremos nos aproximando de uma realização do vazio do self. Isso porque, ao identificar o tipo de objeto que é concebido pela ignorância do agarramento ao em-si e como ele é sustentado por essa mente, estamos identificando o objeto negado pela sabedoria que realiza o vazio de self. A sabedoria que realiza diretamente a vacuidade elimina a ignorância dependente-relacionada, que é o primeiro elo dependente-relacionado, a raiz do samsara.

Para identificar na nossa experiência essa ignorância e seu objeto concebido, precisamos contemplar e meditar repetidamente. Se nossa mente for ágil e alerta, poderemos recorrer a vários métodos. Por exemplo, enquanto meditamos, podemos suscitar deliberadamente um forte agarramento ao em-si, imaginando que estamos em grande perigo. Podemos pensar que o chão da nossa casa está cedendo, que nosso quarto está em chamas ou que uma bomba vai cair sobre a nossa casa. Se imaginarmos intensamente uma situação desse tipo, sentiremos medo e uma forte noção de eu. Quando essa noção de eu surgir em nossa mente, teremos uma grande oportunidade para identificar nossa ignorância dependente-relacionada que se agarra ao eu. Além disso, se analisarmos habilidosamente, também seremos capazes de identificar o objeto concebido por essa ignorância.

Nem todos os tipos de ignorância são a ignorância dependente-relacionada. Por exemplo, os deuses dos reinos da forma e da sem-forma e os Seres Superiores que não são Destruidores de Inimigos possuem alguma ignorância, mas essa não é a ignorância dependente-relacionada. Inclusive os Bodhisattvas do primeiro ao sétimo solo espiritual possuem alguma ignorância, mas a ignorância deles não é a ignorância dependente-relacionada, porque não pode produzir uma ação arremessadora, que é a causa do renascimento samsárico.

AÇÕES DE COMPOSIÇÃO DEPENDENTE-RELACIONADAS

Ações de composição são ações arremessadoras que se originam na ignorância e nos fazem renascer no samsara. Há dois tipos: virtuosas e não virtuosas. Criamos diariamente incontáveis ações de composição. Elas são assim chamadas porque nos arremessam no samsara, reunindo ou compondo todas as causas para que tenhamos um renascimento samsárico, assim como um oleiro faz potes reunindo os diferentes materiais que são necessários para confeccioná-los.

Nem todas as ações são ações de composição. Por exemplo, alguns Seres Superiores e deuses dos reinos da forma e da sem-forma cometem ações contaminadas, mas suas ações não os arremessam no samsara. Entretanto, eles ainda carregam em suas mentes as potencialidades de ações arremessadoras do passado e, por isso, ainda renascem em outros reinos do samsara.

CONSCIÊNCIA DEPENDENTE-RELACIONADA

Tão logo uma ação de composição se completa, ela deixa uma potencialidade em nossa consciência. A consciência que recebe e carrega as potencialidades das ações de composição é a consciência dependente-relacionada. A função desse elo é conservar a potencialidade de uma ação de composição até que ela amadureça como um efeito. Nem toda consciência é uma consciência dependente-relacionada. Antes de receber a potencialidade ou a marca de uma ação de composição, a consciência é como uma folha de papel, e a potencialidade é como o selo que é estampado na consciência-papel pelo carimbo de uma ação de composição. Só a mente que recebe essa potencialidade é a consciência dependente-relacionada.

NOME E FORMA DEPENDENTE-RELACIONADOS

O elo nome e forma dependente-relacionados refere-se unicamente aos agregados de uma pessoa no exato momento da concepção. A forma dependente-relacionada é o agregado forma, e o nome dependente-relacionado refere-se aos outros quatro agregados: sensação, discriminação, fatores de composição e consciência. O nome dependente-relacionado é assim chamado porque se refere aos agregados que são a base para imputar ou nomear uma pessoa. Para os seres que possuem forma, o agregado forma também está incluído na base para imputar uma pessoa; contudo, ele é citado à parte, porque os seres nos reinos da sem-forma não possuem o agregado forma e, por isso, seus nomes são imputados somente aos outros quatro agregados.

No caso de um ser humano, os cinco agregados estão presentes no momento da concepção, embora ainda não estejam plenamente desenvolvidos. O óvulo fertilizado é o agregado forma. Os outros três agregados estão contidos nos cinco fatores mentais sempre-acompanhantes – sensação, discriminação, intenção, contato e atenção – que estão na consciência que ingressa no óvulo. Nessa fase, esses fatores mentais são sutis e neutros.

SEIS FONTES DEPENDENTE-RELACIONADAS

O elo seis fontes dependente-relacionadas refere-se às cinco faculdades sensoriais – visão, audição, olfato, paladar e tato – e à faculdade mental, antes que as seis consciências correspondentes tenham começado a funcionar. No momento da concepção, a faculdade sensorial tátil e a faculdade mental estão presentes, mas as outras quatro faculdades sensoriais desenvolvem-se gradualmente, em conformidade com o crescimento do agregado forma, dentro do útero. Depois de serem geradas, as seis faculdades são denominadas "seis fontes dependente-relacionadas", porque elas são a fonte das seis consciências, embora estas ainda não estejam "acordadas" nesse estágio. Assim, as seis fontes são comparadas aos quartos vazios de uma casa, à espera de serem ocupados pelas seis consciências.

CONTATO DEPENDENTE-RELACIONADO

Na dependência da evolução completa dos órgãos sensoriais do feto, as seis faculdades se desenvolvem e, quando elas entram em contato com seus objetos, as seis consciências são geradas. Quando a faculdade, o objeto e a consciência se juntam, o feto conhece o objeto como agradável, desagradável ou neutro. O fator mental que conhece seu objeto como agradável, desagradável ou neutro é o contato dependente-relacionado.

SENSAÇÃO DEPENDENTE-RELACIONADA

A sensação dependente-relacionada é um fator mental que surge na dependência do contato dependente-relacionado. Enquanto o contato dependente-relacionado conhece seu objeto como agradável, desagradável ou neutro, a sensação dependente-relacionada de fato experiencia o objeto como agradável, desagradável ou neutro.

ANSEIO DEPENDENTE-RELACIONADO

Em geral, anseio é uma mente de apego que se desenvolve na dependência da sensação. Quando temos sensações agradáveis, ansiamos nunca nos separar delas; quando temos sensações desagradáveis, ansiamos nos livrar delas; e, quando temos sensações neutras, ansiamos por sua continuidade sem degeneração. O anseio dependente-relacionado é um tipo específico de anseio que surge na hora da morte. Na morte, os seres comuns geram o anseio de não se separarem de seu corpo, ambiente, prazeres e posses; por outro lado, anseiam se livrar das sensações e das experiências desagradáveis da morte. Esses tipos de apegos experienciados na hora da morte são o anseio dependente-relacionado.

AGARRAMENTO DEPENDENTE-RELACIONADO

Em geral, agarramento é uma forma intensificada de anseio. Os momentos iniciais do apego são o anseio, e o aumento do apego é o agarramento.

Agarramento é a mente que deseja possuir ou pegar um objeto agradável imediatamente ou que deseja rejeitar ou eliminar um objeto desagradável imediatamente. O agarramento dependente-relacionado é um tipo específico de agarramento que surge na hora da morte. Juntos, o anseio dependente-relacionado e o agarramento dependente-relacionado ativam as potencialidades criadas na mente pelas ações de composição; ou seja, ativam o carma que nos arremessa ao próximo renascimento samsárico.

EXISTÊNCIA DEPENDENTE-RELACIONADA

Existência dependente-relacionada é uma ação mental, ou intenção, que tem o poder de, imediatamente, produzir o próximo renascimento. É uma causa designada pelo nome do efeito que ela produz, a saber, a próxima existência samsárica. Uma ação de composição dependente-relacionada é a causa distante do renascimento samsárico, ao passo que o elo existência dependente-relacionada é a causa mais próxima. Não é certo que uma ação de composição amadurecerá, pois ações não virtuosas podem ser purificadas e potencialidades virtuosas podem ser destruídas. Entretanto, é certo que o elo existência dependente-relacionada produzirá seu resultado.

O elo existência dependente-relacionada pode ser virtuoso ou não virtuoso, embora seja sempre induzido pelas delusões de anseio e de agarramento. Por exemplo, se depois de gerar agarramento a pessoa que está morrendo fizer uma ação mental virtuosa, como refugiar-se em Buda, isso garantirá a ativação de potencialidades virtuosas. Quando isso acontecer, é certo que a pessoa que está morrendo renascerá em reinos superiores. Ao contrário, se uma pessoa que está morrendo desenvolver agarramento e isso induzir uma ação mental não virtuosa, como um pensamento prejudicial ou uma visão errônea, isso fará com que as potencialidades não virtuosas sejam ativadas. Quando isso acontecer, é certo que a pessoa que está morrendo renascerá em reinos inferiores.

NASCIMENTO DEPENDENTE-RELACIONADO

Nascimento dependente-relacionado é o primeiro instante de qualquer renascimento samsárico, quando a consciência ingressa na nova forma, ou seja, é o instante da concepção. O elo nascimento dependente-relacionado e o elo nome e forma dependente-relacionado ocorrem simultaneamente.

ENVELHECIMENTO E MORTE DEPENDENTE-RELACIONADOS

O envelhecimento dependente-relacionado começa no segundo momento depois do nascimento e continua até a morte. O envelhecimento é a transformação, momento a momento, da nossa condição física. Não se restringe àqueles que viveram muitos anos. A morte dependente-relacionada é a cessação final da relação entre a mente e o corpo, que ocorre no exato momento em que a consciência sai do corpo.

Seis dos doze elos dependente-relacionados (ignorância, ações de composição, consciência, anseio, agarramento e existência) são causas; os seis elos restantes são efeitos. Os três primeiros elos são denominados causas distantes, ou causas de arremesso, e não é garantido que produzam seus efeitos. O oitavo, o nono e décimo elos são chamados de causa próximas, ou causas estabelecidas, e é certo que acarretarão seus efeitos. Quatro dos elos (nome e forma, seis fontes, contato e sensação) são efeitos arremessadores, ou efeitos que nos projetam. Os últimos dois elos (nascimento e envelhecimento e morte) são efeitos conquistados ou estabelecidos.

O primeiro elo, ignorância, é como uma semente. O segundo elo, ações de composição, é como plantar essa semente num campo. O terceiro elo, consciência, é como o campo. O oitavo e o nono elos, anseio e agarramento, são como a água e o esterco que nutrem a semente. O décimo elo, existência, é como a semente plenamente nutrida e pronta para germinar. O elo nascimento e o elo nome e forma são como a germinação da semente. Os elos seis fontes, contato e sensação são como as etapas de crescimento da planta. O envelhecimento é como o amadurecimento da planta, e a morte é como a ceifa.

Buda ensinou os doze elos dependente-relacionados na mesma ordem que foi aqui apresentada, e não na ordem das seis causas e seis efeitos, porque a apresentação feita aqui mostra como uma rodada de doze elos pode durar duas, três ou mais vidas para se completar.

Como uma rodada de doze elos dependente-relacionados se completa em duas vidas? Vamos supor que tenhamos criado uma ação virtuosa arremessadora nesta vida. Quando a ação deixar uma potencialidade em nossa mente, os três primeiros elos terão se completado. Se ao morrer gerarmos anseio, agarramento e uma mente virtuosa, como buscar refúgio com o desejo de obter uma renascimento humano em nossa próxima vida, essa mente virtuosa atuará como o elo existência, garantido assim que nossa potencialidade virtuosa seja ativada. Nesse ponto, as seis causas terão se completado. Depois da morte, quando nossa consciência tiver ingressado no útero da nossa nova mãe, desenvolveremos o elo nome e forma dependente-relacionados de um ser humano. Esse elo e o elo nascimento dependente-relacionado ocorrem simultaneamente. O envelhecimento dependente-relacionado começa no segundo momento depois do nascimento dependente-relacionado e, gradualmente, as seis fontes, o contato e a sensação dependente-relacionados se desenvolvem. Por fim, a morte dependente-relacionada é experienciada, completando uma rodada de doze elos dependente-relacionados em duas vidas.

Como uma rodada de doze elos dependente-relacionados se completa em três ou mais vidas? Vamos supor que nesta vida tenhamos criado uma ação virtuosa, que deixou uma potencialidade virtuosa em nossa mente. Se no momento da morte, na dependência de anseio e de agarramento, desenvolvermos um estado mental não virtuoso, como raiva de nossos parentes, potencialidades não virtuosas que transportamos em nossa mente serão ativadas, impedindo que potencialidades virtuosas amadureçam. Nesse caso, o elo existência dependente-relacionado será não virtuoso e seremos arremessados num renascimento em reinos inferiores, digamos, como um cachorro. Depois da morte, vamos desenvolver o elo nascimento dependente-relacionado e o elo nome e forma dependente-relacionados de um cachorro; então, os elos envelhecimento, seis fontes, contato e sensação vão se desenvolver. Quando nossa vida como cachorro estiver chegando ao fim, em função dos elos anseio e agarramento, poderemos gerar um estado mental virtuoso e, assim, ativar aquela potencialidade virtuosa de renascimento superior que vínhamos transportando em nossa mente. Nessa hipótese, as três causas distantes de renascimento superior foram criadas na vida anterior, quando éramos um ser humano, e as três causas mais próximas foram criadas na vida atual como cachorro. Depois de morrer, desenvolveremos o elo nascimento dependente-relacionado e o elo nome e forma dependente-relacionados de um ser humano. Os elos envelhecimento, seis fontes, contato e sensação serão completados em três vidas, quando o ser humano morrer. O processo é igual, ainda que transcorra muito tempo entre a vida na qual as três causas distantes foram criadas e a vida na qual as três causas próximas são criadas.

Em *Essência da Relação Dependente*, Nagarjuna diz:

De três, desenvolvem-se duas,
De duas, desenvolvem-se sete,
De sete, desenvolvem-se três.

Isso significa que, a partir das três delusões (ignorância, anseio e agarramento), desenvolvem-se duas ações: ações de composição e existência. A partir dessas duas ações, desenvolvem-se sete frutos de sofrimento: consciência, nome e forma, seis fontes, contato, sensação, nascimento, envelhecimento e morte. A partir desses sete, novamente se desenvolvem as três delusões. Dessa forma, a corrente se encadeia, e o samsara se estabelece em perpétuo movimento.

Esforça-te para destruí-la
Ingressa no Budadharma
Elimina o Senhor da Morte
Como um elefante destrói uma choupana de palha.

A Roda da Vida

A Roda da Vida

UMA EXPLICAÇÃO DO DIAGRAMA DA RODA DA VIDA

Este capítulo tem três partes:

1. Os benefícios de contemplar e de meditar no diagrama
2. A origem do diagrama
3. O simbolismo do diagrama

OS BENEFÍCIOS DE CONTEMPLAR E DE MEDITAR NO DIAGRAMA

Se contemplarmos o significado do diagrama da Roda da Vida e meditarmos nele com a sabedoria do Dharma, seremos capazes de obter muitas experiências e realizações das etapas do caminho. Podemos desenvolver as realizações das etapas do caminho de um pequeno ser – como a realização da grande raridade e do valor desta preciosa vida humana, a realização da morte e da impermanência, a realização dos sofrimentos dos reinos inferiores e a realização de buscar refúgio. Podemos desenvolver as realizações das etapas do caminho de um ser mediano – como as realizações das quatro nobres verdades e dos doze elos dependente-relacionados, a realização da renúncia e a realização dos três treinos superiores. Também podemos cultivar as realizações das etapas do caminho de um grande ser – como grande compaixão, grande amor, bodhichitta, tranquilo-permanecer e visão superior.

Mesmo se contemplarmos profundamente as mais sublimes pinturas e obras de arte, não obteremos benefícios que se comparem aos de contemplar e meditar no diagrama da Roda da Vida, pois esse diagrama revela o caminho completo à libertação e à plena iluminação. Outras obras de arte podem reter nossa atenção por algum tempo e, talvez, tornem o artista famoso e o *marchand* rico, mas não são capazes de comunicar um sentido tão vasto e profundo àqueles que as contemplam e que nelas meditam.

A ORIGEM DO DIAGRAMA

A origem do diagrama da Roda da Vida foi explicada no *Sutra Extensa Fruição* e em muitos outros Sutras. Segundo essas fontes, certa vez, um rei chamado Bimbisara recebeu um maravilhoso presente de um amigo. Esse amigo morava num país não religioso e era tão rico que o rei não imaginava como poderia lhe retribuir. Resolveu pedir conselho a Buda: "Meu amigo possui tudo o que se possa imaginar. Que presente poderia eu oferecer-lhe?". Buda sabia que o amigo do rei estava preparado para receber o Dharma e explicou ao monarca como desenhar o diagrama da Roda da Vida, como todos os seus detalhes. Depois, Buda lhe disse: "Dê esse diagrama ao teu amigo e certamente ele ficará satisfeito". Assim que contemplou o diagrama, o amigo do Rei Bimbisara sentiu uma emoção especial, embora nunca tivesse recebido instruções de Dharma. Quanto leu o verso que Buda escreveu embaixo do diagrama, compreendeu imediatamente o significado da Roda da Vida. Desenvolveu a realização da renúncia e obteve uma realização direta da vacuidade. Depois, começou a dar ensinamentos a seu povo. Quando os súditos estudaram e meditaram nos doze elos dependente-relacionados, também obtiveram a realização direta da vacuidade. Desse modo, ingressaram nos caminhos espirituais dos Seres Superiores.

O amigo do Rei Bimbisara foi capaz de obter uma realização direta da vacuidade graças a três fatores: o amadurecimento de potencialidades cármicas positivas, a inspiração de Buda e a contemplação do diagrama da Roda da Vida.

O SIMBOLISMO DO DIAGRAMA

O diagrama da Roda da Vida representa todos os ambientes do samsara e todos os habitantes que vivem nele. Revela a natureza do samsara e os caminhos que nos levam a ele e que nele nos mantêm confinados.

No centro do diagrama, há três animais: um porco, um pombo e uma serpente. *Os Sutras Vinaya* dizem que a ave central é o pombo mas, nos dias de hoje, muitos diagramas mostram outros pássaros em seu lugar. Os animais podem ser desenhados de duas maneiras. Uma delas consiste em representá-los em círculo – da boca do porco sai o pombo, e da boca deste sai a serpente, que, por sua vez, liga-se ao rabo do porco. A maneira mais autêntica de desenhá-los é mostrar o pombo e a serpente saindo da boca do porco.

Esses três animais simbolizam os três venenos mentais: o porco representa a ignorância; o pombo, o apego desejoso; e a serpente, o ódio. O simbolismo é apropriado, pois porcos padecem de grande ignorância, pombos sofrem de forte apego e serpentes, de intenso ódio. O fato de o pombo e a serpente saírem da boca do porco indica que o apego desejoso e o ódio se desenvolvem a partir da ignorância. Desenhá-los de acordo com o primeiro sistema também faz sentido, porque sua representação em círculo indica que eles são mutuamente dependentes.

O primeiro círculo interno do diagrama é rodeado por outro círculo, metade branco e metade preto, que indica os dois caminhos a serem seguidos depois da morte: o caminho branco e virtuoso, que conduz aos renascimentos superiores de humanos e de deuses, e o caminho preto e não virtuoso, que conduz aos reinos inferiores. Na metade branca do círculo, três seres do bardo estão retratados já no aspecto de seus próximos renascimentos: um humano, um semideus e um deus. Eles estão em posição vertical e ascendendo ao topo da Roda. Na metade preta, vemos três seres do bardo que estão caindo, virados de ponta-cabeça: um animal, um espírito faminto e um ser-do-inferno.

O círculo branco e preto é rodeado por outro círculo, dividido em seis seções, que representam os seis reinos – seres-do-inferno, espíritos famintos, animais, humanos, semideuses e deuses. Em alguns diagramas, os deuses e semideuses são retratados juntos. Existe uma infinidade de universos habitados por seres vivos, mas todos eles podem ser incluídos nos seis reinos.

Ao redor do círculo seccionado, há uma borda com doze divisões e, dentro de cada uma, há um desenho que simboliza um dos doze elos:

(1) O elo ignorância é representado por uma mulher velha e cega.

(2) O elo ações de composição é representado por um oleiro a fazer potes, alguns bons e outros ruins.

(3) O elo consciência é representado por um macaco a pular sem descanso, para cima e para baixo de uma árvore. Indica como a nossa consciência se movimenta sem descanso para cima e para baixo da árvore do samsara.

(4) O elo nome e forma é representado por um homem a remar um barco e indica que, assim como precisamos de um barco para cruzar o oceano, também precisamos do barco dos agregados para renascer nesse oceano que é o samsara.

(5) O elo seis fontes é representado por uma casa vazia com cinco janelas, indicando que, assim como uma casa permanece vazia antes de seus proprietários se mudarem para ela, também, quando o embrião começa a se desenvolver, as seis fontes são como os quartos vazios de uma casa, à espera de serem ocupados pelas seis consciências. (As cinco janelas que aparecem no diagrama representam as cinco faculdades sensoriais, sendo que a faculdade mental está implícita).

(6) O elo contato é representado por um homem e uma mulher abraçados.

(7) O elo sensação é representado por um homem flechado no olho.
(8) O elo anseio é representado por um homem bebendo cerveja.
(9) O elo agarramento é representado por um macaco apanhando frutas.
(10) O elo existência é representado por uma mulher grávida prestes a dar à luz.
(11) O elo nascimento é representado por um bebê nascendo.
(12) O elo envelhecimento e morte é representado por um homem carregando um cadáver nas costas.

A Roda da Vida foi desenhada entre as patas de Yama, o Senhor da Morte, para nos lembrar da impermanência e para mostrar que, dentro dessa roda, não existe um único ser que esteja fora do controle da morte. Yama segura a Roda na boca e a abraça com suas garras, indicando que todos os seres vivos passam repetidamente pelas mandíbulas da morte. O Senhor da Morte é o maior obstáculo à nossa libertação. Ele segura um espelho, denominado "espelho da ação", no qual todas as ações dos seres vivos, as virtuosas e as não virtuosas, estão nitidamente refletidas.

A Roda da Vida representa os verdadeiros sofrimentos e as verdadeiras origens e revela como os verdadeiros sofrimentos surgem na dependência das verdadeiras origens. Do lado de fora da Roda da Vida, Buda está em pé apontando para a lua. O fato de Buda estar do lado de fora da Roda indica que os Budas estão fora do samsara, pois se libertaram dele ao abandonar os caminhos samsáricos e ao conquistar os verdadeiros caminhos. A lua representa as verdadeiras cessações. Buda aponta para a lua e diz: "Viajei pelos caminhos da libertação e atingi a cidade da libertação".

Sob o diagrama, Buda escreveu a seguinte estrofe:

Esforça-te para destruí-la.
Ingressa no Budadharma.
Elimina o Senhor da Morte,
Como um elefante destrói uma choupana de palha.

O primeiro verso incentiva-nos a investir esforço para abandonar o samsara; o segundo explica-nos como fazê-lo. O terceiro e o quarto ensinam que, praticando os três treinos superiores, podemos eliminar por completo os sofrimentos do nascimento, do envelhecimento e da morte, assim como um elefante derruba uma choupana de palha.

A MEDITAÇÃO SOBRE OS DOZE ELOS DEPENDENTE-RELACIONADOS

Há quatro maneiras de meditar sobre os doze elos:

1. Meditação em ordem serial na relação dependente, do lado da delusão
2. Meditação em ordem inversa na relação dependente, do lado da delusão
3. Meditação em ordem serial na relação dependente, do lado perfeitamente purificado
4. Meditação em ordem inversa na relação dependente, do lado perfeitamente purificado

As duas primeiras maneiras de meditar são ditas "do lado da delusão" porque revelam, passo a passo, como o samsara se desenvolve a partir de sua causa raiz, a ignorância. As duas outras são ditas "do lado perfeitamente purificado" porque revelam a cessação dos doze elos dependente-relacionados e a conquista da libertação.

Se meditarmos sobre cada elo em separado, examinando de que modo ele causa o elo seguinte – ou seja, de que modo o elo ignorância dependente-relacionada dá origem ao elo ações de composição dependente-relacionadas etc., até o elo envelhecimento e morte dependente-relacionados –, estaremos fazendo a meditação em ordem serial na relação dependente do lado da delusão. Essa meditação revela como os verdadeiros sofrimentos surgem, repetidamente, a partir das verdadeiras origens. Se primeiro meditarmos nos sofrimentos desta vida – como doença, envelhecimento e morte – e depois meditarmos sobre cada elo em ordem inversa, examinando como os sofrimentos desta vida, implícitos no elo envelhecimento e morte dependente-relacionados, provêm do elo nascimento dependente-relacionado, e como este provém do elo existência dependente-relacionada etc., até o elo ignorância dependente-relacionada, estaremos fazendo a meditação em ordem inversa na relação dependente do lado da delusão. Essa meditação nos faz gerar uma forte determinação de eliminar a ignorância, o que pode ser feito por meio da contemplação e da meditação na vacuidade.

Se primeiro meditarmos na cessação da ignorância dependente-relacionada e em como esse é o método que acarreta a cessação das ações de composição dependente-relacionadas e se continuarmos a meditar assim na cessação de cada elo e em como isso acontece na dependência da cessação do seu elo anterior, estaremos fazendo a meditação em ordem serial na relação dependente, do lado perfeitamente purificado. Se primeiro meditarmos na cessação dos sofrimentos desta vida, isto é, na cessação do elo envelhecimento e morte dependente-relacionados e no fato de que isso acontece por meio da cessação do elo nascimento dependente-relacionado etc., até a cessação do elo ignorância dependente-relacionada, estaremos fazendo a meditação em ordem inversa na relação dependente, do lado perfeitamente purificado.

Se praticarmos essas quatro maneiras de meditar nos doze elos com perseverança e sem distração, isso se tornará um poderoso método para aumentar nossa sabedoria e concentração.

O *Caminho à Libertação*

COMO PRATICAR O CAMINHO QUE CONDUZ À LIBERTAÇÃO

Este capítulo será explicado em duas partes:

1. A base corporal que precisamos para alcançar a libertação
2. Os caminhos que precisamos seguir para alcançar a libertação

A BASE CORPORAL QUE PRECISAMOS PARA ALCANÇAR A LIBERTAÇÃO

Como foi explicado anteriormente, a forma humana fornece a melhor base corporal para alcançarmos a libertação. Os seres que nascem nos reinos inferiores não têm oportunidade de praticar o Dharma e, por isso, é impossível que eles alcancem a libertação. Os deuses têm dificuldade de obter realizações espirituais, alguns porque possuem fortes distrações, outros porque não têm as condições necessárias para obtê-las. Para quem tem um corpo humano é comparativamente mais fácil desenvolver as realizações de renúncia, bodhichitta, vacuidade e assim por diante.

No entanto, apenas ter um corpo humano não é o suficiente para alcançarmos a libertação, pois também precisamos investir esforço. Como disse Geshe Potowa, já tivemos muitos renascimentos samsáricos, contudo, nunca alcançamos a libertação naturalmente, sem investir esforço. Isso nunca aconteceu conosco nem com ninguém no passado e nunca acontecerá no futuro pois, sem investir esforço, a libertação é impossível. Portanto, a hora certa de ingressar no caminho espiritual e de praticar os métodos para destruir o samsara é precisamente agora, enquanto temos esse corpo humano. Se perdermos a oportunidade que esta vida nos proporciona, perderemos nossa chance de obter pura paz.

OS CAMINHOS QUE PRECISAMOS SEGUIR PARA ALCANÇAR A LIBERTAÇÃO

Este tópico tem três partes:

1. Os três treinos superiores
2. Por que devemos praticar os três treinos superiores para alcançar a libertação
3. Como praticar os três treinos superiores

OS TRÊS TREINOS SUPERIORES

Os três treinos superiores são os meios pelos quais podemos escapar do samsara e alcançar a libertação. São eles:

1. Treinar disciplina moral superior
2. Treinar concentração superior
3. Treinar sabedoria superior

TREINAR DISCIPLINA MORAL SUPERIOR

Com a motivação de renúncia, qualquer prática de disciplina moral – desde a disciplina moral de parar de matar até a disciplina moral de guardar as três categorias de votos, ou seja, os votos Pratimoksha, bodhisattva e tântricos – será uma prática de disciplina moral superior. Sem a motivação de renúncia, qualquer prática de disciplina moral é causa de renascimento elevado no samsara, mas não é causa de libertação.

Em *Carta Amigável* Nagarjuna diz:

> Pratiquem sempre disciplina moral superior,
> Concentração superior e sabedoria superior.
> Esses três treinos abrangem perfeitamente
> Todos os 253 treinos.

Monges plenamente ordenados assumem 253 votos, e todos estão incluídos na prática de disciplina moral superior, porque são tomados com a motivação de renúncia. O mesmo se aplica aos votos bodhisattva e aos votos tântricos. Se tomarmos os votos Pratimoksha antes de gerar renúncia, nossos votos serão provisórios. Se posteriormente ouvirmos, contemplarmos e meditarmos nas etapas do caminho, desenvolveremos a realização de renúncia. Quando isso acontecer, nossos votos Pratimoksha provisórios se converterão em autênticos votos Pratimoksha. Geshe Potowa costumava dizer: "Dromtonpa foi meu abade de ordenação". Visto que Dromtonpa era um homem leigo, ele não poderia ser um abade que concede ordenações. Geshe Potowa estava querendo dizer que foi graças à condução de Dromtonpa que ele gerou a realização de renúncia e, dessa forma, transformou seus votos provisórios em votos efetivos. Podemos ver claramente quão importante é a prática do Lamrim para aqueles que receberam os votos Pratimoksha, bodhisattva e tântricos. Se negligenciarmos a prática do Lamrim, será praticamente impossível que, nos dias de hoje, consigamos manter nossos votos puramente, sem quebrá-los.

TREINAR CONCENTRAÇÃO SUPERIOR

Com a motivação de renúncia, qualquer prática de concentração será uma prática de concentração superior, mesmo se fizermos apenas uma rodada de meditação respiratória. Se não tivermos renúncia, ainda que sejamos capazes de nos concentrar numa visualização muito elaborada, isso não será uma prática de concentração superior. Haverá exceção se nosso objeto de meditação for um Buda ou uma Deidade iluminada. Se esse for o caso, e se meditarmos com grande fé, então estaremos praticando concentração superior e criando causa para alcançar a libertação, mesmo sem ter a motivação de pura renúncia. Se nos concentrarmos em qualquer outro objeto sem a motivação de renúncia, não criaremos causa de libertação. Porém, contanto que nosso objeto seja virtuoso, criaremos causa para um renascimento elevado no samsara.

TREINAR SABEDORIA SUPERIOR

Com a motivação de renúncia, sempre que meditarmos nas verdades últimas estaremos praticando sabedoria superior.

Costuma-se dizer que qualquer pessoa que pratique esses três treinos superiores está "mantendo o Budadharma por meio de realização". Existem dois meios de manter o Budadharma: por meio de escritura e por meio de realização. Mantemos o Budadharma por meio de escritura quando ouvimos, lemos e estudamos o Dharma. Mantemos o Budadharma por meio de realização quando efetivamente praticamos as instruções e adquirimos realizações.

POR QUE DEVEMOS PRATICAR OS TRÊS TREINOS SUPERIORES PARA ALCANÇAR A LIBERTAÇÃO

Cada um dos três treinos superiores é uma causa de libertação. Entretanto, para alcançarmos a libertação, precisamos praticar os três integralmente. Tomando os doze elos dependente-relacionados como nosso objeto de concentração e meditando neles, compreenderemos que a ignorância do agarramento ao em-si é o verdadeiro inimigo daqueles que buscam a libertação e nos determinaremos a abandoná-la. Tomando as quatro nobres verdades como nosso objeto de concentração, cultivaremos um forte desejo de nos libertar do samsara e de todos os sofrimentos a ele associados. Portanto, ambas as escolhas – os doze elos ou as quatro nobres verdades – nos levam a gerar forte renúncia. Com renúncia, se tomarmos a vacuidade como nosso objeto de concentração, vamos cultivar uma sabedoria especial denominada "visão superior". Essa sabedoria é a única capaz de eliminar diretamente a ignorância do agarramento ao em-si, que é a raiz do samsara.

Para gerar visão superior, primeiro temos de alcançar o tranquilo-permanecer e, para alcançar o tranquilo-permanecer, temos de praticar pura disciplina moral, que é o método supremo para obter pura concentração. Assim, a conquista da libertação depende da experiência de sabedoria superior; a experiência de sabedoria superior depende da experiência de concentração superior; a experiência de concentração superior depende da experiência de disciplina moral superior; a experiência de disciplina moral superior depende de uma realização da renúncia, que surge como resultado de meditarmos nos doze elos dependente-relacionados ou nas quatro nobres verdades.

No texto *Tesouro de Abidharma,* de Vasubandhu, a ignorância do agarramento ao em-si é chamada ora de semente ora de raiz. É "semente" porque todos os sofrimentos surgem dela, do mesmo modo que plantas nascem de sementes. É "raiz" porque dela nascem todos os medos e frustrações do samsara, assim como frutos e flores nascem da raiz de uma árvore. Não podemos abandonar a ignorância do agarramento ao em-si, a não ser que meditemos na vacuidade, porque as outras meditações – como as meditações em amor, compaixão e bodhichitta – não eliminam diretamente a ignorância. Dharmakirti disse:

[As meditações] em amor e assim por diante não se opõem à
 ignorância;
Logo, não podem destruir a ignorância por completo.

Só uma realização direta da vacuidade liberta-nos de fato do samsara. Quando realizamos a vacuidade intelectualmente, por meio de uma imagem genérica, nossa realização não é clara e precisamos continuar a meditar na vacuidade para obter uma realização direta desta. Isso é difícil porque não temos pura concentração. Sem treinar em concentração, nossa mente se distrai com facilidade, e não conseguimos mantê-la posicionada no objeto de meditação. Quando nos livramos da turbulência das distrações, nossa mente torna-se clara e serena e conseguimos observar o objeto de meditação com clareza. Se à noite tentarmos ler um livro à luz bruxuleante de uma vela, dificilmente distinguiremos o que está escrito nele. Do mesmo modo, sem forte concentração, nossa mente é como uma vela tremulando ao sabor da brisa e, se tentarmos meditar num objeto à luz dessa concentração instável, não conseguiremos observar nosso objeto com clareza.

Para obter concentração perfeita, precisamos superar todas as formas de distração. Elas são de dois tipos: distrações exteriores e distrações interiores. As distrações exteriores se desenvolvem quando entramos em contato com objetos fora de nós que provocam o surgimento de delusões em nossa mente. As distrações interiores são mais sutis. Elas se desenvolvem durante a meditação, quando nos lembramos de objetos de apego etc. Memórias sutis que relembram objetos de apego, pensamentos conceituais sutis, afundamento mental e excitamento mental são alguns exemplos de distrações interiores. Primeiro, temos de apaziguar as distrações densas, exteriores; só depois poderemos eliminar as distrações sutis, interiores. Quando nossa concentração se torna estável, nossa mente pode ser comparada a uma chama de vela imóvel a iluminar claramente seu objeto. Então, os pensamentos conceituais são apaziguados, nossa mente torna-se lúcida, e conseguimos observar claramente objetos sutis como a vacuidade.

É a concentração que reduz e, por fim, elimina a distância entre a mente e seu objeto, levando os dois a se misturarem. Quando nossa concentração posicionada na vacuidade se aperfeiçoa e nossa mente se funde com a vacuidade, essa concentração é capaz de eliminar o agarramento ao em-si e todas as outras delusões, além de nos capacitar para alcançar a perfeita paz da libertação. Por isso, a sabedoria de realizar a vacuidade é comparada a um machado. Contudo, por mais afiado que seja, um machado nunca poderá cortar a árvore da ignorância, a não ser que seja empunhado e dirigido contra a madeira pela mão firme da concentração. Como diz Je Tsongkhapa, em *Exposição Condensada das Etapas do Caminho*.

Uma sabedoria separada do caminho do tranquilo-permanecer,
por mais que investigue, nunca destruirá as delusões.

Assim como precisamos da pura concentração do tranquilo-permanecer para gerar a visão superior, também precisamos de pura disciplina moral para gerar essa concentração, porque é a pura disciplina moral que supera as distrações e os outros obstáculos ao tranquilo-permanecer. A prática de disciplina moral cumpre duas tarefas: apazigua as distrações exteriores e fortalece a contínua-lembrança que, por sua vez, supera as distrações interiores. A disciplina moral nos impede de ser indulgentes com ações negativas e dirige nossa mente para caminhos espirituais corretos. Para praticar pura disciplina moral, precisamos aplicar contínua-lembrança e vigilância. Sem esses fatores mentais, facilmente nos esquecemos dos compromissos assumidos e das boas resoluções que tomamos.

A disciplina moral é como um campo, a concentração são as plantas que crescem nele e a sabedoria é a colheita. A disciplina moral torna nosso corpo e nossa fala puros e livres de falhas. Já a concentração e a sabedoria fazem o mesmo com nossa mente. Assim, as três são necessárias para alcançar a libertação.

COMO PRATICAR OS TRÊS TREINOS SUPERIORES

Este tópico tem três partes:

1. Como praticar disciplina moral superior
2. Como praticar concentração superior
3. Como praticar sabedoria superior

COMO PRATICAR DISCIPLINA MORAL SUPERIOR

A melhor maneira de guardar disciplina moral puramente consiste em contemplar repetidas vezes os seus benefícios e apoiar-se o tempo todo em contínua-lembrança e vigilância. Em *Carta Amigável,* Nagarjuna diz:

> Assim como a terra sustenta a vida,
> A disciplina moral é a base de todas as boas qualidades.

No *Sutra Rei da Concentração,* Buda diz:

> Quando o Budadharma está em declínio, é mais meritório guardar disciplina moral por um dia do que fazer oferendas a milhares de Budas, por muitos éons, em tempos afortunados.

Nas épocas de declínio do Budadharma torna-se especialmente difícil encontrar alguém que pratique disciplina moral e, mesmo entre os que o fazem, é difícil encontrar alguém que mantenha disciplina moral puramente, porque em tempos assim os obstáculos interiores e as delusões são muito fortes.

Existem quatro causas de degeneração da pura disciplina moral: 1) desconhecimento da natureza e da função da disciplina moral, de como praticá-la, de quais são os objetos a serem abandonados etc.; 2) falta de respeito; 3) delusões fortes e numerosas; 4) anticonscienciosidade.

Em geral, quando cometemos ações negativas, o fazemos por ignorância, porque desconhecemos aquilo que deve ser abandonado por meio da disciplina moral. Algumas pessoas se envolvem alegremente em tais ações porque não compreendem suas falhas. Até quem assumiu um compromisso com a disciplina moral dos votos Pratimoksha, bodhisattva e tântricos não tardará a quebrá-los se desconhecer quais são os objetos que devem ser abandonados por essas disciplinas. Portanto, se pretendemos manter disciplina moral puramente, temos de conhecer todos os objetos a serem abandonados e contemplar, repetidamente, as consequências nocivas de quebrar nossos votos e compromissos.

Se não respeitarmos Buda e seus ensinamentos, cometeremos ações não virtuosas e não nos esforçaremos na nossa prática de disciplina moral. Entretanto, se respeitarmos e confiarmos em Buda, no Dharma que ele ensinou e na comunidade espiritual que pratica o Dharma, desenvolveremos forte convicção na lei das ações e seus efeitos e, naturalmente, nos empenharemos para manter disciplina moral. Portanto, para praticar pura disciplina moral, temos de gerar fé e respeito por Buda, Dharma e Sangha.

Em geral, cometemos ações não virtuosas e não mantemos nossos compromissos puramente porque nossas delusões são muito poderosas e opressivas. Sendo assim, se quisermos praticar disciplina moral puramente, teremos de nos esforçar para diminuir as poderosas delusões, trabalhando primeiro na redução das mais fortes, por meio da aplicação dos métodos adequados.

Se não formos conscienciosos, deixaremos nossa mente fazer só o que bem lhe aprouver. Levaremos uma vida irresponsável e facilmente quebraremos as regras de conduta moral que prometemos seguir. Uma mente sem conscienciosidade é como um elefante selvagem enlouquecido. Praticar conscienciosidade significa, principalmente, cultivar contínua-lembrança e vigilância. A contínua-lembrança nos impede de esquecer nossa disciplina moral. Por exemplo, se pela manhã tivermos feito um voto de evitar certo tipo de ação, a contínua-lembrança manterá uma espécie de olhar mental sobre esse voto no decorrer do dia, impedindo-nos de esquecê-lo. A vigilância verifica de tempos em tempos, para se certificar, que nossa conduta está de acordo com o voto e que nossa contínua-lembrança permanece forte.

Além da contínua-lembrança e da vigilância, também precisamos cultivar outros fatores mentais, como o senso de vergonha e a consideração. O senso de vergonha é um fator mental que nos inibe de cometer ações não virtuosas ou de quebrar um voto, levando-nos a examinar as ações que são contra a disciplina moral que adotamos. Por exemplo, o senso de vergonha nos faz pensar: "Seria inadequado cometer essa ação, porque sou budista" ou "Não posso fazer isso, porque sou uma pessoa ordenada".

A consideração é um fator mental que nos refreia das não virtudes, fazendo-nos considerar o efeito que nossas ações terão sobre os outros. Por exemplo, podemos pensar: "Se fizer isso, vou manchar o nome da comunidade budista" ou "Se agir desse modo, as pessoas perderão a fé na Sangha" ou "Se fizer isso, meu Guia Espiritual terá vergonha de mim". Abster-se de cometer ações não virtuosas pensando desse modo é uma prática de consideração.

Esses quatro fatores mentais – contínua-lembrança, vigilância, senso de vergonha e consideração – ajudam-nos a manter conscienciosidade e a guardar pura disciplina moral. No entanto, é principalmente na contínua-lembrança que devemos nos apoiar.

COMO PRATICAR CONCENTRAÇÃO SUPERIOR

Do ponto de vista dos três reinos, há dezessete tipos de concentração: as nove concentrações do reino do desejo, as quatro concentrações do reino da forma e as quatro concentrações do reino da sem-forma.

As nove concentrações do reino do desejo são: posicionamento da mente, contínuo-posicionamento, reposicionamento, estreito-posicionamento, controle, pacificação, pacificação completa, unifocalização e posicionamento em equilíbrio. Essas nove concentrações incluem todas as concentrações que podemos experienciar antes de alcançar o tranquilo-permanecer. Qualquer experiência de concentração que aconteça antes da etapa do posicionamento da mente faz parte da primeira concentração.

Depois de alcançar o tranquilo-permanecer, nossas concentrações passam a ser concentrações dos reinos da forma e da sem-forma. As quatro concentrações do reino da forma são: estabilização mental do primeiro reino da forma, estabilização mental do segundo reino da forma etc. As quatro concentrações do reino da sem-forma são: a absorção do espaço infinito, a absorção da consciência infinita, a absorção do nada e a absorção do topo do samsara. Em termos gerais, essas dezessete concentrações são caminhos mundanos e foram nomeadas em ordem ascendente. É só quando obtivermos a concentração mais elevada dos três reinos, a concentração do topo do samsara, que conquistaremos clarividência incontaminada e poderes miraculosos.

Outra divisão das concentrações é feita em termos de sua função, isto é, conforme elas sirvam de oponentes ao apego desejoso, ao ódio, à ignorância, ao orgulho, à inveja, aos pensamentos conceituais ou às delusões em geral. Por exemplo, se nosso problema for um forte apego desejoso, enfatizaremos as meditações em repugnância – enxergando nosso próprio corpo, o corpo dos outros, nossos ambientes e prazeres como algo muito sujo. Quando meditamos na sujeira do corpo, pensamos que ele é constituído por 32 substâncias impuras. Quando meditamos no ambiente impuro, visualizamos que o solo está inteiramente coberto de esqueletos, lodo e excrementos. Os *Sutras Vinaya* explicam muitas meditações desse tipo para nos ajudar a gerar forte renúncia, e podemos aplicá-las a todos os nossos objetos de apego.

Se nosso problema for intenso ódio, enfatizaremos as meditações sobre amor e compaixão. Para superar a ignorância, meditamos na relação dependente. Meditar em grande detalhe sobre as divisões de cada um dos elementos internos e externos – tentando identificar cada objeto, sua evolução, sua origem, causas etc. – evidencia a insignificância do nosso conhecimento e, portanto, reduz nosso orgulho. A inveja pode ser contraposta pela meditação no regozijo. A meditação respiratória é útil sempre que nossa mente estiver muito ocupada e distraída. Para superar a raiz de todas as delusões e do sofrimento, devemos meditar na vacuidade.

Se praticarmos qualquer dessas concentrações com a motivação de renúncia ou de bodhichitta, estaremos praticando concentração superior.

COMO PRATICAR SABEDORIA SUPERIOR

Sabedoria é uma mente virtuosa e inteligente cuja função é reconhecer os objetos inequivocadamente. A meditação analítica é uma prática de sabedoria porque, mediante investigação e análise, ela nos leva a conhecer melhor nosso objeto. Sempre que fazemos meditação analítica com a motivação de renúncia ou de bodhichitta, estamos praticando sabedoria superior. No início, a sabedoria da análise ajuda-nos a desenvolver a meditação posicionada. Finalmente, quando a nossa concentração se estabiliza e atingimos o tranquilo-permanecer, é a concentração que aperfeiçoa a sabedoria. Usando o tranquilo-permanecer, atingimos a sabedoria especial denominada "visão superior" e, com ela, nossa meditação torna-se muito poderosa.

Em geral, a sabedoria ajuda todas as nossas práticas espirituais, não apenas a meditação. No *Sutra Perfeição de Sabedoria Condensado,* Buda diz:

A sabedoria antecede a pratica de dar.
Ela também antecede as práticas de disciplina moral, paciência,
esforço e concentração.

Para gerar o desejo de praticar o dar, primeiro precisamos entender os benefícios dessa prática e, para entendê-los, precisamos de sabedoria. Portanto, a sabedoria é um pré-requisito para todas as nossas práticas virtuosas.

Existem três tipos de sabedoria: sabedoria advinda de ouvir, sabedoria advinda de contemplar e sabedoria advinda de meditar. Geramos o primeiro tipo de sabedoria quando ouvimos alguém explicando o Dharma e entendemos o que está sendo dito ou quando lemos um livro e compreendemos seu significado. Geramos a sabedoria advinda de contemplar quando usamos nossa capacidade de raciocínio e de análise para aprofundar a compreensão de um objeto. Por exemplo, se fizermos uma pausa durante a leitura de um livro de Dharma e começarmos a investigar por conta própria o significado daquilo que entendemos, desenvolveremos a sabedoria advinda de contemplar. Se, a seguir, meditarmos no objeto e obtivermos uma experiência especial, desenvolveremos a sabedoria advinda de meditar.

Aperfeiçoamos a primeira sabedoria ouvindo ensinamentos ou lendo livros de Dharma; aperfeiçoamos a segunda refletindo repetidas vezes sobre aquilo que ouvimos ou lemos; e aperfeiçoamos a terceira meditando muitas vezes no Dharma que nos foi ensinado. Desse modo, nossa sabedoria de Dharma vai se aperfeiçoar dia a dia, mês a mês, ano a ano. Como todos os problemas e sofrimentos nascem da ignorância, nosso melhor amigo – aquele que nos conduz à plena iluminação – é a sabedoria que supera a ignorância e revela claramente o que deve ser abandonado e o que deve ser praticado.

TERCEIRA PARTE

O Grande Escopo

Ingressar no Mahayana

TREINAR A MENTE NAS ETAPAS DO CAMINHO DE UMA PESSOA DE GRANDE ESCOPO

Todas as etapas do caminho à iluminação podem ser divididas em caminhos que são comuns a todos e em caminhos incomuns, ou extraordinários. As etapas do caminho que foram até aqui explicadas são comuns ao Caminho Hinayana e ao Caminho Mahayana; mas as que se seguem – as etapas do caminho de um grande ser – são Caminhos Mahayana incomuns. O treino da mente nas etapas do caminho de uma pessoa do grande escopo será explicado em cinco partes:

1. Por que precisamos ingressar no Caminho Mahayana
2. Os benefícios da bodhichitta
3. Como gerar a bodhichitta
4. Engajar-se nas ações de um Bodhisattva
5. O resultado final, a plena iluminação

POR QUE PRECISAMOS INGRESSAR NO CAMINHO MAHAYANA

Já que é possível alcançar a libertação praticando apenas as etapas do caminho dos seres pequenos e medianos, podemos nos questionar sobre a necessidade de entrar no Mahayana. Precisamos ingressar no Caminho Mahayana para alcançar a plena iluminação da Budeidade e, assim, ir além da libertação. Só a mente de um Buda é onisciente, capaz de compreender diretamente todos os objetos de conhecimento, e só os Budas abandonaram todas as falhas e alcançaram todas as boas qualidades. Aqueles que alcançaram apenas a libertação ainda não conquistaram seu próprio objetivo e, porque possuem muitos níveis sutis de obstrução, não podem trabalhar amplamente para o benefício dos outros seres vivos. Já que os Caminhos Hinayana não incluem métodos para eliminar os níveis sutis de obstrução, se quisermos nos livrar por completo das falhas, precisaremos conquistar os Caminhos Mahayana, os únicos capazes de eliminar por completo as falhas e gerar todas as boas qualidades. Embora todos os seres vivos possuam a semente da plena iluminação, a única maneira de levá-la à perfeita fruição é praticando integralmente o Caminho Mahayana.

Sendo assim, por que Buda ensinou os Caminhos Hinayana? Buda os ensinou para discípulos que não podem seguir de imediato os Caminhos Mahayana, mais difíceis de serem compreendidos e praticados. Ele ensinou os Caminhos Hinayana como preparações para os Caminhos Mahayana. Sua intenção principal era conduzir todos os discípulos, Hinayanas e Mahayanas, aos Caminhos Mahayana e, por conseguinte, à plena iluminação da Budeidade.

Do ponto de vista do nosso próprio bem-estar, precisamos ingressar no Caminho Mahayana, porque alcançar a plena iluminação é condição indispensável para satisfazer todos os nossos desejos e para conquistar o objetivo supremo da nossa vida humana. Do ponto de vista do bem-estar dos outros, também precisamos ingressar no Caminho Mahayana, porque só nos tornaremos perfeitamente capazes de ajudar todos os outros seres vivos se nos tornarmos um Buda.

Se uma mãe e seu filho estivessem ambos confinados numa prisão e o filho planejasse fugir sozinho, sem pensar na situação da mãe, julgaríamos sua atitude insensível e egoísta. Já que todos os seres vivos são nossas mães, e todos estão confinados na prisão do samsara, seria crueldade virar-lhes as costas e pensar somente na nossa felicidade. Temos de abandonar a atitude inferior de nos preocupar somente conosco e tomar a firme decisão de ingressar no Caminho Mahayana para o benefício dos outros.

OS BENEFÍCIOS DA BODHICHITTA

Para ingressar no Caminho Mahayana, precisamos primeiro gerar a bodhichitta. A bodhichitta é um desejo espontâneo de alcançar a iluminação a fim de beneficiar todos os seres vivos. Ela nasce da grande compaixão – uma mente que não suporta ver os outros seres vivos sofrendo e que deseja libertá-los de qualquer tipo de sofrimento. Atualmente, o que não toleramos é o nosso próprio sofrimento. Mas, quando obtivermos a realização da grande compaixão, é o sofrimento dos outros que nos parecerá insuportável. Ao ver quantas pessoas estão sofrendo e quão graves são os seus sofrimentos, sentiremos um desejo espontâneo e contínuo: "Que maravilhoso seria se todos os seres vivos se libertassem por completo de todo tipo de sofrimento".

Depois de gerar grande compaixão, quando nos determinarmos a alcançar a iluminação para o bem dos outros e essa determinação for espontânea e contínua, dia e noite, teremos realizado a bodhichitta. A bodhichitta é a motivação suprema, a porta pela qual ingressamos nas etapas do Caminho Mahayana.

Conforme foi explicado, a bodhichitta tem duas partes ou dois pensamentos aspirativos. A aspiração principal é liberar todos os seres de seus sofrimentos, e a aspiração secundária é alcançar a iluminação, para ser capaz de viabilizar a primeira aspiração. Como tais aspirações sublimes não surgem de forma natural e espontânea em nossas mentes, temos que cultivá-las. Inicialmente, elas parecerão estranhas a antinaturais, e teremos de fomentá-las de várias maneiras que nos parecerão artificiais. Quando começarmos a ter algum sucesso, será preciso proteger e aprimorar nossas pequenas realizações até que, na hora certa, tais intenções especiais tornem-se cada vez mais familiares. Por fim, elas serão inteiramente naturais. Para que isso aconteça, precisamos aplicar esforço perseverante e contínuo. Com esforço, podemos satisfazer todos os nossos desejos. Sem esforço, entregamo-nos à preguiça, geramos aversão pelas práticas e relutância em ouvir ou ler as instruções. Além disso, ficamos desanimados, deprimidos e incapazes de fazer as meditações ou cedemos à propensão de nos envolver em ações não virtuosas.

O método para superar nossa preguiça e gerar o poder do esforço é meditar nos benefícios da bodhichitta. Embora sejam inumeráveis, eles podem ser inseridos em dez itens:

1. Ingressamos na passagem para o Mahayana
2. Tornamo-nos um Filho ou uma Filha dos Budas
3. Superamos os Ouvintes e os Realizadores Solitários
4. Tornamo-nos dignos de receber oferendas e prostrações de humanos e deuses
5. Acumulamos facilmente uma vasta quantidade de mérito
6. Destruímos rapidamente poderosas negatividades
7. Satisfazemos todos os nossos desejos
8. Ficamos livres do mal causado por espíritos e outros seres
9. Conquistamos todos os solos e caminhos espirituais
10. Adquirimos um estado mental que é fonte de paz e de felicidade para todos os seres

INGRESSAMOS NA PASSAGEM PARA O MAHAYANA

Quando geramos a bodhichitta, tornamo-nos um Bodhisattva e ingressamos nos Caminhos Mahayana; portanto, a bodhichitta é chamada de "passagem para o Mahayana". Para nos tornarmos um Mahayanista, precisamos gerar a bodhichitta. Sem a bodhichitta, mesmo se praticarmos o Tantra Ioga Supremo, não seremos Mahayanistas; ter estudado de modo extenso e profundo e ter recebido muitas instruções do Mahayana também não basta para nos qualificar como um Mahayanista. Ingressar na passagem para o Mahayana significa desenvolver a experiência interior da bodhichitta; não basta simplesmente defender princípios filosóficos Mahayana. É perfeitamente possível defender princípios Mahayana e, contudo, ter uma motivação Hinayana, assim como é possível adotar princípios Hinayana e ter uma motivação Mahayana. Não devemos gerar orgulho só porque estudamos escrituras Mahayana ou porque frequentamos um Centro Mahayana. O que precisamos é nos esforçar para gerar a preciosa mente de bodhichitta e nos tornar um autêntico Mahayanista.

TORNAMO-NOS UM FILHO OU UMA FILHA DOS BUDAS

Em *Guia do Estilo de Vida do Bodhisattva,* Shantideva diz:

> No instante em que a bodhichitta é gerada
> Nos seres que sofrem confinados na prisão do samsara,
> Eles tornam-se Bodhisattvas – "Filhos ou Filhas de Buda".

Tornamo-nos um Filho ou uma Filha dos Budas quando nossa linhagem búdica amadurece e ingressamos nos Caminhos Mahayana. Mesmo que tenhamos muitas outras boas qualidades, como clarividência, poderes miraculosos ou uma realização direta da vacuidade, se não tivermos gerado a bodhichitta, não seremos ainda um herdeiro do trono da Budeidade. O Bodhisattva é como um príncipe, e Buda é como um rei. O povo estima o príncipe e, por reconhecê-lo como o herdeiro do trono, dispensa-lhe o mesmo tratamento que ao rei. O mesmo pode ser dito sobre um Bodhisattva, o herdeiro direto do trono da Budeidade. Ele ou ela é reconhecido como um "ser destinado à iluminação".

SUPERAMOS OS OUVINTES E OS REALIZADORES SOLITÁRIOS

Ouvintes e Realizadores Solitários Destruidores de Inimigos são muitos superiores aos seres comuns (que não ingressaram em caminhos espirituais), porque eles realizaram a renúncia, completaram os três reinos superiores dos Caminhos Hinayana e obtiveram as realizações das quatro nobres verdades. Eles realizaram diretamente a vacuidade e, portanto, abandonaram todas as delusões e alcançaram a libertação. Também atingiram o tranquilo-permanecer e a visão superior e possuem clarividência e poderes miraculosos. Entretanto, quando comparados aos Bodhisattvas, os Ouvintes e os Realizadores Solitários são como uma luz de vela frente ao brilho do sol. A vela brilha à noite mas, pela manhã, o sol a ultrapassa de longe. No *Sutra Perfeita Libertação de Maitreya,* Buda diz:

> Ó Filho da linhagem, isso é assim. Por exemplo, logo que um príncipe nasce, pelo fato de portar o nome de um rei, ele sobrepuja todo o séquito de ministros, inclusive os mais velhos e importantes, graças à alteza de sua linhagem. Da mesma maneira, assim que um

Bodhisattva noviço gera a mente de iluminação, por ter nascido na linhagem dos Tathagatas, ele sobrepuja os Ouvintes e os Realizadores Solitários – que há muito vinham se empenhando em puros feitos –, graças ao poder da sua compaixão e bodhichitta.

Diz-se que a bodhichitta é suprema entre todas as boas qualidades, assim como o diamante é supremo entre todas as pedras preciosas. As boas qualidades dos Ouvintes e dos Realizadores Solitários são como ornamentos feitos de ouro, mas a bodhichitta é como um diamante.

TORNAMO-NOS DIGNOS DE RECEBER OFERENDAS E PROSTRAÇÕES DE HUMANOS E DEUSES

É fácil entender porque os Budas merecem receber oferendas e prostrações, mas porque os Bodhisattvas mereceriam o mesmo? O motivo é que, para chegar ao estado de um Buda, primeiro temos de nos tornar um Bodhisattva. Logo, diz-se que os Budas se iluminam na dependência da bondade dos Bodhisattvas. Nesse sentido, é mais adequado homenagearmos a causa da iluminação do que seu efeito. Como disse Buda Shakyamuni:

> Aqueles que têm fé em mim devem se prostrar e fazer oferendas aos Bodhisattvas mais do que aos Tathagatas.

ACUMULAMOS FACILMENTE UMA VASTA QUANTIDADE DE MÉRITO

Com a bodhichitta, aproximamo-nos da Budeidade a cada instante. Tendo a bodhichitta como nossa motivação, criamos ilimitado mérito, porque fazemos todas as nossas ações para o benefício de incontáveis seres. Ações executadas dessa maneira são muito poderosas e completam rapidamente nossa coleção de mérito.

Buda disse:

> Uma pessoa com mérito terá todos os seus desejos satisfeitos e vencerá facilmente os espíritos malignos. Tal pessoa logo alcançará a plena iluminação. No entanto, uma pessoa que não tem mérito estará cercada de impedimentos interiores e exteriores. Os desejos de alguém assim não serão satisfeitos.

Com a bodhichitta, nosso mérito aumenta continuamente, até enquanto dormimos. No *Sutra Perfeição de Sabedoria em Oito Mil Versos*, Buda diz:

> Se uma pessoa motivada pela bodhichitta cometer uma ação aparentemente imprópria, tal ação, ainda assim, será causa para a iluminação.

Com a mente de bodhichitta, se recitarmos apenas um único mantra, como OM MANI PEME HUM, se oferecermos apenas uma vela a Buda ou se dermos um pouco de comida a um cão, nosso mérito será tão grande quanto o número de seres vivos em nome dos quais a ação foi executada. Dessa maneira, a bodhichitta multiplica o mérito da ação pela quantidade de incontáveis seres vivos.

Se um Bodhisattva praticar uma ação que beneficie um único ser vivo, essa ação tornará os Budas muito felizes e será imensamente superior em mérito a quaisquer ações, como oferecer presentes generosos aos Budas, praticadas com intenção prejudicial em relação a outro ser vivo. Assim como uma mãe rejeita a amizade de alguém que bate em seu filho, os Budas também não gostam de receber oferendas de alguém que prejudica os outros seres vivos, pois consideram todos os seres, inclusive os fracos e infelizes, como extremamente preciosos.

Ações motivadas por outros estados mentais virtuosos são como uma bananeira, que perece assim que seus frutos amadurecem; ao passo que as ações motivadas pela bodhichitta são ilimitadas e perpétuas. Essas ações são como uma árvore-que-satisfaz-os-desejos, que produz os frutos de todas as nossas aspirações.

DESTRUÍMOS RAPIDAMENTE PODEROSAS NEGATIVIDADES

Shantideva diz que, assim como o fogo que consome o mundo no final de um éon é o mais quente e o mais intenso, a bodhichitta é o método mais poderoso para consumir nossas negatividades. Até ações não virtuosas que não podem ser purificadas por outros métodos são purificadas quando cultivamos a realização da bodhichitta. Quando geramos grande compaixão e bodhichitta, nossas obstruções cármicas são rapidamente destruídas e velozmente conquistamos todas as boas qualidades e realizações.

Arya Asanga meditou durante doze anos, em retiro, tentando ver Buda Maitreya diretamente; contudo, por causa de suas obstruções cármicas, foi incapaz de alcançar seu objetivo. Por fim, ele deixou a caverna onde meditava e iniciou a descida da montanha andando por uma trilha. No caminho, viu um cachorro que era uma emanação de Buda Maitreya. O cão havia desmaiado na beira da estrada e estava sendo lentamente devorado vivo por milhares de larvas. Quando viu essa cena, Asanga gerou uma compaixão tão forte que purificou todas as obstruções cármicas que o impediam de ver Buda diretamente. Então, ele viu Buda Maitreya.

SATISFAZEMOS TODOS OS NOSSOS DESEJOS

Qualquer desejo de um Bodhisattva é facilmente satisfeito. Já que os Bodhisattvas possuem intenção superior, eles jamais almejam algo prejudicial e nunca querem cometer ações não virtuosas. Tudo o que procuram é alcançar a iluminação para ajudar os outros. Esse desejo se realiza pelo poder da bodhichitta.

Com a bodhichitta, todas as ações de Dharma são poderosas e efetivas. As ações dos Bodhisattvas, como a de visualizar uma Deidade, a de recitar mantras, a de proteger os outros ou a de executar ações pacificadoras, crescentes, de controle e iradas, são muito poderosas e eficazes, pois são realizadas com a motivação de bodhichitta. Sem a bodhichitta, até as práticas do Mantra Secreto não têm poder e não trazem grandes resultados. Por exemplo, meditar sobre o mandala de uma Deidade sem gerar a bodhichitta é como visitar um museu. Quando vamos a um museu, temporariamente sentimos algum prazer e deslumbramento, enquanto percorremos seus salões admirando os objetos nas vitrines. Mas, no final da visita, não levamos nenhum benefício duradouro para casa.

Se até as menores realizações do Caminho Mahayana dependem da bodhichitta, nem é preciso dizer que a plena iluminação só pode ser alcançada na dependência da bodhichitta. O Mantra Secreto é como o mais veloz dos veículos na estrada que leva até a iluminação, mas a bodhichitta é como a estrada em si. Sem ela, nem o veículo mais veloz poderá ir a parte alguma.

FICAMOS LIVRES DO MAL CAUSADO POR ESPÍRITOS E OUTROS SERES

Os Protetores do Dharma e os poderosos guardiões mundanos que respeitam o Dharma amparam todo aquele que gerou a bodhichitta, por reconhecê-lo como um futuro Buda. Exteriormente, esses Protetores do Dharma e guardiões mundanos impedem que os Bodhisattvas sejam prejudicados por espíritos maus; interiormente, o que protege os Bodhisattvas de serem prejudicados é a bodhichitta, pois ela destrói o autoapreço, que é a base de todo tipo de prejuízo. Por considerarem os outros mais preciosos que eles próprios, os Bodhisattvas afastaram de suas mentes a possibilidade de serem prejudicados por humanos e não humanos. Para o bem dos outros, eles aceitam com alegria quaisquer dificuldades ou dores que lhes sejam infligidas e, por isso, não as percebem como prejudiciais. Visto que os Bodhisattvas desejam tomar os sofrimentos dos outros sobre si mesmos, eles permanecem em paz e imperturbáveis, quaisquer que sejam as circunstâncias. É assim que a bodhichitta evita todo tipo de infortúnio.

Na cidade de Phenbo, perto de Lhasa, vivia um Geshe chamado Khampa Lungpa. Logo que se mudou para Phenbo, alguns guardiões e espíritos locais, tomados de inveja, decidiram atacá-lo. Contudo, ao chegarem na sua presença, encontraram o Geshe chorando. O chefe dos espíritos malévolos era clarividente e notou que o Geshe estava meditando na bodhichitta. Isso solapou suas más intenções, levando-o a dizer aos outros: "É totalmente impossível prejudicarmos esse homem, porque ele nos ama mais do que ama a si mesmo". Então, ouviram o Geshe exclamar em voz alta "Que maravilhoso seria se todos os seres vivos ficassem livres de seus sofrimentos!" e viram lágrimas de compaixão escorrendo pelo seu rosto. O chefe dos espíritos falou "Ele chora por nós! Esse Geshe realmente nos ama! Como iríamos prejudicá-lo?". A compaixão do Geshe derrotou os desígnios maléficos dos espíritos.

Quando Buda Shakyamuni estava prestes a alcançar a iluminação, muitos demônios tentaram feri-lo disparando armas contra ele. Mas, pelo poder da sua estabilização mental em amor, Buda permaneceu ileso. Ele não retaliou, mas sua meditação foi suficientemente poderosa para desarmar todos os seus inimigos. Se obtivermos as realizações de grande compaixão, grande amor e bodhichitta, nós também seremos protegidos contra todo o mal.

CONQUISTAMOS TODOS OS SOLOS E CAMINHOS ESPIRITUAIS

Em geral, o Mantra Secreto é o caminho rápido à iluminação, mas sem a bodhichitta não há caminho rápido. Sem a bodhichitta, mesmo se praticarmos o Mantra Secreto durante éons, não conseguiremos sequer ingressar no Caminho Mahayana.

A bodhichitta nos conduz velozmente à Budeidade porque ela nos ajuda a completar rapidamente as coleções de mérito e de sabedoria, levando-nos assim a alcançar o Corpo-Forma e o Corpo-Verdade de um Buda. Já explicamos como a bodhichitta nos ajuda a completar nossa coleção de mérito. Ela também nos ajuda a completar nossa coleção de sabedoria, porque a única maneira de abandonar as obstruções à onisciência é meditar na vacuidade com a motivação de bodhichitta. Sem a bodhichitta, ainda que obtenhamos uma realização direta da vacuidade, isso só eliminará as obstruções à libertação.

As obstruções à onisciência são como o tronco de uma árvore, a sabedoria de realizar a vacuidade é como um machado, e a bodhichitta é como as mãos que empunham o machado. Por mais afiada que seja a sabedoria de realizar a vacuidade, ela não pode cortar as obstruções à onisciência, a não ser que seja empunhada pelas mãos vigorosas de um Bodhisattva.

ADQUIRIMOS UM ESTADO MENTAL QUE É FONTE DE PAZ E DE FELICIDADE PARA TODOS OS SERES

Toda a paz e a felicidade dos seres vivos surgem na dependência de suas próprias ações virtuosas; ações virtuosas surgem na dependência das instruções, das bençãos e da inspiração dos Budas; os Budas surgem na dependência dos caminhos dos Bodhisattvas; e os Bodhisattvas surgem na dependência da bodhichitta. Portanto, toda a paz e a felicidade dos seres vivos surgem na dependência da bodhichitta.

Costuma-se dizer que toda ação virtuosa é, necessariamente, resultado da inspiração de um Buda, porque direta ou indiretamente os Budas nos levam a praticar ações virtuosas. Praticando essas ações, criamos causa para ter um renascimento elevado e para desfrutar da felicidade de humanos e de deuses. Toda essa felicidade provém da bodhichitta, a causa de todos os Budas.

Em *Guia ao Caminho do Meio*, Chandrakirti diz que todos os Ouvintes e os Realizadores Solitários Hinayana dependem da bodhichitta. Isso significa que até os praticantes Hinayana dependem da bodhichitta, porque eles só podem praticar seus caminhos se confiarem nos ensinamentos dos Budas, e os Budas nascem dos Bodhisattvas que, por sua vez, nascem da bodhichitta, a fonte de todos os bons resultados.

Só poderemos entender plenamente os benefícios da bodhichitta quando a tivermos realizado, porque a única maneira de conhecê-los perfeitamente é por experiência direta, do mesmo modo que a única maneira de conhecer o sabor de um chocolate é provando-o. No entanto, se meditarmos com fé nos benefícios da bodhichitta, criaremos potencialidades virtuosas em nossa mente. Se já tivermos praticado assim no passado, nossas meditações atuais serão frutíferas e facilmente desenvolveremos a bodhichitta mais tarde nesta vida.

Havia um rei, chamado Ajatashatru, que quase não tinha tempo para praticar o Dharma e cometia muitas ações não virtuosas. Um dia ele convidou Manjushri para almoçar com a intenção de oferecer-lhe, depois da refeição, um refinado tecido que valia mil moedas de ouro. Todavia, quando a refeição acabou e o rei estava prestes a presentear o convidado, Manjushri desapareceu. Ocorreu ao rei que ele próprio deveria vestir o tecido. Conforme esse pensamento surgia em sua mente, o rei sentiu que estava se dissolvendo na vacuidade e realizou-a rapidamente. O rei foi capaz de alcançar essa realização sem fazer meditação, porque as potencialidades positivas que já trazia em sua mente amadureceram por meio das bênçãos de Manjushri. O mesmo poderá acontecer conosco se meditarmos agora na bodhichitta. No mínimo, estaremos criando potencialidades para desenvolver a bodhichitta no futuro com muita facilidade.

Algumas pessoas pensam que a bodhichitta é tão profunda que está fora de seu alcance e, por isso, desistem dela, acreditando-se incapazes de tamanho altruísmo. Outros entusiasmam-se pelo Mantra Secreto, mas desprezam os métodos para gerar a bodhichitta, pensando que tais métodos não passam de práticas do Sutra. Raros são aqueles que evitam essas duas atitudes equivocadas e que, efetivamente, põem os métodos em prática. Costuma-se dizer que buscar a iluminação e negligenciar a prática da bodhichitta é como procurar joias onde não há nenhuma e deixar de procurá-la no lugar onde elas existem em profusão.

O Guia Espiritual de Atisha, Rahulagupta, disse que não é tão raro encontrar pessoas que desenvolveram forte concentração, que viram o rosto de sua Deidade ou que obtiveram clarividência e poderes miraculosos. Verdadeiramente extraordinário é encontrar alguém que tenha gerado grande compaixão e bodhichitta. Essas mentes incomuns são as autênticas maravilhas que devemos admirar. Em nosso passado, muitas vezes realizamos o tranquilo-permanecer e renascemos nos reinos da forma e da sem-forma, onde é possível gerar concentração sem nenhum esforço. No bardo, todos nós já tivemos clarividência contaminada e corpos tão maleáveis que podíamos voar, atravessar muros e percorrer enormes distâncias em grande velocidade. Mas de que nos valeram todas essas experiências? Já fizemos muitas coisas no passado, mas em nenhum momento fomos capazes de realizar a bodhichitta espontânea. Se a tivéssemos realizado, hoje seríamos iluminados. Quando se perguntava aos Geshes Kadampa se preferiam ter poderes miraculosos e clarividência ou a bodhichitta, todos eles respondiam sem hesitar: a bodhichitta.

Se meditarmos na bodhichitta repetidamente, entenderemos o quanto ela é preciosa. A bodhichitta é o melhor método para obter felicidade, o melhor método para eliminar o sofrimento e o melhor método para dissipar a confusão. Não há virtude que seja comparável, não há melhor amigo, não há método maior. A bodhichitta é a verdadeira essência das 84 mil instruções de Buda. Em *Guia do Estilo de Vida do Bodhisattva*, Shantideva diz:

> Ela é a pura manteiga que surge
> Quando o leite do Dharma é revolvido.

Assim como, ao revolver o leite, a manteiga surge como sua essência, quando "revolvemos" a completa coleção das escrituras de Buda, a bodhichitta surge como sua essência. Há muitos éons, os Budas vêm investigando qual o pensamento mais benéfico para nós. Eles comprovaram que é a bodhichitta, porque a bodhichitta leva cada ser vivo ao supremo êxtase da plena iluminação.

Gerar a Bodhichitta

COMO GERAR A BODHICHITTA

A maneira de gerar a bodhichitta é explicada em duas partes:

1. As etapas de treinar a mente na bodhichitta
2. Manter a bodhichitta por meio de ritual

AS ETAPAS DE TREINAR A MENTE NA BODHICHITTA

Tradicionalmente, ensinam-se dois métodos para gerar a bodhichitta:

1. Treinar a mente nas sete etapas de causa e efeito
2. Treinar a mente em equalizar e trocar eu com outros

O primeiro método foi ensinado por Buda Shakyamuni e transmitido por Maitreya a vários mestres, entre os quais Asanga. O segundo foi ensinado por Buda Shakyamuni e transmitido por Manjushri a vários mestres, entre os quais Shantideva.

Embora os dois métodos tenham o mesmo propósito, o segundo é mais poderoso e profundo que o primeiro. De acordo com o primeiro método, consideramos os outros seres tão queridos quanto nossa própria mãe e, de acordo com o segundo, consideramos os outros tão queridos quanto nós mesmos. Visto que nos apreciamos até mais do que apreciamos nossa mãe, a atitude de apreciar os outros que surge do segundo método é mais forte e profunda do que a atitude de apreciar os outros que surge da prática do primeiro. Da mesma maneira, a grande compaixão que desenvolvemos ao praticar o segundo método é mais profunda e forte do que a grande compaixão gerada ao praticar o primeiro. Isso se explica porque a compaixão que sentimos por nós mesmos excede a que sentimos por nossa mãe. Portanto, a bodhichitta que resulta da prática do segundo método é mais profunda do que aquela que resulta da prática do primeiro. É possível que a bodhichitta gerada ao meditar nas instruções das sete etapas de causa e efeito se degenere, porque os Bodhisattvas que confiam apenas nesse método continuam a ter algum autoapreço. Isso acontece porque sua bodhichitta apoia-se no amor que eles nutrem por suas mães, e tal amor está frequentemente misturado com autoapreço. A bodhichitta que surge de meditar em equalizar e trocar eu com outros, entretanto, nunca se degenera, porque os Bodhisattvas que confiam nesse método abandonaram por completo o autoapreço durante o próprio processo de gerar a bodhichitta.

A maneira mais habilidosa de praticar consiste em associar ambos os métodos, mas isso só será possível se primeiro estudarmos e praticarmos cada um em separado.

TREINAR A MENTE NAS SETE ETAPAS DE CAUSA E EFEITO

Embora esse método seja chamado de "sete etapas de causa e efeito", na prática ele tem oito etapas de meditação. A primeira é uma preparação, as seis seguintes são meditações para gerarmos as causas da bodhichitta, e a oitava é a meditação no seu efeito, a bodhichitta propriamente dita. As etapas da meditação são as seguintes:

1. Gerar equanimidade
2. Reconhecer que todos os seres vivos são nossas mães
3. Lembrar a bondade de todos os seres mães
4. Gerar o desejo de retribuir a bondade de todos os seres mães
5. Gerar amor afetuoso
6. Gerar grande compaixão
7. Gerar intenção superior
8. Gerar a bodhichitta

GERAR EQUANIMIDADE

Essa meditação sobre equanimidade é uma preparação essencial para a meditação nas sete etapas de causa e efeito. A realização da equanimidade é a base de todas as realizações posteriores, porque precisamos reduzir nosso forte apego e nossa aversão antes de podermos reconhecer todos os outros seres como nossa mãe. Je Tsongkhapa disse:

> No solo da equanimidade, deves verter a água do amor e plantar a semente da compaixão. A partir delas, nascerá a colheita da bodhichitta.

Atualmente, quase todos nós temos algumas pessoas que consideramos próximas e queridas, algumas que detestamos e tentamos evitar e outras por quem não sentimos nem apego nem aversão. A fim de eliminar essa atitude desequilibrada, precisamos obter a realização da equanimidade.

Para fazer essa meditação, imaginamos três grupos de pessoas sentadas à nossa frente, olhando para nós. O grupo central inclui as pessoas pelas quais não sentimos forte apego nem aversão; à esquerda delas, está o grupo de pessoas por quem sentimos forte apego; e, à direita, estão as pessoas que odiamos ou detestamos. A meta dessa meditação é chegar a um estado mental equilibrado, livre de apego e de aversão, de modo que, quando observarmos as pessoas nos grupos da esquerda e da direita, vamos ter o mesmo sentimento equilibrado que temos ao observar as pessoas no grupo central. Quando consideramos as pessoas que estão no grupo central, nossa mente fica em paz, imperturbada pelas delusões do apego ou da raiva.

A meditação tem quatro partes, ou rodadas. Primeiro, fixamos nossa atenção no grupo de pessoas que detestamos e meditamos do seguinte modo:

Por causa da minha ignorância, percebo essas pessoas como meus inimigos quando, de fato, todas elas já foram meus queridos amigos anteriormente nesta vida ou em vidas passadas. Quando cada uma delas era meu amigo, nós nos amávamos e cuidávamos um do outro. Mas agora eu não gosto delas e gosto de outras em seu lugar. Visto que a única diferença entre essas pessoas e meus amigos atuais é uma questão de tempo, não tenho nenhuma razão válida para detestá-las.

Como resultado de meditar assim, devemos gerar a seguinte forte determinação: "De agora em diante, nunca mais terei raiva dessas pessoas". Em seguida, meditamos nessa determinação unifocadamente, pelo maior tempo possível.

Começamos a segunda rodada de meditação fixando nossa atenção no grupo de pessoas pelas quais sentimos forte apego e meditamos:

O apego que sinto por essas pessoas deve-se unicamente à minha atenção imprópria. Num momento ou noutro, anteriormente nesta vida ou em vidas passadas, todas elas foram meus inimigos ou objetos da minha aversão. Visto que lutamos uns contra os outros durante muito tempo e que, várias vezes, destruímos mutuamente nossos bens e nossas vidas, não tenho nenhuma razão válida para sentir apego a essas pessoas.

Como resultado de meditar assim, devemos gerar a seguinte forte determinação: "De agora em diante, nunca mais terei forte apego a essas pessoas". Em seguida, meditamos nessa determinação unifocadamente, pelo maior tempo possível.

Começamos a terceira rodada de meditação fixando nossa atenção nos dois grupos, o de amigos e o de inimigos, e meditamos:

> *Do meu ponto de vista, não há qualquer diferença significativa entre esses dois grupos porque, às vezes, meus amigos tornam-se meus inimigos e meus inimigos tornam-se meus queridos amigos. Ambos são impermanentes e, num instante, podem mudar. Do ponto de vista deles, também não há grande diferença, porque os dois grupos sofrem e ambos querem felicidade. Portanto, vou parar de fazer discriminações errôneas, favorecendo alguns e rejeitando outros. De agora em diante, manterei equanimidade, livre de forte apego e de forte aversão. Evitarei as atitudes desequilibradas de me sentir muito próximo de uns e muito distante de outros.*

Quando essa determinação surgir de maneira clara e definitiva em nossa mente, deveremos tomá-la como nosso objeto na meditação posicionada. Começamos a quarta rodada fixando nossa atenção nas pessoas que estão no grupo central da visualização e meditamos:

> *Embora essas pessoas tenham sido ora meus amigos, ora meus inimigos, hoje não sinto apego nem ódio por elas. Ao encontrá-las, minha mente permanece imperturbável e a vontade. É assim que devo me sentir quando encontro todos os outros, porque cada um deles já foi um amigo e um inimigo para mim. Portanto, vou considerá-las com a mesma atitude equilibrada com a qual considero as pessoas desse grupo, sabendo que não existe nenhum motivo válido para fazer discriminações. Todas elas são apenas seres vivos que sofrem e buscam felicidade.*

Quando essa determinação surgir com clareza e precisão em nossa mente, vamos tomá-la como nosso objeto na meditação posicionada.

Devemos treinar essas quatro rodadas de meditação até desenvolver uma mente equilibrada, livre de forte apego e de aversão pelas pessoas. A maioria de nossos problemas diários surge de mentes desequilibradas, como o forte apego e a raiva. Todos esses problemas poderão ser evitados se tivermos experiência em equanimidade.

Mas, mesmo que tenhamos algum sucesso nessa meditação, quando nos depararmos com um inimigo, possivelmente nos esqueceremos de todas as boas resoluções e dos raciocínios sensatos que estávamos cultivando nas sessões de meditação. Então, poderemos gerar algum tipo de dúvida, pensando: "O que passou, passou. Agora, esses indivíduos são meus inimigos. Que importância tem o fato de terem sido bondosos comigo no passado?". Se deixarmos esse pensamento dominar nossa mente, ele destruirá todos os bons hábitos que estávamos cultivando. Nessa hora, precisamos nos persuadir a pensar de outro modo:

Se uma pessoa me deu um presente no ano passado e outra me deu um presente neste ano, seria justo eu dizer que a segunda é mais bondosa que a primeira? Da mesma maneira, todos os seres são igualmente bondosos comigo independentemente de como estão me tratando agora.

Ao contemplar essas instruções, poderemos objetar: "Usando o mesmo raciocínio, posso dizer que todo mundo foi igualmente odioso comigo no passado; logo, por que devo gostar deles agora?". É verdade que os outros nos prejudicaram no passado, contudo, continua sendo correto amá-los porque, quando nos prejudicaram, eles o fizeram por ignorância, deixando de nos reconhecer como seu amigo ou parente. Quando nos infligiram dano, não tinham controle sobre suas ações, pois nos apreendiam equivocadamente como seu inimigo. Devemos responsabilizar a ignorância deles, pois foi essa ignorância que os levou a agir de maneira nociva. Por outro lado, sempre que eles nos ajudaram, agiram livremente e não estavam sendo controlados pela ignorância. Nessas ocasiões, eles nos identificaram corretamente como seu amigo ou parente. Quando foram nossas mães, identificaram-nos como seus filhos e cuidaram de nós. Já que o mal que recebemos dos outros veio da sua ignorância, devemos nos relacionar com eles sempre com afeição e bondade.

A equanimidade que estamos cultivando aqui é um tipo de equanimidade incomensurável, porque estamos desenvolvendo equanimidade por um número incomensurável de seres vivos. Em geral, existem três tipos de equanimidade: equanimidade de sentimento, equanimidade de composição e incomensurável equanimidade. A equanimidade de sentimento é qualquer sentimento que não seja agradável nem desagradável, e sua intensidade pode variar. Um exemplo de forte equanimidade de sentimento é o que sentimos quando vemos alguém andando na rua com roupas estranhas que não nos agradam nem desagradam. A equanimidade de composição é um estado da mente alcançado em meditação. É uma mente que se mantém imóvel, com impecável estabilização mental. Essa mente é natural e descontraída e não requer esforço para ser mantida. A incomensurável equanimidade pode ser de dois tipos: o tipo que cultivamos quando fazemos a meditação que acabamos de estudar e o tipo incluído nas quatro incomensuráveis, que são uma parte das seis práticas preparatórias. No primeiro caso, observamos incomensuráveis seres vivos e geramos equanimidade por eles. No segundo, observamos incomensuráveis seres vivos e desejamos que eles gerem equanimidade uns pelos outros. Esse segundo desejo nasce da compaixão e da sabedoria de compreender que os sofrimentos dos seres vivos advêm do apego e da aversão que eles nutrem uns pelos outros.

Quando realizamos a equanimidade, nossa mente se apazigua e não nos sentimos perturbados, quaisquer que sejam as circunstâncias. Isso não significa que agora somos frios e insensíveis. Como foi dito, a equanimidade não tem nada a ver com indiferença ou apatia. A equanimidade não reduz nosso amor e compaixão, nem a habilidade de nos regozijarmos com a boa sorte alheia. Ao contrário, a equanimidade é o fundamento para aumentarmos todas essas boas qualidades. Ela reduz nosso apego e hostilidade, mas não o afeto e o amor que sentimos pelos outros. Os Bodhisattvas – aqueles que geraram equanimidade – gostam dos seres vivos e comportam-se de maneira incomparavelmente corteses e afável em relação a eles. Se virem alguém sentindo dor, não ficam indiferentes, mas geram um forte desejo de remover a dor; e, quando conseguem fazê-lo, sentem-se radiantes. Embora tenham grande estima pelos outros, os Bodhisattvas são imunes ao apego, pois a natureza de suas mentes é o amor e a paz. Portanto, o fato de alguém ter muitos amigos e de agir de maneira diferenciada com as outras pessoas não significa que não tenha equanimidade. Os Bodhisattvas observam as convenções da sociedade em que vivem. Na Inglaterra, por exemplo, eles não costumam abraçar e beijar todos os que encontram para demonstrar seu afeto. É impossível afirmar se alguém tem ou não equanimidade tomando por base apenas seu comportamento exterior.

Se ficarmos eufóricos ou deprimidos a cada vez que nos encontramos com os outros, não vamos parar de ter problemas. No entanto, se pudermos manter uma mente equilibrada, nossos encontros com os amigos serão agradáveis e nossas relações, duradouras. Exteriormente, tentaremos manter uma expressão firme e agradável, que se aproxima de um sorriso; nunca exultante nem deprimida. Como dizem os tibetanos, quem tem um sorriso firme e terno e está sempre bem-disposto e calmo, sem se mostrar ora exultante ora arrasado, é como o ouro, cuja cor permanece estável, sem apresentar variações de um dia para o outro.

Quando, por treinar nessa meditação, tivermos gerado equanimidade por todos os outros seres vivos, será fácil mantermos equanimidade em relação a objetos inanimados, como as alterações climáticas.

RECONHECER QUE TODOS OS SERES VIVOS SÃO NOSSAS MÃES

Certa vez, Buda disse:

> Nunca vi um único ser vivo que não tenha sido a mãe de
> todos os demais.

Se tivermos fé na palavra infalível de Buda, conseguiremos ter uma realização sobre esse ponto simplesmente meditando no seu significado. Caso contrário, teremos de nos convencer, raciocinando: "É certo que todos os seres vivos foram minha mãe, porque todos foram minha mãe em vidas passadas". Se alguém perguntar "como incontáveis seres podem ter sido minha mãe?", poderemos responder "porque nossos renascimentos foram incontáveis, tivemos incontáveis mães". Não há como provar que algum ser vivo não tenha sido nossa mãe.

Podemos inferir corretamente que tivemos incontáveis renascimentos porque o continuum da nossa mente é sem início e nosso corpo é impermanente. Por exemplo, um grão de cevada provém de uma planta, que, por sua vez, cresceu a partir de um grão. Se remontarmos às origens do grão de cevada, nunca conseguiremos encontrar o início do seu continuum. Mesmo antes de este planeta se desenvolver, o continuum do grão de cevada existia em algum outro universo. Do mesmo modo, a mente de hoje provém da mente de ontem, e o continuum da mente não tem início. A mente que temos neste exato momento não surge de maneira independente, sem causas e condições. A mente de um recém-nascido surge da mente do bebê no útero da mãe, e a mente do bebê no útero da mãe surge da mente que ingressou no óvulo fertilizado no momento da concepção. De onde veio essa mente? Veio daquela que existia antes da concepção, a mente da vida anterior. Esta, por sua vez, veio da mente da vida anterior e assim por diante, sem que se possa encontrar um princípio. Segue-se que tivemos um número incontável de diferentes corpos e um número incontável de diferentes mães.

Se alguém objetar que nossa mãe do passado não é nossa mãe de agora, poderemos argumentar que, se nossa mãe desta vida morresse, continuaríamos a pensar nela como nossa mãe. Sua morte não alteraria o fato de que ela é nossa mãe e não a tornaria, em nada, menos bondosa. O mesmo vale para todas as nossas mães anteriores e para qualquer pessoa que, no passado, tenha sido bondosa conosco. A bondade que recebemos ontem e a bondade que recebemos no ano passado, ambas, continuam sendo bondade, e queremos retribuí-las apesar de terem sido praticadas no passado.

Ademais, o fato de uma pessoa ser nossa mãe não significa que sejamos capazes de reconhecê-la. Muitas pessoas não conhecem sequer a mãe desta vida. Por exemplo, o ilustre Lama Kachen Yeshe Gyaltsen foi criado na família de seu pai, longe da mãe, pois o casal havia se separado quando ele era pequeno. Mais tarde, o pai enviou o menino para estudar no monastério Tashi Lhunpo. A mãe soube do paradeiro do filho e foi visitá-lo, mas eles não podiam se reconhecer. Quando um velho monge apresentou a mãe a seu filho, ela chorou.

Se nossa mãe dessa vida morresse e renascesse como o filho de uma vizinha e um clarividente nos apresentasse ao menino dizendo tratar-se da nossa mãe, certamente desenvolveríamos um sentimento especial por essa criança. Isso não é mera fantasia, uma vez que todos os seres vivos podem ser corretamente apresentados a nós como nossa própria mãe.

Se nossa mãe desta vida entrasse em casa disfarçada, uma vez que descobríssemos o disfarce, saberíamos, sem sombra de dúvida, que aquela pessoa era a nossa mãe, desde o momento em que chegou. A aparência da nossa mãe desta vida muda por completo durante o espaço de tempo em que a identificamos como mãe. Quando éramos um bebê, ela era jovem e bonita. Se agora ela tiver 80 anos, sua aparência estará totalmente alterada pela idade mas, ainda assim, continuaremos a reconhecê-la como nossa mãe. Da mesma maneira, a aparência de todas as nossas mães do passado mudou e, contudo, elas continuam sendo, em essência, nossas mães.

Meditando sobre esses pontos, atingiremos um entendimento por meio de experiência pessoal. A medida para avaliar se obtivemos uma realização de que todos os seres vivos são nossa mãe é reconhecermos, de maneira natural e espontânea, cada ser vivo que encontramos como nossa mãe, independentemente da sua aparência atual. Isso se aplica até para pequenos animais e insetos. Por exemplo, ao ver um ratinho, se conseguirmos reconhecê-lo como sendo, em essência, nossa própria mãe e nos lembrarmos do quanto esse ser foi bondoso conosco, isso indicará que obtivemos a realização de que todos os seres vivos são nossas mães. Se nossa casa for pintada de amarelo, sempre que pensarmos nela, estaremos pensando simultaneamente na sua cor amarela. De modo similar se, sempre que pensarmos num outro ser vivo, simultaneamente nos lembrarmos de que ele é nossa mãe, isso indicará que realizamos que todos os seres vivos são nossa mãe.

Quando fazemos essa meditação, não estamos apenas fingindo, pois é um fato que todos os seres vivos são nossa mãe. Não é uma ideia nova inventada pelos budistas. Estamos simplesmente redescobrindo algo que tem sido verdade o tempo todo. Se estudarmos e meditarmos a esse respeito repetidamente, nos tornaremos convictos disso e sempre reconheceremos os seres vivos mães.

LEMBRAR A BONDADE DE TODOS OS SERES MÃES

A próxima etapa da meditação consiste em nos lembrar da imensa bondade de todas as nossas mães. Começamos lembrando a bondade da nossa mãe desta vida e depois, por extensão, pensamos na bondade de todas as nossas outras mães. Se não pudermos apreciar a bondade da nossa mãe atual, como poderemos apreciar a bondade de todas as anteriores? É fácil nos esquecermos dessa bondade ou tomá-la por favas contadas e só nos recordarmos das ocasiões em que achamos que nossa mãe nos prejudicou. Por isso, é preciso evocar em detalhes o quanto nossa mãe foi bondosa conosco, desde o começo desta vida.

Inicialmente, ela foi bondosa por nos ter oferecido um lugar para renascer. Antes de sermos concebidos em seu útero, vagávamos de um lugar para outro, na condição de um ser do bardo, sem ter onde descansar. Éramos soprados pelos ventos do nosso carma, sem liberdade para escolher aonde ir, e todas as nossas relações eram fugazes. Experimentamos grande dor e medo, mas saímos desse estado e conseguimos ingressar na segurança do útero materno. Embora fôssemos um hóspede inesperado, ao saber que estávamos em seu útero, nossa mãe nos deixou ali ficar. Se quisesse nos expulsar, ela poderia tê-lo feito e não estaríamos vivos para desfrutar de todas as oportunidades que temos atualmente. Se hoje podemos desenvolver a aspiração de alcançar a iluminação, isso se deve unicamente à bondade da nossa mãe, que nos deixou ficar em seu útero. Se numa noite fria e tempestuosa de inverno alguém nos abrigar no aconchego do seu lar e nos tratar bem, vamos considerar essa pessoa muito bondosa. Quão mais bondosa foi a nossa mãe, que nos deixou entrar em seu próprio corpo e ali nos proporcionou tanta hospitalidade!

Quando estávamos em seu útero, nossa mãe nos protegeu com muito cuidado, mais cuidadosamente do que protegeria a mais preciosa das joias. Em todas as situações, pensava em nossa segurança. Consultou médicos, fez exercícios, comeu alimentos especiais e nos nutriu dia e noite durante nove meses. Além disso, evitou fazer tudo o que poderia afetar o desenvolvimento das nossas faculdades físicas e mentais. Por ter cuidado tão bem de nós, nascemos com um corpo normal e saudável, que pode ser usado para conquistar muitas coisas boas.

Quando nascemos, nossa mãe sentiu muita dor. Mas, assim que nos viu, ficou mais feliz do que se houvesse recebido um fabuloso tesouro. Até durante a agonia do parto, nosso bem-estar prevaleceu em sua mente. Quando recém-nascidos, mais parecíamos um sapo do que um ser humano, mas nossa mãe nos amou ternamente. Éramos mais indefesos do que um potro recém-nascido, que ao menos fica em pé e mama assim que nasce. Éramos como cegos, incapazes de identificar nossos pais, e não entendíamos nada. Se alguém quisesse nos matar, nem notaríamos. Não tínhamos a menor ideia do que fazíamos. Nem mesmo a consciência de estar urinando!

Quem protegeu e cuidou desse arremedo de "coisa" humana? Foi nossa mãe. Ela vestiu, acalentou e nutriu o bebê com seu próprio leite. Limpou a sujeira do nosso corpo, sem sentir nojo. Em certos países, as mães limpam a secreção do nariz de seus bebês com a própria boca, para evitar que sintam dor ao serem tocados por mãos ásperas. Mesmo quando tinha problemas, nossa mãe mantinha uma expressão amorosa e nos chamava por nomes carinhosos. Quando éramos pequenos, ela estava sempre alerta. Se tivesse nos esquecido, ainda que por pouco tempo, poderíamos ter morrido ou ficado aleijados para o resto da vida. Durante nossa tenra infância, ela nos salvou diariamente de inúmeros acidentes e sempre considerou todas as coisas do ponto de vista de nossa segurança e bem-estar.

No inverno, providenciava agasalhos e tudo o que fosse necessário para nos manter aquecidos, ainda que ela própria passasse frio. Selecionava-nos os melhores alimentos e ficava com as piores partes e teria preferido ficar enferma a nos ver doentes. Ela teria morrido para nos salvar. Sem fazer nenhum esforço, nossa mãe se comporta conosco exatamente como alguém que atingiu a realização da prática de trocar eu com outros. Ela é capaz de pôr nosso bem-estar à frente do dela e faz isso com perfeição e espontaneidade. Se um assassino nos ameaçasse de morte, ela ofereceria a própria vida em troca da nossa. Quanta compaixão ela sente por nós!

Durante nossa tenra infância, nossa mãe não dormia bem. Tinha um sono leve e acordava várias vezes, sempre atenta ao nosso choro. Fomos crescendo, e ela nos ensinou a comer, a beber, a falar, a sentar e a andar. Enviou-nos à escola e nos encorajou a fazer muitas coisas boas na vida. Se hoje temos algum conhecimento e habilidades, devemos isso unicamente a ela. Quando adolescentes, preferíamos ficar com nossos amigos e pouco pensávamos nela. Enquanto nos divertíamos, nossa mãe desaparecia do nosso horizonte, como se não existisse. Só voltávamos a pensar nela quando precisávamos de alguma coisa. Apesar de nos esquecermos dela e de estarmos completamente absortos nos prazeres da nossa turma, ela continuava a se preocupar conosco. Frequentemente ficava ansiosa e, no fundo, nutria sempre alguma inquietação a nosso respeito. Ela tinha o tipo de preocupação que, em geral, só temos em relação a nós mesmos. Mesmo quando crescemos e constituímos família, nossa mãe não parou de se preocupar conosco. Ela pode estar velha, enfraquecida, quase incapaz de manter-se em pé, mas nunca se esquece das suas crianças.

Se meditarmos dessa maneira, lembrando detalhadamente a bondade da nossa mãe, viremos a apreciá-la com muita ternura. Quando esse sentimento surgir sinceramente em nosso coração, deveremos estendê-lo a todos os demais seres vivos, lembrando que cada um deles nos tratou com a mesma bondade.

A seguir, meditamos na bondade da nossa mãe em outros tipos de renascimento. Podemos examinar, por exemplo, o desvelo com que uma mãe passarinho protege seus ovos de qualquer perigo e na maneira como ela abriga os filhotes sob suas asas. Quando um caçador se aproxima, ela não foge deixando os filhotes desprotegidos. O dia inteiro, ela procura comida para nutri-los, até que estejam fortes o suficiente para deixar o ninho.

Certa vez, no Tibete, um ladrão apunhalou uma égua que carregava um potro no ventre. A faca penetrou tão fundo num dos flancos da égua que rasgou seu útero, e o potro saiu pela lateral do corpo da mãe. Enquanto morria, aquela mãe despendeu suas últimas forças lambendo sua cria com grande afeição. Vendo isso, o ladrão sentiu imenso remorso. Causou-lhe admiração a maneira como aquela mãe, em plena agonia da morte, demonstrava compaixão pelo filhote e se preocupava unicamente com seu bem-estar. O ladrão, emocionado, abandonou seu estilo de vida não virtuoso e começou a praticar o Dharma com pureza.

Cada um dos seres vivos já demonstrou o mesmo tipo de interesse altruístico para conosco – a perfeita bondade de uma mãe. Meditando assim, surgirá em nós a determinação de nunca mais nos esquecer da bondade dos seres mães.

GERAR O DESEJO DE RETRIBUIR A BONDADE DE TODOS OS SERES MÃES

É natural que queiramos retribuir a bondade dos outros. Até quando recebemos uma carta de poucas linhas, sentimos vontade de respondê-la. Assim, é perfeitamente natural que queiramos retribuir a bondade de todas as nossas mães. Para aprimorar esse desejo podemos seguir o conselho de Shantideva em *Compêndio dos Treinamentos*, e visualizar nossa mãe atual como uma velhinha, cega e senil, prestes a cair. Emocionados, imaginamos estar estendendo a mão para socorrê-la. Em seguida, meditamos:

> *Embora minha mãe não seja, de fato, cega, seus olhos espirituais estão cegos. Ela desconhece a lei das ações e seus efeitos Desconhece os caminhos espirituais corretos e a natureza última dos fenômenos. Minha mãe não tem felicidade pura, embora seja isso o que procura. Em vez de criar causas de felicidade, ela cria causas de sofrimento futuro para si própria e, sem escolha, faz ações contrárias a seus próprios desejos. Por dentro, ela sofre de delusões e, por isso, age incorretamente e segue caminhos equivocados. Como resultado, sua mente assemelha-se a uma mente senil. Por causa da ignorância, minha mãe está prestes a cair de uma vida humana para os reinos inferiores. Se eu não ajudá-la, quem o fará? Sou muito mais afortunado que minha mãe, porque recebi ensinamentos de Dharma e possuo alguma sabedoria, porque aprendi o que deve ser praticado e o que deve ser abandonado. Visto que sou capaz de distinguir algo virtuoso de algo não virtuoso, e aplicar esforço, poderei atingir as realizações de renúncia, bodhichitta e visão correta da vacuidade. Contanto que aplique esforço, nada poderá me impedir de alcançar a plena iluminação. Essa situação privilegiada é uma grande oportunidade para que eu retribua a bondade da minha mãe. Farei tudo o que estiver no meu alcance para retribuir sua bondade.*

Quando tivermos gerado essa determinação, poderemos estendê-la a todas as nossas mães, sem diferenciar a mãe atual das outras que foram nossas mães no passado. Quando a determinação de retribuir a bondade de todas as nossas mães surgir com força em nossa mente, faremos a meditação posicionada, até que esse pensamento permeie toda nossa mente e nunca mais o percamos.

Então, prosseguimos a meditação analítica:

Qual é a melhor maneira de retribuir a bondade das minhas mães? Seguramente, a melhor retribuição consiste em lhes dar felicidade pura e duradoura. Só a felicidade imperfeita do samsara não basta, porque elas já tiveram essa felicidade inúmeras vezes no passado, mas agora não sobrou nem um vestígio disso. Elas experimentaram todo tipo de felicidade contaminada, mas permanecem infelizes, porque a natureza desse tipo de felicidade é o sofrimento de mudança. Portanto, a melhor maneira de retribuir a bondade das minhas mães consiste em lhes dar o êxtase supremo e duradouro da libertação.

Quando gerarmos uma forte determinação de investir esforço em guiar todas as nossas mães ao êxtase da libertação, faremos meditação posicionada para tornar esse pensamento contínuo. Ter uma intenção como essa, mesmo que por alguns segundos, acarreta-nos incontáveis benefícios e nos faz acumular vasto mérito. É extremamente raro que um ser comum sinta o desejo de dar felicidade perfeita a todos os demais. Nem as mães sentem isso pelos seus filhos. Elas não costumam pensar: "Que maravilhoso seria se meus filhos ficassem livres dos sofrimentos do samsara! Que maravilhoso seria se eles se libertassem de todos os agregados contaminados e usufruíssem o êxtase da libertação!". Em *Guia do Estilo de Vida do Bodhisattva*, Shantideva diz:

Acaso pais e mães
Têm uma mente tão benéfica?
Os deuses e os sábios a possuem?
Será que o próprio Brahma a possui?

Somente puros praticantes do Mahayana têm a intenção de beneficiar todos os seres mães, conduzindo-os ao perfeito êxtase.

Precisamos contemplar e meditar, repetidamente, nessas três primeiras fases da meditação das sete etapas de causa e efeito. Se pudermos reconhecer cada ser vivo como nossa mãe e evocar sua bondade, naturalmente sentiremos o desejo de retribuir-lhe a bondade dos seres. O sucesso das etapas posteriores depende de obtermos uma experiência clara e precisa dessas primeiras meditações.

GERAR AMOR AFETUOSO

Certa vez, uma mulher perguntou a Geshe Potowa: "O que é amor afetuoso?". Ele respondeu: "O que sentes ao ver teu filho? Ficas encantada ao vê-lo e o consideras agradável. Se considerarmos todos os seres da mesma maneira, sentindo-nos próximos deles e tratando-os com carinho, teremos desenvolvido amor afetuoso".

Talvez nossa mãe não seja muito bonita e não use roupas elegantes mas, porque temos uma boa relação com ela, aos nossos olhos ela parece bonita. Nós a amamos e sentimos compaixão por ela. Amor afetuoso significa estender esse olhar carinhoso a todos os outros seres vivos. Com esse amor afetuoso por todos, é impossível sentir inveja ou raiva deles. Se melhorarmos nossa percepção da bondade alheia, desenvolveremos esse coração generoso e essa ternura e, naturalmente, apreciaremos os outros.

Mesmo que tenham muitos defeitos, veremos sua beleza, como uma mãe vê a beleza de seus filhos, não importa o que façam.

Do amor afetuoso nasce o amor de apreciar os outros e, deste, nasce o grande amor – o amor que deseja a felicidade perfeita de todos os seres vivos. Ao mesmo tempo que geramos grande amor por todos os seres vivos, geramos grande compaixão – a mente que não suporta que os outros sofram e deseja libertá-los de todo tipo de sofrimento. As realizações de grande amor e de grande compaixão são os dois lados de uma mesma moeda. Essas duas realizações dependem do amor afetuoso.

Há três requisitos para gerar amor afetuoso:

(1) Contemplar os benefícios do amor afetuoso
(2) Ter todas as condições conducentes ao desenvolvimento do amor afetuoso
(3) Eliminar todos os obstáculos ao desenvolvimento do amor afetuoso

CONTEMPLAR OS BENEFÍCIOS DO AMOR AFETUOSO

O amor é muito benéfico, mesmo quando está misturado com apego desejoso. O amor é o fundamento de todas as relações harmoniosas e duradouras. Se amarmos nossa família e nossos amigos, seremos felizes, mesmo se não tivermos bens materiais; sem amor, nenhuma riqueza, por maior que seja, tornará nossas relações duradouras e frutíferas.

Quando conhecemos uma pessoa atraente, no início, sentimo-nos felizes e geramos bondade amorosa por ela. Com o tempo, se nosso amor diminuir, teremos problemas e nos sentiremos infelizes. Porém, se o amor aumentar, continuaremos a nos sentir felizes, mesmo que a nossa situação material seja difícil e os recursos, escassos. Se o amor é tão benéfico até quando está misturado com apego desejoso, quão mais benéfico não será o amor totalmente livre de apego? Meditar em amor por todos os seres vivos, ainda que por pouco tempo, nos permite acumular uma vasta quantidade de mérito e receber muitos benefícios.

Como diz Nagarjuna, em *Preciosa Grinalda de Conselhos ao Rei,* o amor afetuoso acarreta oito benefícios principais:

(1) Um instante de meditação sobre o amor nos faz acumular mais mérito do que acumularíamos se oferecêssemos comida a todos os seres vivos, três vezes, todos os dias.

(2) Seremos amados por humanos e deuses. Algumas pessoas são naturalmente queridas, e todos se alegram só em vê-las. Elas recebem presentes e a hospitalidade alheia. A razão de serem tão amadas é terem praticado amor no passado.

(3) Seremos protegidos por humanos e deuses até enquanto dormimos. Durante o sono, não temos contínua-lembrança, ou memória, ficamos desprotegidos e os espíritos podem facilmente nos prejudicar. Costuma-se dizer que os espíritos que querem nos prejudicar são mais numerosos que os seres humanos. Esses espíritos podem nos infligir sofrimento mental, destruindo nossos estados mentais positivos, e são capazes de perturbar nossa mente e nos levar à loucura. Também podem nos causar doenças e desconforto, além de atrapalhar as ações virtuosas que desejamos fazer. São capazes de impedir a satisfação de nossos desejos, atrapalhar nossa prática de Dharma e provocar desarmonia e infelicidade em nossos relacionamentos.

(4) Seremos felizes. Quando nossa mente tem a natureza do amor, sentimos paz e felicidade. Com esse estado mental, nunca nos deixamos perturbar ou abater, tampouco geramos raiva e inveja. Se amarmos os outros e trabalharmos para que sejam felizes, certamente seremos felizes no futuro.

(5) Teremos conforto físico no futuro.

(6) Desenvolvendo forte concentração em amor, seremos protegidos contra os males causados por veneno, armas e outros instrumentos de ataque.

(7) Nossos desejos serão facilmente atendidos.

(8) Renasceremos em reinos de deuses, como Brahma, e alcançaremos a iluminação.

Além desses benefícios, há incontáveis outros. Um benefício especial de gerar amor afetuoso é eliminar todos os problemas e dores causados pela raiva, uma vez que o amor afetuoso é o oponente direto dessa delusão.

Apesar de amarmos nossa família e os amigos, às vezes nos esquecemos de sua bondade amorosa e, por isso, ficamos com raiva deles, criando infelicidade para nós e para nossos entes queridos. A raiva bloqueia nossa prática espiritual e rouba nossa paz mental. Afeta nossa beleza, deixando nos tão feios que os outros ficam com medo quando nos veem. Com o amor afetuoso, ficaremos livres desses problemas, pois raiva e inveja não surgirão em nossa mente. Situações exteriores perderão o poder de nos perturbar, e as pessoas com quem vivemos e trabalhamos tornar-se-ão mais felizes. Assim, precisamos nos esforçar para cultivar e para aprimorar nosso amor. Esforço é uma mente que gosta de praticar ações virtuosas. Nesse caso, geramos esforço porque compreendemos os benefícios de desenvolver amor afetuoso. Com essa firme compreensão, nosso esforço será natural e alegre.

TER TODAS AS CONDIÇÕES CONDUCENTES AO DESENVOLVIMENTO DO AMOR AFETUOSO

Com um forte desejo de gerar amor afetuoso, devemos identificar quais as condições mais propícias para fazê-lo. As condições propícias são as três primeiras fases da meditação nas sete etapas de causa e efeito: reconhecer cada ser vivo como nossa mãe, lembrar sua bondade e desejar retribuí-la. Se reconhecermos todos os seres vivos como nossa mãe e nos lembrarmos da sua bondade, vamos querer retribuir essa bondade, e o amor afetuoso por eles surgirá espontaneamente em nosso coração.

ELIMINAR TODOS OS OBSTÁCULOS AO DESENVOLVIMENTO DO AMOR AFETUOSO

O principal obstáculo ao desenvolvimento do amor afetuoso é o sentimento de não gostar dos outros. Não será possível sentir amor afetuoso por todos os seres vivos mães enquanto nos sentirmos muito alegres com uns e muito bravos com outros. Portanto, sempre que tomarmos consciência de sentimentos de aversão ou de antipatia, deveremos meditar:

Não gosto dessa pessoa, mas minha atitude é incorreta e minha percepção, equivocada. Ela aparenta ser desagradável, mas essa aparência só surgiu porque estou prestando atenção imprópria às falhas que ela parece possuir. Ao desenvolver atenção imprópria, eu mesmo criei meu sentimento de antipatia.

Havendo alguém que achamos particularmente desagradável, podemos meditar:

Será que essa pessoa é tão desagradável? Se o for, tenho razão de percebê-la assim e minha antipatia fundamenta-se numa percepção inequívoca. Contudo, nem todo mundo a vê da mesma maneira. Ela tem amigos que a consideram bastante agradável. Quem tem a percepção correta? Os amigos dessa pessoa e eu não podemos ter razão ao mesmo tempo, pois nossas opiniões são contraditórias, embora estejamos observando a mesma pessoa.

Se continuarmos a investigar, veremos que a nossa atitude é a incorreta. A outra pessoa não é desagradável do seu próprio lado. A maneira como ela nos aparece é um reflexo do nosso próprio estado mental deludido – uma aparência criada pela nossa própria raiva ou confusão. Portanto, quando percebemos alguém como sendo não atraente ou desagradável, é preciso reconhecer que estamos vendo uma projeção da nossa própria mente, oriunda de nossos pensamentos deludidos. Precisamos meditar:

A antipatia que sinto é não virtuosa e me fará desenvolver muitos estados mentais infelizes. Nunca me trará benefício algum. Se sinto tanta antipatia pelos outros, não é surpreendente que tenha outros estados mentais não virtuosos.

A maioria de nós não tem o hábito de examinar regularmente os próprios pensamentos. Em geral, não paramos para nos perguntar: "Em que estou pensando agora?". Entretanto, é assim que precisamos olhar para a nossa mente, se quisermos eliminar os estados mentais não virtuosos que nos fazem sofrer. Sempre que sentimos antipatia, devemos tomar consciência dela e eliminá-la o mais rapidamente possível. Se a deixarmos em nossa mente, ela se transformará em raiva e nos trará resultados infelizes. Para que possamos sentir amor afetuoso por alguém, antes temos de superar qualquer sensação de desagrado a seu respeito. Quanto mais conseguirmos identificar e superar nossa aversão, mais fácil será a conquista de amor afetuoso. O desenvolvimento dessa realização é um processo gradual. Primeiro, devemos aprimorar o amor que sentimos por nossa família e amigos. Se ainda sentimos raiva e aversão por eles, como poderemos gerar amor afetuoso por todos os seres vivos? Quando nos acostumarmos a gerar amor afetuoso pelas pessoas mais próximas de nós, poderemos ampliar gradualmente nossa prática, estendendo-a aos vizinhos, à comunidade e assim por diante, até englobar todos os seres vivos.

GERAR GRANDE COMPAIXÃO

Quando uma pessoa que gostamos está sofrendo, sentimos compaixão e piedade, mas esse sentimento não é a grande compaixão que precisamos cultivar a fim de ingressar nos Caminhos Mahayana. A mente de grande compaixão observa todos os seres vivos. Ao notar que estão sofrendo, a compaixão deseja que todos, sem exceção, se libertem de seu infortúnio.

Uma vez que a bodhichitta é gerada na dependência de grande compaixão, o poder da nossa bodhichitta depende do poder de nossa compaixão. Os Bodhisattvas que possuem forte compaixão alcançam a iluminação rapidamente. Eles não suportam ver os outros sofrendo e querem libertá-los dessa dor o quanto antes. Portanto, procuram um caminho rápido à iluminação e ingressam nas práticas do Mantra Secreto. Assim como uma mãe que vê o filho cair numa fogueira tem um desejo extremamente urgente de salvá-lo, também um Bodhisattva que sente forte compaixão deseja urgentemente salvar todos os seres vivos do sofrimento, o mais rapidamente possível. Ele ou ela pensa: "Que maravilhoso seria se eu pudesse salvar todos os seres vivos da prisão do samsara imediatamente".

A grande compaixão é importante até depois de alcançarmos a plena iluminação. Quando os Bodhisattvas se tornam Budas, eles ficam livres de todas as falhas, conquistam todas as boas qualidades e desfrutam de felicidade eterna. Não fosse por sua grande compaixão, os Budas permaneceriam nesse estado de felicidade, tanto quanto os Destruidores de Inimigos Hinayana permanecem calmamente no estado de libertação. Por não terem desenvolvido grande compaixão, os Destruidores de Inimigos Hinayana não investem esforço em ajudar os outros. Os Budas, ao contrário, são impulsionados a trabalharem em prol dos outros por sua grande compaixão. Assim, costuma-se dizer que a grande compaixão é importante no começo da prática, no seu decorrer e no final dela. Nas primeiras páginas do *Guia ao Caminho do Meio*, Chandrakirti rende homenagem à grande compaixão em vez de saudar os Budas e Bodhisattvas, como é de praxe no início das escrituras de Dharma. Chandrakirti afastou-se da convenção para indicar e enfatizar a importância da grande compaixão no começo, no meio e no fim do caminho à iluminação. No começo da nossa prática, a grande compaixão é como uma semente; no seu decorrer, ela simboliza a água, a luz do sol e outros fatores nutrientes; e, no final, ela é como uma plantação plenamente amadurecida que nos permite ceifar a boa colheita de beneficiar os outros.

Para gerar grande compaixão, devemos primeiro gerar amor afetuoso por todos os seres vivos e depois meditar sobre os seus sofrimentos. Com a realização do amor afetuoso, sempre que virmos, lembrarmos ou contemplarmos os sofrimentos dos outros, desenvolveremos grande compaixão de maneira natural e espontânea. Não teremos escolha, assim como uma mãe não tem escolha sobre sentir compaixão ao ver seu filho sofrendo. Com amor afetuoso, entenderemos facilmente como é possível gerar grande compaixão, pois todos os seres vivos experienciam sofrimento. Embora esse sofrimento não seja visível o tempo todo, é certo que todos os seres que estão no samsara têm problemas e estão condenados às dores da doença, do envelhecimento e da morte. Quando tivermos gerado amor afetuoso, se pensarmos repetidas vezes nos sofrimentos dos outros, nossa compaixão crescerá dia após dia e nos aproximaremos cada vez mais de Avalokiteshvara, que é a manifestação da grande compaixão de todos os Budas.

Não é fácil gerar grande compaixão, e temos de cultivá-la gradualmente. Podemos contemplar inicialmente os sofrimentos dos animais e pensar que muitos deles vão morrer violentamente nas mãos de um açougueiro. Pensamos na sua dor física e no pavor que vão sentir quando perceberem sua vida em perigo. Quando nossa vida é ameaçada nós, os seres humanos, podemos ser protegidos e receber ajuda de médicos e de enfermeiros. Mas os animais em perigo estão completamente vulneráveis e desprotegidos. Meditando nos sofrimentos dos animais, desenvolveremos compaixão pensando: "Que maravilhoso seria se todos esses seres se libertassem dos sofrimentos samsáricos e de suas causas".

A seguir, meditamos nos sofrimentos dos seres humanos. Podemos pensar nas dores daqueles que estão hospitalizados e no sofrimento de pessoas idosas e moribundas. Se acharmos difícil nos compadecer de pessoas que parecem estar livres de sofrimento manifesto e que desfrutam de boa sorte, poderemos nos lembrar das meditações para um ser mediano. Recordaremos que, embora essas pessoas estejam desfrutando de uma vida confortável, sua experiência de felicidade logo vai mudar; elas não têm liberdade. Mesmo agora, passam por vários sofrimentos, como aqueles da incerteza, do descontentamento etc. Assim como um pássaro tem de voltar ao solo, por mais alto e distante que alce voo, todos os seres vivos presos no samsara têm de experienciar uma queda nos estados inferiores, por maior que seja sua boa fortuna momentânea. Saber que os seres samsáricos não têm nenhuma escolha sobre aquilo que irão vivenciar ajuda-nos a gerar compaixão por eles. Um animal que será abatido dentro de um ano é um objeto de compaixão tanto quanto outro que será abatido amanhã. Do mesmo modo, os seres humanos que estão condenados a sofrer no futuro são objetos de compaixão tanto quanto aqueles que estão sofrendo agora. Precisamos gerar compaixão, em particular, pelos que estão cometendo ações negativas, pois eles estão criando causa para sofrer no futuro. Sua situação, na verdade, é muito pior que a situação daqueles que sofrem agora. Estes já estão colhendo os resultados de suas negatividades passadas e não terão de passar por elas novamente no futuro; mas quem está cometendo ações negativas agora terá pela frente um futuro de tormentos.

Meditando dessa maneira, tentamos gerar compaixão por todos os seres vivos. Quando esse sentimento especial de compaixão surgir com clareza e precisão em nossa mente, faremos meditação posicionada para nos familiarizar mais e mais com ele. Fora da meditação, tentaremos manter compaixão em tudo o que fizermos. Mais uma vez, a prática é gradual. Começamos tentando aprimorar a compaixão que já sentimos por nossa família e nossos amigos; depois, ampliamos nossa compaixão até que ela abranja todos os seres vivos.

O sinal para avaliar se realizamos grande compaixão é surgir, sempre que virmos outro ser vivo, um desejo espontâneo de que ele se liberte de seus sofrimentos. As mães desejam naturalmente que seus filhos se recuperem de uma doença. Do mesmo modo, quando tivermos gerado grande compaixão, desejaremos naturalmente que todos os seres vivos se libertem do sofrimento. Como uma mãe, pensaremos dia e noite: "Que maravilhoso seria se todos os seres vivos se libertassem do sofrimento e de suas causas".

GERAR INTENÇÃO SUPERIOR

Depois de ter gerado grande compaixão, meditamos:

> *Será suficiente apenas desejar que todos os seres se libertem do sofrimento? Seguramente, não! Preciso fazer algo para que isso aconteça. Vou me responsabilizar pessoalmente por ajudar todos os seres vivos a se libertarem de seus sofrimentos.*

Se uma mãe visse o filho cair numa fogueira, ela não se contentaria em simplesmente desejar que o filho se salvasse. Seu ímpeto de salvar a criança seria imediato e espontâneo. Se nossa mãe sentir dor, não iremos apenas rezar para que ela se livre da dor, mas faremos tudo o que estiver ao nosso alcance para amenizar seu sofrimento. Do mesmo modo, quando geramos grande compaixão, cultivamos intenção superior: a determinação de responsabilizar-nos por libertar os seres vivos do sofrimento e conduzi-los à perfeita felicidade. Intenção superior é a promessa de libertar todos os seres vivos, reconhecendo que todos eles são nossas mães e que desejam evitar o sofrimento e sentir felicidade. Percebendo a necessidade de nos responsabilizarmos pessoalmente, assumimos a tarefa de beneficiar os outros e pomos em prática nossa intenção o tempo todo.

Esse estado mental é chamado de "intenção superior", porque é superior às mentes de simples amor e de simples compaixão. Enquanto as práticas de gerar amor e compaixão são comuns aos treinamentos Hinayana e Mahayana, a intenção superior é uma prática exclusiva do Mahayana. A intenção superior, a sexta causa da bodhichitta, ultrapassa o simples desejo de retribuir a bondade de todas as nossas mães, a terceira causa. Quando temos esse desejo, embora queiramos conduzir todos os seres à libertação, ainda não assumimos um compromisso pessoal de fazê-lo; contudo, quando geramos intenção superior, tomamos a firme decisão de trabalhar ativamente para conquistar nossa meta. O desejo de retribuir a bondade dos outros é motivado pelo reconhecimento do quanto eles foram bondosos conosco no passado; ao passo que a intenção superior é motivada por grande compaixão. Desejar retribuir a bondade dos outros seres compara-se a querer comprar algo que vimos numa loja; gerar a intenção superior equivale a tomar a decisão de efetuar a compra.

GERAR A BODHICHITTA

As etapas de meditação explicadas até aqui nos levam a gerar a bodhichitta. A explicação da bodhichitta tem três partes:

1. A base para gerar a bodhichitta
2. A natureza da bodhichitta e como ela é gerada
3. As divisões da bodhichitta

A BASE PARA GERAR A BODHICHITTA

Embora a bodhichitta possa ser gerada por alguns seres não humanos que têm a oportunidade de receber o Dharma, como deuses e nagas, uma vida humana com todas as liberdades e dotes é a melhor base para gerarmos essa mente especial. Os seres humanos podem gerar a bodhichitta com mais força porque, no reino humano, há mais objetos de compaixão. Nesse reino, há muito mais sofrimento e oportunidades de receber o Dharma. Portanto, gerar renúncia e compaixão é mais fácil para os seres humanos. Reconhecendo que a oportunidade que temos agora para estudar e praticar os Caminhos Mahayana é a melhor, devemos meditar:

> *Uma vez que tive um renascimento humano perfeito e estou em contato com os puros ensinamentos Mahayana, não há melhor ocasião para eu gerar a bodhichitta. Se não aproveitar essa oportunidade, quando encontrarei outra? Ela é tão rara! Preciso usá-la enquanto posso. Embora esses sejam tempos degenerados, para mim eles são afortunados, pois tenho uma oportunidade maravilhosa que nunca tive antes.*

Certa vez, Drukku Shewo, um tibetano que não tinha pernas, caiu da encosta de um penhasco diretamente no dorso de um cavalo selvagem. O cavalo, assustado, disparou a galope, e Drukku Shewo precisou agarrar-se firmemente a ele para se salvar. Quando o cavalo, cansado, diminuiu um pouco a passada, algumas pessoas gritaram para que desmontasse imediatamente. Mas Drukku Shewo respondeu: "De jeito nenhum! Que outra chance um homem como eu terá de montar um cavalo selvagem? Possivelmente nunca mais terei essa oportunidade. Vou ficar onde estou o máximo que puder".

Somos como Drukku Shewo porque nosso encontro com os puros ensinamentos Mahayana foi obra de fantástica sorte. Há alguns anos esses ensinamentos eram desconhecidos no Ocidente e pode ser que não durem muito por aqui. Que certeza temos de que essa oportunidade se repetirá? As condições mudam rapidamente, e ninguém pode prever por quanto tempo os puros ensinamentos Mahayana continuarão neste mundo. Antes de o Tibete ser invadido pela China, muitos tibetanos pensavam que o Dharma permaneceria ali por séculos e esperavam retornar aos seus monastérios em vidas futuras. Jamais imaginaram que aqueles monastérios centenários seriam totalmente destruídos no decorrer de uma vida; mas isso aconteceu e, num piscar de olhos, o Budadharma praticamente desapareceu do Tibete.

Costuma-se dizer que o Budadharma é como uma preciosa canga dourada jogada nas ondas do tempo, nunca permanecendo fixo em lugar algum. O Dharma pode desaparecer deste país ou deste mundo e aparecer em outros reinos. Ninguém pode afirmar que isso não acontecerá. Já que atualmente somos tão afortunados, devemos agarrar essa oportunidade e aproveitar nosso tempo com sabedoria para ganhar experiências estáveis de Dharma e criar causas para ter boa sorte no futuro.

A NATUREZA DA BODHICHITTA E COMO ELA É GERADA

A bodhichitta é um desejo espontâneo, motivado por grande compaixão, de alcançar a iluminação para beneficiar todos os seres vivos. Conforme foi explicado, há duas aspirações presentes na mente de bodhichitta: a aspiração de alcançar a iluminação para si e a aspiração de conduzir todos os outros seres ao mesmo estado. Note-se que a primeira aspiração não é o desejo de alcançar a iluminação apenas para si mesmo, mas sim o desejo de alcançar a iluminação pessoalmente, entendendo que essa é a única maneira eficaz de satisfazer nosso desejo principal, que é conduzir todos os seres ao mesmo estado. A conquista da iluminação em si é apenas um meio para se chegar a um fim. Por exemplo, quando queremos beber uma xícara de chá, nosso verdadeiro desejo é tomar o chá. Queremos obter uma xícara apenas porque ela é o recipiente necessário para tomarmos o chá. A aspiração de beneficiar os outros iguala-se ao desejo de tomar o chá, ao passo que a aspiração de alcançar a iluminação pessoalmente equivale ao desejo de obter uma xícara.

Quando geramos intenção superior, estamos determinados a conduzir todos os seres vivos à plena iluminação. Meditamos:

Será que no momento atual sou capaz de cumprir o que prometi? Os Destruidores de Inimigos Hinayana que alcançaram a libertação não têm a habilidade de conduzir os outros ao estado plenamente desperto da Budeidade. Os deuses mundanos, como Brahma e Ishvara, não podem levar os outros à iluminação; nem mesmo os Bodhisattvas dos quatro caminhos da aprendizagem têm essa habilidade, uma vez que eles próprios ainda não são Budas. Quem é capaz de executar uma tarefa desse porte? Só os Budas possuem todas as qualidades requeridas. Portanto, para que eu possa cumprir minha promessa, tenho de alcançar a iluminação.

Meditando dessa maneira, desenvolvemos a bodhichitta, o desejo espontâneo de alcançar a iluminação para o benefício dos outros. O sinal de que realizamos a bodhichitta é nunca nos afastarmos desse pensamento; dia e noite, desejamos nos tornar um ser iluminado para beneficiar os outros. Agora ingressamos no Caminho Mahayana.

AS DIVISÕES DA BODHICHITTA

Existem muitos tipos de bodhichitta, mas todos podem ser incluídos em quatro divisões:

1. A divisão dupla
2. A divisão tripla
3. A divisão quádrupla
4. A divisão em 22 tipos

Do ponto de vista de sua natureza, a bodhichitta divide-se em duas. Do ponto de vista da maneira como nós a geramos, divide-se em três. A classificação da bodhichitta em quatro e em 22 é feita do ponto de vista da base requerida para desenvolvê-la.

A DIVISÃO DUPLA

A bodhichitta possui diversos níveis que podem ser classificados em dois tipos: bodhichitta aspirativa e bodhichitta de compromisso. A bodhichitta aspirativa é a bodhichitta que geramos antes de tomar os votos bodhisattva. Com ela temos o desejo de alcançar a Budeidade para o benefício dos outros, mas ainda não estamos comprometidos de fato com os caminhos que conduzem à Budeidade. A bodhichitta aspirativa corresponde à decisão de ir para um determinado lugar.

A bodhichitta de compromisso é a bodhichitta que geramos depois de tomar os votos bodhisattva. Ao tomar os votos bodhisattva, assumimos o compromisso de seguir os caminhos de um Bodhisattva, os caminhos que conduzem à Budeidade. Desse modo, transformamos nossa bodhichitta aspirativa em bodhichitta de compromisso. Ter a bodhichitta de compromisso corresponde a iniciar a viagem que nos conduzirá à nossa destinação. Enquanto tivermos apenas a bodhichitta aspirativa, poderemos perdê-la ou abandoná-la mas, depois que tomarmos os votos bodhisattva, até dormindo, estaremos nos aproximando mais e mais da Budeidade.

A DIVISÃO TRIPLA

A bodhichitta também pode ser dividia em: bodhichitta-rei, bodhichitta-pastor e bodhichitta-barqueiro. Um Bodhisattva que tem a bodhichitta-rei deseja conduzir todos os seres vivos até a Budeidade à maneira de um rei a serviço de seus súditos – primeiro o rei torna-se rico e poderoso e, depois, utiliza seus recursos pra ajudar os súditos. Um Bodhisattva que tem a bodhichitta-pastor deseja conduzir todos os seres vivos até a Budeidade à maneira de um pastor que conduz seu rebanho à segurança. Os pastores primeiro atendem às necessidades do rebanho e só por último cuidam das suas. Da mesma maneira, alguns Bodhisattvas desejam conduzir todos os seres vivos à Budeidade, para só então alcançarem a iluminação. Desejam isso porque não têm nenhum interesse pelo seu próprio bem-estar e amam os outros mais do que a si mesmos. Esse tipo de bodhichitta nasce da prática de trocar eu com outros. Consta ter sido a atitude desenvolvida por Manjushri. Um Bodhisattva que tem a bodhichitta-barqueiro deseja levar todos os seres vivos até a Budeidade à maneira de um barqueiro que conduz as pessoas à margem oposta do rio, viajando com elas. Esse Bodhisattva deseja que todos os seres vivos alcancem a iluminação ao mesmo tempo que ele.

Na realidade, esses dois últimos tipos de bodhichitta são desejos impossíveis, porque só se pode conduzir os outros à iluminação depois de tê-la alcançado pessoalmente. Assim sendo, só a bodhichitta-rei é bodhichitta de fato. Je Tsongkhapa diz que, apesar de almejarem algo impossível, esses Bodhisattvas têm uma atitude sublime e inequívoca. Se uma criança alimentar um forte desejo de proteger seus pais, tal atitude será louvável, embora a criança não seja capaz de oferecer essa proteção. Do mesmo modo, os pensamentos sublimes de um Bodhisattva pastor e de um Bodhisattva barqueiro são dignos de grande admiração.

A DIVISÃO QUÁDRUPLA

A bodhichitta também pode ser classificada em: mente geradora de compromisso imaginário, mente geradora de pura intenção superior, mente geradora de plena maturação e mente geradora de obstruções abandonadas.

A mente geradora de compromisso imaginário é a bodhichitta dos Bodhisattvas que estão nos Caminhos Mahayana da Acumulação e da Preparação. Nesses caminhos, os Bodhisattvas meditam na bodhichitta e na vacuidade porque, para alcançar a iluminação, um Bodhisattva precisa de método e de sabedoria, tanto quanto um pássaro precisa de ambas as asas para voar. Meditar na bodhichitta aumenta seu mérito e meditar na vacuidade aumenta sua sabedoria. Quando os Bodhisattvas alcançam a visão superior que observa a vacuidade, eles ingressam no Caminho da Preparação. Nesse caminho, sua bodhichitta e sua sabedoria de realizar a vacuidade são mais poderosas do que eram no Caminho da Acumulação. Os Bodhisattvas que estão nesses dois primeiros caminhos são considerados Bodhisattvas comuns, porque ainda não realizaram diretamente a vacuidade. Eles apreendem seu objeto, a vacuidade, através de uma imagem genérica. Costuma-se dizer, portanto, que eles possuem a "mente geradora de compromisso imaginário ou conceitual".

Ao realizarem diretamente a vacuidade, os Bodhisattvas ingressam no Caminho da Visão e no primeiro solo de um Bodhisattva Superior. Considera-se que os Bodhisattvas do primeiro ao sétimo solos possuem a "mente geradora de pura intenção superior", porque suas meditações na vacuidade e na bodhichitta são superiores àquelas dos Bodhisattvas nos caminhos da acumulação e da preparação. Os Bodhisattvas que estão no oitavo, nono e décimo solos possuem a "mente geradora de plena maturação". Finalmente, a "mente geradora de obstruções abandonadas" é a bodhichitta de um Buda.

A DIVISÃO EM 22 TIPOS

Do ponto de vista da base necessária para gerá-la, a bodhichitta pode ser dividida em 22 tipos. O primeiro tipo chama-se bodhichitta-terra, que é outro nome para a bodhichitta aspirativa. Assim como árvores, casas e grandes cidades dependem da terra sobre a qual se erguem, todos os demais níveis da bodhichitta dependem da bodhichitta aspirativa. Ela é o fundamento necessário para tomarmos os votos bodhisattva. Ao gerar a bodhichitta de compromisso, os Bodhisattvas alcançam o segundo dos 22 níveis, a bodhichitta-ouro. Essa bodhichitta é assim denominada porque, assim como o ouro, ela nunca se degenera. A partir desse nível, a bodhichitta de um Bodhisattva vai se aperfeiçoando até tornar-se a bodhichitta-nuvem, que é a bodhichitta de um Bodhisattva do décimo solo. Assim como a chuva que nutre a terra cai das nuvens, uma chuva de Dharma que nutre os seres vivos cai da bodhichitta-nuvem de um Bodhisattva do décimo solo.

Os comentários aos *Sutras Perfeição de Sabedoria* trazem extensas explicações sobre os 22 tipos de bodhichitta. Para nossos propósitos atuais, basta nos concentrarmos em gerar a primeira, a bodhichitta-terra.

TREINAR A MENTE EM EQUALIZAR E TROCAR EU COM OUTROS

As duas práticas principais do treino da mente da tradição Kadam, denominada "Lojong" em tibetano, são: o treino de equalizar e de trocar eu com outros e a prática de tomar e dar. Essas instruções foram transmitidas, em sucessão ininterrupta, desde Buda Shakyamuni até Atisha. De Atisha elas passaram para Dromtonpa, e dele, em linhagem ininterrupta, para Geshe Potowa, Geshe Langri Tangpa, Geshe Sharawa e Geshe Chekhawa. Antes da época de Geshe Chekhawa, as instruções eram conhecidas como o Dharma secreto, porque só eram ensinadas aos discípulos que tinham uma sabedoria especial, enquanto as demais etapas do caminho eram ensinadas abertamente. Em *Guia do Estilo de Vida do Bodhisattva*, Shantideva diz:

> Assim, qualquer um que queira rapidamente proteger
> A si mesmo e aos outros
> Deve praticar esse santo segredo
> De trocar eu com outros.

Geshe Chekhawa foi o primeiro Professor a difundir aberta e amplamente essas instruções no Tibete e, como resultado, muitas pessoas realizaram a bodhichitta. Geshe Chekhawa escreveu um texto raiz chamado *Treinar a Mente em Sete Pontos*, que engloba as principais práticas do treino da mente da tradição Kadam. Explicaremos agora, em cinco partes, o método especial para gerar a bodhichitta, de acordo com essa tradição:

1. Equalizar eu com outros
2. Contemplar as desvantagens do autoapreço
3. Contemplar as vantagens de apreciar os outros
4. Trocar eu com outros
5. Tomar e dar

EQUALIZAR EU COM OUTROS

Não podemos converter de imediato o autoapreço – a atitude de considerar-nos mais preciosos e importantes que os outros – na atitude oposta de apreciar os outros, considerando-os mais preciosos e importantes que nós mesmos. Portanto, temos de começar por equalizar nós e os outros, ou seja, temos de aprender a considerar que nós e os outros somos igualmente queridos. Para isso, meditamos:

> *Não tenho o menor desejo de sofrer e não me contento com a felicidade que tenho, mas isso é igualmente verdadeiro para todas as outras pessoas. Portanto não tenho razão alguma para me considerar mais importante que os outros. Quero ser feliz, mas os outros também querem. Quero me livrar do sofrimento, mas os outros também querem. Visto que todos nós queremos as mesmas coisas, vou prezar os outros tanto quanto prezo a mim mesmo.*

Quando essa determinação surgir, devemos retê-la em meditação posicionada para nos familiarizar inteiramente com ela. Se tivermos sabedoria, não precisaremos recorrer a muitos argumentos para gerar a determinação de apreciar os outros tanto quanto apreciamos a nós mesmos; contudo, se for difícil tomar uma decisão clara, teremos de recorrer a outros raciocínios para remover nossas dúvidas. Entretanto, não é garantido que chegaremos a essa determinação, porque nossa habilidade de decidir nasce da experiência. Seria maravilhoso se pudéssemos dar esse passo sem hesitação, pois trata-se de uma condição imprescindível para alcançarmos a plena iluminação.

CONTEMPLAR AS DESVANTAGENS DO AUTOAPREÇO

Conforme foi explicado, a ignorância do agarramento ao em-si observa o mero eu e agarra-se a ele como se fosse inerentemente existente. Para os seres comuns, o autoapreço é uma mente que considera o eu inerentemente existente, que é concebido pelo agarramento ao em-si, como supremamente importante. O autoapreço surge na dependência do agarramento ao em-si. Os dois são como amigos inseparáveis e constituem a fonte de todos os nossos problemas. Por causa da nossa mente de autoapreço, geramos um forte desejo de garantir nosso próprio bem-estar. No entanto, ao tentar fazê-lo, frequentemente nos envolvemos em ações não virtuosas, que nos acarretam sofrimento e insatisfação. Dessa maneira, todos os nosso problemas, externos e internos, surgem direta ou indiretamente da nossa atitude de autoapreço e não podem ser atribuídos a nenhuma outra fonte. Como diz Shantideva, em *Guia do Estilo de Vida do Bodhisattva*, todo e qualquer sofrimento vivido neste mundo surge em consequência do autoapreço.

Em uma vida anterior, Buda Shakyamuni foi um Bodhisattva chamado Poderoso Coração. Um dia, enquanto andava numa floresta com um grupo de amigos, avistou uma tigresa muito magra, rodeada de filhotes. O animal faminto estava prestes a devorar uma de suas crias. Vendo tal cena, Poderoso Coração disse aos amigos: "Isso demonstra claramente que não há nada que preste no samsara, pois até uma mãe pode ser levada a devorar a própria cria! Como? Só a sua mente de autoapreço poderia levá-la a fazer tal coisa".

O que leva um criminoso a sofrer os tormentos da prisão? O verdadeiro criminoso é a mente de autoapreço que o impeliu a cometer o crime. Da mesma maneira, quando um rato cai na ratoeira, quem o capturou foi o autoapreço que o estimulou a pegar o queijo. Quem fisga o peixe é o autoapreço que o leva a morder a isca do pescador.

O que nos faz sofrer quando surge alguém para roubar nossas posses ou nos matar? O único responsável pela dor e pelo medo que sentimos, direta ou indiretamente, é a mente de autoapreço. Os tormentos que sofremos nesta vida, como o pesar de perder um ente querido, as desgraças da pobreza e as dores da doença, surgem na dependência do renascimento samsárico; e o renascimento samsárico surge como resultado de ações passadas que cometemos movidos por autoapreço. Quando os outros nos prejudicam, devemos entender que eles o fazem como resultado de ações negativas que nós mesmos cometemos no passado; e o medo que sentimos, quando eles se aproximam de nós para nos prejudicar, deve-se ao fato de que continuamos a nos apreciar e a valorizar tanto o nosso próprio bem-estar. Nossas desgraças atuais são resultado do nosso autoapreço do passado, e nossas sensações de dor ou de medo surgem do autoapreço que temos atualmente. Por conseguinte, é extremamente perigoso encorajar e valorizar o autoapreço inimigo ou nos deixar dominar por ele.

Quando alguém nos fala rudemente, sentimo-nos magoados e infelizes. Por quê? Porque nos julgamos muito importantes, nada mais. Não fosse por isso, as palavras de crítica, de censura ou de zombaria não poderiam nos ferir. O poder que os diferentes tipos de discurso ofensivo têm de nos ferir deve-se unicamente ao nosso autoapreço. Havendo autoapreço, tais palavras dilaceram nossa mente conforme são proferidas, e esfregamos sal na ferida relembrando-as sem parar. Depois, sentimos raiva da outra pessoa e ficamos ressentidos – tudo isso porque nos julgamos tão preciosos. Do mesmo modo, se emprestarmos alguma coisa para uma pessoa e ela não nos devolver, ficaremos agitados, pensando sem parar no assunto. Entretanto, não fosse pelo nosso forte autoapreço, não daríamos tanta importância ao que é feito de nossos pertences.

O autoapreço nos enfurece sempre que nossos desejos não são satisfeitos e não obtemos aquilo que queremos ou que esperamos receber. Mas não sentimos o mesmo quando outras pessoas não conseguem satisfazer os seus desejos. Se um empresário fracassar, se alguém estiver na miséria ou se um animal for levado para o abatedouro, nada disso nos fará sentir a dor que sentimos quando nossos próprios desejos são frustrados.

Todos os sofrimentos, dos menores aos maiores, surgem do autoapreço. Quando comemos muito ou quando a comida é ruim e ficamos enjoados, tendemos a culpar o alimento pelo nosso sofrimento. Pensando melhor, veremos que quem nos inflige o sofrimento é o nosso autoapreço, porque ingerimos o alimento, antes de tudo, com uma atitude de autoapreço. Até a pequena irritação causada pela presença de um inseto ou de um ratinho em nosso quarto surge da nossa atitude de autoapreço. Qualquer desconforto que sentimos ao meditar surge do autoapreço. Se algo nos atrapalhar, ficaremos bravos e, intimamente, protestaremos: "Estou tentando meditar!". Atribuímos grande importância ao bom desenvolvimento das nossas sessões de meditação, e qualquer interrupção nos parece intolerável; contudo, não damos a mesma importância à prática espiritual das outras pessoas. Assim como esses pequenos sofrimentos surgem em consequência do autoapreço, também os grandes sofrimentos do mundo, como as guerras entre as nações, têm a mesma origem.

Os textos do treino da mente costumam tratar o autoapreço por vários nomes. É um "abatedor", que destrói a vida da libertação, ao nos levar a cometer ações inabilidosas; um "ladrão", que rouba nossas potencialidades virtuosas, ao nos fazer sentir raiva; um "fazendeiro", que planta sementes de ações negativas no solo da nossa consciência, de modo que os frutos de sofrimento irão amadurecer em nossas vidas; também é um "amo possessivo", porque é ambicioso. Com o autoapreço, ficamos na posição de um comerciante que, por cobiça, envolve-se com um indivíduo notoriamente perigoso, que é capaz de tentar matá-lo; ou de um soldado que, ávido pela vitória, ignora o risco de ser morto a qualquer momento. O autoapreço causa todo tipo de temeridade. É chamado de desconsideração porque nos faz agir com falta de consideração pelos outros, criando-lhes problemas, mentindo para eles, tomando suas posses ou faltando-lhes o respeito; é chamado falta de vergonha porque nos faz ignorar nossa consciência e agir de maneira imprudente.

Como diz Shantideva, em *Guia do Estilo de Vida do Bodhisattva*, desde tempos sem início, temos sempre buscado nosso bem-estar pessoal, e o único resultado que obtivemos até agora foi sofrimento. Nesta vida e em todas as nossas incontáveis vidas passadas, temos lutado com afinco para vencer e ser feliz, e todos os nossos esforços têm sido motivados por autoapreço; apesar de estarmos agindo assim há muitos éons, não temos nenhum resultado a exibir. Não fizemos nenhum progresso real. Das nossas vidas passadas, só foi sofrimento o que trouxemos.

Para nos convencer dos imensos perigos do autoapreço, devemos procurar minuciosamente algum exemplo de sofrimento físico ou mental que não seja causado, direta ou indiretamente, por autoapreço. Se nada encontrarmos, deveremos reconhecer, com clareza que todos os problemas e aflições e que todas as falhas interiores e exteriores nascem do autoapreço. Com esse reconhecimento, chegaremos a uma firme decisão: "Já que não quero ter problemas e infelicidade, vou abandonar o autoapreço". Depois de tomar essa decisão, devemos retê-la como nosso objeto na meditação posicionada.

Precisamos manter essa decisão o tempo todo. Sempre que encontramos problemas, devemos pensar: "Esse problema é resultado do meu autoapreço". Desse modo, usaremos a oportunidade para fortalecer nossa resolução.

CONTEMPLAR AS VANTAGENS DE APRECIAR OS OUTROS

Como diz Gyalwa Ensapa, em seu Lamrim, se apreciarmos os outros, desejaremos beneficiá-los e, com essa motivação, faremos ações positivas e criaremos causa de felicidade futura. Shantideva disse que toda a felicidade deste mundo provém da mente que deseja que os outros sejam felizes.

O desejo de que os outros sejam felizes foi o que nos motivou, no passado, a criar as causas de uma vida humana preciosa, ou seja, a disciplina moral de abandonar ações negativas de corpo, fala e mente. Nossa vida humana com todas as suas liberdades e dotes nos dá a oportunidade de experimentar as alegrias e a felicidade da existência humana. As condições favoráveis que desfrutamos como humanos também provêm da nossa atitude de apreciar os outros no passado, pois foi ela que nos motivou a beneficiá-los, praticando generosidade, paciência e outras virtudes. Se hoje os outros nos tratam com amor e carinho e cuidam de nós, é porque nós os apreciamos no passado. Toda a bondade que recebemos de nossos pais e toda a ajuda que recebemos nesta vida são resultados de apreciarmos os outros.

Em *Guia do Estilo de Vida do Bodhisattva,* Shantideva diz:

Mas de que serve tanta explicação?
Os infantis agem somente em benefício próprio;
Os Budas trabalham somente para os outros.
Basta olhar a diferença entre eles!

Aqui, "os infantis" refere-se aos seres comuns, que seguem trabalhando há séculos sem ganhar nada que valha a pena. Desde tempos sem início, temos sido motivados por autoapreço e não obtivemos nada além de sofrimento; ao passo que os Budas, cuja motivação é apreciar os outros, obtiveram a felicidade última.

Em *Histórias de Renascimento,* e em muitos outros Sutras, há relatos de como Buda Shakyamuni abandonou o autoapreço em suas vidas passadas e trabalhou em prol dos outros. Há um texto chamado *A Árvore-que--Satisfaz-os-Desejos dos 108 Feitos,* que tem 108 capítulos extraídos de Sutras. Cada capítulo fala de uma vida usada para o benefício dos outros. Em uma dessas vidas, o futuro Buda era um rei chamado Pema Chen. Naquela época, vários países do mundo estavam sendo assolados por uma doença que provocava fortes dores de cabeça. Juntas médicas se formavam para descobrir um remédio, mas tudo parecia em vão. Passado muito tempo, um médico descobriu o antídoto daquela doença, mas o anúncio de sua descoberta veio acompanhado de uma triste notícia: "Para curar essa doença, precisamos de vários ingredientes. Já tenho todos eles, exceto a carne do peixe rohita. Infelizmente, é impossível obtê-la, pois trata-se de uma espécie extinta". Quando ouviu isso, o rei Pema Chen convocou o médico e lhe disse que havia um lugar especial onde o peixe rohita poderia ser encontrado. Explicou como chegar ao local e pediu que lá fosse dentro de alguns dias. Inicialmente o médico demonstrou ceticismo, pois já havia procurado minuciosamente no lugar indicado pelo rei, mas se dispôs a reiniciar as buscas. Poucos dias depois dessa visita, o rei Pema Chen faleceu e renasceu como um peixe rohita, no local indicado. O médico pescou o peixe e preparou o remédio para curar os enfermos. O Bodhisattva Pema Chen, que mais tarde se tornaria Buda Shakyamuni, renasceu muitas vezes como um peixe rohita e, repetidamente, deu a vida para o benefício dos outros.

Sempre que apreciamos algo é porque reconhecemos e valorizamos suas boas qualidades. Assim sendo, se reconhecermos e valorizarmos as boas qualidades dos outros seres vivos, em especial a sua grande bondade, iremos apreciá-los e desejar retribuir-lhes tal bondade. Tudo o que temos deve-se à bondade dos outros. Não fosse por eles, não poderíamos chamar nossas posses de nossas. Não as fabricamos, nem elas surgiram miraculosamente por conta própria. Todas elas foram produzidas na dependência da bondade dos outros. Por exemplo, de onde vem o pão que comemos diariamente? Muitas pessoas labutam nos campos para produzir o trigo, e muitas outras trabalham para transformar o trigo em pão e para transportar os pães até os locais onde nós os compramos. Talvez pensemos que temos pão porque pagamos por isso, mas dinheiro não produz pão. Se plantarmos moedas num campo, elas não produzirão uma safra. É a bondade dos outros, e não o nosso dinheiro, que provê o pão que comemos.

Até o nosso dinheiro vem da bondade dos outros. Não somos nós que o fabricamos. Podemos pensar: "Esse dinheiro é meu porque o ganhei com meu trabalho. Não tem nada a ver com os outros". Mas quem nos deu emprego para ganhar o dinheiro? Quem garante que haja demanda para nosso trabalho? São os outros que criam e nos dão os empregos.

Até as menores coisas que tomamos por favas contadas só nos pertencem por causa da bondade dos outros. Uma xícara de chá leva dois minutos para ser preparada mas, se considerarmos quantas pessoas cultivaram o solo, colheram, empacotaram e transportaram o chá, constataremos com surpresa que nossa xícara de chá depende, direta ou indiretamente, da bondade do mundo inteiro. Pode-se dizer o mesmo sobre o açúcar e o leite que misturamos ao chá. Basta pensar na bondade da vaca que dá o leite que seria destinado ao seu bezerro!

Nossas casas, escritórios e cidades surgem na dependência dos seres vivos que trabalham arduamente para construí-los. Muitas gerações trabalharam para criar os ambientes que hoje chamamos de "nossos" e para abrir a estradas que usamos para viajar de um lugar para outro. Quando nos hospedamos em hotéis ou fazemos compras, damos todos esses serviços por favas contadas, mas há milhares de pessoas envolvidas em sua manutenção.

Toda a felicidade temporária e as posses desta vida, inclusive nosso próprio corpo, são obtidas na dependência da bondade dos outros; e toda a felicidade das vidas futuras surgirá na dependência da bondade dos outros, porque dependemos deles para praticar generosidade, disciplina moral, paciência e esforço, que são as causas para termos renascimentos elevados. Toda a felicidade última também depende da bondade dos outros, porque precisamos deles para cultivar grande compaixão e bodhichitta, as causas da plena iluminação.

Como diz Shantideva, em *Guia do Estilo de Vida do Bodhisattva*, os seres vivos e os Budas são igualmente importantes para a conquista da Budeidade. Normalmente dizemos que os Budas conduzem os seres à iluminação, mas todos os seres vivos fazem o mesmo porque, para gerar a causa da iluminação, a bodhichitta, temos de tomá-los como objetos da nossa prática. Tendo em vista os benefícios supremos que os outros nos trazem, devemos apreciá-los com muito afeto. Em *Oito Estrofes do Treino da Mente*, Geshe Langri Tangpa diz:

> Com a intenção de alcançar
> O objetivo supremo e último
> Que supera até a joia-que-concede-desejos,
> Que eu aprecie constantemente todos os seres vivos

TROCAR EU COM OUTROS

Este tópico é apresentado em três partes:

1. Reconhecer por que é preciso trocar eu com outros
2. Reconhecer que somos capazes de trocar eu com outros
3. Como trocar eu com outros

RECONHECER POR QUE É PRECISO TROCAR EU COM OUTROS

Shantideva disse que precisamos converter nosso autoapreço na atitude de apreciar os outros porque, se não o fizermos, não teremos como alcançar a iluminação; e não há dúvida de que precisamos alcançar a iluminação porque não há felicidade duradoura no samsara. Se não apreciarmos os outros, não poderemos satisfazer sequer os desejos desta vida, que dirá os desejos das vidas futuras. Podemos ver que, até nas situações mais mundanas, nosso sucesso depende de apreciarmos os outros. Por exemplo, quando um patrão não respeita seus empregados ou quando os empregados não respeitam o patrão, eles não conseguem trabalhar juntos. Os trabalhadores talvez façam greve e fiquem sem os seus salários; a empresa do patrão, por sua vez, deixará de prosperar. O mesmo vale para qualquer relação entre pessoas. Se não houver cuidado e respeito mútuo, ninguém conseguirá obter o que deseja. Se uma mulher não apreciar seu marido, ele perderá o interesse em agradá-la. Acabará desistindo de cuidar dela, e o casamento deles se tornará insustentável. Se um Professor não respeitar seus alunos, eles vão se comportar mal e frustrar as expectativas do Professor; por sua vez, se os alunos não respeitarem o Professor, eles não serão capazes de aprender. Se as pessoas que vivem numa comunidade não cuidarem umas das outras, a comunidade irá colapsar; por outro lado, se a comunidade como um todo não respeitar seus membros, ela se tornará fraca e desarmoniosa. Além disso, se os membros da comunidade não se ajudarem mutuamente, muitos problemas surgirão, e ninguém conseguirá satisfazer os seus desejos. Se alugarmos um imóvel, mas não respeitarmos o proprietário, não cuidaremos do local e seremos despejados. Assim, ao deixar de apreciar os outros, criamos dificuldades para nós mesmos. Sempre que nosso bem-estar pessoal for colocado acima de tudo, é certo que teremos problemas.

Pensando desse modo geramos uma forte determinação: "Tenho de apreciar os outros a fim de gerar compaixão e bodhichitta e, depois, poder colher todos os benefícios da bodhichitta". Em seguida, meditamos nessa determinação unifocadamente.

RECONHECER QUE SOMOS CAPAZES DE TROCAR EU COM OUTROS

Ainda que tenhamos entendido que devemos trocar eu com outros, abandonando o autoapreço e apreciando unicamente os outros, talvez não nos sintamos capazes de fazê-lo. Podemos pensar: "Os seres vivos são muito numerosos. Não serei capaz de amar todos eles". Para superar esse desânimo e gerar convicção, devemos examinar por que podemos apreciar os outros.

Shantideva disse que, se fizermos esforço para trocar o objeto do nosso apreço, não será difícil apreciar até nossos inimigos. Quanto mais familiarizados estivermos com a prática, mais fácil ela se tornará. Nós mesmos conhecemos pessoas que, numa determinada época, detestavam-se a ponto de não poderem se ver e que, mais tarde, tornaram-se amigas. Há casos em que elas se casam e o som de seus nomes, que antes causava mal-estar só de ser ouvido, torna-se fonte de deleite. Até em uma vida tão curta como a nossa, podemos ter várias experiências desse tipo.

Na realidade, é muito fácil mudar nosso objeto de apreço. Agora mesmo, apreciamos carinhosamente algo que, na verdade, pertence aos outros. O quê? O nosso próprio corpo. Na realidade, esse corpo não nos pertence, porque ele se desenvolveu a partir da união do espermatozoide do nosso pai e do óvulo da nossa mãe. Embora nosso corpo tenha sido produzido a partir dos corpos de nossos pais e a eles pertença, continuamos pensando que é nosso e o apreciamos. Por quê? A única razão é a nossa familiaridade com ele. Segue-se que, quando nos tornarmos familiarizados com os outros, iremos apreciá-los com igual afeto. A única coisa que precisamos fazer é mudar o objeto do nosso apreço, e já estamos fazendo isso o tempo todo. Tomemos como exemplo um monge noviço. Antes de tomar os votos de noviço, ele apreciava o corpo de um homem leigo como se isso fosse seu corpo. Agora, ele aprecia o corpo de um noviço e, quando se tornar um monge plenamente ordenado, apreciará o corpo de um monge plenamente ordenado. Do mesmo modo, um homem jovem aprecia o corpo de um jovem; aos trinta anos, apreciará o corpo de um homem de trinta; e, aos oitenta, apreciará o corpo de um velho. O objeto observado do nosso autoapreço muda constantemente. O corpo que apreciávamos ontem cessou de existir. Embora o continuum do nosso corpo permaneça, o corpo que apreciamos num determinado momento é diferente do corpo que apreciamos no momento seguinte.

Nosso corpo é como a casa em que moramos. Podemos viver nela durante alguns anos e chamá-la de nossa, mas na realidade a casa pertence aos outros. Ainda que a tenhamos comprado e quitado todas as prestações, na hora da morte teremos de passá-la para os outros ou abandoná-la. Entendendo isso, perceberemos como podemos abandonar a consideração especial que sentimos pelo nosso corpo e tomar os outros como nosso objeto de apreço.

Costumamos pensar "eu sou isso, eu sou aquilo", mas a pessoa de quem tanto nos orgulhamos muda frequentemente de identidade. O eu que apreciamos muda momento a momento. Se entendermos a impermanência sutil, entenderemos facilmente como o objeto do nosso autoapreço muda sem parar. Sendo assim, por que seria tão difícil deslocarmos nosso apreço para os outros?

Je Tsongkhapa explicou que eu e outro não diferem do mesmo modo que o amarelo difere do azul; eles diferem tanto quanto "esta montanha" difere "daquela montanha". Algo que é amarelo não pode ser corretamente apreendido como azul, e algo que é azul não pode ser corretamente apreendido como amarelo. O objeto de uma mente que apreende corretamente o amarelo e o objeto de uma mente que apreende corretamente o azul são completamente diferentes. Entretanto, "esta montanha" pode ser corretamente apreendida como "aquela montanha", do mesmo modo que "aquela montanha" pode ser corretamente apreendida como "esta montanha". Se estivermos no topo de uma montanha e olharmos para outra montanha, a montanha na qual estamos será "esta montanha", e a outra montanha será "aquela montanha". Mas, se descermos "desta montanha" e escalarmos "aquela montanha", "aquela montanha" será "esta montanha", e "esta montanha" será "aquela montanha".

O eu e o outro são como esta montanha e aquela montanha. Podemos observar outra pessoa e apreciá-la tanto quanto apreciamos nosso próprio eu. Para tanto, basta descer da montanha "eu" e passar para a montanha "outro". Se fizermos isso, colocaremos a montanha do eu ao longe, de modo que, do nosso ponto de vista, ela será a coisa menos importante e a mais distante.

COMO TROCAR EU COM OUTROS

Se soubermos por que devemos apreciar os outros e estivermos convencidos de que somos capazes de fazê-lo, chegaremos a uma firme decisão de trocar eu com outros e será fácil fazer essa prática. Cada situação será uma oportunidade para treinar a mente na prática de trocar eu com outros. Fora da meditação, encontraremos muitas pessoas e acharemos fácil apreciar algumas e quase impossível apreciar outras. Não devemos esperar sucesso instantâneo. Como antes, precisamos treinar gradualmente, começando com aquelas que vivem mais próximas de nós e, depois, ampliando o escopo do nosso apreço para incluir mais e mais pessoas. Muitos anos podem ser necessários para completar esse treino, e precisamos perseverar pacientemente. Em meditação, tomaremos todos os seres vivos como objeto de meditação e cultivaremos uma mente que aprecia a todos. Porém, precisamos meditar assim repetidamente, sem alimentar expectativas de que nossa atitude em relação aos outros vá se modificar depois de algumas sessões.

Qual é o sinal de que concluímos esse treino? Até agora temos dado grande valor a nós mesmos e negligenciado os outros. Se, praticando o trocar eu com outros, observarmos uma inversão dessa atitude, isso será um indício de que alcançamos uma realização. Assim, quando virmos outros seres, iremos espontaneamente apreciá-los, da mesma maneira que hoje estamos acostumados a nos apreciar. Com essa realização, sempre que encontrarmos uma pessoa sofrendo, acharemos esse sofrimento tão insuportável como acharíamos o nosso próprio sofrimento e, sempre que encontrarmos uma pessoa desprovida de felicidade, sentiremos amor e desejaremos que ela desfrute de felicidade duradoura.

TOMAR E DAR

É relativamente fácil trocar eu com outros por curtos períodos, alguns minutos, horas ou mesmo dias; contudo, o que buscamos é uma experiência duradoura, uma realização estável. Quando tivermos alguma familiaridade com a prática de trocar eu com outros, poderemos praticar o tomar e dar para ampliar e estabilizar nossa experiência. O objetivo principal dessa prática é aperfeiçoar nossa compaixão e nosso amor. O tomar e dar também nos ajuda a transformar adversidades em caminho espiritual e nos permite acumular forte e abundante mérito. Primeiro, fazemos a prática de tomar as dores e os sofrimentos dos outros e, depois, a de dar-lhes felicidade e saúde. Seguimos essa ordem porque os outros não podem receber felicidade enquanto estiverem cheios de pesar.

TOMAR

Essa prática é motivada por compaixão. Nela, desejamos tomar o sofrimento, o medo, a infelicidade e as falhas dos outros. Podemos praticar o tomar de duas maneiras: tomando os sofrimentos de todos os seres coletivamente ou tomando os sofrimentos de um indivíduo ou de um grupo.

Para praticar do primeiro modo, imaginamo-nos rodeados por todos os seres vivos que habitam os seis reinos e contemplamos seus sofrimentos. Dessa maneira geramos compaixão, pensando: "Que maravilhoso seria se todos os seres vivos ficassem livres de seus sofrimentos agora, neste instante. Eu pessoalmente farei isso acontecer". A seguir, visualizamos todos os sofrimentos dos seres vivos na forma de uma fumaça preta; puxamos essa fumaça para o nosso coração onde está concentrada a mente de autoapreço. Conforme a fumaça se dissolve no coração, ela destrói nosso autoapreço. Quando tivermos tomado toda a fumaça preta que simboliza o sofrimento dos outros, pensaremos: "Agora, meu autoapreço foi totalmente destruído por essa fumaça preta, e todos os seres vivos foram libertados de seu sofrimento. Seus corpos tornaram-se puros, e suas mentes transformaram-se em grande êxtase incontaminado". Depois, fazemos meditação posicionada nesse sentimento.

Para praticar do segundo modo, fazemos distintas rodadas de meditação, enfocando, em turnos, os sofrimentos dos seres que estão em cada reino do samsara. Quando tivermos concluído as seis rodadas de meditação, imaginaremos que os seres dos seis reinos foram completamente libertados de qualquer tipo de sofrimento. Seus corpos tornaram-se puros, e suas mentes transformaram-se em grande êxtase incontaminado. Se quisermos, também poderemos fazer essa prática de tomar enfocando apenas uma pessoa ou certo número delas.

O propósito da prática de tomar pode ser mal interpretado. Por exemplo, alguém poderia pensar: "Já tenho minhas próprias dores; não posso arcar com o sofrimento do mundo". O propósito dessa prática não é acumular um fardo intolerável de sofrimento, e sim aumentar nossa compaixão, estabilizar a experiência de trocar eu com outros e acumular mérito. Não podemos dizer que todos os seres vivos ficarão livres de seus sofrimentos em consequência direta de praticarmos o tomar. Entretanto, se fizermos essa meditação, seguramente aumentaremos nossa própria compaixão. Uma vez que compaixão é a causa da iluminação, ao praticar o tomar, é certo que estaremos criando causa para nos tornarmos um ser iluminado e, portanto, plenamente capazes de ajudar os outros a se libertarem de seu sofrimento.

Se for muito difícil tomar o sofrimento dos outros logo de início, poderemos seguir o conselho de Geshe Chekhawa, em *Treinar a Mente em Sete Pontos*, e começar tomando os nossos próprios sofrimentos futuros. É certo que passaremos por envelhecimento, doença, morte e muitos outros sofrimentos no futuro. Se tomarmos esses sofrimentos sobre nós agora, iremos nos familiarizar com a prática de tomar também os sofrimentos dos outros. Ademais, ao criar a causa para eliminar o autoapreço, que é a fonte de toda infelicidade futura, indiretamente vamos nos libertar do sofrimento futuro. A prática de tomar nosso próprio sofrimento futuro pode ser feita com a motivação de purificar negatividades, de superar o autoapreço ou de nos tornarmos capazes de tomar os sofrimentos dos outros. Tendo gerado uma dessas motivações, visualizamos nossos sofrimentos futuros no aspecto de uma fumaça preta que se junta e se dissolve em nosso coração, purificando o carma negativo que nos levará a sofrer no futuro. Então pensamos: "Agora fiquei livre do meu sofrimento futuro". Em seguida, geramos grande alegria. Devemos repetir essa prática muitas vezes.

A prática de tomar o sofrimento dos outros capacita-nos a transformar adversidades em caminho espiritual porque, quando estamos praticando o tomar, nossas próprias adversidades vão nos parecer relativamente insignificantes. Seremos capazes de suportá-las, porque fizemos o treino de suportar o sofrimento de todos os seres vivos. Se pensarmos desse modo, nossas dificuldades pessoais não parecerão grandes problemas e aceitaremos qualquer situação que surja. Se nossa prática do tomar for sincera, não ficaremos desanimados com nossos sofrimentos. Quando estamos preocupados apenas com o nosso bem-estar pessoal, facilmente ficamos excitados ou deprimidos. Com essa mente desequilibrada, torna-se difícil praticar o Dharma. Mas, se apreciarmos os outros e tomarmos seus sofrimentos sobre nós, conseguiremos manter um estado mental mais estável em relação às nossas circunstâncias pessoais. Dessa maneira, seremos capazes de transformar distrações e outras condições desfavoráveis em caminho espiritual.

DAR

Essa prática é motivada pelo grande amor, o amor que deseja que todos os seres tenham felicidade. Novamente, visualizamos todos os seres vivos ao nosso redor e pensamos: "Todos querem felicidade pura, mas ninguém a possui. Que maravilhoso seria se todos tivessem felicidade pura. Eu pessoalmente farei isso acontecer." Então, imaginamos que nosso corpo se transforma numa joia-que-satisfaz-os-desejos, que irradia luz para todas as direções, atingindo todos os seres vivos. Quando toca os seres que sofrem nos infernos quentes, a luz torna-se água refrescante; quando toca os que estão sofrendo nos infernos frios, torna-se cálida como os raios de sol; para os espíritos famintos, manifesta-se como comidas e bebidas nutritivas; para os humanos, transforma-se nos objetos que eles desejam; e para os deuses, nos objetos que deleitam os cinco sentidos. Imaginamos, assim, que estamos beneficiando a todos os seres dos seis reinos. Ao concluir essa visualização, pensamos: "Agora todos os seres estão sentindo satisfação e alegria". Retemos esse sentimento em meditação posicionada.

Quando tivermos elevadas realizações, seremos capazes de emanar tudo o que os outros desejam. A potencialidade para desenvolver tais poderes é nutrida por essa prática de dar, que atua como causa para sermos capazes de, no futuro, dar felicidade. Se praticarmos essa meditação diariamente, desenvolveremos um interesse terno e amoroso por todos os seres que encontrarmos. Por fim, desenvolveremos realizações espontâneas de amor, compaixão e bodhichitta. Não será preciso ter nenhuma outra qualidade para nos tornar um Bodhisattva. Não é preciso ser bem-apessoado, bem vestido ou excepcional em nenhum outro sentido. Os Bodhisattvas aparentam ser pessoas comuns mas, por dentro, possuem um profundo e extraordinário conhecimento.

No final de cada sessão da prática de tomar e dar, dedicamos nosso mérito para que os outros possam se libertar do sofrimento e de obstáculos, e para que encontrem paz e felicidade duradouras. No intervalo entre meditações, devemos manter o desejo de praticar o tomar e dar, além de tentar aceitar dificuldades e oferecer felicidade aos outros. Durante o dia, podemos recitar alguns versos para nos lembrar dessa prática. Nagarjuna compôs dois versos muito fáceis de serem lembrados:

> *Que os sofrimentos e as negatividades dos seres vivos amadureçam*
> *em mim*
> *E que minha felicidade e virtude amadureçam neles.*

Também podemos recitar as palavras de Geshe Langri Tangpa, em *Oito Estrofes do Treino da Mente*:

> *Que eu tome sobre mim a derrota*
> *E ofereça-lhes a vitória.*

Ou a seguinte estrofe, extraída da prece *Oferenda ao Guia Espiritual*:

> *Portanto, Ó Compassivo, Venerável Guru, busco tuas bênçãos*
> *Para que todo sofrimento, negatividades e obstruções dos seres*
> * sencientes-mães*
> *Amadureçam em mim neste instante;*

E, por dar minha felicidade e virtude aos outros,
Que todos os seres migrantes sejam felizes.

Quando meditamos no tomar e dar, podemos recitar esses versos de maneira pura e suave como uma prática preliminar. Faremos isso depois de visualizar o Campo de Mérito e de oferecer o mandala. A prática de tomar e dar assemelha-se a uma prática do Mantra Secreto denominada "trazer o resultado para o caminho" e rapidamente amadurece nossas potencialidades para alcançar a Budeidade. Ao praticar o tomar, imaginamos que purificamos o mundo e a mente de todos os seres vivos. Ao praticar o dar, imaginamos que dotamos o mundo e a mente dos seres vivos com todas as boas qualidades. Praticar dessa maneira nos ajuda a superar as aparências comuns. Também a esse respeito, as práticas do tomar e dar assemelham-se às práticas do Mantra Secreto, e isso é outra razão para que sejam conhecidas como "Dharma secreto".

Quem tem alguma experiência nessas meditações pode praticar o tomar e dar "montado" na respiração. Com a motivação de compaixão e de amor, imaginamos que, ao inspirar suavemente o ar, estamos tomando sobre nós os sofrimentos e as obstruções dos outros. Ao expirar, imaginamos que lhes oferecemos nossa felicidade e ações virtuosas. Quem for capaz de praticar dessa maneira não desperdiçará nem uma única respiração. Trata-se de uma prática bastante poderosa, porque a respiração e a mente estão estreitamente relacionadas.

Je Tsongkhapa era um mestre na prática do tomar e dar. Seu discípulo Khedrubje lhe disse:

Ó Protetor, até tua respiração diária beneficia infinitos migrantes.
O que não dizer das tuas outras sábias e compassivas ações!

Quando tivermos praticado as duas maneiras de gerar a bodhichitta – as sete etapas de causa e efeito e trocar eu com outros –, poderemos combinar ambas essas práticas e meditar em onze rodadas:

(1) Gerar equanimidade
(2) Reconhecer que todos os seres vivos são nossas mães
(3) Lembrar a bondade passada e atual de todos os seres mães
(4) Gerar o desejo de retribuir a bondade de todos os seres mães
(5) Equalizar eu com outros
(6) Contemplar as desvantagens do autoapreço
(7) Contemplar as vantagens de apreciar os outros
(8) Trocar eu com outros, praticando o tomar
(9) Trocar eu com outros, praticando o dar
(10) Gerar intenção superior
(11) Gerar bodhichitta

MANTER A BODHICHITTA POR MEIO DE RITUAL

Este tópico tem duas partes:

1. Manter a mente de aspiração por meio de ritual
2. Manter a mente de compromisso por meio de ritual

MANTER A MENTE DE ASPIRAÇÃO POR MEIO DE RITUAL

Os mil Budas deste éon geraram a bodhichitta pela primeira vez enquanto faziam oferendas de diversos tipos ao Campo de Mérito. Buda Shakyamuni, o quarto entre eles, gerou a bodhichitta pela primeira vez numa vida anterior, quando era filho de um brâmane. O Buda que ensinava naquela época chamava-se Tathagata Shakya Mahamuni. O futuro Buda encheu de comida uma tigela de mendicância, gerou a bodhichitta e ofereceu a tigela a Shakya Mahamuni, pensando: "Que eu possa alcançar a iluminação para o bem de todos seres vivos". O Tathagata Shakya Mahamuni, então, profetizou que aquele filho de brâmane se tornaria um Buda chamado Shakyamuni e fez mais quinze predições sobre ele, que se mostraram todas elas verdadeiras. Havia predições sobre o local onde nasceria o príncipe Siddhartha, as qualidades de seus pais, o lugar onde alcançaria a iluminação, o número de seus discípulos e assim por diante.

A maneira de manter a bodhichitta aspirativa por meio de ritual é tomar os preceitos da bodhichitta aspirativa. Para fazê-lo, devemos primeiro gerar a bodhichitta artificial ou a bodhichitta espontânea, e depois prometer, diante de todos os seres sagrados, que nunca abandonaremos a mente de bodhichitta. Essa promessa pode ser feita na presença de nosso Guia Espiritual, diante de um símbolo ou representação de Buda ou simplesmente visualizando os Budas à nossa frente. Começamos oferecendo a prece dos sete membros e um mandala. Depois, tomamos refúgio, geramos a bodhichitta e tomamos os preceitos com as seguintes preces:

Eu e todos os seres sencientes, até alcançarmos a iluminação,
Nos refugiamos em Buda, Dharma e Sangha.
Pelas virtudes que coleto, praticando o dar e as outras perfeições,
Que eu me torne um Buda para o benefício de todos. (3x)

Deste momento em diante, até me tornar um Buda,
Manterei, mesmo à custa da minha vida,
A mente que deseja alcançar a completa iluminação
Para libertar todos os seres vivos dos medos do samsara e da paz
  solitária. (3x)

Quando tomamos esses preceitos diretamente de um Guia Espiritual, devemos repetir os versos depois dele ou dela. Quando os tomamos diante de uma representação de Buda ou diante de uma assembleia visualizada, imaginamos que estamos repetindo as palavras depois de Buda. Tendo recebido os preceitos, devemos guardá-los como nossa prática diária.

Os oito preceitos são os seguintes:

(1) Lembrar os benefícios da bodhichitta seis vezes por dia
(2) Gerar a bodhichitta seis vezes por dia
(3) Não abandonar nenhum ser vivo
(4) Acumular mérito e sabedoria
(5) Não trapacear ou enganar nossos preceptores e Guias Espirituais
(6) Não criticar os que ingressaram no Caminho Mahayana
(7) Não fazer com que os outros se arrependam das suas ações virtuosas
(8) Não fingir que temos boas qualidades nem esconder nossas falhas sem que haja uma intenção pura e especial

Guardando os quatro primeiros preceitos, impediremos que nossa bodhichitta se degenere nesta vida; e, guardando os outros quatro, impediremos que ela se degenere em vidas futuras.

MANTER A MENTE DE COMPROMISSO POR MEIO DE RITUAL

A maneira de manter a bodhichitta de compromisso por meio de ritual é tomar os votos bodhisattva. Inicialmente, precisamos recebê-los de um Guia Espiritual qualificado. Depois, podemos voltar a tomá-los por conta própria, a qualquer momento e quantas vezes quisermos. Para tanto, visualizamos o Campo de Mérito e repetimos três vezes a promessa de guardar a disciplina moral de um Bodhisattva e de evitar todas as quedas por meio da prática das seis perfeições. Podemos renovar ou fortalecer essa promessa, recitando os seguintes versos, três vezes:

Ó Gurus, Budas e Bodhisattvas,
Por favor, ouvi o que agora direi.
Assim como todos os anteriores Sugatas,
Geraram a mente de iluminação
E concluíram todas as etapas
Do treino do Bodhisattva,
Também eu, para o benefício de todos os seres,
Vou gerar a mente de iluminação
E concluir todas as etapas
Do treino do Bodhisattva.

No final da terceira recitação, devemos considerar que agora estabilizamos e aprimoramos nossos votos bodhisattva.

Je Tsongkhapa

Jampel Gyatso *Khedrubje*

As Ações de um Bodhisattva

ENGAJAR-SE NAS AÇÕES DE UM BODHISATTVA

Uma vez que tenhamos gerado a bodhichitta e tomado os votos bodhisattva, devemos praticar as ações de um Bodhisattva. Manter os votos de um Bodhisattva é a base para treinar as ações do Bodhisattva, que consistem na prática das seis perfeições, o caminho à iluminação. Se quisermos nos tornar um ser iluminado, mas não nos comprometermos com essas ações, seremos como alguém que deseja ir à Índia, mas não empreende de fato a viagem.

No *Sutra Perfeição de Sabedoria Condensado*, está dito que todos os Budas do passado, do presente e do futuro praticaram as seis perfeições – a estrada principal que conduz à iluminação. As seis perfeições incluem todas as práticas Mahayana, tanto as do Sutra como as do Tantra. São práticas exclusivas dos Bodhisattvas, porque todas elas são motivadas pela bodhichitta. Uma ação de dar praticada sem a motivação de bodhichitta não é uma perfeição de dar. Do mesmo modo, as práticas de disciplina moral, de paciência, de esforço, de estabilização mental e de sabedoria só serão perfeições quando forem motivadas pela mente de bodhichitta.

O propósito principal de praticar as seis perfeições é completar as coleções de mérito e de sabedoria. Os corpos impuros dos seres comuns surgem de causas impuras – ações contaminadas e delusão –, mas os corpos puros de um Buda surgem das coleções de mérito e de sabedoria. As práticas das cinco primeiras perfeições completam a coleção de mérito, e a prática da sexta, a perfeição de sabedoria, completa a coleção de sabedoria. A coleção de mérito é a causa principal do Corpo-Forma de um Buda, e a coleção de sabedoria é a causa principal do Corpo-Verdade.

A explicação de como engajar-se nas ações de um Bodhisattva será apresentada em duas partes:

1. Treinar as seis perfeições para amadurecer nosso continuum mental
2. Treinar as quatro maneiras de reunir para amadurecer o continuum mental dos outros

TREINAR AS SEIS PERFEIÇÕES PARA AMADURECER NOSSO CONTINUUM MENTAL

Esta seção tem quatro partes:

1. As seis perfeições em geral
2. As perfeições de estabilização mental e de sabedoria, em particular
3. Como avançar pelos solos e caminhos espirituais com a união do tranquilo-permanecer e da visão superior
4. Treinar os caminhos Vajrayana

AS SEIS PERFEIÇÕES EM GERAL

As incontáveis ações de um Bodhisattva estão incluídas nas seis perfeições:

1. A perfeição de dar
2. A perfeição de disciplina moral
3. A perfeição de paciência
4. A perfeição de esforço
5. A perfeição de estabilização mental
6. A perfeição de sabedoria

A PERFEIÇÃO DE DAR

Dar é uma decisão mental virtuosa de praticar generosidade ou uma ação corporal ou verbal de praticar generosidade, motivadas por um estado mental virtuoso. Qualquer ação de dar motivada por bodhichitta é uma perfeição de dar. Existem três tipos de dar:

(1) Dar coisas materiais
(2) Dar Dharma
(3) Dar destemor

DAR COISAS MATERIAIS

Dar coisas materiais é um pensamento virtuoso de dar nossas posses, nossos prazeres ou nosso corpo. Nunca conseguiremos gerar o desejo de dar nosso corpo aos outros se não quisermos lhes dar nem mesmo nossas posses e prazeres. Portanto, primeiro precisamos treinar em dar nossas posses aos outros.

Para praticar a generosidade de dar nossas posses, devemos começar contemplando os benefícios de dar e as desvantagens da avareza, a fim de gerarmos o desejo de dar. Depois, poderemos fazer a prática efetiva de dar nossos pertences aos outros. Meditamos:

Se agora eu não praticar o dar, no futuro renascerei na pobreza e não poderei fazer a prática de dar posses materiais; assim, não poderei criar causa para obter recursos outra vez no futuro. Dessa maneira, estarei condenado a experimentar muitas vidas futuras de pobreza. Sabendo disso, não me importo se ficar com poucos recursos nesta vida e der tudo o que tenho, pois sei que estarei criando causa para ter riqueza no futuro.

Quando saímos em férias, levamos dinheiro suficiente para gastar até o último dia. Porém, é muito mais importante garantir que viajaremos para nossas vidas futuras com virtude suficiente para nos abastecer com todos os recursos de que vamos precisar. Nossa prática de dar é o melhor seguro contra pobreza no futuro. Caso tenhamos forte apego a nossas posses, devemos considerar o que disse Buda no *Sutra Perfeição de Sabedoria Condensado* – os avarentos renascem na terra dos espíritos famintos e, mais tarde, quando renascem como humanos, experienciam pobreza. Então, meditamos:

Em vidas passadas, tive grande riqueza. Tive a fortuna de um monarca e desfrutei da opulência fabulosa de deuses como Brahma. Se toda a minha riqueza anterior fosse reunida, ela cobriria o globo terrestre; mas hoje não me é dado usar sequer um tostão da minha fortuna passada. Se não doar minhas posses agora, os outros vão tomá-las de mim quando eu morrer. Então, além de perder os benefícios que teria se as doasse livremente, terei de sofrer as desvantagens da minha avareza – a experiência de repetidas privações no futuro. Apegar-se às próprias posses não traz benefício algum, pois todas elas são impermanentes e estão sujeitas a perdas e à deterioração. Posses só adquirem sentido quando são doadas. Minhas posses, em si, não têm nenhum valor, mas elas podem se tornar preciosas se eu as oferecer aos outros. Assim, elas se convertem em meios de obter felicidade duradoura.

A quantidade de mérito que acumulamos com a prática de dar depende de vários fatores. Um fator importante é o destinatário a quem fazemos a doação. Entre todos os objetos de doação, é mais meritório dar aos Budas. Nossos Guias Espirituais, nossos pais e pessoas muito necessitadas também são poderosos objetos das nossas doações.

A prática de dar coisas materiais é possível mesmo se nossos recursos forem escassos. Por exemplo, podemos dar pequenas porções de comida para insetos, pássaros e peixes ou oferecer água fresca aos Budas. Presentes vultosos e caros não garantem mais mérito do que presentes pequenos, pois a força da motivação virtuosa é outro fator importante que vai determinar o mérito de nossas ações de dar. Por exemplo, dar migalhas de pão a um inseto com pura compaixão é mais meritório do que dar um diamante orgulhando-se da raridade do presente. O poder das ações de dar também diminuirá quando estas forem acompanhadas de sentimentos de perda ou de posterior arrependimento. Tal arrependimento priva à ação virtuosa do seu poder.

Algumas ações são taxadas de generosidade, mas não têm nenhum mérito e, às vezes, são ações não virtuosas, como no caso de dar com má motivação. Tais ações não são autênticas, porque a generosidade tem de ser motivada por um estado mental virtuoso. Nações grandes e poderosas que fornecem armas ou ajuda material a países menores costumam fazê-lo por arrogância ou cobiça, movidas pelo desejo de dominar o país menor ou de melhorar sua reputação internacional. Ações como essas não são legítimas ações de dar. Ao praticar o dar, nossa mente deve estar livre de fortes delusões, como orgulho, e devemos ter uma intenção benéfica. A melhor motivação é a bodhichitta. Se dermos uma única migalha de pão a um inseto com a motivação de bodhichitta, estaremos praticando a perfeição de dar.

Quando estivermos bem familiarizados com a prática de dar nossas posses, poderemos fazer a prática de dar nosso corpo. Em *Compêndio dos Treinamentos*, Shantideva explica quatro maneiras de doar o próprio corpo:

(1) Dar
(2) Manter
(3) Purificar
(4) Aumentar

DAR

Para fazer a prática de dar nosso corpo, todas as condições necessárias devem estar reunidas para que isso ocorra, não deve haver obstáculos, e temos de gerar a habilidade de entregar nosso corpo, motivados por pura compaixão. Além disso, devemos ter certeza de que a pessoa em prol da qual estamos dando nosso corpo será imensamente beneficiada com tal ação.

MANTER

Essa maneira de dar nosso corpo consiste em mantê-lo e protegê-lo sempre que as condições para entregá-lo não forem apropriadas. Se não pudermos dar nosso corpo com perfeita compaixão, se houver obstáculos ou se o donatário não for imensamente beneficiado com a doação, não deveremos, sob pretexto algum, dar nosso corpo. Enquanto a hora certa não chegar, devemos proteger nosso corpo, pois agindo assim vamos trazer benefícios muito maiores aos outros seres. Visto que podemos alcançar a iluminação com esse corpo, devemos fazer tudo o que estiver ao nosso alcance para protegê-lo sempre que estiver em perigo. Não é por autoapreço que os Bodhisattvas protegem seus corpos desse modo. Seu amor pelos outros seres é tão grande que eles estão dispostos a usar o próprio corpo da maneira mais benéfica para todos. Shantideva disse que, se não tivermos pura compaixão, não deveremos entregar nosso corpo, pois não beneficiaremos nem a nós nem aos outros com essa ação. Portanto, até que a hora certa de entregar nosso corpo chegue, devemos praticar a generosidade de mantê-lo.

PURIFICAR

Essa maneira de praticar o dar consiste em usar nosso corpo, enquanto o mantemos e o protegemos, apenas para fazer ações virtuosas e nos abster de ações não virtuosas. Ao afastar nosso corpo de qualquer negatividade, estamos purificando-o.

AUMENTAR

Essa maneira de praticar o dar consiste em usar nosso corpo, enquanto mantemos e o protegemos, para aumentar as causas de um renascimento humano dotado com os oito atributos especiais. Não devemos abandonar nosso corpo até que tenhamos acumulado muitas causas para obter esse excelente renascimento humano no futuro.

Essas quatro maneiras de dar também se aplicam à prática de abrir mão das nossas posses. A entrega só deve ser feita na época certa, ou seja, quando ela não causar impedimentos à nossa prática espiritual e não ameaçar nossa vida e quando aquele a quem estamos dando for extrair algum benefício relevante disso. Caso contrário, não devemos entregar nossas posses, ainda que alguém as peça. Por exemplo, se percebermos que um presente pode prejudicar os outros, não deveremos ofertá-lo. É preciso considerar todas as implicações da nossa ação, inclusive a repercussão que terá sobre outras pessoas além daquela que vai receber o presente. Ademais, devemos manter as coisas que são necessárias à nossa prática de Dharma. Se abríssemos mão delas, estaríamos indiretamente prejudicando os outros, porque estaríamos criando obstáculos ao nosso avanço à iluminação em prol deles. Um exemplo seria doarmos nossos livros de Dharma a uma pessoa que não tem interesse por eles. Também seria inadequado dar dinheiro a alguém que é mais rico do que nós e não precisa da nossa doação. Das duas uma: ou conservamos nossas posses até encontrar alguém que realmente precise delas ou as ofertamos a Buda ou à Sangha.

É impossível avaliar a prática de generosidade de uma pessoa pela quantidade de bens que ela possui. Marpa, por exemplo, colecionava e mantinha muitas coisas, que depois trocava por ouro. Fez fortuna e usou-a para viajar para a Índia e receber instruções de muitos Guias Espirituais. Depois de gastar todo seu dinheiro, voltou para o Tibete como um homem pobre, dono de muitos textos de Dharma. Ele repetiu esse procedimento várias vezes. O verdadeiro objetivo de Marpa ao acumular riquezas era beneficiar os outros, pois ele sabia que os tibetanos precisavam urgentemente do Dharma. As pessoas o viam lavrando suas terras, mas ele estava praticando a generosidade de manter. Mais tarde, ele praticou o dar. Por fim, Marpa deu tudo em prol do Budadharma. Caso nunca houvesse praticado o manter, mas tivesse dado tudo o que possuía, ele jamais teria sido capaz de trazer tanto benefício a tantas pessoas. Podemos dizer que a prática de Marpa de manter suas posses está beneficiando os seres vivos até hoje.

Algumas coisas podem ser dadas a qualquer momento, pois sua doação não atrapalha a nossa prática espiritual, tampouco prejudica os outros. Assim como um empresário bem-sucedido investe seus recursos visando lucro máximo, também nós devemos praticar o dar visando extrair o máximo proveito espiritual, tanto para nós como para os outros.

No que se refere a dar nossas posses, as práticas de purificar e de aumentar têm o objetivo de evitar o uso de nossos bens como meio de cometer ações não virtuosas e incentivar seu uso unicamente para fazer o bem. Precisamos usar nossa riqueza e nossos recursos para criar causas que aumentem nossos recursos nas vidas futuras e para beneficiar os outros.

DAR DHARMA

Existem diversas maneiras de dar Dharma. Ao ensinar uma única palavra de Dharma com boa motivação, estamos dando Dharma. Sempre que sussurramos mantras no ouvido dos animais ou dedicamos nossa virtude em prol da paz e da felicidade de todos os seres vivos, estamos dando Dharma. Oferecer uma única estrofe de ensinamentos do puro Dharma com boa motivação é mais benéfico do que oferecer qualquer presente material. Presentes materiais ajudam os outros apenas nesta vida, enquanto o Dharma é um presente que os ajuda nesta e em todas as suas vidas futuras.

DAR DESTEMOR

Dar destemor é proteger os seres vivos contra medo e perigo. Damos destemor quando, por exemplo, salvamos alguém de um incêndio ou de outra catástrofe, protegemos os outros contra a violência física ou salvamos animais que caíram na água ou foram capturados. Mesmo se não pudermos salvar os que estão em perigo, praticaremos o dar destemor se fizermos preces e oferendas com essa intenção. Outra maneira de dar destemor consiste em rezar para que os outros se livrem de suas delusões, especialmente da delusão do agarramento ao em-si, que é a fonte última de todo medo.

A PERFEIÇÃO DE DISCIPLINA MORAL

Disciplina moral é uma determinação mental virtuosa de abandonar qualquer falha ou uma ação física ou verbal motivada por essa determinação. Quando praticada com a motivação de bodhichitta, torna-se uma perfeição de disciplina moral. Existem três tipos de disciplina moral:

(1) A disciplina moral de abstenção
(2) A disciplina moral de reunir Dharmas virtuosos
(3) A disciplina moral de beneficiar os seres vivos

A DISCIPLINA MORAL DE ABSTENÇÃO

É a disciplina moral de abster-se de não virtude. Para praticar essa disciplina moral, precisamos entender os perigos de cometer ações negativas, fazer a promessa ou tomar o voto de abandoná-las e, então, guardar essa promessa ou voto. Assim, não podemos dizer que estamos praticando a disciplina moral de abstenção se, sem querer, deixamos de cometer uma ação negativa, pois isso até os bebês fazem.

Qualquer disciplina espiritual que evite ou supere uma falha mental ou ações negativas de corpo e de fala está incluída na disciplina moral de abstenção. Por exemplo, se entendermos os perigos das dez ações não virtuosas, prometermos nos abster delas e mantivermos essa promessa, estaremos praticando a disciplina moral de abstenção.

Não é preciso tomar votos diante do nosso Guia Espiritual ou do Campo de Mérito visualizado. Podemos tomá-los por conta própria, reconhecendo as falhas das ações que queremos abandonar e prometendo nos abster delas por um determinado período, qualquer que seja. Quando fazemos uma promessa ou tomamos um voto, devemos ser habilidosos ao estipular por quanto tempo iremos observá-lo. Se prometermos nos abster de uma única ação negativa por um curto período – por exemplo, não matar durante uma semana – e mantivermos essa promessa, estaremos praticando a disciplina moral de abstenção. Contudo, conforme nossa capacidade crescer, devemos ampliar gradualmente a duração da abstenção e, além disso, prometer que abandonaremos outras ações não virtuosas.

Quando tomamos os votos bodhisattva, precisamos ter a intenção de guardá-los continuamente até alcançar a iluminação. Se quisermos satisfazer nosso desejo de rapidamente alcançar a iluminação pelo bem dos outros, então, teremos de superar nossas falhas assim que pudermos. Para um Bodhisattva, o principal objeto a ser abandonado é a intenção de trabalhar somente em benefício próprio. Os Bodhisattvas enxergam claramente os perigos do autoapreço e entendem que este é o principal obstáculo ao desenvolvimento da bodhichitta e à obtenção da iluminação. No *Sutra Perfeição de Sabedoria Condensado* Buda diz que a disciplina moral de um Bodhisattva não se degenera se ele ou ela usufruir belas formas, sons, sabores e outros objetos dos sentidos; contudo, se um Bodhisattva desenvolver interesse pelo seu próprio bem-estar, tanto sua disciplina moral quanto sua bodhichitta irão se degenerar. Se gerarmos a bodhichitta e, mais tarde, pensarmos que seria melhor buscar apenas a nossa própria libertação, incorreremos numa queda raiz do voto do bodhisattva e quebraremos nossa disciplina moral de abstenção.

Com a motivação de bodhichitta, nenhuma ação pode ser não virtuosa, porque a bodhichitta elimina o autoapreço, que é a raiz de todas as ações não virtuosas. Mesmo se um Bodhisattva tiver de matar, isso não será uma ação não virtuosa, pois ele o fará unicamente para o benefício de todos os seres vivos. Embora os outros possam condená-los, os Bodhisattvas não incorrem em carma negativo ao cometerem ações desse tipo, porque a bodhichitta garante a pureza de todas as suas ações.

A DISCIPLINA MORAL DE REUNIR DHARMAS VIRTUOSOS

Essa disciplina moral abrange práticas como a disciplina moral de praticar sinceramente as seis perfeições e a disciplina moral de praticar as dez atividades de Dharma. As dez atividades são: escrever livros de Dharma, ler livros de Dharma, memorizar palavras de Dharma, recitar palavras de Dharma, fazer oferendas ao Dharma, dar livros de Dharma, explicar o Dharma, ouvir o Dharma, contemplar o sentido do Dharma e meditar no sentido do Dharma. Mesmo se não entendermos o que ouvimos ou o que lemos, nossas ações de ouvir e de ler o Dharma nunca serão uma perda de tempo, pois elas criam potencialidades positivas em nossa mente.

A DISCIPLINA MORAL DE BENEFICIAR OS SERES VIVOS

É a disciplina de ajudar os outros de todas as maneiras que estiverem ao nosso alcance. Se não pudermos oferecer ajuda prática a alguém, poderemos ao menos fazer preces por essa pessoa e manter continuamente a intenção de prestar-lhe assistência quando surgir uma oportunidade. Arya Asanga explicou que existem onze maneiras principais de ajudar os outros:

(1) Aliviar o sofrimento dos outros e assisti-los em seus trabalhos.

(2) Ensinar-lhes a fazer algo que não saibam. Podemos ajudá-los ensinando habilidades mundanas, como ler e escrever, ou habilidades espirituais, como meditar.

(3) Retribuir a bondade que recebemos. Se não houver nada a fazer poderemos, no mínimo, lembrar a bondade que recebemos deles e demonstrar o devido respeito

(4) Afastar os perigos que ameaçam os outros e eliminar tudo o que lhes infunde medo. Se não pudermos fazer algo prático, poderemos, no mínimo, rezar por eles.

(5) Consolar os outros em momentos de angústia. Por exemplo, quando as pessoas estão separadas de suas famílias, quando perdem o emprego ou quando seus desejos não são atendidos, podemos tentar remover a infelicidade que sentem e oferecer-lhes um conselho sensato.

(6) Prestar assistência material para aqueles que estão na miséria.

(7) Ajudar aqueles que estão enfrentando os problemas que surgem quando eles têm fortes delusões, como raiva ou apego desejoso.

(8) Ajudar os outros de uma maneira que seja apropriada aos seus pontos de vista e costumes pessoais. Quando ajudamos os outros, devemos agir com tato e sensibilidade. É importante tentar entender a experiência e o ponto de vista da outra pessoa e só então oferecer um auxílio que seja relevante e aceitável. Não conseguiremos ajudar os outros se atacarmos seus valores e crenças ou se ignorarmos seu temperamentos e circunstâncias pessoais. Devemos adaptar nosso comportamento para nos harmonizar com a outra pessoa fazê-la sentir-se à vontade. Precisamos ter flexibilidade mental e de comportamento. Por exemplo, às vezes pode ser útil acompanhar alguém a um bar para lhe fazer companhia, mesmo se formos abstêmios.

Por terem grande compaixão, os Bodhisattvas farão todo o necessário para ajudar os outros. De fato, os Bodhisattvas farão tudo o que deve ser feito para deixar a outra pessoa feliz porque, quando os outros estão felizes, suas mentes tornam-se mais abertas e receptivas a conselhos e a exemplos. Se quisermos influenciar os outros, não poderemos nos contrapor a eles ou infundir-lhes receio e constrangimento. Os Bodhisattvas agem como uma mãe que brinca com o filho para alegrá-lo, mesmo que ela própria não esteja interessada na brincadeira. Eles acompanham os outros para contentá-los e para criar oportunidades favoráveis de ajudá-los sempre que for possível.

Certa vez, uma mulher deu à luz uma menina e, como havia perdido um filho pequeno antes, temeu que isso se repetisse. Sua mãe lhe disse que as crianças que ficavam sob a guarda de Geshe Langri Tangpa não morriam. Passado algum tempo, a menina adoeceu, e a mãe levou-a imediatamente ao local onde vivia o Geshe. Ali chegando, encontrou-o dando ensinamentos a centenas de discípulos e temeu que a criança morresse antes do final do discurso. Sabendo que Geshe Langri Tangpa era um Bodhisattva e seria paciente, a mulher andou até o trono e gritou num tom de afronta: "Eis a tua filha. Toma conta dela!". Então, dirigindo-se ao público, disse: "Ele é o pai da minha filha". Logo a seguir, aproximou-se do Geshe e implorou baixinho: "Por favor, não a deixe morrer". Geshe Langri Tangpa limitou-se a inclinar ligeiramente a cabeça em sinal de aquiescência. Agindo como se realmente fosse o pai da criança, envolveu-a ternamente em seu manto e prosseguiu o discurso. Seus discípulos, estarrecidos, perguntaram: "És realmente o pai dessa criança?". Sabendo que, caso negasse, a mulher passaria por louca e seria ridicularizada, Geshe Langri Tangpa respondeu que era.

Embora fosse um monge, Geshe Langri Tangpa agiu como um pai para aquela menina e, com alegria, tomou conta dela. Depois de algum tempo, a mãe voltou para ver se a filha havia melhorado. Ao vê-la saudável, pediu a Geshe Langri Tangpa se poderia pegá-la de volta. Carinhosamente, o Geshe devolveu a menina à mãe. Quando os discípulos perceberam o que havia acontecido, exclamaram: "Então não és o pai!". Geshe Langri Tangpa respondeu: "Não, não sou". Dessa maneira, ele respondeu às ações da mulher com pura compaixão e agiu de acordo com a necessidade do momento.

(9) Beneficiar aqueles que ingressaram em caminhos espirituais corretos, elogiando-os e encorajando-os, demonstrando-lhes o devido respeito e ajudando-os a continuar suas práticas de todas as maneiras que pudermos.

(10) Beneficiar aqueles que ingressaram em caminhos errôneos, ajudando-os a perceber o erro e a ingressar em caminhos espirituais corretos. Precisamos conversar com pessoas que defendem visões equivocadas e tentar ajudá-las a mudarem gradualmente seus pontos de vista.

(11) Ajudar os outros recorrendo a quaisquer poderes miraculosos que eventualmente tenhamos. Por exemplo, Maudgalyanaputra usou seus poderes miraculosos para ajudar Nanda a superar o apego desejoso. Certo dia, ele convidou Nanda para um passeio na floresta e, enquanto caminhavam, emanou magicamente um reino do inferno e conduziu Nanda por ele. Nanda ficou tão aterrorizado que todo o seu apego desejoso foi eliminado. Ele, então, foi capaz de praticar o Dharma puramente e gerou renúncia. Se temos tais poderes, devemos empregá-los para ajudar aqueles que estão envolvidos em ações negativas a abandoná-las e a desenvolverem fé.

A PERFEIÇÃO DE PACIÊNCIA

Paciência é uma mente virtuosa capaz de tolerar qualquer tipo de sofrimento ou dano. Se for praticada com motivação de bodhichitta, se tornará uma perfeição de paciência. Munidos de paciência, somos capazes de aceitar qualquer dor que nos seja infligida e facilmente toleramos nossos contratempos e indisposições normais. Quando estamos munidos de paciência, nada perturba nossa paz mental, e não temos problemas. Precisamos cultivar paciência, ainda que o desenvolvimento espiritual não nos interesse, porque sem paciência ficamos vulneráveis a muita ansiedade, frustração e inquietação. Sem praticar paciência, é difícil manter relacionamentos pacíficos com os outros.

Paciência é o oponente da raiva – a mais potente destruidora de virtudes. É possível constatarmos, por experiência pessoal, quanto sofrimento nasce da raiva. Ela nos impede de avaliar uma situação corretamente e nos leva a agir de maneiras lamentáveis. Destrói nossa paz mental e perturba qualquer um que esteja ao nosso redor. Até as pessoas que normalmente gostam de nós se afastam quando estamos enraivecidos. Levados por raiva, somos capazes de rejeitar ou de insultar nossos próprios pais e quando ela é intensa, podemos ser levados a matar uma pessoa que amamos ou atentar contra nossa própria vida. Normalmente rejeitamos qualquer tipo de ferimento, mas nossa raiva nos fere mais do que qualquer machucado físico.

Se nos perguntassem "quem causou todas a guerras em que tanta gente morreu?", deveríamos responder que elas foram causadas por mentes raivosas. Se as nações fossem povoadas de indivíduos calmos e amantes da paz, como as guerras seriam deflagradas? A raiva é o maior inimigo dos seres vivos. Prejudicou-nos no passado, prejudica-nos agora e, se não a superarmos por meio da prática de paciência, continuará a nos prejudicar no futuro. Ela vem semeando dor e desgraça desde tempos sem início. Se não vencermos esse inimigo interno, continuaremos a ser derrotados vezes sem fim. Como disse Shantideva:

Esse inimigo, a raiva, não tem outra função
A não ser me prejudicar.

Os inimigos exteriores nos prejudicam de maneiras mais lentas e menos sutis que a raiva e, se praticarmos paciência com eles, podemos vencê-los e transformá-los em nossos amigos; mas, no que se refere à raiva, não pode haver conciliação. Se tentarmos tratá-la com gentileza, sua fúria aumentará. A raiva tira proveito da nossa leniência para nos magoar ainda mais. Não existe um inimigo exterior que possa ser tão perverso quando a nossa raiva, porque as outras pessoas só podem nos prejudicar nesta vida, ao passo que nossa raiva nos prejudica por muitas vidas futuras. Portanto, precisamos eliminar a raiva tão logo percebamos que ela se manifestou na nossa mente. A raiva é como um furioso incêndio que devora rapidamente nossas potencialidades virtuosas. Sabendo disso, não há tempo a perder: assim que o fósforo da raiva for riscado em nossa mente, precisamos extingui-lo imediatamente com a paciência.

A paciência, por outro lado, ajuda-nos nesta vida e em todas as vidas futuras. Como disse Chandrakirti, se praticamos paciência, teremos um lindo corpo humano no futuro e nos tornaremos um ser sagrado com elevadas realizações.

Existem três tipos de paciência:

(1) A paciência de não retaliar
(2) A paciência de tolerar voluntariamente o sofrimento
(3) A paciência de pensar decididamente sobre o Dharma

A PACIÊNCIA DE NÃO RETALIAR

Para praticar esse tipo de paciência, devemos nos lembrar constantemente dos perigos da raiva e dos benefícios da aceitação paciente e, sempre que a raiva estiver prestes a surgir em nossa mente, precisamos aplicar imediatamente os métodos para eliminá-la. Se quisermos controlar nossa raiva em todas as situações, não bastará apenas nos lembrar das falhas da raiva e dos benefícios da aceitação paciente. Também precisaremos ter experiência com os métodos que aprendemos para eliminar nossa raiva.

Um professor que tinha um assistente muito mal-humorado ensinou-o a meditar sobre paciência. Enquanto meditava, o assistente percebia com clareza os perigos da raiva e a grande importância de praticar paciência. Mas, assim que saía da meditação, esquecia-se de tudo. O professor aconselhou-o a escrever na porta do seu quarto, com letras bem grandes: PACIÊNCIA. Isso ajudou o assistente a manter contínua-lembrança quando estava fora da meditação. Porém, um dia, um ladrão entrou em seu quarto e roubou-lhe alguns pertences. Quando pegou o ladrão, o assistente perdeu a cabeça e começou a espancá-lo com força. Ao ver a cena, o professor lhe disse: "Pare de bater nele desse modo!". Mas o assistente estava tão envolvido na sua represália que não conseguia ouvir as palavras do seu professor. Este, então, correu até o quarto, pegou a tabuleta com a palavra PACIÊNCIA e colocou-a diante dos olhos do assistente. Assim que viu a placa, o discípulo lembrou-se de todas as instruções sobre paciência e largou o ladrão. Quando estamos fora da meditação, podemos nos beneficiar usando métodos como esse, pois nossa mente muda facilmente, como uma chama de vela cintilando ao sabor da brisa.

Ao meditar em paciência, podemos recorrer a vários diferentes raciocínios. Por exemplo, Shantideva diz em *Guia do Estilo de Vida do Bodhisattva* que, se alguém nos bater com uma vara, não ficaremos com raiva da vara, porque ela está sendo empunhada pelas mãos do nosso agressor e não tem vontade própria; também não ficaremos com raiva das mãos, porque elas não controlam seus próprios movimentos. Da mesma maneira, não devemos ficar com raiva da pessoa que está nos atacando, porque ela também não tem escolha. Está sendo impelida por sua raiva e não tem controle sobre suas ações. Se fosse para ficar com raiva de algo, deveríamos sentir raiva da própria raiva.

Se estivermos prestes a sentir raiva de alguém que nos ofendeu, nos criticou ou fez algum tipo de zombaria, deveremos nos perguntar:

Porque estou ficando com raiva? Tais palavras não podem ferir meu corpo nem minha mente, mas a raiva que estou gerando, esta sim, prejudicará minha mente. As palavras, em si, são meramente vazias e não podem me afetar. Se alguém me chamar de asno, isso não me transformará num asno!

Se alguém tentar nos prejudicar fisicamente ou quiser atrapalhar nossa vida, deveremos tentar solucionar esses problemas com habilidade, sem raiva. Se não conseguirmos superar nossos problemas, não deveremos ficar com raiva, mas pensar:

Eu mesmo criei a causa para ser prejudicado dessa maneira e, assim, sou o responsável pelo sofrimento que ora me aflige. Mesmo agora, sou parcialmente responsável porque sou o objeto da raiva dessa pessoa. Assim como o fogo não surge sem combustível, sem mim não haveria raiva na mente dela. Portanto, não tenho motivo para ficar com raiva ou para acusar a outra pessoa por essa situação.

Quando alguém mentalmente perturbado ofende seu médico, este não perde a cabeça, pois entende que o paciente não está no controle de sua mente. Em vez disso, o médico gera compaixão e busca uma cura para a enfermidade do seu paciente. Do mesmo modo, se uma criança se tornar mentalmente desequilibrada, sua mãe não sentirá raiva. Por mais violento e difícil que seu filho se torne, a mãe percebe que isso é culpa da doença da criança e pensa: "Que maravilhoso seria se meu filho voltasse a ficar bom!". Sempre que alguém fica com raiva, cai completamente sob domínio da delusão e, desse modo, se torna temporariamente insano. Não há motivo algum para que nossa reação seja a de nos tornarmos igualmente insanos.

Podemos meditar:

Se eu puser a mão no fogo e me queimar, não irei me exasperar contra o fogo, pois sei que sua natureza é queimar. Do mesmo modo, se uma pessoa enraivecida me prejudicar, não irei me irritar com ela, pois a natureza da raiva é infligir dano; a culpa não é da pessoa. A raiva é apenas temporária. Não vai durar muito tempo.

Quando a neve cai, não sentimos raiva do céu. Apenas pensamos: "É inverno e, por isso, está nevando". Quando está chovendo, seria absurdo insultarmos as nuvens. É natural que nuvens escuras e carregadas de umidade descarreguem chuva. Da mesma maneira, é natural que uma pessoa com raiva descarregue socos e injúrias. Por que deveríamos ficar com raiva das pessoas, e não das nuvens ou do céu no inverno?

Concebemos nosso mundo e nossos problemas como se fossem fixos, sólidos e permanentes. Por concebê-los dessa maneira, frequentemente ficamos bravos e sentimos raiva; mas essa raiva toda nasce de nossas próprias concepções equivocadas.

Meditando nesses argumentos muitas e muitas vezes, desenvolveremos uma sabedoria especial. Se combinarmos então essa sabedoria com contínua-lembrança, nunca nos esquecendo daquilo que entendemos, acharemos fácil ser pacientes.

A PACIÊNCIA DE TOLERAR VOLUNTARIAMENTE O SOFRIMENTO

Se não tivermos a paciência de tolerar voluntariamente o sofrimento, ficaremos desanimados sempre que nos depararmos com obstáculos e sempre que nossos desejos não forem satisfeitos. A dificuldade que sentimos para concluir nossas tarefas surge do nosso impulso de abandoná-las assim que elas se tornam mais difíceis; e nossos tormentos são agravados ainda mais pela nossa impaciência. Entretanto, será possível aceitar e tolerar a dor se tivermos um bom motivo para fazê-lo e, sempre que praticarmos essa paciência, realmente reduziremos nossos sofrimentos. Por exemplo, se alguém nos espetasse com uma agulha pontuda, acharíamos a dor insuportável. Porém, se a agulha contivesse uma vacina importante, nossa tolerância aumentaria consideravelmente.

Se formos capazes de tolerar adversidades, colheremos imensas recompensas. Nossos sofrimentos atuais diminuirão, e conseguiremos realizar nossos desejos temporários e últimos. Por serem capazes de tolerar voluntariamente o sofrimento, homens de negócio obtêm sucesso mundano e praticantes espirituais fazem todo o necessário para alcançar a iluminação.

Se duas pessoas sofrerem num hospital e uma delas praticar a tolerância voluntária e a outra não, suas experiências serão muito diferentes, ainda que seus corpos sejam afligidos pela mesma doença. Aquela que pratica tolerância paciente não se sentirá contrariada, abandonada ou irritada. Sua mente permanecerá em paz e descontraída. Já a outra pessoa sentirá frustração e dor e talvez experiencie um tormento insuportável. Nos hospitais, há muitas pessoas gravemente doentes que são capazes de sorrir. Se lhes perguntarmos como estão passando, dirão que estão bem.

Todos os sofrimentos causados por doença, envelhecimento e morte e todos os demais sofrimentos da nossa vida devem ser tolerados. Como? Devemos meditar da seguinte maneira:

> *Embora minhas circunstâncias não sejam as que sonhei, não tenho razão para me sentir frustrado. A situação em que me encontro é aquela que eu criei com minhas ações do passado. Eu experiencio essa situação como insatisfatória, mas ela é o resultado do renascimento samsárico. Se eu não estivesse sujeito ao renascimento descontrolado, não me encontraria em situações difíceis e desagradáveis como essa. Minha condição pessoal não é tão desastrosa assim, pois todos os seres vivos habitam num lugar onde o sofrimento tem de ser tolerado, e a maioria deles passa por dificuldades bem piores que as minhas. Portanto, em vez de ficar tenso e frustrado, preciso usar essas experiências de dor e de insatisfação para gerar renúncia e compaixão.*

Se entendermos que cada ser vivo está preso numa situação que é dolorosa e insatisfatória, em vez de sentirmos autopiedade desenvolveremos compaixão, pensando: "Que maravilhoso seria se todos os seres vivos estivessem livres do sofrimento". Transformar nossas experiências de dor e de frustração em atitudes de renúncia e de compaixão constitui a essência da prática de tolerar pacientemente o sofrimento. Praticando assim, mantemo-nos felizes até em situações consideradas pelos outros como grandes problemas ou desgraças. Renúncia e compaixão são mentes virtuosas que só nos trazem paz e felicidade.

Quando enfrentamos problemas, em vez de desanimar, precisamos investir mais esforço para tirar bom proveito da situação. Então, rapidamente virão os resultados. Se os soldados perdessem sua coragem e batessem em retirada, ao ouvirem o som do primeiro ataque, eles nunca ganhariam uma batalha. Da mesma maneira, se facilmente nos deixarmos abater ou deprimir, nunca teremos sucesso na prática espiritual; contudo, se perseverarmos e extrairmos força e coragem das nossas adversidades, facilmente alcançaremos nossas metas.

Se nos faltar recursos materiais, poderemos meditar:

> *Posso suportar essas dificuldades porque sei que minhas condições vão melhorar se eu praticar o Dharma sinceramente. Por aceitar pacientemente essas condições ruins de agora, estou criando causa*

para ter condições melhores no futuro. Uma vantagem a longe prazo vale mais do que uma vantagem a curto prazo. Se hoje eu dispusesse de todos os confortos materiais, não teria essa oportunidade de praticar paciência e de criar causa para ter coisas boas no futuro. Mais ainda, se eu obtivesse todos os confortos que desejo, isso só me traria mais problemas. Eles não podem me trazer nenhum benefício definitivo, pois sua natureza é enganosa.

Não existe nenhuma garantia de que riqueza material traga mais felicidade. Com frequência, o que traz é mais sofrimento. Certa vez, um homem achou uma grande quantidade de ouro. Ele ficou tão encantado que foi mostrar seu achado a Buda. Mas Buda disse-lhe apenas duas frases: "Tua riqueza é como veneno. Para ti, é veneno mortal". Essas palavras lhe soaram incompreensíveis, e o homem concluiu que Buda estava com inveja da sua fortuna. O que ele não sabia é que o ouro havia sido roubado de um oficial do governo e que este estava à caça dos ladrões. Todas as pessoas que estavam com Buda naquela ocasião vislumbraram o ouro, e a notícia de que aquele homem, que alguns dias antes era pobre, havia subitamente enriquecido espalhou-se rapidamente. Ao ouvir isso, o oficial acusou o homem pelo roubo, e todos acreditaram na veracidade da acusação. O homem foi encarcerado e condenado a morte. Enquanto esperava a execução da pena, ele se lembrou das palavras de Buda e entendeu seu significado.

Atualmente, se nos fosse dado escolher entre ter muito dinheiro ou a iluminação, a maioria de nós escolheria o dinheiro. É muito importante superar o apego a posses e o desânimo diante da falta de coisas materiais, porque tais estados mentais são grandes obstáculos à nossa prática espiritual.

Alguns textos dizem que há seis tipos de situação em que devemos praticar a paciência de tolerar voluntariamente o sofrimento:

(1) Quando ouvimos palavras desagradáveis, como críticas ou palavras maldosas
(2) Quando ouvimos instruções de Dharma ou meditamos nelas
(3) Quando praticamos ações virtuosas, como prostrações
(4) Quando não temos recursos materiais
(5) Quando passamos por sofrimento físico ou mental
(6) Quando nossos desejos não são satisfeitos

A PACIÊNCIA DE PENSAR DECIDIDAMENTE SOBRE O DHARMA

Se ouvirmos, contemplarmos e meditarmos no Dharma com uma mente paciente e alegre para ter uma experiência especial, estaremos praticando a paciência de pensar decididamente sobre o Dharma. Essa paciência é importante porque, se nossa mente estiver impaciente ou infeliz quando estamos engajados na prática do Dharma, isso nos impedirá de aperfeiçoar nossa sabedoria de Dharma. Quando ouvimos, contemplamos e meditamos no Dharma, ainda que o significado seja difícil de ser compreendido, devemos nos dedicar a isso com alegria. Existem três tipos de paciência de pensar decididamente sobre o Dharma que correspondem aos três tipos de ser: pequeno ser, ser mediano e grande ser.

A PERFEIÇÃO DE ESFORÇO

Esforço é uma mente que se deleita em virtude. O esforço que é praticado com a motivação de bodhichitta é uma perfeição de esforço. Dedicar-se energicamente a ações não virtuosas ou neutras não é uma prática de esforço.

Em *Ornamento dos Sutras Mahayana* Maitreya diz que, entre as virtudes, o esforço é supremo, porque com esforço podemos obter todas as boas qualidades. Com esforço, podemos obter a felicidade mundana temporária, o êxtase da maleabilidade e todas as aquisições mundanas e supramundanas. Podemos purificar todas as nossas negatividades de corpo, fala e mente, eliminar nossas obstruções e alcançar a felicidade última da libertação e da plena iluminação. Segundo as palavras de Buda, no *Sutra Perfeição de Sabedoria Condensado,* com esforço podemos alcançar todas as boas qualidades que desejamos. Sem esforço, mesmo que tenhamos sabedoria, não seremos capazes de concluir nossa prática espiritual. Por isso, no *Guia ao Caminho do Meio*, Chandrakirti diz que todas as boas qualidades acompanham o esforço.

Para gerar esforço, temos de abandonar o seu principal oponente, a preguiça. Existem três tipos de preguiça:

(1) A preguiça de procrastinação
(2) A preguiça de atração por aquilo que é inútil ou não virtuoso
(3) A preguiça de desânimo

A PREGUIÇA DE PROCRASTINAÇÃO

Essa preguiça é uma relutância ou uma má vontade de investir esforço em nossa prática espiritual agora. Por exemplo, a preguiça de procrastinação se manifesta quando estamos interessados no Dharma, achamos que o Dharma é valioso e temos a intenção de praticá-lo, mas pensamos que a hora de praticar está em algum momento do futuro. Quem pensa assim está sofrendo da preguiça de procrastinação. Essa atitude é muito prejudicial, pois o tempo passa rapidamente, nossas oportunidades logo se perdem e a duração da nossa vida é incerta.

É perigoso achar que iremos praticar quando tivermos acabado nosso trabalho atual, porque haverá sempre outros trabalhos a serem feitos. Como disse Gungtang Rinpoche, as atividades mundanas são como barba de homem – embora tenha sido raspada pela manhã, à tarde já terá crescido novamente. Já que o trabalho mundano é interminável, precisamos praticar o Dharma enquanto fazemos nossas tarefas diárias.

Meditações nesta preciosa vida humana e sobre morte e impermanência são métodos poderosos para superar a preguiça de procrastinação, porque elas nos fazem tomar a firme decisão de praticar o puro Dharma neste exato momento.

A PREGUIÇA DE ATRAÇÃO POR AQUILO QUE É INÚTIL OU NÃO VIRTUOSO

A maioria de nós conhece muito bem esse tipo de preguiça. Incorremos nela sempre que assistimos à televisão horas a fio, sem ligar a mínima para o que estamos vendo; quando alimentamos longas conversas sem nenhum objetivo; ou quando nos envolvemos em esportes ou negócios só pelo prazer que isso nos proporciona. Atividades como essas dissipam a energia que temos para praticar o Dharma. Quando estamos absortos nelas, parece que nossa prática espiritual é um obstáculo aos nossos prazeres e hábitos compulsivos. Se não superarmos essa preguiça, poderemos gradualmente nos envolver de tal modo em atividades inúteis que abandonaremos por completo nossa prática de Dharma. Portanto, precisamos meditar muitas e muitas vezes sobre os perigos do samsara, relembrando que todos os divertimentos da vida mundana são enganosos porque, na realidade, eles só servem para nos prender ao samsara e nos causar ainda mais sofrimento.

Os prazeres mundanos são como uma chama, e nós, como mariposas. Quando a mariposa vê a chama, ela se torna tão atraída e fascinada que se aproxima cada vez mais, brincando com a chama, até ser morta. A mariposa vê a chama como um lugar maravilhoso para viver. Na realidade, é um lugar de destruição. De modo similar, ficamos fascinados pelos desafios e prazeres mundanos e queremos nos envolver cada vez mais intimamente com eles. Mas eles são como fortes garras que nos prendem dentro da Roda da Vida e nos condenam ao sofrimento. Para gerar o esforço que supera a preguiça de atração por aquilo que é sem sentido ou não virtuoso, precisamos nos lembrar repetidamente de que essas atividades consomem nossa preciosa vida humana e destroem sua essência.

A PREGUIÇA DE DESÂNIMO

Nestes tempos degenerados, existem muitas coisas que são capazes de infundir desânimo em nossa prática espiritual. Como não podemos ver com os próprios olhos exemplos vivos de seres iluminados e como nosso progresso espiritual costuma ser mais lento do que gostaríamos, podemos começar a duvidar se é possível alcançar a Budeidade ou podemos concluir que a Budeidade é algo tão raro que nossas chances são praticamente nulas. Por ver defeitos em nosso Guia Espiritual e nos outros praticantes de Dharma, podemos concluir que eles não possuem realizações e que investir esforço na prática do Dharma é um desperdício. Se notarmos que estamos ficando desanimados desse modo, precisamos lembrar que qualquer aparência às mentes dos seres comuns é equivocada, porque está contaminada pela ignorância. O que aparece à nossa mente não existe da maneira como aparece. Aparências à nossa mente são como alucinações – não são verdadeiras. Acreditamos que o que aparece à nossa mente é verdadeiro porque pressupomos que nossa mente é inequívoca. Pensamos que os seres iluminados não existem porque os únicos seres que aparecem à nossa mente são imperfeitos. Entretanto, se entendermos o que causa as aparências comuns alucinadas, deixaremos de nos aferrar à visão de que as coisas que não aparecem à nossa mente, como os Budas e os seres realizados, não existem. Se abandonarmos essa visão, não haverá mais base para nos sentirmos desanimados em nossa prática espiritual.

Existem duas causas de alucinações: as exteriores e as interiores. As causas exteriores são numerosas. Por exemplo, nosso rosto diante de um espelho é causa exterior de alucinação, porque, ao mirar o espelho, parece-nos que há um rosto verdadeiro ali. Gritar "olá" num desfiladeiro também é causa exterior de alucinação, porque o eco é percebido como se fosse outra voz a responder nossa saudação. Tomar a droga "dhatura" é causa exterior de alucinação porque, ao fazê-lo, vemos o chão como se fosse dourado. Esses tipos de alucinação nos ajudam a entender de que modo coisas que não existem podem aparecer à nossa mente.

A causa interior de alucinação é a ignorância do agarramento ao em-si. Essa ignorância faz todos os fenômenos aparecerem como verdadeiramente existentes quando, de fato, eles não o são. Enquanto tivermos forte agarramento ao em-si, não perceberemos as coisas da maneira como elas são. Assim, devemos ponderar: "Se não consigo ver exemplos de seres iluminados agora, isso não prova nada; afinal, não posso esperar ver Budas até ter purificado minha mente". Por exemplo, se a superfície de um lago estiver coberta de espuma, ela não poderá espelhar a lua, mesmo quando a lua estiver brilhando acima dela. Contudo, assim que a espuma for removida, a imagem da lua aparecerá clara e brilhante. Do mesmo modo, embora os Budas estejam em toda parte – diretamente à nossa frente, acima da nossa coroa e em nosso coração –, somos impedidos de vê-los pelas obstruções que povoam nossa mente.

Para entender isso melhor, podemos meditar na visão do sistema Chittamatra, segundo a qual nenhum objeto existe fora da mente e todos os objetos que aparecem à mente são a natureza da própria mente. De acordo com essa visão, as aparências às mentes dos seres comuns não são confiáveis, seguras ou verdadeiras, porque os objetos exteriores aparecem às mentes e tais objetos não existem. Ter uma experiência da visão Chittamatra é a melhor maneira de chegar à compreensão da visão suprema, sustentada pelo sistema Madhyamika-Prasangika, segundo a qual todos os objetos carecem de existência inerente. Dharmakirti explica a visão Chittamatra no terceiro capítulo do *Comentário à Cognição Válida*, e Chandrakirti explica a visão Madhyamika no sexto capítulo do *Guia ao Caminho do Meio*. Je Tsongkhapa disse que devemos realizar a visão que unifica ambas.

É muito útil considerarmos o que acontece à nossa mente quando adormecemos. Enquanto estamos acordados, percebemos e nos lembramos de muitas coisas mas, quando adormecemos, essas aparências cessam; quando acordamos outra vez, tudo o que aparece é novo. Se compreendermos a impermanência sutil – a desintegração das coisas momento a momento –, entenderemos que aquilo que aparecia à nossa mente ontem cessou de existir e que aquilo que aparece à nossa mente agora é completamente novo. Da mesma maneira, quando morremos, as aparências desta vida cessam e, quando renascemos, as aparências da próxima vida são inteiramente novas. Isso indica que aquilo que aparece à nossa mente vem dela própria. Se todas as aparências surgem da mente, não há motivo para desanimarmos quando não vemos exemplos vivos de seres iluminados, porque é certo que, quando nossa mente se tornar pura, nós perceberemos objetos puros.

Com esforço, tudo se conquista. Ganhamos experiência de Dharma e nossos problemas escasseiam. Com menos problemas, nosso avanço à iluminação torna-se mais fácil, e somos capazes de realizar inúmeros feitos, como a prática do Bodhisattva de dar seu próprio corpo. Temos a semente da iluminação e encontramos os métodos perfeitos para alcançar a iluminação. Agora, só precisamos investir esforço. Não é necessário nos submeter a privações fora do comum. Assim, por que desanimar? Existem três tipos de esforço:

(1) O esforço armadura
(2) O esforço de reunir Dharmas virtuosos
(3) O esforço de beneficiar os outros

O ESFORÇO ARMADURA

O esforço armadura é o esforço que temos quando estamos confiantes e pensamos: "Por maiores que sejam as dificuldades, por mais tempo que leve, completarei minha tarefa e alcançarei a Budeidade para o benefício dos outros". Ou então: "Mesmo que eu demore muito tempo para beneficiar, só um pouco, um ser vivo, vou completar minha tarefa espiritual".

Esse esforço é assim chamado porque nos protege contra a preguiça, do mesmo modo que uma armadura protege o soldado contra seu inimigo. Se gerarmos esse tipo de esforço no início de nossa prática, decidindo perseverar nela durante toda a nossa vida, não ficaremos desanimados, ainda que tenhamos de praticar por muito tempo sem perceber quaisquer resultados. Quando acordamos, devemos vestir esse esforço armadura, decidindo perseverar ao longo do dia quaisquer que sejam as dificuldades. Do mesmo modo, sempre que fazemos retiros, precisamos começar a atividade vestindo o esforço armadura, ou seja, tomando a firme decisão de não nos sobrecarregar ou nos deixar abater diante das dificuldades que surgirem. Devemos tomar a decisão de completar o retiro, aconteça o que acontecer. O esforço armadura deve estar sempre presente quando estamos aplicando outros tipos de esforço.

O ESFORÇO DE REUNIR DHARMAS VIRTUOSOS

Esse esforço está presente quando investimos energia em ações virtuosas. Ele difere da disciplina moral de reunir Dharmas virtuosos. A disciplina moral de reunir Dharmas virtuosos é, principalmente, o desejo ou a intenção de praticar virtude, ao passo que o esforço de reunir Dharmas virtuosos é o próprio investimento de esforço em virtude.

O ESFORÇO DE BENEFICIAR OS OUTROS

Esse esforço está presente sempre que agimos para beneficiar os outros. Ele difere da disciplina moral de beneficiar os outros. A disciplina moral de beneficiar os outros é, principalmente, o desejo ou a intenção de beneficiar os outros, ao passo que o esforço de beneficiar os outros é o próprio investimento de esforço nessa direção.

Existem quatro métodos para aumentar nosso esforço, conhecidos como "os quatro poderes":

(1) O poder da aspiração
(2) O poder da constância
(3) O poder da alegria
(4) O poder da descontração

O PODER DA ASPIRAÇÃO

O poder da aspiração é o desejo de praticar virtude. Para investir esforço em qualquer prática virtuosa, precisamos ter, antes de mais nada, a aspiração de alcançar a meta dessa prática. Intensa aspiração induz intenso esforço. Por exemplo, se quisermos gerar intenso esforço na prática da bodhichitta, teremos de gerar um intenso desejo de obter a realização da bodhichitta; se quisermos realizar a vacuidade, precisaremos ter o seguinte desejo: "Que maravilhoso seria ter uma realização da visão correta da vacuidade". Para gerar a aspiração de praticar ações virtuosas, contemplamos seus benefícios e os perigos das ações não virtuosas. A aspiração é denominada "poder" porque torna nosso esforço poderoso.

O PODER DA CONSTÂNCIA

Depois de gerar esforço, devemos mantê-lo continuamente. Não é difícil gerar esforço por poucos dias ou até por algumas semanas ou meses. Porém, se quisermos cumprir nossa meta, nosso esforço deverá ser constante. Algumas pessoas geram inicialmente um grande entusiasmo pela prática de Dharma e, durante algum tempo, não conseguem pensar noutra coisa, a ponto de negligenciarem a própria alimentação. Investem um tremendo esforço durante um curto período, ao mesmo tempo que alimentam grandes esperanças e expectativas, pensando: "Em pouco tempo, vou realizar a vacuidade"; "Vou me tornar um especialista renomado pelo meu conhecimento da filosofia budista"; "Logo me tornarei um Buda". Entretanto, se ultrapassarmos nossos limites e gerarmos ideias excessivamente otimistas sobre nosso progresso, vamos nos exaurir. Então, ao perceber que não obtivemos grandes resultados, provavelmente ficaremos desanimados e poderemos até abandonar totalmente a nossa prática. Esse tipo de esforço é exagerado e prejudicial, porque leva a uma reação que é pior do que não fazer esforço algum. Deixa-nos inertes e abatidos. Com tal disposição mental, geramos aversão pela prática espiritual. A letargia decorrente de nos forçarmos demais pode ser tão poderosa, ou até mais poderosa, que nosso zelo inicial. Portanto, precisamos ser muito habilidosos e empregar um esforço firme, estável e contínuo. É muito melhor aplicar uma pequena dose de esforço constantemente do que investir um grande esforço apenas por poucos dias. Costuma-se dizer que nosso esforço deve ser como as águas de um caudaloso rio, que fluem gentilmente, dia e noite, ano após ano. O esforço exagerado é como uma queda de água provocada por uma tempestade repentina. Cascateia ruidosamente durante algum tempo, consumindo uma tremenda quantidade de energia e, depois, fica a gotejar até secar de vez.

Enquanto nosso esforço for consistente, não há dúvida de que obteremos resultados. Diz-se que, com esforço estável e indestrutível, todas as boas qualidades e as realizações aumentarão dia após dia. Como disse Je Tsongkhapa, com esse tipo de esforço conseguiremos completar nossa prática espiritual.

O PODER DA ALEGRIA

Quando estamos investindo esforço em nossa prática de Dharma, precisamos ter uma mente calma e alegre. Chamamos essa alegria de "poder" porque ela nos capacita a realizar nossas tarefas espirituais com rapidez e facilidade, além de tornar nosso esforço forte e corajoso. Ficar ansioso e abatido bloqueia e frustra nossa capacidade de nos esforçar. Quem nos vir praticando com uma mente infeliz não acreditará que o Dharma possa trazer paz e felicidade. Ao praticar o Dharma, devemos nos comportar como uma criança brincando. Crianças absorvidas em suas brincadeiras sentem-se inteiramente contentes, e nada é capaz de distraí-las. Nem mesmo um doce despertará seu interesse, tão intenso é o prazer que elas sentem ao brincar.

Algumas vezes, quando nossa mente está superexcitada, é preciso acalmá-la meditando sobre temas como morte e impermanência ou os verdadeiros sofrimentos. Outras vezes, quando estamos tristes e abatidos, devemos nos estimular meditando sobre nossa preciosa vida humana.

O PODER DA DESCONTRAÇÃO

É importante não ficarmos esgotados por um esforço excessivo. Se soubermos relaxar na hora certa, em breve conseguiremos renovar nosso esforço. Uma descontração oportuna serve para manter a constância da nossa prática. Se desconsiderarmos a necessidade de repouso, ficaremos esgotados e não conseguiremos aplicar esforço com alegria. A descontração é chamada "poder" porque protege e sustenta nosso esforço.

É sabido que coisas inauditas podem resultar da aplicação de esforço, inclusive em tarefas que não trazem benefícios espirituais. Por exemplo, o homem pousou na Lua, embora isso fosse considerado algo impossível poucos anos antes. Se tamanha proeza foi possível com motivações mundanas comuns, não resta dúvida de que, com esforço, poderemos concluir todas as tarefas espirituais e alcançar a iluminação. Afinal, a iluminação não é algo inaudito, mas já foi alcançada inúmeras vezes.

Certa vez, Asanga fez um retiro para obter uma visão de Maitreya. Passaram-se três anos, e ele não obteve resultados. Desanimado, resolveu abandonar o retiro. Deixou sua caverna na montanha e, enquanto caminhava estrada abaixo, encontrou um homem que, usando uma pena, batia repetidamente num imenso bloco de ferro. Asanga quis saber o que o homem fazia, e ele respondeu que estava cortando o bloco ao meio. Com espanto, Asanga indagou: "Como esperas cortar um bloco de ferro com uma pena?". O homem respondeu: "Claro que posso! Olhe para isso! Já consegui fazer uma marca. Vou vencer, contanto que prossiga investindo esforço". Asanga então pensou: "Se esse homem é capaz de aplicar um esforço tão consistente numa tarefa como essa, seguramente eu posso perseverar no meu retiro para alcançar uma meta que é muito mais significativa". Pensando assim, ele voltou para a sua caverna e, por fim, obteve uma visão de Maitreya.

Meditando desse modo, podemos nos determinar a gerar um esforço que seja intenso, constante e alegre.

A PERFEIÇÃO DE ESTABILIZAÇÃO MENTAL

Estabilização mental, ou concentração, é uma mente cuja natureza é estar posicionada unifocadamente num objeto virtuoso e cuja função é impedir distrações. A estabilização mental é denominada perfeição quando é praticada com a motivação de bodhichitta.

A concentração dos seres comuns funciona, principalmente, por meio de percepção mental. Nossas percepções sensoriais podem contemplar e permanecer unifocadamente em seus objetos, mas nem por isso são concentrações. Por exemplo, quando nosso sentido da visão fita unifocadamente uma chama de vela, não estamos praticando concentração. Para nós, o principal objeto de concentração é a imagem genérica de um objeto, e essa imagem genérica é apreendida ou agarrada pela nossa percepção mental.

Existem tipos diferentes de concentração. Do ponto de vista da sua natureza, há dois tipos: mundana e supramundana. Concentrações mundanas são motivadas por simples desejos mundanos, como o desejo de obter clarividência e poderes miraculosos ou o desejo de renascer nos reinos dos deuses ou o desejo de ter mais felicidade mundana. Concentrações supramundanas são motivadas por renúncia ou por bodhichitta. Elas só podem ser atingidas por puros praticantes do Budadharma, porque somente as escrituras budistas contêm explicações corretas e precisas sobre o sofrimento subjacente, e precisamos entender o sofrimento subjacente a fim de realizar renúncia. Sabendo que nossos agregados apossados, ou sofrimento subjacente, são a base de todo o nosso sofrimento, tomaremos uma forte decisão de interromper o continuum dos nossos agregados apossados. Essa decisão é necessária para obtermos concentrações supramundanas. Todo mundo conhece o sofrimento manifesto e deseja se livrar dele. Alguns não budistas conhecem também o sofrimento de mudança. Por entenderem que a felicidade mundana é mutável e é da mesma natureza do sofrimento, eles meditam para obter uma cessação de todas as sensações agradáveis e desagradáveis. Entretanto, só os budistas compreendem o sofrimento subjacente.

Se ainda não tivermos realizado renúncia ou bodhichitta, mas tivermos o desejo de alcançar a libertação ou a iluminação e meditarmos para satisfazer esse desejo, qualquer concentração que obtenhamos poderá ser considerada supramundana. Tais concentrações assemelham-se a autênticas concentrações supramundanas e rumam na mesma direção.

As estabilizações mentais também podem ser divididas em concentração do reino do desejo, do reino da forma e do reino da sem-forma. À medida que nossas concentrações se aperfeiçoam, nossa mente torna-se cada vez mais sutil. A mente do reino da forma é mais sutil que a do reino do desejo, e a mente do reino da sem-forma é mais sutil que a do reino da forma.

Diz-se que os seres humanos que viviam neste mundo durante o primeiro éon conseguiam alcançar uma forte concentração com muita facilidade. Não tinham de investir grande esforço para alcançar as nove permanências mentais que levam ao tranquilo-permanecer. Em contraposição, nós temos de investir muito tempo e esforço até para alcançar a primeira delas e temos dificuldade de chegar aos estágios finais. Somos obrigados a ficar bastante tempo na segunda permanência mental e, mais ainda, na terceira e na quarta. Os seres humanos do primeiro éon descendiam do reino da forma e, por isso, conservavam fortes poderes de concentração. Com o tempo, seus poderes diminuíram, e suas mentes tornaram-se cada vez mais densas; as distrações e as mentes conceituais aumentaram em número e em força, e tornou-se cada vez mais difícil obter concentração. Na época de Buda Shakyamuni, milhares de pessoas conseguiam gerar a concentração do tranquilo-permanecer sempre que ele discursava. Agora, em tempos degenerados, é difícil encontrar alguém que tenha esse tipo de mente poderosa. Nossas delusões estão se fortalecendo e nosso mérito, diminuindo; portanto, é mais difícil obter realizações espirituais.

As concentrações também podem ser divididas da seguinte maneira: as que são direcionadas principalmente para atingir o tranquilo-permanecer, as que são direcionadas principalmente para atingir a visão superior e as que são direcionadas principalmente para atingir a união entre o tranquilo-permanecer e a visão superior. Esses tipos serão explicados em detalhes posteriormente.

Existem três tipos de concentração do ponto de vista da sua função: as que produzem o êxtase da maleabilidade física e mental; as que nos ajudam a realizar renúncia, bodhichitta e visão correta da vacuidade; e as que nos dotam com os meios para beneficiar os outros. Todas as concentrações possuem a primeira função. A maleabilidade torna nosso corpo leve e livre de tensão e nos ajuda a eliminar distúrbios mentais. Se tivermos perfeita concentração, sentiremos alegria continuamente e todas as nossas meditações serão bem-sucedidas. Eliminaremos os obstáculos mentais de maneira fácil e vigorosa e conseguiremos apreender rapidamente a natureza de qualquer objeto de estudo. A estabilização mental aproxima a mente de seu objeto cada vez mais, até que a mente e seu objeto se fundem. Desse modo, a concentração induz realizações espontâneas de todas as etapas do caminho, como a de renúncia, bodhichitta e visão correta da vacuidade. Se nossa concentração não for boa, levaremos muito tempo para obter qualquer resultado. Teremos de ouvir ou ler as instruções muitas e muitas vezes e passar um tempo enorme em meditação e, mesmo assim, continuaremos a ter dificuldades. Sem o poder da concentração, nossa mente é fraca, como uma chama de vela ao sabor do vento, e não somos capazes de reunir muita força mental quando praticamos ações virtuosas.

Se treinarmos os nove níveis de permanência mental e atingirmos o tranquilo-permanecer, gradualmente desenvolveremos clarividência e poderes miraculosos, que nos darão uma imensa capacidade de beneficiar os outros. Qualquer concentração que nos forneça esses meios para ajudar os outros é denominada "concentração de beneficiar os outros". Quando nos faltam poderes miraculosos e clarividência, corremos o risco de, ao tentar beneficiar os outros, prejudicá-los de fato. Como disse Atisha, assim como um pássaro não pode voar sem asas, também não podemos beneficiar os outros sem clarividência.

De acordo com a tradição Mahayana, quem pratica o Dharma com pureza não tem motivo algum para ambicionar esses poderes em benefício próprio. Nossa meta principal deve ser uma só: alcançar a libertação e a plena iluminação para o benefício dos outros. Para satisfazê-la, é imprescindível gerar estabilização mental e, quando estivermos aperfeiçoando nossos poderes de estabilização mental, clarividência e poderes miraculosos surgirão naturalmente. Com a motivação de bodhichitta e os votos bodhisattva, sentiremos grande interesse em aperfeiçoar a estabilização mental a fim de satisfazer nosso desejo de ajudar os outros. Se tomarmos os votos bodhisattva, mas não tivermos o desejo de aperfeiçoar a estabilização mental estaremos quebrando indiretamente um dos nossos compromissos.

A PERFEIÇÃO DE SABEDORIA

Sabedoria é uma mente virtuosa cuja função principal é afastar dúvida e confusão, por meio da compreensão minuciosa de seu objeto. A sabedoria praticada com motivação de bodhichitta é a perfeição de sabedoria.

Como diz Buda, no *Sutra Perfeição de Sabedoria Condensado*, assim como um cego não pode chegar ao seu destino sem um guia, as cinco perfeições não podem nos levar ao nosso destino, a plena iluminação, sem sabedoria. De fato, é impossível praticar qualquer ação virtuosa sem sabedoria, porque a sabedoria distingue entre o que é virtuoso e o que é não virtuoso, discriminando os benefícios de um e os perigos do outro.

Da sabedoria nasce nosso desejo de fazer o que é virtuoso e, desse desejo nasce, por sua vez, todo o esforço que investimos na nossa prática. Quanto mais sabedoria tivermos, mais forte será nossa prática. Portanto, todas as boas qualidades e realizações espirituais provêm da sabedoria. Estabilização mental e sabedoria relacionam-se estreitamente; uma maior sabedoria acarreta uma estabilização mental mais forte, e uma estabilização mental mais forte ocasiona uma maior sabedoria.

Existem muitos tipos de sabedoria. Entre as mais importantes, destacam-se quatro: sabedoria profunda, sabedoria clara, sabedoria rápida e grande sabedoria. A sabedoria profunda é a que compreende facilmente tópicos sutis, como a impermanência sutil ou a vacuidade. Alguém pode ter grande conhecimento e muita habilidade em vários assuntos técnicos e, contudo, não ser capaz de entender com facilidade tópicos mais profundos; isso é um indício de que não tem sabedoria profunda. A sabedoria clara é a que discerne seu objeto com clareza e precisão. Seus indicadores são: facilidade de entender aquilo que nos propomos a estudar, memória clara e boa imaginação, discernimento de tópicos mais sutis. Com essa sabedoria, lembramo-nos claramente de todos os nossos conhecimentos; ela acarreta uma concentração clara. A sabedoria rápida é a que entende rapidamente os objetos de contemplação, dispensando qualquer investigação suplementar. A grande sabedoria é a que compreende facilmente os objetos de contemplação, sem exigir explicações. É sinal de grande sabedoria entender sozinho um livro de Dharma, sem que alguém tenha de nos dar explicações. Com essa sabedoria, os livros de Dharma tornam-se nosso Guia Espiritual, porque podemos esclarecer todas as nossas dúvidas sem precisar recorrer a instruções suplementares.

A sabedoria também pode ser dividida em: sabedoria advinda de ouvir, sabedoria advinda de contemplar e sabedoria advinda de meditar. Para aumentar nossa sabedoria advinda de ouvir, precisamos ouvir instruções corretas de Guias Espirituais plenamente qualificados, ler autênticos livros de Dharma e discutir o que ouvimos. A sabedoria advinda de contemplar nasce de repetida reflexão sobre o que foi ouvido e compreendido; e a sabedoria advinda de meditar surge do ato de meditar sobre o que ouvimos e contemplamos. Devemos aperfeiçoar continuamente essas três sabedorias, até alcançarmos a iluminação.

Finalmente, a sabedoria pode ser dividida em: sabedoria de realizar as verdades convencionais e sabedoria de realizar as verdades últimas. Ambas serão explicadas posteriormente.

Visto que os Bodhisattvas querem alcançar a iluminação o mais depressa possível, eles possuem um forte desejo de acumular grande quantidade de mérito rapidamente; portanto, praticam as seis perfeições, aliando-as uma às outras. Por exemplo, quando os Bodhisattvas praticam a perfeição de dar, fazem-no de maneira a serem capazes de praticar simultaneamente todas as outras perfeições. Praticam o dar desprovidos de qualquer interesse pessoal, sem esperar retorno. Dessa maneira, praticam de acordo com os seus votos bodhisattva e aliam a perfeição de dar à perfeição de disciplina moral. Ao aceitar com paciência qualquer dificuldade envolvida nessa ação, e ao não permitirem que surja raiva em caso de ingratidão, eles combinam a perfeição de dar com a perfeição de paciência. Ao dar com alegria, associam a perfeição de dar e a perfeição de esforço. Os Bodhisattvas aliam a perfeição de dar à perfeição de estabilização mental quando se concentram, pensando: "Que minha doação traga verdadeiro benefício a essa pessoa". Por fim, ao compreender que o doador, a doação e a ação de doar carecem de existência inerente, eles combinam a perfeição de dar com a perfeição de sabedoria.

As outras perfeições também podem ser praticadas desse modo, cada uma aliada às outras cinco. Essa é a ação armadura habilidosa de um Bodhisattva, que acelera a conclusão das duas coleções – a coleção de mérito e a coleção de sabedoria.

Treinar a Mente no Tranquilo-Permanecer

AS PERFEIÇÕES DE ESTABILIZAÇÃO MENTAL E DE SABEDORIA, EM PARTICULAR

Esta seção possui duas partes:

1. Como treinar a mente no tranquilo-permanecer, a essência da concentração
2. Como treinar a mente na visão superior, a essência da sabedoria

COMO TREINAR A MENTE NO TRANQUILO-PERMANECER, A ESSÊNCIA DA CONCENTRAÇÃO

O termo tibetano para designar tranquilo-permanecer é *zhi nä*: *zhi* significa tranquilo ou apaziguado e *nä* significa permanecer ou ficar. O tranquilo-permanecer é, portanto, uma mente que apaziguou as distrações e permanece concentrada unifocadamente em um objeto. O tranquilo-permanecer é definido como uma concentração que possui o êxtase especial da maleabilidade física e mental, alcançado na dependência de concluirmos as nove permanências mentais. Com esforço, não é difícil alcançar uma mente capaz de manter-se unifocalizada em um objeto por pouco tempo, mas isso não é o tranquilo-permanecer. O efetivo tranquilo-permanecer só pode ser alcançado se aperfeiçoarmos essa mente até que ela induza o êxtase especial da maleabilidade.

Precisamos gerar o tranquilo-permanecer tanto em benefício próprio como em benefício dos outros. Visto que não queremos sofrer, precisamos eliminar a causa raiz do sofrimento, o agarramento ao em-si. Para fazê-lo, precisamos realizar diretamente a vacuidade, o que não é possível sem antes alcançarmos o tranquilo-permanecer. Isso se explica porque a vacuidade é um objeto muito sutil e, para realizá-la diretamente, precisamos da sabedoria especial da visão superior; e essa sabedoria nasce somente do tranquilo-permanecer. No momento, nossa mente tem a natureza do movimento, é insubordinada e facilmente se distrai. Para realizar a vacuidade diretamente, precisamos acalmar e refinar nossa mente pelo poder do tranquilo-permanecer.

Antes de desenvolver concentração, sentimos algum tipo de desconforto físico e mental quase o tempo todo. Nosso estado mental muda com muita rapidez. Por alguns momentos nos sentimos felizes, mas depois ficamos tristes. Nossa condição física também se altera rapidamente. Podemos estar bem pela manhã e adoentados ao anoitecer. Ao alcançar o tranquilo-permanecer, deixamos de sentir desconforto físico ou mental. Nossa mente torna-se apaziguada e somos sempre capazes de gerar pensamentos e sentimentos virtuosos e de criar causas de felicidade.

Quando atingimos o tranquilo-permanecer, além de recebermos todos esses benefícios, tornamo-nos capazes de beneficiar enormemente os outros, pois o tranquilo-permanecer faz surgir aquisições como os diversos tipos de clarividência. Existem cinco tipos de clarividência: a clarividência do olho divino, a clarividência do ouvido divino, a clarividência de conhecer a mente alheia, a clarividência de conhecer nossas vidas passadas e a clarividência de poderes miraculosos. Com a clarividência do olho divino, podemos ver aquilo que pessoas em lugares longínquos estão vivendo; e, com a clarividência de conhecer a mente alheia, podemos saber o que os outros pensam e quais são os seus problemas.

Certa vez, um rei testou Arya Asanga para descobrir se ele tinha ou não clarividência. Interrogou-o diante de uma grande multidão mas, em vez de fazer as perguntas em voz alta, ele simplesmente as formulava em sua mente. As questões se referiam aos *Sutras Perfeição de Sabedoria* e Asanga, com sua clarividência, foi capaz de responder todas as perguntas silenciosas do rei.

Enquanto dava ensinamentos, Buda Shakyamuni lia a mente de seus ouvintes e, em alguns casos, expunha suas distrações em público, dizendo: "Não pense assim!". Outros renomados Professores faziam o mesmo. Certa vez, enquanto Je Tsongkhapa transmitia um ensinamento sobre a vacuidade a mil discípulos, num local chamado Sera Chodhing, situado acima do monastério Sera, um dos monges chamado Sherab Senge realizou a vacuidade. Sua realização foi tão poderosa que ele chegou a pensar que tinha desaparecido por completo. Na tentativa de se acalmar a respeito de sua existência convencional, o monge puxou com força as próprias vestes. Je Tsongkhapa, com sua clarividência, entendeu o que estava acontecendo e declarou: "Sherab Senge encontrou o eu convencional". Então sorriu, radiante com a conquista de seu discípulo.

O tranquilo-permanecer nos traz também a clarividência de poderes miraculosos, capacitando-nos a manifestar objetos animados e inanimados. Certa ocasião, Rechungpa, um discípulo de Milarepa, sentiu-se muito orgulhoso do seu saber e de suas habilidades. Então, Milarepa convidou-o para um passeio e, enquanto andavam, manifestou-se como uma tempestade de granizo. Rechungpa perdeu Milarepa de vista e não conseguiu encontrar nenhum abrigo. Finalmente, descobriu o mestre dentro do chifre de um iaque morto. Notou que Milarepa não havia diminuído de tamanho, tampouco o chifre havia aumentado. De dentro do chifre, Milarepa acenou para o discípulo, dizendo: "Filho, se queres te comparar a mim, teu pai espiritual, vem para dentro desse chifre. Aqui é muito confortável e espaçoso". Todavia, Rechungpa não tinha poderes para reproduzir o feito de Milarepa e assim seu orgulho foi aplacado.

Ninguém gosta de ter falhas, mas só os Budas são perfeitos. Portanto, se quisermos nos livrar das falhas e satisfazer nosso desejo de perfeição, precisamos nos tornar um ser iluminado, atingindo progressivamente os solos e caminhos espirituais mais elevados e obtendo as realizações dos estágios de geração e de conclusão do Mantra Secreto. Para obtermos essas avançadas realizações, precisamos alcançar o tranquilo-permanecer. Na realidade, para praticar qualquer ação virtuosa, precisamos ter algum grau de concentração, porque a concentração supera os obstáculos à nossa prática, tais como o mal-estar físico e mental. Com o tranquilo-permanecer, podemos obter facilmente qualquer conquista, porque nossa mente consegue ficar focalizada no objeto da nossa escolha até que ela e o objeto se misturem.

No momento, quando praticamos uma ação virtuosa e queremos manter a mente concentrada nela, continuamos a ter muitas distrações e pensamentos negativos e, por isso, nossa virtude é fraca e impura. Nossa mente é constantemente perturbada por delusões, como raiva, inveja e apego desejoso. Nossa memória é imprecisa e instável, e nossa inteligência, entorpecida. Entretanto, com o tranquilo-permanecer, obtemos o êxtase da maleabilidade física e mental, e todos os obstáculos anteriores à concentração desaparecem. Nosso corpo torna-se maleável e saudável, e nos sentimos leves como algodão; é como se pudéssemos atravessar paredes. Não sentimos desconforto físico e dispomos de energia para executar qualquer ação virtuosa. Mesmo sem fazer exercícios físicos, nosso corpo é maleável, bem-preparado, e somos capazes de permanecer em concentração por longos períodos, sem desconforto. Não temos preguiça e conseguimos cumprir qualquer tarefa espiritual sem problemas, por mais longa que seja. Sentimo-nos calmos o tempo todo, pois nossa mente está livre de tensão. Ela está sempre maleável e flexível.

Com o tranquilo-permanecer, é fácil suportar circunstâncias difíceis e privações. Mesmo se ficarmos bastante tempo sem comer, não sentiremos nenhum desconforto. No Tibete, alguns monges ainda vivem em remotas cavernas, que nunca foram descobertas pelos chineses, desde a invasão de 1959. Eles têm conseguido sobreviver em seus retiros solitários, sem receber os alimentos que a população leiga costumava lhes enviar. Como fazem isso? Graças ao tranquilo-permanecer. Podem não ser eruditos renomados, mas são praticantes sérios que possuem grande força interior e realizações. É isso que os nutre e protege.

Devemos contemplar os benefícios de desenvolver o tranquilo-permanecer, até gerarmos um intenso desejo de praticá-lo. Quando esse desejo surgir com clareza em nossa mente, passamos à meditação posicionada, para nos familiarizar com ele

A explicação de como atingir o tranquilo-permanecer tem duas partes:

1. As condições necessárias para atingir o tranquilo-permanecer
2. Como atingir o tranquilo-permanecer

AS CONDIÇÕES NECESSÁRIAS PARA ATINGIR O TRANQUILO-PERMANECER

Para atingir o tranquilo-permanecer, todas as condições corretas, tanto exteriores quanto interiores, devem estar reunidas. Se não tivermos nos preparado adequadamente e tentarmos fazer o retiro do tranquilo-permanecer, poderemos passar anos em retiro sem obter sucesso. Em *Luz para o Caminho à Iluminação*, Atisha diz:

> Quem negligenciar as ramificações do tranquilo-permanecer
> Nunca alcançará concentração,
> Mesmo se meditar com grande esforço
> Durante mil anos.

Existem seis "ramificações" ou condições necessárias à conquista do tranquilo-permanecer:

1. Um local de retiro adequado
2. Pouco desejo
3. Contentamento
4. Nenhuma atividade distrativa
5. Disciplina moral pura
6. Nenhuma concepção distrativa

UM LOCAL DE RETIRO ADEQUADO

Para fazer um retiro de tranquilo-permanecer, precisamos encontrar um local adequado. Em *Ornamento dos Sutras Mahayana*, Maitreya explica que, para ser adequado, o local precisa ter cinco qualidades:

> (1) Ser um lugar onde possamos facilmente suprir nossas necessidades básicas, como as de alimentação e de vestuário.

(2) Ter sido abençoado por Budas e seres altamente realizados ou visitado por nosso Guia Espiritual. Se isso não for possível, devemos, no mínimo, escolher um local onde não tenha havido transgressões de compromissos ou desarmonia entre praticantes espirituais. Caso contrário, será difícil alcançarmos realizações.

(3) O ambiente deve ser saudável; o clima, bom – nem muito frio nem muito quente –; e a água, potável.

(4) Nas redondezas, deve haver amigos espirituais que nos ofereçam apoio. Os praticantes muito experientes e que possuem realizações especiais podem meditar em completa solidão. Entretanto, se não tivermos grande experiência em meditação, teremos de contar com outras pessoas, em caso de necessidade.

(5) O local deve ser silencioso. Quando atingimos algum grau de concentração, um barulho muito forte, como o do motor de uma moto ou um latido, romperá nossa concentração como se fosse um espinho furando nossa carne. Assim, precisamos de um local onde não haja ruídos perturbadores, diurnos ou noturnos, emitidos por seres humanos, por animais ou pela própria natureza, como o barulho de uma cascata.

POUCO DESEJO

Em *Guia do Estilo de Vida do Bodhisattva,* Shantideva diz:

> Primeiro deves lutar para atingir o tranquilo-permanecer,
> abandonando com alegria o apego à vida mundana.

Se, em retiro, não conseguirmos abandonar o apego aos objetos de desejo, dificilmente abandonaremos as outras distrações e será impossível gerarmos pura concentração. Portanto, uma das condições necessárias para fazer o retiro do tranquilo-permanecer é reduzir nosso apego a objetos de interesse mundano, como riqueza e reputação.

CONTENTAMENTO

Se durante o retiro não estivermos contentes com o que temos – acomodação, comida, etc. –, ficaremos tentando mudar e melhorar nossas circunstâncias exteriores, o que causará um aumento de distrações e de pensamentos conceituais. São esses os verdadeiros inimigos da concentração. Além disso, se não estivermos satisfeitos, sentiremos mal-estar físico e mental, desanimaremos e pensaremos em desistir do retiro. Para superar nosso descontentamento, devemos pensar muitas vezes:

Pouco importa viver em condições precárias durante alguns meses ou anos. Meu objetivo é alcançar a libertação e a iluminação, e só poderei realizá-lo se atingir o tranquilo-permanecer.

NENHUMA ATIVIDADE DISTRATIVA

Para obter uma concentração inteiramente pura, devemos nos desligar de todas as atividades mundanas e nos disciplinar a só fazer coisas que nos ajudem a gerar e a manter uma mente calma. Precisamos deixar de lado todas as atividades prejudiciais e sem sentido. Por exemplo, durante o intervalo entre meditações, devemos evitar leituras estranhas à nossa prática. Em vez disso, devemos ler as explicações das etapas do caminho, para cultivar uma forte motivação de aperfeiçoar nossa experiência e, em particular, estudar as explicações das etapas do tranquilo-permanecer. Nesses intervalos, devemos nos dedicar a atividades que aumentem nossa coleção de mérito e que purifiquem nossas negatividades.

DISCIPLINA MORAL PURA

Nesse contexto, disciplina moral pura significa ter conscienciosidade em relação a nossas ações de corpo, fala e mente. Se nos envolvermos em atividades perigosas, as distrações vão ocorrer. Portanto, devemos nos proteger de qualquer inclinação a praticar ações negativas e nos defender de atitudes incorretas e de concepções espúrias. Para manter disciplina moral pura, tomar votos não é uma exigência. Se tivermos poderosa contínua-lembrança, ela nos protegerá de cometer ações negativas de corpo, fala e mente e garantirá a pureza de todas as nossas atividades. Com contínua-lembrança, podemos superar distrações grosseiras e manter disciplina moral. Se não superarmos as distrações grosseiras, não seremos capazes de desenvolver a concentração que – mediante a aplicação de contínua-lembrança e vigilância – supera as distrações mais sutis. Portanto, guardar disciplina moral é um pré-requisito para a conquista do tranquilo-permanecer. Assim como uma cerca impede a entrada de animais indesejados em nosso jardim, a disciplina moral impede a entrada das distrações inimigas.

NENHUMA CONCEPÇÃO DISTRATIVA

Durante o retiro de tranquilo-permanecer, devemos interromper as concepções distrativas, como recordar-se de atividades anteriores e de experiências mundanas ou pensar em atividades futuras, bem como planejá-las.

COMO ATINGIR O TRANQUILO-PERMANECER

Este item será explicado em seis partes:

1. Os cinco obstáculos à conquista do tranquilo-permanecer
2. Os oito oponentes aos cinco obstáculos
3. Como atingir as nove permanências mentais
4. As seis forças
5. As quatro atenções
6. A medida para aferir se atingimos o tranquilo-permanecer

Antes de iniciar nosso retiro, precisamos entender perfeitamente as instruções sobre como atingir o tranquilo-permanecer. Caso contrário, talvez tenhamos de sair do retiro para pedir conselhos ou poderemos ficar confusos e gerar dúvidas sobre o que estamos fazendo. Se conhecermos bem as instruções, saberemos como nos preparar para o retiro e como atingir cada nível de concentração. Assim, será possível identificar os obstáculos ao tranquilo-permanecer e saber quais são os métodos para superá-los.

Se quisermos construir uma casa, inicialmente teremos de receber instruções completas sobre a preparação do terreno, a construção propriamente dita e como solucionar os possíveis problemas que encontraremos. Se não recebermos tais instruções, iremos cometer muitos equívocos, desperdiçar tempo e correr o risco de desanimar e até de desistir de tudo. O mesmo vale para o tranquilo-permanecer. Para que tenhamos êxito, precisamos fazer preparações interiores e receber instruções completas e corretas sobre como atingir nosso alvo.

Maitreya deu instruções corretas e explícitas sobre o tranquilo-permanecer em diversos tratados, como o *Ornamento dos Sutras Mahayana* e *Discriminação do Meio e dos Extremos*. Asanga extraiu essas instruções e incorporou-as na obra *Cinco Categorias dos Solos Espirituais*, na qual explica detalhadamente como atingir o tranquilo-permanecer. O grande iogue Kamalashila também forneceu instruções perfeitas em sua obra *Etapas de Meditação*. Mais tarde, Je Tsongkhapa extraiu a essência de todas essas instruções e compilou-as na obra *Grande Exposição das Etapas do Caminho*. A linhagem dessas instruções e a linhagem desses praticantes permanecem ininterruptas. Portanto, se confiarmos nessas instruções, temos grande chance de atingir o tranquilo-permanecer ainda nesta vida.

OS CINCO OBSTÁCULOS À CONQUISTA DO TRANQUILO-PERMANECER

Esses obstáculos foram explicados na obra de Maitreya, *Discriminação do Meio e dos Extremos*. São eles:

1. Preguiça
2. Esquecimento

3. Afundamento mental e excitamento mental
4. Não aplicação
5. Aplicação desnecessária

PREGUIÇA

Em geral, preguiça é uma mente que não gosta de fazer ações virtuosas. Nesse contexto, é uma mente que não gosta de treinar o tranquilo-permanecer. Podemos gerar essa preguiça a qualquer momento, quer antes do início do retiro, quer no seu decorrer. Existem muitos tipos de preguiça. Por exemplo, o apego a atividades mundanas nos torna relutantes quanto ao treino no tranquilo-permanecer; portanto, é um tipo de preguiça. Ficar abatido ou desanimado por achar que o tranquilo-permanecer é difícil demais ou adiar o retiro para o futuro, sendo que o momento certo de fazê-lo seria agora, também são tipos de preguiça. No início da nossa prática, a preguiça é nosso maior obstáculo, porque ela bloqueia nosso esforço para conquistar o tranquilo-permanecer. Enquanto não sentirmos prazer em aplicar esforço, a porta do tranquilo-permanecer permanecerá fechada para nós.

ESQUECIMENTO

Esse obstáculo refere-se ao esquecimento do nosso objeto enquanto estamos meditando ou ao esquecimento das instruções recebidas de nosso Guia Espiritual. O esquecimento torna nossa meditação inútil – ficamos na posição de um cavaleiro que caiu do cavalo. Enquanto meditamos, devemos reter firmemente nosso objeto com as rédeas da contínua-lembrança.

AFUNDAMENTO MENTAL E EXCITAMENTO MENTAL

Depois de ter iniciado nosso treino no tranquilo-permanecer, nossos maiores obstáculos são o afundamento mental e o excitamento mental, pois eles destroem uma concentração perfeita. A concentração perfeita tem duas características: ela permanece em seu objeto unifocadamente e percebe-o com clareza, segurando-o firmemente. O excitamento mental destrói a unifocalização da concentração, já que surge quando as distrações se desenvolvem. O afundamento mental destrói a clareza da concentração e sua firme retenção do objeto.

O excitamento mental ocorre quando nossa mente se desvia para um objeto de apego. Por exemplo, quando estamos nos concentrando, se uma parte da nossa mente lembrar-se de um objeto de apego – algum amigo ou uma guloseima – e nossa mente se desviar para tal objeto, isso será excitamento mental. Se demorarmos a perceber que isso aconteceu e não fizermos nossa mente voltar para o objeto de meditação logo a seguir, perderemos esse objeto por completo. Por causa da nossa familiaridade com os objetos de apego, frequentemente desenvolvemos excitamento mental no início da nossa prática.

Existem dois tipos de excitamento mental: grosseiro e sutil. Se primeiro obtivermos uma clara aparência do objeto e a retivermos com firmeza, permanecendo nela unifocadamente e, depois, enquanto estamos nessa concentração, nos lembrarmos de algo que desejamos, como uma comida gostosa, não é certo que nos esqueceremos imediatamente do objeto de meditação. Parte da nossa mente permanecerá no objeto, enquanto outra vai se desgarrar. Se isso acontecer, estaremos tendo o excitamento mental sutil. O excitamento mental sutil é como o movimento de um pequeno peixe sob a água: enquanto ele nada, a superfície da água permanece plácida. Com o excitamento sutil, a mente continua a segurar o objeto de concentração, mas uma parte dela já se desviou. Se continuarmos a nos lembrar do objeto de desejo, o excitamento mental se fortalecerá até perdermos o objeto por completo. Quando isso acontecer, teremos o excitamento mental grosseiro. O excitamento mental não se restringe apenas à meditação. Por exemplo, quando ouvimos um ensinamento, podemos nos lembrar de algum objeto de apego e perder parte da atenção que dispensávamos ao discurso. O excitamento mental é bastante frequente, ao passo que o afundamento mental só acontece durante a meditação.

O excitamento mental é um tipo especial de distração ou de divagação mental. Qualquer distração que não seja causada por apego desejoso é classificada como divagação mental e será um obstáculo à perfeita concentração, mesmo que o objeto seja virtuoso. Por exemplo, se estivermos meditando na respiração e nos lembrarmos da forma de Buda Shakyamuni, teremos incorrido na falha da divagação mental, porque todas as distrações, até mesmo aquelas causadas por objetos virtuosos, interrompem nossa concentração e precisam ser eliminadas da nossa mente, se quisermos avançar rumo ao tranquilo-permanecer.

O afundamento mental também pode ser de dois tipos: grosseiro e sutil. Se desenvolvermos boa concentração, retendo o objeto com clareza e, então, a clareza diminuir, isso será afundamento grosseiro. Se a clareza permanecer, mas nossa capacidade de reter o objeto se afrouxar, isso será o afundamento mental sutil. Com o afundamento mental sutil, a mente permanece de maneira unifocalizada no seu objeto e o percebe com clareza, porém, a sua capacidade de reter o objeto e a intensidade da concentração diminuem. A contínua-lembrança é o que mantém firme a nossa retenção do objeto. Se o poder da contínua-lembrança diminuir, nossa capacidade de reter o objeto perderá o vigor. Se o afundamento sutil se desenvolver e não for corrigido, poderemos perder por completo o objeto. Se isso acontecer, teremos desenvolvido afundamento grosseiro.

Primeiro precisamos entender intelectualmente o afundamento mental sutil. Porém, para entendê-lo perfeitamente, temos de identificá-lo em meditação e observar o que acontece. Se não detectarmos o afundamento mental sutil, nossa concentração tornar-se-á defeituosa. Essa falha é difícil de ser identificada, mesmo depois de ter acontecido, pois a mente permanece unifocalizada no seu objeto e continua a percebê-lo com clareza. De fato, há pessoas que passam longos períodos em estado de afundamento mental sutil, acreditando que estão "permanecendo" em perfeita concentração. Entretanto, com afundamento mental é impossível desenvolvermos o tranquilo-permanecer. Sendo assim, precisamos aprender a identificar o afundamento mental sutil logo que ele acontece e, então, aplicar a ação corretiva oportuna para eliminá-lo.

NÃO-APLICAÇÃO

Incorremos na falha da não-aplicação quando não conseguimos aplicar os remédios corretos contra o excitamento mental e o afundamento mental. A maioria das pessoas que meditam incorre nessa falha. Por exemplo, durante uma sessão de meditação, quando nos lembramos de algo que desejamos, com frequência deixamos o objeto permanecer em nossa mente, sem tornar a firme decisão de eliminá-lo. Deixamos os pensamentos que surgem na mente permanecerem nela, por isso, embora possa parecer que estamos meditando, por dentro, nossa mente está divagando sem rumo – planejando férias, visitando pessoas, fazendo compras etc. Já que a não-aplicação pode se tornar um forte hábito mental, precisamos detectar e abandonar os pensamentos irrelevantes assim que eles surgem e, repetidamente, voltar nossa atenção para o objeto de concentração. Se o afundamento grosseiro acontecer e nos esquecermos por completo do objeto devido à não-aplicação, ingressaremos num estado que não é o de meditação nem do sono. Nossa mente ficará desocupada, à espera de que pensamentos ocorram. Esse estado pode ser favorável a um relaxamento, mas não é uma meditação.

APLICAÇÃO DESNECESSÁRIA

É impossível que essa falha surja no início da nossa prática de concentração, pois, para desenvolvê-la, é preciso ter alcançado perfeita concentração. Quando tivermos atingido a sétima ou a oitava permanência mental e superado o afundamento e o excitamento mentais e, apesar disso, continuarmos a aplicar os remédios para combatê-los, essa aplicação desnecessária perturbará a unifocalização da nossa concentração.

OS OITO OPONENTES AOS CINCO OBSTÁCULOS

Em *Discriminação do Meio e dos Extremos*, Maitreya explica os oito oponentes às cinco falhas:

1. Fé
2. Aspiração
3. Esforço
4. Maleabilidade
5. Contínua-lembrança
6. Vigilância
7. Aplicação
8. Não aplicação

Os quatro primeiros são oponentes à preguiça; os outros quatro são, respectivamente, oponentes ao esquecimento, ao afundamento mental e ao excitamento mental, à não-aplicação e à aplicação desnecessária.

FÉ, ASPIRAÇÃO, ESFORÇO E MALEABILIDADE: OS OPONENTES À PREGUIÇA

Fé e aspiração são oponentes indiretos à preguiça, esforço e maleabilidade são oponentes diretos. Nesse contexto, esforço refere-se especificamente a uma mente que se deleita com a prática de concentração e que nos livra da preguiça sempre que é aplicado. A maleabilidade é alcançada por meio do esforço e, quando desenvolvemos completa maleabilidade, ficamos absolutamente livres da preguiça.

A fé, nesse caso, refere-se a ter fé na conquista do tranquilo-permanecer. Geramos essa fé ao compreender os grandes benefícios do tranquilo-permanecer e todas as coisas boas que podemos conquistar com ele. Entre os três tipos de fé, esse é um exemplo da fé de admirar. Com ela, desenvolvemos a aspiração de atingir o tranquilo-permanecer e, com tal aspiração, geramos naturalmente o esforço alegre nas práticas que conduzem à nossa meta. Dessa maneira, os oponentes indiretos, fé e aspiração, induzem os oponentes diretos, esforço e maleabilidade.

Quando as vantagens de um produto são anunciadas na televisão, desenvolvemos naturalmente o desejo de adquiri-lo. Da mesma forma, ao conhecer todas as excelentes qualidades do tranquilo-permanecer, naturalmente vamos aspirar atingi-lo e investiremos esforço em nossa prática.

Se não aspirarmos atingir o tranquilo-permanecer agora, dificilmente iremos gerar uma aspiração como essa em vidas futuras. Talvez nem ouçamos o termo "tranquilo-permanecer" em nossa próxima vida. Neste mundo, há muitas pessoas que nunca ouviram falar nisso. Assim, enquanto temos a oportunidade, devemos apreciar nossa boa fortuna e gerar uma forte aspiração de atingir o tranquilo-permanecer, lembrando-nos de que é mais fácil praticar concentração na juventude. Quando somos fortes e saudáveis, é mais fácil suportar dificuldades, nossa mente é mais clara, a memória é melhor e a contínua-lembrança, mais estável.

CONTÍNUA-LEMBRANÇA: O OPONENTE AO ESQUECIMENTO

A contínua-lembrança é o oponente ao esquecimento. Sua natureza é lembrar e reter seu objeto firmemente, e sua função é superar e impedir distrações. O objeto da contínua-lembrança é qualquer objeto que tenhamos conhecido e compreendido anteriormente e com o qual tenhamos familiaridade. Em *Compêndio do Abidharma*, Asanga explica três características da contínua-lembrança: seu objeto é algo que conhecemos, sua natureza é não esquecer o objeto, e sua função é eliminar distrações.

Enquanto estamos treinando concentração, devemos eliminar o esquecimento renovando repetidamente a contínua-lembrança, de modo que o objeto torne-se cada vez mais familiar. Se sempre renovamos nossa contínua-lembrança, impediremos sua degeneração. Enquanto nossa contínua-lembrança estiver funcionando bem, não esqueceremos o objeto de concentração.

VIGILÂNCIA: O OPONENTE AO AFUNDAMENTO MENTAL E AO EXCITAMENTO MENTAL

Vigilância é o oponente ao afundamento mental e ao excitamento mental. É um aspecto da sabedoria que examina a concentração e sabe quando as falhas do afundamento ou do excitamento estão se desenvolvendo. A vigilância é como um espião, pois sua especialidade é detectar a presença destes dois inimigos da concentração e nos avisar quando um deles está prestes a nos prejudicar. Ao treinar concentração, precisamos usar a vigilância com habilidade. Se superdosarmos sua aplicação, ela se converterá em obstáculo, porque irá perturbar o aspecto unifocalizado da concentração. Por outro lado, se subdosarmos sua aplicação, nossos inimigos o afundamento e o excitamento irão se insinuar.

Uma analogia nos ajudará a entender melhor como usar a vigilância. Se estivermos andando com muito dinheiro e notarmos que estamos sendo seguidos por um possível ladrão, agiremos com cautela; continuamos atentos ao caminho à nossa frente e, com o canto do olho, observaremos os movimentos do indivíduo em questão. Devemos proceder da mesma maneira quando treinamos concentração; mantemos a parte principal da nossa mente no seu objeto, mas outra parte deve estar atenta à presença de afundamento e de excitamento. Essa supervisão deve ser conduzida com muita suavidade, para não interromper a concentração. Assim como alguém que está sendo seguido por um possível ladrão não para bruscamente para encará-lo, também nós, durante a meditação, devemos investigar com discrição, espiando esses obstáculos com um canto da mente, mas sem nunca abandonar a concentração. Para cumprir suas missões, os espiões apenas averiguam e relatam o que sabem – eles não pegam em armas. Depois de terem passado a informação para seus oficiais, o exército é enviado para combater o perigo. A vigilância, tal como um espião, se contrapõe ao afundamento mental e ao excitamento mental, alertando-nos sobre o desenvolvimento dessas falhas e exortando-nos a aplicar os oponentes diretos a elas.

O oponente direto ao afundamento mental sutil é reter o objeto de modo ainda mais firme porque o afundamento sutil afrouxa nosso domínio sobre o objeto. Se estivermos segurando uma bola e afrouxarmos a mão, a bola poderá cair de vez no chão. O afundamento sutil provoca o mesmo tipo de efeito na concentração. Se não corrigirmos o afundamento mental, o objeto acabará por escapar de nosso domínio.

Existem muitos oponentes diretos ao afundamento mental grosseiro. Quando ele ocorre, nosso objeto aparece com menos clareza à mente. Podemos corrigir essa falha retomando a meditação analítica. Por exemplo, se nosso objeto for a forma visualizada de Buda Shakyamuni, poderemos retomar à meditação analítica lembrando-nos dos diversos traços de Buda, desde a cabeça até os pés. O afundamento grosseiro acontece quando a mente fica mais pesada, como se estivesse mais espessa e densa; assim sendo, podemos superá-lo tornando-a mais leve e energética. Faremos isso relembrando meditações anteriores, tais com a meditação sobre esta preciosa vida humana ou sobre os imensos benefícios do tranquilo-permanecer.

Há um método mais forte para eliminar o afundamento mental grosseiro. No coração, visualizamos nossa mente raiz, no aspecto de uma minúscula luz branca ovalada. Então, pronunciamos bem alto a silaba PHAT (pronuncia-se "pê"). Conforme fazemos isso, imaginamos que nossa mente raiz, no aspecto de uma minúscula bola de luz, sobe rapidamente através do canal central, sai pelo topo da nossa cabeça e desaparece no espaço. Imaginamos então que nossa mente se misturou inseparavelmente com o espaço e retemos esse reconhecimento em meditação unifocalizada.

O oponente direto ao excitamento mental sutil consiste em relaxar ligeiramente a intensidade da nossa concentração. O excitamento mental sutil surge quando insistimos em contemplar nosso objeto com clareza e aplicamos mais esforço do que é preciso para manter a unifocalização. Quando aplicamos esforço demais e retemos o objeto com excesso de firmeza, perdemos a unifocalização, e a concentração oscila. Quando isso acontece, parte da nossa mente se desvia para outro objeto. Podemos recobrar a unifocalização, relaxando suavemente a intensidade com qual seguramos o objeto.

O oponente direto ao excitamento mental grosseiro consiste em esquecer o objeto de apego. Para superar o excitamento grosseiro, temos de meditar muitas vezes sobre a impermanência e os perigos do samsara e tentar gerar renúncia. Se isso não funcionar, poderemos fazer meditação respiratória para reduzir os pensamento conceituais e, temporariamente, afastar nossa atenção do objeto de apego.

Concentração pura é como uma espada de dois gumes; há o gume da unifocalização ou estabilidade e o gume da clareza e intensidade. No início, temos de fazer grande esforço para alcançar a unifocalização; contudo, se o esforço for demasiado, perderemos nossa unifocalização, e a mente começará a oscilar na direção de outro objeto. Por outro lado, se não empregarmos esforço suficiente, perderemos o domínio sobre o objeto, e o afundamento mental se instalará. Como disse o grande meditador Chandragomin:

> Quando me esforço, o excitamento mental ocorre, mas quando reduzo esse esforço, o afundamento se instala.

Como um músico afinando as cordas de seu instrumento, temos de aprender a afinar nosso esforço para que não seja nem muito apertado nem muito frouxo.

APLICAÇÃO: O OPONENTE A NÃO-APLICAÇÃO

Quando praticamos concentração, o oponente à não-aplicação será aplicar o remédio correto contra qualquer falha que surja. Para aplicar o remédio correto, temos de nos lembrar dele e gerar a forte determinação de efetivamente aplicá-lo.

NÃO-APLICAÇÃO: O OPONENTE A APLICAÇÃO DESNECESSÁRIA

Quando nossa concentração é perfeita, a não-aplicação de remédios é o oponente à aplicação desnecessária. Permanecer naturalmente em perfeita concentração é denominado "equanimidade de aplicação". A mente está em paz, e a concentração não tem falhas.

Nossa concentração melhora conforme obtemos realizações. Ao alcançar níveis médios de concentração, temos de saber qual é momento exato de aplicar os oponentes ao afundamento e ao excitamento mentais. Mas, quando atingimos a oitava permanência mental, não precisamos aplicar nenhum esforço adicional.

Daí em diante, nossa concentração permanece sem falhas. Nesse nível, nossa concentração é poderosa e retém seu objeto com firmeza; portanto, o esforço de aplicar oponentes pode ser afrouxado.

Embora o afundamento mental e o excitamento mental sejam os obstáculos mais comuns à concentração, existem muitos outros. Como foi explicado, qualquer distração é um obstáculo, porque no momento nossa mente não consegue reter dois objetos ao mesmo tempo; portanto, nossa concentração é danificada tão logo nos lembramos de outro objeto. Sono e entorpecimento também são grandes obstáculos à concentração. É fácil entender como o sono atrapalha! Se estivermos sonolentos quando nos preparamos para meditar, precisaremos deixar entrar luz e ar fresco no local. Devemos nos sentar em posição ereta, com os olhos um pouco mais abertos que de costume e evitar roupas pesadas. Quando nos familiarizarmos com a prática de concentração, conseguiremos eliminar a sonolência simplesmente nos lembrando do objeto e nos concentrando nele. A concentração em si atua como um oponente à sonolência. Quando atingirmos o tranquilo-permanecer, nosso sono, ele próprio, se tornará concentração.

O entorpecimento também é um obstáculo à concentração. É um tipo de confusão que torna a mente e o corpo pesados e provoca afundamento mental e sono. O entorpecimento é uma das causas de afundamento mental e, embora os dois sejam às vezes confundidos, eles não são o mesmo. Se a força da concentração for ligeiramente diminuída pelo entorpecimento, teremos um afundamento mental sutil. Se o entorpecimento destruir a força da nossa concentração e não pudermos perceber o objeto claramente, experimentaremos o afundamento mental grosseiro.

A concentração é como uma semente, e superar os obstáculos e acumular as condições necessárias equivalem à água e aos demais nutrientes. O tranquilo-permanecer é como o fruto produzido quando a semente e todas as condições nutritivas são reunidas.

COMO ATINGIR AS NOVE PERMANÊNCIAS MENTAIS

Esta explicação será apresentada em duas partes:

1. O objeto de meditação
2. As nove permanências mentais

O OBJETO DE MEDITAÇÃO

Antes de iniciar nosso retiro de tranquilo-permanecer, precisamos eleger nosso objeto de meditação e, depois, mantê-lo como nosso único objeto ao longo de todo o retiro. O objeto deve ser aquele que melhor se adequar a nós e, depois de escolhê-lo, será preciso nos familiarizar com ele tanto nas sessões de meditação como nos intervalos. Desde já, podemos começar a nos preparar para nosso retiro de tranquilo-permanecer, fazendo retiros curtos para nos familiarizar com o objeto escolhido. Podemos também treinar concentração durante nossas sessões diárias de meditação. Se calmamente aplicarmos esforço em praticar concentração, conseguiremos conquistar as quatro primeiras permanências antes de entrar em retiro. Praticando à noite, em seus monastérios, alguns monges foram capazes de conquistar o tranquilo-permanecer.

Em *Essência do Caminho do Meio*, está dito que precisamos amarrar nossa mente-elefante na estaca do nosso objeto virtuoso, com a corda resistente da contínua-lembrança, e usar o gancho da vigilância para dominá-la. No momento, nossa mente é como um elefante selvagem enlouquecido. Nossas delusões são fortes, instigam-nos a cometer muitas ações prejudiciais e nos governam, desde tempos sem início. Treinar o tranquilo-permanecer é o método para domar e controlar essa mente-elefante selvagem; e nosso objeto de concentração funciona como uma estaca fincada no solo, à qual atamos nossa mente. Na falta desse objeto virtuoso, nossa mente não permanecerá em paz e continuará a vagar pelos objetos de delusão.

Existem muitos objetos adequados que podem ser tomados como objeto do tranquilo-permanecer. Buda mencionou quatro tipos:

1. Objetos que permeiam tudo
2. Objetos para abandonar delusões específicas
3. Objetos para abandonar delusões em geral
4. Objetos para eruditos

OBJETOS QUE PERMEIAM TUDO

Os objetos que permeiam tudo são as duas verdades: verdades convencionais e verdades últimas. Eles são assim chamados porque permeiam ou estão presentes em todos os objetos do tranquilo-permanecer.

OBJETOS PARA ABANDONAR DELUSÕES ESPECÍFICAS

Os objetos para abandonar delusões específicas são objetos de concentração que são os oponentes a delusões específicas. Por exemplo, a repugnância será um objeto desse tipo para aqueles que têm forte apego desejoso. Tomando a repugnância como objeto de meditação, eles vão atingir o tranquilo-permanecer e, ao mesmo tempo, eliminar o apego desejoso. A impermanência será esse objeto para aqueles que sofrem de ansiedade em relação ao bem-estar desta vida. Tomando a impermanência como seu objeto, eles vão atingir o tranquilo-permanccer e, ao mesmo tempo, superar a ansiedade. Da mesma maneira, quem sofre principalmente de raiva pode tomar o amor como seu objeto; quem deseja desenvolver renúncia pode tomar os sofrimentos do samsara como objeto; quem deseja ingressar no Mahayana para alcançar a iluminação pode tomar grande compaixão ou bodhichitta como seu objeto; quem tem muitas distrações pode escolher a respiração como objeto; quem recebeu uma iniciação tântrica pode escolher como objeto seu próprio corpo gerado como o corpo de uma Deidade; e quem está praticando o estágio de conclusão pode tomar como objeto sílabas-semente, canais, ventos, gotas etc.

Como foi recomendado no *Sutra Rei da Concentração*, podemos escolher a forma de um Buda como nosso objeto de concentração. Se enfocarmos a forma de um Buda, ainda que nossa concentração não seja clara, iremos desenvolver potencialidades virtuosas especiais, acumular mérito e purificar negatividades. Se nos familiarizarmos bastante com a forma de um Buda, mantendo-a sempre em mente, conseguiremos nos lembrar dela na hora da morte e, certamente, alcançaremos um renascimento elevado.

Algumas pessoas atingem o tranquilo-permanecer mais rapidamente praticando de acordo com o Mahamudra e tomando sua própria mente sutil como objeto de concentração. Essa maneira de praticar atenua os perigos de afundamento e de excitamento mentais e facilita a realização do estágio de conclusão.

OBJETOS PARA ABANDONAR DELUSÕES EM GERAL

A vacuidade é o objeto para abandonar delusões em geral porque, meditando na vacuidade, abandonamos por fim o agarramento ao em-si, a raiz de todas as delusões.

OBJETOS PARA ERUDITOS

Nosso objeto será considerado um objeto para eruditos se, concentrando-nos nele, nossa sabedoria e nossa concentração melhorarem. Para que ambas melhorem, precisamos meditar com perspicácia e grande destreza. Entre os objetos para eruditos, cabe mencionar os cinco agregados, os dezoito elementos, as doze fontes, os doze elos dependentes relacionados e as duas verdades.

A natureza de cada fenômeno é seu próprio elemento. Os elementos podem ser divididos em dois tipos: exteriores e interiores. Os cientistas possuem grande conhecimento sobre os elementos exteriores. Sabem quais são os componentes e o potencial das substâncias exteriores e entendem o que acontece quando essas substâncias são combinadas. Por terem se especializado no conhecimento dos elementos exteriores, os cientistas aprenderam a manipular o mundo material, a criar grandes avanços tecnológicos e a produzir muitas coisas maravilhosas.

Para conhecer os elementos sutis com precisão, suas naturezas e funções, precisamos estudar a ciência interior, o Budadharma. Se dominarmos os temas da ciência interior, alcançaremos realizações especiais, os frutos interiores do nosso estudo. Quando adquirirmos um entendimento completo da ciência interior, alcançaremos a iluminação. Todas as realizações que obtemos como resultado da prática de Dharma são poderes interiores. A ciência interior só traz paz, jamais perigos. Já a ciência exterior, por maiores que sejam seus benefícios, acarreta diversos perigos e conflitos. Podemos dizer que seus perigos hoje superaram de longe seus benefícios, porque o avanço tecnológico nos trouxe as armas nucleares, e estas possuem um poder destrutivo muitas vezes maior que o poder criativo de todas as outras invenções. Atualmente, a ciência exterior representa uma ameaça ao bem-estar do planeta como um todo. Portanto, entre as duas, é muito importante estudarmos a ciência interior.

Os elementos podem ser divididos em dezoito. Se os tomarmos como nosso objeto de concentração, deveremos primeiro fazer meditação analítica até gerar uma experiência especial e, depois, eleger essa experiência como nosso objeto de concentração. Faremos o mesmo se tomarmos os doze elos dependente-relacionados como objeto de concentração; primeiro, fazemos meditação analítica até gerar uma forte determinação de alcançar a libertação e, depois, tomamos esse pensamento especial como nosso objeto de concentração.

Os dezoito elementos são os seguintes: os seis objetos da consciência (formas visuais, sons, odores, sabores, objetos táteis e fenômenos), as seis faculdades (faculdade sensorial visual, faculdade sensorial auditiva, faculdade sensorial olfativa, faculdade sensorial gustativa, faculdade sensorial corporal e faculdade mental) e as seis consciências (consciência visual, consciência auditiva, consciência olfativa, consciência gustativa, consciência corporal e consciência mental). As cinco faculdades sensoriais não são os órgãos físicos densos propriamente ditos, mas sim as energias interiores sutis que geram diretamente as consciências sensoriais. A faculdade mental é o momento anterior de qualquer consciência mental. As seis faculdades dotam suas respectivas consciências com o poder de apreenderem seus objetos. Os órgãos físicos por si só não podem dar às consciências sensoriais o poder de conhecerem seus objetos. Se pudessem, um cego que ainda tivesse o órgão da visão seria capaz de ver.

De que modo podemos tomar esses dezoito elementos como nosso objeto de concentração? Primeiro, devemos tentar entender que todos os objetos de conhecimento estão incluídos nos dezoito elementos. Os dezoito elementos estão incluídos nos doze: as seis faculdades e os seis objetos das seis consciências. Quando tomamos esses dezoito elementos como nosso objeto de concentração, primeiro, fazemos meditação analítica detalhada sobre eles, dividindo-os em suas numerosas partes. Quando analisamos os elementos, é como se nossa mente fosse dividida em numerosas partes. Depois de diferenciar as partes de cada elemento, fazemos uma investigação para conhecer o poder, a natureza, a função e assim por diante de cada um. Meditar dessa maneira aumenta bastante a nossa sabedoria. Depois, reunimos as numerosas partes nos dezoito elementos, os dezoito nos doze e os doze nos seis objetos de consciência. Por fim, esses seis são todos incluídos numa única categoria – os objetos da consciência mental ou o elemento fenômenos. Então, tomamos essa categoria como nosso objeto de estabilização mental. Meditar dessa maneira chama-se "reunir a mente". Se tivermos alguma experiência da vacuidade, lembraremos que esse objeto é vazio e meditaremos na vacuidade. A própria vacuidade está incluída no elemento fenômenos.

Os objetos podem ser divididos em objetos que não são mentes e aqueles que são mentes ou sujeitos. A maneira de meditar em cada um deles difere. Quando meditamos nos objetos que não são mentes – como a vacuidade, a impermanência ou a forma de um Buda –, precisamos primeiro encontrar o objeto por meio de meditação analítica. Depois de encontrá-lo, vamos retê-lo e permanecer concentrados nele unifocadamente, na meditação posicionada. Por exemplo, caso tomemos a impermanência densa como nosso objeto, primeiro devemos obter uma imagem mental dela, pensando que nós mesmos somos impermanentes e lembrando as nove rodadas da meditação sobre a morte. Quando tivermos uma forte sensação da nossa impermanência, deveremos retê-la por meio de concentração.

Quando meditamos sobre mentes ou sujeitos, fazemos meditação analítica para transformar nossa mente nesse objeto e, depois, retemos essa mente de maneira unifocada em meditação posicionada. Começamos transformando nossa mente no seu objeto, como equanimidade, compaixão ou bodhichitta e, depois, mantemos e aprimoramos essa mente por meio de concentração. Nesse caso, nunca pensamos no objeto como algo exterior a nós mesmos. Nossa mente literalmente se converte no seu objeto, em vez de apenas observá-lo. Quando esse estado mental, que é nosso objeto de concentração, tornar-se espontâneo e contínuo, teremos atingido concomitantemente o tranquilo-permanecer. Por exemplo, se nosso objeto for a bodhichitta, no momento em que essa mente se tornar espontânea, realizaremos ao mesmo tempo o tranquilo-permanecer.

Quando fazemos meditações de Lamrim que não são as meditações nas etapas do tranquilo-permanecer, não estamos treinando especificamente o tranquilo-permanecer. Porém, nossas meditações são similares porque, como foi explicado, em todas elas primeiro devemos encontrar nosso objeto por meio de meditação analítica e, depois, retê-lo por meio de meditação posicionada. Dessa maneira, todas as meditações nos preparam para conquistar o tranquilo-permanecer.

AS NOVE PERMANÊNCIAS MENTAIS

Para atingir o tranquilo-permanecer, precisamos obter, sucessivamente, nove níveis de concentração num mesmo objeto. Eles são denominados:

1. Posicionamento da mente
2. Contínuo-posicionamento
3. Reposicionamento
4. Estreito-posicionamento
5. Controle
6. Pacificação
7. Pacificação completa
8. Unifocalização
9. Posicionamento em equilíbrio

À medida que cresce, uma criança se torna mais forte e madura, ano a ano. Da mesma maneira, nossa concentração vai se tornando mais forte e poderosa a cada nível, até atingirmos o tranquilo-permanecer. Explicaremos, a seguir, o que caracteriza cada nível e como eles podem ser alcançados em sucessão.

POSICIONAMENTO DA MENTE

Quando começamos nosso treino no tranquilo-permanecer, sentamo-nos na postura dos sete pontos de Buda Vairochana, ou o mais próximo disso que pudermos, e geramos a motivação de bodhichitta – tomamos a decisão de treinar o tranquilo-permanecer para satisfazer nosso desejo de beneficiar os outros.

Nessa etapa do treino, a meta é encontrar nosso objeto e enfocá-lo, ou seja, posicionar a mente nele. Quando atingirmos o posicionamento da mente, ainda não seremos capazes de reter o objeto de modo contínuo nem por um instante. Só o que conseguimos é focalizar o objeto com a mente. Para encontrar o objeto, devemos examiná-lo em detalhe. Por exemplo, se o objeto for a forma visualizada de Buda, iremos encontrá-lo lembrando-nos dos diferentes aspectos da sua aparência. No início, visualizamos o objeto do tamanho de um polegar mas, conforme o treino for avançando, tentaremos visualizá-lo o menor possível. Se tivermos muitas distrações, será aconselhável visualizar o objeto na altura do nosso umbigo, pois isso ajuda a reduzir o excitamento mental e outras distrações. Visualizar o objeto mais alto serve para reduzir o afundamento mental. Precisamos experimentar para descobrir qual é a altura que melhor nos convém, embora a melhor posição seja, em geral, na altura das sobrancelhas.

Antes de meditar e durante os intervalos, podemos examinar representações de Buda. Relembrando-as na sessão de meditação, tentaremos perceber uma clara imagem genérica de Buda. Procuramos estabelecer essa imagem na nossa visão mental, rememorando todas as suas características, da cabeça aos pés. Pensamos: "Seus cabelos são assim, o rosto é assim etc.". Então, repetimos tudo isso em ordem inversa, dos pés até a coroa da cabeça. Esse processo de verificação é denominado "procurar o objeto". Com prática, conseguiremos formar uma imagem genérica aproximativa da figura inteira. Então, tomamos essa imagem genérica aproximativa como nosso objeto e, nela, posicionamos nossa mente, sem tentar torná-la mais clara. Seremos muito afortunados se pudermos perceber a imagem completa nessa fase. Por enquanto, uma vaga imagem já será o bastante e nos capacitará a praticar o posicionamento da mente. Atingiremos a primeira permanência mental quando tivermos encontrado, ou estabelecido, o objeto corretamente e formos capazes de enfocar nossa mente nele e retê-lo de maneira unifocalizada. Alguns meses podem ser necessários para alcançarmos esse nível.

Na fase de posicionar a mente, temos mais distrações do que concentração durante as sessões de meditação. Podemos até sentir que nossas distrações estão mais fortes do que de costume. Mas não é bem assim. Essa impressão só ocorre porque a mente se tornou um pouco mais clara e interiorizada. Na vida diária, temos mais distrações do que quando estamos meditando mas, como não temos consciência delas a maior parte do tempo, achamos que elas são menos numerosas do que as que temos quando nos sentamos para meditar.

CONTÍNUO-POSICIONAMENTO

Depois de alcançar o posicionamento da mente, continuamos a meditar no mesmo objeto, repetidas vezes, até poder retê-lo unifocadamente durante uns cinco minutos. Quando isso acontecer, teremos atingido a segunda fase, o contínuo-posicionamento. Nessa fase ainda temos muitos pensamentos conceituais e outras distrações, mas em menor quantidade que antes. Nossas distrações são menos ativas, e sentimos que estão a ponto de desaparecer. Nossa concentração é mais forte. Em alguns momentos, nossa mente fica livre de pensamentos conceituais e em outros não.

REPOSICIONAMENTO

Depois de alcançar o contínuo-posicionamento, se continuarmos a meditar, alcançaremos a terceira fase, o reposicionamento. Na segunda fase, conseguimos reter o objeto durante uns cinco minutos antes de perdê-lo e, quando o perdemos, não conseguimos reavê-lo de imediato. Precisamos retomar a meditação analítica toda vez que perdemos o objeto. Entretanto, na terceira fase, sempre que perdemos o objeto, podemos imediatamente reavê-lo sem ter de iniciar novamente a busca. Na fase anterior, somos como uma criança que deixou cair a bola e não consegue retomá-la com facilidade. Nessa fase, somos como um adulto, capaz de reaver a bola sempre que ela cai. Ao alcançar o reposicionamento, nossa contínua-lembrança torna-se muito mais forte, e conseguimos meditar durante uma hora sem perder completamente o objeto. Durante esse tempo, deixamos o objeto cair muitas vezes, mas somos sempre capazes de reavê-lo de imediato.

ESTREITO-POSICIONAMENTO

Depois de alcançar o reposicionamento, se continuarmos a meditar, conquistaremos a quarta permanência mental, o estreito-posicionamento. Nessa etapa, o poder da nossa contínua-lembrança será total e, portanto, não esqueceremos o objeto de meditação em nenhum momento da sessão. Essa fase é chamada de estreito-posicionamento, porque o objeto está sempre perto de nós.

CONTROLE

Depois de alcançar o estreito-posicionamento, continuamos a meditar muitas vezes, e nossa concentração vai se aperfeiçoando até alcançar a quinta etapa, o controle. Nela, não há mais perigo de qualquer excitamento mental ou de afundamento mental grosseiro. Contudo, devido ao poder da concentração estável, nossa mente pode se interiorizar em demasia, e por isso existe um grande risco de desenvolvermos o afundamento mental sutil. Com a vigilância podemos controlar o afundamento mental sutil e, aplicando o oponente apropriado, podemos eliminá-lo imediatamente. Nessa etapa, a vigilância é aplicada principalmente para superar esse obstáculo.

PACIFICAÇÃO

Depois de alcançar o controle se prosseguirmos aperfeiçoando nossa concentração alcançaremos a sexta fase, a pacificação. Nela, não existe mais o perigo de qualquer afundamento mental ou de excitamento mental grosseiro. Contudo, devido à aplicação do remédio contra o afundamento mental na fase anterior, existe o risco de nos excedermos na aplicação, o que resultaria em excitamento mental sutil. Identificamos esse obstáculo por meio da força da vigilância e podemos superá-lo aplicando o oponente adequado.

PACIFICAÇÃO COMPLETA

Depois de alcançar a pacificação, se continuarmos a melhorar nossa concentração, alcançaremos a sétima fase, a pacificação completa. Nessa etapa, pelo fato de termos aperfeiçoado a contínua-lembrança e a vigilância, não existe um grande risco de gerar excitamento mental sutil ou afundamento mental sutil. Caso um desses obstáculos surja, poderemos eliminá-lo imediatamente, por meio da força do esforço.

UNIFOCALIZAÇÃO

Prosseguindo nossa prática de concentração, chegamos à oitava fase, a unifocalização. Nela, é impossível que o afundamento mental ou o excitamento mental se desenvolvam durante a meditação. Contudo, embora já possamos enfocar e permanecer unifocalizados em nosso objeto pelo tempo que quisermos, ainda é preciso investir esforço para manter a concentração.

POSICIONAMENTO EM EQUILÍBRIO

Dando prosseguimento à prática de concentração, chegamos à nona fase, o posicionamento em equilíbrio. Nela, assim que entramos em estado de concentração, somos capazes de sustentá-la sem esforço. Inicialmente, quando decidimos praticar concentração, temos de fazer um ligeiro esforço para dirigir a mente para seu objeto mas, depois disso, não será preciso nenhum esforço adicional para manter a concentração. Assim como adormecemos sem esforço, logo que vamos para a cama e nos deitamos, nesse estágio do treino, nos concentramos de maneira natural e espontânea, assim que decidimos fazê-lo, e nos lembramos sempre do objeto. Qualquer ser vivo precisa aplicar no mínimo um pouco de esforço para executar uma ação. Somente Budas completaram a perfeição de esforço e podem cumprir todas as tarefas sem esforço.

AS SEIS FORÇAS

As seis forças são métodos para alcançar e aperfeiçoar as nove permanências mentais. São as seguintes:

1. Força de ouvir
2. Força de contemplar
3. Força da contínua-lembrança
4. Força da vigilância
5. Força do esforço
6. Força da completa familiaridade

A força de ouvir refere-se ao ato de ouvir as instruções sobre como encontrar nosso objeto de concentração. Precisamos receber essas instruções de um Professor qualificado, se quisermos alcançar a primeira permanência mental, o posicionamento da mente. Alcançamos a segunda permanência mental, o contínuo-posicionamento, na dependência da força de contemplar. Significa que devemos contemplar nosso objeto de concentração muitas e muitas vezes, até nos familiarizarmos com ele. Fazemos isso tanto nas sessões meditativas como nos intervalos. Devemos tentar contemplar nosso objeto até em sonhos. Desse modo, vamos nos familiarizar com ele, assim como nos familiarizamos com os objetos de apego ao sonhar com eles. É fácil nos lembrarmos de um objeto de apego e permanecermos fixados nele unifocadamente. Somos capazes de contemplar os objetos de desejo até enquanto fazemos outras coisas, como comer. Quando os trazemos à mente, ela parece ficar absorta no seu objeto. Isso se assemelha a uma autêntica concentração induzida por contemplação. Porém, não é uma verdadeira concentração, uma vez que o objeto é não virtuoso.

A força da contínua-lembrança capacita-nos a alcançar a terceira e a quarta permanências mentais, ou seja, o reposicionamento e o estreito-posicionamento; e a força da vigilância nos habilita a alcançar a quinta e a sexta permanências mentais, isto é, o controle e a pacificação. Pela força da vigilância, o afundamento mental é, em grande parte, superado na etapa do controle, e o excitamento mental, na etapa da pacificação.

A força do esforço capacita-nos a alcançar a sétima e a oitava permanências mentais: a completa pacificação e a unifocalização. Na fase da completa pacificação, essa força subjuga o afundamento e o excitamento sempre que eles surgem e, na fase da unifocalização, ela sustenta nossa concentração.

A força da completa familiaridade com o objeto nos capacita a concluir a nona permanência mental, o posicionamento em equilíbrio.

AS QUATRO ATENÇÕES

Atenção é um fator mental sempre-acompanhante que serve para mover, dirigir e posicionar a mente de maneira unifocalizada em seu objeto. Por exemplo, se houver muitos objetos numa mesa, a atenção é o fator que dirige a mente para um deles e a fixa nele; depois, movimenta-a para outro objeto. Se a atenção não estivesse funcionando, não poderíamos escolher um objeto de cada vez.

Existem quatro tipos de atenção:

1. Atenção firme
2. Atenção interrompida

3. Atenção ininterrupta
4. Atenção espontânea

Nas duas primeiras fases de concentração, usamos a atenção firme, com a finalidade de renovar nosso esforço. Nas cinco fases seguintes, usamos a atenção interrompida, porque nossa concentração é ocasionalmente interrompida por afundamento mental e por excitamento mental. Na oitava fase usamos a atenção ininterrupta, porque nossa concentração nunca é interrompida por falhas. Na nona fase, temos a atenção espontânea, porque nossa concentração ocorre sem esforço. Quando estamos treinando o tranquilo-permanecer, essas quatro atenções surgem naturalmente no momento oportuno; não precisamos fazer nenhum esforço especial para cultivá-las.

A MEDIDA PARA AFERIR SE ATINGIMOS O TRANQUILO-PERMANECER

Quando alcançarmos a maleabilidade completa, que é induzida pela conquista da nona permanência mental, o posicionamento em equilíbrio, alcançaremos o tranquilo-permanecer. Na segunda permanência mental, geramos uma ligeira maleabilidade, que é difícil de ser identificada; na terceira e na quarta etapas, nossa maleabilidade aumenta. Quem tem prática em meditação consegue identificar a maleabilidade durante os dois primeiros níveis, mas a maleabilidade completa só pode ser alcançada algum tempo depois da conquista do posicionamento em equilíbrio. O tempo que isso leva varia de pessoa para pessoa. Alguns meditadores avançam rapidamente, enquanto outros, depois de alcançarem o posicionamento em equilíbrio, ainda precisam meditar por várias semanas até atingir o tranquilo-permanecer.

Quando atingimos a maleabilidade especial do tranquilo-permanecer, ficamos livres do peso e da inflexibilidade física e mental, nossa mente torna-se clara, e não temos mais obstáculos para praticar ações virtuosas. A maleabilidade física se desenvolve na dependência da maleabilidade mental; nosso corpo torna-se leve, saudável e incansável. Isso acontece porque, quando desenvolvemos maleabilidade mental, ela induz maleabilidade nos ventos sutis que fluem através do nosso corpo. A maleabilidade física permeia o corpo todo e induz uma sensação de êxtase. Na dependência do êxtase da maleabilidade física, experimentamos o êxtase da maleabilidade mental. Quando temos o êxtase da maleabilidade física pela primeira vez, ele é tão intenso que sentimos uma espécie de choque, e isso estremece nossa concentração, diminuindo ligeiramente a intensidade do êxtase. Quando a experiência de êxtase torna-se mais estável, alcançamos o êxtase inalterável da concentração. Esse é o sinal de que atingimos o tranquilo-permanecer. Nessa etapa, a mente parece ter se dissolvido no seu objeto. A mente é clara ao extremo, e temos a sensação de poder contar os átomos de uma parede. Ao atingir o tranquilo-permanecer, nossa mente deixa de pertencer ao reino do desejo e se transforma em uma mente dos reinos superiores. A partir de então, podemos usar o tranquilo-permanecer para galgar solos e caminhos espirituais cada vez mais elevados, até a libertação e a plena iluminação.

Treinar a Mente na Visão Superior

COMO TREINAR A MENTE NA VISÃO SUPERIOR, A ESSÊNCIA DA SABEDORIA

Como alcançar a visão superior na dependência do tranquilo-permanecer será explicado em três partes:

1. A natureza da visão superior
2. A função da visão superior
3. O objeto da visão superior

A NATUREZA DA VISÃO SUPERIOR

A natureza da visão superior é sabedoria. Enquanto o tranquilo-permanecer é um tipo especial e superior de concentração, a visão superior é uma sabedoria superior que surge do tranquilo-permanecer. Quando atingimos o tranquilo-permanecer, nossa concentração não é mais perturbada por pensamentos conceituais e se torna inabalável, como uma imensa montanha frente ao vento. Com essa concentração estável, somos capazes de investigar o objeto observado com mais precisão. Mediante repetida investigação, obtemos um conhecimento superior, ou *insight*, da natureza do objeto de meditação. Essa sabedoria de investigação induz uma maleabilidade especial. A visão superior é a sabedoria que é qualificada por essa maleabilidade.

A maleabilidade da visão superior e a maleabilidade do tranquilo-permanecer são semelhantes, porque ambas são maleabilidades, mas diferem no tocante às suas causas. Enquanto a maleabilidade do tranquilo-permanecer é induzida principalmente por concentração, a maleabilidade da visão superior é induzida principalmente por sabedoria. A natureza da meditação analítica é sabedoria, e a natureza da meditação posicionada é concentração. A visão superior é assim chamada porque, ao desenvolvê-la, o meditador vê a natureza do objeto observado com mais clareza e, por essa razão, supera a percepção dos meditadores que alcançaram somente o tranquilo-permanecer.

No momento, não temos uma concentração forte e, por isso, não conseguimos fazer as meditações analítica e posicionada ao mesmo tempo. Entretanto, quando tivermos atingido o tranquilo-permanecer, seremos capazes de examinar nosso objeto sem perturbar a concentração. De acordo com o sistema Mahamudra, o tranquilo-permanecer é como um lago de água límpida, e a visão superior é como um pequeno peixe que nada habilidosamente nessa água, sem perturbar a placidez da superfície. O meditador que conquistou a união do tranquilo-permanecer e da visão superior é capaz de galgar rapidamente os mais elevados solos e caminhos.

A FUNÇÃO DA VISÃO SUPERIOR

A visão superior da perfeição de sabedoria é um caminho à libertação e à plena iluminação. Sua função principal é eliminar todas as falhas e delusões. Com a conquista do tranquilo-permanecer, conseguimos examinar profundamente a natureza do objeto de meditação. Por exemplo, se nosso objeto for a figura visualizada de um Buda, poderemos usar nossa sabedoria para investigá-la e, por fim, descobrir que ela possui duas naturezas: uma natureza convencional e uma natureza última. Prosseguindo a investigação, perceberemos cada vez mais claramente a natureza última do objeto, a vacuidade e, por fim, conseguiremos realizá-la diretamente.

O OBJETO DA VISÃO SUPERIOR

Em geral, todos os objetos do tranquilo-permanecer também podem ser usados no treino da visão superior. Entre eles, a verdade última, ou vacuidade, é o melhor objeto da visão superior, porque precisamos realizar diretamente a vacuidade para alcançar a libertação e a plena iluminação. A visão superior em si é uma mente, mas como seu objeto principal é a vacuidade, a vacuidade será explicada a continuação.

No texto *Os Três Aspectos Principais do Caminho*, Je Tsongkhapa diz:

> Porém, embora possas estar familiarizado com renúncia e bodhichitta,
> Se não possuíres a sabedoria que realiza o modo como as coisas realmente são,
> Não serás capaz de cortar a raiz do samsara;
> Portanto, empenha-te de modo a realizares a relação-dependente.

Em *Comentário à Cognição Válida*, Dharmakirti diz:

> Seremos libertados do samsara pela visão da vacuidade. As outras meditações auxiliam essa visão.

Buda Shakyamuni disse que os seres continuam a vagar no samsara porque ainda não realizaram a vacuidade. No *Sutra Perfeição de Sabedoria Condensado* ele diz que, sem a sabedoria que realiza a vacuidade, todas as outras perfeições são cegas.

No *Guia do Estilo de Vida do Bodhisattva,* Shantideva diz:

> Buda ensinou todas as práticas do método, explicadas anteriormente,
> Para nos capacitar a completar o treino na sabedoria que realiza a vacuidade.

Nesse contexto, a expressão "práticas do método" refere-se a todas as práticas ensinadas por Buda que não sejam as de sabedoria. Todas elas auxiliam a sabedoria que realiza a vacuidade, o instrumento principal para erradicar as duas obstruções.

Para alcançar a iluminação, é preciso realizar a visão correta da vacuidade. Essa visão última vem sendo realizada e explicada por praticantes desde a época de Buda Shakyamuni. Não existe outra. Embora não tenha havido muito desacordo entre budistas indianos e tibetanos no que se refere aos ensinamentos de Buda sobre o método – renúncia, bodhichitta etc. –, existe desacordo em relação aos ensinamentos de Buda sobre sabedoria. A visão correta, e aquela que Buda queria que todos conhecessem, foi ensinada por Nagarjuna em seu sistema, o Madhyamika-Prasangika.

Antes de morrer, Buda Shakyamuni profetizou que quatrocentos anos mais tarde um monge chamado Bikkshu Palden visitaria a cidade de Bendra, no sul da Índia. Disse que, posteriormente, esse homem seria conhecido como Nagarjuna e daria explicações perfeitas sobre a visão correta da vacuidade, livre dos extremos da existência e da não-existência. Nagarjuna faria com que essa doutrina perfeita florescesse por todo o mundo. Se somos budistas e não confiamos nessas palavras de Buda, em que iremos confiar? Nagarjuna veio ao mundo como foi profetizado. No texto *Seis Coleções de Raciocínio*, ele explicou a visão correta da vacuidade e revelou o sentido de todos os tópicos expostos nos doze volumes do *Sutra Perfeição de Sabedoria em Cem Mil Versos*. Foi no texto intitulado *Sabedoria Fundamental do Caminho do Meio*, um de seus seis tratados, que Nagarjuna explicou a vacuidade. Nesse trabalho, ele expôs todas as etapas do caminho profundo, recorrendo a diversas linhas de argumentação. Posteriormente Chandrakirti, um discípulo dele, compôs um comentário a esse texto, intitulado *Guia ao Caminho do Meio*. Quando ensinava no Tibete, Atisha deu o seguinte conselho para os discípulos do futuro:

> Chandrakirti é o discípulo de Nagarjuna. Existe Budeidade nessa linhagem. Fora dessa linhagem, não há Budeidade.

Isso significa que é impossível alcançar a iluminação seguindo as visões que contradizem o sistema de Nagarjuna e de Chandrakirti.

Na época de Je Tsongkhapa, diversas interpretações da vacuidade eram ensinadas no Tibete. Je Tsongkhapa perguntou a Manjushri: "Em que obras devo confiar para obter uma compreensão perfeita da visão última de Buda?". Manjushri respondeu que deveria confiar principalmente nos trabalhos do glorioso Chandrakirti. Disse-lhe que Chandrakirti fora um grande Bodhisattva, que veio de uma Terra Pura para ensinar a visão correta da vacuidade, de acordo com as explicações de Nagarjuna.

No *Guia ao Caminho do Meio* Chandrakirti diz que se não realizarmos a vacuidade de acordo com as explicações de Nagarjuna, não poderemos alcançar a libertação. Se sustentarmos uma visão contraditória não poderemos praticar as duas verdades e, assim, não conseguiremos alcançar a libertação. Portanto, alguém que tem sabedoria mas, apesar disso, troca a visão de Nagarjuna e de Chandrakirti por outras, é como alguém que ruma diretamente para um abismo com os olhos bem abertos.

Como foi explicado, os *Sutras Perfeição de Sabedoria* ensinam explicitamente a vacuidade e, implicitamente, todas as etapas do caminho vasto. No texto intitulado *Sabedoria Fundamental do Caminho do Meio*, Nagarjuna fornece um comentário sobre os ensinamentos explícitos dos Sutras e, em seu texto *Preciosa Grinalda de Conselhos ao Rei*, ele tece um comentário detalhado sobre os ensinamentos implícitos dos Sutras. No *Sutra Perfeição de Sabedoria em Cem Mil Versos*, Buda ensina amplamente a vacuidade. Ele especifica todas as bases da vacuidade, como os cinco agregados, as doze fontes, os dezoito elementos, os doze elos dependente-relacionados do samsara etc. Explica em detalhes por que todas essas bases são vazias e fornece argumentos para estabelecer a vacuidade de cada uma delas. Ele lista 108 categorias que abarcam todos os objetos de conhecimento, desde a forma até a mente onisciente, e prova que cada uma delas carece de existência inerente. Essas 108 vacuidades podem ser condensadas em dezesseis vacuidades, as dezesseis em quatro e as quatro em duas: a vacuidade de pessoas e a vacuidade de fenômenos que não são pessoas. Já que todas as bases da vacuidade, ou seja todos os objetos de conhecimento, podem ser divididas em pessoas e demais fenômenos, se realizarmos perfeitamente a vacuidade de pessoas e a vacuidade de fenômenos, realizaremos todas as vacuidades. Sendo assim, a explicação da vacuidade, o objeto da visão superior, é apresentada sob dois tópicos:

1. A vacuidade de pessoas
2. A vacuidade de fenômenos

A VACUIDADE DE PESSOAS

Este tópico tem duas partes:

1. Como manter o equilíbrio meditativo semelhante ao espaço na vacuidade de pessoas
2. Como manter a conquista subsequente semelhante a uma ilusão

COMO MANTER O EQUILÍBRIO MEDITATIVO SEMELHANTE AO ESPAÇO NA VACUIDADE DE PESSOAS

Para entendermos o significado da expressão "vacuidade de pessoas", precisamos examinar em que sentido uma pessoa é vazia. Se primeiro entendermos por que uma pessoa é vazia, entenderemos com facilidade por que os outros fenômenos são vazios. Se for possível, devemos estudar a obra *Sabedoria Fundamental do Caminho do Meio*, de Nagarjuna, e o *Guia ao Caminho do Meio*, de Chandrakirti, bem como seus respectivos comentários, especialmente os comentários escritos por Je Tsongkhapa. O livro *Oceano de Néctar* é um comentário ao texto *Guia ao Caminho do Meio*. Os textos de Nagarjuna e de Chandrakirti são como portas que desvendam o sentido dos *Sutras Perfeição de Sabedoria*, e os textos de Je Tsongkhapa são como as chaves dessas portas. Contudo, caso não possamos estudar tão extensivamente, devemos ao menos estudar e praticar de acordo com as instruções do Lamrim, pois elas contêm o sentido essencial de todos os outros grandes textos.

Há vários métodos para obter uma clara compreensão da vacuidade de pessoas. O método aqui apresentado divide-se em quatro passos principais:

1. Averiguar o objeto de negação
2. Averiguar a inclusão
3. Averiguar a ausência de unicidade
4. Averiguar a ausência de diferença

AVERIGUAR O OBJETO DE NEGAÇÃO

A vacuidade é um fenômeno negativo não afirmativo que nega a existência inerente e não afirma nenhum fenômeno positivo. É uma mera ausência de existência inerente. Nem todos os vazios são vacuidades. Por exemplo, quando uma garrafa de vinho está vazia, esse vazio não é uma vacuidade porque, nesse caso, o objeto de negação é o vinho, ao passo que no caso da vacuidade o objeto negado é sempre a existência inerente. Para compreender a vacuidade, é essencial identificar o que é a existência inerente. Quando se diz que a existência inerente é o objeto de negação da vacuidade, isso não significa que a vacuidade provoca o desaparecimento da existência inerente, por que de fato esta nunca existiu. No entanto, porque acreditamos que a existência inerente existe, precisamos examinar esse objeto e obter uma ideia mais clara a seu respeito.

É possível obter uma ideia muito clara de um objeto que não existe. Por exemplo, embora não exista um chifre na cabeça de um coelho, podemos imaginar claramente como isso seria se existisse. De fato, para saber sem sombra de dúvida que uma cabeça de coelho está vazia de chifres, precisamos saber exatamente o que está ausente. Em outras palavras, precisamos ter uma ideia clara do objeto de negação. Da mesma maneira, para compreender a vacuidade de uma pessoa, precisamos ter uma ideia clara do que seria uma pessoa inerentemente existente, caso tal criatura existisse. Se não pudermos identificar corretamente o objeto de negação da vacuidade, não poderemos estabelecer sua inexistência e, se não pudermos estabelecer sua inexistência, não conseguiremos realizar a vacuidade.

Se quisermos derrotar nosso inimigo, temos de identificá-lo claramente; caso contrário, corremos o risco de derrotar nosso amigo. Do mesmo modo, se cometermos um equívoco ao identificar o objeto de negação da vacuidade, nossa compreensão será incorreta e não realizaremos a vacuidade. Muitos equívocos têm sido cometidos sobre esse ponto, pois o objeto de negação é sutil e de difícil discernimento. Um monge chinês chamado Hashang leu, nas escrituras de Buda, que todos os objetos de conhecimento são vazios de existência inerente e concluiu que os objetos de conhecimento não existem. Ao ler "Não há forma...", ele entendeu que isso significava que a forma não tinha nenhum modo de existência. Então, instruiu seus discípulos para que tentassem obter uma realização do "nada". Até hoje há pessoas que não conseguem distinguir entre a vacuidade e o nada e treinam suas mentes para se tornarem como rochas, sem apreender coisa nenhuma.

A descrição mais clara do objeto de negação da vacuidade – a existência inerente – foi dada por Chandrakirti, no seu comentário ao texto de Aryadeva, *Tratado de Quatrocentas Estrofes*. Nessa obra, Chandrakirti escreve o seguinte:

> Dizer que as coisas existem inerentemente significa dizer que as coisas não dependem de outros fatores para existir; mas, porque as coisas dependem de outros fatores, não pode haver objetos inerentemente existentes.

Já que uma rosa depende de suas causas e condições, ela não existe inerentemente. Se conseguirmos encontrar um objeto independente, teremos encontrado um objeto inerentemente existente; mas tal objeto é inencontrável, porque todo objeto de conhecimento depende de suas partes. De acordo com Nagarjuna e seus seguidores, compreender os fenômenos dependente-relacionados é a melhor maneira de realizar a vacuidade.

O primeiro passo para realizar a vacuidade de pessoas é identificar o objeto de negação – uma pessoa independente. Se por meio de investigação conseguirmos encontrar uma pessoa assim, ela existirá inerentemente. Começamos essa investigação meditando no nosso eu ou self. Um eu inerentemente existente está sempre aparecendo à nossa mente, e nunca deixamos de apreendê-lo, mesmo quando estamos dormindo. Iniciamos a meditação pensando: "De que modo estou me agarrando ao eu? O que é o eu que aparece à minha mente?". Questionando dessa maneira, tentamos estabelecer uma imagem clara do eu inerentemente existente. Se alguém nos descrever sua casa de veraneio, perceberemos uma clara imagem dela, mesmo sem nunca tê-la visto. Essa imagem da casa será a imagem genérica da casa. Do mesmo modo, ao examinar o eu que normalmente aparece à nossa mente – o objeto do nosso agarramento ao em-si – podemos obter uma clara imagem genérica do eu inerentemente existente.

Se não investigarmos, assumiremos que um eu inerentemente existente de fato existe. É claro que não saímos por aí dizendo "eu existo inerentemente"; porém, sempre que falamos ou pensamos sobre nós, o objeto ao qual nos referimos é o eu inerentemente existente. Apesar disso, em geral não temos uma ideia muito clara a respeito desse eu e por isso precisamos começar por enfatizá-lo, para depois conseguir focar nossa atenção nele. Podemos pensar: "Eu estou lendo este livro". Em seguida nos perguntamos: "De que maneira o eu que está lendo esse livro aparece à minha mente?". Refletindo assim, veremos que esse eu aparece como algo diferente e independente do nosso corpo e da nossa mente. Não sentimos que "eu estou lendo este livro" significa o mesmo que "meu corpo está lendo este livro" ou que "minha mente está lendo este livro". O eu parece existir do seu próprio lado. Se esse eu independente existisse, ele seria o eu inerentemente existente, o eu que apreciamos.

Ao investigar o objeto de negação da vacuidade, é importante que não nos precipitemos em tirar conclusões do tipo: "Já que um eu inerentemente existente não existe, não preciso pensar nele". Devemos, ao contrário, cultivar deliberadamente um forte senso de eu e estabelecer uma imagem genérica vaga ou aproximativa dele. A seguir, vamos nos concentrar nessa imagem e pensar: "Esse é o eu que aprecio. Esse é o eu que está lendo. Esse é o eu que trabalha e dorme. Esse é o eu que fica ferido. Esse é o eu independente, inerentemente existente". Nessa fase devemos nos satisfazer com uma vaga imagem genérica. Se tentarmos investigar mais a fundo ela se tornará obscura e a perderemos. Assim que tivermos estabelecido uma vaga imagem genérica do eu, devemos fazer meditação posicionada para nos familiarizar com ela. Devemos dedicar o tempo que for necessário para essa etapa da meditação. Talvez levemos anos para perceber uma imagem genérica clara do eu inerentemente existente, mas isso não tem importância, pois esse passo é o alicerce essencial para as demais etapas da meditação. Se construirmos bem esse fundamento, facilmente obteremos uma realização dos passos seguintes.

Não é possível dar uma explicação mais clara de como identificar o objeto de negação. Uma vez que tenhamos entendido essa explicação, a única maneira de prosseguir consiste em contemplar e meditar nas instruções e obter uma experiência pessoal. São inúmeras as oportunidades para observarmos o eu inerentemente existente, tanto nas meditações como nos seus intervalos, pois nos agarramos a esse eu o tempo todo. Portanto, podemos usar essas instruções para desafiar repetidamente nossa noção habitual de um eu inerentemente existente. Se for difícil avançar nessa prática, não será porque as instruções são inadequadas, mas sim porque não temos sabedoria e familiaridade com o assunto. A esse respeito, seremos como certas pessoas de idade que enxergam mal e, mesmo quando leem livros impressos com letras grandes e claras, queixam-se da má qualidade da impressão.

Durante o intervalo entre meditações, continuaremos a contemplar o objeto de negação da vacuidade. Ao ler explicações autênticas, como as apresentadas no nono capítulo em *Guia do Estilo de Vida do Bodhisattva*, de Shantideva, e no sexto capítulo em *Guia ao Caminho do Meio*, de Chandrakirti, precisamos fazer uma leitura cuidadosa, contemplando muito bem cada sentença. Podemos levar duas horas para ler apenas uma página, mas esse tempo estará sendo bem empregado, pois esses textos não devem ser lidos como jornais. No *Guia do Estilo de Vida do Bodhisattva*, Shantideva refuta em detalhes as visões incorretas sobre a vacuidade. Se lermos com cuidado essas páginas, conseguiremos eliminar nossas próprias visões errôneas e entenderemos os pontos essenciais do sistema Madhyamika-Prasangika; contudo, precisaremos de um certo tempo para obter essa compreensão. Em *Guia ao Caminho do Meio*, Chandrakirti explica que sua intenção, ao refutar as visões dos outros e estabelecer a sua, não é travar um debate pelo debate, mas revelar os caminhos corretos a todos aqueles que buscam a libertação. Visto que os textos mencionados foram escritos com esse grande propósito e intenção, devemos estudar suas explicações com paciência e dedicação.

Há algo de muito estranho com o eu inerentemente existente. Quando não o investigamos, ele aparece o tempo todo e até quando sonhamos nos agarramos a ele. Porém, assim que o examinamos, ele se torna bastante indefinido. Quando o procuramos, em vez de sermos capazes de localizá-lo, nós o perdemos. Essa experiência, por si só, é um indício de que o eu não existe do seu próprio lado pois, se existisse por si só, a investigação iria revelá-lo cada vez mais claramente. O mesmo se aplica a todos os objetos externos. Por exemplo, se olharmos para uma rosa sem nos deter muito, sempre que nos voltarmos em sua direção, ela aparecerá. Contudo, se começarmos a analisá-la, tentando descobrir o que é a rosa, encontraremos muitas partes da rosa, mas não encontraremos a rosa propriamente dita. Quanto mais estreitamente investigarmos, mais difícil será ver a rosa. Normalmente, quando alguém nos pergunta "onde está a rosa?", apontamos em sua direção e respondemos "aqui está a rosa!". Porém, se a observarmos melhor, por meio de investigação, não conseguiremos localizar a rosa propriamente dita. Esse tipo de experiência é um sinal indicador de que os fenômenos que não são pessoas também não possuem existência inerente ou existência verdadeira. Nem as pessoas nem os outros fenômenos existem do seu próprio lado.

AVERIGUAR A INCLUSÃO

Como resultado de praticar o primeiro passo da meditação, apreenderemos a imagem genérica do objeto de negação – o eu inerentemente existente –; e depois disso prosseguiremos nossa investigação, sem preconceito, para verificar repetidamente se um eu como esse de fato existe.

Se um eu assim existir, então por meio da nossa investigação ele aparecerá cada vez mais claramente, e teremos razões corretas que provam sua existência. Se ele não existir, isso também se tornará evidente por meio da investigação. O próximo passo é averiguar a inclusão:

> *Se o eu que sempre percebemos como se existisse do seu próprio lado realmente existisse, ele teria de ser o mesmo que os agregados ou separado dos agregados. Não há uma terceira possibilidade.*

Se quisermos conduzir uma busca conclusiva de um eu inerentemente existente, deveremos garantir que nossa investigação abrangerá todos os lugares onde esse eu poderia estar. Se não tivermos certeza de que nossa busca abrangeu todas as possibilidades, não conseguiremos chegar a uma firme conclusão. Traçando uma analogia, se pensarmos que há um peixe em nossa casa, só existem dois lugares onde ele poderia estar: dentro do aquário ou fora do aquário. Não há uma terceira possibilidade. Se apurarmos que não há peixe dentro do aquário e não há peixe fora do aquário, poderemos concluir com firmeza que não há peixe algum em nossa casa.

AVERIGUAR A AUSÊNCIA DE UNICIDADE

O próximo passo da meditação é descobrir se o eu inerentemente existente é o mesmo que os agregados. Meditamos nas seguintes razões:

> *Se esse eu fosse o mesmo que os agregados, seguir-se-ia que uma pessoa teria cinco "eus", pois existem cinco agregados*
>
> *Se o eu fosse o mesmo que os agregados, ele teria de ser o mesmo que o corpo ou o mesmo que a mente. Se o eu fosse o mesmo que o corpo, seguir-se-ia que quando o corpo fosse cremado o eu se tornaria não existente. Nesse caso, não haveria um próximo renascimento, porque o eu teria sido destruído juntamente com o corpo.*
>
> *Além disso, o eu não pode ser o mesmo que o corpo, porque dizemos "meu corpo", indicando claramente que consideramos o corpo uma posse do eu.*
>
> *Do mesmo modo, o eu não pode ser o mesmo que a mente, porque dizemos "minha mente", indicando claramente que consideramos a mente como uma posse do eu.*
>
> *Se o eu e a mente fossem o mesmo, seguir-se-ia que uma pessoa teria muitos eus, porque existem muitas mentes – a mente principal, as mentes secundárias, as virtuosas, as não virtuosas etc.*

Por essas razões, segue-se que o eu não é o mesmo que os agregados em geral, nem é o mesmo que um deles em particular. Quando nossa meditação analítica nos conduzir a essa firme conclusão, faremos meditação posicionada.

AVERIGUAR A AUSÊNCIA DE DIFERENÇA

O quarto passo da meditação é investigar a possibilidade remanescente, ou seja, a de que o eu inerentemente existente seja separado dos agregados. Meditamos nas seguintes razões

> *Se o eu fosse separado da mente e do corpo, não faria sentido dizer "estou ficando velho" quando nosso corpo está envelhecendo. Isso faria tanto sentido quanto dizer "estou ficando velho" quando o corpo do nosso cachorro está envelhecendo, porque ambos os corpos seriam igualmente diferentes do nosso eu. Do mesmo modo, se o eu fosse separado da mente e do corpo, seria um disparate dizer "estou com dor de cabeça". De fato, a maior parte do nosso linguajar seria um disparate.*
>
> *Chandrakirti disse que não existe um eu separado dos agregados, porque sem perceber os agregados, o eu não pode ser percebido. A não ser que os agregados apareçam à mente, não há como apreender o eu.*

> *Se fosse possível apreender o eu sem que os agregados aparecessem à mente, o agarramento ao em-si poderia existir até na ausência dos agregados, do mesmo modo que um asno pode existir quando um cavalo está ausente, visto que asno e cavalo são diferentes e não existem necessariamente juntos.*
>
> *Ademais, se o eu fosse separado dos agregados, seríamos capazes de encontrá-lo à parte dos agregados. Por exemplo, tomemos alguém chamado Pedro. Se o eu de Pedro fosse separado dos seus agregados, poderíamos encontrar Pedro à parte do seu corpo e da sua mente, porque o nome "Pedro" refere-se ao eu de Pedro e não ao seu corpo ou à sua mente. No entanto, é impossível encontrar Pedro, à parte do seu corpo e da sua mente.*

Por essas razões, segue-se que o eu não existe em separado do corpo e da mente. Quando nossa meditação analítica nos levar a essa firme conclusão, faremos meditação posicionada.

Quando tivermos averiguado a ausência de diferença, estaremos perto de compreender que o eu inerentemente existente não existe de modo algum. Nesse ponto da meditação, precisamos nos lembrar da imagem genérica do eu inerentemente existente e meditar:

> *Até agora acreditei que esse eu existia mas, investigando com cuidado, eu vi que esse eu não existe. Tendo examinado as duas possibilidades – que o eu seja o mesmo que os agregados ou separado dos agregados – constatei que o eu não é nem uma coisa nem outra.*

Como resultado dessa meditação analítica, tomamos consciência de que o eu inerentemente existente que normalmente percebemos não existe. Descobrimos a vacuidade do nosso eu. Percebemos uma ausência onde antes costumávamos perceber um eu. Essa ausência é a negativa não afirmativa que é a negação do eu inerentemente existente. Nesse ponto, não é preciso pensar: "Isso é vacuidade". Apenas meditamos unifocadamente na ausência desse eu.

Ter uma experiência da ausência do eu inerentemente existente, como resultado de cuidadosa meditação analítica, equivale à experiência de vasculhar nossa casa à procura de um determinado objeto e, tendo olhado em todos os lugares onde ele poderia estar, compreender que o objeto não está ali.

Quando percebemos a imagem genérica de uma vacuidade, que neste caso é a negação do eu inerentemente existente, estamos realizando a vacuidade de maneira conceitual. Somente a vacuidade semelhante ao espaço aparece à nossa mente. A imagem genérica da vacuidade do eu é o objeto do equilíbrio meditativo semelhante ao espaço. O que se compreende nessa fase é a mera ausência do eu inerentemente existente. Sentimos que não existe um eu a ser apreciado. Se meditarmos repetidamente na vacuidade, nosso agarramento ao em-si e as demais delusões vão diminuir e nossos sofrimentos e problemas serão mais raros. Por fim, realizaremos diretamente a vacuidade e eliminaremos a raiz de todos os nossos problemas.

A concentração que tem como objeto a mera ausência de um eu inerentemente existente possui duas características: a de perceber a vacuidade semelhante ao espaço e a de permanecer unifocadamente no seu objeto, eliminando todas as distrações. Tendo a mera ausência de um eu inerentemente existente como nosso objeto, tentamos alcançar, no mínimo, a segunda permanência mental, o contínuo-posicionamento. Sempre que esquecermos nosso objeto, precisaremos renovar a contínua-lembrança, relembrando com uma parte da nossa mente por que um eu inerentemente existente não existe. Se aplicando os oponentes adequados conseguirmos ficar concentrados nessa vacuidade semelhante ao espaço, estaremos fazendo a meditação denominada "sustentar equilíbrio meditativo na vacuidade semelhante ao espaço".

Meditamos na vacuidade semelhante ao espaço do mesmo modo que uma águia voa suavemente pelo céu, batendo as asas apenas ocasionalmente para sustentar seu voo. Fixamos a mente de maneira unifocalizada na vacuidade semelhante ao espaço e, de tempos em tempos, aplicamos esforço para manter nossa contínua-lembrança. Desse modo, sustentamos e aperfeiçoamos suavemente nosso equilíbrio meditativo na vacuidade.

Alguns meditadores sentem uma grande alegria quando saem dessa meditação, na qual eles realizaram a vacuidade. Sentem-se como alguém que achou um inestimável tesouro. Outros meditadores ficam com medo. Sentem que perderam algo muito precioso; mas ao continuarem meditando realizam o eu convencional, e seu medo diminui e desaparece. A primeira reação indica que o meditador tem mais sabedoria. Mas ambas são sinais de uma meditação impecável na vacuidade.

Depois de realizar a vacuidade do eu, precisamos aperfeiçoar nossa compreensão a fim de realizar o eu convencional sutil – o eu que é meramente imputado pela concepção. Quando tivermos concluído com firmeza que não há um eu inerentemente existente, deveremos refletir: "De que modo o eu existe?". Quando compreendermos que o eu existe como mero nome, teremos realizado tanto a sua natureza convencional sutil como a união das duas verdades. Então, não haverá o perigo de cairmos no extremo da não existência ou no extremo da existência. Ao compreender a natureza convencional sutil do eu, nosso entendimento da vacuidade é aprimorado.

Quando compreendemos o nome que foi dado a uma coisa, e não investigamos, aceitamos o nome e passamos a utilizar o objeto de maneira adequada. Por exemplo, se formos apresentados a alguém chamado Pedro, diremos: "Olá, Pedro, como vai?". Não vamos procurar quem é Pedro, como se fosse algo diferente do nome que foi dado a um agrupamento de agregados humanos. Depois de compreender a natureza convencional sutil dos fenômenos, vamos aceitar apenas os nomes e usá-los adequadamente, assim como as pessoas mundanas o fazem. Por exemplo, não acharemos necessário empreender uma análise para descobrir onde está Pedro, pois a essa altura sabemos de antemão que, se o fizéssemos, jamais o encontraríamos.

A visão correta da vacuidade não invalida o modo como os nomes são normalmente usados socialmente. Isso ficará claro quando tivermos entendido a união das verdades convencional e última. Quando compreendemos a união das duas verdades, percebemos que as coisas funcionais existem como meras imputações e que o eu meramente imputado é o eu que cria carma, que experiência sofrimento etc. O eu meramente imputado refere-se ao eu meramente imputado pela concepção. Essa concepção é uma mente que concebe o eu e se aferra a ele. Por exemplo, se alguém nos acusar injustamente, pensaremos: "Eu estou sendo falsamente acusado". A mente que se aferra ao eu é um "concebedor". O eu é meramente aquilo que é concebido por essa mente. Uma vez que concebemos um eu, dizemos "eu". Esse eu é meramente enunciado pela fala ou imputado por um "concebedor", assim como as coisas com as quais sonhamos. Vamos supor que ontem sonhamos que estávamos sendo perseguidos por um tigre. Esse tigre sonhado é algo meramente concebido pela nossa mente. Talvez tenhamos sentido medo durante nosso sonho, mas isso aconteceu porque acreditávamos tratar-se de um tigre real, quando na realidade o tigre era uma criação da nossa mente. Nosso eu é como esse tigre sonhado. Sempre que o eu aparece à mente, acreditamos que ele realmente existe e desenvolvemos ansiedade, descontentamento etc. Mas exceto a mera concepção do eu, não existe eu. O mesmo se aplica a todos os objetos que investigamos. Nunca encontramos algo que exista do seu próprio lado. Tudo o que encontramos é vacuidade.

Se compreendermos que nosso próprio eu é vazio de existência inerente, entenderemos também o vazio de outras pessoas. Pelo fato de apreendermos nós mesmos e os outros como inerentemente existentes, fazemos uma forte distinção entre eu e outros e cometemos muitas ações não virtuosas, que nos mantêm sofrendo no samsara. Por meio da realização da vacuidade do eu e dos outros, cessaremos de cometer essas ações não virtuosas.

Para meditar sobre a vacuidade de outras pessoas, seguimos os mesmos passos que antes, só que dessa vez identificamos o objeto de negação como sendo um amigo, um estranho ou um inimigo inerentemente existente. Por exemplo, se procurarmos por nosso amigo inerentemente existente, descobriremos que ele não é nem o corpo nem a mente do amigo e que, exceto isso, não há amigo. Normalmente, se virmos a parte de trás da cabeça de um amigo, diremos "é o meu amigo" e teremos a forte sensação de um amigo inerentemente existente; contudo, se investigarmos, perderemos essa sensação de um amigo substancialmente existente e apreenderemos apenas vacuidade.

COMO MANTER A CONQUISTA SUBSEQUENTE SEMELHANTE A UMA ILUSÃO

Quando saímos da meditação na qual realizamos que o eu é vazio de existência inerente, o eu continua a nos aparecer como se fosse inerentemente existente. É assim que ele tem aparecido desde tempos sem início, e essa aparência não cessa tão logo tenhamos negado a existência inerente em nossa meditação. Por muito tempo ainda, o eu continuará aparecendo como se fosse inerentemente existente. Portanto, nossa prática durante o intervalo entre meditações consiste em desacreditar essa aparência. Devemos nos lembrar continuamente da nossa realização da vacuidade e identificar a aparência de existência inerente como falsa.

Quando um mágico cria a ilusão de um cavalo, o cavalo aparece à sua mente, mas ele sabe que o cavalo é irreal. Do mesmo modo, quando saímos da meditação na vacuidade, nós sabemos que o eu inerentemente existente que aparece à nossa mente é uma ilusão. Se nos mirarmos num espelho, veremos nosso rosto ali refletido, mas o rosto no espelho é apenas uma imagem; não é um rosto autêntico existindo do seu próprio lado. Do mesmo modo, saber que o eu também não existe do seu próprio lado e manter essa compreensão o tempo todo denomina-se "manter a conquista subsequente semelhante a uma ilusão". Manter a conquista subsequente semelhante a uma ilusão é como assistir à televisão mantendo constantemente a compreensão de que, embora muitas coisas apareçam na tela, nenhuma delas existe dentro do aparelho.

A VACUIDADE DE FENÔMENOS

No *Sutra Perfeição de Sabedoria Condensado*, Buda diz:

> O que entendemos a respeito de nós mesmos deve ser aplicado a todos os outros seres vivos; e o que entendemos a respeito de todos os outros seres vivos deve ser aplicado a todos os fenômenos.

Se tivermos realizado que nós e os outros carecemos de existência inerente, teremos realizado o vazio de pessoas. Devemos então investigar os outros fenômenos. Ao entender a vacuidade de um objeto, entenderemos indiretamente a vacuidade de todos os objetos, porque podemos aplicar o mesmo raciocínio a todas as outras bases da vacuidade. Por exemplo, para meditar na vacuidade do nosso corpo, primeiro tentamos identificar o objeto de negação perguntando-nos: "O que aparece à minha mente quando penso 'meu corpo'?". Quando apreendemos o corpo, suas partes aparecem à nossa mente, mas não são as partes que estamos apreendendo como sendo nosso corpo. Temos uma imagem mental do nosso corpo como sendo algo diferente das suas partes. Quando pensamos "meu corpo é atraente", não estamos pensando "meus pés são atraentes, meus cotovelos são atraentes, minha testa é atraente" e assim por diante; estamos apreendendo um corpo independente.

Como foi mencionado, não devemos tirar conclusões apressadas. Primeiro, tentamos formar uma clara imagem genérica do nosso corpo inerentemente existente. Este corpo nos aparece o tempo todo e, se não o investigarmos, iremos sempre nos agarrar a ele como se existisse da maneira como aparece. Devemos pensar em alguma característica específica do nosso corpo, para suscitar uma forte sensação do nosso corpo inerentemente existente. Por exemplo, se ele for alto, pensaremos: "meu corpo é alto". Quando tivermos uma clara imagem genérica, refletiremos: "Este é o corpo que aprecio. É nele que penso quando digo: 'meu corpo é bonito'". Então, passamos a investigar como antes, usando os seguintes argumentos:

Se meu corpo existisse da maneira como aparece pra mim, ele teria de ser o mesmo que as partes do corpo ou separado das partes do corpo.

Se o corpo fosse o mesmo que as partes do corpo, seguir-se-ia que uma pessoa deveria ter muitos corpos, porque existem muitas partes.

Ademais, as partes do corpo não podem ser o corpo, porque elas são as partes do corpo, e uma coisa não pode ser parte de si mesma.

Se o corpo fosse separado das partes do corpo, seria possível encontrar o corpo existindo em outro lugar; contudo, não podemos apontar nada fora dos membros e das outras partes do corpo e dizer: "Isso é meu corpo".

Além do mais, se o corpo fosse separado das partes do corpo, não faria sentido dizer "meu corpo se machucou" quando nosso pé foi ferido.

Se examinarmos dessa maneira, não conseguiremos encontrar nosso corpo e teremos de concluir que nosso corpo não existe do seu próprio lado. Nossa sensação de um corpo inerentemente existente, que é independente de qualquer outro fenômeno, perderá sua clareza até desaparecer por completo; então, apreenderemos somente a vacuidade. Nesse ponto, estaremos realizando a vacuidade do nosso corpo. Poderemos então examinar cada uma das partes do nosso corpo da mesma maneira. Por exemplo, podemos procurar nosso rosto até encontrar somente a sua vacuidade. Finalmente, descobriremos que até os átomos do nosso corpo são vazios.

Se o nosso corpo tem a natureza da vacuidade, porque o percebemos como sendo sólido e substancial? No *Guia do Estilo de Vida do Bodhisattva* Shantideva diz que embora não haja corpo, desenvolvemos a mente que apreende corpo, porque, devido à ignorância, desenvolvemos a mente que apreende mãos etc. Percebemos nosso corpo desse modo não porque ele exista efetivamente desse modo, mas porque sempre tivemos a ignorância de nos agarrar ao nosso corpo como se fosse algo inerentemente existente. As partes do nosso corpo e o agrupamento das partes são a base de imputação para o corpo, e corpo é o objeto imputado. O que vemos diretamente são as partes do corpo e, ao vê-las, apreendemos equivocadamente um corpo independente, que existe do seu próprio lado como algo além de suas partes. A mente que apreende o corpo dessa maneira é o agarramento ao em-si de fenômenos. Essa ignorância nos acompanha desde tempos sem início.

Quando realizamos a vacuidade do nosso próprio corpo, precisamos sustentar essa realização em equilíbrio meditativo semelhante ao espaço. No intervalo entre meditações, voltamos a praticar a conquista subsequente semelhante a uma ilusão. Então tentamos compreender a vacuidade de todos os demais fenômenos para que, finalmente, possamos meditar na vacuidade de todos os fenômenos com o equilíbrio meditativo semelhante ao espaço. Depois de meditar dessa maneira, vamos aperfeiçoar a nossa compreensão, a fim de realizar a natureza convencional sutil de todos os fenômenos, ou seja, que eles são meramente imputados por concepção, existindo meramente como nomes. O que sobra depois que negarmos todos os objetos de negação são meros nomes. Por exemplo, quando meditamos na vacuidade do nosso corpo, refutamos com firmeza o corpo inerentemente existente e percebemos somente vacuidade. Se ao sair da meditação examinarmos "o que restou?", veremos que só ficou o nome "corpo". Aceitando o mero nome, podemos nos referir sensatamente ao nosso corpo, dizendo coisas como: "meu corpo é forte". Também podemos nos comunicar com os outros, trabalhar normalmente e agir como qualquer outra pessoa; contudo, nossa compreensão será diferente, porque sabemos que, se formos procurar "por detrás" do mero nome, não encontraremos o fenômeno ao qual ele se refere.

Se compreendermos por que a lua aparece refletida na água em noites claras e sem nuvens, a própria visão da imagem da lua servirá para nos lembrar que, na realidade, a lua não está na água. Do mesmo modo, quando sairmos da meditação na vacuidade, sempre que fenômenos inerentemente existentes aparecerem à nossa mente, essa simples aparição nos lembrará de que não há fenômenos inerentemente existentes. A própria aparência de fenômenos inerentemente existentes nos ajudará a manter nossa realização da vacuidade o tempo todo.

Buda Shakyamuni disse que em qualquer situação – viajando, trabalhando, em bons ou em maus momentos – devemos sempre nos lembrar da vacuidade. Se praticarmos assim, nossa vida inteira se tornará significativa e todas as nossas ações serão causas para alcançarmos a libertação.

Manjushri disse a Je Tsongkhapa que existem quatro condições necessárias para realizar a vacuidade:

(1) Confiança em um Guia Espiritual qualificado e experiente, capaz de explicar a vacuidade com clareza
(2) Purificação de negatividades
(3) Acumulação de mérito
(4) Meditação frequente na vacuidade

A meditação na vacuidade é como uma semente, e as outras três condições são como a água que nutre a semente. Começamos lendo e ouvindo atenciosamente as instruções sobre a vacuidade e contemplando-as repetidas vezes, para que nossa compreensão torne-se cada vez mais clara. É possível que tenhamos de meditar por muito tempo, mas finalmente realizaremos a vacuidade e sentiremos uma alegria maior do que a alegria de ter encontrado um fabuloso tesouro. Quando temos essa experiência, atravessamos a porta para a libertação. Aryadeva disse que só existe uma entrada para a libertação – a sabedoria que realiza a vacuidade – e que sem essa sabedoria nenhuma outra prática vai abrir a porta para a libertação.

Realizar a vacuidade é um remédio universal, uma panaceia, porque é a única experiência que soluciona todos os nossos problemas. Ela remove os tormentos físicos e mentais desta vida e das vidas futuras, porque destrói por completo o agarramento ao em-si, a causa raiz de todo o sofrimento.

Kyabje Phabongkha Rinpoche

Trijang Rinpoche   *Kelsang Gyatso Rinpoche*

Avançar pelos Solos e Caminhos Espirituais

COMO AVANÇAR PELOS SOLOS E CAMINHOS ESPIRITUAIS COM A UNIÃO DO TRANQUILO-PERMANECER E DA VISÃO SUPERIOR

Para alcançar a plena iluminação, é preciso alcançar a união entre o tranquilo-permanecer e a visão superior e completar todos os Caminhos Mahayana. Os cinco Caminhos Mahayana são:

(1) O Caminho Mahayana da Acumulação
(2) O Caminho Mahayana da Preparação
(3) O Caminho Mahayana da Visão
(4) O Caminho Mahayana da Meditação
(5) O Caminho Mahayana do Não-Mais-Aprender

São chamados de "caminhos" porque, assim como os caminhos exteriores nos conduzem à nossa destinação, esses caminhos interiores nos conduzem à nossa destinação última, a plena iluminação. Eles também são chamados de "solos" porque, assim como o solo é a base para o cultivo de plantas e árvores para colheitas, os solos espirituais são a base de todas as qualidades espirituais.

Ingressamos no Caminho Mahayana da Acumulação quando geramos a bodhichitta espontânea e nos tornamos um Bodhisattva. Nessa etapa, todas as mentes virtuosas de um Bodhisattva – como as mentes de amor, de compaixão, de bodhichitta e da sabedoria que realiza a vacuidade – são Caminhos Mahayana da Acumulação. Em virtude da conquista da bodhichitta espontânea, as realização do método e da sabedoria na mente de um Bodhisattva são muito superiores às realizações dos Hinayanistas.

O Caminho Mahayana da Acumulação possui três etapas: pequena, mediana e grande. Quando atingimos a bodhichitta aspirativa espontânea, antes de tomarmos os votos bodhisattva, adquirimos a mente da bodhichitta-terra e ingressamos na etapa pequena do Caminho da Acumulação. Depois que tomamos os votos bodhisattva, a bodhichitta-terra – que é a base para todas as realizações subsequentes do Mahayana – transforma-se na bodhichitta-ouro, e ingressamos na etapa mediana do Caminho da Acumulação. Neste caminho, nossa realização da bodhichitta não mais se deteriora. Atingimos então a "concentração do Dharma continuum". Com essa conquista, conseguimos nos lembrar de tudo o que estudamos e compreendemos em vidas passadas e nunca nos esquecemos daquilo que aprendemos nesta vida. Essa concentração nos possibilita ver diretamente os Corpos-Emanação supremos dos Budas e nos permite receber ensinamentos diretamente deles. Quando atingirmos esse ponto, ingressaremos na grande etapa do Caminho da Acumulação.

Os Bodhisattvas do Caminho da Acumulação aperfeiçoam suas realizações do método e da sabedoria e assim avançam para o Caminho da Preparação. Esse avanço ocorre enquanto eles estão em equilíbrio meditativo na vacuidade. Enquanto estão no Caminho da Acumulação, os Bodhisattvas meditam na vacuidade com o tranquilo-permanecer. Por meio de repetida meditação, sua sabedoria que analisa a vacuidade produz uma maleabilidade especial. Quando essa maleabilidade especial se desenvolve, eles atingem a visão superior que observa a vacuidade. Depois de obterem a união do tranquilo-permanecer e da visão superior que observa a vacuidade, os Bodhisattvas avançam para o Caminho Mahayana da Preparação. Nesse caminho, eles têm uma experiência da vacuidade maior que a anterior e atingem uma sabedoria especial que realiza a vacuidade.

O Caminho Mahayana da Preparação é assim chamado porque agora o Bodhisattva está se preparando para ter uma realização direta da vacuidade. Nesse ponto, sua meditação na vacuidade continua sendo conceitual, ou seja, a vacuidade continua aparecendo à sua mente misturada com uma imagem mental. Por causa disso, ele ainda está sujeito à aparência dual. A meta do Caminho Mahayana da Preparação é aproximar cada vez mais a mente e seu objeto, a vacuidade, até que por fim ambos se misturem por completo, a imagem mental se dissolva e toda aparência dual se aplaque na vacuidade. Isso pode ser conquistado por meio de repetida meditação na vacuidade, munida com a união do tranquilo-permanecer e da visão superior.

O Caminho Mahayana da Preparação tem quatro etapas: calor, apogeu, paciência e Dharma supremo. Quando os Bodhisattvas atingem a primeira etapa do Caminho da Preparação, eles têm uma experiência especial da vacuidade, que é um sinal que indica sua futura conquista da sabedoria-fogo do Caminho Mahayana da Visão. A experiência de vacuidade dos Bodhisattvas no Caminho da Preparação não é o autêntico fogo de sabedoria, mas é o início desse fogo. A primeira etapa é chamada de "calor" porque nela o Bodhisattva começa a gerar o calor que, no Caminho da Visão, se transformará no verdadeiro fogo de sabedoria.

Os Bodhisattvas que estão na etapa-calor do Caminho da Preparação meditam na vacuidade unifocadamente. Nos intervalos entre meditações, dedicam-se às práticas do método, tais como dar Dharma. Entram e saem da meditação muitas vezes, até que por fim enquanto estão em equilíbrio meditativo, sua experiência da vacuidade torna-se mais forte, e eles avançam para a etapa-apogeu do Caminho da Preparação. Nessa etapa, o calor aumenta e atinge seu apogeu; está prestes a se tornar um fogo ardente. Quando o Bodhisattva está na etapa-calor, ele tem uma forte concentração na vacuidade; é como se sua mente estivesse misturada com a vacuidade, embora isso ainda não tenha acontecido de fato. Quando ele avança para a etapa-apogeu, sua mente se mistura com o objeto cada vez mais estreitamente e, por isso, a experiência da vacuidade é mais intensa.

Os Bodhisattvas da etapa-apogeu também se dedicam às práticas do método quando estão fora da meditação. Eles entram e saem da meditação muitas vezes, até que, enquanto estão no equilíbrio meditativo, sua experiência da vacuidade torna-se mais forte, e eles passam para a etapa-paciência do Caminho da Preparação. Os Bodhisattvas nessa etapa já alcançaram a paciência especial de pensar decisivamente sobre o Dharma, e sua paciência é especialmente refinada no que se refere à vacuidade. Nessa etapa, a mente do Bodhisattva se mistura com a vacuidade mais estreitamente que antes. O Bodhisattva não sente a aparência dual da mente e de seu objeto. No entanto, a aparência dual sutil continua presente e, enquanto houver algum grau de aparência dual, a mente não estará completamente misturada com o seu objeto, a vacuidade.

O objetivo de meditar na vacuidade com a união do tranquilo-permanecer e da visão superior é aproximar a mente e seu objeto cada vez mais, até que ambos se tornem inseparavelmente misturados. Antes que isso ocorra, muitos graus de mistura são experimentados. Quanto mais estreitamente a mente estiver misturada com a vacuidade, menor será a aparência dual. No Caminho Mahayana da Visão, a aparência dual cessa totalmente durante a meditação, e a mente e a vacuidade se misturam como água vertida sobre água. A mente e seu objeto parecem ser o mesmo. Somente a vacuidade é percebida, e nenhum outro fenômeno aparece, nem mesmo a própria mente. Toda aparência dual desaparece.

Na etapa da paciência do Caminho da Preparação, a aparência dual é mais fraca que antes, e a experiência da vacuidade, mais refinada. A aparência dual grosseira virtualmente desapareceu, mas a aparência dual sutil ainda persiste. Porque ela é sutil, o meditador não tem consciência dela e pensa que a mente já se misturou por completo com a vacuidade. Quando os Bodhisattvas que estão na etapa da paciência saem da meditação, eles se dedicam às práticas do método para beneficiar os outros. Eles entram e saem da meditação muitas vezes, até que por fim, enquanto estão no equilíbrio meditativo na vacuidade, passam para a próxima etapa.

Na etapa do Dharma supremo, a mente do Bodhisattva e a vacuidade já estão quase misturadas, e a experiência da vacuidade ultrapassa aquela da etapa da paciência. A etapa do Dharma supremo é assim chamada porque ela é a experiência mais elevada de um Bodhisattva comum. Todas as experiências dos Bodhisattvas nessa etapa são os supremos Dharmas do Caminho da Preparação. Novamente, os Bodhisattvas dedicam-se às práticas do método durante os intervalos entre meditações. Por fim, enquanto estão no equilíbrio meditativo na vacuidade, a mente deles se mistura por completo com a vacuidade, como água com água, e a aparência dual deixa de existir. Nesse ponto, a vacuidade é realizada diretamente, e a etapa do Dharma supremo transforma-se no Caminho Mahayana da Visão. Assim, o Bodhisattva atinge o primeiro solo do Bodhisattva, denominado "Muito Alegre", e torna-se um Bodhisattva Superior. O primeiro momento do Caminho da Visão nasce na mesma sessão de meditação em que se dá o último momento da etapa do Dharma supremo do Caminho da Preparação. Esse primeiro momento é chamado de "caminho ininterrupto" do Caminho da Visão, porque ele atua ininterruptamente como antídoto direto do agarramento ao em-si intelectualmente formado. Assemelha-se a um machado que derruba que derruba a árvore da ignorância.

A natureza desse Caminho da Visão é sabedoria. É uma sabedoria que medita unifocadamente na vacuidade. Quando, em equilíbrio meditativo, os Bodhisattvas abandonam o agarramento ao em-si intelectualmente formado e todas as outras delusões intelectualmente formadas, o caminho ininterrupto do Caminho da Visão transforma-se no caminho emancipado do Caminho da Visão. O caminho emancipado é o resultado de termos abandonado as delusões intelectualmente formadas. Tanto o caminho ininterrupto quanto o caminho emancipado são atingidos na mesma sessão meditativa. Quando os Bodhisattvas saem dessa meditação, eles possuem grande poder para beneficiar os outros. Nessa fase, eles atingem a insuperável perfeição de dar e se tornam capazes de oferecer o próprio corpo para o benefício dos outros.

No total, existem dez solos do Bodhisattva. Eles também são conhecidos como "solos causais", porque são a causa do solo resultante da Budeidade. Os dez solos são todos eles realizações dos Bodhisattvas Superiores nos Caminhos Mahayana da Visão e da Meditação. O primeiro solo Bodhisattva possui dois níveis: o Caminho da Visão e o caminho ininterrupto do Caminho da Meditação do primeiro solo. No Caminho da Visão, os Bodhisattvas abandonam as delusões e o agarramento ao em-si intelectualmente formados, mas ainda lhes resta superar o agarramento ao em-si inato. Existem nove níveis de agarramento ao em-si inato: grande-grande, grande-médio, grande-pequeno, médio-grande, médio-médio, médio-pequeno, pequeno-grande, pequeno-médio e pequeno-pequeno. No Caminho da

Visão, os Bodhisattvas entram em equilíbrio meditativo na vacuidade para superar o agarramento ao em-si inato grande-grande. Quando sua sabedoria do equilíbrio meditativo torna-se suficientemente poderosa para atuar como antídoto direto do agarramento ao em-si inato grande-grande, ela se converte na sabedoria do equilíbrio meditativo do caminho ininterrupto do Caminho da Meditação do primeiro solo. Nesse ponto, o Bodhisattva passa para o Caminho Mahayana da Meditação. Na mesma sessão meditativa, o Bodhisattva abandona o agarramento ao em-si inato grande-grande. Quando esse abandono tiver ocorrido, o Bodhisattva atingirá o caminho emancipado do segundo solo Bodhisattva, o "Imaculado". As boas qualidades de um Bodhisattva nesse solo são multiplicadas por mil. Então, esses Bodhisattvas saem da meditação e trabalham para ajudar os outros. Mais tarde, entram novamente em meditação para eliminar o agarramento ao em-si inato grande-médio.

Quando os Bodhisattvas abandonam o agarramento ao em-si inato grande-médio, eles passam para o terceiro solo do Bodhisattva. Quando saem da meditação, os Bodhisattvas do terceiro solo ajudam os outros e, depois, entram novamente em meditação, a fim de eliminar o agarramento ao em-si inato grande-pequeno. Depois de eliminar o agarramento ao em-si inato grande-pequeno, eles atingem o quarto solo e, nos intervalos entre meditações, continuam a trabalhar para o benefício dos outros. Esse processo continua de modo similar, à medida que os Bodhisattvas abandonarem os próximos três níveis de agarramento ao em-si inato. No sétimo solo, depois de terem trabalhado para beneficiar os outros fora da meditação, os Bodhisattvas entram outra vez em meditação e abandonam os últimos três níveis do agarramento ao em-si inato, todos numa única sessão, avançando assim para o oitavo solo.

No oitavo solo, os Bodhisattvas já abandonaram todo o agarramento ao em-si e todas as delusões, mas continuam tendo obstruções à onisciência. Novamente, eles entram em meditação na vacuidade e, depois de abandonarem as obstruções grosseiras à onisciência, ingressam no nono solo. Nesse solo, os Bodhisattvas entram outra vez em equilíbrio meditativo na vacuidade, sua sabedoria torna-se suficientemente poderosa para atuar como o antídoto direto às obstruções muito sutis à onisciência. Essa concentração é conhecida como "a concentração vajra do Caminho da Meditação". Ela também é chamada de "excelsa sabedoria do continuum", por se tratar do último instante da mente de um ser senciente. No momento seguinte, o Bodhisattva torna-se um Buda. Numa única sessão, os Bodhisattvas libertam-se das obstruções muito sutis à onisciência e atingem o caminho emancipado final, o Caminho Mahayana do Não-Mais-Aprender. Quando esse caminho é atingido, o Bodhisattva torna-se um Buda e obtém a excelsa sabedoria onisciente. Nesse momento, o meditador alcança os quatro corpos de um Buda. No décimo solo, os Bodhisattvas possuem muitas emanações e, ao se tornarem um Buda, todas as suas emanações se tornam Budas e trabalham para o benefício de todos os seres vivos.

Os Caminhos Vajrayana

TREINAR OS CAMINHOS VAJRAYANA

Se quisermos alcançar a iluminação nesta vida, precisaremos ingressar no Caminho Vajrayana, ou tântrico, porque só o Vajrayana ensina métodos para alcançar a Budeidade numa única vida. É muito raro receber os ensinamentos do Vajrayana; dos mil Budas deste Éon Afortunado, apenas três ensinam o Vajrayana, e Buda Shakyamuni é um deles. Além disso, os ensinamentos movimentam-se rapidamente de um lugar para outro. Considerando que hoje temos a oportunidade de receber esses ensinamentos e de praticá-los, devemos fazê-lo reconhecendo como é raro receber instruções tão preciosas.

Vajrayana significa, literalmente, "Veículo Vajra". A palavra "Veículo" refere-se a um caminho espiritual, e "Vajra" refere-se à não dualidade do método e da sabedoria. Ele é o caminho mais rápido à iluminação porque, praticando o Vajrayana, podemos acumular as coleções de mérito e de sabedoria numa única concentração na vacuidade, criando simultaneamente todas as causas para o Corpo-Forma e para o Corpo-Verdade de um Buda. Pelo fato de serem acumuladas numa única concentração, as coleções de mérito e de sabedoria são denominadas indivisíveis, como um vajra. Somente o Vajrayana revela uma prática de concentração como essa.

Buda ensinou quatro categorias de Tantra, de acordo com as diversas tendências de seus discípulos. São elas:

(1) Tantra Ação
(2) Tantra Performance
(3) Tantra Ioga
(4) Tantra Ioga Supremo

O Tantra Ação é assim chamado porque salienta, principalmente, as ações exteriores; o Tantra Performance dá igual ênfase para ações exteriores e interiores; o Tantra Ioga acentua, sobretudo, as ações interiores; e o Tantra Ioga Supremo é a categoria suprema do Tantra. O Tantra Ação fundamenta-se principalmente em quatro textos raízes: *Tantra Geral Se-*

creto, Tantra Estabelecido com Excelência, Tantra Solicitado por Subahu e *Tantra Continuum da Concentração*. Também existem muitos Tantras derivados.

Todos os Tantras Ação estão incluídos em três linhagens: a linhagem Tathagata, a linhagem Lótus e a linhagem Vajra. Cada qual possui suas subdivisões, que foram descritas em textos como *Grande Exposição dos Estágios do Mantra Secreto*. Neste texto, Je Tsongkhapa explica as práticas de todos os Tantras.

Em comparação com o Tantra Ação, há poucos textos do Tantra Performance traduzidos para o tibetano. O principal intitula-se *Vairochanabhisambodhitantra*. Salvo este, só foram traduzidos o *Tantra de Vairochana Condensado*, que é uma ramificação do Tantra anterior, e o *Tantra Iniciação de Vajrapani*. Porém, existem muitos comentários a esses tantras em tibetano.

No que se refere ao Tantra Ioga, os principais são o *Tantra da Talidade Condensado* e seu autocomentário, o *Tantra Explicativo da Culminação Vajra*.

O Tantra Ioga Supremo divide-se em Tantra-Pai e Tantra-Mãe. Os Tantras-Pai, como o *Tantra de Guhyasamaja*, enfatizam principalmente o desenvolvimento do corpo-ilusório. Já os Tantras-Mãe, como o *Tantra de Heruka*, enfatizam principalmente o desenvolvimento da clara-luz. O Tantra Ioga Supremo é o único que apresenta o método completo para alcançar a iluminação em uma única curta vida. Certos praticantes dos Tantras inferiores podem prolongar suas vidas, mas, para alcançar a iluminação numa única vida, eles precisam adotar as práticas do Tantra Ioga Supremo. Sem confiar no Tantra Ioga Supremo é impossível alcançar a plena iluminação.

A prática no Tantra Ioga Supremo é muito vasta, mas todas as práticas estão incluídas em cinco:

(1) Gerar a bodhichitta especial
(2) Receber uma iniciação
(3) Manter os votos e compromissos com pureza
(4) Praticar os iogas do estágio de geração
(5) Praticar os iogas do estágio de conclusão

Se praticarmos o Caminho Vajrayana, ou Mantra Secreto, sem a motivação de bodhichitta, não poderemos alcançar a iluminação. Portanto, a primeira coisa que devemos fazer, se quisermos praticar o Mantra Secreto, é ganhar experiência em todas as etapas do caminho que antecedem a realização da bodhichitta. A bodhichitta é como a porta exterior do Mantra Secreto, e receber uma iniciação é como a porta interior. Isso explica por que os votos bodhisattva são dados antes que uma iniciação seja concedida. Quando recebemos uma iniciação tântrica, que nos autoriza a fazer a prática propriamente dita, assumimos determinados votos e compromissos, como os votos bodhisattva e os votos tântricos. O sucesso posterior da nossa prática tântrica depende de mantermos esses votos e compromissos puramente. Assim como as plantas não podem crescer com facilidade num campo infestado de pedras e de ervas daninhas, será difícil alcançarmos as realizações especiais do Mantra Secreto se nossa disciplina moral for impura.

Essas três primeiras práticas são preparações. As práticas efetivas do Tantra Ioga Supremo são os iogas do estágio de geração e do estágio de conclusão. As meditações do estágio de geração são caminhos que levam ao estágio de conclusão e fazem amadurecer as realizações do estágio de conclusão. Assim, se meditarmos corretamente no estágio de geração, nossa prática do estágio de conclusão progredirá com facilidade. Os iogas do estágio de conclusão são os que, de fato, nos libertam do samsara e nos conduzem à Budeidade.

Para entender como as práticas tântricas nos conduzem à Budeidade, precisamos entender a base, o caminho e o resultado. A base é o objeto a ser purificado, o caminho é o meio de purificar, e o resultado é o efeito puro. A base a ser purificada é o samsara, ou seja, a morte, o estado intermediário e o renascimento comuns. Em geral, esses três sucedem-se uns aos outros, condenando-nos a repetidos renascimentos samsáricos. Praticando os iogas do estágio de geração e do estágio de conclusão, podemos purificá-los e transformá-los nos três corpos de um Buda: o Corpo-Verdade, o Corpo-de-Deleite e o Corpo-Emanação. Os iogas do estágio de geração purificam indiretamente a morte, o estado intermediário e o renascimento comuns, e os iogas do estágio de conclusão os purificam diretamente.

Para obter as realizações do estágio de geração, precisamos praticar a meditação correspondente a esse estágio, que possui três aspectos:

(1) Trazer os três corpos de um Buda para o caminho
(2) Meditar na clara aparência e no orgulho-divino
(3) Superar as aparências e as concepções comuns na dependência da clara aparência e do orgulho-divino

A primeira dessas meditações é composta de três iogas: trazer a morte comum para o caminho do Corpo-Verdade; trazer o estado intermediário comum para o caminho do Corpo-de-Deleite; e trazer o renascimento comum para o caminho do Corpo-Emanação. Com base nesses iogas, vamos nos autogerar como Deidade e depois, com concentração, treinar clara aparência e orgulho divino. Com o treino em clara aparência, superamos as aparências comuns e, com o treino em orgulho divino, superamos as concepções comuns.

As sadhanas do Tantra Ioga Supremo incluem essas três práticas, bem como outras práticas secundárias, como a recitação de mantras. Essas três características são imprescindíveis para que uma prática seja considerada uma prática do estágio de geração. Apenas gerar-se como uma Deidade não é um ioga do estágio de geração, pois até alguns não budistas executam práticas similares, gerando-se, por exemplo, como Ishvara e outros deuses. Uma explicação mais extensa dos iogas do estágio de geração pode ser encontrada no livro *Novo Guia à Terra Dakini*.

A função principal dos iogas dos estágios de geração e de conclusão é purificar a morte, o estado intermediário e o renascimento comuns e transformá-los nos três corpos de um Buda. Os iogas do estágio de geração os purificam indiretamente, e os iogas do estágio de conclusão fazem isso diretamente. Morte, estado intermediário e renascimento comuns sucedem-se incessantemente, como uma roda girando, e mantêm os seres comuns presos no samsara. No Mantra Secreto, a morte, o estado intermediário e o renascimento comuns são denominados os "três corpos básicos". A morte comum é conhecida como o "Corpo-Verdade básico". Ela não é o Corpo-Verdade de fato, mas sim a base do Corpo-Verdade. Do mesmo modo, o estado intermediário comum é denominado o "Corpo-de-Deleite básico", porque é a base do Corpo-de-Deleite. O renascimento comum é denominado o "Corpo-Emanação básico", porque é a base do Corpo-Emanação. No Mantra Secreto, esses três corpos básicos são as bases que devem ser purificadas.

No estágio de conclusão, existem três corpos do caminho correspondentes aos anteriores. As duas etapas do ioga do estágio de conclusão da clara-luz – chamadas de a clara-luz exemplo último e a clara-luz significativa – são conhecidas como o "caminho do Corpo-Verdade". Esses dois tipos de clara-luz purificam diretamente a morte comum. No início, o meditador fica livre da morte comum, com a conquista da mente isolada da clara-luz exemplo último. O corpo-ilusório impuro e o corpo-ilusório puro são conhecidos como o "caminho do Corpo-de-Deleite" e purificam diretamente o estado intermediário. O corpo da Deidade físico denso de alguém que alcançou o corpo-ilusório impuro e o corpo-ilusório puro é conhecido como o "caminho do Corpo-Emanação" e purifica diretamente o renascimento comum. As práticas da clara-luz, do corpo-ilusório e do corpo denso da Deidade são os principais iogas do estágio de conclusão. Mais amplamente, o estágio de conclusão possui cinco estágios principais, que são explicados em detalhes por Je Tsongkhapa, no texto *Luz Clara dos Cinco Estágios*. Mais detalhes sobre os cinco estágios podem ser encontrados nos livros *Clara-Luz de Êxtase* e *Solos e Caminhos Tântricos*.

Os três corpos do caminho purificam diretamente a morte, o estado intermediário e o renascimento comuns. Depois disso, alcançamos os três corpos resultantes, que são os três corpos de um Buda: o Corpo-Emanação, o Corpo-de-Deleite e o Corpo-Verdade. O fruto último da prática do Mantra Secreto é a conquista desses três corpos resultantes, conquistados na dependência das práticas do estágio de conclusão, que, por sua vez, dependem da obtenção das realizações do estágio de geração.

Alcançar a Budeidade sem se apoiar nos iogas do estágio de geração e do estágio de conclusão é uma tarefa impossível. Esses iogas são o caminho rápido que Buda ensinou nas suas escrituras tântricas; não são invenções recentes. Um Tantra autêntico é um Tantra que foi ensinado por Buda. Todos os Tantras oficiais, ou autorizados, foram praticados pelos Mahasiddhas budistas, como Saraha, Nagarjuna e Tilopa. Eles explicaram os dois estágios em seus escritos e revelaram suas experiências pessoais como praticantes. Ademais, no texto *Grande Exposição dos Estágios do Mantra Secreto*, Je Tsongkhapa dá extensas explicações sobre as quatro classes de Tantra. Tudo o que escreveu foi expressado nos Tantras de Buda; Je Tsongkhapa cita as palavras de Buda e fornece referências das escrituras para tudo o que escreveu em seu comentário.

Devemos tentar nos familiarizar com a vida e a obra de Je Tsongkhapa e desenvolver fé nesse grande mestre. Ele não está sendo elogiado só por ser o fundador da tradição Gelug, mas por conta do seu valor. Se estudássemos sua obra, ficaríamos surpresos com sua clareza e beleza e compreenderíamos tratar-se do trabalho de um mestre realizado, que escreveu de maneira honesta e sincera sobre suas próprias experiências. Costuma-se atribuir duas qualidades especiais aos ensinamentos de Je Tsongkhapa: seus ensinamentos do Mantra Secreto revelam o sentido dos Tantras inequivocamente e com mais clareza que outros; e sua maneira especial de apresentar a visão profunda não pode ser encontrada em nenhum outro lugar. Não podemos nos convencer disso apenas ouvindo os outros falarem; essas qualidades especiais só podem ser entendidas por meio de estudo e de prática.

A Plena Iluminação

O RESULTADO FINAL, A PLENA ILUMINAÇÃO

Qualquer ser que tenha se libertado por completo das duas obstruções, as raízes de todas as falhas, terá alcançado a plena iluminação. Examinando nossa própria experiência, vamos nos convencer de que podemos abandonar todas as falhas e nos tornar um Buda. Às vezes, nossos defeitos são imensos e numerosos. Mas, em outras ocasiões, são poucos e insignificantes. Se até sem aplicar esforço nossos defeitos e delusões às vezes decrescem, com esforço certamente conseguiremos abandoná-los por completo.

Como foi explicado, existem dois tipos de obstrução: as obstruções-delusões e as obstruções à onisciência. As obstruções à onisciência impedem-nos de conhecer todos os objetos direta e simultaneamente, ou seja, impedem-nos de alcançar a mente onisciente de um Buda. Já que as delusões – as obstruções que impedem a libertação – podem ser reduzidas e abandonadas, segue-se que as marcas das delusões – as obstruções que impedem a onisciência – também podem ser completamente abandonadas. Entretanto, para que isso aconteça, devemos nos esforçar para aplicar os métodos de treinar nossa mente em todas as etapas do Sutra e do Tantra. Se investirmos esforço para treinar todos os métodos que foram explicados, nossa mente se transformará na mente onisciente de um Buda.

Buda Shakyamuni disse:

> Se realizares tua própria mente, tornar-te-ás um Buda; não deves buscar a Budeidade em outro lugar.

Nesse contexto, realizar ou entender a nossa própria mente significa experienciá-la como pura e livre das duas obstruções.

Quando nos tornamos plenamente iluminados, alcançamos os quatro corpos de um Buda. Como foi explicado, o corpo principal de um Buda é o Corpo-Verdade, que pode ser de dois tipos: Corpo-Verdade-Sabedoria e Corpo-Natureza. O Corpo-Verdade-Sabedoria é a mente onisciente de um Buda; e o Corpo-Natureza é a natureza última da mente de um

Buda, livre das duas obstruções. Os outros dois corpos de um Buda – o Corpo-de-Deleite e o Corpo-Emanação – constituem juntos o Corpo-Forma. O Corpo-de-Deleite é o mais sutil dos dois.

Se os Budas permanecessem apenas com seu Corpo-Verdade, os outros seres não teriam benefício, pois só os Budas podem perceber o Corpo-Verdade. Por isso, a partir do Corpo-Verdade, os Budas manifestam um Corpo-de-Deleite e, já que apenas os Bodhisattvas Superiores são capazes de perceber tal corpo, a partir dele os Budas manifestam corpos-emanação. O Corpo-Emanação Supremo só pode ser visto pelos seres que têm carma puro. Para aqueles que têm carma impuro, os Budas manifestam-se como seres comuns. Para ajudar os outros, os Budas podem assumir qualquer forma: budista ou não budista, animada ou inanimada. Por causa de suas mentes obstruídas, os seres que as percebem nem suspeitam que tais formas, aparentemente comuns, possam ser Corpos-Emanação. Para nós é realmente difícil saber quem é uma emanação de Buda. A única pessoa que podemos afirmar que não é um Buda somos nós mesmos. Buda disse: "Alguém como eu é capaz de conhecer as pessoas, mas os outros não têm essa capacidade". Isso significa que alguém que é um Buda pode saber se outra pessoa é ou não um Buda, mas quem não é um Buda não pode.

O corpo de um Buda tem muitas qualidades maravilhosas, como estar livre de nascimento, envelhecimento, doença e morte. É um corpo imutável, um corpo-vajra. Diz-se que o corpo de um Buda pode entender e expor o Dharma e que muitos ensinamentos foram transmitidos da protuberância de sua coroa. A fala de um Buda também é diferente da fala dos seres comuns. Seu volume não varia, por mais próximo ou distante que o ouvinte possa estar; e tudo o que um Buda diz é compreendido na língua específica de quem ouve. O simples fato de ouvir a fala de um Buda apazigua as delusões de quem a ouve. A fala de um Buda pode explicar o Dharma que não pode ser explicado pelos outros e por isso ela liberta os seres vivos do samsara. Nossa libertação e plena iluminação dependem da fala de Buda, pois se Buda não tivesse ensinado o Dharma, não existiria nenhum método eficaz para nos libertar do samsara. De ouvir as palavras de Buda, contemplar e meditar nelas, todas as boas qualidades e realizações são alcançadas.

As qualidades extraordinárias da mente de um Buda são sintetizadas nas escrituras como: as dez forças, os dezoito atributos que não podem ser compartilhados, os quatro destemores e os quatro conhecedores corretos e específicos.

As dez forças são:

> (1) A força de conhecer a fonte e a não-fonte – um Buda conhece diretamente todas as causas e seus efeitos.

(2) A força de conhecer o pleno amadurecimento das ações – um Buda conhece diretamente todas as ações e seus efeitos.
(3) A força de conhecer os diversos desejos – um Buda conhece diretamente todo desejo de cada ser vivo.
(4) A força de conhecer os vários elementos – um Buda conhece diretamente todos os elementos sutis e densos.
(5) A força de conhecer os poderes supremos e não supremos – um Buda conhece diretamente todos os poderes, bem como a capacidade de se apoiarem uns aos outros.
(6) A força de conhecer todos os caminhos que levam ao samsara e à paz solitária – um Buda conhece diretamente todos os caminhos corretos e incorretos.
(7) A força de conhecer todas as estabilizações mentais, as concentrações da perfeita libertação, as absorções etc. – um Buda conhece diretamente todas as concentrações.
(8) A força de conhecer as vidas passadas – um Buda conhece diretamente todos os renascimentos anteriores de cada ser vivo.
(9) A força de conhecer a morte e o renascimento – um Buda conhece diretamente o processo completo da morte e do renascimento de cada ser vivo.
(10) A força de conhecer a cessação das contaminações – um Buda conhece diretamente os três tipos de iluminação: a iluminação do Ouvinte, a iluminação do Realizador Solitário e a iluminação de um Buda.

Os dezoito atributos que não podem ser compartilhados são: as seis atividades que não podem ser compartilhadas, as seis realizações que não podem ser compartilhadas, as três obras que não podem ser compartilhadas, e as três excelsas percepções que não podem ser compartilhadas. Denominam-se atributos que não podem ser compartilhados porque os Budas não podem compartilhá-los com os seres vivos; são qualidades extraordinárias, que só os Budas possuem. São eles:

(1) Não possuir atividades equivocadas de corpo.
(2) Não possuir atividades equivocadas de fala.
(3) Não possuir atividades equivocadas de mente. Os Budas têm perfeita contínua-lembrança.
(4) Não possuir uma mente que não esteja em equilíbrio meditativo. Somente os Budas conseguem manter o equilíbrio meditativo e a conquista subsequente ao mesmo tempo.
(5) Não possuir pensamentos conceituais.
(6) Não possuir neutralidade. Todas as ações dos Budas são virtuosas, nunca são negativas ou neutras. Eles consideram todos

os seres como seus filhos, vendo-os com perfeita equanimidade, compaixão e amor, e nunca são indiferentes com os outros.
(7) Não possuir degeneração da aspiração.
(8) Não possuir degeneração do esforço.
(9) Não possuir degeneração da contínua-lembrança.
(10) Não possuir degeneração da concentração.
(11) Não possuir degeneração da sabedoria.
(12) Não possuir degeneração da perfeita libertação.
(13) Realizar feitos de corpo antecedidos e seguidos de excelsa percepção e, portanto, completamente puros e ilimitados.
(14) Realizar feitos de fala antecedidos e seguidos de excelsa percepção e, portanto, completamente puros e ilimitados.
(15) Realizar feitos de mente precedidos e seguidos de excelsa percepção e, portanto, completamente puros e ilimitados.
(16) Ter uma excelsa percepção desobstruída que conhece o passado diretamente e sem obstrução.
(17) Ter uma excelsa percepção desobstruída que conhece o futuro diretamente e sem obstrução.
(18) Ter uma excelsa percepção desobstruída que conhece o presente diretamente e sem obstrução.

São os seguintes os quatro destemores dos Budas:

(1) Destemor de revelar o Dharma da renúncia
(2) Destemor de revelar o Dharma de superar as obstruções
(3) Destemor de revelar o Dharma dos abandonos excelentes
(4) Destemor de revelar o Dharma das realizações excelentes

Os quatro conhecedores corretos, específicos de um Buda são:

(1) Conhecedores corretos de fenômenos específicos
(2) Conhecedores corretos de significados específicos
(3) Conhecedores corretos de palavras específicas e definidas
(4) Conhecedores corretos de confiança específica

Até Bodhisattvas altamente realizados são incapazes de exprimir adequadamente as boas qualidades da mente de um Buda. Se um pássaro voar alto no céu, cedo ou tarde, ele terá de pousar em algum lugar, por mais longe que tenha voado. Isso acontece não porque ele tenha atingido o fim do espaço, mas simplesmente porque esgotou sua energia para voar. O espaço é vasto e infinito, e a força do pássaro se extingue antes de atravessá-lo. As boas qualidades de um Buda são como o espaço, e nossa compreensão, como esse pássaro. Se tentássemos descrever todas as boas qualidades de um Buda, nossa sabedoria e destreza se esgotariam muito antes de acabarmos de descrevê-las. Elas estão além da nossa imaginação.

TREINAR AS QUATRO MANEIRAS DE REUNIR, PARA AMADURECER O CONTINUUM MENTAL DOS OUTROS

O principal motivo de os Bodhisattvas treinarem as seis perfeições é porque eles querem ajudar todos os seres vivos. Em termos gerais, existem inúmeras maneiras de beneficiar os outros respeitando suas aspirações. Contudo, há quatro maneiras essenciais, denominadas as "quatro maneiras de reunir":

(1) Agradar os seres dando-lhes coisas materiais ou aquilo que precisam
(2) Ensinar o Dharma para conduzir os seres à libertação
(3) Ajudar os seres a praticar o Dharma por meio de encorajamento
(4) Dar bom exemplo, pondo sempre em prática tudo aquilo que ensinamos

Agindo assim, os Bodhisattvas congregam muitos discípulos e os conduzem ao caminho espiritual. Depois de tomar os votos bodhisattva, não devemos nunca nos afastar da intenção de beneficiar os outros seres. Precisamos sempre pensar de que modo podemos ajudar os outros; e para lhes oferecer o maior benefício, precisamos constantemente desejar alcançar a plena iluminação. Alcançaremos a meta final, a plena iluminação, treinando a mente em todas as etapas do caminho, conforme as explicações aqui apresentadas. Se além disso recebermos uma iniciação nas práticas do Tantra Ioga Supremo, mantivermos nossos votos e compromissos com pureza e praticarmos sinceramente os iogas das etapas de geração e de conclusão, alcançaremos a plena iluminação no decorrer desta vida.

Em resumo, a conquista da plena iluminação depende de praticarmos as etapas do caminho do Mantra Secreto; a prática das etapas do caminho do Mantra Secreto depende de praticarmos as etapas do caminho do Sutra; e a prática das etapas do caminho do Sutra depende de confiarmos sinceramente em nosso Guia Espiritual, a raiz do caminho.

Dedicatória

Pelas virtudes que coletei ao ler, contemplar e praticar essas instruções, que todos os seres vivos tenham a oportunidade de praticar as etapas do caminho.

Que todos os seres vivos desenvolvam grande sabedoria como a de Manjushri, grande compaixão como a de Avalokiteshvara e grande poder como o de Vajrapani. E que todos possam alcançar a grande iluminação de Buda Shakyamuni.

APÊNDICE I

Sentido Condensado do Texto

Sentido Condensado do Texto

As instruções das etapas do caminho à iluminação Lamrim têm quatro partes:

1. Explicação das preeminentes qualidades do autor, para mostrar que as instruções do Lamrim são autênticas;
2. Explicação das preeminentes qualidades do Lamrim, para inspirar fé e respeito pelas instruções do Lamrim;
3. Explicação de como ouvir e de como ensinar o Dharma;
4. Explicação das instruções das etapas do caminho à iluminação.

A explicação das preeminentes qualidades do autor, para mostrar que as instruções do Lamrim são autênticas tem três partes:

1. Nascimento de Atisha numa família real e sua juventude;
2. Conquista de conhecimentos e realizações espirituais de Atisha;
3. Trabalho de Atisha difundindo o Budadharma na Índia e no Tibete.

A explicação das preeminentes qualidades do Lamrim, para inspirar fé e respeito pelas instruções do Lamrim tem duas partes:

1. As preeminentes características do Lamrim;
2. Os preeminentes atributos do Lamrim.

As preeminentes característica dos Lamrim têm três partes:

1. O Lamrim é a síntese de todo o Budadharma;
2. As instruções do Lamrim podem ser facilmente praticadas;
3. A apresentação das instruções do Lamrim é superior à apresentação das outras tradições.

Os preeminentes atributos do Lamrim têm quatro partes:

1. Entenderemos que os ensinamentos de Buda não são contraditórios;

2. Tomaremos todos os ensinamentos de Buda como um conselho pessoal e os praticaremos;
3. Realizaremos com facilidade a intenção última de Buda;
4. Ficaremos naturalmente livres da grande falha e de todas as outras falhas.

A explicação de como ouvir e de como ensinar o Dharma tem três partes:

1. Como ouvir o Dharma;
2. Como ensinar o Dharma;
3. A etapa de conclusão comum ao Professor e ao estudante.

Como ouvir o Dharma tem três partes:

1. Considerar os benefícios de ouvir o Dharma;
2. Gerar respeito pelo Dharma e por seu Professor;
3. A maneira de ouvir o Dharma.

A maneira de ouvir o Dharma tem duas partes:

1. Abandonar três falhas;
2. Cultivar seis reconhecimentos.

Abandonar três falhas tem três partes

1. A falha de ser como um pote emborcado;
2. A falha de ser como um pote malcheiroso;
3. A falha de ser como um pote furado.

Cultivar seis reconhecimentos em seis partes:

1. Reconhecer que estamos doentes porque sofremos de apego desejoso, de ódio, de ignorância e de outras enfermidades da mente;
2. Reconhecer que o Dharma é o remédio supremo para nossa doença mental;
3. Reconhecer que nosso Professor de Dharma é o médico supremo;
4. Reconhecer que pôr o Dharma em prática é a cura para a nossa doença mental;
5. Gerar a convicção de que Buda Shakyamuni é um ser sagrado absolutamente confiável;
6. Gerar o forte desejo de que o Dharma floresça e permaneça por muito tempo.

Como ensinar o Dharma tem quatro partes:

1. Considerar os benefícios de ensinar o Dharma;
2. Aumentar a fé e o respeito pelo Dharma e pelo Professor;
3. As atitudes que devemos cultivar e como nos portar ao ensinar o Dharma;
4. Reconhecer quem deve ser ensinado e quem não deve ser ensinado.

A explicação das instruções das etapas do caminho à iluminação tem duas partes:

1. Como confiar em um Guia Espiritual, a raiz dos caminhos espirituais;
2. Como extrair a essência da nossa vida humana.

Como confiar em um Guia Espiritual, a raiz dos caminhos espirituais tem duas partes:

1. Como treinar a mente durante a sessão de meditação;
2. Como treinar a mente durante o intervalo entre meditações.

Como treinar a mente durante a sessão de meditação tem três partes:

1. Preparação para meditar;
2. A meditação;
3. Conclusão da meditação.

Preparação para meditar tem seis partes:

1. Limpar o local de meditação e montar um altar com imagens do corpo, da fala e da mente de Buda;
2. 2 Dispor oferendas adequadas;
3. Sentar-se na postura correta de meditação, buscar refúgio, gerar e aprimorar a bodhichitta;
4. Visualizar o Campo de Mérito;
5. Acumular mérito e purificar negatividades, por meio da prática dos sete membros e do mandala;
6. Pedir ao Campo de Mérito, em geral, e à linhagem de gurus do Lamrim, em particular, que nos abençoem.

A meditação tem duas partes:

1. As qualificações de um Guia Espiritual Mahayana e de um discípulo Mahayana;
2. A meditação de confiar em nosso Guia Espiritual.

A meditação de confiar em nosso Guia Espiritual tem quatro partes:

1. Os benefícios de confiar totalmente em nosso Guia Espiritual;
2. Os perigos de quebrar o compromisso com nosso Guia Espiritual;
3. Como confiar em nosso Guia Espiritual gerando fé e respeito;
4. Como confiar em nosso Guia Espiritual com ações de serviço e de devoção.

Os benefícios de confiar totalmente em nosso Guia Espiritual têm oito partes:

1. Avançamos rumo à iluminação;
2. Deleitamos todos os Budas;
3. Não somos prejudicados por demônios e por outras influências maléficas;
4. Superamos facilmente nossas falhas e delusões;
5. Nossas experiências e realizações dos solos e caminhos espirituais aumentam imensamente;
6. Nunca seremos privados de amigos espirituais em vidas futuras;
7. Não renasceremos nos reinos inferiores;
8. Todos os nossos desejos, temporários e últimos, são facilmente atendidos.

Os perigos de quebrar o compromisso com nosso Guia Espiritual têm oito partes:

1. Uma vez que nosso Guia Espiritual é uma emanação de todos os Budas, se o abandonarmos ou demonstrarmos desprezo por ele, essa ação terá o mesmo efeito que a ação de abandonar ou de desprezar todos os Budas;
2. Cada instante de raiva por nosso Guia Espiritual destrói todo o carma positivo criado num éon e nos leva a renascer no inferno por um éon;
3. Ainda que tenhamos praticado o Mantra Secreto por vários éons, se tivermos abandonado nosso Guia Espiritual, será impossível obter realizações;
4. Com uma mente crítica ou de raiva por nosso Guia Espiritual, nossa prática do Mantra Secreto tornar-se-á causa de renascimento no inferno;
5. Será impossível obtermos novas realizações e aquelas que já obtivemos vão se degenerar;
6. Seremos afligidos por infortúnios, como doenças, medo e possessão por espíritos maus;

7. Renasceremos nos reinos inferiores repetidamente;
8. Em muitas vidas futuras, não encontraremos Guias Espirituais qualificados e ficaremos sem o Dharma e, sempre que voltarmos a encontrar Guias Espirituais, continuaremos a não respeitá-los e a não ter fé neles.

Como confiar em nosso Guia Espiritual gerando fé e respeito tem duas partes

1. Como gerar a fé de que nosso Guia Espiritual é um Buda, a raiz de todas as aquisições;
2. Como gerar respeito por nosso Guia Espiritual, lembrando-nos da sua bondade.

Como gerar a fé de que nosso Guia Espiritual é um Buda, a raiz de todas as aquisições, tem três partes:

1. Por que é necessário considerar nosso Guia Espiritual como um Buda;
2. Como é possível considerar nosso Guia Espiritual como um Buda;
3. Como gerar a convicção de que nosso Guia Espiritual é um Buda.

Como gerar a convicção de que nosso Guia Espiritual é um Buda tem quatro partes:

1. Buda Vajradhara disse que Guias Espirituais são Budas;
2. Nosso Guia Espiritual executa as ações iluminadas de um Buda;
3. Nestes tempos degenerados, os Budas continuam a trabalhar para o benefício de todos os seres vivos;
4. As aparências são enganosas e nossas opiniões, duvidosas.

Como gerar respeito por nosso Guia Espiritual, lembrando-nos da sua bondade, tem duas partes:

1. Lembrar que nosso Guia Espiritual é mais bondoso que todos os Budas;
2. Lembrar que nosso Guia Espiritual é mais bondoso até do que Buda Shakyamuni.

Como confiar em nosso Guia Espiritual com ações de serviço e de devoção tem quatro partes:

1. Oferecer ações corporais ou verbais de respeito, como fazer prostração e recitar louvores;

2. Oferecer coisas materiais;
3. Oferecer serviço;
4. Oferecer a própria prática de Dharma.

Como extrair a essência da nossa vida humana tem duas partes:

1. Como gerar a determinação de extrair a essência da nossa preciosa vida humana;
2. Treinar a mente nos métodos para extrair a essência da nossa preciosa vida humana.

Como gerar a determinação de extrair a essência da nossa preciosa vida humana tem três partes:

1. Reconhecer que atualmente temos uma preciosa vida humana;
2. Meditar no grande valor da nossa preciosa vida humana;
3. Meditar na grande raridade da nossa preciosa vida humana.

Reconhecer que atualmente temos uma preciosa vida humana tem duas partes:

1. As oito liberdades;
2. Os dez dotes.

As oito liberdades têm oito partes

1. Estar livre de ter nascido como um ser-do-inferno;
2. Estar livre de ter nascido como um espírito faminto;
3. Estar livre de ter nascido como um animal;
4. Estar livre de ter nascido como um deus comum;
5. Estar livre de ter nascido e de permanecer num país onde não há religião;
6. Estar livre de ter nascido e de permanecer num país onde não existe o Budadharma;
7. Estar livre de ter nascido e de permanecer com deficiências físicas ou mentais;
8. Estar livre de adotar visões errôneas, que negam o Dharma.

Os dez dotes têm dez partes:

1. Ter nascido como ser humano;
2. Ter nascido e permanecer num país onde o Dharma esteja florescendo;
3. Ter nascido e permanecer com faculdades perfeitas, livre de deficiências mentais e físicas;

4. Não ter cometido nenhuma das cinco ações de retribuição imediata;
5. Ter fé nas três categorias de ensinamentos de Buda;
6. Renascer humano num mundo onde Buda apareceu;
7. Renascer humano num mundo onde Buda ensinou o Dharma;
8. Renascer humano num mundo onde o puro Dharma continua a ser ensinado;
9. Renascer humano num mundo onde há pessoas praticando o puro Dharma;
10. Renascer humano num mundo onde os praticantes de Dharma encontram benfeitores e patrocinadores

Meditar no grande valor da nossa preciosa vida humana tem três partes:

1. O grande valor da nossa preciosa vida humana, do ponto de vista da nossa meta temporária;
2. O grande valor da nossa preciosa vida humana, do ponto de vista da nossa meta última;
3. O grande valor de cada instante da nossa preciosa vida humana.

Meditar na grande raridade da nossa preciosa vida humana tem três partes:

1. Reconhecer a raridade da nossa preciosa vida humana em termos da sua causa;
2. Reconhecer a raridade da nossa preciosa vida humana por analogia;
3. Reconhecer a raridade da nossa preciosa vida humana em termos numéricos.

Treinar a mente nos métodos para extrair a essência da nossa preciosa vida humana tem três partes:

1. Treinar a mente nas etapas do caminho de uma pessoa de escopo inicial;
2. Treinar a mente nas etapas do caminho de uma pessoa de escopo intermediário;
3. Treinar a mente nas etapas do caminho de uma pessoa de grande escopo.

Treinar a mente nas etapas do caminho de uma pessoa de escopo inicial tem duas partes

1. Gerar a aspiração de alcançar a felicidade de estados superiores em vidas futuras;

2. Os métodos para obter a felicidade de estados superiores de existência em vidas futuras.

Gerar a aspiração de alcançar a felicidade de estados superiores em vidas futuras tem duas partes:

1. Meditar sobre a morte;
2. Meditar nos sofrimentos dos reinos inferiores.

Meditar sobre a morte tem três partes:

1. Considerar os perigos de esquecer a morte;
2. Considerar os benefícios de manter-se consciente da morte;
3. A meditação sobre a morte.

Considerar os perigos de esquecer a morte tem seis partes:

1. Esqueceremos facilmente o Dharma;
2. Ainda que não esqueçamos o Dharma, é pouco provável que o pratiquemos;
3. Ainda que não esqueçamos o Dharma e o pratiquemos, nossa prática não será pura;
4. Ainda que não esqueçamos o Dharma e o pratiquemos puramente, faltará esforço persistente para a nossa prática;
5. Continuaremos a cometer ações não virtuosas;
6. Morreremos cheios de arrependimento.

Considerar os benefícios de manter-se consciente da morte tem seis partes:

1. Praticamos o Dharma com sinceridade e energia;
2. Nossa prática de Dharma torna-se muito poderosa e pura;
3. É importante no início da nossa prática;
4. É importante no decorrer da nossa prática;
5. É importante para alcançar a meta final da nossa prática;
6. Teremos uma mente feliz na hora da morte.

A meditação sobre a morte tem duas partes:

1. Meditar sobre a morte usando nove maneiras de pensar;
2. Meditar sobre a morte imaginando que chegou nossa hora de morrer.

Meditar sobre a morte usando nove maneiras de pensar tem três partes:

1. Usar três maneiras de pensar para gerar a convicção de que a morte é certa;

2. Usar três maneiras de pensar para gerar a convicção de que a hora da morte é incerta;
3. Usar três maneiras de pensar para gerar a convicção de que, na hora da morte e depois dela, só nossa prática de Dharma poderá nos beneficiar.

Usar três maneiras de pensar para gerar a convicção de que a morte é certa tem três partes:

1. A morte virá com certeza e nada poderá impedi-la;
2. Nosso tempo de vida não pode ser prolongado e diminui continuamente;
3. A morte virá de qualquer maneira, tenhamos ou não arranjado tempo para praticar o Dharma.

Usar três maneiras de pensar para gerar a convicção de que a hora da morte é incerta tem três partes:

1. A duração de vida dos seres que estão nesse mundo não é fixa;
2. Existem mais condições conducentes à morte do que à sobrevivência;
3. O corpo humano é muito frágil

Usar três maneiras de pensar para gerar a convicção de que, na hora da morte e depois dela, só nossa prática de Dharma poderá nos beneficiar tem três partes:

1. Na hora da morte, a riqueza não pode nos ajudar;
2. Na hora da morte, os amigos e parentes não podem nos ajudar;
3. Na hora da morte, até nosso próprio corpo é inútil.

Meditar nos sofrimentos dos reinos inferiores tem três partes:

1. Os sofrimentos dos seres-do-inferno;
2. Os sofrimentos dos espíritos famintos;
3. Os sofrimentos dos animais.

Os sofrimento dos seres-do-inferno têm duas partes:

1. Convencer-se de que o inferno existe;
2. A meditação nos sofrimentos dos seres-do-inferno.

Convencer-se de que o inferno existe tem duas partes:

1. Argumentos que usam sinais exteriores;
2. Argumentos que usam sinais interiores.

Argumentos que usam sinais interiores têm três partes:

1. Examinar a lei do carma em geral;
2. Examinar os sonhos;
3. Examinar por que nossa percepção do mundo depende do carma.

A meditação nos sofrimentos dos seres-do-inferno tem quatro partes:

1. Os sofrimentos dos seres nos grandes infernos;
2. Os sofrimentos dos seres nos infernos vizinhos;
3. Os sofrimentos dos seres nos infernos frios;
4. Os sofrimentos dos seres nos infernos similares

Os sofrimentos dos espíritos famintos têm seis partes:

1. Intenso calor;
2. Intenso frio;
3. Intensa fome;
4. Intensa sede;
5. Grande estafa;
6. Grande medo.

Os sofrimentos dos animais têm cinco partes:

1. Ignorância e estupidez;
2. Calor e frio;
3. Fome e sede;
4. Serem explorados por humanos para fins de labuta, comida, riquezas e diversão;
5. Serem presas uns dos outros.

Os métodos efetivos para obter a felicidade de estados superiores de existência em vidas futuras têm duas partes:

1. Buscar refúgio, a passagem para o Budadharma;
2. Adquirir convicção na lei do carma, raiz de todas as boas qualidades e de felicidade.

Buscar refúgio, a passagem para o Budadharma tem sete partes:

1. As causas de refúgio;
2. Os objetos de refúgio;
3. A maneira de buscar refúgio;
4. A medida para avaliar se estamos buscando refúgio perfeitamente;

5. Os benefícios do refúgio;
6. Os compromissos do refúgio;
7. Como buscar refúgio praticando três rodadas de meditação.

Os objetos de refúgio têm duas partes:

1. Identificar os objetos de refúgio;
2. Entender por que as Três Joias são objetos adequados de refúgio.

Identificar os objetos de refúgio tem três partes:

1. A Joia Buda;
2. A Joia Dharma;
3. A Joia Sangha.

Entender por que as Três Joias são objetos adequados de refúgio tem quatro partes:

1. Buda está livre de todo medo;
2. Buda é muito hábil em libertar os seres vivos;
3. Buda tem compaixão por todos os seres vivos, sem discriminação;
4. Buda beneficia todos os seres vivos, independentemente de ter sido ajudado por eles.

A maneira de buscar refúgio tem quatro partes:

1. Refugiar-se entendendo as boas qualidades das Três Joias;
2. Refugiar-se diferenciando as qualidades de cada uma das Três Joias;
3. Refugiar-se prometendo buscar refúgio;
4. Refugiar-se abandonando buscar refúgio último em outros objetos.

Refugiar-se diferenciando as qualidades de cada uma das Três Joias tem seis partes:

1. Refugiar-se entendendo as diferentes naturezas das Três Joias;
2. Refugiar-se entendendo as diferentes funções das Três Joias;
3. Refugiar-se diferenciando as Três Joias por analogia;
4. Refugiar-se discriminando a hora certa de buscar refúgio;
5. Refugiar-se entendendo as diferentes maneiras pelas quais o mérito aumenta, quando buscamos refúgio em cada uma Três Joias;
6. Refugiar-se entendendo as diferentes maneiras pelas quais as Três Joias ajudam nossa prática.

Os benefícios do refúgio têm oito partes:

1. Tornamo-nos um puro Budista;
2. Estabelecemos a base para tomar todos os outros votos;
3. Purificamos o carma negativo acumulado no passado;
4. Acumulamos diariamente uma vasta quantidade de mérito;
5. Somos impedidos de cair nos reinos inferiores;
6. Somos protegidos contra os males causados por humanos e não humanos;
7. Satisfazemos todos os nossos desejos temporários e últimos;
8. Alcançamos rapidamente a plena iluminação, a Budeidade.

Os compromissos do refúgio têm duas partes:

1. Os compromissos específicos;
2. Os compromissos gerais.

Os compromissos específicos têm três partes:

1. Um abandono e um reconhecimento em relação à Joia Buda;
2. Um abandono e um reconhecimento em relação à Joia Dharma;
3. Um abandono e um reconhecimento em relação à Joia Sangha.

Os compromissos gerais têm seis partes:

1. Refugiar-se repetidamente nas Três Joias, lembrando as suas boas qualidades e as diferenças entre elas;
2. Oferecer a primeira porção de tudo o que comemos e bebemos às Três Joias, lembrando sua bondade;
3. Com compaixão, sempre encorajar os outros a se refugiarem;
4. Refugiar-se no mínimo três vezes ao dia e três vezes à noite, lembrando os benefícios do refúgio;
5. Executar cada ação com plena confiança nas Três Joias;
6. Nunca abandonar as Três Joias, nem de brincadeira, ainda que isso nos custe a própria vida.

Adquirir convicção na lei do carma, raiz de todas as boas qualidades e de felicidade, tem quatro partes:

1. A características gerais do carma;
2. Os tipos específicos de ação e seus efeitos;
3. Os oito atributos especiais de uma vida humana plenamente dotada;
4. Como praticar disciplina moral depois de adquirir convicção na lei do carma.

As características gerais do carma têm quatro partes:

1. Os resultados das ações são definidos;
2. Os resultados das ações aumentam;
3. Se uma ação não for praticada, seu resultado não poderá ser experienciado;
4. Uma ação nunca é desperdiçada.

Os tipos específicos de ação e seus efeitos têm quatro partes:

1. As ações não virtuosas e seus efeitos;
2. As ações virtuosas e seus efeitos;
3. Os fatores que determinam o poder de uma ação;
4. As ações arremessadoras e as ações completadoras.

As ações não virtuosas e seus efeitos têm três partes:

1. As dez ações não virtuosas e os fatores que determinam sua conclusão;
2. Os fatores que agravam as ações não virtuosas;
3. Os efeitos das ações não virtuosas

As dez ações não virtuosas e os fatores que determinam sua conclusão têm dez partes:

1. Matar;
2. Roubar;
3. Má conduta sexual;
4. Mentir;
5. Discurso divisor;
6. Discurso ofensivo;
7. Tagarelice;
8. Cobiça;
9. Malevolência;
10. Adotar visões errôneas

Fatores que agravam as ações não virtuosas têm seis partes:

1. A natureza da ação;
2. A intenção;
3. O modo de agir;
4. O objeto;
5. A frequência com que a ação é cometida; .
6. A aplicação ou não aplicação de um oponente.

Os efeitos das ações não virtuosas têm três partes:

1. O efeito amadurecido;
2. Os efeitos similares à causa;
3. O efeito ambiental.

Os efeitos similares à causa têm duas partes:

1. Tendências similares à causa;
2. Experiências similares à causa.

As ações virtuosas e seus efeitos têm três partes

1. As dez ações virtuosas e os fatores que determinam sua conclusão;
2. Os fatores que determinam o poder benéfico das ações virtuosas;
3. Os efeitos das ações virtuosas.

As dez ações virtuosas e os fatores que determinam sua conclusão têm dez partes:

1. Abandonar a ação de matar;
2. Abandonar a ação de roubar;
3. Abandonar a má conduta sexual;
4. Abandonar a ação de mentir;
5. Abandonar o discurso divisor;
6. Abandonar o discurso ofensivo;
7. Abandonar a tagarelice;
8. Abandonar a cobiça;
9. Abandonar a malevolência;
10. Abandonar as visões errôneas.

Os fatores que determinam o poder de uma ação têm quatro partes:

1. A pessoa que é o objeto da ação;
2. Os votos tomados;
3. O objeto que serve de instrumento da ação;
4. A motivação;

Os oito atributos especiais de uma vida humana plenamente dotada têm três partes:

1. Suas vantagens;
2. Suas funções;
3. Suas causas.

Treinar a mente nas etapas do caminho de uma pessoa de escopo intermediário tem três partes:

1. Gerar o desejo de alcançar a libertação;
2. Uma explicação preliminar para estabelecer o caminho que conduz à libertação;
3. Como praticar o caminho que conduz à libertação.

Gerar o desejo de alcançar a libertação tem duas partes:

1. Introdução às quatro nobres verdades;
2. Meditar nos verdadeiros sofrimentos.

Introdução às quatro nobres verdades tem quatro partes:

1. Verdadeiros sofrimentos;
2. Verdadeiras origens;
3. Verdadeiras cessações;
4. Verdadeiros caminhos.

Meditar nos verdadeiros sofrimentos tem três partes:

1. Os sofrimentos gerais do samsara;
2. Os sofrimentos específicos de cada estado de renascimento samsárico;
3. Os três tipos de sofrimento.

Os sofrimentos gerais do samsara têm seis partes:

1. Incerteza;
2. Insatisfação;
3. Ter de deixar o corpo repetidas vezes;
4. Ter de renascer repetidas vezes;
5. Ter de perder status repetidas vezes;
6. Não ter companhia.

Os sofrimentos específicos de cada estado de renascimento samsárico têm duas partes:

1. Os sofrimentos dos reinos inferiores;
2. Os sofrimentos dos reinos superiores.

Os sofrimentos dos reinos superiores têm três partes:

1. Os sofrimentos dos seres humanos;
2. Os sofrimentos dos semideuses;
3. Os sofrimentos dos deuses.

Os sofrimentos dos seres humanos têm sete partes:

    1. Nascimento;
    2. Envelhecimento;
    3. Doença;
    4. Morte;
    5. Ter de nos separar de tudo o que gostamos;
    6. Ter de encontrar o que não gostamos;
    7. Não conseguir satisfazer nossos desejos

Nascimento tem cinco partes:

    1. As fortes dores sentidas no útero e durante o nascimento;
    2. As dores incessantes sentidas depois do nascimento;
    3. O nascimento é a base de todos os sofrimentos da vida;
    4. O nascimento é o fundamento de todas as delusões;
    5. O nascimento transforma-se em morte.

Envelhecimento tem cinco partes:

    1. Perda de beleza e de saúde;
    2. Perda de força física e de vitalidade;
    3. Perda de força dos sentidos e de faculdades mentais;
    4. Perda de prazeres;
    5. Perda de duração de vida.

Doença tem cinco partes:

    1. Perda da força e do controle sobre as funções do nosso corpo;
    2. Crescente infelicidade;
    3. Perda dos prazeres;
    4. Experienciar o que não queremos;
    5. Saber que nossa doença é incurável e que a vida está chegando ao fim.

Morte tem cinco partes:

    1. Separação das nossas posses;
    2. Separação dos nossos amigos;
    3. Separação das pessoas com as quais vivemos e trabalhamos;
    4. Separação do nosso corpo;
    5. Sentir dor física e mental.

Os três tipos de sofrimento têm três partes:

    1. O sofrimento da dor manifesta;

2. Sofrimento de mudança;
3. Sofrimento subjacente.

Uma explicação preliminar para estabelecer o caminho que conduz à libertação têm duas partes:

1. O desenvolvimento de delusões e ações, morte e renascimento;
2. Uma explicação dos doze elos dependente-relacionados.

O desenvolvimento de delusões e ações, morte e renascimento têm seis partes:

1. A identificação das delusões;
2. As etapas de desenvolvimento das delusões;
3. As causas das delusões;
4. Os perigos das delusões;
5. Como as ações são criadas na dependência das delusões;
6. O modo como morremos e renascemos.

A identificação das delusões tem duas partes:

1. A definição das delusões;
2. As seis delusões raízes.

As seis delusões raízes têm seis partes:

1. Apego desejoso;
2. Raiva;
3. Orgulho deludido;
4. Ignorância;
5. Dúvida deludida;
6. Visão deludida.

Visão deludida tem cinco partes:

1. Visão da coleção transitória;
2. Visão extrema;
3. Adotar visões falsas como supremas;
4. Adotar disciplina moral errônea e conduta errônea como supremas;
5. Visão errônea

As causas das delusões têm seis partes:

1. A semente;
2. O objeto;

3. Distração e influência de terceiros;
4. Maus hábitos;
5. Familiaridade;
6. Atenção imprópria

O modo como morremos e renascemos tem três partes:

1. O modo como morremos;
2. O modo como ingressamos no estado intermediário;
3. O modo como renascemos;

O modo como morremos tem cinco partes:

1. Os sinais da morte;
2. As causas da morte;
3. As condições da morte;
4. As mentes da morte;
5. O sinal de que a morte terminou.

O modo como ingressamos no estado intermediário tem três partes:

1. Como se convencer de que o bardo existe, examinando a analogia com o estado do sonho;
2. Os atributos do corpo de um ser do bardo;
3. O que aparece para um ser do bardo.

O modo como renascemos tem três partes:

1. As causas e as condições de um renascimento;
2. Como renascemos;
3. A natureza do renascimento

Uma explicação dos doze elos dependente-relacionados tem quatro partes:

1. Uma explicação geral dos fenômenos dependente-relacionados;
2. Os doze elos dependente-relacionados;
3. Uma explicação do diagrama da Roda da Vida;
4. A meditação sobre os doze elos dependente-relacionados.

Os doze elos dependente-relacionados têm doze partes:

1. Ignorância dependente-relacionada;
2. Ações de composição dependente-relacionadas;
3. Consciência dependente-relacionada;
4. Nome e forma dependente-relacionados;
5. Seis fontes dependente-relacionadas;

6. Contato dependente-relacionado;
7. Sensação dependente-relacionada;
8. Anseio dependente-relacionado;
9. Agarramento dependente-relacionado;
10. Existência dependente-relacionada;
11. Nascimento dependente -relacionado;
12. Envelhecimento e morte dependente-relacionados.

Uma explicação do diagrama da Roda da Vida tem três partes:

1. Os benefícios de contemplar e de meditar no diagrama;
2. A origem do diagrama;
3. O simbolismo do diagrama:

A meditação sobre os doze elos dependente-relacionados tem quatro partes:

1. Meditação em ordem serial na relação dependente, do lado da delusão;
2. Meditação em ordem inversa na relação dependente, do lado da delusão;
3. Meditação em ordem serial na relação dependente, do lado perfeitamente purificado;
4. Meditação em ordem inversa na relação dependente, do lado perfeitamente purificado.

Como praticar o caminho que conduz à libertação em duas partes:

1. A base corporal que precisamos para alcançar a libertação;
2. Os caminhos que precisamos seguir para alcançar a libertação.

Os caminhos que precisamos seguir para alcançar a libertação têm três partes:

1. Os três treinos superiores;
2. Por que devemos praticar os três treinos superiores para alcançar a libertação;
3. Como praticar os três treinos superiores.

Os três treinos superiores têm três partes:

1. Treinar disciplina moral superior;
2. Treinar concentração superior;
3. Treinar sabedoria superior.

Como praticar os três treinos superiores tem três partes:

1. Como praticar disciplina moral superior;
2. Como praticar concentração superior;
3. Como praticar sabedoria superior.

Treinar a mente nas etapas do caminho de uma pessoa de grande escopo tem cinco partes:

1. Por que precisamos ingressar no Caminho Mahayana;
2. Os benefícios da bodhichitta;
3. Como gerar a bodhichitta;
4. Engajar-se nas ações de um Bodhisattva;
5. O resultado final, a plena iluminação.

Os benefícios da bodhichitta têm dez partes:

1. Ingressamos na passagem para o Mahayana;
2. Tornamo-nos um Filho ou uma Filha dos Budas;
3. Superamos os Ouvintes e os Realizadores Solitários;
4. Tornamo-nos dignos de receber oferendas e prostrações de humanos e deuses;
5. Acumulamos facilmente uma vasta quantidade de méritos;
6. Destruímos rapidamente poderosas negatividades;
7. Satisfazemos todos os nossos desejos;
8. Ficamos livres do mal causado por espíritos e outros seres;
9. Conquistamos todos os solos e caminhos espirituais;
10. Adquirimos um estado mental que é fonte de paz e de felicidade para todos os seres.

Como gerar a bodhichitta tem duas partes:

1. As etapas de treinar a mente na bodhichitta;
2. Manter a bodhichitta por meio de ritual.

As etapas de treinar a mente na bodhichitta têm duas partes:

1. Treinar a mente nas sete etapas de causa e efeito;
2. Treinar a mente em equalizar e trocar eu com outros.

Treinar a mente nas sete etapas de causa e efeito tem oito partes:

1. Gerar equanimidade;
2. Reconhecer que todos os seres vivos são nossas mães;
3. Lembrar a bondade de todos os seres mães;

4. Gerar o desejo de retribuir a bondade de todos os seres mães;
5. Gerar amor afetuoso;
6. Gerar grande compaixão;
7. Gerar intenção superior;
8. Gerar a bodhichitta.

Gerar a bodhichitta tem três partes:

1. A base para gerar a bodhichitta;
2. A natureza da bodhichitta e como ela é gerada;
3. As divisões da bodhichitta.

As divisões da bodhichitta têm quatro partes:

1. A divisão dupla;
2. A divisão tripla;
3. A divisão quádrupla;
4. A divisão em 22 tipos.

Treinar a mente em equalizar e trocar eu com outros tem cinco partes:

1. Equalizar eu com outros;
2. Contemplar as desvantagens do autoapreço;
3. Contemplar as vantagens de apreciar os outros;
4. Trocar eu com outros;
5. Tomar e dar.

Trocar eu com outros tem três partes

1. Reconhecer por que é preciso trocar eu com outros;
2. Reconhecer que somos capazes de trocar eu com outros;
3. Como trocar eu com outros.

Manter a bodhichitta por meio de ritual tem duas partes:

1. Manter a mente de aspiração por meio de ritual;
2. Manter a mente de compromisso por meio de ritual.

Engajar-se nas ações de um Bodhisattva tem duas partes:

1. Treinar as seis perfeições para amadurecer nosso continuum mental;
2. Treinar as quatro maneiras de reunir para amadurecer o continuum mental dos outros.

Treinar as seis perfeições para amadurecer o nosso continuum mental tem quatro partes:

1. As seis perfeições em geral;
2. As perfeições de estabilização mental e de sabedoria em particular;
3. Como avançar pelos solos e caminhos espirituais com a união do tranquilo-permanecer e a visão superior;
4. Treinar os caminhos Vajrayana.

As seis perfeições em geral têm seis partes:

1. A perfeição de dar;
2. A perfeição de disciplina moral;
3. A perfeição de paciência;
4. A perfeição de esforço;
5. A perfeição de estabilização mental;
6. A perfeição de sabedoria.

As perfeições de estabilização mental e de sabedoria, em particular, tem duas partes:

1. Como treinar a mente no tranquilo-permanecer, a essência da concentração;
2. Como treinar a mente na visão superior, a essência da sabedoria.

Como treinar a mente no tranquilo-permanecer tem duas partes:

1. As condições necessárias para atingir o tranquilo-permanecer;
2. Como atingir o tranquilo-permanecer.

As condições necessárias para atingir o tranquilo-permanecer têm seis partes:

1. Um local de retiro adequado;
2. Pouco desejo;
3. Contentamento;
4. Nenhuma atividade distrativa;
5. Disciplina moral pura;
6. Nenhuma concepção distrativa.

Como atingir o tranquilo-permanecer tem seis partes:

1. Os cinco obstáculos à conquista do tranquilo-permanecer;
2. Os oito oponentes aos cinco obstáculos;
3. Como atingir as nove permanências mentais;
4. As seis forças;
5. As quatro atenções;
6. A medida para aferir se atingirmos o tranquilo-permanecer.

Os cinco obstáculos à conquista do tranquilo-permanecer têm cinco partes:

1. Preguiça;
2. Esquecimento;
3. Afundamento mental e excitamento mental;
4. Não-aplicação;
5. Aplicação desnecessária.

Os oito oponentes aos cinco obstáculos têm oito partes:

1. Fé;
2. Aspiração;
3. Esforço;
4. Maleabilidade;
5. Contínua-lembrança;
6. Vigilância;
7. Aplicação;
8. Não-aplicação.

Como atingir as nove permanências mentais tem duas partes:

1. O objeto de meditação;
2. As nove permanências mentais

O objeto de meditação tem quatro partes:

1. Objetos que permeiam tudo;
2. Objetos para abandonar delusões específicas;
3. Objetos para abandonar delusões em geral;
4. Objetos para eruditos.

As nove permanências mentais têm nove partes:

1. Posicionamento da mente;
2. Contínuo -posicionamento;
3. Reposicionamento;
4. Estreito-posicionamento;
5. Controle;
6. Pacificação;
7. Pacificação completa;
8. Unifocalização;
9. Posicionamento em equilíbrio.

As seis forças têm seis partes:

1. Força de ouvir;
2. Força de contemplar;
3. Força da contínua-lembrança;
4. Força da vigilância;
5. Força do esforço;
6. Força da completa familiaridade.

As quatro atenções têm quatro partes:

1. Atenção firme
2. Atenção interrompida;
3. Atenção ininterrupta;
4. Atenção espontânea.

Como treinar a mente na visão superior, a essência da sabedoria, tem três partes:

1. A natureza da visão superior;
2. A função da visão superior;
3. O objeto da visão superior.

O objeto da visão superior tem duas partes:

1. A vacuidade de pessoas;
2. A vacuidade de fenômenos.

A vacuidade de pessoas tem duas partes:

1. Como manter o equilíbrio meditativo semelhante ao espaço na vacuidade de pessoas;
2. Como manter a conquista subsequente semelhante a uma ilusão.

Como manter o equilíbrio meditativo semelhante ao espaço na vacuidade de pessoas tem quatro partes:

1. Averiguar o objeto de negação;
2. Averiguar a inclusão;
3. Averiguar a ausência de unicidade;
4. Averiguar a ausência de diferença.

APÊNDICE II

Sadhanas

Prece Libertadora
Louvor a Buda Shakyamuni 484

Essência da Boa Fortuna
Preces para as Seis Práticas Preparatórias para Meditação
nas Etapas do Caminho à Iluminação 485

Preces para Meditação
Preces preparatórias curtas para meditação 495

Prece Libertadora

Louvor a Buda Shakyamuni

Ó Abençoado, Shakyamuni Buda,
Precioso tesouro de compaixão,
Concessor de suprema paz interior,

Tu, que amas todos os seres sem exceção,
És a fonte de bondade e felicidade,
E nos guias ao caminho libertador.

Teu corpo é uma joia-que-satisfaz-os-desejos,
Tua fala é um néctar purificador e supremo
E tua mente, refúgio para todos os seres vivos.

Com as mãos postas, me volto para ti,
Amigo supremo e imutável,
E peço do fundo do meu coração:

Por favor, concede-me a luz de tua sabedoria
Para dissipar a escuridão da minha mente
E curar o meu continuum mental.

Por favor, me nutre com tua bondade,
Para que eu possa, por minha vez, nutrir todos os seres
Com um incessante banquete de deleite.

Por meio de tua compassiva intenção,
De tuas bênçãos e feitos virtuosos
E por meu forte desejo de confiar em ti,

Que todo o sofrimento rapidamente cesse,
Que toda a felicidade e alegria aconteçam
E que o sagrado Dharma floresça para sempre.

Cólofon: Esta prece foi escrita por Venerável Geshe Kelsang Gyatso Rinpoche e é recitada regularmente no início de ensinamentos, meditações e preces nos Centros Budistas Kadampa em todo o mundo.

Essência da Boa Fortuna

Preces para as Seis Práticas Preparatórias para Meditação nas Etapas do Caminho à Iluminação

Essência da Boa Fortuna

Purificar mentalmente o ambiente

Que o solo inteiro
Torne-se completamente puro,
Plano como a palma da mão
E liso como o lápis-lazúli.

Preparar mentalmente oferendas puras

Que todo o espaço cubra-se
Com oferendas de deuses e homens,
Ambas, as efetivas e as imaginadas,
Como as oferendas do Todo-Generoso.

Visualizar os objetos de refúgio

No espaço à minha frente, sobre um trono de leões, numa almofada de lótus, sol e lua, senta-se Buda Shakyamuni, a essência de todos os meus bondosos mestres, rodeado pela assembleia de gurus diretos e indiretos, Yidams, Budas, Bodhisattvas, Ouvintes, Conquistadores Solitários, Heróis, Dakinis e Protetores do Dharma.

Gerar as causas de refúgio

Eu e todas as minhas bondosas mães, temendo os tormentos do samsara, nos voltamos para Buda, Dharma e Sangha, as únicas fontes de refúgio. Doravante, até a iluminação, buscamos refúgio nas Três Joias.

Prece curta de refúgio

Eu e todos os seres sencientes, até alcançarmos a iluminação,
Nos refugiamos em Buda, Dharma e Sangha. (7x, 100x etc.)

Gerar a bodhichitta

Pelas virtudes que coleto, praticando o dar e as outras perfeições,
Que eu me torne um Buda para o benefício de todos. (3x)

Purificação e receber bênçãos

Do coração de todos os objetos de refúgio, luzes e néctares fluem e se dissolvem em mim e em todos os seres vivos, purificando carma negativo e obstruções, aumentando nossas vidas, virtudes e realizações de Dharma.

Gerar as quatro incomensuráveis

Que cada um seja feliz,
Que cada um se liberte da dor,
Que ninguém jamais seja separado de sua felicidade,
Que todos tenham equanimidade, livres do ódio e do apego.

Convidar o Campo para Acumular Mérito

Ó Protetor de todos os seres,
Grande Destruidor das hostes de demônios,
Por favor, ó Abençoado, Conhecedor de Tudo,
Vem a nós com teu séquito.

Prece dos sete membros

Com meu corpo, fala e mente, humildemente me prostro
E faço oferendas, efetivas e imaginadas.
Confesso meus erros em todos os tempos
E regozijo-me nas virtudes de todos.
Peço, permanece até o cessar do samsara
E gira a Roda do Dharma para nós.
Dedico todas as virtudes à grande iluminação.

Oferecimento do mandala

O chão espargido com perfume e salpicado de flores,
A Grande Montanha, quatro continentes, sol e lua,
Percebidos como Terra de Buda e assim oferecidos.
Que todos os seres desfrutem dessas Terras Puras.

Ofereço, sem nenhum sentimento de perda,
Os objetos que fazem surgir meu apego, ódio e confusão,
Meus amigos, inimigos e estranhos, nossos corpos e prazeres.
Peço, aceita-os e abençoa-me, livrando-me diretamente dos três venenos.

IDAM GURU RATNA MANDALAKAM NIRYATAYAMI

Pedidos ao Campo de Acumular Mérito e aos Gurus da linhagem Lamrim

Agora, meu mais bondoso Guru-raiz,
Por favor, senta-te no lótus e lua em minha coroa,
E concede-me, graças à tua grande bondade,
Tuas conquistas de corpo, fala e mente.

Visualize que seu Guru-raiz vem à coroa de sua cabeça e que faz os seguintes pedidos juntamente com você:

Rogo a ti, Buda Shakyamuni,
Cujo corpo provém de incontáveis virtudes,
Cuja fala realiza as esperanças dos mortais,
Cuja mente vê, com clareza, toda a existência.

Rogo a vós, Gurus da linhagem de extensas proezas,
Venerável Maitreya, Nobre Asanga, Vasubandhu,
E a todos os demais preciosos mestres
Que revelaram o caminho da vastidão.

Rogo a vós, Gurus da linhagem da visão profunda,
Venerável Manjushri, Nagarjuna, Chandrakirti,
E a todos os demais preciosos mestres
Que revelaram o mais profundo caminho.

Rogo a vós, Gurus da linhagem do Mantra Secreto,
Conquistador Vajradhara, Tilopa e Naropa,
E a todos os demais preciosos mestres
Que revelaram o caminho do Tantra.

Rogo a vós, Gurus da Antiga Linhagem Kadam,
O segundo Buda Atisha, Dromtonpa, Geshe Potowa,
E a todos os demais preciosos mestres
Que revelaram a união dos caminhos vasto e profundo.

Rogo a vós, Gurus da Nova Linhagem Kadam,
Venerável Tsongkhapa, Jampel Gyatso, Khedrubje,
E a todos os demais preciosos mestres
Que revelaram a união do Sutra e do Tantra.

Rogo a ti, Venerável Kelsang Gyatso,
Protetor de um vasto oceano de seres vivos,
Inigualável Mestre dos caminhos à libertação e à iluminação,
Que conquistou e explica tudo o que foi revelado
Pelo Quarto Libertador deste Afortunado Éon.

Rogo a ti, meu bondoso e precioso Mestre,
Que cuida daqueles com mentes incontroladas,
Indomadas por todos os prévios Budas,
Como se fossem discípulos afortunados.

Pedir os três grandes propósitos

Peço, derramai vossas inspiradoras bênçãos sobre mim e todas as minhas mães, para interrompermos rapidamente todas as mentes perversas, do desrespeito ao nosso bondoso Mestre à mais sutil aparência dual.

Peço, derramai vossas inspiradoras bênçãos, para gerarmos rapidamente mentes puras, do respeito ao nosso bondoso Mestre à suprema mente de União.

Peço, derramai vossas inspiradoras bênçãos, para pacificar todas as obstruções externas e internas.   (3x)

Receber bênçãos e purificar

Do coração de todos os seres sagrados, fluem correntes de luz e néctar, concedendo bênçãos e purificando.

Prece das Etapas do Caminho

O caminho começa com firme confiança
No meu bondoso mestre, fonte de todo bem;
Ó, abençoa-me, com essa compreensão
Para segui-lo com grande devoção.

Esta vida humana, com todas as suas liberdades,
Extremamente rara, com tanta significação;
Ó, abençoa-me com essa compreensão
Dia e noite, para captar a sua essência.

Meu corpo, qual bolha-d'água,
Decai e morre tão rapidamente;
Após a morte, vêm os resultados do carma,
Qual sombra de um corpo.

Com esse firme conhecimento e lembrança,
Abençoa-me, para ser extremamente cauteloso,
Evitando sempre ações nocivas
E reunindo abundante virtude.

Os prazeres do samsara são enganosos,
Não trazem contentamento, apenas tormentos;
Abençoa-me, para ter o esforço sincero
Para obter o êxtase da liberdade perfeita.

Ó, abençoa-me, para que desse pensamento puro
Resulte contínua-lembrança e imensa cautela,
A fim de manter como minha prática essencial
A raiz da doutrina, o Pratimoksha.

Assim como eu, todas as minhas bondosas mães
Estão se afogando no oceano do samsara;
Para que logo eu possa libertá-las,
Abençoa-me, para treinar a bodhichitta.

Mas não posso tornar-me um Buda
Apenas com isso, sem as três éticas;
Assim, abençoa-me com a força de praticar
Os votos do Bodhisattva.

Por pacificar minhas distrações
E analisar perfeitos sentidos,
Abençoa-me, para logo alcançar a união
Da visão superior com o tranquilo-permanecer.

Quando me tornar um puro recipiente
Pelos caminhos comuns, abençoa-me, para ingressar
Na essência da prática da boa fortuna,
O supremo veículo, Vajrayana.

As duas conquistas dependem, ambas,
De meus sagrados votos e compromissos;
Abençoa-me, para entender isso claramente
E conservá-los à custa da minha vida.

Por sempre praticar em quatro sessões
A via explicada pelos santos mestres,
Ó, abençoa-me, para obter ambos os estágios
Que são a essência dos Tantras.

Que os que me guiam no bom caminho
E meus companheiros tenham longas vidas;
Abençoa-me, para pacificar inteiramente
Todos os obstáculos internos e externos.

Que eu sempre encontre perfeitos mestres
E deleite-me no sagrado Dharma,
Conquiste todos os solos e caminhos velozmente
E obtenha o estado de Vajradhara.

Você pode fazer sua meditação neste ponto ou em qualquer outro momento da Prece das Etapas do Caminho.

Recitação do mantra

Após a nossa meditação, contemplamos que do coração de Buda Shakyamuni, o principal Campo de Mérito à nossa frente, emanam infinitos raios de luz que alcançam todos os ambientes e todos os seres. Os seres e os ambientes dissolvem-se em luz e gradualmente se juntam ao Campo de Mérito. Este dissolve-se na figura central, Buda Shakyamuni, que, por sua vez, se dissolve em nosso Guru-raiz, que está na coroa de nossa cabeça, transformando-o instantaneamente no aspecto de Guru Buda Shakyamuni. Ele, então, diminui de tamanho, entra por nossa coroa e desce até o coração. Sua mente e a nossa tornam-se uma única natureza. Recitamos o mantra:

OM MUNI MUNI MAHA MUNIYE SÖHA   (7x, 100x, etc.)

Preces dedicatórias

Pelas virtudes que coletei
Praticando as etapas do caminho,
Que todos os seres vivos tenham a oportunidade
De praticar da mesma forma.

Por mais que existam seres vivos
Experienciando sofrimento físico e mental,
Que seus sofrimentos cessem pelo poder do meu mérito
E que todos encontrem eterna felicidade e alegria.

Que cada um experiencie
A felicidade de humanos e deuses
E rapidamente alcance a iluminação,
Para que o samsara seja finalmente extinto.

Para o benefício de todos os seres vivos, tão vastos como o espaço,
Que eu realize grande sabedoria como a de Manjushri,
Grande compaixão como a de Avalokiteshvara,
Grande poder como o de Vajrapani.

O Budadharma é o remédio supremo
Que alivia toda dor mental,
Portanto, que essa preciosa Joia Dharma
Permeie todos os mundos por todo o espaço.

Que surja na mente de todos os seres vivos,
Grande fé em Buda, Dharma e Sangha
E que assim eles sempre recebam
As bênçãos das Três Joias Preciosas.

Que jamais surjam neste mundo
O infortúnio da doença incurável, fome ou guerra,
Ou o perigo de terremotos, incêndios,
Enchentes, tempestades e assim por diante.

Que todos os seres-mães encontrem preciosos mestres,
Que revelam as etapas do caminho à iluminação,
E, por praticarem esse caminho,
Alcancem rapidamente a paz suprema da plena iluminação.

Pelas bênçãos dos Budas e Bodhisattvas,
Pela verdade das ações e seus efeitos
E pelo poder da minha pura intenção superior
Que todas as minhas preces sejam satisfeitas.

Preces pela Tradição Virtuosa

Para que a tradição de Je Tsongkhapa,
O Rei do Dharma, floresça,
Que todos os obstáculos sejam pacificados
E todas as condições favoráveis sejam abundantes.

Pelas duas coleções, minhas e dos outros
Reunidas ao longo dos três tempos,
Que a doutrina do Conquistador Losang Dragpa
Floresça para sempre.

Prece *Migtsema* de nove versos

Tsongkhapa, ornamento-coroa dos eruditos da Terra das Neves,
Tu és Buda Shakyamuni e Vajradhara, a fonte de todas as conquistas,
Avalokiteshvara, o tesouro de inobservável compaixão,
Manjushri, a suprema sabedoria imaculada,
E Vajrapani, o destruidor das hostes de maras.
Ó Venerável Guru Buda, síntese das Três Joias,
Com meu corpo, fala e mente, respeitosamente faço pedidos.
Peço, concede tuas bênçãos para amadurecer e libertar a mim e aos outros,
E confere-nos as aquisições comuns e a suprema.   (3x)

Se não pudermos recitar todas as preces das seis praticas preparatórias em cada sessão de meditação, devemos, ao menos, sempre nos lembrar de Guru Buda Shakyamuni sobre a coroa de nossa cabeça, recordando que a mente de Guru Buda Shakyamuni e a síntese de todas as Joias Buda, sua fala e a síntese de todas as Joias Dharma, e seu corpo e a síntese de todas as Joias Sangha. Depois, com forte fé, devemos: buscar refugio, recitando a breve prece de buscar refugio; gerar a bodhichitta, por meio das palavras "Pelas virtudes que coleto... para o beneficio de todos"; oferecer o mandala; pedir os três grandes propósitos; e receber bênçãos e purificar.

Se fizermos essas três praticas todas as vezes que sentarmos para meditar – a saber, acumular mérito, purificar carma negativo e fazer pedidos para receber bênçãos e inspiração – cumpriremos os três propósitos de nos empenharmos nas praticas preparatórias. Ao concluir cada sessão de meditação, devemos dedicar nosso mérito.

Cólofon: *Esta sadhana foi compilada a partir de fontes tradicionais por Venerável Geshe Kelsang Gyatso Rinpoche e traduzida sob sua compassiva orientação. 1986.*

A estrofe de pedidos a Geshe Kelsang Gyatso foi escrita pelo Protetor do Dharma Duldzin Dorje Shugden e incluída nas preces a pedido dos devotados discípulos de Geshe Keslang.

Preces para Meditação

Preces preparatórias curtas para meditação

Preces para Meditação

Buscar refúgio

Eu e todos os seres sencientes, até alcançarmos a iluminação,
Nos refugiamos em Buda, Dharma e Sangha. (3x, 7x, 100x etc.)

Gerar bodhichitta

Pelas virtudes que coleto, praticando o dar e as outras perfeições,
Que eu me torne um Buda para o benefício de todos. (3x)

Gerar as quatro incomensuráveis

Que cada um seja feliz,
Que cada um se liberte da dor,
Que ninguém jamais seja separado de sua felicidade,
Que todos tenham equanimidade, livres do ódio e do apego.

Visualizar o Campo de Mérito

No espaço à minha frente está Buda Shakyamuni vivo, rodeado por todos os Budas e Bodhisattvas, como a lua cheia rodeada pelas estrelas.

Prece dos sete membros

Com meu corpo, fala e mente, humildemente me prostro
E faço oferendas, efetivas e imaginadas.
Confesso meus erros em todos os tempos
E regozijo-me nas virtudes de todos.
Peço, permanece até o cessar do samsara
E gira a Roda do Dharma para nós.
Dedico todas as virtudes à grande iluminação

Oferecimento do mandala

O chão espargido com perfume e salpicado de flores,
A Grande Montanha, quatro continentes, sol e lua,
Percebidos como Terra de Buda e assim oferecidos.
Que todos os seres desfrutem dessas Terras Puras.

Ofereço, sem nenhum sentimento de perda,
Os objetos que fazem surgir meu apego, ódio e confusão,
Meus amigos, inimigos e estranhos, nossos corpos e prazeres.
Peço, aceita-os e abençoa-me, livrando-me diretamente dos três venenos.

IDAM GURU RATNA MANDALAKAM NIRYATAYAMI

Prece das etapas do caminho

O caminho começa com firme confiança
No meu bondoso mestre, fonte de todo bem;
Ó, abençoa-me com essa compreensão
Para segui-lo com grande devoção.

Esta vida humana, com todas as suas liberdades,
Extremamente rara, com tanta significação;
Ó, abençoa-me com essa compreensão
Dia e noite para captar a sua essência.

Meu corpo, qual bolha-d'água,
Decai e morre tão rapidamente;
Após a morte vêm os resultados do carma,
Qual sombra de um corpo.

Com esse firme conhecimento e lembrança,
Abençoa-me, para ser extremamente cauteloso,
Evitando sempre ações nocivas
E reunindo abundante virtude.

Os prazeres do samsara são enganosos,
Não trazem contentamento, apenas tormentos;
Abençoa-me para ter o esforço sincero
Para obter o êxtase da liberdade perfeita.

Ó, abençoa-me para que desse pensamento puro
Resulte contínua-lembrança e imensa cautela,
A fim de manter como minha prática essencial
A raiz da doutrina, o Pratimoksha.

Assim como eu, todas as minhas bondosas mães
Estão se afogando no oceano do samsara;
Para que logo eu possa libertá-las,
Abençoa-me para treinar a bodhichitta.

Mas não posso tornar-me um Buda
Apenas com isso, sem as três éticas;
Assim, abençoa-me com a força de praticar
Os votos do Bodhisattva.

Por pacificar minhas distrações
E analisar perfeitos sentidos,
Abençoa-me para logo alcançar a união
Da visão superior com o tranquilo-permanecer.

Quando me tornar um puro recipiente
Pelos caminhos comuns, abençoa-me para ingressar
Na essência da prática da boa fortuna,
O supremo veículo, Vajrayana.

As duas conquistas dependem, ambas,
De meus sagrados votos e compromissos;
Abençoa-me para entender isso claramente
E conservá-los à custa da minha vida.

Por sempre praticar em quatro sessões
A via explicada pelos santos mestres,
Ó, abençoa-me para obter ambos os estágios
Que são a essência dos Tantras.

Que os que me guiam no bom caminho
E meus companheiros tenham longas vidas;
Abençoa-me para pacificar inteiramente
Todos os obstáculos internos e externos.

Que eu sempre encontre perfeitos mestres
E deleite-me no sagrado Dharma,
Conquiste todos os solos e caminhos velozmente
E obtenha o estado de Vajradhara.

Receber bênçãos e purificar

Do coração de todos os seres sagrados, fluem correntes de luz e néctar, concedendo bênçãos e purificando.

Neste ponto, fazemos a contemplação e a meditação. Após a meditação, dedicamos nosso mérito enquanto recitamos as seguintes preces:

Preces dedicatórias

Pelas virtudes que coletei
Praticando as etapas do caminho,
Que todos os seres vivos tenham a oportunidade
De praticar da mesma forma.

Que cada um experiencie
A felicidade de humanos e deuses
E rapidamente alcance a iluminação,
Para que o samsara seja finalmente extinto.

Preces pela Tradição Virtuosa

Para que a tradição de Je Tsongkhapa,
O Rei do Dharma, floresça,
Que todos os obstáculos sejam pacificados
E todas as condições favoráveis sejam abundantes.

Pelas duas coleções, minhas e dos outros
Reunidas ao longo dos três tempos,
Que a doutrina do Conquistador Losang Dragpa
Floresça para sempre.

Prece *Migtsema* de nove versos

Tsongkhapa, ornamento-coroa dos eruditos da Terra das Neves,
Tu és Buda Shakyamuni e Vajradhara, a fonte de todas as
    conquistas,
Avalokiteshvara, o tesouro de inobservável compaixão,
Manjushri, a suprema sabedoria imaculada,
E Vajrapani, o destruidor das hostes de maras.
Ó Venerável Guru Buda, síntese das Três Joias,
Com meu corpo, fala e mente, respeitosamente faço pedidos.
Peço, concede tuas bênçãos para amadurecer e libertar a mim
    e aos outros,
E confere-nos as aquisições comuns e a suprema.   (3x)

Cólofon: Essas preces foram compiladas de fontes tradicionais pelo Venerável Geshe Kelsang Gyatso.

Glossário

Agregado Em geral, todas as coisas funcionais são agregados porque são uma agregação de suas partes. Em particular, uma pessoa do reino do desejo ou do reino da forma tem cinco agregados: os agregados forma, sensação, discriminação, fatores de composição e consciência. Um ser do reino da sem-forma carece do agregado forma, mas possui os outros quatro agregados. O agregado forma de uma pessoa é o seu corpo. Os quatro agregados restantes são aspectos de sua mente. Ver também agregado(s) contaminado(s). Consultar *Novo Coração de Sabedoria*.

Amitayus Buda que aumenta nosso tempo de vida, mérito e sabedoria. Ele é o Corpo-de-Deleite de Buda Amitabha.

Análise Fator mental que examina um objeto para obter uma compreensão de sua natureza sutil. Consultar *Como Entender a Mente*.

Aparência comum e concepção comum Aparência comum é qualquer aparência devida a uma mente impura, e concepção comum é qualquer mente que concebe coisas como comuns. De acordo com o Mantra Secreto, aparências comuns são obstruções à onisciência, e concepções comuns são obstruções à libertação. Consultar *Mahamudra-Tantra* e *Novo Guia à Terra Dakini*.

Asanga Um grande iogue budista indiano e erudito que viveu no século V, autor de *Compêndio do Abhidharma*. Consultar *Viver Significativamente, Morrer com Alegria* e *Novo Coração de Sabedoria*.

Avalokiteshvara A corporificação da compaixão de todos os Budas. Na época de Buda Shakyamuni, manifestou-se como um discípulo Bodhisattva. É chamado "Chenrezig" em tibetano. Consultar *Viver Significativamente, Morrer com Alegria*.

Base de designação, base de imputação Todos os fenômenos são designados, ou imputados, sobre suas partes. Por essa razão, qualquer uma das partes individuais ou a coleção completa das partes de qualquer fenômeno é a sua base de designação, ou base de imputação. Um fenômeno é designado pela mente na dependência da base de designação do fenômeno que aparece à mente. Consultar *Novo Coração de Sabedoria* e *Oceano de Néctar*.

Bases da vacuidade Qualquer fenômeno respeito ao qual a existência inerente é negada ao realizar a sua vacuidade. Já que todos os fenômenos, incluindo a vacuidade, são vazios de existência inerente, todos os fenômenos são bases da vacuidade. No *Sutra Perfeição de Sabedoria em Cem Mil Versos*, Buda explica que todos os fenômenos estão incluídos em 108 categorias, desde forma até mente onisciente, todos os quais são bases da vacuidade. Consultar *Novo Coração de Sabedoria* e *Oceano de Néctar*.

Bênção "Jin gyi lob pa" em tibetano. Transformação da nossa mente de um estado negativo para um estado positivo, de um estado infeliz para um estado feliz, de um estado de fraqueza para um estado de vigor, pela inspiração de seres sagrados, como nosso Guia Espiritual, Budas e Bodhisattvas.

Buda Shakyamuni O quarto de mil Budas que vão aparecer neste mundo durante o Éon Afortunado. Os primeiros foram: Krakuchchanda, Kanakamuni e Kashyapa. O quinto será Maitreya. Consultar *Introdução ao Budismo*.

Budismo Kadampa Escola budista Mahayana fundada pelo grande mestre budista indiano Atisha (982–1054). Ver também *Kadampa, Nova Tradição Kadampa* e *Tradição Kadampa*.

Caminho/Caminho espiritual Uma excelsa percepção associada com renúncia espontânea, ou não fabricada. Caminho espiritual, solo espiritual, veículo espiritual e excelsa percepção são sinônimos. Ver também solo/solo espiritual. Consultar *Solos e Caminhos Tântricos* e *Oceano de Néctar*.

Caminho do meio A visão correta da vacuidade impede ambos os extremos e, por essa razão, a vacuidade é denominada de "caminho do meio". Ver também *Madhyamika*.

Caminho mundano Ações contaminadas que levam a ter um renascimento samsárico. Existem dois tipos: as dez que levam aos reinos inferiores, e as dez ações virtuosas e concentrações contaminadas que levam aos reinos superiores.

Caminho supramundano Qualquer caminho que conduza à libertação ou à iluminação – por exemplo, as realizações de renúncia, bodhichitta e a visão correta da vacuidade. Estritamente falando, somente os seres superiores possuem caminhos supramundanos. Consultar *Solos e Caminhos Tântricos*.

Canais Corredores interiores sutis do corpo através dos quais fluem gotas sutis movidas pelos ventos interiores. Consultar *Clara-Luz de Êxtase*.

Carma coletivo Carma que criamos quando agimos em conjunto com outros. Aqueles que criam carma juntos também experienciam seus efeitos juntos.

Chandrakirti (por volta do século VII) Grande erudito budista indiano e mestre de meditação que escreveu, dentre muitos outros livros, o famoso *Guia ao Caminho do Meio*, no qual elucida claramente a visão da escola Madhyamika-Prasangika de acordo com os ensinamentos de Buda dados nos *Sutras Perfeição de Sabedoria*. Consultar *Oceano de Néctar*.

Chittamatra Escola inferior dentre as duas escolas de princípios filosóficos Mahayana. "Chittamatra" significa "apenas a mente". De acordo com essa escola, todos os fenômenos são da mesma natureza que a mente que os apreende. A escola Chittamatra também afirma que fenômenos dependentes são verdadeiramente existentes mas não existem de modo exterior à mente. Um Chittamatrin é um proponente de princípios filosóficos Chittamatra. Consultar *Contemplações Significativas* e *Oceano de Néctar*.

Clara-luz Mente muito sutil manifesta que percebe a aparência semelhante a um espaço vazio, claro. Consultar *Budismo Moderno*, *Clara-Luz de Êxtase*, *Mahamudra-Tantra* e *Solos e Caminhos Tântricos*.

Clara aparência Em geral, é qualquer clara aparência de um objeto de meditação à concentração que está focada nele. Mais especificamente, clara aparência é uma prática do Mantra Secreto pela qual o praticante, tendo gerado a si mesmo como uma Deidade e o ambiente como o mandala da Deidade, tenta obter clara aparência da totalidade do objeto à sua concentração. Essa clara aparência é o antídoto à aparência comum. Consultar *Novo Guia à Terra Dakini* e *Joia-Coração*.

Clarividência Habilidade que surge de concentração especial. Existem cinco tipos principais de clarividência: a clarividência do olho divino (a habilidade de ver formas sutis e distantes), a clarividência do ouvido divino (a habilidade de escutar sons sutis e distantes), a clarividência de poderes miraculosos (a habilidade de emanar diversas formas por meio da mente), a clarividência de relembrar vidas anteriores e a clarividência de conhecer a mente dos outros. Alguns seres, como os seres-do-bardo e alguns seres humanos e fantasmas, têm clarividência contaminada, desenvolvida devido ao carma, mas esse tipo de clarividência não é verdadeira clarividência.

Coleção de mérito Ação virtuosa motivada pela bodhichitta e causa principal para alcançar o Corpo-Forma de um Buda. Alguns exemplos são fazer oferendas e prostrações aos seres sagrados com a motivação de bodhichitta e praticar as seis perfeições, como dar, disciplina moral ou paciência.

Coleção de sabedoria Ação mental virtuosa motivada pela bodhichitta e causa principal para alcançar o Corpo-Verdade de um Buda. Alguns exemplos são ouvir, contemplar e meditar sobre a vacuidade com a motivação de bodhichitta.

Conscienciosidade Fator mental que, na dependência do esforço, aprecia o que é virtuoso e protege a mente contra delusão e não-virtude. Consultar *Contemplações Significativas* e *Como Entender a Mente*.

Consideração pelos outros É o fator mental que atua para evitar ações inadequadas por razões que dizem respeito aos outros. Consultar *Como Entender a Mente*.

Contentamento Motivado por intenção virtuosa, ficar satisfeito com condições externas e internas.

Contínua-lembrança Fator mental que atua para não esquecer o objeto compreendido pela mente primária. Consultar *Contemplações Significativas* e *Como Entender a Mente*.

Corpo-ilusório Quando um praticante do Tantra Ioga Supremo sai da meditação sobre a mente-isolada da clara-luz-exemplo última, ele (ou ela) obtém um corpo que não é o mesmo que seu corpo físico comum. Esse novo corpo é o corpo-ilusório. Ele tem a mesma aparência que o corpo da Deidade pessoal do estágio de geração, exceto que sua cor é branca. Ele pode ser percebido somente por aqueles que já obtiveram um corpo-ilusório. Consultar *Clara-Luz de Êxtase* e *Solos e Caminhos Tântricos*.

Corpo-vajra Geralmente, o termo refere-se aos canais, gotas e ventos interiores. Mais especificamente, ao corpo-ilusório puro. O corpo de um Buda é conhecido como "o corpo-vajra resultante". Consultar *Clara-Luz de Êxtase*, *Solos e Caminhos Tântricos* e *Grande Tesouro de Mérito*.

Dakinis/Dakas Dakinis são Budas tântricos femininos e mulheres que alcançaram a realização da clara-luz-significativa. Dakas são os equivalentes masculinos. Consultar *Novo Guia à Terra Dakini*.

Deidade "Yidam", em tibetano. Um ser iluminado tântrico.

Demônio "Mara" em sânscrito. Um mara é algo que obstrui a aquisição da libertação ou da iluminação. Existem quatro tipos principais de demônio: o demônio das delusões, o demônio dos agregados contaminados, o demônio da morte e os demônios Devaputra. Dentre esses quatro tipos, somente os demônios Devaputra são, de fato, seres sencientes. O principal demônio Devaputra é Ishvara irado, o mais elevado dos deuses do reino do desejo e que habita a "Terra em que se Controlam Emanações de Outros". Buda é chamado de "Conquistador" porque conquistou todos os quatro tipos de demônio. Consultar *Novo Coração de Sabedoria*.

Destruidor de Inimigos "Arhat" em sânscrito. Refere-se a um praticante que abandonou todas as delusões e suas sementes por meio de treinar em caminhos espirituais e que nunca mais renascerá no samsara. Neste contexto, o termo "inimigo" refere-se às delusões. Ver também *Ouvinte*.

Dez direções As quatro direções cardeais, as quatro direções intermediárias e as direções para cima e para baixo.

Dharma Os ensinamentos de Buda e as realizações interiores obtidas na dependência da prática desses ensinamentos. "Dharma" significa "proteção". Por praticar os ensinamentos de Buda, nos protegemos de sofrimento e problemas.

Doze fontes As seis faculdades (a faculdade visual e assim por diante) e os seis objetos dessas faculdades (formas visuais e assim por diante). Consultar *Novo Coração de Sabedoria*.

Duas verdades A verdade convencional e a verdade última. Consultar *Contemplações Significativas* e *Oceano de Néctar*.

Elemento "Kham", em tibetano. A natureza de qualquer fenômeno. Todos os fenômenos possuem sua própria natureza, que está incluída nos dezoito elementos. Consultar *Novo Coração de Sabedoria* e *Oceano de Néctar*.

Elementos, quatro "Jung wa", em tibetano. Terra, água, fogo, vento e espaço. Pode-se dizer que toda matéria é constituída de uma combinação desses elementos. Há cinco elementos interiores (que estão associados com o continuum de uma pessoa) e cinco elementos exteriores (que não estão associados com o continuum de uma pessoa). Esses elementos não são o mesmo que a terra do chão ou de um campo, a água de um rio e assim por diante. Em vez disso, os elementos terra, água, fogo vento e espaço designam, em termos amplos, as propriedades de solidez, fluidez, calor, movimento e espaço respectivamente.

Éon Afortunado É o nome dado a esta época do mundo. Ela é assim denominada porque mil Budas irão aparecer durante este éon. Buda Shakyamuni foi o quarto Buda, e Buda Maitreya será o quinto.

Equilíbrio meditativo Concentração estritamente focada em um objeto virtuoso, como, por exemplo, a vacuidade. Consultar *Oceano de Néctar*.

Era dourada Época na qual os seres sencientes possuem mérito abundante e quando as atividades de Dharma florescem. É o oposto de uma época degenerada.

Escolas de princípios filosóficos budistas São as quatro visões filosóficas ensinadas por Buda de acordo com as inclinações e disposições dos discípulos. Essas quatro visões filosóficas são as escolas Vaibhashika, Sautrantika, Chittamatra e Madhyamika. As primeiras duas são escolas Hinayana, e as duas últimas são escolas Mahayana. Essas escolas são estudadas em sequência, sendo os princípios filosóficos inferiores os meios pelos quais os princípios superiores são compreendidos. Consultar *Contemplações Significativas* e *Oceano de Néctar*.

Estabilização mental Em geral, os termos "estabilização mental" e "concentração" são intercambiáveis. O termo "concentração" é mais usado para se referir à natureza da concentração, que é unifocalização, ao passo que o termo "estabilização mental" é usado para se referir à função da concentração, que é estabilidade.

Estágio de conclusão Realizações do Tantra Ioga Supremo obtidas pela conclusão de um método especial que faz com que os ventos entrem, permaneçam e dissolvam-se no canal central. Consultar *Clara-Luz de Êxtase*, *Novo Guia à Terra Dakini* e *Solos e Caminhos Tântricos*.

Estágio de geração Realização de um ioga criativo obtida como resultado da concentração pura em trazer os três corpos para o caminho, por meio da qual alguém gera a si mesmo como uma Deidade tântrica e seu ambiente como o mandala da Deidade. A meditação no estágio de geração é denominada "ioga criativo" porque seu objeto é criado, ou gerado, por meio de imaginação correta. Consultar *Novo Guia à Terra Dakini* e *Solos e Caminhos Tântricos*.

Família Búdica Existem cinco famílias búdicas principais: as famílias Vairochana, Ratnasambhava, Amitabha, Amoghasiddhi e Akshobya. As cinco famílias são os cinco agregados purificados (forma, sensação, discriminação, fatores de composição e consciência, respectivamente) e as cinco excelsas sabedorias (excelsa sabedoria semelhante-a-um-espelho, excelsa sabedoria da igualdade, excelsa sabedoria da análise individual, excelsa sabedoria de realizar atividades e excelsa sabedoria do Dharma-dhatu, respectivamente). Consultar *Grande Tesouro de Mérito*.

Fator mental Conhecedor que apreende, principalmente, um atributo específico de um objeto. Existem 51 fatores mentais específicos. Cada momento da mente contém uma mente primária e vários fatores mentais. Consultar *Como Entender a Mente*.

Fenômeno contaminado Qualquer fenômeno que faça surgir delusões ou cause seu aumento. Exemplos: ambientes, seres e prazeres do samsara.

Fenômeno impermanente Os fenômenos são permanentes ou impermanentes. "Impermanente" significa "momentâneo"; assim, um fenômeno impermanente é um fenômeno que é produzido e se desintegra em um instante, ou momento. "Coisa funcional", "coisa" e "produto" são sinônimos de fenômeno impermanente. Existem dois tipos de impermanência: densa e sutil. Impermanência densa é qualquer impermanência que possa ser vista pela percepção sensorial comum – por exemplo, o envelhecimento e a morte de um ser senciente. A impermanência sutil é a desintegração, momento a momento, de uma coisa funcional. Ver também *Fenômeno permanente*. Consultar *Novo Coração de Sabedoria*.

Fenômeno negativo Objeto que é compreendido pela mente ao eliminar explicitamente um objeto negado. Existem dois tipos de fenômeno negativo: negativo afirmativo e negativo não afirmativo. Um fenômeno negativo afirmativo é um fenômeno negativo compreendido por uma mente que elimina seu objeto negado enquanto percebe outros fenômenos. Um fenômeno negativo não afirmativo é um fenômeno negativo compreendido por uma mente que meramente elimina seu objeto negado sem perceber outro fenômeno. Consultar *Novo Coração de Sabedoria* e *Oceano de Néctar*.

Fenômeno permanente Um fenômeno permanente é um fenômeno que não depende de causas e não se desintegra momento a momento. Ele carece das características de ser produzido, permanecer e se desintegrar. Ver também *Fenômeno impermanente*

Gelug Tradição fundada por Je Tsongkhapa. O nome "Gelug" significa "Tradição Virtuosa". Um Gelugpa é um praticante que segue essa tradição. Os Gelugpas são chamados, às vezes, de "novos Kadampas". Consultar *Joia-Coração*.

Geshe Título concedido pelos monastérios kadampa para eruditos budistas realizados. Geshe é uma abreviação de "ge wai she nyem", que, em tibetano, significa literalmente "amigo virtuoso".

Gota indestrutível A gota mais sutil, localizada no coração. Ela é formada a partir da essência das gotas branca e vermelha recebidas de nossos pais na concepção. A gota indestrutível encerra a mente muito sutil e seu vento montado. Essas duas gotas, a vermelha e a branca, não se separam até o momento da morte, quando, então, abrem-se, permitindo que a mente muito sutil e seu vento montado partam para a próxima vida. Consultar *Budismo Moderno*, *Clara-Luz de Êxtase* e *Solos e Caminhos Tântricos*.

Gotas Existem dois tipos de gotas no corpo: gotas brancas e gotas vermelhas. Elas são a pura essência do esperma e do sangue, respectivamente. Quando as gotas se derretem e fluem pelos canais interiores, elas causam o surgimento de uma experiência de êxtase. Consultar *Solos e Caminhos Tântricos*.

Grande êxtase espontâneo Êxtase especial que é produzido pelo derretimento das gotas dentro do canal central. Esse êxtase é alcançado por obtermos controle sobre os ventos interiores. Consultar *Clara-Luz de Êxtase* e *Solos e Caminhos Tântricos*.

Guia ao Caminho do Meio Texto budista Mahayana clássico escrito pelo grande iogue e erudito budista indiano Chandrakirti e que proporciona uma ampla explicação da visão Madhyamika-Prasangika sobre a vacuidade como foi ensinada nos *Sutras Perfeição de Sabedoria*. Para uma tradução e comentário completo sobre esse texto, consultar *Oceano de Néctar*.

Guia do Estilo de Vida do Bodhisattva Texto budista Mahayana clássico, escrito pelo grande iogue e erudito budista indiano Shantideva, que apresenta todas as práticas de um Bodhisattva, desde as primeiras etapas de gerar a bodhichitta até a conclusão da prática das seis perfeições. Para ler a tradução dessa obra, consultar *Guia do Estilo de Vida do Bodhisattva*. Para um comentário completo a esse texto, ler *Contemplações Significativas*.

Guia Espiritual "Guru" em sânscrito e "Lama" em tibetano. O Guia Espiritual é um professor que nos guia ao longo do caminho espiritual. Consultar *Grande Tesouro de Mérito*.

Guru Ver também *Guru-raiz* e *Guia Espiritual*

Guru-raiz O Guia Espiritual principal de quem recebemos as iniciações, instruções e transmissões orais de nossa prática principal. Consultar *Grande Tesouro de Mérito* e *Joia-Coração*.

Herói e Heroína Um Herói é uma Deidade tântrica masculina, que é a corporificação do método. Uma Heroína é uma Deidade tântrica feminina, que é a corporificação da sabedoria. Consultar *Novo Guia à Terra Dakini*.

Heruka Principal Deidade do Tantra-Mãe e a corporificação de êxtase e vacuidade indivisíveis. Ele tem um corpo azul, quatro faces e doze braços e está em abraço com sua consorte, Vajravarahi. Consultar *Budismo Moderno* e *Essência do Vajrayana*.

Hinayana Termo sânscrito para "Pequeno Veículo". A meta Hinayana é meramente a conquista da libertação do sofrimento para si próprio pelo completo abandono das delusões.

Imagem genérica O objeto aparecedor para uma mente conceitual. A imagem genérica, ou imagem mental, de um objeto é como o reflexo desse objeto. A mente conceitual conhece seu objeto por meio da aparência da imagem genérica do objeto, mas não por ver o objeto diretamente. Consultar *Novo Coração de Sabedoria* e *Como Entender a Mente*.

Indra Um deus mundano. Consultar *Novo Coração de Sabedoria*.

Intenção Fator mental que atua para mover sua mente primária para o objeto. Esse fator mental faz com que a mente se envolva com objetos virtuosos, não virtuosos e neutros. Todas as ações físicas e verbais são iniciadas pelo fator mental intenção. Consultar *Como Entender a Mente*.

Inveja Fator mental deludido que sente desgosto ao observar os prazeres, as boas qualidades ou a boa sorte dos outros. Consultar *Como Entender a Mente*.

Ioga Termo utilizado para várias práticas espirituais que requerem a manutenção de uma visão especial, como as práticas de Guru-Ioga e os iogas de dormir, de acordar e de experimentar néctar. "Ioga" refere-se também a "união", como a união do tranquilo-permanecer com a visão superior. Consultar *Novo Guia à Terra Dakini*.

Iogue/Ioguine Termos sânscritos normalmente utilizados para se referir a um meditador masculino ou feminino que alcançou a união do tranquilo-permanecer com a visão superior.

Ishvara Um deus que habita a Terra em que se Controlam Emanações, o estado mais elevado de existência dentro do reino do desejo. Ishvara possui poderes miraculosos contaminados e limitados, que fazem dele o ser mais poderoso dentre os seres do reino do desejo. Se confiarmos em Ishvara, poderemos receber algum benefício temporário nesta vida, como uma melhora em nossa saúde ou aumento de nossa riqueza ou posses, mas Ishvara irado é o inimigo de todos aqueles que buscam libertação, e ele interfere em seu progresso espiritual. É dito que, por essa razão, Ishvara é um tipo de mara Devaputra.

Je Pabongkhapa (1878–1941) Grande lama tibetano que foi uma emanação de Heruka. Phabongkha Rinpoche foi o detentor de muitas linhagens de Sutra e do Mantra Secreto. Ele foi o Guru-raiz de Dorjechang Trijang Rinpoche (Kyabje Trijang Rinpoche).

Je Tsongkhapa (1357–1419) Je Tsongkhapa foi uma emanação do Buda da Sabedoria Manjushri. Sua aparição no século XIV como um monge e detentor da linhagem da visão pura e de feitos puros, no Tibete, foi profetizada por Buda. Je Tsongkhapa difundiu um Budadharma muito puro por todo o Tibete, mostrando como combinar as práticas de Sutra e de Tantra e como praticar o puro Dharma durante tempos degenerados. Sua tradição ficou conhecida posteriormente como "Gelug" ou "Tradição Ganden". Consultar *Joia-Coração* e *Grande Tesouro de Mérito*.

Joia-que-Satisfaz-os-Desejos Uma joia legendária, que concede o que quer que desejemos.

Kadampa Palavra tibetana na qual "Ka" significa "palavra" e refere-se a todos os ensinamentos de Buda; "dam" refere-se às instruções de Lamrim especiais de Atisha, conhecidas como "etapas do caminho à iluminação"; e "pa" refere-se ao seguidor do Budismo Kadampa que integra todos os ensinamentos de Buda que conhece em sua prática de Lamrim. Ver também *Budismo Kadampa* e *Tradição Kadampa*.

Khedrubje (1385–1438) Um dos principais discípulos de Je Tsongkhapa. Após o falecimento de Je Tsongkhapa, Khedrubje trabalhou muito para promover a tradição iniciada por ele. Consultar *Grande Tesouro de Mérito*.

Lama Losang Tubwang Dorjechang Uma manifestação especial de Je Tsongkhapa revelada diretamente ao grande iogue Dharmavajra. Nessa manifestação, Je Tsongkhapa aparece como um monge plenamente ordenado, usando um chapéu de pândita de abas longas. No coração de Je Tsongkhapa, está Buda Shakyamuni, e no coração de Buda Shakyamuni encontra-se Conquistador Vajradhara. Na prática da *Oferenda ao Guia Espiritual*, visualizamos nosso Guia Espiritual nesse aspecto. Consultar *Grande Tesouro de Mérito*.

Langri Tangpa, Geshe (1054-1123) Grande Geshe da Tradição Kadampa, famoso pela realização da prática de trocar eu com outros. Compôs as Oito Estrofes do Treino da Mente. Consultar *Novo Oito Passos para a Felicidade*.

Letra-semente Letra sagrada a partir da qual uma Deidade é gerada. Cada Deidade possui uma letra-semente específica. Por exemplo, a letra-semente de Manjushri é DHI, a letra-semente de Tara é TAM, a letra-semente de Vajrayogini é BAM, e a letra semente de Heruka é HUM. Para obtermos realizações tântricas, precisamos reconhecer que as Deidades e suas letras--sementes são de mesma natureza.

Linhagem búdica A mente raiz de um ser senciente e sua natureza última. *Linhagem búdica*, *natureza búdica* e *semente búdica* são sinônimos. Todos os seres sencientes têm a linhagem búdica e, portanto, possuem o potencial para alcançar a Budeidade. Consultar *Mahamudra-Tantra*.

Madhyamika Termo sânscrito que literalmente significa "Caminho do Meio". A mais elevada das duas escolas de princípios filosóficos Mahayana. A visão Madhyamika foi ensinada por Buda nos *Sutras Perfeição de Sabedoria* durante a segunda girada da Roda do Dharma e foi elucidada, posteriormente, por Nagarjuna e seus seguidores. Existem duas divisões dessa escola: Madhyamika-Svatantrika e Madhyamika-Prasangika, sendo esta última a visão última e conclusiva de Buda. Consultar *Contemplações Significativas* e *Oceano de Néctar*.

Mahamudra Termo sânscrito que significa literalmente "grande selo". De acordo com o Sutra, refere-se à visão profunda da vacuidade. Como a vacuidade é a natureza de todos os fenômenos, ela é chamada de "selo", e como uma realização direta da vacuidade capacita-nos a conquistar o grande propósito – a libertação completa dos sofrimentos do samsara – ele também é chamado de "grande". De acordo com o Tantra, ou Vajrayana, o Mahamudra é a união de grande êxtase espontâneo e vacuidade. Consultar *Clara-Luz de Êxtase*, *Grande Tesouro de Mérito* e *Mahamudra-Tantra*.

Mahasiddha Termo sânscrito que significa "grandemente realizado". O termo Mahasiddha é utilizado para se referir a iogues ou ioguines com elevadas aquisições.

Maitreya A corporificação da bondade amorosa de todos os Budas. No tempo de Buda Shakyamuni, Maitreya manifestou-se como um discípulo Bodhisattva a fim de mostrar, aos discípulos de Buda, como ser um perfeito discípulo Mahayana. No futuro, Maitreya irá se manifestar como o quinto Buda fundador.

Manjushri A corporificação da sabedoria de todos os Budas. No tempo de Buda Shakyamuni, Manjushri manifestou-se como um discípulo Bodhisattva a fim de mostrar, aos discípulos de Buda, como ser um perfeito discípulo Mahayana. Consultar *Grande Tesouro de Mérito* e *Joia-Coração*.

Mantra Termo sânscrito que significa literalmente "proteção da mente". O mantra protege a mente das aparências e concepções comuns. Existem quatro tipos de mantra: mantras que são mente, mantras que são vento interior, mantras que são som e mantras que são forma. Em geral, existem três tipos de recitação de mantra: recitação verbal, recitação mental e recitação vajra. Consultar *Solos e Caminhos Tântricos*.

Mantra Secreto Sinônimo de Tantra. Os ensinamentos do Mantra Secreto diferem dos ensinamentos de Sutra por revelarem métodos de treinar a mente com o objetivo de trazer o resultado futuro – a Budeidade – para o caminho atual. O Mantra Secreto é o caminho supremo à plena iluminação. O termo "mantra" indica que se trata de uma instrução especial de Buda para proteger a nossa mente das aparências e concepções comuns. Os praticantes do Mantra Secreto superam as aparências e concepções comuns visualizando o seu corpo, ambiente, prazeres e atividades como sendo os de um Buda. O termo "secreto" indica que as práticas devem ser feitas reservadamente e apenas pelos que receberam uma iniciação tântrica. Consultar *Budismo Moderno*, *Novo Guia à Terra Dakini* e *Solos e Caminhos Tântricos*.

Marca Existem dois tipos de marca: marcas das ações e marcas das delusões. Cada ação que fazemos deixa uma marca na consciência mental, e essas marcas são potencialidades cármicas para experienciar efeitos específicos no futuro. As marcas deixadas pelas delusões permanecem mesmo depois das próprias delusões terem sido removidas, do mesmo modo que o cheiro de alho permanece num recipiente depois do alho ter sido removido. As marcas das delusões são obstruções à onisciência e são completamente abandonadas apenas pelos Budas.

Mente primária Conhecedor que apreende, principalmente, a mera entidade de um objeto. Sinônimo de consciência. Existem seis mentes primárias: consciência visual, consciência auditiva, consciência olfativa, consciência gustativa, consciência tátil e consciência mental. Cada momento da mente contém uma mente primária e vários fatores mentais. Uma mente primária e seus fatores mentais acompanhantes são a mesma entidade, mas atuam (ou funcionam) de maneiras diferentes. Consultar *Como Entender a Mente*.

Mente sutil Existem diferentes tipos de mente: densa, sutil e muito sutil. As mentes sutis manifestam-se quando os ventos interiores se reúnem e se dissolvem dentro do canal central. Consultar *Clara-Luz de Êxtase* e *Mahamudra-Tantra*.

Mérito Boa fortuna criada por ações virtuosas. É um poder potencial para aumentar nossas boas qualidades e produzir felicidade.

Milarepa (1040–1123) Um grande meditador budista tibetano e discípulo de Marpa. Ele é celebrado por suas belas canções de realização.

Monte Meru De acordo com a cosmologia budista, uma vasta montanha que se ergue no centro do universo. Consultar *Grande Tesouro de Mérito*.

Mudra-ação Consorte do Tantra Ioga Supremo que auxilia no desenvolvimento de grande êxtase. Consultar *Clara-Luz de Êxtase* e *Solos e Caminhos Tântricos*.

Naga Ser não humano que, normalmente, não é visível aos humanos. Diz-se que a metade superior de seu corpo tem forma humana e, a metade inferior, de serpente. Os nagas costumam viver nos oceanos, mas, algumas vezes, habitam em terra firme, em regiões rochosas e em árvores. Eles são muito poderosos – alguns são benevolentes, ao passo que outros são malévolos. Muitas doenças, conhecidas como "doenças naga", são causadas pelos nagas e somente podem ser curadas por meio da execução de rituais naga apropriados.

Nagarjuna Grande erudito budista indiano e mestre de meditação que reviveu o Mahayana no primeiro século e que trouxe à luz os ensinamentos sobre os *Sutras Perfeição de Sabedoria*. Consultar *Novo Coração de Sabedoria*.

Não-virtude Fenômeno que funciona como causa principal de sofrimento. Não-virtude pode se referir a mentes, ações ou marcas não-virtuosas ou à não-virtude última do samsara. Consultar *Como Entender a Mente*.

Naropa (1016-1100) Um Mahasiddha budista indiano. Consultar *Novo Guia à Terra Dakini*.

Nova Tradição Kadampa-União Budista Kadampa Internacional (NTK-UBKI) União dos Centros Budistas Kadampas, uma associação internacional de centros de estudo e meditação, que seguem a pura tradição do Budismo Mahayana originária dos meditadores e eruditos budistas Atisha e Je Tsongkhapa. Foi introduzida no Ocidente pelo mestre budista Venerável Geshe Kelsang Gyatso.

O Todo Generoso Nome em português para Samantabhadra, um Bodhisattva famoso por suas extensas oferendas. Consultar *Grande Tesouro de Mérito*.

Objeto concebido O objeto apreendido por uma mente conceitual. Não é necessariamente um objeto existente. Por exemplo, o objeto concebido da visão da coleção transitória é um eu inerentemente existente, mas este eu não existe. Consultar *Como Entender a Mente*.

Objeto observado O objeto sobre o qual a mente está focada. Consultar *Como Entender a Mente*.

Objeto oculto Um objeto cuja realização inicial por um conhecedor válido depende de raciocínios lógicos corretos. Consultar *Como Entender a Mente*.

Objetos a serem abandonados Qualquer objeto que seja a causa principal de sofrimento, como ignorância, outras delusões, ou ações não virtuosas.

Oferenda ao Guia Espiritual "Lama Chopa", em tibetano. Guru-Ioga especial de Je Tsongkhapa, no qual visualizamos nosso Guia Espiritual como Lama Losang Tubwang Dorjechang. As instruções dessa prática foram reveladas por Buda Manjushri na *Escritura Emanação Kadam* e, posteriormente, escritas pelo I Panchen Lama (1569-1662). É uma prática preliminar essencial para o Mahamudra Vajrayana. Veja também *Lama Losang Tubwang Dorjechang*. Para um comentário completo, consultar *Grande Tesouro de Mérito*.

Orgulho divino Orgulho não deludido de alguém que se considera, a si próprio, como uma Deidade e seu ambiente e prazeres como os da Deidade. O orgulho divino é o antídoto às concepções comuns. Consultar *Novo Guia à Terra Dakini*.

Ouvinte Um dos dois tipos de praticantes Hinayana. Ouvintes e Realizadores Solitários são, ambos, Hinayanistas; porém, diferem em sua motivação, comportamento, mérito e sabedoria. Em relação a todas essas características, os Realizadores Solitários são superiores aos Ouvintes. Consultar *Oceano de Néctar*.

Paz solitária Um nirvana Hinayana.

Pratimoksha Palavra sânscrita que significa "libertação individual". Consultar *O Voto Bodhisattva*.

Protetor do Dharma Emanação de um Buda ou Bodhisattva, cuja principal função é eliminar obstáculos e reunir todas as condições necessárias para os puros praticantes de Dharma. Também chamado "Dharmapala" em sânscrito. Consultar *Joia-Coração*.

Realizador Solitário Um tipo de praticante Hinayana. Também conhecido como "Conquistador Solitário". Ver também *Ouvinte*.

Reino da forma O ambiente dos deuses que possuem forma e que são superiores aos deuses do reino do desejo. São assim chamados porque os deuses que habitam esse reino têm formas sutis.

Reino da sem-forma O ambiente dos deuses que não possuem forma.

Reino do desejo Os ambientes dos seres humanos, animais, fantasmas famintos, seres-do-inferno e dos deuses que desfrutam os cinco objetos de desejo.

Roda do Dharma Coleção dos ensinamentos de Buda. Buda deu seus ensinamentos em três principais momentos, que são conhecidos como "as três giradas da Roda do Dharma". Durante a primeira girada da Roda do Dharma, ele ensinou as Quatro Nobres Verdades; durante a segunda girada, ensinou os *Sutras Perfeição de Sabedoria* e revelou a visão Madhyamika-Prasangika; e durante a terceira girada, Buda ensinou a visão Chittamatra. Esses ensinamentos foram dados de acordo com as inclinações e disposições de seus discípulos. A visão final e conclusiva de Buda é a da segunda girada da Roda do Dharma. O Dharma é comparado à preciosa roda, uma das posses de um legendário rei chakravatin. Essa roda podia transportar o rei por grandes distâncias num tempo muito curto, e diz-se que, para onde quer que a preciosa roda viajasse, o rei reinava nesse local. De modo semelhante, quando Buda revelou o caminho à iluminação, ele disse ter "girado a Roda do Dharma" porque, onde quer que esses ensinamentos sejam apresentados, as mentes deludidas são colocadas sob controle.

Sadhana Um ritual que é um método para alcançar realizações espirituais. Pode estar associado ao Sutra ou ao Tantra.

Sautrantika A mais elevada das duas escolas filosóficas do Hinayana. Afirma que os autoconhecedores e os objetos exteriores são verdadeiramente existentes. Consultar *Contemplações Significativas* e *Oceano de Néctar*.

Senhor da Morte Embora o mara, ou demônio, da morte descontrolada não seja um ser senciente, ele é personificado como o Senhor da Morte, ou "Yama". No diagrama da Roda da Vida, o Senhor da Morte é representado agarrando a roda entre suas garras e dentes.

Senso de vergonha Um fator mental que atua para evitar ações inadequadas por razões que dizem respeito a nós mesmos. Consultar *Como Entender a Mente*.

Ser de compromisso Um Buda visualizado ou nós mesmos visualizados como um Buda. Um ser de compromisso é assim denominado porque, em geral, é um compromisso de todos os budistas visualizar ou lembrar-se de Buda e, em particular, é um compromisso de todos os que receberam uma iniciação do Tantra Ioga Supremo gerar a si mesmos como uma Deidade.

Ser de concentração Um símbolo do Corpo-Verdade de um Buda, normalmente visualizado como uma letra-semente no coração de um ser de compromisso ou de um ser de sabedoria. O ser de concentração é assim denominado porque é gerado por meio de concentração.

Ser de sabedoria Um Buda real, propriamente dito, especialmente convidado a se unificar com um ser de compromisso visualizado.

Ser comum Qualquer pessoa que não realizou diretamente a vacuidade

Ser senciente "Sem chem", em tibetano. Qualquer ser que possua uma mente que está contaminada pelas delusões ou pelas marcas das delusões. Os termos "ser senciente" e "ser vivo" são, ambos, utilizados para fazer a distinção entre os seres cujas mentes estão contaminadas pelas duas obstruções (ou por uma delas) e os Budas, cujas mentes são completamente livres das duas obstruções.

Ser Superior "Arya" em sânscrito. Ser que possui uma realização direta da vacuidade. Existem Hinayanas Superiores e Mahayanas Superiores.

Shantideva (687–763) Grande erudito budista indiano e mestre de meditação. Escreveu *Guia do Estilo de Vida do Bodhisattva*. Consultar *Contemplações Significativas* e *Guia do Estilo de Vida do Bodhisattva*.

Solo/Solo espiritual Uma realização clara que atua como o fundamento de muitas boas qualidades. Uma realização clara é uma realização mantida por renúncia ou bodhichitta espontâneas. Os dez solos são as realizações dos Bodhisattvas superiores. Os dez solos são: Muito Alegre, Imaculado, Luminoso, Radiante, Difícil de Superar, Aproximando-se, Indo Além, Inamovível, Boa Compreensão e Nuvem do Dharma. Ver também caminho/caminho espiritual. Consultar *Oceano de Néctar* e *Solos e Caminhos Tântricos*.

Sutra Ensinamentos de Buda abertos para a prática de todos, sem necessidade de uma iniciação. Os ensinamentos de Sutra incluem os ensinamentos de Buda das Três Giradas da Roda do Dharma.

Sutra Coração Um dos diversos *Sutras Perfeição de Sabedoria* ensinados por Buda. Embora seja muito menor do que os demais *Sutras Perfeição de Sabedoria*, o *Sutra Coração* contém explícita ou implicitamente o significado completo. É também conhecido como *Sutra Essência da Sabedoria*. Para a leitura de sua tradução e comentário completo, consultar *Novo Coração de Sabedoria*.

Sutras Vinaya Sutras nos quais Buda explica, principalmente, a prática de disciplina moral e, em particular, a disciplina moral Pratimoksha.

Tantra Ver *Mantra Secreto*.

Tara Buda feminino que é a manifestação do elemento vento de todos os Budas. "Tara" significa "Salvadora". Por ela ser um Buda de Sabedoria e a manifestação do elemento vento completamente purificado, Tara é capaz de nos ajudar velozmente.

Tathagata Termo sânscrito para "um ser que passou além". Refere-se a Buda.

Tempos degenerados Período caracterizado pela degradação das atividades espirituais.

Terra dos 33 Paraísos Uma das seis moradas dos deuses do reino do desejo. São elas, em sequência: Terra dos Quatro Grandes Reis, Terra dos 33 Paraísos, Terra sem Combate, Terra Alegre, Terra das Emanações de Prazer e Terra Controladora de Emanações.

Terra Pura Ambiente puro onde não há verdadeiros sofrimentos. Existem muitas Terras Puras. Por exemplo: Tushita é a Terra Pura de Buda Maitreya; Sukhavati é a Terra Pura de Buda Amitabha; e a Terra Dakini, ou Keajra, é a Terra Pura de Buda Vajrayogini e Buda Heruka. Consultar *Viver Significativamente, Morrer com Alegria*.

Tradição Kadampa Escola budista Mahayana fundada pelo grande mestre budista indiano Atisha (982–1054). Seus seguidores, até a época de Je Tsongkhapa, ficaram conhecidos como *Antigos Kadampas*; depois, passaram a ser chamados de *Novos Kadampas*. Ver também *Kadampa*, *Budismo Kadampa* e *Nova Tradição Kadampa*.

Transferência de consciência "Powa" em tibetano. Uma prática para transferir a consciência para uma Terra Pura no momento da morte. Consultar *Viver Significativamente, Morrer com Alegria*.

Transmissão oral Conceder bênçãos por meio de instruções verbais. Receber estas bênçãos é essencial para alcançar realizações autênticas. Todos os textos raízes e seus comentários foram passados numa linhagem pura e ininterrupta de Professor para discípulo desde os tempos de Buda Shakyamuni até hoje. É costume, ao final de um ensinamento, que o Professor recite todas as palavras do texto, exatamente conforme ele ou ela ouviu de seu próprio Professor. Não se pode dizer que um discípulo recebeu um ensinamento se ele ou ela não tiver ouvido as palavras da boca de um Guia Espiritual qualificado. Um ensinamento recebido desta maneira é completamente puro, e traz consigo as bênçãos de todos os Gurus dessa mesma linhagem que tenham transmitido esse ensinamento no passado.

Treinar a Mente em Sete Pontos Um comentário às Oito Estrofes do Treino da Mente, composto pelo Bodhisattva Chekhawa Para um comentário completo deste texto, consultar *Compaixão Universal*.

Três reinos São os três níveis no samsara: o reino do desejo, o reino da forma e o reino da sem-forma. Os seres do reino do desejo têm fortes delusões, os do reino da forma, delusões mais sutis, e os do reino da sem-forma, delusões muito sutis. Ver *Reino do desejo, Reino da forma* e *Reino da sem-forma*.

Três tempos, os Passado, presente e futuro. Consultar *Oceano de Néctar*.

Trijang Dorjechang (1901–1981) Um lama tibetano especial que viveu no século XX e que foi uma emanação de Buda Shakyamuni, Heruka, Atisha, Amitabha e Je Tsongkhapa. Também conhecido como "Kyabje Trijang Rinpoche" e "Losang Yeshe".

Trinta e dois sinais maiores Também denominados "marcas maiores". Características especiais da forma de um Buda. Exemplos são o sinal da roda nas palmas das mãos e nas solas dos pés. As oitenta indicações, algumas vezes chamadas de "marcas menores", incluem signos como unhas cor de cobre.

Trinta e Cinco Budas Confessionais Trinta e Cinco Budas que têm poderes especiais para purificar negatividades e quedas daqueles que recitam seus nomes com fé. Consultar *O Voto Bodhisattva*.

Trinta e sete realizações conducentes à iluminação Qualquer caminho espiritual que conduz à iluminação. Consultar *Oceano de Néctar*.

Vaibhashika Escola inferior das duas escolas de princípios Hinayana. Essa escola não aceita autoconhecedores e assevera que objetos exteriores são verdadeiramente existentes. Consultar *Contemplações Significativas* e *Oceano de Néctar*.

Vairochana A manifestação do agregado forma de todos os Budas. Vairochana tem um corpo branco.

Vajra Em geral, a palavra sânscrita "vajra" significa "indestrutível como o diamante e poderoso como o raio". No contexto do Mantra Secreto, pode significar a indivisibilidade de método e sabedoria, a sabedoria onisciente ou o grande êxtase espontâneo. Consultar *Solos e Caminhos Tântricos*.

Vajradhara O fundador do Vajrayana, ou Tantra. Vajradhara aparece diretamente apenas para Bodhisattvas altamente realizados, para os quais dá ensinamentos tântricos. Para beneficiar seres vivos com menos mérito, Vajradhara manifestou-se na forma mais visível de Buda Shakyamuni. Vajradhara também disse que, em tempos degenerados, apareceria sob uma forma comum, como a de um Guia Espiritual. Consultar *Grande Tesouro de Mérito*.

Vajrayana O veículo do Mantra Secreto. Ver também *Mantra Secreto*. Consultar *Solos e Caminhos Tântricos*.

Vajrayogini Deidade feminina do Tantra Ioga Supremo e a corporificação de êxtase e vacuidade indivisíveis. Ela é a mesma natureza que Heruka. Consultar *Novo Guia à Terra Dakini*.

Ventos/Ventos interiores Ventos sutis especiais relacionados à mente e que fluem através dos canais de nosso corpo. Nosso corpo e mente não podem funcionar sem esses ventos. Consultar *Solos e Caminhos Tântricos* e *Clara-Luz de Êxtase*.

Verdade convencional Qualquer outro fenômeno que não a vacuidade. Verdades convencionais são verdadeiras com respeito às mentes dos seres comuns, mas, em realidade, as verdades convencionais são falsas. Consultar *Novo Coração de Sabedoria*.

Verdade última Natureza última de todos os fenômenos, vacuidade. Consultar *Contemplações Significativas*, *Novo Coração de Sabedoria* e *Oceano de Néctar*.

Vigilância Fator mental que é um tipo de sabedoria que examina nossas atividades de corpo, fala e mente e que reconhece se falhas estão se desenvolvendo ou não. Consultar *Como Entender a Mente*.

Virtude Um fenômeno que atua como causa principal de felicidade. Virtude pode se referir a mentes, ações ou marcas virtuosas ou à virtude última do nirvana. Consultar *Como Entender a Mente*.

Voto Determinação virtuosa de abandonar falhas específicas, que é gerada juntamente com um ritual tradicional. Os três conjuntos de votos são: os votos Pratimoksha de libertação individual, os votos bodhisattva e os votos do Mantra Secreto, ou tântricos. Consultar *O Voto Bodhisattva* e *Solos e Caminhos Tântricos*.

Yama Ver *Senhor da Morte*.

Yidam Ver *Deidade*.

Bibliografia

Venerável Geshe Kelsang Gyatso Rinpoche é um mestre de meditação e erudito altamente respeitado da tradição do Budismo Mahayana fundada por Je Tsongkhapa. Desde sua chegada ao Ocidente, em 1977, Venerável Geshe Kelsang Gyatso Rinpoche tem trabalhado incansavelmente para estabelecer o puro Budadharma no mundo inteiro. Durante esse tempo, deu extensos ensinamentos sobre as principais escrituras Mahayana. Esses ensinamentos proporcionam uma exposição completa das práticas essenciais de Sutra e de Tantra do Budismo Mahayana.

Consulte o *website* da Tharpa para conferir os títulos disponíveis em língua portuguesa.

Livros

Budismo Moderno. O caminho da compaixão e sabedoria. (3ª edição, 2015)

Caminho Alegre da Boa Fortuna. O completo caminho budista à iluminação. (4ª edição, 2010)

Clara-Luz de Êxtase. Um manual de meditação tântrica. (2021)

Como Entender a Mente. A natureza e o poder da mente. (Edição revista pelo autor, 2014. Edição anterior, com o título *Entender a Mente*, 2002)

Como Solucionar Nossos Problemas Humanos. As Quatro Nobres Verdades. (4ª edição, 2012)

Como Transformar a sua Vida. Uma jornada de êxtase. (edição revista pelo autor, 2017. Edição anterior, com o título *Transforme sua Vida*, 2014)

Compaixão Universal. Soluções inspiradoras para tempos difíceis. (3ª edição, 2007)

Contemplações Significativas. Como se tornar um amigo do mundo. (2009)

O Espelho do Dharma, com Adições. Como Encontrar o Verdadeiro Significado da Vida Humana. (2019. Edição anterior, com o título *O Espelho do Dharma*, 2018)

Essência do Vajrayana. A prática do Tantra Ioga Supremo do mandala de corpo de Heruka. (2017)

Grande Tesouro de Mérito. Como confiar num Guia Espiritual. (2013)
Guia do Estilo de Vida do Bodhisattva. Como desfrutar uma vida de grande significado e altruísmo. Uma tradução da famosa obra-prima em versos de Shantideva. (2ª edição, 2009)
Introdução ao Budismo. Uma explicação do estilo de vida budista. (6ª edição, 2012)
As Instruções Orais do Mahamudra. A verdadeira essência dos ensinamentos, de Sutra e de Tantra, de Buda (2016)
Joia-Coração. As práticas essenciais do Budismo Kadampa. (2004)
Mahamudra-Tantra. O supremo néctar da Joia-Coração. (2ª edição, 2014)
Novo Coração de Sabedoria. Uma explicação do *Sutra Coração*. (Edição revista pelo autor, 2013. Edição anterior, com o título *Coração de Sabedoria*, 2005)
Novo Guia à Terra Dakini. A prática do Tantra Ioga Supremo de Buda Vajrayogini. (Edição revista pelo autor, 2015. Edição anterior, com o título *Guia à Terra Dakini*, 2001)
Novo Manual de Meditação. Meditações para tornar nossa vida feliz e significativa. (3ª edição, 2016)
Novo Oito Passos para a Felicidade. O caminho budista da bondade amorosa. (edição revista pelo autor, 2017. Edições anteriores, como *Oito Passos para a Felicidade*: 2013 – também revista pelo autor – e 2007)
Oceano de Néctar. A verdadeira natureza de todas as coisas. (2019)
Solos e Caminhos Tântricos. Como ingressar, progredir e concluir o Caminho Vajrayana. (2016)
Viver Significativamente, Morrer com Alegria. A prática profunda da transferência de consciência. (2007)
O Voto Bodhisattva. Um guia prático para ajudar os outros. (3ª edição, 2021)

Sadhanas

Venerável Geshe Kelsang Gyatso Rinpoche também supervisionou a tradução de uma coleção essencial de *sadhanas*, ou livretos de orações. Consulte o *website* da Tharpa para conferir os títulos disponíveis em língua portuguesa.

Caminho de Compaixão para quem Morreu. Sadhana de Powa para o benefício dos que morreram.
Caminho de Êxtase. A sadhana condensada de autogeração de Vajrayogini
Caminho Rápido ao Grande Êxtase. A sadhana extensa de autogeração de Vajrayogini.

Caminho à Terra Pura. Sadhana para o treino em Powa (a transferência de consciência).

As Centenas de Deidades da Terra Alegre de Acordo com o Tantra Ioga Supremo. O Guru-Ioga de Je Tsongkhapa como uma Prática Preliminar ao Mahamudra.

Cerimônia de Powa. Transferência de consciência de quem morreu.

Cerimônia de Refúgio Mahayana e Cerimônia do Voto Bodhisattva.

Cerimônia do Voto Pratimoksha de uma Pessoa Leiga.

A Confissão Bodhisattva das Quedas Morais. A prática de purificação do Sutra Mahayana dos Três Montes Superiores.

Essência da Boa Fortuna. Preces das seis práticas preparatórias para a meditação sobre as Etapas do Caminho à iluminação.

Essência do Vajrayana. Sadhana de autogeração do mandala de corpo de Heruka, de acordo com o sistema de Mahasiddha Ghantapa.

O Estilo de Vida Kadampa. As práticas essenciais do Lamrim Kadam.

Festa de Grande Êxtase. Sadhana de autoiniciação de Vajrayogini.

Gota de Néctar Essencial. Uma prática especial de jejum e de purificação em associação com Avalokiteshvara de Onze Faces.

Grande Libertação do Pai. Preces preliminares para a meditação no Mahamudra em associação com a prática de Heruka.

Grande Libertação da Mãe. Preces preliminares para a meditação no Mahamudra em associação com a prática de Vajrayogini.

A Grande Mãe. Um método para superar impedimentos e obstáculos pela recitação do *Sutra Essência da Sabedoria* (o *Sutra Coração*).

O Ioga de Avalokiteshvara de Mil Braços. Sadhana de autogeração.

O Ioga de Buda Amitayus. Um método especial para aumentar tempo de vida, sabedoria e mérito.

O Ioga de Buda Heruka. A sadhana essencial de autogeração do mandala de corpo de Heruka & Ioga Condensado em Seis Sessões.

O Ioga de Buda Maitreya. Sadhana de autogeração.

O Ioga de Buda Vajrapani. Sadhana de autogeração.

Ioga da Dakini. A sadhana mediana de autogeração de Vajrayogini.

O Ioga da Grande Mãe Prajnaparamita. Sadhana de autogeração.

O Ioga Incomum da Inconceptibilidade. A instrução especial sobre como alcançar a Terra Pura de Keajra com este corpo humano.

O Ioga da Mãe Iluminada Arya Tara. Sadhana de autogeração.

O Ioga de Tara Branca, Buda de Longa Vida.

Joia-Coração. O Guru-Ioga de Je Tsongkhapa associado à sadhana condensada de seu Protetor do Dharma.

Joia-que-Satisfaz-os-Desejos. O Guru-Ioga de Je Tsongkhapa associado à sadhana de seu Protetor do Dharma.

Libertação da Dor. Louvores e pedidos às 21 Taras.

Manual para a Prática Diária dos Votos Bodhisattva e Tântricos.
Meditação e Recitação de Vajrasattva Solitário.
Melodioso Tambor Vitorioso em Todas as Direções. O ritual extenso de cumprimento e de renovação de compromissos com o Protetor do Dharma, o grande rei Dorje Shugden, juntamente com Mahakala, Kalarupa, Kalindewi e outros Protetores do Dharma.
Oferenda ao Guia Espiritual (Lama Chöpa). Uma maneira especial de confiar no Guia Espiritual.
Oferenda Ardente do Mandala de Corpo de Heruka.
Oferenda Ardente de Vajrayogini.
Paraíso de Keajra. O comentário essencial à prática do Ioga Incomum da Inconceptibilidade.
Pedido ao Sagrado Guia Espiritual Venerável Geshe Kelsang Gyatso, de seus Fiéis Discípulos.
Prática Condensada de Buda Amitayus para Longa Vida.
Prece do Buda da Medicina. Um método para beneficiar os outros.
Preces para Meditação. Preces preparatórias breves para meditação.
Preces pela Paz Mundial.
Preces Sinceras. Preces para o rito funeral em cremações ou enterros.
Sadhana de Avalokiteshvara. Preces e pedidos ao Buda da Compaixão.
Sadhana do Buda da Medicina. Um método para obter as aquisições do Buda da Medicina.
O Tantra-Raiz de Heruka e Vajrayogini. Capítulos Um e Cinquenta e Um do Tantra-Raiz Condensado de Heruka.
O Texto-Raiz: As Oito Estrofes do Treino da Mente.
Tesouro de Sabedoria. A sadhana do Venerável Manjushri.
União do Não-Mais-Aprender. Sadhana de autoiniciação do mandala de corpo de Heruka.
Vida Pura. A prática de tomar e manter os Oito Preceitos Mahayana.
Os Votos e Compromissos do Budismo Kadampa.

Os livros e sadhanas de Venerável Geshe Kelsang Gyatso Rinpoche podem ser adquiridos nos Centros Budistas Kadampa e Centros de Meditação Kadampa e suas filiais. Você também pode adquiri-los diretamente pelo site da Editora Tharpa.

Editora Tharpa (Brasil)
Rua Artur de Azevedo, 1360
05404-003 São Paulo – SP
Tel: (11) 989595303
Web: www.tharpa.com/br
E-mail: contato.br@tharpa.com

Editora Tharpa (Portugal)
Rua Moinho do Gato, 5
2710-661 – Sintra, Portugal
Tel: 219 231 064
Web: www.tharpa.pt
E-mail: info@tharpa.pt

Programas de Estudo do Budismo Kadampa

O Budismo Kadampa é uma escola do Budismo Mahayana fundada pelo grande mestre budista indiano Atisha (982–1054). Seus seguidores são conhecidos como "Kadampas": "Ka" significa "palavra" e refere-se aos ensinamentos de Buda, e "dam" refere-se às instruções especiais de Lamrim ensinadas por Atisha, conhecidas como "as Etapas do Caminho à iluminação". Integrando o conhecimento dos ensinamentos de Buda com a prática de Lamrim, e incorporando isso em suas vidas diárias, os budistas kadampa são incentivados a usar os ensinamentos de Buda como métodos práticos para transformar atividades diárias em caminho à iluminação. Os grandes Professores Kadampas são famosos não apenas por serem grandes eruditos, mas também por serem praticantes espirituais de imensa pureza e sinceridade.

    A linhagem desses ensinamentos, tanto sua transmissão oral como suas bênçãos, foi passada de mestre a discípulo e se espalhou por grande parte da Ásia e, agora, por diversos países do mundo ocidental. Os ensinamentos de Buda, conhecidos como "Dharma", são comparados a uma roda que gira, passando de um país a outro segundo as condições e tendências cármicas de seus habitantes. As formas externas de se apresentar o Budismo podem mudar de acordo com as diferentes culturas e sociedades, mas sua autenticidade essencial é assegurada pela continuidade de uma linhagem ininterrupta de praticantes realizados.

    O Budismo Kadampa foi introduzido no Ocidente em 1977 pelo renomado mestre budista Venerável Geshe Kelsang Gyatso Rinpoche. Desde então, ele vem trabalhando incansavelmente para expandir o Budismo Kadampa por todo o mundo, dando extensos ensinamentos, escrevendo textos profundos sobre o Budismo Kadampa e fundando a Nova Tradição

Kadampa–União Budista Kadampa Internacional (NKT–IKBU), que hoje congrega mais de mil centros budistas e grupos kadampa em todo o mundo. Esses centros oferecem programas de estudo sobre a psicologia e a filosofia budistas, instruções para meditar e retiros para todos os níveis de praticantes. A programação enfatiza a importância de incorporarmos os ensinamentos de Buda na vida diária, de modo que possamos solucionar nossos problemas humanos e propagar paz e felicidade duradouras neste mundo.

O Budismo Kadampa da NKT–IKBU é uma tradição budista totalmente independente e sem filiações políticas. É uma associação de centros budistas e de praticantes que se inspiram no exemplo e nos ensinamentos dos mestres kadampas do passado, conforme a apresentação feita por Venerável Geshe Kelsang Gyatso Rinpoche.

Existem três razões pelas quais precisamos estudar e praticar os ensinamentos de Buda: para desenvolver nossa sabedoria, cultivar um bom coração e manter a paz mental. Se não nos empenharmos em desenvolver nossa sabedoria, sempre permaneceremos ignorantes da verdade última – a verdadeira natureza da realidade. Embora almejemos felicidade, nossa ignorância nos faz cometer ações não virtuosas, a principal causa do nosso sofrimento. Se não cultivarmos um bom coração, nossa motivação egoísta destruirá a harmonia e tudo o que há de bom nos nossos relacionamentos com os outros. Não teremos paz nem chance de obter felicidade pura. Sem paz interior, a paz exterior é impossível. Se não mantivermos um estado mental apaziguado, não conseguiremos ser felizes, mesmo que estejamos desfrutando de condições ideais. Por outro lado, quando nossa mente está em paz, somos felizes ainda que as condições exteriores sejam ruins. Portanto, o desenvolvimento dessas qualidades é da maior importância para nossa felicidade diária.

Venerável Geshe Kelsang Gyatso Rinpoche, ou "Geshe-la", como é carinhosamente chamado por seus discípulos, organizou três programas espirituais especiais para o estudo sistemático e a prática do Budismo Kadampa. Esses programas são especialmente adequados para a vida moderna – o Programa Geral (PG), o Programa Fundamental (PF) e o Programa de Formação de Professores (PFP).

PROGRAMA GERAL

O Programa Geral (PG) oferece uma introdução básica aos ensinamentos, à meditação e à prática budistas, e é ideal para iniciantes. Também inclui alguns ensinamentos e práticas mais avançadas de Sutra e de Tantra.

PROGRAMA FUNDAMENTAL

O Programa Fundamental (PF) oferece uma oportunidade de aprofundar nossa compreensão e experiência do Budismo por meio do estudo sistemático de seis textos:

1. *Caminho Alegre da Boa Fortuna* – um comentário às instruções de Lamrim, as Etapas do Caminho à iluminação, de Atisha.

2. *Compaixão Universal* – um comentário ao *Treino da Mente em Sete Pontos*, do Bodhisattva Chekhawa.

3. *Novo Oito Passos para a Felicidade* – um comentário às *Oito Estrofes do Treino da Mente*, do Bodhisattva Langri Tangpa.

4. *Novo Coração de Sabedoria* – um comentário ao *Sutra Coração*.

5. *Contemplações Significativas* – um comentário ao *Guia do Estilo de Vida do Bodhisattva*, escrito pelo Venerável Shantideva.

6. *Como Entender a Mente* – uma explicação detalhada da mente, com base nos trabalhos dos eruditos budistas Dharmakirti e Dignaga.

Os benefícios de estudar e praticar esses textos são:

(1) *Caminho Alegre da Boa Fortuna* – obtemos a habilidade de colocar em prática todos os ensinamentos de Buda: de Sutra e de Tantra. Podemos facilmente fazer progressos e concluir as etapas do caminho à felicidade suprema da iluminação. Do ponto de vista prático, o Lamrim é o corpo principal dos ensinamentos de Buda, e todos os demais ensinamentos são como seus membros.

(2) e (3) *Compaixão Universal* e *Novo Oito Passos para a Felicidade* – obtemos a habilidade de incorporar os ensinamentos de Buda em nossa vida diária e de solucionar todos os nossos problemas humanos.

(4) *Novo Coração de Sabedoria* – obtemos a realização da natureza última da realidade. Por meio dessa realização, podemos eliminar a ignorância do agarramento ao em-si, que é a raiz de todos os nossos sofrimentos.

(5) *Contemplações Significativas* – transformamos nossas atividades diárias no estilo de vida de um Bodhisattva, tornando significativo cada momento de nossa vida humana.

(6) *Como Entender a Mente* – compreendemos a relação entre nossa mente e seus objetos exteriores. Se entendermos que os objetos dependem da mente subjetiva, poderemos mudar a maneira como esses objetos nos aparecem, por meio de mudar nossa própria mente. Aos poucos, vamos adquirir a habilidade de controlar nossa mente e de solucionar todos os nossos problemas.

PROGRAMA DE FORMAÇÃO DE PROFESSORES

O Programa de Formação de Professores (PFP) foi concebido para as pessoas que desejam treinar para se tornarem autênticos professores de Dharma. Além de concluir o estudo de quatorze textos de Sutra e de Tantra (e que incluem os seis textos acima citados), o estudante deve observar alguns compromissos que dizem respeito ao seu comportamento e estilo de vida e concluir um determinado número de retiros de meditação.

Um Programa Especial de Formação de Professores é também mantido pelo Manjushri Kadampa Meditation Centre, Ulverston, Inglaterra, e pode ser realizado tanto presencialmente como por correspondência. Esse programa especial de estudo e meditação consiste de doze cursos fundamentados nos seguintes livros de Venerável Geshe Kelsang Gyatso Rinpoche: *Como Entender a Mente*; *Budismo Moderno*; *Novo Coração de Sabedoria*; *Solos e Caminhos Tântricos*; *Guia do Estilo de Vida do Bodhisattva*, de Shantideva, e seu comentário – *Contemplações Significativas*; *Oceano de Néctar*; *Novo Guia à Terra Dakini*; *As Instruções Orais do Mahamudra*; *Novo Oito Passos para a Felicidade*; *O Espelho do Dharma com Adições*; *Essência do Vajrayana*; e *Caminho Alegre da Boa Fortuna*.

Todos os Centros Budistas Kadampa são abertos ao público. Anualmente, celebramos festivais em vários locais ao redor do mundo, incluindo dois festivais na Inglaterra, nos quais pessoas do mundo inteiro reúnem-se para receber ensinamentos e iniciações especiais e desfrutar de férias espirituais. Por favor, sinta-se à vontade para nos visitar a qualquer momento!

Para mais informações sobre os programas de estudo da
NKT–IKBU ou encontrar o seu Centro Kadampa local, visite
www.tharpa.com/br/centros

Escritórios da Editora Tharpa no Mundo

Atualmente, os livros da Editora Tharpa são publicados em inglês (americano e britânico), chinês, francês, alemão, italiano, japonês, português e espanhol. Os livros na maioria desses idiomas estão disponíveis em qualquer um dos escritórios da Editora Tharpa listados abaixo.

Tharpa UK
Conishead Priory
Ulverston, Cumbria, LA12 9QQ
Reino Unido
Web: www.tharpa.com/uk
E-mail: info.uk@tharpa.com

Tharpa Estados Unidos
47 Sweeney Road
Glen Spey NY 12737, EUA
Web: www.tharpa.com/us
E-mail: info.us@tharpa.com

Tharpa África do Sul
26 Menston Road, Westville
Durban, 2629, KZN
Rep. da Àfrica do Sul
Web: www.tharpa.com/za
E-mail: info.za@tharpa.com

Tharpa Alemanha
Chausseestraße 108,
10115 Berlim, Alemanha
Web: www.tharpa.com/de
E-mail: info.de@tharpa.com

Tharpa Ásia
1st Floor Causeway Tower,
16-22 Causeway Road,
Causeway Bay,
Hong Kong
Web: www.tharpa.com/hk-en
E-mail: info.asia@tharpa.com

Tharpa Austrália
25 McCarthy Road
Monbulk, VIC 3793
Austrália
Web: www.tharpa.com/au
E-mail: info.au@tharpa.com

Tharpa Brasil
Rua Artur de Azevedo, 1360
Pinheiros, 05404-003
São Paulo – SP
Brasil
Tel: +55 (11) 989595303
Web: www.tharpa.com/br
E-mail: contato.br@tharpa.com

Tharpa Canadá (em inglês)
631 Crawford Street
Toronto ON, M6G 3K1
Canadá
Web (Eng): www.tharpa.com/ca
E-mail: info.ca@tharpa.com

Tharpa Canadá (em francês)
835 Laurier est Montréal H2J
1G2, Canadá
Web: www.tharpa.com/ca-fr/
E-mail: info.ca-fr@tharpa.com

Tharpa Chile
Av. Seminario 589, Providencia,
Santiago, Chile
Web: www.tharpa.com/cl
Email: info.cl@tharpa.com

Tharpa Espanha
Calle La Fábrica 8, 28221
Majadahonda, Madrid
Espanha
Web: www.tharpa.com/es
E-mail: info.es@tharpa.com

Tharpa França
Château de Segrais
72220 Saint-Mars-d'Outillé
França
Web: www.tharpa.com/fr
E-mail: info.fr@tharpa.com

Tharpa Japão
KMC Tokyo,
2F Vogue Daikanyama II,
13-4 Daikanyama-cho,
Shibuya-ku, Tóquio,
150-0034, Japão
Web: kadampa.jp
E-mail: info@kadampa.jp

Tharpa México
Enrique Rébsamen Nº 406,
Col. Narvate Poniente
Ciudad de México, CDMX,
C.P. 03020, México
Web: www.tharpa.com/mx
Email: info.mx@tharpa.com

Tharpa Nova Zelândia
2 Stokes Road, Mount Eden,
Auckland 1024, Nova Zelândia
Web: www.tharpa.com/nz
E-mail: info.nz@tharpa.com

Tharpa Portugal
Rua Moinho do Gato, 5
Várzea de Sintra
Sintra, 2710-661
Portugal
Tel.: +351 219 231 064
Web: tharpa.pt
E-mail: info.pt@tharpa.com

Tharpa Suécia
c/o KMC Stockholm,
Upplandsgatan 18, 113 60
Estocolmo, Suécia
Email: info.se@tharpa.com

Tharpa Suíça
Mirabellenstrasse 1
CH-8048 Zurique, Suíça
Web: www.tharpa.com/ch
E-mail: info.ch@tharpa.com

Índice remissivo

a letra "g" indica entrada para o glossário

A

Abrir a Porta ao Caminho Supremo 13, 68
ações. *Ver também* carma
   arremessadoras e completadoras 208–209, 222, 276, 283
   de composição 288, 291
   de retribuição imediata 103–104
   flutuantes e não flutuantes 275–276
   meritórias e não meritórias 275–276
ações não virtuosas 193–204, 293, 340, 371–372, 431. *Ver também* purificação
   as dez 193–200
   efeitos das 88, 147–148, 176, 201–204, 247–248, 275, 279, 349, 371
   fatores que agravam 200–201
ações virtuosas 61, 293, 320
   as dez 204–207
   efeitos das 207–209
   fatores do poder benéfico 207
adotar visões falsas como supremas 266
afundamento mental 400–402, 414, 415
agarramento ao em-si 167, 173, 208, 261, 268–269, 303, 304, 383
   bases 238, 252
   de fenômenos 268
   de pessoas 268
   e autoapreço 348
   inato 268–269, 440–441
   intelectualmente formado 173, 268–269, 440
   métodos para destruir 305, 393, 430
agarramento-ao-verdadeiro 288
agarramento dependente-relacionado 291
agregados g, 266, 289
   apossados 251–252, 269, 388
   contaminados 222, 251–252, 270–271
Ajatashatru, Rei 60, 104, 167, 321
Akshobya 53
alegria
   incomensurável 49, 52
   poder da 387
altar, como montar 37–39
alucinações 89, 282, 383–384
Amai Jangchub 82
amigos 272
Amitabha 53
Amitayus 45, 277
Amoghasiddhi 53
amor 58, 71, 164, 304
   afetuoso 335–338, 339
   apreciativo 335, 350–352
   grande amor 21
   incomensurável 21
análise g, 264
Ananda 30, 109
Angulimala 60, 168
animais 101, 146, 208
   sofrimentos dos 152–153, 182, 233, 251, 340

anseio dependente-relacionado 290
Antigas Linhagens Kadam 12
aparências 382-384
  clara aparência 445
  comuns g, 17, 360, 382, 445
  duais 224, 438, 439
apego 146, 168, 191, 231, 258, 290, 296
  causas do 262-263, 269-270, 296
  gerar 95, 272-273, 416
  obstáculo à prática espiritual 119, 168, 227, 380, 397, 400-401
  oponentes ao 270, 308, 326
aplicação 406
  desnecessária 402, 406
Arhat. *Ver* Destruidor de Inimigos
arrependimento 108
  poder do 61
Árvore Gloriosa 134
Árvore-que-Satisfaz-os-Desejos dos 108 Feitos 351
Arya. *Ver* Ser Superior
Aryadeva 112, 219, 435
Aryasura 22
Asanga g, 91, 318, 372, 394
  e Maitreya 89-90, 318, 387
  linhagem de 5, 323
  visualização de 44
Ashoka, Rei 65
Ashvaghosa 112
aspiração 114, 403
  poder da 385
atenção imprópria 257, 258, 259, 270, 272-273, 325
atenções, as quatro 416
Atisha 38, 39, 524
  histórias da vida 5-13, 38-39, 81, 85, 184
  linhagem de 5, 347
  qualidades de 5-13
atitudes mundanas, oito 119-120
atributos que não podem ser compartilhados, dezoito 451-452
autoapreço 167, 252, 269, 323, 347, 353
  desvantagens 319, 348-351, 372

Avadhutipa 6, 7, 186
Avalokiteshvara g, 157
avareza 366
aversão 324-325

B

bardo 138, 142, 281-282, 297, 322
  ser do 282-285, 331
base de imputação g, 434
bênçãos g, 66-70, 92, 170
Ben Gungyal, Geshe 273
Bimbisara, Rei 104, 296
Bodh Gaya 8
Bodhibhadra 6
bodhichitta 6, 30, 61, 323, 368, 372, 444. *Ver também* bodhichitta aspirativa; bodhichitta de compromisso
  artificial 115
  benefícios da 208, 314-322, 437-439
  como gerar 48-52, 115-116, 342-344
  divisões da 344-347
  espontânea 115, 223, 322, 361, 437
bodhichitta aspirativa 52, 344, 346
  oito preceitos 362
bodhichitta de compromisso 52, 344, 346
  manter por meio de ritual 361-363
Bodhisattva 223, 323, 328, 339, 359, 373, 437, 453
  as ações de um 365-392
  solos 346, 440-442
  superior 440, 450
  votos 207-208, 344-346, 444, 453
    manter puramente 302-303, 306-307, 371, 390
bondade
  das mães 329, 330-334
  de Buda 179-181
  dos outros 351-353
Brahma 64, 232, 336, 344, 367
Buda 58, 298, 306, 316, 317, 339. *Ver também* corpos de Buda;

Ver também Joia Buda
confiabilidade de 167, 213-214
corpo de 37-38, 64, 450
fala de 450-451
forma de 409, 412
intenção última de 19-20
mente de 37, 56, 450-452
Budadharma 110, 156, 180, 303, 343, 520. *Ver também* Dharma
Budajana 151
Buda Kashyapa 65
Budas da Medicina 45
Buda Shakyamuni g, 29, 53, 57, 60, 179, 389, 394. *Ver também* Dharma
  autogeração como 49, 94
  boas qualidades de 43, 160, 167-170
  bondade de 29, 179-181
  ensinamentos 17, 19-20
  Guia Espiritual mais bondoso do que 91-92
  histórias da vida 30, 35-37, 53, 63, 64, 126-127, 150-151, 161, 175, 188, 189, 191, 296, 320, 394
  linhagens de ensinamentos 3, 5, 323, 347, 447
  Professor superior 172-173
  vidas anteriores 348, 351-352, 361
  visualização 42-46, 52-53, 69, 209, 409, 412, 420
Budas, mil 45, 91, 361, 443
Buda Vairochana
  postura de meditação 41-42, 412
Budismo Kadampa g, 524-525

C

Caminho de Êxtase 13
caminho do meio g, 18
Caminho Rápido 13
caminho(s) g, 437-443. *Ver também* caminhos Hinayana
  comum/incomum 313
  dos três corpos 446
  emancipado 163, 440, 441

ininterrupto 440, 441
mundano g, 257, 308
profundo 5, 16, 67
supramundano g, 258
tântrico 67-68, 443-447
vasto 5, 16, 67-68
caminhos Hinayana 166, 218, 313-314
caminhos Mahayana 313-314, 437-443
  da acumulação 223, 346, 437-439
  da preparação 223-224, 346
  da visão 224
  do Não-Mais-Aprender 224, 441
Campo de Mérito 52-54
carma 114, 145, 176, 179, 185-214, 219, 263, 431. *Ver também* efeitos; ações não virtuosas; ações virtuosas
  ações arremessadoras e completadoras 147-148, 276
  ações flutuantes e não flutuantes 207-208
  ações meritórias e não meritórias 147-148
  aparências cármicas 146, 450
  características gerais 187-192
  coletivo g, 190
  contaminado 222
  fatores que determinam o poder 207-209
Carta Amigável 60, 133, 142, 229, 231, 248, 302, 306
categorias de ensinamentos de Buda, três (Tripitaka) 8, 22, 103
Cem Versos para o Povo de Tingri 80
chakravatin, rei. *Ver* rei universal
Chandragarbha 5-7
Chandragomin 160, 406
Chandrakirti g, 261, 339, 376, 421, 424
Chandra, Príncipe 24
Charavaka 141
Chekawa, Geshe 283, 347, 358
Chengawa, Geshe 12, 82
Chittamatra g, 262-263, 384
Cinco Categorias dos Solos Espirituais 16, 25, 399

cinco realizações 19, 106
ciúme 243
clara aparência 445
clara-luz g, 444
　da morte 141, 281
　do sono 141, 281
　exemplo 9, 67, 446
　significativa 9, 67, 446
Clara-Luz de Êxtase 446
clarividência g, 38, 127, 282, 316, 390
　cinco tipos 394
cobiça 198
coisa funcional 179, 285
Coleção de Poemas Especiais 22
Comentário à Cognição Válida 225, 269, 384, 420
compaixão 58, 61, 73, 368, 379. *Ver também* grande compaixão
　gerar 142, 178, 227, 357
Compêndio de Abidharma 222, 261, 404
Compêndio dos Treinamentos 333, 368
concentração 212, 388–391. *Ver também* tranquilo-permanecer; estabilização mental; três treinos superiores
　de beneficiar os outros 389
　do Dharma continuum 39, 438
　mundana e supramundana 308, 388–389, 394
　nivéis, tipos 307, 389
concentração vajra do caminho da meditação 441
concepções comuns g, 445–446
confiança
　poder da 61–62
confiança no Guia Espiritual 20, 72, 77–96, 435, 453
　benefícios 79–83
　fé e respeito 84–93
　perigos de quebrar o compromisso 83–84
　serviço e de devoção 93–94
confissão 59–62
conhecedores corretos, específicos, quatro 452

conquista subsequente semelhante a uma ilusão 432, 434
consciência 141–142
　base-de-tudo 262
　dependente-relacionada 289, 292, 293, 297
conscienciosidade g, 60, 272, 307, 398
Conselho (Atisha) 155
Conselho (Gungtang Rinpoche) 233
consideração 307
constância, poder da 386–387
contentamento g, 231, 246, 397
contínua-lembrança g, 272, 305, 307, 401–402, 414, 416
　três características 404
Corpo-de-Deleite 44, 162, 446
Corpo-Emanação 44, 126, 162, 445–446
　supremo 87, 438, 450
Corpo-Entidade 162
Corpo-Forma 162, 450. *Ver também* Corpo-Emanação; *Ver também* Corpo-de-Deleite
　causas 58, 80, 172, 320, 365, 443
corpo-ilusório g, 67, 444, 446
Corpo-Natureza 162–163, 449–450
corpos básicos, os três 446
corpos de Buda 162–163, 442, 445–446. *Ver também* Corpo-Forma; Corpo-Verdade
corpos resultantes, três 447
corpo-vajra g, 67, 450
Corpo-Verdade 44, 64, 67, 126, 162–163, 443, 445, 446, 449
　causas 172, 320, 365
　Corpo-Natureza 162, 449
　Corpo-Verdade-Sabedoria 162, 449

D

Dagpo Ngawang Dragpa 13
Dag Powa, Geshe 70
Dakinis g, 7
Dalai Lama 13
　sétimo 24, 120, 128, 228, 247
dar 359–361. *Ver também* tomar e dar

coisas materiais 366–370
destemor 370–371
Dharma 370
nosso corpo 368–369
perfeição de 366–371, 391, 440
dedicatória 64, 191
Deidade g, 17, 48, 92, 303, 322, 446
delusões 61, 137, 222, 252, 255–276, 305, 307, 408
  as seis delusões raízes 256–269
  causas das 94, 238, 268, 269–273
  como as ações são criadas na dependência das 275
  definição 256
  etapas de desenvolvimento 268–269
  inatas 163, 224, 440
  intelectualmente formadas 163, 224, 440
  marcas das 56, 163, 224.
    Ver também obstruções à onisciência
  objetos das 271
  oponentes das 271, 273–274, 408–409
  perigos das 274–275
  sementes das 271
demônio g, 43, 320
desânimo 382
descontração, poder da 387
desejo 112, 245–247, 256–257, 318
destemores, quatro 452
Destruidor de Inimigos g, 30, 104, 127, 339, 343
  abandonaram delusões 187, 271
  superiores a seres ordinários 316
deuses 101, 175, 217, 301, 342, 359
  do reino da forma e da sem-forma 101, 249, 276, 288
  do reino do desejo 101, 248, 275
  mundanos 172, 344
  sofrimentos dos 248–250, 252
Devadatta 89, 112, 167, 169, 186
Devaputra 43
dez dotes 103–105
Dharma g, 63, 379. *Ver também* Budadharma
  dar 370

dez atividades 372
  ensinar 27–31
  ouvir 21–27
  prática 279
  puro 120
Dharmakaya. *Ver* Corpo-Verdade
Dharmakirti 211, 261, 269, 271, 304, 384
Dharmaraja 46
Dharmarakshita 7, 188
Dharmodgata 80
Dhipamkara Shrijana 7–8, 10–11
disciplina moral 186, 204, 212, 302, 305, 306–308. *Ver também* treinos superiores, três
  adotar disciplina moral errônea como suprema 267
  benefícios 109, 175, 192, 305
  de abstenção 205, 371–372
  de beneficiar os seres vivos 372–375
  definição 192, 204
  de reunir dharmas virtuosos 372
  errônea 267
  perfeição de 371–375, 392
  pura 305, 306, 307, 398
  quatro causas de degeneração 306–307
Discriminação do Meio e dos Extremos 399, 403
discurso divisor 197, 202
discurso ofensivo 197–198, 202, 349
distrações 272, 304–305, 389, 394, 395, 398–399, 407, 413
divagação mental 402
doença 127, 241–243
dor manifesta 250, 340, 388
dotes, dez 103–105
doze fontes g, 409
Drogon Tsangpa Gyarepa 82
Dromtonpa 12, 13, 81, 119, 302, 347
Drugpa Kunleg 165
Drukku Shewo 342
duas verdades g, 144. *Ver também* verdade convencional; verdade última
  união 144, 430

duração de vida 277–278
dúvida deludida 263–265, 273

E

efeitos. *Ver* carma; ações não virtuosas, efeitos das; ações virtuosas, efeitos das
   amadurecidos 28
   ambientais 28, 203–204, 206–207, 222
   de separação 28
   experiências similares à causa 28, 202–203, 206, 222
   tendências similares à causa 28, 202–203, 206, 222
elementos 308, 409–411
   dezoito 409–410
   quatro g, 131, 137, 280–281, 282
   seis 107
elos dependente-relacionados, os doze 218, 285–293, 303
   meditação sobre 298–299
emanações 64, 160, 359, 442, 450
ensinar o Dharma 498–502
entorpecimento 407
envelhecimento 127, 238–241
   dependente-relacionado 291
Éon Afortunado g, 45, 443
equalizar e trocar eu com outros 323–324, 346–355
equanimidade 50, 120–121, 169, 324–328
   de composição 327
   de sentimento 327
   incomensurável 49, 50–51, 327–328
equilíbrio meditativo g, 438, 440, 441
   semelhante ao espaço 429, 434
escolas filosóficas Budistas g, 262, 316
escopo inicial 113–114, 117–213. *Ver também* pequeno ser
escopo intermediário 114, 215–309. *Ver também* ser mediano
escopos, os três ix, 113–116.

Ver também escopo inicial; escopo intermediário; grande escopo
Escrituras Recebidas da Boca de Manjushri 80
esforço 121, 315, 337, 403, 405, 406, 415, 449
   a perfeição de 381–388, 392
   quatro poderes 385–387
   tipos 384–385
espíritos 131, 282, 319, 336. *Ver também* espíritos famintos
espíritos famintos 89, 100, 146, 183, 208, 252
   sofrimentos dos 150–151
esquecimento 400, 404
Essência da Boa Explicação 286
Essência da Boa Fortuna 70, 485–493
Essência da Relação Dependente 293
Essência de Néctar 58, 90, 232
Essência de Ouro Refinado 13
Essência do Caminho do Meio 408
Essência do Conselho Bem Falado 13
estabilização mental g, 223, 393–418
   perfeição de 388–391, 392
estado intermediário. *Ver* bardo
estágio de conclusão g, 9, 19, 67, 90, 409, 444–447
estágio de geração g, 9, 19, 67, 90, 444–447
estupa 8, 37, 170, 188
Etapas de Meditação 399
etapas do caminho. *Ver* Lamrim
Etapas do Caminho ix
eu 265–266, 356
   convencional 394
   inerentemente existente 288, 425–426
excelsa sabedoria do continuum final 441
excitamento mental 400–401, 414, 416
existência cíclica. *Ver* samsara
existência inerente 423–425, 432–434
Exposição Condensada das Etapas do Caminho 13, 20, 305

F

faculdade mental 289
faculdade sensorial 290, 410
  proteger as portas 95, 271
fator mental sempre-acompanhante
    416
fé 84–86, 159, 173, 264, 307,
    403–404
  de acreditar 86, 88
  de admirar 86, 403
  de almejar 86
felicidade 114–115, 155, 351, 353,
    357, 358
  causas de 179, 186, 336, 525
  dos estados superiores 105,
    155–156
fenômeno negativo g, 163
  não afirmativo 423
fenômenos dependente-relacionados
    285–287, 425. *Ver também* doze
    elos dependente-relacionados
fenômenos permanentes g, 285, 378
força oponente. poder da 61
forças
  dez 450–451
  seis 415
força vital 277–278

G

Gelug g, 18, 90, 447
Geshe g, 18
Gonbawa, Geshe 12
Gongpa Rabsel 9
Gonpo Dorje 110
gota indestrutível g, 281
gotas g, 107
grande amor 335, 358
grande compaixão 314–315, 323
  de Buda 162, 169
  gerar 115, 142, 169, 335, 338–341
grande escopo 113, 313–452
*Grande Exposição das Etapas do
    Caminho* 13, 399
*Grande Exposição dos Estágios do
    Mantra Secreto* 444, 447

grande falha 20
grande ser 114, 115, 223, 381. *Ver
    também* grande escopo
refúgio 156–157, 159, 176, 184
Guhyasamaja 45
Guia ao Caminho do Meio g, 16,
    192, 266, 321, 339, 381, 384,
    421, 422, 423, 426
Guia do Estilo de Vida do Bodhisattva
    g, 59, 106–107, 128, 134, 164,
    188–189, 207, 217, 229, 234,
    259, 274, 316, 322, 334, 347,
    348, 350, 351, 353, 377, 397,
    421, 426, 434
Guia Espiritual g, 43, 77. *Ver também*
    confiança no Guia Espiritual
Gungtang Jampelyang 112, 130
Gungtang Rinpoche 233, 239, 381
Gungtang Tenpai Drolma 63
Gurchog 190
Guru. g. *Ver* Guia Espiritual
Guru-Ioga 92. *Ver também* confiança
    no Guia Espiritual
Guru-Ioga em Seis Sessões 93
Gyalwa Ensapa 85, 89, 350
Gyalwa Go Tsangpa 92

H

Hashang 424
Heróis e Heroínas g, 46, 48, 87
Heruka g, 6, 45, 82
Hinayana g, 9, 17, 18. *Ver também*
    caminhos Hinayana
Histórias de Renascimento 22, 351

I

ignorância 45, 261–263, 268, 269,
    296, 327, 383. *Ver também* agarra-
    mento ao em-si
  dependente-relacionada 287–288,
    292, 293
  oponente 308
iluminação 313, 339, 353, 384,
    449–453
  mediana 62

imagem genérica g, 224, 388, 413, 429
impermanência 71, 105, 223, 285, 408. *Ver também* morte
   sutil 264, 355, 384
imputação 273, 286, 434
inatenções, as cinco 25
incomensuráveis, quatro. *Ver* quatro incomensuráveis
Indra g, 64, 175, 232
inferno 99, 100, 143–153, 208, 233, 251
   convencer-se da existência 143–147
   grandes infernos 147–148
   infernos frios 149
   infernos similares 150
   infernos vizinhos 148–149
Ingressante na Corrente 104
iniciação 444, 453
insatisfação 231, 232
Instruções Recebidas da Boca de Manjushri 13
intenção g, 112, 185, 275, 291
   superior 341–342
inveja, ciúme g, 16, 248, 272, 308
ioga g, 169
Iogues g, 62, 89
Ishvara g, 153, 173, 344, 446

J

Janavajra 7
Jangchub Ö 10–12
Jayulwa, Geshe 12, 82, 93
Je Phabongkhapa g, 18, 82, 108, 137
Jetari 6
Je Tsongkhapa g, 92, 360, 399, 423, 435
   ensinamentos/conselhos 20, 24, 64, 72, 83, 95, 111, 161, 173, 262, 286, 305, 324, 345, 355, 384, 386, 420, 444, 446, 447
   histórias da vida 55, 156, 394, 422, 447
   linhagens de 12–13
Joia Buda 46, 157, 171–172, 177–178
   convencional e última 161–162
   qualidades da 160–163
Joia Dharma 26, 56, 114, 157–159, 177–178, 179, 183, 224
   boas qualidades 167, 170–173
   de um pequeno ser 176, 186
   explicação geral 163–165
   representação 46
joia-que-satisfaz-os-desejos g, 108, 358
Joia Sangha 46, 47, 56, 104, 165–167, 167, 171, 179
Jorbai Cho Drug 93

K

Kachen Yeshe Gyaltsen, Lama 23, 329
Kadampa g
   linhagens do Lamrim
      Kadam Lamrimpa 12, 13, 45
      Kadam Menngagpa 12, 13, 45
      Kadam Shungpawa 12, 45
   Professores, Geshes 82, 91, 524
      citações 58, 122, 124, 157, 273, 322
   significado 524
Kalindewi 46
Kamalashila 399
Kampa Lungpa, Geshe 319
Karagpa, Geshe 121
Katyayana 150
Khedrubje g, 360
Kumara, Médico 101
Kushinagar 126

L

Lama Losang Tubwang Dorjechang 93
Lam Chung g, 35–37, 168
Lamrim ix, xi, 3, 5, 12, 13, 15, 524
   preeminentes atributos 17–21
   preeminentes características 15–17
   três linhagens 12–13
Lang Darma 9
Langri Tangpa, Geshe g, 347, 359, 374

Legpai Karma, Bikkshu 89
letra-semente g, 44, 53
Lhasa 165, 234
Lhasang, Rei 234
Lha Tripa 82–83
liberdades, oito 99–103, 105
libertação 227, 255, 270, 271, 313
   base corporal necessária 301
   caminho à 301–310
Libertação da Dor 233
Limpar o local de meditação 34–35
linhagem/semente de Buda g, 49, 314, 316, 384
Lojong 346
Longdol, Lama 123, 125
Louvor a Buda, o Mestre que é Superior a Todos 173
Louvor à Relação Dependente 173, 262
Luz Clara dos Cinco Estágios 446
Luz para o Caminho à Iluminação 5, 12, 114, 274, 396

M

má conduta sexual 196, 202, 267
   abandonar 206
Madhyamika-Prasangika g, 262, 263, 384, 421, 426
mães 335, 339, 341
   desejo de retribuir 333–334
   lembrar a bondade 330–333, 341–342
   reconhecer todos os seres como 328–330
Magadhabhatri 53
Mahakala 46
Mahakashyapa 127
Mahamudra g, 7, 409, 420
Mahasiddha g, 89
Mahayana 17, 18, 218, 313–314, 315, 390
Maitreya g, 15, 19, 82, 91, 160, 164, 274, 381, 396, 399, 403
   e Asanga 89–90, 318, 387
   linhagem de 5, 323
   visualização 44

maleabilidade 389, 403
   da visão superior 223, 419, 438
   do tranquilo-permanecer 417–418, 419
malevolência 199, 202, 203
mandala 319
   oferecimento 65
Manjushri g, 82, 91, 321, 345
   e Je Tsongkhapa 13, 422, 435
   linhagem de 5, 323
   visualização 44
mantra g, 56–57, 85, 94, 249, 318, 370, 446
Mantra Secreto g, 7, 55, 67, 87, 133, 321, 453. *Ver também* Tantra
   motivação 319, 320, 339, 444
   prática pura 119
   realizações do 90, 92–93, 264, 444–445
Marpa 81, 146, 370
matar 191, 193–194, 200, 201, 202–203
   abandonar 204, 371
Maudgalyanaputra 161, 230, 374
Mediana Exposição das Etapas do Caminho 13
médico 165, 206, 242, 250, 340, 377
meditação 71–75
   analítica 71–73, 95, 308–309, 410–411, 419–420
   conclusão 94
   intervalo 33, 94–96, 426
   posicionada 71–73, 309, 410, 420
   postura 40–42
   respiratória 308, 419–420
   sessão 33, 95
meditação respiratória 41–42, 274, 303, 308, 406, 409
   tomar e dar 360
meios habilidosos 168, 392
mente 251, 328, 449. *Ver também* diferentes tipos
   de iluminação. *Ver* bodhichitta
   sutil g, 280
mentir 196–197, 202
mera imputação. *Ver* imputação

mérito g, 277, 367
　coleção de g, 80, 320, 365, 392, 443
　criar 40, 62, 80, 107, 172, 175, 317–318, 334, 336, 357
　efeitos 121, 435
mero nome 430, 434
método 345, 421, 437, 443
　linhagem 5
Milarepa g, 81, 95
　ensinamentos 58, 110, 130, 139, 211, 239
　histórias da vida 90, 123, 146, 153, 207, 211, 394–395
Mitatso 135
monastério Tashi Lhunpo 329
Mondrol Chodak 122
monge 302
Monte Kailash 173
morte 45, 117–139, 157, 158, 243–245, 291. *Ver também* clara--luz da morte
　benefícios de lembrar-se 123–125, 387
　causas 277–278
　condições 278
　imaginar a hora da morte 137
　mentes da 279–280
　nove maneiras de pensar 125–137
　o modo como morremos 276–280
　perigos de esquecer 117–123
　prematura 132
　sinais 244, 276–277
　　distantes 276–277
　　próximos 280–281, 281, 284
motivação 208–209, 367–368
　Mahayana 115, 142, 314
　tântrica 319, 320, 339, 444
mudra-ação g, 7
mundo 145

N

Nagarjuna g, 60, 91, 109, 132, 133, 142, 169, 195, 229, 231, 248, 285, 293, 302, 306, 336, 359, 447
　linhagem de 5, 421

textos de 16, 423
visão de 421–422, 425
visualização de 45
nagas g, 342
Nagtso 11
Nalanda 3
Nanda 168, 374
não aplicação 402, 406
Naro Bon Chung 90
Naropa g, 55, 89, 91, 93
nascimento 236, 236–238, 237. *Ver também* renascimento
　dependente-relacionado 291
Neusurpa, Geshe 12
Ngawang Chogden 12
Ngawang Dragpa 21
Ngo Sangma 190
niilismo 141
nirvana 255. *Ver também* libertação
novas linhagens Kadam 12
Nova Tradição Kadampa g, 524
Novo Guia à Terra Dakini 446
Nyempa Sangden 188
Nyingma 18

O

objeto 411–412
　concebido g, 265
　de conhecimento 287
　imputado 431, 434
　negado 288, 423–427, 433
　observado g, 266, 355
　oculto g, 144
obstruções, as duas 162, 164, 166, 449
　à libertação 56, 166, 320, 449
　à onisciência 56, 166, 224, 320, 441, 449
obstruções de inferioridade 166
obstruções-delusões 56, 166, 449. *Ver também* obstruções à libertação
Oceano de Grande Explanação 7
Oceano de Néctar 423
ódio 147, 195, 196, 296, 308. *Ver também* raiva; aversão
Oferenda ao Guia Espiritual g, 93, 359

oferendas 37–38, 39–40, 58–59, 318
oito benefícios 40
Oito Estrofes do Treino da Mente 353, 359
Oito Grandes Guias do Lamrim 13
onisciência 313
Orelha Milhão 150
orgulho 55, 212, 308
  deludido 259–261
  divino g, 445
Ornamento à Clara Realização 15, 16
Ornamento dos Sutras Mahayana 77, 274, 381, 396, 399
Ouvintes g, 62, 317, 321
ouvir o Dharma 21–27

P

paciência 164, 212, 223
  de não retaliar 376–378
  de pensar decididamente sobre o dharma 380, 439
  de tolerar voluntariamente o sofrimento 378–381
  perfeição de 375–381, 392
Padmasambhava 9
Palden, Bikkshu 421
Panchen Lama
  primeiro 13, 24, 135, 156
  segundo 13
Pelgye 230
Pema Chen 351–352
pensamentos e atitudes corretas, dezesseis 66
pensamentos e atitudes errôneas, dezesseis 66
pequeno ser 113–116, 223, 295, 381. *Ver também* escopo inicial
  refúgio 156–158, 176, 183, 186
percepção mental 388
percepção sensorial 388
perfeições, as seis 365–436
  dar 405, 405–410
  disciplina moral 405, 405–409
  esforço 365, 365–372, 403–404, 405

estabilização mental 405, 405–408
  paciência 405, 405–411
  praticadas juntas 391
  sabedoria 309–310
permanências mentais, nove 308, 389, 390, 412–415
Phadampa Sangye 80
poderes miraculosos 374, 390, 394. *Ver também* clarividência
poderes oponentes, quatro 61–62, 191
postura, sete características de Vairochana 41–42
potencialidades 206, 244, 289
  não virtuosas 185, 191, 267, 271, 280
  virtuosas 185, 191, 296, 321
Potowa, Geshe 12, 13, 301, 347
  citações 157, 219, 302, 335
Pramudita 168
Prasenajit, Rei 63
Prece das Etapas do Caminho 69, 70
preceitos 30, 208
  da bodhichitta aspirativa 361–362
Preces para Meditação 70
Preciosa Grinalda de Conselhos ao Rei 109, 336, 422
preciosa vida humana 63, 97–116, 387
  causas 109, 180, 353
  grande valor 105
  liberdades e dotes 99–105, 111, 342, 351
  oito atributos 209
  raridade 108–110, 342
  sete atributos 106, 113
preguiça 111–112, 315, 381–384, 400
  oponentes 403–404
prostração 55–58, 212
  benefícios 57–58
Protetor do Dharma g, 46, 48, 274, 319
purificação 59–62, 107, 190, 192, 223, 279, 435
  métodos de 81, 318, 369

Q

quatro incomensuráveis 49–52
  alegria 49, 52
  amor 49, 51
  compaixão 49, 49–50
  equanimidade 49, 50–51, 327–328
quatro maneiras de reunir 453
quatro nobres verdades 218, 221–225, 303. *Ver também* verdades individuais
Questões da Imaculada Intenção Superior 156

R

Rahula 169
Rahulagupta 6, 322
raiva 257, 258, 259, 270, 375
  causas da 268–269, 272, 296
  falhas da 259, 336, 375–376
  oponentes da 270, 273, 308, 326
Ratnasambhava 53
realização espontânea 411
Realizadores Solitários g, 62, 316, 321
Rechungpa 394
reconhecimentos, seis 27
refúgio 42–48, 61, 155–185, 183, 186, 208
  a maneira de buscar refúgio 170–174
  avaliar se estamos buscando refúgio perfeitamente 174
  benefícios 174–177
  causas 46–47, 142, 159
  compromissos 177–184
  de um grande ser 156, 159, 176, 184
  de um pequeno ser 156–158, 176
  de um ser mediano 156, 176, 184
  Mahayana 156
  objetos 42–48, 159–170
  três rodadas de meditação 182
regozijo 62–65, 205, 223
reinos. *Ver também* deuses
  concentrações dos três 307, 389, 418
  da forma g, 257, 276, 308
  da sem-forma g, 257, 276, 308
  do desejo g, 168, 257–258, 259, 275
reinos inferiores 110, 138, 165, 182, 301. *Ver também* animais; espíritos famintos; inferno
  causas 100, 122, 182, 201, 217, 291, 293
  proteção contra renascimento nos 82, 157, 181, 183, 217
  sofrimentos dos 141–153
reinos superiores 110, 236–250, 291, 292–293, 303. *Ver também* deuses; semideuses; seres humanos; reino da forma; reino da sem-forma
rei universal 121, 232
religião 102, 181
renascimento 219, 232–233, 245, 379, 384. *Ver também* nascimento
  a natureza do 284
  causas e condições 283
  convicção no 99, 141, 268
  incontáveis 329
  o modo como renascemos 284–285
  processo 141–142
renascimento humano 301, 342–343. *Ver também* preciosa vida humana
  causas 99–100, 106, 180, 275
renúncia 71, 115, 183, 208, 218–220, 302, 303
  causas de 227, 247, 253, 303–304, 379
  objeto de abandono 218
repugnância 308, 408
retiro 396–398
Rinchen Sangpo 10
riqueza 119, 134, 180, 231–232, 243, 367, 370, 380
  do Dharma 22, 29
Roda da Vida 125, 295–299, 382
  benefícios de contemplar 295
  origem 296
  simbolismo 296–299
Roda de Armas Afiadas 187

Roda do Dharma g, 104, 180, 524
   pedido aos Budas e aos Guias Espirituais para que girem 64–65
roubar 195–196, 202, 203
   abandonar 204

S

sabedoria 204, 212, 309–310, 419, 440. *Ver também* três treinos superiores
   clara, profunda, etc. 391–392
   coleção de g, 365, 392, 443
   definição 309
   dos tipos 391
   linhagem 5
   perfeição de 390–391
   três tipos 309–310, 391
Sabedoria Fundamental do Caminho do Meio 285, 421, 422, 423
Sadaprarudita 80
Sakya Pandita 80
samsara 217, 221
   abandonar 107, 301, 304
   causas 349
   falhas 217–252
   natureza 218–219
   raiz do 261, 304
   sofrimentos samsáricos 378
     gerais 227–235, 250–253
     particulares 235–250
Sangpuwa, Geshe 234
Sangye Gyatso 234
Saraha 447
Sarvavid 45
Seis Coleções de Raciocínio 16, 421
seis reconhecimentos 27
semideuses 248, 252, 275
Senhor da Morte g, 125, 298. *Ver também* morte
senso de vergonha g, 307
ser de compromisso g, 44
ser de concentração g, 44
ser de sabedoria g, 44
seres humanos 217, 292, 342
   sofrimentos dos 236–248, 252, 340, 342

Serlingpa 8, 16
ser mediano 114, 115, 223, 295, 381. *Ver também* escopo intermediário
   refúgio 158–159, 176, 184
ser senciente g, 441
Ser Superior g, 165, 248, 289, 440, 450
Sete Categorias de Abidharma 7
sete causas e um efeito 324–342
sete membros, prática 54–65, 69
sete preeminentes qualidades do abraço 40
Shantarakshita 9
Shantideva g, 160, 275, 323, 375
   citações. *ver Guia do Estilo de Vida do Bodhisattva*
Sharawa, Geshe 12, 13, 178, 347
Shariputra 38, 101, 126, 229
Sherab Senge 394
Shilarakshita 7
Shri Datta 168, 191, 230
Shri Samva 168
Siddhartha, Príncipe 123, 244, 361
sofrimento 227–250, 293, 338–341, 350, 378–379. *Ver também* sofrimentos de cada reino; verdadeiros sofrimentos; sofrimentos samsáricos
   dos reinos inferiores 141–153
   dos reinos superiores 235–249
   subjacente 251–252, 388
   três tipos 227, 250–253, 388
solos g, 437
   do Bodhisattva 346, 440–442
solos e caminhos 437–443. *Ver também* solos; caminhos
Solos e Caminhos Tântricos 446
sonhos 145–146, 431
sono 138, 141–142, 281, 384, 407
Sublime Continuum do Grande Veículo 19, 160, 163, 165
Sukhavati 107
Sumati Samudra 175
Sumatra 8
súplicar aos Budas e aos Guias Espirituais para que não morram 64

surgimento dependente 285–286
Sutra g, 16, 67, 77, 322
Sutra A Essência dos Solos 24
Sutra Coração g, 30. Ver também *Sutra Perfeição de Sabedoria*
Sutra da Confissão 60
Sutra da Primeira Roda do Dharma 221
Sutra Discurso para um Rei 127
Sutra dos Dez Solos 269
Sutra Exortação à Intenção Superior 27
Sutra Extensa Fruição 81, 129, 238, 241, 296
Sutra Lótus Branco de Compaixão 58
Sutra Luz da Joia 84
Sutra Muito Além da Dor 123
Sutra Perfeição de Sabedoria 8, 15, 16, 65, 394, 422
   Condensado 99, 158, 309, 365, 367, 372, 381, 390, 421, 432
   em Cem Mil Versos 421, 422
   em Oito Mil Versos 44, 80, 89, 317
Sutra Perfeita Libertação de Maitreya 316
Sutra Pilha de Joias 132
Sutra Rei da Concentração 213, 306, 409
Sutra Rei das Preces dos Excelentes Feitos Superiores 56, 58
Sutra Solicitado por Sagaramati 58
Sutras Vinaya g, 31, 125, 165, 187, 233, 296, 308

T

tagarelice 198–199, 202
Tantra g, 16, 443–447. Ver também Mantra Secreto
   base, caminho e resultado 445
   Tantra Ação 443–444
   Tantra Ioga 45, 444
   Tantra Ioga Supremo 45, 315, 444–447
   Tantra Pai/Mãe 444
   Tantra Performance 45, 444
   votos tântricos 174, 207, 302, 306, 445
Tantra Continuum da Concentração 444
Tantra da Talidade Condensado 444
Tantra de Guhyasamaja 15, 444
Tantra de Heruka 6, 444
Tantra de Hevajra 6
Tantra de Vairochana Condensado 444
Tantra de Yamantaka 186
Tantra Dois Exames 87
Tantra Estabelecido com Excelência 444
Tantra Explicativo da Culminação Vajra 444
Tantra Geral Secreto 443
Tantra Iniciação de Vajrapani 444
Tantra Solicitado por Subahu 444
Tara g, 6, 8, 39, 45, 157, 160
   Branca 45, 277
tartaruga, analogia 109
Tathagata g, 317, 444
Tathagata Shakya Mahamuni 361
Telwa 231–232
tempos degenerados g, 64, 88, 90, 121, 342, 382, 389
terra bárbara 64
Terra de Buda 146
Terra dos 33 Paraísos g, 175
Terra Pura g, 65, 87, 107, 175, 283
Tesouro de Abidharma 27, 270, 304
Tibete 9–12, 23, 244, 343, 347, 395
Tilopa 45, 89, 91, 93, 447
Todzun Drubche 173–174
Tolungpa, Geshe 82–83
tomar 356–357
   e dar 283, 347, 356–359
Tong Den 60
topo do samsara 308
tranquilo-permanecer 223, 304, 308, 322, 389, 393–418. Ver também permanências mentais, nove
   as quatro atenções 415
   cinco obstáculos 399–402
   como atingir 398–417
   condições necessárias 396–398
   definição 393

e visão superior 309, 420
medida para aferir 417–418
objeto de meditação 407–411, 420
oito oponentes 403–407
seis forças 415
transferência de consciência g, 277, 280
transformar condições adversas no caminho 358, 378–379
Tratado das Quatrocentas Estrofes 219, 250, 268, 286, 424
trazer o resultado para o caminho 49, 360
trazer os três corpos de Buda para o caminho 67, 445
Treinar a Mente em Sete Pontos g, 347, 358
treino da mente 347
treinos superiores, três 8, 159, 218, 298, 302–310
  concentração 8, 303, 304, 306, 307–308
  disciplina moral 8, 302–303, 305–306, 306–308
  sabedoria 8, 303, 309–310
três aspectos principais do caminho 19
Três Aspectos Principais do Caminho 13, 420
três falhas de um pote 26–27
Três Joias 42, 179, 182, 208. *Ver também* Joia Buda; Joia Dharma; Joia Sangha
  poder para proteger 156
  qualidades 170–172
três purezas 3
três reinos. g, *Ver também* reino do desejo; reino da forma; reino da sem-forma
Trijang Dorjechang g, ix
Trinta e cinco Budas Confessionais 45
trinta e dois sinais maiores e oitenta marcas menores 43
trinta e sete realizações conducentes à iluminação 166
Tripitaka. *Ver* categorias de ensinamentos de Buda, três

Trisong Detsen, rei 9
trocar eu com outros 345, 353–357
Tshom 22
Tushita 175

U

união das duas verdades 9
união do Sutra e Tantra 9
união do tranquilo-permanecer e da visão superior 438–439
Upala 189

V

vacuidade 72, 223, 263, 273, 393, 422, 435
  bases g, 422, 433
  de fenômenos 432–435
  de pessoas 423–433
  divisões 422
  quatro condições para realizar a vacuidade 435
  quatro passos principais 423–432
  realização direta da 163, 288, 304, 320, 346
  visão correta 431
Vaibhashika g, 8
Vairochana g, 45, 53, 412
Vairochanabhisambodhitantra 444
Vaishravana 46
vajra g, 443
Vajrabhairava 45
Vajradhara g, 43, 45, 80, 87, 93
Vajradhatu Ishvari 44
Vajrayana g, 18, 443. *Ver também* Tantra
  caminhos 443–447
Vajrayogini g, 45
Vasubandhu 27, 261, 270, 304
vazio do self 261, 268, 269, 288. *Ver também* vacuidade
venenos mentais 296
vento de sustentação vital 278–279
ventos interiores g, 107, 282
verdade convencional g, 162, 262, 420
  aparência 223

sutil 265, 430–431, 434
verdadeiras cessações 163, 223–224, 271
verdadeiras origens 222
verdadeiros caminhos 163–165, 224–225
verdadeiros sofrimentos 218, 221–222
  internos e externos 221–222, 250
  meditar nos 227–253, 387
verdades convencionais 262
verdade última g, 144, 163, 262, 303, 430
Vidyakokila 6, 16
vigilância g, 305, 307, 404–406, 414, 416
Vikramashila 3
Vinaya 9
virtude g. *Ver* ações virtuosas
visão da coleção transitória 265–266, 287
visão deludida 265–269
visão extrema 266
visão superior 223, 304, 316, 393, 419–435
  e tranquilo-permanecer 309, 438
  função 420
  natureza 419–420
  no caminho da preparação 346, 438
  objeto da 16, 304, 420–422
visões errôneas 103, 199–200, 203, 267–269
votos g, 205, 207, 363. *Ver também* Bodhisattva, votos; Tantra, votos tântricos
  Pratimoksha 165, 174, 207, 302, 306

Y

Yama g, 298
Yamantaka 187
Yeshe Ö 10–11, 23
Yeshe Tsondru 58, 90, 232
Yidam g, 92
Yungdon, Lama 123

Leituras Recomendadas

Se você apreciou a leitura deste livro e deseja encontrar mais informações sobre o pensamento e a prática budistas, apresentamos outros livros do Venerável Geshe Kelsang Gyatso Rinpoche que você poderá gostar de ler ou ouvir. Eles estão disponíveis pela Editora Tharpa.

COMO TRANSFORMAR A SUA VIDA
Uma Jornada de Êxtase

Um manual prático para a vida diária, que mostra como podemos desenvolver e manter paz interior, reduzir e interromper a experiência de nossos problemas e como podemos promover mudanças positivas nas nossas vidas, que nos permitirão experienciar felicidade profunda e duradoura. Esta é uma nova edição, substancialmente revista, de um dos mais populares e acessíveis livros do Venerável Geshe Kelsang.

Para uma versão e-book gratuita de *Como Transformar a sua Vida*, visite www.tharpa.com/br/ebooksgratis

BUDISMO MODERNO
O Caminho de Compaixão e Sabedoria

Ao desenvolver e manter compaixão e sabedoria na vida diária, podemos transformar nossas vidas, melhorar nossos relacionamentos com os outros e ver além das aparências, enxergando o modo como as coisas realmente existem. Dessa maneira, podemos solucionar todos os nossos problemas diários e realizar o verdadeiro sentido da nossa vida humana. Com compaixão e sabedoria, como as duas asas de um pássaro, podemos alcançar rapidamente o mundo iluminado de um Buda.

Você pode baixar gratuitamente as versões e-book ou PDF do livro *Budismo Moderno* em www.tharpa.com/br/ebooksgratis

COMO ENTENDER A MENTE
A Natureza e o Poder da Mente

Este livro oferece um insight profundo sobre a nossa mente e mostra como uma compreensão da sua natureza e de suas funções pode ser utilizada praticamente na nossa experiência diária para melhorar nossa vida.

A primeira parte é um guia prático para desenvolver e manter uma mente leve e positiva, mostrando como identificar e abandonar estados mentais que nos prejudicam e substituí-los por estados mentais pacíficos e benéficos. A segunda parte descreve, em detalhe, diferentes tipos de mente, revelando a extensão e profundidade da compreensão budista sobre a mente. O livro conclui com uma explicação detalhada sobre meditação, mostrando como podemos obter um estado de alegria duradoura através de controlar e transformar nossa mente, independente das condições exteriores. Também disponível em formato e-book.

O ESPELHO DO DHARMA, COM ADIÇÕES
Como Encontrar o Verdadeiro Significado da Vida Humana

Este livro proporciona conselhos práticos sobre como podemos solucionar os nossos problemas diários do desejo descontrolado, raiva e ignorância, e como podemos tornar a nossa vida humana significativa. O autor explica, na forma de instruções práticas, o caminho completo à iluminação, com base na sua profunda experiência obtida durante uma vida inteira dedicada à meditação. Também disponível em formato e-book.

NOVO CORAÇÃO DE SABEDORIA
Ensinamentos Profundos vindos do Coração de Buda

Esta apresentação completamente nova oferece verdadeiros *insights* libertadores e conselhos para o leitor contemporâneo. Este livro revela o significado profundo da verdadeira essência dos ensinamentos de Buda – os *Sutras Perfeição de Sabedoria*. O autor mostra como todos os nossos problemas e sofrimento vêm da nossa ignorância sobre a natureza última das coisas e como podemos abandoná-la e desfrutar de felicidade pura e duradoura através de uma sabedoria especial associada com a compaixão por todos os seres vivos. Também disponível em formato e-book.

SOLOS E CAMINHOS TÂNTRICOS
Como Ingressar, Progredir e Concluir o Caminho Vajrayana

Este autêntivo livro de referência fornece-nos uma explicação ampla e detalhada das práticas essenciais das quatro classes de Tantra tal como ensinadas por Buda. A partir da sua própria experiência de muitos anos em retiro tântrico, o autor mostra como pessoas do mundo moderno podem ingressar, progredir e, por fim, concluir o Caminho Vajrayana à iluminação.

Para encomendar qualquer um de nossos livros ou outros produtos sobre Budismo e meditação, por favor, visite **www.tharpa.com/br** ou entre em contato com o Centro Kadampa ou Editora Tharpa mais próximos (para uma lista das Editoras Tharpas em todo o mundo, ver páginas 528–529).

Encontre um Centro de Meditação Kadampa Próximo de Você

Para aprofundar sua compreensão deste livro e de outros livros publicados pela Editora Tharpa, assim como a aplicação desses ensinamentos na vida diária, você pode receber ajuda e inspiração de professores e praticantes qualificados.

As Editoras Tharpa são parte da comunidade espiritual da Nova Tradição Kadampa. Esta tradição tem um número crescente de Centros e filiais em mais de 40 países ao redor do mundo. Cada Centro oferece programas especiais de estudo em Budismo moderno e meditação, ensinados por professores qualificados. Para mais detalhes, consulte *Programas de Estudo do Budismo Kadampa* (ver páginas 524–527).

Esses programas são fundamentados no estudo dos livros de Venerável Geshe Kelsang Gyatso Rinpoche e foram concebidos para se adequarem confortavelmente ao estilo de vida moderno.

Para encontrar o seu Centro Kadampa local, visite:
tharpa.com/br/centros